제프리 초서(1343~1400) 영국의 작가이자 시인·관료·법관·외교관

▲초서의 집(또는 그 후손의 집)
영국 옥스퍼드셔주 우드스톡

◀출입문 확대 출입문 오른쪽에 말을 탄 초서의 그림이 보인다.

18세기 런던항 세관 사무엘 스콧. 1757. 초서의 집안은 프랑스에서 포도주를 수입하는 무역상이었으므로 그는 어려 서부터 자연스럽게 프랑스어를 익혀 장래 궁정생활하는 데 많은 도움이 되었다.

JOHN OF GAUNT,
King of Castille and Leon,
and Duke of Lancaster.

Ogbourne Sculpsit

존 오브 곤트(1340~1399) 1368년, 초서는 랭커스터 공 존을 섬기게 된다.

곤트 공의 부인 블랑시(1342~1368) 페스트로 인해 28세의 나이로 죽었다. 초서는 신앙심이 깊은 귀부인을 경애했다. 그는 그녀의 부탁으로 개인용 기도서 프랑스판 〈영혼의 순례〉를 영어로 옮겨 헌정했다. 또한 부인의 죽음을 안타까워하는 곤트 공의 명으로 비가(悲歌)《공작부인의 책》(1368)을 쓰기도 했다.

웨스트민스터 대성당 앞 바스 기사단 행렬 카날레토. 1749.

▲웨스트민스터 대
성당의 시인 코너
기념상

▶제프리 초서 무
덤 시인 코너에
서 첫 시인

▲캔터베리 대성당
1890~1900년 즈음 북서쪽에서 바라본 대성당 전경

◀대주교 토마스 베케트 암살
베케트는 왕정과의 견해 차이로 헨리 2세의 기사단에
의해 캔터베리 대성당에서 암살되었다.

▼헨리 2세와 캔터베리 대주교 토마스 베케트

《캔터베리 이야기》 엘즈미어의 필사본에 실린 〈바스 여장부 이야기〉의 첫 도입부

▲캔터베리 이야기 등장인물 벽화(일부)
에즈라 윈터가 미국 워싱턴 컬럼비아 특별구 의회도서관 벽에 그린 벽화. 1939.

◀엘즈미어의 《캔터베리 이야기》 필사본 프롤로그 머리글 삽화
순례자 모습으로 등장하는 초서.

다음쪽
1381년에 일어난 농민반란의 종말을 다룬 그림
그림에서 리차드 2세의 두 가지 이미지를 보여준다. 하나는 농민과 이야기를 하는 동안, 다른 하나는 살인을 하고 있다.

트로이전쟁을 소재로 한 《트로일러스와 크리세이드》(1415~20) 필사본 권두화 귀족들이 베푼 잔치에서 자신의 시 작품을 낭송하는 초서를 그린 작품

제프리 초서의 《캔터베리 이야기》(1934) 표지　현대 영어판

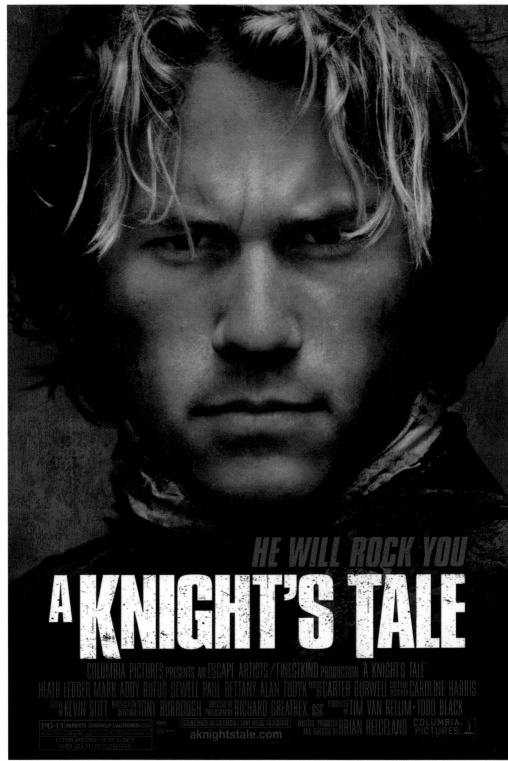

영화 〈기사 이야기〉 포스터 브라이언 헬겔란드 감독, 히스 레저·샤닌 소세이먼 출연. 2001.

World Book 220

Geoffrey Chaucer

THE CANTERBURY TALES
캔터베리 이야기

제프리 초서/김진만 옮김

동서문화사

캔터베리 이야기
차례

프롤로그

캔터베리 이야기가 시작되다.

과일 향기 달콤한 4월의 봄비*¹
3월의 마른 나무뿌리에 스며들어
수액이 흐르는 온세상 줄기들을 촉촉이
적셔 꽃봉오리 터뜨릴 즈음,
서녘바람 감미로운 입김을
숲과 나무 여린 새싹에 불어넣는다.
이제 떠오른 태양이 양(羊)자리*² 한가운데를 서둘러 지날 때
밤새 뜬눈으로*³ 잠자던
작은 새들은 저마다 아름다운 노래를 부르고
—자연은 이토록 새들의 본능을 일깨운다
사람들은 성지순례를 나서려 서둘고,
신심 깊은 순례자*⁴들은 온 세계에 알려진
머나먼 나라 성지를 찾아
어서 떠나기를 열망한다.

＊1 중세 시대의 글, 특히 서정시와 궁정풍 로맨스는 일반적으로 봄이 온 것을 알리며 이야기를 시작한다. 그러나 초서는 첫 18행에서 《캔터베리 이야기》의 주제를 설명했다는 점에서 이를 단순히 상투적인 표현이라고 볼 수는 없다. 만물이 생동하는 봄이 오면 사람들은 맨 먼저 순례를 떠나고 싶은 마음에 사로잡힌다. '순례'는 《캔터베리 이야기》 전편을 통하여 시인의 상상력을 끊임없이 자극하며 이야기를 전개해 나가는 원동력이 된다.
＊2 중세 천문학에서 쓰는 말로, 12궁의 하나이다. 태양은 1년 동안 이 12궁을 지나가는데, 초서가 살던 시대에는 3월 12일에 태양이 양자리에 들어선다고 보았다. 초서는 날짜를 천문학 용어로 표시하는 경우가 많다.
＊3 교미기를 말한다.
＊4 'pilgrims'가 아닌, 성지뿐 아니라 다양한 곳을 돌아다니는 직업적인 순례자를 말한다.

특히 영국에서는 온 나라 방방곡곡

캔터베리 대성당으로, 그 옛날 그들이 병들어 고생할 때

치료해 준 거룩하고 복된 순교자*⁵에게

참배하고자 길을 나선다.

이 계절의 어느 날,

나는 경건한 마음으로 캔터베리를 순례하고자

서더크*⁶에 있는 타바드 여관에 묵고 있었다.

어둠이 깔릴 무렵 스물아홉 명의 여러 계층이 우연히 만나 여관으로 몰려

들어왔다.

그들 모두 참배를 하기 위해 캔터베리로 가고 있었다.

여관의 방과 마구간은 넓었고,

우리는 주인의 정성스런 대접을 받았다.

어느덧 해가 저물 무렵

나는 그들 모두와 깊은 이야기를 나누었으며,

다음 날 새벽에 일찍이 일어나 이미 말했던 목적지로 다 함께 출발하기로

약속했다.

하지만 이 이야기를 하기에 앞서

아직 시간이 있을 때,

여러분에게 그들의 모습을 내가 어떻게 보았으며,

그들이 누구이고, 계급은 무엇이며, 어떤 옷을 입고 있었는지를 있는 그대

로 이야기하려 한다.

　　그러면 먼저 기사부터 시작하겠다.

---

*5 성 토머스 베켓(1118?~1170). 중세 영국에서 유명한 순례 지역은 웨스트민스터와 월싱
검, 캔터베리 등이었으며, 이 가운데 토머스 베켓의 묘가 있는 캔터베리 대성당이 가장 유
명했다. T.S. 엘리엇은 이 순교자를 주제로 《대성당의 살인》(1935)이라는 시극(詩劇)을 썼
다. 국왕 헨리 2세는 베켓을 대법관으로 임명하여 나랏일을 의논할 정도로 그와 사이가 좋
았다. 1162년에 왕은 그를 캔터베리 대성당의 대주교로까지 임명했다. 그러나 교회의 특권
을 축소하려는 국왕의 정책에 베켓이 사사건건 반대하자 격노한 왕은 1170년에 캔터베리
대성당으로 기사들을 보내 성당 안에서 그를 무참히 살해한다. 그 뒤로 베켓의 무덤은 그
리스도교 나라에서 가장 유명해졌다. 베켓은 1173년에 성인의 반열에 올랐다.

*6 템스 강 남동쪽 기슭에 있으며, 런던의 출입구에 해당하는 중요한 숙박 지역이었다. 캔터
베리로 향하는 도로의 첫 지점에 해당한다.

《캔터베리 이야기》 1483년판 프롤로그 부분

한 기사*7가 있었다.

명성이 자자한 사람으로, 처음 먼 길을 나선 순간부터 기사도를 존중하고 진실과 명예, 관용과 예의를 사랑했다.

그는 왕을 위한 전투에서 용감하게 싸웠다. 이교도 국가는 물론 그리스도교 국가에도 원정을 나섰다.

그 기사보다 더 멀리 원정을 나간 사람은 아무도 없었다. 그는 언제나 용감무쌍하게 싸워 사람들의 칭송을 받았다.

알렉산드리아*8가 함락되었을 때 그는 그곳에 있었다.

프러시아에서는 다른 나라의 기사들을 제치고 늘 가장 높은 자리를 차지했다.

---

*7 중세 시대는 이야기의 순서에 민감했다. 기사는 사회에서 가장 높은 계급에 속했으므로 기사가 맨 먼저 소개된다. 여기에 나오는 전쟁은 모두 1342~1367년 사이에 이루어졌다. 이 점으로 보아 초서는 단순히 이상적인 기사를 묘사한 것이 아니라 실존인물을 모델로 삼았을 가능성이 있다. 시인의 상상력에는 언제나 다양한 역사적 사실과 사회적 현실이 반영되어 있다.

*8 기원전 4세기에 알렉산드로스 대왕이 건설한 도시. 이집트 북부에 있다.

리투아니아*9와 러시아에도 원정을 나아갔다.
같은 지위에 있는 그리스도 교도 기사 가운데 그보다 전투에 많이 참가한
사람은 없었다.
또한 기사는 알헤시라스*10 해전 때 그라나다*11뿐만 아니라 벤마린*12에서
도 싸웠다.
아이아스*13와 아달리아*14 정복전쟁에도 참가했다.
지중해의 유명한 원정에도 빠지지 않았다.
그는 목숨을 건 전투를 열다섯 차례나 치렀고, 트라마세네에서 그리스도
교를 수호하기 위해 세 번이나 마상 시합에 나가 적을 무찔렀다.
용맹한 기사는 팔레시아*15 왕의 전사로 참여해
다른 터키의 이교도들과도 싸웠다.
그는 언제나 최고의 영예를 누렸다.
전쟁터에서 기사는 용감했지만 무척 사려깊은 사람이었다.
그의 태도와 행동은 처녀처럼 순하고 겸손했으며
단 한 번도 남을 욕해 본 적이 없었다.
그는 훌륭한 기사였고
그가 탄 말은 화려했지만 그의 옷차림은 수수했다.
두꺼운 천으로 거칠게 짠 옷을 입고 있었으며
게다가 그 옷은 사슬갑옷에서 흘러나온 녹으로 얼룩져 있었지.
그는 원정에서 돌아오자마자 다시 순례길에 나선다.

기사는 아들인 수습기사*16를 데리고 있었다.

---

*9 유럽 북동부에 있는 발트 3국 가운데 하나지만 중세에는 이교도의 나라였다. 영국 기사는
　　프러시아로 원정을 나가 독일기사단과 함께 리투아니아와 러시아의 이교도와 싸웠다.
*10 에스파냐 남해안의 트라팔가르 곶 근처에 있다.
*11 에스파냐의 무어 왕국의 수도였다. 알헤시라스는 그라나다의 무어 왕이 1344년에 점령했다.
*12 북아프리카에 있는 무어 왕국.
*13 안티오크 근처. 1367년에 터키에 함락.
*14 소아시아 남부에 있다. 1361년에 함락.
*15 터키의 일부로, 아나톨리아에 있다. 터키가 정복한 뒤 그리스도 교도 기사가 다스렸다.
*16 기사를 따라다니며 기사 수업을 받는다.

캔터베리로 떠나
는 순례자들

한눈에 봐도 혈기왕성한 젊은이인 그의
머리칼은 일부러 말아 놓은 것처럼 곱슬곱슬했다.
나이는 스무 살쯤 되었을까.
작지도 크지도 않은 중키에 행동이 매우 민첩했고 힘은 장사였다.
젊은이는 이미 플랑드르 지방과 아르투아, 피카르디*17에 원정에 참여했으며
귀부인의 총애를 얻으려고 의젓한 몸가짐을 했다.
그의 옷에는 붉고 흰 꽃들이 흐드러지게 피어 있는 꽃밭처럼 자수가 곱게
놓여 있었다.
온종일 노래를 부르고 플루트를 불고 있는
그는 푸르른 5월처럼 싱그러웠다.
망토는 짧고 소매는 길고 넓었다.
그는 말을 제대로 다룰 뿐만 아니라 노랫말을 쓰고 곡조를 붙일 줄 알았고,
마상시합에서 이기고 춤을 추고 그림을 그리고 글을 쓰는 재주가 뛰어났다.

＊17 이들 전투는 프랑스와 벌인 백년전쟁(1337~1453)의 일부로 1836년에 벌어진 대규모 전투를
말하며, 수습기사는 16세 때 참전했을 것이다.

젊은이에게는 너무나 열렬하게 사랑하는 이가 있어, 밤에는 나이팅게일처럼 거의 잠을 이루지 못했다.
궁정의 예의범절을 지키고, 겸손한 마음으로 봉사할 줄 알았던 그는
식사 때에는 기사인 아버지에게 고기를 잘라 드리곤 했다.

 기사는 종자를 한 명 데리고 있었다.
하인은 종자 하나밖에 없었다. 기사가 소박한 여행을 좋아했기 때문이다.
종자는 초록색 조끼와 두건을 두르고 있었다.
빛나는 공작 깃털이 달린 날카로운 화살 한 묶음을 허리춤에 차고 있었는데, 그에게 제법 잘 어울렸다.
종자답게 그는 화살을 가지런히 정리하는 솜씨가 누구보다도 뛰어났으며
깃털이 망가져서 화살이 과녁을 빗나가는 경우는 단 한 번도 없었다.
작은 손에는 커다란 활을 들고 있었다.
그의 머리칼은 짧고 가지런하며 낮빛은 볕에 그을려 까무잡잡했다.
그는 숲에서 사냥하는 법을 무척 잘 알고 있었다. 팔에는 멋진 가죽 보호대*18를 끼고 있었으며, 한쪽 허리에는 칼과 작은 방패를 차고 있었다.
다른 쪽에는 세련된 장식을 새긴, 창끝처럼 뾰족하고 화려한 단검을 차고 있었다. 가슴에는 크리스토퍼 성인*19의 모습을 새긴 아름다운 은빛 브로치를 달고 있었다.
그는 사냥할 때 쓰는 뿔나팔도 가지고 있었으며, 그 나팔을 매단 가죽 어깨띠 또한 초록색이었다.
이 종자는 어딜 보나 산지기가 틀림없었다.

 그곳에는 수녀도 있었다.
그녀는 수녀원장*20으로, 미소가 곱고 온화했다.
수녀는 맹세할 때도 바로 '엘루아 성인*21의 이름을 걸고!'라고 말했다.
사람들은 그녀를 에글런틴 부인*22이라고 불렀다.
수녀는 성가를 잘 불렀는데, 코맹맹이 소리가 그녀와 잘 어울렸다.

또한 스트랫포드 엣 더 바우*²³ 수녀원에서 가르치는 영국식 프랑스어를 매우 유창하고 우아하게 구사했다.

파리에서 쓰이는 프랑스어*²⁴는 알 까닭이 없었기 때문이다.

그녀는 식사 예절을 철저하게 지켰다.

입에서 빵 부스러기조차 떨어지는 법이 없었고, 손가락을 소스에 찍어 적시는 일도 없었다.

음식을 입으로 가져갈 때에는 가슴에 소스 한 방울도 떨어지지 않도록 늘 조심했다.

궁정식 예절을 지키는 것이 그녀에게는 큰 기쁨이었다.

식사가 끝난 뒤나 포도주를 마신 뒤에도 윗입술을 꼼꼼히 닦아 술잔 언저리에 기름기가 남지 않았다.

손을 뻗어 음식물을 집을 때도 아주 조심스러웠다.

수녀원장은 명랑하고 사랑스러웠다.

그녀는 궁중 예절을 따라하려 애쓰고, 품위 있는 태도로 다른 사람의 존경을 받고자 노력했다.

---

*18 활을 쏠 때 옷소매가 활시위에 걸리지 않도록 팔에 덧대는 보호대.

*19 숲의 수호성인.

*20 처음에 궁정을 대표하는 기사를 소개하고 이어서 교회 대표로 수녀원장을 소개한다. 궁정과 교회는 중세 사회에서 각각 세속적인 현세와 내세적인 세계를 장악하고 있었다.

*21 금세공업자의 수호성인인 엘리기우스 성인. 그런데 아이러니하게도 이 성인은 맹세를 거절했다고 한다. 따라서 수녀원장이 한 번도 맹세를 하지 않았음을 암시했다고 여겨진다. 또한 이 성인은 미남이라 그 무렵 영국 궁정에서 인기가 많았으며, 에드워드 3세의 왕비 필리파는 이 성인을 숭배한 플랑드르 지방 출신이었다.

*22 에글런틴은 들장미라는 뜻으로, 통속소설의 여주인공으로 자주 등장하는 이름이었다. 또한 J. M. 맨리에 따르면, 필리파의 여동생 엘리자베스의 유언장에 스트랫퍼드 수녀원 소속인 듯한 아르젠틴 부인이라는 수녀 이름이 나오는데, 에글런틴과 아르젠틴의 이름이 유사한 것으로 보아, 이 '프롤로그'에 묘사된 수녀원장 에글런틴 부인은 실존한 여성이었을 가능성이 있다.

*23 초서가 10년 넘게 살았던 런던의 올드게이트 탑에서 동쪽으로 2마일 정도 떨어진 곳에 있다. 이곳에 성 레너드 성당이라는 베네딕트파의 수녀원이 있다. 필리파 왕비의 여동생 엘리자베스가 이곳에서 수녀 생활을 했으며, 초서의 아내 필리파는 엘리자베스와 같은 에노 출신이었다.

*24 스트랫퍼드 엣 더 바우에서 사용하는 프랑스어는 앵글로노르만어 방언이 섞인 시골 프랑스어로, 파리에서 쓰는 세련된 프랑스어가 아니었다. 그 무렵 프랑스 방언은 가끔 놀림거리가 되었다.

이제는 수녀의 다정한 마음씨에 대해 이야기하겠다.

그녀는 매우 자비롭고 동정심으로 가득한 사람이었다. 덫에 걸린 쥐만 보아도, 특히 그 쥐가 죽었거나 피를 흘리고 있으면 눈물을 쏟으며 울었다.

그리고 개를 몇 마리 기르고 있었는데,*25 구운 고기와 신선한 우유와 최고급 빵을 먹이로 주었다.

누군가가 몽둥이로 때려 한 마리라도 죽게 되면 생각대로 구슬피 울었다. 그녀는 감수성이 풍부하고 마음이 여렸다.

그녀의 하얀 두건은 언제나 예쁘게 촘촘히 주름 잡혀 있었다.

콧날은 우아하고 반듯했으며 눈은 유리구슬처럼 파랗고 조그마한 입술은 부드럽고 붉었다.

하지만 이마는 확실히 넓었다. 한 뼘 정도는 되는 것 같았다.

사실 그녀는 몸집이 작은 편이 아니었다.

내 눈에 그녀의 겉옷은 기품이 넘쳤다. 팔에는 작은 산호로 만든 로사리오를 걸었는데, 로사리오에는 푸른 구슬이 크게 달려 있었다.

또한 금으로 만든 아름다운 브로치를 꽂았는데, 브로치 위에는 왕관을 쓴 대문자 A와 '사랑은 모든 것을 이긴다'*26라는 문구가 새겨져 있었다.

수녀원장은 조수인 한 수녀와
세 신부를 데리고 있었다.

---

*25 그 무렵 수녀가 애완동물을 기르는 일은 법도에 어긋나는 일이었지만 실제로는 많이 길렀다. 하다못해 수녀가 개를 선물로 받는 일도 흔했다.

*26 Amor vincit omnia. 베르길리우스의 《에클로가에 (전원시)》 제69절에 나오는 말이다. 《에클로가에》에서 사랑은 현세적인 사랑을 말하나, 수녀원장은 이 '사랑'을 성스러운 사랑이라고 생각한 듯하다.

한 수사*27가 있었다.

그는 외모가 준수하고 사냥을 좋아하는 수도원의 재산 관리자로서

수도원장이 되고도 남을 남자다운 사람이었다.

마구간에는 훌륭한 말들을 여러 마리 기르고 있었다.

그가 말을 타고 외출할 때면 바람결에 고삐가 흔들리며,

그가 주임을 맡고 있는 부속수도원 교회당 종소리처럼 맑고 힘찬 소리가 울려 퍼졌다.

수사는 마우로 성인*28이나 베네딕트 성인*29의 계율이 낡고 융통성이 없다며, 시대에 뒤떨어진 계율을 버리고 현대적인 규범을 따르고 있었다.

사냥꾼은 성인이 될 수 없다거나 맡은 일을 게을리 하는 수사는 물 밖으로 나온 물고기와 같다는 말은 닭의 뽑힌 깃털만큼도 신경을 쓰지 않았다.

즉, 수도원을 버리고 속세로 나온 수사를 빗대는 말을 그는 아무런 가치도 없다고 생각했다.

나도 얼결에 그의 의견이 옳다고 고개를 끄덕이며 말해 버렸다.

무엇 때문에 수도원에서 미치광이처럼 책이나 읽고 공부해야 하는가? 아우구스티누스 성인*30이 말한 대로 손을 바삐 놀리어 힘들게 노동한들 무슨 의미가 있는가?

---

*27 수녀원장부터 시작하여 성직에 종사하는 계급의 인물들이 차례로 소개된다. 시인의 풍자는 점차 신랄해진다.

*28 베네딕트파의 계율을 프랑스에 전파한 성인. 로마 귀족의 아들로 베네딕트 성인의 초기 제자(594년 무렵의 그레고리 대성인의 문서에 나타나 있다).

*29 480?~543. 몬테카시노에 베네딕트 교단을 창설했다.

*30 354~430. 초기 그리스도교의 교부이자 성인으로, 유명한 《고백록》을 썼다. 노동에 대한 아우구스티누스의 주장은 410년 무렵에 쓴 《수사의 의무에 대하여》에 나온다.

그것으로 세상을 섬길 수 있다는 것인가.

노동은 아우구스티누스에게 맡겨두면 될 것이다.

따라서 수사는 말에 오르면 누구도 당해 내지 못할 정도로 날렵한 사냥꾼이 되었다.

그는 하늘을 나는 새처럼 날쌘 사냥개를 기르고 있었다.

번개같이 말을 몰아 토끼를 사냥하는 일이 그의 가장 큰 즐거움이었으며, 그 즐거움을 위해서라면 아무리 많은 돈을 쏟아붓는다 해도 아까워하지 않았다.

그의 소맷부리는 고급 털가죽으로 둘러져 있는데, 온 나라 가운데 최고로 좋은 가죽 같았다.

두건은 턱 밑에 금으로 정교하게 만든 핀으로 고정되어 있고, 핀의 한쪽 끝에는 사랑의 매듭이 단단히 묶여 있었다.

벗겨진 그의 머리는 마치 유리구슬처럼 번쩍거렸으며

얼굴도 기름을 바른 듯이 번들거렸다.

수사는 풍채가 좋은 귀족처럼 땅딸막한 뚱보였다.

주위를 이리저리 살피며 쉴 새 없이 움직이는 툭 불거진 눈은 가마솥 밑의 불꽃처럼 활활 타오르고 있었다.

그는 매끈한 장화를 신고 있었고, 말은 기운이 넘쳤다.

확실히 그는 번듯한 수도원장 같았다.

그는 지옥에서 고통 받는 망령처럼 창백하지 않았다.

고기 가운데에는 담백하게 구운 살찐 백조를 가장 좋아했다.

그가 타고 온 말은 산딸기 같은 적갈색이었다.

탁발수사*31도 있었다.

그는 위엄이 서려 있는 얼굴과는 달리

성격이 명랑하고 쾌활했으며

그가 속한 교단에서는 고귀한 기둥으로

네 교단*32을 통틀어 그보다 말재주가 좋은 사람을 찾아보기 어려울 정도였다.

그는 자비를 들여 많은 처녀들을 결혼시켜 주었다.

그는 온 나라를 돌며, 부유한 시골 유지와 고귀한 부인들에게 사랑을 받으며 그들과 아주 친밀하게 지냈다.

교구의 보좌신부보다도 고해성사를 듣고 너그러이 용서해 주는 시간을 더 많이 보냈기 때문이라고 그는 말했다.

실제로 그는 교단으로부터 죄를 용서해 주는 특권을 부여받았다.

그는 인자한 미소를 지으며 신도들의 고해를 듣고 꽤나 재미있는 방법으로 사면해 주었다.

수입이 좋으리라고 확신한 경우에는 더욱 쉽게 죄를 사하여 주었다.

가난한 교단에 재산을 선뜻 내놓는 것은 깊이 참회한 증거이기 때문이다.

누가 재산을 기부하면 그가 정말로 뉘우쳤음을 알 수 있다며 보란 듯이 일부러 허풍을 떨었다.

마음이 굳어진 사람들은 아무리 지독한 고통을 받아도 제대로 눈물도 흘리지 못하는 법이다.

그래서 그들은 울면서 기도하는 대신 가난한 탁발수사에게 돈을 쥐어 주는 것이다.

그의 두건에 달린 주머니에는 예쁜 여자들에게 나누어 줄 칼이나 핀이 가득 들어 있었다.

그의 목소리는 무척 호탕하고 유쾌했다.

그는 노래를 부르거나 현악기를 연주할 줄 알았으며,

특히 민요는 둘째 가라면 서러워할 만큼 잘 불렀다.

목덜미는 백합처럼 새하얗지만 힘은 씨름꾼 못지않은 장사였다.

그는 문둥이나 거지들보다 온 마을의 술집이나 여관집 주인, 작부들을 더 가까이했다.

그와 같은 고결한 사람이 더러운 문둥병자를 가까이하는 것은 말이 안 되기 때문이다.

이런 가난뱅이들과 어울리면 체면이 깎일 뿐만 아니라 아무 이득도 되지

---

*31 시인은 이 성직자의 위선을 가차 없이 파헤친다. 초서는 성직자를 설명할 때 묘사가 길어지는 경향이 있으며, 특히 탁발수사에게 개인적인 원한을 갖고 있었다고 한다. 런던에서는 한 탁발수사를 때린 일도 있었다.

*32 도미니코 교단, 프란시스코 교단, 카르멜 교단, 아우구스티누스 교단.

않는다.

차라리 부자나 식료품 상인들과 교제해야 하는 것이다.

특히 벌이가 좋아 보이는 곳이라면 어디든 한달음에 달려가 정중히 고개 숙여 봉사했다.

어디를 둘러보아도 그보다 유능한 사람은 없었다.

그는 그가 속한 교단에서 으뜸가는 탁발수사였다.

그는 탁발 허가를 받기 위해 해마다 적잖은 권리금을 냈다.

그래서 동료 탁발수사들은 아무도 그의 영역 안으로 들어오지 못했다.

"태초에 천지가 창조되기 전부터 말씀이 계셨다"*33라고 시작하는 그의 축복의 말은 너무나 호소력이 있어서, 신발조차 제대로 신지 못하는 가난뱅이 과부라 할지라도 그가 집으로 돌아가기 전에 한푼이라도 헌금을 내지 않고는 배길 수가 없었다.

그는 합법적으로 받는 수입보다 탁발로 훨씬 많은 돈을 벌어들였다.

그렇게 그는 신난 강아지마냥 이리저리 뛰어다녔다.

싸움을 중재하는 날*34에는 사람들에게 큰 도움을 주었다.

가난한 학자처럼 다 해진 법의를 걸친 수도자가 아니라 박사나 교황 같았기 때문이다.

짧은 망토는 이중으로 짜여져, 방금 거푸집에서 떼어낸 종처럼 둥글었다.

좀 더 멋지게 영어를 하려고 멋을 부리다 말을 더듬기도 했다.

하프 연주에 맞춰 노래를 부를 때, 그의 눈은 마치 서리 내린 겨울밤의 별처럼 반짝였다.

이 훌륭한 탁발수사의 이름은 휴버트였다.

수염이 두 갈래로 갈라진 무역상인도 있었다.

그는 화려한 옷을 입고 말 위에 높이 앉아 있었다.

머리에는 플랑드르산 비버 털가죽 모자를 썼고, 값비싼 걸쇠로 맵시 있게 여미어진 장화를 신고 있었다.

그는 자신의 의견을 매우 거창하게 말하지만, 언제나 돈벌

---

*33 〈요한 복음서〉 1 : 1.

이에 대한 이야기로 귀결되었다.

그는 미들버그*35와 오웰 강 사이의 바다는 어떤 대가를 치르더라도 반드시 지켜야 한다고 말했다.

그는 또한 프랑스 금화를 환전하는 방법을 잘 알고 있었다.

이 본받을 만한 상인은 자신의 지혜로운 머리를 최대한으로 활용했다.

그가 고리대금업을 한다는 사실을 아는 사람은 아무도 없었다.

돈을 빌려줄 때는 매우 당당하고 위엄이 흘렀기 때문이다.

그는 정말 훌륭한 사람이었지만, 사실 나는 그의 이름이 무엇인지 기억이 나질 않는다.

또한 옥스퍼드 대학생*36이 있었다.

그는 오랫동안 논리학을 공부하고 있었다.

그가 타고 온 말은 갈퀴처럼 앙상했으며,

그 역시 결코 살찌지 않았고, 오히려 몹시 야위어 표정이 더욱 심각해 보였다.

그가 걸친 짧은 외투는 실이 너덜너덜 보일 정도로 해어져 있었다.

그는 아직 성직 직책을 얻지 못했으며, 그렇다고 속세의 직업을 구할 만큼 처세술이 뛰어나지도 않았던 것이다.

그는 호사로운 옷이나 바이올린 혹은 화려한 현악기보다, 검은색이나 붉은색으로 장정된 아리스토텔레스의 책을 스무 권쯤 머리맡에 두고 싶어했다.

그는 연금술을 할 수 있는 철학자*37인데도 돈이 거의 없었는데, 그나마

---

*34 법정 밖에서 사건을 중재하여 평화롭게 해결하기 위해 만들어진 날. 14세기 후반에 성직자는 가난한 사람들을 위해서만 중재에 참여할 수 있었다. 그러나 그는 가난한 사람들을 변호하기 위해서가 아니라 권세와 돈을 얻기 위해 중재에 참여했을 것이다.

*35 네덜란드의 항구. 오웰은 영국 서쪽 주에 있는 강으로, 그곳에 입스위치라는 중요한 무역항이 있는데 미들버그와 가장 가깝다. 이 두 항구 사이의 바다를 해적들로부터 지켜야 한다는 생각은 무역상으로서는 매우 당연한 바람이다.

*36 돈밖에 모르는 무역상과 학문에만 관심이 있는 옥스퍼드 대학생이 대조를 이룬다.

*37 그 무렵 철학자에는 연금술사도 포함되었으므로, 이 표현은 언어유희이다. 연금술사들은 비금속을 귀금속으로 만드는 영험한 돌인 '현자의 돌'을 찾아다녔지만 결국 얻지 못했다.

친구들에게서 얻은 돈을 책을 사거나 공부하는 데 몽땅 써 버렸다.

그리고 그가 학교에 갈 수 있도록 도와 준 사람들의 영혼이 평안하기를 바라며 간절히 기도했다.

그는 오로지 공부하는 데 모든 주의와 정성을 기울였다.

필요 없는 말은 한 마디도 하지 않았다.

그가 하는 말은 신중하고 정중했다.

간결하지만 생기가 있으며 깊은 의미로 가득 차 있었다.

말하는 내용은 언제나 도덕적이었으며

그는 기쁜 마음으로 배우고 가르쳤다.

또한 최고 변호사*38가 있었다.

그는 차분하고 현명한 사람으로, 법률가들이 모이는 성 바오로 대성당의 회랑*39에 자주 나가곤 했다.

그는 능력이 매우 뛰어나고 신중하여 깊은 존경을 받았다.

아니, 그렇게 보였다. 그의 말이 매우 지혜롭게 들렸기 때문이다.

그는 왕의 특허장과 전권위임장을 받고 순회재판의 판사직을 수행한 일도 가끔 있었는데

지식이 깊고 명성이 높았으므로 보수와 고급 옷을 많이 받았다.

또한 부동산을 사 모으는 데에도 그를 따를 사람은 아무도 없었다.

그는 모든 것을 무한정 소유할 수 있었다.

그가 가진 토지양도증서는 결코 무효가 되지 않았다.

세상 어디에도 그보다 바쁜 사람은 없었다.

게다가 겉으로 보이는 모습은 실제보다 더 바빠 보였다.

그는 정복왕 윌리엄*40 이후에 있었던 모든 법정재판과 판례를 잘 알고 있었다.

또한 법률서류를 쓰고 작성하는 재주가 뛰어났다. 그가 쓴 서류에서 흠을

---

*38 세상 물정 모르는 학자 다음에 대조적으로 최고 변호사가 나온다. 영국에서 최고 변호사는 20명 정도밖에 없으며, 사회적 지위도 최하급 기사와 비슷할 만큼 높았다.

*39 통상적으로 교회 현관에 해당하며, 법률가는 이곳에서 의뢰인을 만났다.

*40 1066년에 잉글랜드를 정복한 노르망디 공.

잡을 수 있는 사람은 아무도 없었다.

그는 모든 법조문을 훤히 꿰고 있었다.

그는 색깔이 들어간 외투에 간소한 옷차림을 했으며

금속 장식이 깨알같이 박힌 비단 허리띠를 차고 있었다.

그의 옷매무새에 대하여 더 이상 할 말이 없다.

그와 길을 같이 간 사람 가운데 시골 유지*⁴¹도 있었다.

들국화처럼 하얀 수염을 길렀고, 혈색이 좋았다.

아침에는 포도주에 적신 빵을 즐겨 먹었다.

긍정적으로 사는 것이 습관이 되어 있는 그는,

완전한 쾌락이야말로 완전무결한 행복이라고 주장한 에

피쿠로스*⁴²의 진정한 아들이라고 할 수 있었다.

환대의 수호성인 줄리안*⁴³처럼 그는

마을 사람들을 위해 집을 활짝 열어 두었다.

그의 빵과 맥주는 최상품이었다.

그보다 훌륭한 포도주 창고를 가진 사람은 어디에도 없었다.

집에는 생선이며 고기며 과일이며 향료를 넣어 구운 과자가 떨어지는 날이 없으며, 먹을 것과 마실 것, 상상을 초월하는 산해진미가 눈처럼 잔뜩 푸짐하게 쌓여 있었다.

그는 계절마다 식사 메뉴를 바꾸었다.

새장에는 자고새를 수도 없이 기르고 있었고, 연못에는 수많은 잉어와 꼬치고기가 헤엄치고 있었다.

소스가 톡 쏘는 맛이 없거나, 요리 기구가 제대로 준비되어 있지 않으면 요리사에게 날벼락이 떨어졌다.

홀에는 언제나 식탁이 놓여 있고 온종일 식탁보가 덮여 있었다.

---

*41 런던 상류계급인 최고 변호사를 소개한 뒤 지방에서 넓은 토지를 소유하고 미식을 즐기며 우아하게 살아가는 시골 유지를 소개한다. 14세기 영국에서 시골 유지는 신사계급(gentry)과 거의 구별이 되지 않을 만큼 부유한 지주계급으로 성장했다.

*42 BC 341~BC 270. 쾌락주의로 유명한 그리스의 유물론 철학자.

*43 여행자를 환대하는 수호성인. 중세 시대에 여행은 매우 위험한 일이었으므로 강도를 당하지 않고 좋은 숙소를 얻고 싶을 때 사람들은 줄리안 성인에게 기도했다.

치안판사의 재판에서는 그가 의장직을 맡았다.

가끔 지역을 대표하여 회의에 참석했다. 아침에 마시는 우유처럼 새하얀 허리띠에는 단검과 비단 지갑이 매달려 있었다.

그는 지역 보안관이며 회계감사관으로 일하기도 했다. 그보다 훌륭한 지주는 그 어디에도 없었다.

　잡화상인, 목수, 직물상인, 염색공, 양탄자 제조공들*44도 있었다.

그들은 모두 영향력 있는 거대 동업조합*45의 제복을 입고 말쑥하게 단장하고 있었다.

허리에 차고 있는 칼은 놋쇠 따위가 아니라 순은으로 만들어진 칼집에 들어 있었다.

허리띠와 지갑은 모두 나무랄 곳이 없이 아름답게 수놓아져 있었다.

그들은 조합에서 높은 자리를 차지하는 부유한 시민처럼 보였고

지식과 능력 면에서 시의원의 자리도 바라볼 수 있는 사람들이었다.

왜냐하면 그들은 충분한 재산과 수입이 있기 때문이다.

아내도 남편이 그런 직책을 맡는 것을 크게 기뻐하며 찬성했다.

그래야 진정한 마님이라고 할 수 있기 때문이다.

'마님'이라 불리며, 여왕처럼 전야제*46 행렬의 선두에 서서 하인들이 망토를 들고 뒤따르는 것을 좋아하지 않는 여자가 어디 있으랴.

　그들은 순례여행을 위하여 데리고 온 요리사에게

톡 쏘는 향료와 방동사니 향료를 넣고 닭을 뼈째로 푹 삶도록 했다.

요리사는 런던 맥주를 한 모금 마시고도 맛을 구분하는 재주가 뛰어났다.

그는 고기를 굽거나 삶고 튀기고, 수프를 끓이고, 파이를

---

*44 14세기 런던의 신흥계급. 그들은 런던시의 참사회원으로, 시장을 선출하거나 시장으로 선출될 권리를 가진 길드 회원이다. 사실상 런던 시정을 담당한 부유한 계급으로, 초서의 집은 이 중산계급에 속한 포도주 무역상이었다.

*45 교구 길드.

*46 길드 축제 전야제를 말하는 듯하다.

맛있게 노릇노릇 구워내기도 했다.
닭고기 푸딩을 만드는 솜씨도 일품이었다.
하지만 그의 정강이에 종기가 하나 있는 것이 참으로 안쓰럽게 생각되었다.

머나먼 서쪽에 사는 선장이 있었다. 내가 알기로 그는 다트
머스 출신이었다.
그는 간신히 말 위에 올라타 있는 모양새로
거친 천으로 만든 겉옷을 무릎까지 걸치고 있었다.
줄을 달아 목에 건 단검이 팔 아래에 대롱대롱 매달려 있었다.
따가운 여름 볕에 그을린 피부는 온통 구릿빛이었다.
확실히 그는 호걸이었다.
보르도에서 돌아올 때는, 무역상들이 잠든 틈을 타 포도주를
몰래 수십 잔씩 벌컥벌컥 들이켜곤 했다.
그에게 세심한 배려는 조금도 아랑곳하지 않았다.
싸움을 해서 이기면 상대를 바다에 던져 버렸다고 자랑스레 말했다.
하지만 바다 위에서 조수와 조류를 측정하며 위험을 감지하고, 항구와 달
과 해로에 대해 그보다 잘 아는 사람은 헐*⁴⁷에서 카르타고*⁴⁸에 이르기까
지 아무도 없었다.
한 마디로 그는 대담하고 영리한 모험가였다.
수많은 폭풍우에 그의 수염은 거칠게 휘날려왔다.
그는 고틀란드 섬에서 피니스테레 곶*⁴⁹까지뿐만 아니라, 영국과 프랑스
사이에 있는 포구도 모조리 알고 있었다.
그의 배 이름은 '마들렌'이었다.

우리 일행 가운데 의사가 한 사람 있었다.
의학과 수술 분야에서 그와 겨룰 수 있는 사람은 아무도
없었다.
그는 점성술에 능통했기 때문이다.
환자의 부적을 만들기에 가장 적당한 순간이 언제인지 별
을 보고

별점을 쳐서 환자를 잘 지켜본 뒤 알맞은 시간을 찾아 처방을 하는 데에도 일가견이 있었다.

병의 원인이 온(溫)·냉(冷)·습(濕)·건(乾) 어떤 것이든 간에, 그 병이 어디에 생겼으며 어느 체액*50 때문에 생겼는지 잘 알았다.

그는 흠 잡을 곳 없는 뛰어난 의사로서 병의 원인을 알아내면 곧 환자에게 근본적으로 약을 처방했다.

약제사에게 다양한 알약과 물약을 가져오도록 미리 조처를 마련해 두었기 때문이었다.

이렇게 서로가 서로의 주머니에 돈을 넣어 주는 역할을 했는데,

그들의 두터운 우정은 어제오늘 시작된 것이 아니었다.

그는 고대의 아스클레피오스, 디오스코리데스, 루퍼스, 히포크라테스, 할리, 갈레누스, 세라피온, 라제스, 아비센나, 아베로에스, 길베르틴, 콘스탄틴, 베르나르드, 가테스텐, 다마스쿠스*51 같은 유명한 의사들에 정통했다.

식사는 적당히 절제할 줄 알았다.

절대로 탐욕스럽게 과식하는 일이 없으며, 영양가가 많고 소화가 잘되는 음식만 골라먹었다.

그런데 그는 영혼의 양식인 성서를 거의 읽지 않았다.

돈을 펑펑 쓰는 사람이 아니었음에도 불구하고

호박단과 얇은 비단으로 안감을 댄 붉은색과 푸른색이 섞인 재색 옷을 입고 있었다.

오히려 흑사병 덕택에 번 돈을 모두 저금하는 구두쇠였으며,

의학에서 강장제로 효능이 좋다는 금이 최고라고 믿어서인지, 그는 황금을 각별히 사랑했다.

---

*47 요크셔에 있는 항구도시.

*48 에스파냐 남동부에 있는 항구도시.

*49 에스파냐 북서부인 갈리시아 지방에 있는 곳.

*50 그 무렵 의사는 혈액, 점액, 황색쓸개즙, 흑색쓸개즙의 4체액에 대한 지식을 반드시 갖추어야 했다. 그러한 체액의 배합과 상태에 따라 사람의 체질과 기질이 결정되며, 체액의 조화가 깨지면 병이 생기기 때문이다. 온(溫)·냉(冷)·습(濕)·건(乾)은 이러한 4체액에 상응하는 성질이다.

*51 그리스 신화에 나오는 의술의 신 아스클레피오스를 비롯한 고대 그리스 시대의 의학 권위자들은 물론 현대 영국의 권위자들까지 잘 알고 있음을 보여준다.

바스 근교에서 온 훌륭한 여장부가 있었다.

안타깝게도 가는귀를 먹은 게 흠이었다.

천을 한 올 한 올 짜는 실력은 유명한 예페르와 겐트*52의 직공들보다도 뛰어났기에

교구 내의 어느 누구도 그녀보다 앞서 봉헌을 하려고 나서는 아낙은 아무도 없었다.

만일 앞서 나갔다가는 그녀가 불같이 화를 내며 이성을 잃어버리기 때문이었다.

그녀의 미사포는 고급 천으로 만든 것이었다.

감히 말하건대 그녀가 일요일에 쓰는 미사포는 족히 10파운드는 될 것이다.

그녀의 행전은 아름다운 진홍색이었는데 다리에 꽁꽁 동여맸고,

신발은 부드럽고 새것처럼 보였다.

아리따운 얼굴은 이목구비가 뚜렷하며 혈색이 좋았다.

평생 존경을 받으며 살아온 그녀는

교회에서*53 다섯 번 결혼을 했다.

그나마 소싯적 사랑한 남자들의 수는 제외한 것이다.

굳이 그 이야기를 지금에 와서 할 필요는 없을 것이다.

그녀는 외국 여행도 여러 번 했다.

세 차례나 예루살렘에 다녀왔고, 로마와 불로뉴뿐만 아니라 에스파냐에 있는 산티아고 데 콤포스텔라와 쾰른에도 가 보았다. 여행에 대해서는 모르는 것이 없었다.

그녀는 느릿느릿 걸어가는 말 위에 편안히 앉아 있었다.

근사한 베일을 두르고 머리에는 방패만큼 크고 넓은 모자를 썼다.

커다란 엉덩이는 승마용 치마에 가려져 있었고, 신발 뒤꿈치에는 끝이 뾰족한 박차를 달고 있었다.

그녀는 사람들과 어울리며 웃고 농담하기를 즐겼다.

참고로 상사병을 치료하는 방법도 잘 알고 있었는데,

앞니 사이가 너무 많이 벌어진*54 그녀는 사랑놀이의 대가였기 때문이었다.

---

*52 두 곳 모두 플랑드르 지방의 양모업 중심지로 직물의 본고장.

*53 중세에는 교회 입구에서 결혼식을 올렸다.

　마음씨 착한 사제도 있었다.

가난한 교구 사제였지만 성스러운 생각과 몸짓에서는 넉넉한 부자였다.

그는 학식이 깊은 신학자로, 그리스도 복음을 널리 전도하며 신자들에게 경건한 태도로 진리를 가르치고자 했다.

성격은 인자하고 상냥하며 근면했다.

온갖 역경도 꿋꿋이 참을 정도로 인내심이 많았다.

실제로 그는 어려운 고비를 많이 겪었다.

그는 십일조를 내지 못했다는 이유로 파문에 처하는 행위를 끔찍하게 증오했다.

그는 교회 헌금이나 자신의 수입을 빈곤한 신자들에게 기꺼이 나누어 주었다.

이처럼 그는 부족함 속에서 만족을 찾는 사람이었다.

그의 교구는 넓고 집들은 멀리 외따로 떨어져 있었다.

그렇더라도 사제는 큰비가 오나 마른 천둥이 치나,

몸이 고통스럽게 아프듯 불행한 일을 당한 교구민이 그를 필요로 하면 그 집이 아무리 멀더라도 신분의 차별 없이, 지팡이 하나 짚고 언제든지 달려가곤 했다.

그가 먼저 스스로 행동하여 가르치는 고귀한 본보기를 그의 양들에게 보여 주었다.

다음과 같은 복음서에 나온 표현을 인용하며 자신의 비유를 덧붙이곤 했다.

'황금이 녹슨다면 쇠가 무슨 소용이 있겠는가.'

우리가 따르는 신부가 타락한다면 일반 신자들이 타락하는 것은 당연한 일이 아닌가.

사제들은 이 점을 가슴속 깊이 새겨야 할 것이다. 양떼는 깨끗한데 양치기가 더럽다면 부끄러운 일이 아닌가?

사제는 자기 몸을 거룩하게 지켜 그의 양떼인 교구민에게 어떻게 살아야 하는지 모범을 보여야 한다.

---

*54 그 무렵의 인상학에서는 치아 사이가 많이 벌어져 있으면 음탕하다고 여겼다.

이 사제는 성당을 남에게 맡겨 놓고, 런던의 성 바오로 성당으로 달려가 부유하게 살다간 영혼의 평안을 위해 미사를 해 줌으로써 수입을 얻거나, 직업조합의 사제로 고용되어 봉사하느라, 자기 교구의 양들이 흙탕물 속에서 길을 잃고 헤매도록 내버려 두는 무책임한 행동은 하지 않았다. 오히려 그는 고향에 머물면서 굶주린 늑대가 해를 입히지 못하도록 양떼를 잘 보살폈다.

그는 진정한 목자이며, 결코 상인은 아니었다.

신앙심이 깊고 덕이 높지만, 죄인들에게 잔혹하게 대하거나 오만한 태도로 업신여기며 말하는 사람이 아니었다.

그는 신중하고 다정하고 친절한 사람이었다.

선행과 모범을 통하여 사람들을 천국으로 이끄는 것이 그의 유일한 목적이었다.

하지만 죄인이 뉘우칠 줄 모르면 신분이 높건 낮건 상관없이 엄하게 꾸짖었다.

그는 위세와 영예를 탐하지 않았고, 괜스레 양심적인 사람처럼 행동하지도 않았다.

사제는 그리스도와 열두 제자의 복음을 가르치고 스스로 먼저 그 복음을 따랐다.

그보다 더 훌륭한 사제는 어디에도 없다고 믿는다.

　그의 형제인 농부가 그와 함께 있었다.

그는 날마다 수레 가득 똥을 퍼 날랐다.

농부는 온화하고 신앙심이 깊은 훌륭한 일꾼이었다.

기쁠 때나 슬플 때나 몸과 마음을 다 바쳐 하느님을 그 누구보다 사랑했다.

다음으로 이웃을 제 몸처럼 사랑했다.

그는 곡식을 타작하고 도랑을 파며 논밭도 갈았다. 그리고 그리스도와 가난한 사람들을 위해 자신이 할 수 있는 일은 아무런 대가 없이 해 주었다.

그는 수입에서 어김없이 십일조를 바쳤다. 그는 헐렁한 작업복을 입고 암말을 타고 있었다.

그리고 청지기와 방앗간 주인, 종교재판소 소환 담당자와 면죄부 판매자,

식료품 조달인과 내가 있었으며, 그 밖에 다른 사람은 없었다.

　　방앗간 주인은 키가 크고 우람했다.
그 큼직한 골격과 힘센 근육을 이용해 마을 곳곳에서 열리는 레슬링 시합에 출전하여 상품으로 늘 숫양을 타왔다.
얼핏 보아도 목이 굵고 떡 벌어진 어깨가 다부져 보였다.
그의 박치기 공격을 받고 경첩이 날아가거나 부서지지 않은 문은 없었다.
턱수염은 여우나 수퇘지 털처럼 붉었고
삽만큼이나 넓적했다.
콧잔등 위에는 사마귀가 불룩 튀어나와 있고, 그 사마귀 위에는 수퇘지 귀에 난 털처럼 붉고 뻣뻣한 털이 한 줌 나 있었다.
입은 아궁이처럼 큼지막했고 그의 콧구멍은 시커멓고 넓었다.
옆구리에는 칼과 방패를 차고 있어 듬직했지만
그는 수다쟁이에, 추잡한 농담을 일삼는 음담패설가였다.
그가 하는 이야기는 언제나 음탕하고 상스러웠다.
방앗간 주인은 곡식을 훔치거나 삯을 세 배로 받아 내는 재주가 뛰어났다.
게다가 그는 황금 엄지손가락을 하고 있었다고 한다. *55
그는 흰 웃옷을 입고 푸른 두건을 쓰고 있었다.
백파이프를 잘 불었으며, 그것을 불면서 맨 앞에 서서 우리를 마을 밖으로 이끌어 갔다.

　　법률대학에 식료품을 대주는 조달인이 있었다.
식료품을 구입할 때 돈을 아끼려면 그가 하는 대로 따라하면 될 정도였다.
현금으로 사든 외상으로 사든 간에 그는 가격 동향을 지켜보다가 가장 좋은 가격에 사들였다.
이처럼 배우지 못한 사람의 지혜가 많은 학자들의 지식을 능가하는 것은 참으로 감사한 하느님의 은총이 아니겠는가.

---

*55 정직하지 않은 방앗간 주인을 나타내는 중세의 관용적 표현.

그는 법률 전문가 중 유능한 박사를 서른 명 넘게 섬기고 있었는데, 그 가운데 열두 명은 특히 뛰어난 사람들이었다.

영국의 어느 귀족이건 그들의 토지와 살림을 관리할 능력이 있었고, 미치광이 주군만 아니라면 빚 없이 주군의 수입만으로도 명예롭게 살 수 있도록 하거나, 그들이 바라는 대로 지출 없는 생활을 꾸리도록 도와주고, 영지 전체가 위험에 빠지면 구원해 줄 수 있는 사람들이었다.

그러나 이 식료품 조달인은 위대한 사람들보다도 한 수 위였다.

청지기는 비쩍 마르고 성질이 고약한 사람이었다.
수염은 최대한 바짝 밀고, 머리칼도 귀 언저리가 모두 보일 만큼 아주 짧게 깎았으며, 이마는 수도자처럼 삭발했다.
다리는 막대기처럼 길고 가늘었으며,
장딴지에도 거의 살이 없었다.
어떤 감사관이 불시에 들이닥쳐도 아무런 흠을 잡아내지 못할 정도로

그는 능수능란하게 곳간과 저장소를 관리했다.

그는 가뭄과 장마를 보고 뿌린 씨앗으로 수확할 곡물의 양을 아주 정확하게 예측했다.

주인의 양과 소, 돼지, 말 같은 가축과 모든 가금(家禽)을 책임지고 관리했으며

주인이 스무 살이 되던 해부터 지금까지 그는 고용계약서에 따라 손익계산서를 제출했다.

지불 잔금을 받는 데 그를 능가하는 사람은 없었다.

집사든 소몰이든 다른 일꾼이든, 청지기는 그들의 속임수나 잔꾀를 하나도 빠짐없이 다 알고 있었다.

따라서 그들은 이 청지기를 역병만큼이나 두려워했다.

그의 집은 푸르른 들판 위에 번듯하게 지어져 있었으며

울창한 나무들이 그림자를 드리우고 있었다.

그는 주인보다 능숙하게 재산을 불릴 수 있었다.

아무도 모르게 많은 재산을 자기 몫으로 빼돌려 부자가 되었다.

그는 본디 주인의 재산을 마치 자신의 것처럼 주인에게 돈을 주거나 또는
빌려 주거나 하여 호감을 얻어낼 정도로 주인을 속여 넘기는 방법을 잘 알
고 있었다.

게다가 그는 시치미를 뚝 떼며 답례로 옷이나 두건을 선물 받기도 했다.

젊었을 때는 기술을 연마한 유능한 목수였다.

청지기는 아주 좋은 말을 타고 있었다. 회색 얼룩말로, 이름은 스콧이었다.

푸른빛이 도는 긴 외투를 입었고, 옆구리에는 녹슨 칼을 차고 있었다.

그는 노퍽에 있는 보데스웰이라는 마을 근처에서 왔다.

청지기는 탁발수사처럼 외투 자락을 걷어붙였고,

우리가 말을 타고 갈 때면 늘 맨 끝에 붙어 따라왔다.

소환리도 우리와 함께 있었다.

그의 얼굴은 케루빔*56처럼 새빨간 색이었는데,

온통 습진으로 뒤덮여 있었고, 눈은 매우 작았다.

정열적인 그는 참새*57처럼 음탕했다.

그의 검은 눈썹에는 딱지가 더덕더덕 붙어 있고, 수염은
듬성듬성 남아 있었다.

아이들은 그의 얼굴만 보아도 겁을 집어먹고 달아나 버렸다.

소독하거나 태워 보기도 하고, 수은, 일산화연, 유황, 붕사, 백연, 주석을
다 써보았지만 그 흰 부스럼과 노랗게 곪은 종기를 치료하지 못했다.

그는 마늘과 양파와 부추를 무척 좋아했으며, 피처럼 붉고 독한 포도주를
즐겨 마셨다.

그는 술만 마시면 미치광이처럼 고함을 꽥꽥 지르며 떠들어 댔다.

완전히 취하면 오직 라틴어로만 말하려 했다.

그가 알고 있는 라틴어는 법령에서 한두 마디 주워들은 말뿐이었다.

온종일 이러한 법령을 들으며 지냈으니 딱히 놀라운 일은 아니다.

알다시피 앵무새도 교황과 똑같이 '월터'라고 발음할 수 있기 때문이다.

다른 문제로 계속 따져 들어가면 그의 밑천이 별것 아님을 알게 된다.

---

*56 지품천사.

*57 고전 시대부터 참새는 호색과 연결되었다.

언제나 그는 '어떠한 법률을 적용할 수 있는가'라는 상투적인 말을 되풀이
할 뿐이었다.

하지만 그는 다정다감하고 싹싹한 친구였다.

그보다 좋은 친구는 세상에 드물었다. 그는 술 한 되만 주면, 열두 달 동
안 자기 첩을 데리고 살게 해 주었고, 완전히 용서해 주기도 했다.

그러면서도 그는 세상 물정 모르는 시골뜨기를 속여 몰래 뜯어먹는 데 일
가견이 있었다.

그는 어디서 좋은 봉을 잡기만 하면, 그 사람의 영혼이 돈지갑 속에 들어
있지 않는 한 대사제의 파문을 두려워할 필요가 없다고 충고했다. 벌은 돈
지갑이 받으면 족하다고 여겼기 때문이다.

그는 말했다. "돈지갑이야말로 대사제의 지옥이다."

하지만 나는 그가 새빨간 거짓말을 하고 있다는 것을 잘 알고 있었다.

죄를 지은 사람들은 파문을 겁내는 법이다.

왜냐하면 파문은 영혼을 죽이고 사면은 영혼을 구제하기 때문이다.

따라서 사람들은 파문장이 날아오지 않도록 조심해야 한다.

그는 교구의 젊은 처녀들을 마음대로 다루었는데, 그는 그들의 비밀을 알
고 있는 유일한 조언자였다.

그는 술집 간판에나 어울리는 커다란 화관(花冠)을 머리에 쓰고 있었다.

그리고 빵 덩어리를 방패처럼 휘둘러 댔다.

　　　그와 함께 친구이자 동료인 차링 크로스 병원에서 온 점잖
은 면죄부 판매자가 말을 타고 있었다.

그는 로마 교황청에서 곧바로 이곳으로 왔다.

"사랑하는 이여, 나에게 오라" 그는 큰 소리로 노래를 불렀다.

그러면 소환 담당자가 굵은 목소리에 어울리는 저음으로 후
렴을 따라 불렀다.

아무리 나팔을 크게 불어도 그 목소리의 절반밖에 따라가지
못할 정도였다.

면죄부 판매자의 밀랍처럼 노란 머리칼은 한 타래의 아마처럼 매끄럽게
아래로 떨어지며

몇 갈래로 덩어리져서 축 처져 있었다.

그리고 그 머리칼 덩어리들이 경성드뭇하게 그의 어깨를 덮고 있었다.

그는 멋을 부리기 위해 두건을 쓰지 않았고

모자 말고는 흐트러진 머리를 덮을 만한 것이 없는데도 그의 가방 속에 처박아 두었다.

오히려 그는 최신 유행 차림으로 여행한다고 으스대면서 토끼같이 쏘아보는 듯한 눈을 하고 있었다.

모자 아래쪽에는 베로니카의 손수건*58을 매달고 있었다.

무릎 위에 놓인 자루에는 로마에서 가져온 면죄부가 가득 들어 있었다.

그의 목소리는 염소처럼 조그맣고 가늘었지만

수염은 기르지 않았고, 앞으로도 기를 일은 결코 없을 것이다.

그의 얼굴은 방금 면도를 한 사람처럼 반질거렸다.

면죄부 판매자는 거세당했거나 아니면 동성애자로 여겨졌다.

하지만 일에 대한 한, 버윅에서 웨어에 이르기까지 그와 어깨를 견줄 만한 면죄부 판매자는 어디에도 없었다.

그는 자루 안에 성모 마리아의 베일로 만들었다는 베갯잇을 가지고 다녔다.

그는 베드로 성인이 바다 위를 걷다가 가라앉으려고 했을 때 예수 그리스도가 구해 주기 위해*59 사용했다는 돛 조각도 가지고 있다고 떠들어 댔다.

그는 조약돌이 잔뜩 박힌 청동 십자가를 가지고 있었으며,

돼지뼈다귀가 들어 있는 유리 상자도 지니고 있었다.

하지만 가난한 시골 사제를 만나면 이러한 유물들을 가지고 사제가 두 달 동안 번 것보다 훨씬 많은 돈을 단 하루 만에 벌어들였다.

이처럼 뻔뻔스런 사탕발림과 거짓말로 사제와 가난한 백성을 속였던 것이다.

그러나 솔직히 말하면, 교회에서 그는 훌륭한 성직자였다.

기도할 때는 성서 구절이나 성인전(聖人傳) 구절을 잘 읽었고,

특히 봉헌성가를 가장 듣기 좋게 불렀다.

---

*58 전설에 따르면, 그리스도가 십자가를 짊어지고 골고다 언덕으로 갈 때 성 베로니카가 그리스도에게 땀을 닦으라며 손수건을 내밀었는데 돌려받은 손수건에는 예수의 얼굴이 새겨져 있었다고 한다.

*59 〈마태오 복음서〉 14 : 29~31.

노래가 끝난 뒤 신도들에게서 돈을 되도록 많이 긁어내려면 혀를 부드럽게 굴려서 설교해야 한다는 사실을 훤히 알고 있었기 때문이다.
그래서 그는 언제나 성가를 힘차고 명랑하게 불렀다.

　지금까지 나는 여러분에게 우리 일행의 계급이 무엇이며 어떤 옷을 입고 있고 모두 몇 명이며, 어째서 벨 여관에서 가까운 이곳 서더크에 있는 훌륭한 타바드 여관에 모이게 되었는지를 간단히 이야기했다.
이번에는 우리가 그 여관에 도착한 날 밤, 어떤 일이 있었는지를 말할 차례이다.
그런 다음에 우리의 여행과 순례에 대한 나머지 이야기를 하고자 한다.
앞서 여러분에게 양해를 구하겠다.
내가 그들의 말이나 행동을 서술하면서 거친 표현을 쓰더라도, 그것은 그들이 사용한 말을 정확하게 재현하기 위함이지 내가 천박한 탓이 아님을 이해하여 주기 바란다.
여러분도 나처럼 잘 알고 있겠지만,
다른 사람이 말한 내용을 다시 이야기할 때는 그들이 아무리 거칠고 음란한 말을 썼더라도 그런 말들은 되도록 그대로 재생해야만 한다.
그렇지 않으면 엉뚱한 이야기나 거짓말을 하거나 새로운 단어로 다시 고쳐 말해야 하기 때문이다.
비록 대상이 자신의 형제라 할지라도 망설여서는 안 된다.
이야기를 시작하면 다음 말도 그와 마찬가지로 주의 깊게 신중히 전해야 한다.
그리스도께서도 성서에서 그대로 말씀하셨지만
그 말이 상스럽다고 생각하는 사람은 아무도 없다.
또한 플라톤의 책을 읽어 본 사람은 누구나 알다시피,
"말은 행동의 사촌이어야 한다"고 말했다.
여기 나오는 인물들을 신분에 관계없이 배열한 점도 여러분이 이해해 주기를 바란다.
알다시피 이는 모두 내 능력이 부족한 탓이다.
여관 주인은 우리 모두를 두 팔 벌려 환영했으며,

〈면죄부 판매자의 이야기〉 장면 1924년 작품. 《캔터베리 이야기》에서 순례자들이 서더크에 있는 여관을 떠나는 장면이나 여행하는 모습을 그려 낸 회화 또는 삽화는 많지만, 특정 등장인물이 이야기하는 장면을 묘사한 작품은 많지 않다. 수상한 면죄부 판매자(앞줄 가운데 오른쪽)의 이야기에 귀기울이는 순례자들. 바스 여장부(가운데 여성)가 상석을 차지하고 있다. 왼쪽 옆 사람이 초서. 개인소장.

우리를 곧바로 식탁에 앉히고 훌륭한 진수성찬을 내놓았다.

독한 포도주는 부드럽게 잘 넘어갔다.

여관 주인은 연회에서 사회를 맡기에 더할 나위 없이 적당한 인물이었다.

치프사이드*60에 그보다 훌륭한 시민은 아마도 없을 것이다.

눈은 부리부리하고 몸집은 우람한 그는 대담하고 현명하게 말하며 교양도 있었다.

한 마디로 모든 면에서 모자람이 없었다.

──────────

*60 그 무렵 런던에서 가장 큰 번화가였다.

게다가 그는 쾌활한 사람이었다.

저녁 식사가 끝나고 우리가 각자 계산을 마치자 슬슬 그는 농담을 시작했는데

재미있는 이야기 보따리를 잔뜩 풀어 놓았다.

"신사 숙녀 여러분, 여러분을 진심으로 환영합니다.

솔직히 말씀드리면, 올해 들어 제 여관에 여러분처럼 재미있고 유쾌한 분들이 오신 적은 한 번도 없습니다.

맹세코 거짓말이 아니에요.

저는 여러분에게 기꺼이 즐거움을 선사해 드리고자 합니다.

저만 믿으세요.

방금 전에 여러분의 흥을 돋워 줄 멋진 생각이 떠올랐어요.

게다가 돈도 한 푼 안 들지요.

여러분은 캔터베리로 가고 있습니다. 하느님의 가호가 있기를!

복된 순교자가 당신의 소원을 들어 주시길 진심으로 빕니다.

여러분이 가시는 길에 농담도 하면서 즐겁게 보내실 거란 것을 저도 잘 알고 있습니다.

목석처럼 입을 꾹 다물고 간다면 정말 따분할 테니까요.

그래서 처음 말씀드린 바대로 제가 여러분에게 재미있는 놀이를 하나 제안하고자 합니다.

여러분이 제 판단에 따르고, 제가 말씀드린 대로 하겠다고 만장일치로 찬성해 주신다면, 내일 순례길을 떠날 때, 돌아가신 제 아버지의 영혼을 두고 맹세하건대, 만일 여러분이 지루하다면 제 목을 치셔도 좋습니다.

자, 다른 말씀들은 하지 마시고 찬성하시는 분은 손을 들어 주십시오."

하지만 결정을 내리는 데에는 오랜 시간이 필요하지 않았다.

깊이 생각할 만한 일도 아니었으므로 모두들 군소리 없이 주인의 제안을 받아들였다.

그리고 주인에게 원하는 대로 지시를 내리라고 청했다.

여관 주인이 말했다.

"신사 숙녀 여러분, 제 말을 잘 들으십시오. 그리고 부디 제 이야기를 시시하다고 여기지 말아 주십시오. 간단히 요점만 말하겠습니다. 그러니까 캔터베리로 가는 길이 심심하지 않도록 여러분 모두가 돌아가면서 이야기를 두 가지씩 하는 것입니다. 옛날에 있었던 모험 이야기를 말이에요.

그런 뒤에 누가 이야기를 으뜸으로 잘했는지, 즉 누구 이야기가 가장 교훈적으로 재미있게 했는지를 정해서, 캔터베리에서 돌아온 뒤 그분을 이 여관의 기둥 옆자리에 앉히고 우리 돈으로 푸짐한 저녁 식사를 대접하는 겁니다.

그리고 여러분을 보다 즐겁게 하기 위해서 저도 기꺼이 여러분과 함께 말을 타고 나서겠습니다.

비용도 제 자비로 부담할 것이며, 여러분의 안내자가 되겠습니다.

저는 심판이 되겠습니다. 제 의견에 반대하시는 분은 누구든 가는 도중 모든 여비를 몽땅 내셔야 합니다.

여러분이 찬성하신다면 군말 않고 그렇다고 말해 주십시오.

그러면 저도 곧 떠날 채비를 하겠습니다."

우리는 그의 제안을 받아들이고 선뜻 따르겠다고 맹세했다.

게다가 제안한 대로 해 주기를 청하며, 부디 우리의 안내자뿐만 아니라 이야기를 심사하는 심판이 되어 주고, 정해진 가격에 알맞은 저녁 식사를 척척 준비해 달라고 주인에게 부탁했다.

우리는 모두 여관 주인의 결정에 순순히 따르기로 했으며

이구동성으로 그의 의견에 동의했다.

주인은 술을 더 가져오라 시켰고,

우리는 술을 마신 뒤 지체하지 않고 저마다 잠자리에 들었다.

다음 날 아침 여관 주인은 해가 뜨자마자 자리에서 벌떡 일어나 수탉처럼 우리를 깨우러 이리저리 돌아다녔다.

그리고 양떼를 몰듯 우리를 한자리에 모았다. 우리는 토머스 성인의 개울*61을 향해 천천히 말을 몰았다.

그곳에 도착하자 주인이 말을 멈추고 말했다.

"여러분, 제 말을 잘 들어 주십시오. 여러분들 모두 약속한 걸 잊지는 않으셨겠죠?

어제저녁의 노래가 오늘 아침의 노래와 일치한다면, 누가 먼저 이야기를 시작할지 생각해 봅시다.

포도주와 맥주를 마음 놓고 실컷 마실 것을 기대하며

제 말을 어기는 사람은 캔터베리까지 가는 비용을 모두 지불해야 합니다.

자, 출발하기 전에 제비를 뽑겠습니다.

가장 짧은 제비를 뽑는 사람부터 시작하기로 하지요.

기사님, 먼저 제비를 뽑으세요.

수녀원장님, 가까이 오세요. 그리고 학자 양반도 수줍어 마시고 골치 아픈 걱정도 그만 하세요. 한 분도 빠짐없이 뽑으세요!"

곧바로 모두가 제비를 뽑기 시작했다.

일이 어떻게 진행되었는지 간단히 말하겠다. 우연인지 운명인지는 몰라도

---

*61 런던에서 약 2마일 떨어진 곳에 있는 개울.

런던 남동쪽 토바드 여관에서 캔터베리를 향해 출발 준비를 하고 있는 순례자들 에드워드 헨리 코볼드 작.

사실, 기사가 가장 짧은 제비를 뽑았다.

우리는 모두 환호성을 질렀다.

이제 여러분이 들은 대로, 기사는 우리 모두가 동의한 바에 따라 이야기를 시작해야만 했다.

이 이상 무슨 말이 더 필요하랴.

이 훌륭한 기사는 상황을 보고는, 협정에 흔쾌히 동의하는 현명하고 순종적인 사람처럼 말했다.

"내가 이 놀이를 시작하게 된 마당에, 하느님의 이름을 걸고 가장 먼저 당첨된 것을 환영하는 바이오. 자, 말을 타고 어서 출발합시다. 내 이야기에 귀 기울여 주길 바라오."

그의 말과 함께 우리는 길을 출발했다.

기사는 매우 즐거운 표정으로 이야기를 시작했다. 그의 이야기는 다음과 같다.

기사의 이야기

기사의 이야기가 시작된다.

이제 테세우스 왕은 스키타이인과 격렬한 전투를 벌인 뒤,
월계수로 장식된 개선 전차를 타고 고국을 향해 길을 서두른다.

1

아주 오랜 옛날부터 전해 내려오는 이야기에 의하면, 테세우스라는 왕이
있었는데 그는 아테네의 군주이자 통치자였습니다. 태양 아래 그보다 위대
한 정복자는 없었습니다. 그는 이미 부유한 왕국들을 수없이 정벌했습니다.
또한 지혜와 용기를 발휘하여, 옛날 스키타이라고 불린 페메니에*1의 모든
영토를 차지했습니다. 그리고 그들의 여왕 히폴리테와 결혼하여, 그녀와 그
녀의 동생 에밀리를 데리고 당당하게 고국 땅을 밟았습니다. 그는 무장한 기
사들을 거느리고 영광스런 승리를 기리는 음악을 연주하며 아테네로 돌아갔
다고만 해 두겠습니다.

이야기가 너무 길어지지만 않는다면, 여기서 테세우스와 그의 기사들이
아마존 왕국을 어떻게 함락했는지를 자세히 말씀드렸을 겁니다. 특히 아테
네 군인들과 여전사들이 벌인 치열한 전투와, 스키타이의 아름답고 용맹한
여왕 히폴리테가 어떻게 포위당했는지, 그들의 결혼식 때 벌어진 성대한 잔
치와 테세우스가 조국으로 돌아오는 길에 만난 폭풍우에 대해 이야기했을
것입니다. 하지만 지금은 그냥 지나칠 수밖에 없겠군요. 하느님께서는 능히
아실 테지만, 지금 내가 경작해야 할 땅은 끝없이 넓은데 내 쟁기에 맨 소가
보잘것없이 너무 허약하기 때문입니다.

---

*1 중세 때 라틴어 femina(여인)에서 유래된 이름으로, 용맹한 여인 부족이 살았던 신비로운
   나라 아마존을 말한다.

게다가 앞으로 할 이야기가 상당히 긴 데다, 다른 사람이 말할 시간을 나혼자 모두 차지할 생각은 추호도 없습니다. 이야기하고 싶으신 분은 누구든 하셔도 상관없소. 누가 저녁식사를 대접받게 될지 어디 한 번 지켜 봅시다. 그럼 아까 하던 이야기를 이어 하겠습니다.

　테세우스 왕이 승리의 기쁨에 도취되어 아테네 근처 한 마을에 막 도착했을 즈음, 검은 상복을 입은 젊은 귀부인들이 둘씩 짝을 지어 길가에 무릎을 꿇고 있는 모습이 눈에 들어왔습니다. 여인들은 서럽게 통곡하고 있었습니다. 이 세상 누구도 그보다 더 처절한 울음소리를 들어 보지 못했을 것입니다. 여인들은 테세우스의 말고삐를 잡고서야 겨우 울음을 그쳤습니다.

　테세우스가 물었습니다.

　"너희들은 대체 누구이기에 고향으로 돌아오는 내 기쁜 마음을 통곡소리로 망치려 드느냐? 내가 얻은 명예가 부러워서 그렇게 한탄하며 우는 것이냐? 아니면 누군가가 너희들에게 해를 끼치거나 모욕을 주었느냐? 내가 너희들의 소원을 들어 줄 수 있다면 도와 주겠다. 그리고 왜 검은 상복을 입고 있는지도 말해 보아라."

　그러자 그들 가운데 가장 나이가 많은 여인이 말했습니다. 여인은 말을 마친 뒤 시체같이 창백한 얼굴로 까무러쳤는데 그 모습을 보자니 측은하기 그지없었습니다.

　"운명의 여신이 승리를 선사하시어 정복자로 우뚝 서신 왕이시여. 우리는 당신의 영광과 명예가 부러워 슬퍼하는 것이 아닙니다. 단지 당신의 자비와 도움을 바랄 뿐입니다. 우리의 고통과 불행을 불쌍히 여기소서! 자비롭고 고결한 당신의 마음에서 연민을 한 조각 오려내시어 불쌍한 여인들에게 내려 주소서. 왕이시여, 우리는 모두 한때 귀족 부인이거나 왕비였습니다. 하지만 지금은 보시다시피 비참한 신세로 전락했습니다. 우리는 운명의 여신의 변덕스러운 수레바퀴 때문에 어떠한 지위나 안정도 기약하지 못하게 되었습니다. 왕이시여, 우리는 당신을 뵙고자 지난 보름 동안 이곳 클레멘스 여신*2의 신전에서 당신이 오시기만을 간절히 기다렸습니다. 제발 우리를 도와 주세요! 모든 것이 당신의 손에 달렸습니다. 지금 슬픔에 젖어 울부짖고

---

*2 자비의 여신.

있는 저는 테베에서 숨을 거둔 카파네우스 왕*3의 왕비였습니다. 아, 저주스
런 그날이여! 여기서 이렇게 통곡하는 이들은 모두 테베가 포위되었을 때
남편을 잃은 여인들입니다. 지금 이 순간에도 테베의 통치자가 된 늙은 크레
온은 분노와 부정한 마음으로 가득 차 이미 죽은 우리 남편들의 시체마저 욕
되게 하고자 한곳에 쌓아 놓고는, 화장이나 매장을 결코 허락하지 않은 채
개들에게 뜯어 먹히는 모욕을 주고 있습니다."

왕비의 말이 끝나자, 여인들은 또다시 엎드려 비통한 울음을 터뜨렸습니다.

"우리 가련한 여인들에게 자비를 베푸소서. 우리의 슬픔이 당신의 가슴속
으로 스며들게 하소서."

이 고귀한 왕은 여인들의 말을 듣고 연민에 휩싸여 말에서 획 뛰어내렸습
니다. 한때 높은 지위에 있던 여인들이 이처럼 처참하게 몰락한 모습을 보니
가슴이 찢어지는 것 같았습니다. 그는 두 팔을 벌려 여인들을 모두 안아 주
고 진심으로 위로했습니다. 그리고 기사의 명예를 걸고 맹세했습니다.

"그대들의 원수를 갚아 주기 위해 폭군 크레온에게 온 힘을 다해 공격하
리라. 그러면 죽어 마땅한 크레온을 테세우스가 어떻게 무참히 처치했는가
를 온 그리스 백성이 널리 이야기하리라."

테세우스는 지체 없이 군사들을 이끌고 깃발을 높이 휘날리며 테베를 향
해 나아갔습니다. 그는 아테네 근처에는 한 발자국도 다가가지 않고, 반나절
을 쉬지 않고 달려 그날 밤에는 잠자코 야영했습니다. 한편 히폴리테와 젊고

---

*3 폴리네이케스에게 가담한 죄로 테베에서 목숨을 잃은 일곱 용사 가운데 한 사람.

아름다운 처제 에밀리는 아테네로 보내 그곳에 머물게 했습니다. 테세우스는 말을 타고 계속 달렸으니 더 이상은 설명하지 않아도 될 것입니다.

창과 방패를 든 군신 마르스의 붉은 입상(立像)이 크고 하얀 그의 군기에서 빛나자 주변 들판이 환하게 빛났습니다. 그 군기 옆에는 금박을 입힌 삼각 깃발이 있었습니다. 그 깃발에는 테세우스가 크레타 섬에서 처치한 미노타우로스*4의 얼굴이 새겨져 있었습니다. 정복자 테세우스는 기사도의 꽃이라 불리는 정예부대와 함께 한시도 쉬지 않고 말을 몰았습니다. 테베에 도착하자 병사들은 전투를 벌일 들판에 각자 자리를 잡고 완벽하게 전투태세를 갖추었습니다. 간단히 말하면, 테세우스는 테베 왕 크레온과 정정당당하게 싸워 용감한 기사답게 그의 목을 단칼에 베고, 크레온의 병사들을 쳐부순 뒤 테베를 점령하여 성벽과 대들보와 서까래를 모조리 부수었습니다. 그런 다음 여인들에게 죽은 남편의 유해를 되돌려 주어 관습대로 장례를 치르도록 했습니다. 남편들의 시체가 불에 탈 때 여인들의 통곡 소리가 얼마나 처참했는지, 또한 여인들이 떠나려 할 때 고결한 정복자 테세우스가 여인들에게 얼마나 큰 영예를 베풀었는지를 말하려면 시간이 너무 많이 걸릴 것입니다. 그래서 되도록 짧게 이야기하고자 합니다.

크레온의 목을 베고 테베를 점령한 용맹한 왕 테세우스는 전쟁터에서 하룻밤 쉬고 나서 그가 원하는 대로 정복한 왕국을 처리했습니다.

그러자 전쟁과 혼란이 있은 뒤에 어김없이 나타나는 약탈꾼들이 죽은 병사들 사이를 헤집고 다니며 시체에서 갑옷과 무기를 일사불란하게 벗겨 냈습니다. 그때 약탈꾼들이 시체더미 속에서 온몸에 심한 상처를 입고 피투성이가 되어 나란히 쓰러져 있는 두 젊은 기사를 발견했습니다. 그들은 화려하게 장식된 똑같은 종류의 갑옷을 입고 있었습니다.

한 기사는 알시테였고, 다른 기사는 팔라몬이었습니다. 그들은 산 것도 아니고 죽은 것도 아닌 반죽음 상태였습니다. 하지만 테세우스의 병사들은 그들의 문장(紋章)과 갑옷을 보고 그들이 테베의 왕족이며 자매에게서 태어난 사촌지간이라는 사실을 알았습니다. 약탈꾼들은 시체더미에서 두 기사를 끌어내어 조심스럽게 테세우스의 천막 안으로 옮겼습니다. 테세우스는 그들의

---

*4 반인반수의 괴물. 크레타 섬의 왕 미노스의 청을 받고 다이달로스가 만든 미궁에 갇혀 제물로 바쳐진 아테네의 소년 소녀들을 잡아먹었다.

몸값을 받고 석방해야 한다는 말에 귀 기울이지 않고, 곧바로 아테네로 보내 평생을 감옥에서 지내도록 명령했습니다.

테세우스는 이런 조치를 내린 뒤 군사들을 이끌고, 머리에는 정복자의 월계관을 쓰고 귀향길에 올랐습니다. 그리고 고국에서 남은 생을 명예롭게 보냈습니다. 이 이상 무슨 말이 더 필요하겠습니까. 한편 팔라몬과 그의 사촌 알시테는 옥탑에 갇힌 채 슬픔과 고통 속에서 평생을 보내야 했습니다. 아무리 돈

기사의 이야기 판화(1721) 존 유리 작.

이 많아도 그들을 구해 줄 수는 없었습니다.

이렇게 날이 가고 해가 떴습니다. 어느 5월의 아침, 푸르른 줄기 위에 핀 백합보다 아름답고 향기 그윽한 꽃 피는 5월보다도 싱싱하며, 얼굴빛이 장미꽃과 겨룰 만큼 발그레하여 누가 더 아리따운지 나로서는 알 수 없는 에밀리가 평소와 다름없이 날이 새기도 전에 잠자리에서 일어나 몸치장을 마쳤습니다. 바야흐로 눈부신 5월에 누가 늦잠을 잘 수 있겠습니까.

이 계절은 모든 고결하고 다정한 마음을 자극하여 꿈속을 깨워 속삭입니다. '일어나 그대의 의무를 다하라.' 에밀리는 가슴속에서 울려 퍼지는 이 말을 듣고 5월의 아침에 경의를 표해야 한다는 사실을 떠올리며 침대에서 일어난 것입니다. 그녀는 감히 말로 표현할 수 없을 만큼 아름답게 단장했습니다. 그녀는 금빛 머릿결을 등 뒤에 곱게 땋아 내렸는데 길이가 1야드는 되어 보였습니다. 해가 떠오르자 에밀리는 뜰을 이리저리 한가로이 걸었습니다. 흰 꽃과 붉은 꽃을 소담스럽게 꺾어 머리에 쓸 어여쁜 화관을 만들었습니다.

그리고 천사와 같은 목소리로 달콤한 노래를 불렀습니다.

내가 앞서 이야기했고 앞으로도 계속 등장할 두 기사가 갇힌 거대한 탑의 벽은 두껍고 견고했으며, 이 성에서 주된 쓰임은 감옥이었습니다. 이 탑은 에밀리가 산책하는 정원과 잇닿아 있었습니다. 태양은 밝고 화사하게 빛났고 아침은 맑았습니다. 불쌍한 포로 팔라몬은 평소처럼 간수의 허락을 받고 일어나 높이 솟은 탑의 감방 안에서 왔다 갔다 서성이고 있었습니다. 유명한 도시의 아기자기한 전경을 내려다보니, 때마침 눈부시게 아름다운 여인이 거닐고 있는 울창한 뜰도 보였습니다. 슬픔에 잠긴 포로 팔라몬은 방 안을 서성거리며 신세를 한탄했습니다. "가련한 내 신세야, 왜 이 세상에 태어났단 말인가." 그는 하염없이 탄식했습니다.

그런데 우연인지 필연인지, 말뚝처럼 굵고 튼튼한 쇠창살이 수없이 박힌 창문 너머로 팔라몬은 에밀리를 보게 되었습니다. 그녀를 본 순간 팔라몬은 뒷걸음질치며 가슴속 가장 깊은 곳에서 터져 나오는 비명을 질렀습니다. 그 소리를 들은 알시테가 자리에서 벌떡 일어나 물었습니다. "사촌이여, 무슨 일인가? 얼굴이 죽은 사람처럼 창백하지 않은가? 왜 소리를 질렀는가? 누가 자넬 해치려고 했는가? 부탁이니 포로 생활을 참고 받아들이게. 달리 방도가 없지 않은가. 운명의 여신이 이러한 역경을 내리셨네. 토성*5의 사악한 운행에 의해 우리가 이와 같은 불행에 빠진 것이네. 그것을 받아들이지 않기로 굳게 맹세한다 할지라도 아무 소용이 없네. 우리가 태어났을 때부터 이미 천계가 그러한 형태였던 거야. 그저 우리는 참고 견뎌야 하네. 그 수밖에 없어."

이에 팔라몬이 대답했습니다. "이보게, 자네의 그러한 생각은 공상일 뿐이네. 하지만 내가 소리를 지른 것은 이 감옥 때문이 아닐세. 나는 방금 내 눈으로 본 것 때문에 마음에 쓰라린 상처를 입었네. 나는 그 때문에 죽고 말 걸세. 저 너머의 뜰을 거닐고 있는 여인이 보이는가? 저 여인의 아름다움이 나의 비명과 한탄의 모든 원인이라네. 나는 그녀가 사람인지 여신인지도 모르겠네만 아마 비너스 여신이 틀림없을 걸세."

---

*5 중세 점성술에서는 행성들의 위치에 의해 사람이 태어날 때 길흉의 영향을 받는다고 믿었으며, 토성은 불길한 별이라고 여겼다. '기사의 이야기'에 나오는 토성과 화성과 금성은, 신화에서는 각각 사탄(농경의 신, 황금시대의 지배자), 마르스(군신), 비너스(사랑, 미의 여신)에 해당한다.

테베를 정복하고 개선하는 테세우스 워릭 고블 작, 1912.

　팔라몬은 무릎을 꿇고 말했습니다. "비너스 여신이여, 이 정원에, 슬프고 비참한 제 앞에 그와 같은 모습으로 바꾸어 나타나심이 당신의 뜻이라면 부디 이 감옥에서 빠져 나갈 수 있도록 도와 주소서. 영원한 신의 말씀에 따라 감옥에서 죽는 것이 나의 운명이라면 제발 잔인하게 파멸당한 우리 가문을 불쌍히 여기소서."

　그 말을 듣고 알시테는 산책을 하고 있는 여인을 바라보았습니다.

　그 역시도 광경을 보자 그녀의 아름다움이 정곡을 깊숙이 찔렀으니, 팔라몬이 입은 상처와 같거나 어쩌면 그보다 더 깊은 상처를 입었을지도 모릅니다. 알시테는 한숨을 내쉬며 애처롭게 말했습니다. "저 뜰을 거닐고 있는 여인의 풋풋한 아름다움이 느닷없이 나를 죽이고 마는구나. 내가 그녀를 볼 수 있도록 자비와 은총을 얻지 못한다면 나는 이미 죽은 목숨이나 다름없으니 더 이상 무슨 말을 하겠는가."

　팔라몬은 이 말을 듣자 경멸하는 얼굴로 말했습니다. "자네는 농담으로 하는 말인가?"

　"아닐세." 알시테는 나직이 말했습니다. "진심일세. 신이시여, 저를 도와 주소서. 지나친 장난은 제 성격에 맞지 않습니다."

팔라몬은 눈살을 찌푸리며 말했습니다.

"나는 자네의 사촌이며 생사를 같이 하기로 맹세한 친구일세. 그런 나에게 신의를 저버린다면 결코 자네가 쌓은 명예를 지킬 수 없을 걸세. 우리 둘은 괴로움에 시달리다 목숨을 잃더라도, 죽음이 우리를 갈라놓기 전에는 결코 사랑 문제로 서로 싸우지 않을 뿐만 아니라 다른 어떤 경우에도 방해하지 않기로 맹세하지 않았는가. 친애하는 형제여! 내가 자네를 돕듯이 자네도 언제 어느 때나 진심으로 나를 도와야 하네. 이것이 바로 그대의 맹세이자 나의 맹세가 아닌가. 자네가 거절하지 않을 것을 잘 알고 있네. 그래야만 자네는 내가 진심으로 신뢰하는 친구일세. 그런데 지금 자네는 나를 배반하고 내 여인을 사랑하려 하고 있네. 내가 앞으로 살아 있는 한 심장이 멈출 때까지 사랑하고 섬기게 될 여인을 말일세. 아니되네, 배신자 알시테여, 그럴 수는 없어. 내가 먼저 그녀를 사랑했고, 앞서 말했듯이 자네는 나를 도와 주고 조언해 줄 의형제라고 여겼기 때문에 내 고뇌를 털어놓은 걸세. 그러니 자네는 온 힘을 다해 나를 도와 주는 기사로서 나와 단단히 맺어져 있네. 그렇지 않으면 나는 자네를 배신자라고 부르겠네."

그러자 알시테는 매우 거만하게 대답했습니다.

"믿음을 저버린 자는 내가 아니라 자네일세. 솔직히 말하면 배신자는 자네야. 그녀를 연인으로서 먼저 사랑한 사람은 나, 알시테이기 때문이네. 무슨 소리냐고? 자네는 지금도 그녀가 여자인지 여신인지도 분간하지 못하고 있잖은가. 자네는 영적인 대상을 사랑한 것이고, 나는 살아 있는 여자를 사랑한 걸세. 그래서 나의 사촌이자 맹세를 나눈 형제인 자네에게 내 감정을 털어놓은 거야. 백보 양보해서 자네가 먼저 그녀를 사랑했다고 가정해 보세. 자네는 '누가 사랑에 빠진 사람에게 법의 잣대를 들이대겠는가'*6라는 옛 성현의 말씀을 들어 보지 못했는가? 내 머리를 걸고 말하건대, 사랑은 이 세상 그 누가 만든 법이나 계율보다도 훨씬 더 위대하네. 그래서 사람이 만든 법과 계율은 사랑에 빠진 모든 사람들에 의해 수시로 깨지는 걸세. 사람은 의지와 상관없이 사랑에 빠지게 되어 있네. 비록 상대가 처녀든 과부든 유부녀든 목숨이 끊어지는 한이 있어도 그러한 운명에서 빠져 나올 수 없어. 어쨌

---

*6 보에티우스의 《철학의 위로》.

감옥에 있는 팔
라몬과 알시테,
정원에 있는 에
밀리 보카치오
작, 1465.

든 자네가 그녀의 은총받을 일은 평생 없을 걸세. 그건 나 역시 마찬가지야.

알다시피 자네와 나는 영원히 감옥에 갇혀 지낼 운명이네. 몸값을 지불한
다 해도 자유를 얻지 못해. 지금 우리는 뼈다귀 하나를 차지하려고 싸우는
개들*7과 다름없네. 개들은 온종일 싸우지만 결국 아무것도 얻지 못하지. 서
로 으르렁거리는 사이에 갑자기 솔개가 날아와 뼈다귀를 낚아채 가기 때문
이야. 이보게, 형제여, 궁정에서는 누구나 자기 이익만 추구하면 되는 법일
세. 자네는 자네 좋을 대로 사랑하게. 나도 내 나름대로 영원히 그녀를 사랑
할 걸세. 사랑하는 형제여, 내가 하고 싶은 말은 이게 전부라네. 우리는 언
제까지나 이 감옥에 갇혀 있어야 하니 각자 사랑을 하는 수밖에 없네."

두 사람 사이의 격렬하고 기나긴 말싸움을 시간만 있다면 자세히 이야기
하겠지만, 여기서는 요점만 간추려 말하겠습니다. 하루는 테세우스와 어릴
때부터 절친한 친구였던 페레테우스라는 훌륭한 왕이 평소와 다름없이 여흥
을 즐기고 친구를 만나기 위해 아테네에 왔습니다. 페레테우스 왕은 이 세상
누구보다도 테세우스를 사랑했고, 테세우스도 그 못지않게 진심으로 그를
좋아했습니다. 옛날이야기 책에 나오듯, 그들의 우정은 너무나 깊어 한 사람

*7 사자와 곰이 사슴을 잡으려고 서로 싸우는 동안 여우가 와서 물고 가 버린 이솝우화와 비
  슷하다.

이 죽으면 남은 친구는 지옥까지 내려가 죽은 친구를 찾을 정도였습니다. 하지만 그 이야기는 여기서 하지 않겠습니다.

페레테우스 왕은 오랫동안 잘 알고 있던 알시테를 무척 아꼈고, 테베에서 그와 친하게 어울리던 사이였습니다. 그리하여 페레테우스 왕이 거듭해서 간곡히 애원한 결과, 테세우스 왕은 몸값도 받지 않고 알시테를 석방하고 어디든 가고 싶은 곳으로 자유롭게 가도록 해 주었습니다. 하지만 다음과 같은 조건이 있었습니다.

테세우스와 알시테가 맺은 계약은 간단히 말하면, 밤이든 낮이든 평생 동안 알시테가 테세우스의 왕국에 있는 것이 발각되어 잡히기만 하면, 즉각 칼로 목을 베어 버리겠다는 것이었습니다. 이에 알시테는 인사만 하고 급히 고향으로 향하는 수밖에 없었습니다. 알시테여, 조심할지어다! 네 목이 볼모 삼아 잡혀 있으니!

알시테는 큰 슬픔에 빠졌습니다. 죽음의 화살이 심장을 관통하는 것을 느꼈습니다. 그는 울부짖고 비통하게 소리지르며 아무도 모르게 자살할 기회를 엿보고 있었습니다. 알시테는 목놓아 울었습니다.

"아, 내가 왜 세상에 태어났는지, 그날이 저주스럽구나! 이제 나는 전보다 더욱 끔찍한 감옥에 갇혔도다. 나는 연옥이 아니라 지옥에서 영원히 살아갈 운명이로다. 아, 내가 왜 페레테우스를 알았던가? 그를 몰랐다면 테세우스의 감옥에서 영원히 살아갈 수 있었을 터이거늘. 그랬다면 이런 절망감이 아니라 행복을 느끼며 살았을 텐데. 내가 섬기는 여인의 사랑을 받지 못하더라도 그녀를 볼 수만 있다면 더 바랄 것이 없으련만."

알시테는 계속 울부짖었습니다.

"친애하는 팔라몬이여, 이번에는 자네가 이겼네. 자네의 감옥살이는 그 무엇과도 비교할 수 없을 정도로 행복한 생활이야! 감옥이라고? 아니야, 그곳은 천국이야! 운명의 여신은 자네에게 유리하도록 주사위를 힘껏 던져졌어. 자네는 에밀리를 볼 수 있지만 나는 그럴 수 없네. 자네는 그녀 가까이에 있고, 참으로 훌륭하고 용감한 기사야. 운명의 여신은 변덕스러우니 언젠가 자네의 간절한 소원을 들어 줄지도 모르네. 하지만 나는 추방당하여 온갖 은총을 박탈당한 채 절망의 구렁텅이에 빠져 있네. 물·불·흙·공기는 물론 이러한 요소로 만들어진 그 어떤 것도 나를 위로하거나 치료해 줄 수 없네.

나는 절망과 슬픔에 사로잡혀 삶을 마감하겠지. 나의 생명과 기쁨과 행복이여, 모두 안녕!

아! 사람들은 왜 자신들이 바라는 것보다 훨씬 더 좋은 것으로 안겨 주는 신과 운명의 섭리에 불평을 하는 것일까? 어떤 사람은 부자가 되기를 원하지만 그로 인해 중병에 걸리거나 죽기도 하지. 또 어떤 사람은 감옥에서 나올 날을 손꼽아 기다리지만 집에 이르는 순간 하인의 칼에 목숨을 잃는 경우도 있어. 이처럼 재앙은 이루 헤아릴 수 없기에 우리는 정작 이 세상에서 무엇을 위해 기도하는지도 알지 못하지. 우리는 생쥐처럼 술에 만취해 살아가고 있어. 술 취한 사람들은 자기 집이 있다는 사실은 알지만 그 집으로 향하는 길은 찾지 못해. 게다가 그가 걷는 길은 미끄럽지. 이것이 우리네 인생이야. 우리는 행복을 찾아 끊임없이 이 세상을 어지러이 헤매지만 대체로 엉뚱한 길을 걷는 경우가 많아. 우리 모두 그렇다고 말할 수 있지. 특히 나는 더욱 그렇고. 한때 나는 감옥에서 도망칠 수만 있다면 행복하고 편안하게 살 수 있으리라 확신했건만, 지금은 반대로 내 사랑으로부터 멀리 추방당하지 않았는가. 에밀리를 보지 못한다면 나는 죽은 목숨이나 다름이 없어. 나를 구할 수 있는 약은 그 어디에도 없다네."

한편 팔라몬은 알시테가 석방된 것을 알고 매우 슬퍼했습니다. 그 큰 감옥 탑이 그의 울부짖는 소리에 뒤흔들렸고 발목에 채워진 큼직한 족쇄가 괴로워 흘린 눈물에 축축이 젖었습니다.

"아, 나의 사촌 알시테여! 하느님도 아시건대 우리의 싸움에서 자네가 승리했네. 자유의 몸이 된 자네는 내 불행은 눈곱만큼도 생각하지 않고 테베를 유유히 거닐고 있겠지. 자네는 지혜롭고 용감한 사람이니, 우리 백성들을 모아 군대를 일으켜 아테네에 전쟁을 선포할 수 있을 걸세. 그리고 과감히 공격하거나 평화로운 조약을 맺어 에밀리를 연인이나 아내로 맞을 수도 있겠지. 그러면 나는 그녀를 위해 여기에서 쓸쓸히 죽어야 하리라. 자네는 감옥에서 풀려나 자유의 몸이 되었고, 한 나라의 군주이니 이곳에 갇혀 죽어 가는 나보다 자네가 훨씬 유리하도다. 하지만 나는 목숨이 다하는 날까지 처절한 감옥살이의 고통에 눈물만 지을 뿐이네. 그리고 이루지 못할 사랑의 번뇌로 고통과 슬픔은 걷잡을 수 없이 커져만 가네."

그러자 그의 가슴속에서 질투의 불길이 타오르며 그의 심장을 미친 듯이 휘어잡았습니다. 그의 낯빛은 회양목이 타고 남은 재처럼 싸늘하게 변해 버렸습니다. 팔라몬은 소리쳤습니다.

"이 세상을 영원불멸의 법으로 다스리는 잔인한 신들이여! 당신들의 결정과 명령은 단단한 돌에 깊이 새겨 적혀 있으니 인간은 우리에 갇힌 양떼보다 나은 점이 하나도 없습니다. 인간은 짐승과 다름없이 사로잡혀 감옥에 갇히거나 병들어 죽고 끔찍한 역경에 처하기 때문입니다. 때로는 아무 죄도 없는 사람이 더욱이 이런 고통을 겪고 있습니다.

죄 없는 순결한 사람을 괴롭히는 신들의 섭리 속에 대체 어떠한 지배가 있다는 것입니까? 게다가 짐승이 자유로이 자기 욕망을 충족할 때에도, 인간은 신을 위한 의무에 얽매여 욕망을 억눌러야 하니, 내 고뇌는 더욱 커질 뿐입니다. 또한 짐승은 죽으면 아무런 고통도 느끼지 않지만, 인간은 살아생전에 걱정과 고뇌에 시달리다가 죽은 뒤에도 울면서 한탄해야 합니다. 이는 의심의 여지가 없는 사실입니다. 이에 대한 대답은 신학자들에게 맡기지만, 나는 이 세상에 너무나 큰 고통이 존재한다는 사실을 잘 알고 있습니다. 착한 사람들에게 해를 끼친 도둑이나 독사들은 아무런 거리낌 없이 가고 싶은 곳을 마음껏 돌아다닙니다. 그런데 사투르누스와 질투에 눈이 먼 주노 여신이 테베의 훌륭한 가문을 모조리 멸하고 두꺼운 테베의 성벽을 폐허로 만들어 버리는 바람에 감옥에 갇힌 나는 괴로워해야 합니다. 그것도 모자라 비너스 여신이 알시테에 대한 질투와 두려움으로 나를 죽이려 합니다."

이제 나는 팔라몬의 이야기를 잠시 접어 그를 감옥 안에 놔두고, 알시테에 대해 이야기하고자 합니다.

여름이 지나고 밤이 길어지자, 사랑에 빠진 알시테와 포로 팔라몬의 고통은 더욱 깊어졌습니다. 두 사람 중 누가 더 괴로워했는지는 나도 잘 모릅니다. 정리하자면, 팔라몬은 죽을 때까지 족쇄와 쇠사슬에 묶인 채 감옥에서 살아야 했지만, 알시테는 발각되면 목이 날아갈 것이라는 선고를 받고 테세우스의 나라에서 추방당하여 사랑하는 사람을 영원히 만나지 못하는 신세였습니다.

연인들에게 한 가지만 묻겠습니다. 알시테와 팔라몬 중에 누가 더 불행하겠습니까? 사랑하는 여인을 매일 볼 수 있지만 영원히 감옥에 갇힌 사람과, 가고 싶은 곳은 어디든 갈 수 있지만 다시는 사랑하는 여인을 보지 못하는 사람 중에서 누가 더 괴로울지 여러분 생각대로 판단해 보십시오. 저는 이야기를 계속하겠습니다.

2

테베로 돌아온 알시테는 두 번 다시 사랑하는 여인을 만나지 못한다는 생각에 하루에도 몇 번씩 격하게 울었습니다. 그의 고통은 지나온 세상이나 앞으로 다가올 세상에서 그보다 큰 슬픔에 사로잡힌 사람은 아무도 없을 것입니다. 알시테는 잠도 자지 않고 식음을 전폐하여 몸은 꼬챙이처럼 비쩍 말라갔고, 눈은 움푹 패어 마치 송장 같았으며, 얼굴은 잿빛처럼 창백하고 누르스름해졌습니다. 혼자 남은 그는 온밤을 통곡하며 지새우기 일쑤였고, 흥겨운 노랫소리나 악기 소리가 들릴 때면 하염없이 눈물을 흘렸습니다. 그의 마음도 몹시 약해졌습니다. 그러자 겉모습까지 바뀌어 그의 말과 목소리를 듣고도 아무도 그를 알아보지 못했습니다. 그는 에로스의 화살에 맞아 상사병에 걸린 사람 같았을 뿐만 아니라, 머리 앞부분에 우울증 체액이 고여 환상을 보는 미치광이와 다름없었습니다. 즉, 슬픔에 잠긴 알시테는 몸과 마음이 쇠약해져 완전히 다른 사람이 되고 만 것입니다.

하지만 알시테의 고난을 온종일 이야기할 필요는 없겠지요. 그는 조국 테베에서 끔찍한 고통과 고뇌를 겪으며 한두 해를 보냈습니다. 그러던 어느 날 그는 잠자리에 들려고 할 때, 날개를 단 머큐리 신*8이 그의 눈앞에 나타나 기운을 내라고 당부하는 듯한 느낌을 받았습니다. 머큐리 신은 잠을 자게 하는 지팡이를 손에 높이 들고, 빛나는 머릿결 위에는 투구를 쓰고 있는 모습이, 백 개의 눈을 가진 아르고스를 잠재웠을 때와 똑같은 차림이었습니다. 머큐리가 알시테에게 말했습니다. "아테네로 가거라. 그러면 네 슬픔이 끝날 것이다." 그 말을 듣고 알시테는 깜짝 놀라 잠에서 불현듯 깨어났습니다.

"그래, 아무리 큰 위험이 도사리고 있다 하더라도 지금 당장 아테네로 돌아가는 거야. 내가 사랑하고 섬기는 여인을 볼 수만 있다면 목숨을 잃는다 해도 상관하지 않으리. 그녀 앞에서라면 죽어도 여한이 없으리라."

마음을 굳힌 그는 커다란 거울을 들고 자신을 바라보았습니다. 얼굴빛이

---

*8 신들의 사자이며 잠과 꿈의 신. 수성(水星)의 성질을 가지고 있다.

완전히 바뀌어 전혀 다른 사람이 되어 있었습니다. 그러자 좋은 생각이 한 가지 떠올랐습니다. 그의 얼굴은 상사병 때문에 완전히 일그러져 있었으므로 비천한 사람처럼 행동하면 아테네에서도 정체를 숨긴 채 살아갈 수 있을 것이며, 날마다 사랑하는 여인을 볼 수 있으리라 생각했습니다. 그는 즉시 허름한 옷으로 갈아입어 가난한 노동자로 변장했습니다. 그리고 왜 그가 슬퍼하는지 잘 알고 있는 종자 한 명을 데리고 가장 빠른 지름길을 택하여 아테네로 향했습니다. 종자도 그의 주인처럼 초라한 행색이었습니다.

어느 날, 알시테는 마침내 테세우스의 궁전으로 찾아가 아무리 힘든 허드렛일이라도 좋으니 일거리를 달라고 애원했습니다. 그는 에밀리와 함께 사는 시종장 밑에서 일하게 되었습니다. 잔소리 심한 시종장은 날카로운 눈으로 하인들이 일을 제대로 하는지 빠짐없이 감시했습니다. 알시테는 젊고 키가 크며 체격이 좋고 힘도 셌으므로 무슨 일을 시켜도 시원스레 잘했습니다. 특히 도끼로 장작을 패고 우물에서 물을 길어오는 일에는 그를 당할 사람이 없었습니다. 그는 에밀리의 처소에서 하인으로 일하며 한두 해를 보냈습니다. 자신을 숨기기 위해 필로스트라테[9]라는 이름을 사용했습니다. 궁에서 일하는 하인 가운데 알시테가 일하는 것의 반만큼이라도 따라갈 수 있는 사람은 아무도 없었습니다. 그는 성격이 반듯하고 행실이 얌전하여 온 궁전에 평판이 자자했습니다. 그러자 주변에서 테세우스 왕이 그에게 재능을 마음껏 발휘할 수 있는 직책을 맡긴다면 얼마나 고맙겠느냐는 말이 나돌기 시작했습니다.

시간이 흐르자 예의바르고 일 잘한다는 소문이 테세우스의 귀에까지 들어갔고, 테세우스는 그를 자신의 시종장으로 임명하여 새로운 직책에 걸맞은 돈을 주었습니다. 이것 외에도 그는 해마다 조국에서 아무도 모르게 돈을 송금받고 있었습니다. 하지만 알시테는 자신의 신분에 맞춰 매우 조심스럽게 돈을 썼기 때문에, 어디서 그만한 돈을 가지고 있는지 물어 보는 사람은 아무도 없었습니다. 이렇게 하여 그는 평화로울 때나 전쟁이 일어날 때나 훌륭하게 처신하며 3년을 살았고, 마침내 테세우스 왕의 총애를 독차지하게 되었습니다. 이제 행복하게 사는 알시테의 이야기는 여기에서 멈추고 잠시 팔

---

*9 '사랑에 지배당한 자'라는 뜻으로, 보카치오의 장편 연애시 《일 필로스트라토 *Il filostrato*》에서 따왔다.

라몬에 대해 이야기하겠습니다.

팔라몬은 난공불락의 어두컴컴한 감옥에서 7년이라는 세월을 보내며 고통과 절망으로 초췌해졌습니다. 거의 미치기 직전인 팔라몬만큼 사랑 때문에 괴로워하고 슬퍼한 나머지 고통과 비극이라는 극심한 이중고에 시달리는 사람이 어디 있겠습니까. 게다가 그는 한두 해가 아니라 평생을 감옥에서 보내야하는 신세입니다.

그가 겪은 수난과 고초를 그 누가 제대로 묘사할 수 있겠습니까? 나는 그럴 능력이 없으니 이 정도만 하고 넘어가기로 하지요.

이 이야기를 보다 자세히 들려 준 고대 작가들에 의하면, 감옥에 갇힌 지 7년째 되던 5월 3일 저녁에 우연인지 필연인지 모를 한 사건이 일어났습니다. 자정이 지나자마자 팔라몬은 한 친구의 도움을 받아 간신히 감옥을 빠져나와 아테네에서 도망쳤습니다. 그는 간수에게 마취제와 테베산 아편을 섞어 만든 달콤한 포도주를 간신히 마시게 했습니다. 그 술을 마신 간수는 밤새 아무리 흔들어도 깨지 않을 만큼 깊은 잠에 빠져들었습니다. 이렇게 하여 팔라몬은 온 힘을 다해 전속력으로 도망쳤던 것입니다.

5월의 짧은 밤이 눈 깜짝할 사이에 지나가고 어느새 날이 밝아왔습니다. 팔라몬은 몸을 숨기기 위해 근처에 있는 숲 속으로 조심스레 숨어들었습니다. 간단히 말해, 그는 환한 낮에는 수풀 속에 숨어 있다가 밤이 되면 발길을 재촉하여 테베로 가고자 했던 것입니다. 테베에 도착하면 친구들에게 도움을 청하여 군사를 일으켜 테세우스와 전쟁을 벌일 생각이었습니다. 목숨을 잃든지 에밀리를 아내로 맞이하든지 결판을 내겠다고 작정한 것입니다.

이제 다시 알시테의 이야기로 돌아가겠습니다. 그는 운명의 여신이 만들어 놓은 덫에 걸리기 전에는 재앙이 코앞까지 닥쳐와 있음을 미처 깨닫지 못했습니다.

태양의 전령인 종달새들이 기쁘게 노래하며 희뿌연 아침을 맞이하고, 불덩이 같은 태양이 눈부시게 떠오르자 온 동녘 하늘이 환하게 웃는 것 같았습니다. 태양은 흐르는 빛줄기로 수풀을 비춰 나뭇잎에 달려 있는 이슬방울들을 바짝 말려 버렸습니다. 그 무렵 테세우스 궁전의 시종장인 알시테는 잠자리에서 일어나 즐거운 아침을 맞이했습니다. 그는 줄곧 욕망의 대상을 갈구하며 5월의 계절에 경의를 표하기 위해 불꽃처럼 사나운 말을 타고 궁전에서 1, 2마일 떨어진 평지로 갔습니다. 그리고 산사나무 잎사귀와 덩굴나무로 화관을 만들기 위해 숲으로 말머리를 돌렸습니다. 우연의 장난인지, 그곳은 우리가 조금 전에 말한 숲이었습니다. 그는 아름답게 빛나는 태양을 향해 큰 소리로 노래했습니다.

"온갖 꽃과 녹음으로 치장한 5월이여, 이제 막 깨어난 아름다운 5월이여, 그대를 환영하나니, 나에게 행복한 신록을 주오."

알시테는 기쁜 마음으로 말에서 훌쩍 내려 서둘러 숲 속으로 들어갔습니다. 그리고 오솔길을 따라 이리저리 거닐었습니다. 그러다가 우연히도 팔라몬이 남의 눈을 피하기 위해 숨어 있는 곳까지 오게 되었습니다. 팔라몬은 그 사람이 알시테인 줄은 꿈에도 생각지 못했습니다. 설령 알시테라고 밝혀도 그 말을 믿기 어렵다는 사실을 하느님도 잘 알고 있을 것입니다. 옛말에 "들판에는 눈이 있고 숲에는 귀가 있다"라고 했는데 지극히 옳은 말입니다. 사람은 항상 경계심을 지니고 있어야 한다는 뜻이지요. 왜냐하면 우리는 전혀 예기치 못한 순간에 뜻밖의 사건과 맞닥뜨리게 되기 때문입니다. 알시테도 친구가 자기 말을 모조리 들을 만큼 가까운 덤불에 숨어 있다는 사실을 꿈에도 생각지 못했습니다.

이리저리 거닐다가 지친 알시테는 기쁨의 노래를 멈추고 잠시 깊은 생각에 빠졌습니다. 이는 사랑에 빠진 연인들의 이상한 습관으로, 그들의 기분은 우물 안의 두레박처럼 수시로 오르락내리락합니다. 어떤 때는 나무 꼭대기로 치솟는 듯하다가 이내 잡초 속으로 떨어지기도 합니다. 맑았다가도 금방 폭우가 쏟아지는 금요일처럼 변덕스런 비너스는 그녀를 신봉하는 연인들의 마음을 화창하게 하다가도 이내 먹구름으로 뒤덮습니다. 그러다 보니 금요일은 다른 요일처럼 아침 날씨가 저녁까지 이어지는 법은 거의 없습니다.

알시테는 노래를 멈추고 한숨을 내쉬며 자리에 앉았습니다.

"아, 차라리 태어나지 않았으면 좋았을 것을! 잔인한 주노 여신이여, 당신은 얼마나 더 테베와 전쟁을 할 생각입니까? 카드무스*10와 암피온*11 왕

---

*10 테베의 창건자.
*11 카드무스의 뒤를 이어 테베를 통치하고 도시 주변에 성벽을 쌓았다.

숲속에서 만난
팔라몬과 알시
테

가의 혈통은 이제 멸망해 버렸습니다. 테베를 처음 건설하고 처음 통치한 테베 최초의 왕 카드무스의 혈통은 이제 멸망해 버렸습니다. 나는 그분의 핏줄이며 왕가의 직계 후손입니다. 그러나 지금은 불쌍하고 가난한 노예이며, 철천지원수를 섬기는 하인입니다. 게다가 주노 여신은 나를 더욱 수치스럽게 했습니다. 내 이름은 알시테이거늘, 지금은 필로스트라테로 불리고 있습니다. 이처럼 본명조차도 떳떳이 밝힐 수가 없습니다. 필로스트라테라니 이 얼마나 우스운 이름입니까! 아, 잔인한 군신 마르스여! 아, 주노 여신이여! 당신들의 분노가 우리 혈통을 이 세상에서 지워 버렸습니다. 오직 나와 테세우스의 감옥에서 박해받는 불쌍한 팔라몬만이 남아 있을 뿐입니다. 이것도 모자라 사랑의 신은 나를 죽이기 위해 뜨겁게 불타는 화살을 쏘아 내 심장을 꿰뚫었습니다. 이렇게 나의 죽음은 태어나기 전부터 정해져 있었습니다. 에밀리여, 그대의 눈빛이 나를 죽이는구려. 나는 당신 때문에 죽습니다. 당신을 기쁘게 해 줄 수만 있다면 나는 아무리 슬픈 일을 당해도 기꺼이 참을 수 있답니다.”

이렇게 말하고 알시테는 오랫동안 정신을 잃고 쓰러졌습니다. 한참 뒤에 그는 정신을 차리고 벌떡 일어났습니다.

팔라몬은 마치 차가운 칼날이 그의 심장을 뚫고 지나가는 듯이 느껴졌습니다. 그는 분노로 온몸이 떨려 참을 수가 없었습니다. 그러더니 알시테의 말을 잠자코 끝까지 들은 팔라몬은 미친 사람처럼 창백해진 얼굴로 덤불에서 나와 소리쳤습니다.

"사악한 배신자 알시테여! 너는 이제 내 손에 잡혔다. 네가 감히 내 여자를 사랑하다니! 나 역시 그녀 때문에 크나큰 고통과 슬픔을 참고 있거늘. 지금까지 몇 번이나 말했듯이, 너는 나와 피를 나눈 형제이고 맹세를 나눈 친구가 아닌가. 그런데 교활하게도 이름까지 바꾸어 테세우스를 속이다니. 이제 우리 둘 가운데 하나는 죽어야 한다. 넌 절대로 에밀리를 사랑할 수 없어. 그녀를 사랑할 사람은 오직 나밖에 없어. 나는 너의 원수 팔라몬이기 때문이다! 신의 도움을 받아 간신히 감옥에서 빠져 나온 몸이라 무기는 없지만 전혀 두렵지도 않다. 너는 내 손에 죽든지 에밀리를 향한 사랑을 포기하든지 둘 중 하나는 피할 수 없으니 원하는 쪽을 선택하라!"

팔라몬을 알아본 알시테는 그의 말을 듣자니 가슴에 경멸과 분노가 울컥 치솟아 오르는 것을 느꼈습니다. 그는 성난 사자처럼 칼을 빼어들고 외쳤습니다.

"하늘에 계신 신께 맹세컨대, 네가 사랑으로 병들고 미치지만 않았더라면, 또 무기만 갖고 있었더라도 넌 이 숲을 살아서 빠져 나가지 못하고 내 손에 죽었을 것이다. 우리가 서로 맹세했다고 떠드는데 난 그런 것 따위에 연연하지 않는다. 이 어리석은 놈아! 사랑에는 장벽이 없다는 말을 아직도 깨닫지 못했느냐. 네가 아무리 방해를 하더라도 나는 에밀리를 사랑하겠다. 그렇지만 넌 명예를 중시하는 기사니 애인을 차지하기 위해 정정당당히 싸우길 바라겠다. 내 명예를 걸고 약속하마. 기사로서, 내일 아무도 눈치 채지 못하게 이곳에 다시 오겠다. 네게 필요한 무기도 충분히 주지. 그중에서 가장 좋은 것을 골라 네가 갖고, 가장 나쁜 것을 내게 주도록 해. 오늘 밤에는 네가 먹고도 남을 음식을 가져다 주마. 잠을 편히 잘 수 있도록 옷도 가져오지. 그리고 내일 네가 이 숲에서 나를 죽이고 이긴다면 에밀리는 네 여인이 될 것이다."

팔라몬이 대답했습니다. "좋아, 받아들이겠다."

두 사람은 이렇게 다음 날 다시 만나기로 약속하고 헤어졌습니다.

아, 무자비한 큐피드*¹²여. 그 누구와도 권력을 나누지 않는 왕국의 통치자여. "사랑과 지배는 결코 경쟁자를 허락하지 않는다"라는 옛말이 있는데 매우 이치에 맞는 말입니다. 알시테와 팔라몬도 이 뜻을 잘 알고 있었습니다. 알시테는 곧바로 궁전으로 달려가, 해가 뜨기 전에 아무도 모르게 두 사람이 결투를 벌이기에 적당한 무구 두 벌을 준비했습니다. 그는 혼자 이 무구를 말에 싣고 숲으로 향했습니다. 미리 정해 놓은 시간과 장소에서 알시테와 팔라몬은 다시 만났습니다. 순간 그들의 낯빛이 달라졌습니다. 그 모습은 마치 트라키아 사냥꾼들이 곰이나 사자 사냥을 나갔을 때와 같았습니다. 사냥꾼들은 창을 들고 숲의 빈터에 우뚝 서서 나뭇가지를 헤치고 잎사귀를 밟으며 돌진해 오는 맹수의 소리를 듣고 각자 자세를 잡으며, '적이 다가온다. 저 놈을 죽이거나 내가 죽거나 둘 중 하나다. 내가 공터에서 놈을 죽이지 못하고 일을 그르치면 놈이 나를 살해할 것이 틀림없기 때문이다'라고 생각합니다. 이와 같이 두 사람은 서로 떨어져 있어도 속내를 알아볼 수 있을 만큼 얼굴빛이 달라져 있었습니다.

두 사람은 인사도 나누지 않고 아무 말도 하지 않은 채, 형제처럼 서로 사이좋게 갑옷을 입는 것을 도와 주었습니다.

그런 다음 그들은 날카로운 창을 휘둘러 대며 오랫동안 싸움을 벌였습니다. 그들이 싸우는 모습을 누구든 보았다면 팔라몬은 성난 사자이고, 알시테는 무서운 호랑이라고 생각했을 것입니다. 그들은 분노를 이기지 못하고 피가 발목을 흥건히 적실 때까지 흰 거품을 문 사나운 멧돼지처럼 싸웠습니다. 그럼 그들이 치열하게 싸우도록 놓아두고, 테세우스에 대한 이야기를 하겠습니다.

신이 정해 둔 섭리를 세상 곳곳에서 실행하는 총대리인의 운명은, 그 힘이 너무나 강력하여 모든 사람이 절대로 일어나지 않으리라고 맹세하거나, 천년에 한 번 일어날까 말까한 일도 벌어지게 합니다. 사실 전쟁이나 평화, 사랑이나 증오 같은 우리의 욕망은 하늘의 섭리로 인해 지배됩니다.

나는 이것을 위대한 테세우스 왕으로 예를 들어 이야기하고자 합니다. 테세우스는 사냥 애호가였는데, 화창한 5월에 하는 사슴 사냥을 특히 좋아했습니다. 해가 뜰 무렵이면 그는 이미 침대에서 일어나 옷을 입고 몰이꾼과 나팔수, 사냥개를 데리고 사냥 나갈 채비를 다 끝마친 뒤였습니다. 그는 사

---

*12 비너스의 아들인 사랑의 신 큐피드가 쏜 화살에 맞은 사람은 누구나 사랑에 빠지게 된다.

냥 자체를 즐겼을 뿐만 아니라, 사슴을 죽이는 것을 가장 큰 기쁨으로 여겼습니다. 그는 평소에는 군신 마르스를 받들었지만 이 시기에는 사냥의 여신 다이애너를 섬겼습니다.

앞서 말했듯이 그날은 아주 화창한 날이었습니다. 테세우스는 아름다운 왕비 히폴리테와 온통 초록색으로 치장한 처제 에밀리를 데리고 대열을 갖춰 위엄 있게 사냥에 나섰습니다. 테세우스는 가까운 숲으로 말을 몰았습니다. 그곳에 수사슴이 있다는 말을 들었기 때문입니다. 그는 숲의 빈터를 향해 곧장 달렸습니다. 수사슴은 종종 그곳으로 피신하여 개울을 건너 어디론가 사라져 버리기 때문입니다. 그는 말 잘 듣는 사냥개들이 수사슴을 추격할 수 있을 것이라고 생각했습니다.

숲 속의 빈터에 이르자 테세우스는 눈 위에 손을 올리고 주위를 살펴보았습니다. 바로 그때 알시테와 팔라몬이 성난 산돼지처럼 격렬하게 싸우고 있는 모습이 눈에 들어왔습니다. 번쩍이는 칼이 허공을 이리저리 가르자 무시무시한 그 칼에 스치기만 해도 우람한 참나무가 단숨에 쓰러질 것만 같았습니다. 하지만 테세우스는 그들이 누구인지 전혀 알 턱이 없었습니다. 그는 말에 박차를 가해 그들 사이로 뛰어들었습니다. 그리고 칼을 빼어들며 소리쳤습니다.

"멈추어라! 그렇지 않으면 너희들의 목이 성치 못할 것이다! 군신 마르스에 맹세코, 내 눈앞에서 칼을 휘두르는 사람은 이 자리에서 죽여 버리겠다. 그런데 심판이나 다른 중재자도 없이 마치 마상시합장에서처럼 무섭게 싸우는 너희들은 누구냐?"

그러자 팔라몬이 황급히 대답했습니다.

"폐하, 무슨 말이 필요하겠습니까? 저희는 죽어 마땅한 놈들입니다. 저희는 수많은 불행을 짊어진 불쌍한 포로들입니다. 당신은 정의로운 왕이시며 판관이시니 저희들에게 한 치의 자비도 베풀지 마십시오. 그리고 먼저 저를 죽이신 다음에 제 친구의 목도 베어 주십시오. 아니면 제 친구를 먼저 죽이셔도 좋습니다. 폐하는 전혀 모르고 계시지만 저놈은 폐하의 오랜 원수이며 폐하의 영토에서 추방된 알시테입니다. 그 이유만으로도 죽어 마땅한 자입니다. 이자는 폐하의 성문에 들어와서 필로스트라테라는 이름으로 여러 해 동안 폐하를 속여 왔습니다. 그것도 모른 채 폐하는 그를 시종장으로 임명하셨지요. 게다가 저놈은 에밀리를 깊이 사랑하고 있습니다. 저 역시 죽을 날이 되었으니 솔직히 고백하겠습니다. 저는 바로 감옥에서 몰래 도망친 팔라몬입니다. 저는 당신의 철천지원수로서, 아름다운 에밀리를 열렬히 사랑하고 있습니다. 그녀가 지켜보는 앞에서 죽는다면 여한이 없을 것입니다. 그러니 제게 사형의 판결을 내려 주시길 부탁드립니다. 하지만 동시에 제 친구도 죽여 주십시오. 저희 둘은 모두 죽을죄를 지었습니다."

이 말을 들은 테세우스 왕이 말했습니다.

"내 판결은 간단하다. 너는 네 입으로 지은 죄를 고백하고 스스로에게 죽음을 선고했으니 네가 원하는 대로 해 주겠다. 자백을 받아내기 위해 밧줄에 묶어 고문할 필요도 없겠구나. 전능하신 붉은 얼굴의 마르스 신에게 맹세하건대 너희들은 곧 숨을 거둘 것이다."

그 순간 왕비가 측은해하며 눈물을 흘렸고, 에밀리와 다른 여자 시종들도 울음을 터뜨렸습니다. 두 사람 다 고귀한 왕족이며 싸움의 원인은 오직 사랑 때문인데 그처럼 불행한 일을 당하다니 너무나 측은했던 것입니다. 깊게 패인 상처에서 피가 줄줄 흐르는 것을 보자 여인들은 지위고하를 막론하고 다 같이 소리쳤습니다. "폐하, 우리 여자들에게 동정을 베풀어 주십시오." 그러면서 모두 무릎을 꿇고 테세우스의 발에 입을 맞추려고 했습니다.

그러자 테세우스의 분노도 조금 누그러졌습니다. 훌륭한 마음에서는 인정이 솟아나는 법이니까요. 처음에는 왕은 분노로 치를 떨었지만 이내 그들이 지은 죄와 그 원인을 다시 곰곰이 생각해 보았습니다. 왕은 순간 화가 치밀어 그들의 죄를 나무랐지만, 이성을 되찾자 두 사람을 용서해 주었습니다. 사랑에 빠진 사람은 누구나 그 사랑을 이루기 위해 스스로 노력해야 하며 필요하면 감옥에서 탈출할 수도 있으리라 생각했습니다. 그리고 왕은 하염없이 눈물을 흘리는 여인들에게 연민을 느꼈습니다. 너그러운 마음으로 이렇게 조용히 혼잣말을 했습니다.

"통치자가 죄를 뉘우치며 두려움에 떨고 있는 사람들에게 인정을 베풀지 않고, 자기 생각만 고집하는 오만불손한 자들을 대하듯이 사자처럼 냉혹하게 구는 것은 부끄러운 일이다. 이러한 경우에 아무런 구별 없이 오만과 겸손을 똑같이 다루는 왕은 분별이 없는 군주이니라."

화가 수그러들자 테세우스는 시원스레 하늘을 우러르며 큰소리로 말했습니다.

"아, 사랑의 신이여, 당신에게 축복 있으리라! 사랑을 주관하는 신은 참
으로 위대하고 강력하도다! 그의 힘을 당해 낼 장애물은 아무것도 없으며,
그가 이루는 기적을 보면 가히 신이라 칭송할 만하다. 그는 자기 뜻대로 모
든 사람들의 마음을 주무를 수 있기 때문이다. 여기 있는 알시테와 팔라몬을
보라. 그들은 내 감옥에서 빠져 나왔으니 테베에서 군왕처럼 살 수도 있었
다. 그들은 내가 원수이며 그들의 생명이 내 손에 달려 있음을 잘 알고 있
다. 그러나 사랑 때문에 죽을지도 모르는 이곳으로 다시 돌아왔다. 그들은
눈이 있어도 볼 줄을 모른다. 보라, 세상에 이보다 어리석은 짓이 또 어디
있겠느냐? 사랑에 빠진 사람보다 더 바보 같은 사람은 없도다. 하늘에 계신
신이시여, 저들을 보십시오! 저들이 얼마나 피를 흘리고 처참하게 다쳤는지
보십시오! 그들은 사랑의 신을 기껏 섬겼지만 신은 고작 저렇게 보답해 주
었다. 게다가 사랑의 신을 따르는 자들은 언제나 자신들이 현명하다고 믿는
다. 더욱이 가장 재미있는 점은 이 엄청난 일의 제공자인 에밀리가 그들에게
고마워해야 할 이유가 하나도 없다는 것이다. 에밀리는 철부지 뻐꾹새나 산
에서 뛰노는 토끼처럼 그들의 뜨거운 사랑을 전혀 모르고 있었으니 말이다.
그러나 결과가 어찌되건 무엇이든 시도해 봐야 하지 않겠는가. 사람은 젊은
이나 늙은이나 바보가 되기 마련이다. 나 또한 옛날에 이미 경험해 보지 않
았던가. 나는 사랑의 덫에 빠졌던 자로서 사랑의 고통이 얼마나 크며 사람을
얼마나 힘들게 하는지 잘 알고 있다. 그러니 여기 무릎 꿇고 간절히 애원하
는 왕비와 처제 에밀리를 보아 너희가 지은 죄를 모두 용서해 주겠다. 그 대
가로 너희 두 사람은 더는 내 조국을 침범하지 않고 나를 상대로 전쟁을 일
으키지 않을 것이며, 무슨 일이 있어도 나의 친구로 행동하겠다고 맹세하라.
그러면 너희의 죄를 모두 용서해 주겠다."

알시테와 팔라몬은 테세우스의 요구를 성실히 지키겠다고 맹세하고 부디
그들의 훌륭한 주군이 되어 자비를 베풀어 달라고 부탁했습니다. 테세우스
는 흔쾌히 승낙하면서 이렇게 말했습니다.

"너희는 왕가의 혈통이며 그에 해당하는 부를 누리고 있으니 적당한 때가
되면 상대가 여왕이나 공주라 해도 그들을 아내로 맞이할 자격이 있다. 그러
나 이 모든 질투와 싸움의 원인인 에밀리를 두고 한 마디 하자면, 비록 너희

가 영원히 싸운다 할지라도 그녀가 두 남자를 동시에 남편으로 맞을 수 없음을 너희도 분명 알리라. 따라서 좋건 싫건 간에 한 사람은 단념하고 하릴없이 덩굴피리나 불어야 하리라. 다른 방법은 없다. 다시 말하자면 너희가 아무리 화를 내며 질투의 불꽃을 튀긴다 하더라도 에밀리는 두 사람과 동시에 결혼하지 못한다. 내가 할 수 있는 최선의 길은 저마다에게 마련된 운명을 따르도록 조율하는 것이리라. 그러니 지금부터 내가 하는 말을 잘 들으라. 나는 이 문제를 이렇게 해결하고자 한다.

결론부터 말하면 내 뜻은 이러하다. 너희가 원한다면 더 이상 왈가왈부하지 말고 내가 말하는 것이 최선임을 받아들으라. 너희는 지금 당장 이 자리를 떠나 가고 싶은 곳으로 가라. 몸값과 의무는 요구하지 않을 테니 신변의 위협은 없을 것이다. 그리고 1년 뒤에 각자 완전히 무장한 기사 백 명을 데려와 마상시합을 벌이도록 하라. 시합에서 이긴 사람이 에밀리를 차지할 것이다. 기사의 명예를 걸고 너희들에게 약속하겠다. 기사 백 명의 도움을 받아 상대방을 죽이거나 시합장 밖으로 쫓아내 버린 사람, 즉 운명을 다스리는 여신의 은총을 받은 사람에게 에밀리를 아내로 맞이하도록 하겠다. 나는 바로 이 자리에 마상시합장을 만들겠으며, 공정한 심판을 할 수 있도록 신께서 내 영혼을 긍휼히 여겨 주시기를 바라노라. 너희 가운데 하나는 죽거나 포로가 되어야 한다! 그 밖의 다른 방법은 없는 줄 알아라. 이 제안이 괜찮다고 생각되면 좋다고 말하고 만족한 표정을 짓도록 하라. 이것이 내가 그대들을 위해 내린 결론이니라."

지금 팔라몬보다 행복해 보이는 자가 어디 있으며, 알시테처럼 기뻐 날뛰는 자가 또 어디 있겠습니까. 테세우스의 훌륭한 태도에 그곳에 모여 있던 사람들이 얼마나 환호했는지 누가 말이나 글로 다 표현할 수 있겠습니까? 모든 사람들이 무릎을 꿇고 진심으로 왕에게 감사했습니다. 특히 두 테베인은 수없이 감사의 뜻을 전했습니다. 희망에 부푼 알시테와 팔라몬은 홀가분한 마음으로 작별을 고하고 말에 올라 오래 된 성벽으로 둘러싸인 조국 테베로 향했습니다.

3

테세우스가 그 웅장한 경기장을 건설하는 데 얼마나 신경을 많이 쓰고 얼마나 많은 돈을 들였는지를 말하지 않고 넘어간다면 사람들은 내가 부주의 하다고 탓할 것입니다. 감히 말하건대 이 세상에 그것보다 더 훌륭한 경기장은 없을 것입니다. 둘레는 1마일이나 되고, 주위는 석벽과 해자로 둘러싸여 있었습니다. 모양은 둥글고, 좌석은 계단식으로 60야드 높이까지 올라가 있어서 어디에 앉아도 남의 시야를 가리지 않았습니다.

동쪽에는 흰 대리석 문이 있고, 반대쪽인 서쪽에도 이와 같은 문이 있었습니다. 그 짧은 기간 안에 이토록 훌륭하게 지어진 건물은 세상 어디에도 없었습니다. 테세우스가 온 나라에서 기하나 수학에 정통한 기술자 및 도장공과 조각가들을 불러 식량과 돈을 넉넉히 주고 경기장을 설계하고 건설하도록 했기 때문입니다. 그리고 동쪽 문 위에는 사랑의 여신인 비너스를 기리는 제단과 신전을 만들어 제사와 공물을 바치게 했습니다. 또한 서쪽 문 위에는 마차 한 대 분량의 금을 들여서 군신 마르스의 신전과 제단을 만들었습니다. 그리고 북쪽 성벽의 작은 탑에는 순결의 여신 다이애너를 모시는 눈부시게 휘황찬란한 신전을 만들라고 지시했습니다. 그 신전은 흰 석고와 붉은 산호로 만들어졌습니다.

그런데 이 세 신전에 있는 화려한 조각상과 초상화 그리고 그 인물들의 용모와 자태에 대해 이야기하는 것을 잊어버릴 뻔했군요.

우선 비너스 신전의 내벽에는 한눈에 보기에도 애처로운 그림이 그려져 있는 것을 볼 수 있습니다. 잠 못 이루며 고뇌하고, 차가운 한숨을 내쉬고, 성스러운 눈물을 흘리고 탄식하면서 이 세상에서 사랑의 신에게 매인 포로들이 감수해야 하는 가슴 아픈 욕망의 불꽃, 그들과 맺은 약속을 보증하는 맹세, 쾌락과 희망, 욕망, 무모함, 아름다움과 젊음, 쾌활함, 풍요로움, 사랑의 주술과 힘, 거짓, 아첨, 낭비, 음모와 질투, 그 질투는 황금빛 금관을 썼으며 손에는 뻐꾸기가 앉아 있습니다. 그리고 잔치와 음악과 노래, 춤과 기쁨과 과시, 그리고 내가 열거해 왔고 앞으로도 낱낱이 죽 늘어놓게 될 사랑에 따르는 수많은 현상들이 순서대로 벽 위에 그려져 있었습니다. 오히려 내가 말한 것보다 훨씬 많은 것들이 그려져 있었습니다. 정말이지, 비너스가 주로 머물렀던 시테론 산*13 전체가 그 생동감 넘치는 정원과 더불어 벽 위

---

*13 비너스는 시테라 섬에 살았다고 여겨진다. 그러나 초서는 다른 중세 시인들과 마찬가지로 시테라 섬과 뮤즈 여신들이 살았던 시테론 산을 혼동하고 있다.

에 그려져 있었습니다. 문지기 '태만'과 먼 옛날에 살았던 나르시수스*[14]와 솔로몬 왕의 어리석은 행동,*[15] 천하장사 헤라클레스*[16]와 메데이아*[17]와 키르케*[18]의 마법, 용감무쌍한 투르누스,*[19] 감옥에 갇혀 비참한 최후를 맞이한 부유한 크레수스 왕*[20]도 빠짐없이 그려져 있었습니다.

여기서 우리는 지혜도 돈도 아름다움도 간계도 힘도 용기도 자기 마음대로 세상을 지배하는 비너스에게는 당해내지 못한다는 점을 알 수 있을 것입니다. 보십시오. 모든 사람들이 비너스가 쳐놓은 올가미에 빠져, 번민하며 끝없이 탄식하고 있습니다. 이런 예는 수없이 많지만 한두 가지만 들어도 충분할 것입니다.

찬란하게 빛나는 비너스 여신상은 벌거벗은 채 드넓은 바다 위에 떠올라 있었습니다. 배꼽 아래는 수정처럼 빛나는 푸른 파도에 가려져 있었습니다. 오른손에는 현악기를 들고, 머리 위에는 신선하고 향기로운 장미 화관을 쓰고 있었으며 화관 위에는 비둘기가 날고 있었습니다. 비너스의 아들 큐피드는 날카로운 화살과 빛나는 활을 지니고 그녀 앞에 서 있었습니다. 흔히 묘사되는 것처럼 그는 어깨에 날개를 달고 눈이 멀어 있었습니다.

이제 강대한 붉은 군신 마르스 신전의 벽에 그려진 그림을 설명하겠습니다. 이곳에는 벽 전체에 그림이 그려져 있었습니다. 마치 마르스의 대신전이라 불리는 트라케의 음산한 건물 내부와 비슷했습니다. 몹시 춥고 얼음처럼 차가운 그곳에는 마르스 최상의 궁전이 있었습니다.

---

*14 나르키소스, 그리스 신화에 나오는 미청년으로, 물에 비친 자신의 아름다운 모습에 반해 하염없이 들여다보다가 물에 빠져 죽은 뒤 수선화가 되었다.

*15 기원전 10세기, 슬기롭기로 이름 높았던 이스라엘 왕 솔로몬은 나중에 수많은 처첩들에게 둘러싸여 호화로운 생활을 즐긴다. 노년에는 그녀들의 영향을 받아 우상숭배자가 되어 결국 벌을 받는다.

*16 그리스 신화에서 가장 힘이 센 영웅으로, 사랑 때문에 수난을 겪었다. 질투에 눈이 먼 아내가 보낸 독을 바른 옷을 입고 죽는다.

*17 여자마술사. 이아손이 황금양털을 찾도록 도와 주었지만, 이아손은 그녀를 배신하고 크레온 왕의 딸과 결혼한다.

*18 호메로스의 《오디세이아》에 나오는 마녀이며 오디세우스의 부하들을 돼지로 만들어버렸다.

*19 로마 시인 베르길리우스의 서사시 《아이네이스》에 등장하는 인물. 사랑하는 라비니아를 얻기 위해 트로이전쟁의 용사 아에네아스와 싸우다 죽는다.

*20 기원전 6세기의 리디아 왕. 부자로 유명했다. 이 인물이 비너스와 관계가 있다고 초서가 생각한 이유는 분명하지 않다.

먼저 그 벽에는 숲이 그려져 있었습니다. 사람도 짐승도 살지 않고, 오직 마디가 두툼하고 잎사귀도 없이 앙상한 고목들만이 있는 숲이었습니다. 들쭉날쭉하고 흉하게 생긴 그루터기 사이로 나뭇가지를 모조리 꺾어버리려는 듯이 세찬 바람이 불고 있었습니다. 산 아래 경사진 곳에는 번쩍이는 강철로 만든 군신 마르스의 신전이 우뚝 솟아 있었습니다. 좁고 어두운 긴 입구에는 성난 바람이 세차게 불며 문이란 문을 모조리 뒤흔들고 있었습니다. 북쪽에서 한줄기 겨울 햇살만이 문틈으로 새어들고 있었는데, 벽에는 빛이 들어올 만한 창문이 하나도 없었기 때문입니다. 문은 영원불변한 금강석으로 만들어졌고, 튼튼한 장식 못이 가로와 세로로 단단히 박혀 있었습니다. 신전의 무게를 지탱하는 기둥들은 큰 술통처럼 굵고, 어슴푸레하게 빛나는 쇠로 만들어져 있습니다.

그곳에서는 배신과 온갖 책략을 그린 흉악한 형상을 볼 수 있습니다. 시뻘겋게 달아오른 석탄처럼 잔인한 분노와 남의 것을 훔치는 창백한 공포, 옷소매 안에 칼을 숨기고 음흉하게 웃는 얼굴, 시커먼 연기를 내며 불타는 마구간, 침대에서 이루어지는 배신의 학살, 상처로 피범벅이 되어 지독한 냄새를 풍기는 전쟁과 피 묻은 칼을 휘두르며 죽음을 재촉하는 싸움 등이 그려져 있습니다. 무시무시한 이 장소는 신경을 갉아대는 음산한 바람소리로 가득했습니다. 또한 그곳에는 심장에서 나온 피로 자기 머리를 흠뻑 적신 자살자도 있었습니다. 한밤중에 못이 머리에 박혀 죽었는데 싸늘한 죽음이 입을 떡 벌리고 있었습니다.

신전 한가운데에는 불행이 비통한 얼굴로 주저앉아 있었습니다. 또한 미친 듯이 웃어대는 광기를 보았고, 무장한 한탄과 절규, 악독한 폭행 그리고 목이 잘린 채 가시덤불 속에 처박혀 있는 시체, 전염병에 걸려 죽은 것이 아니라 학살당한 수천 명의 사람들, 사냥감을 힘으로 빼앗는 폭군과 파괴되어 아무것도 남지 않은 도시, 또한 불에 타며 휘청거리는 배와 사나운 곰에게 갈기갈기 찢겨 죽은 사냥꾼, 요람 속 갓난아기를 먹어치우는 암퇘지, 커다란 주걱을 갖고도 화상을 입은 요리사, 자기 마차에 깔려 죽은 마차꾼. 거기에는 마르스의 불행이 야기한 것들이 하나도 빠짐없이 그려져 있었습니다.

또한 이발사와 푸줏간 주인과 모루에서 날카로운 칼을 두드려 만드는 대장장이처럼 마르스의 수호를 받는 사람들도 그려져 있었고 특히 탑 안에는

군신 마르스와
늑대

큰 영광을 누리며 앉아 있는 정복이 그려져 있었습니다. 정복의 머리 위에는 예리한 칼이 가느다란 끈에 매달려 있었고 또한 줄리어스 시저와 네로[21]와 안토니우스[22]의 죽음도 그려져 있었습니다. 비록 그들이 아무도 태어나지 않았을 때였지만, 그들은 위협적인 마르스의 예언에 의해 신전에 이미 그려져 있었던 것입니다. 하늘의 별자리에 누가 살해당하고 누가 사랑 때문에 죽을 것인지가 드러나 있듯이, 그 그림 속에 나타나 있었습니다. 내가 바랄지라도 이 예들을 모두 말할 수는 없으니, 전설에 나오는 이야기 하나면 충분하리라 생각합니다.

갑옷을 입고 전차를 타고 늠름하게 서 있는 군신 마르스는 마치 광란자 같이 끔찍한 표정을 짓고 있습니다. 옛 책에는 푸엘라와 루베우스라 불리운 두 개의 별자리 형상이 빛나고 있습니다. 이 전쟁의 신 마르스는 다음과 같이 그려져 있습니다. 그의 발밑에는 붉은 눈을 한 늑대가 서서 사람을 잡아먹고 있습니다. 그 모습은 마르스와 그의 영광을 기리기 위해 붓으로 정교하게 그려져 있었습니다.

이제는 순결의 여신 다이애너의 신전으로 서둘러 달려가 그곳의 벽화를 짧게 이야기하겠습니다. 벽은 사냥과 정절과 겸손에 대한 그림들로 뒤덮여

*21 1세기 로마의 황제로 폭군으로 유명하다.
*22 카이사르가 죽은 뒤 삼두정치를 성립했다. 이집트 여왕 클레오파트라와의 사랑으로 유명하다.

있었습니다. 칼리스토페*23가 다이애너의 미움을 사서 여자에서 곰으로 변했다가 나중에 북극성이 된 이야기도 그려져 있습니다. 벽화가 그렇게 그려져 있으며, 그 이상의 것은 나도 알지 못합니다. 하지만 칼리스토페의 아들도 알다시피 별입니다. 그리고 그림 속에는 나무로 변한 다프네도 있었습니다. 여신 다이애너가 아니라 강의 신 페네우스의 딸 다프네입니다. 또한 다이애너의 벌거벗은 몸을 보았다는 이유로 수사슴이 되어 버린 악테온도 있었습니다. 그의 사냥개가 주인을 몰라보고 잡아먹는 끔찍한 모습이 그려져 있습니다. 이 장면에서 조금 더 올라가면, 멜레아거를 비롯한 많은 사람들과 함께 멧돼지를 사냥하는 아탈란타*24의 그림도 있습니다. 다이애너는 그러한 이유로 멜레아거*25에게 재앙을 내렸던 것입니다. 그 밖에도 진기한 이야기를 담은 그림이 많았는데 일일이 기억하기 어려울 정도였습니다.

다이애너 여신은 커다란 사슴 위에 앉아 있었습니다. 발치에는 조그만 사냥개들이 있고, 발밑에는 찼다가 이내 기우는 달이 있었습니다. 그녀는 초록색 옷을 입고, 손에는 활과 화살이 가득 든 화살통을 들고 있었으며, 눈은 플루토*26가 지배하는 암흑의 왕국을 내려다보고 있었습니다. 다이애너 앞에는 출산의 고통을 겪는 한 여인이, 아이가 너무 오랫동안 나오지 않자 출산의 여신 루키나*27에게 도와 달라고 애원하고 있었습니다. "오직 당신만이 나를 도울 수 있나이다." 이 그림을 그린 화가는 그림을 생동감 있게 그리는 법을 잘 알고 있었습니다. 그는 막대한 돈을 들여 안료를 구입했을 것입니다.

이제 경기장이 완성되었습니다. 엄청난 비용을 들여 만든 경기장과 신전을 돌아본 테세우스는 매우 만족하였습니다. 여기서 잠시 테세우스의 이야기를 멈추고 팔라몬과 알시테에 대해 알아볼까요?

이전에 말한 대로 두 사람이 각각 기사 백 명을 데리고 결투를 벌이기로

---

* 23 다이애너는 물의 요정 칼리스토페가 주피터와 정을 통하자 그녀를 곰으로 만들어버렸다. 그러자 주피터가 그녀를 별자리로 만들어 큰곰자리가 되었다.
* 24 결혼을 싫어한 여자 사냥꾼. 그녀는 멜레아거와 함께, 다이애너가 칼리돈 왕국을 폐허로 만들기 위해 보낸 멧돼지를 사냥해 죽였다. 멜레아거는 나중에 불행한 종말을 맞이하는데 초서는 그것이 아탈란타가 멜레아거 때문에 처녀를 잃자 순결의 여신 다이애너가 분노했기 때문이라고 보았다.
* 25 오이네우스와 알타이아의 아들로 칼리돈 왕국의 멧돼지를 죽인 영웅.
* 26 명계의 왕으로, 주피터와 바다의 신 넵튠의 형제.
* 27 다이애너는 달의 여신이자 탄생의 여신인 루키나이기도 하다.

한 날이 점차 다가오고 있었습니다. 그들은 약속을 지키기 위해 무장한 기사 백 명을 데리고 아테네에 나타났습니다. 신이 만든 육지와 바다를 통틀어 이렇게 적은 인원으로 이처럼 훌륭한 기사부대를 이룬 적은 어디에도 없으리라 모든 사람들은 생각했습니다. 기사도를 사랑하고 이름을 떨치고자 하는 사람들은 누구나 그 결투에 참가하기를 바랐기 때문입니다. 선택된 사람들은 행운아였습니다. 시합이 내일 당장 영국이나 다른 나라에서 열리더라도, 사랑에 빠진 용감한 기사들은 귀부인들을 위해 시합이 열리는 곳으로 달려갔을 것입니다. 확신하건대, 이 시합은 보기 드문 경기가 될 것입니다.

팔라몬과 함께 온 많은 기사들도 모두 그런 사람들이었습니다. 어떤 기사는 비늘갑옷을 두르고 있고, 다른 기사는 긴 겉옷을 입고 전투용 가슴받이를 하고 있었으며, 또 다른 몇몇은 프러시아식 방패나 둥근 방패를 들고 있었습니다. 어떤 기사는 두 다리를 단단히 무장하고, 전투용 도끼나 철퇴를 손에 쥐고 있었습니다. 모두 옛날 방식을 본 딴 신무기들이었습니다. 어쨌거나 내가 설명한 대로 기사들은 적합하다고 생각한 바에 따라 최선을 다해 무장했습니다.

트라키아의 왕 리쿠르구스도 검은 수염에 힘찬 표정으로 팔라곤과 함께 말을 타고 왔습니다. 붉고 노란빛을 발하는 눈동자가 괴물 그리핀처럼 주위를 둘러보았으며, 그 불굴의 의지가 드러난 이마 위에는 텁수룩한 눈썹이 빳빳하게 곤두서 있었습니다. 커다란 팔다리와 넓은 어깨와 강인하고 힘센 근육을 자랑하며, 트라키아의 풍습대로 흰 소 네 필이 끄는 전차를 당당하게 타고 있었습니다. 그는 갑옷 위에 문장(紋章)이 새겨진 겉옷을 입는 대신 오래되어 숯처럼 까맣게 변해 버린 곰 가죽 옷을 걸쳤고, 가죽에 그대로 달려 있는 곰의 발톱이 마치 황금처럼 반짝거렸습니다. 뒤로 빗어 넘긴 긴 머리는 까마귀 깃털보다 더욱 까맣고 반들거렸으며, 머리에 쓴 무거운 왕관은 팔뚝만큼 두껍고 루비와 다이아몬드 같은 휘황찬란한 보석이 촘촘히 박혀 있었습니다. 그리고 스무 마리가 넘는 흰 사냥개들이 전차를 에워싸고 있었는데, 사자나 사슴 사냥용으로 훈련된 이 개들은 모두 황소만큼 컸습니다. 사냥개들은 모두 주둥이가 단단히 묶여 있고, 목덜미에는 둥근 금목걸이를 걸고 주인을 따르고 있었습니다. 팔라몬은 힘센 귀족 백 명을 훌륭히 무장하여 동료로 데리고 왔습니다.

전설에 의하면, 알시테와 함께 인도의 위대한 왕 에메트레우스가 금박 무늬를 정교하게 새긴 옷과 강철로 만든 마구로 뒤덮인 밤색 말을 타고 왔는데 그 모습이 마치 군신 마르스와 같았다고 합니다. 갑옷 위에 걸친 그의 겉옷은 타타르산 실크였으며, 커다란 하얀 진주가 수없이 박혀 있었습니다. 순금으로 새로이 만든 그의 안장은 번쩍번쩍 빛이 났습니다. 어깨에는 불꽃처럼 빛나는 붉은 루비가 박힌 망토를 걸치고 있었고, 태양처럼 노랗고 윤기 흐르는 곱슬머리는 작은 고리처럼 말려 있었습니다. 오똑한 코와 레몬빛 눈, 두툼한 입술에 발그레한 얼굴에는 까무스름한 주근깨가 몇 개 박혀있고, 주위를 둘러보는 눈빛은 사자와 같았습니다. 어림잡아 그의 나이는 대략 스물다섯 정도 되었을 겁니다. 수염이 이제 막 돋기 시작했고, 목소리는 트럼펫 소리처럼 쩌렁쩌렁 울렸습니다. 머리 위에는 갓 꺾은 싱그러운 초록빛 월계수 화관을 쓰고 있고, 손에는 백합처럼 하얗고 잘 조련된 독수리가 얌전히 앉아 있었습니다. 그는 머리만 빼고 완벽하게 갑옷으로 무장하고 모든 점에서 화려한 귀족 백 명을 데리고 왔습니다. 내 말을 믿어 주십시오. 기사도를 찬미하기 위해 왕과 후작과 공작들이 자발적으로 모여 고결한 무리를 이룬 것입니다. 에메트레우스 왕 주위에는 잘 길들인 수많은 사자와 표범들이 서성이고 있었습니다. 이렇게 기사들은 일요일 아침 아홉시 즈음 아테네에 도착하여 말에서 내렸습니다.

훌륭한 테세우스 왕은 이들을 모두 시내로 데려와 계급에 맞게 숙소를 정해 준 뒤 향연을 베풀어 기쁘게 해 주었습니다. 아직도 사람들은 그보다 더 멋진 환영 행사는 보지 못했다고 칭찬합니다.

음유시인이 얼마나 멋지게 노래를 불렀고, 높은 지위에 있는 사람들부터 낮은 지위에 있는 사람들에게까지 두루두루 무슨 선물을 주었고, 얼마나 극진히 대접했는지요. 그리고 테세우스의 궁전이 얼마나 화려하게 장식되었으며, 어떤 순서로 좌석이 배열되었고 어떤 귀부인이 최고로 아름답고 가무에 능했으며, 누가 가장 실감나게 사랑 이야기를 했는지, 어떤 솔개가 대들보 위에 앉았고, 어떤 개가 바닥에 누워 있었는지는 말하지 않고 바로 본론으로 들어가겠습니다. 그러는 것이 가장 좋겠다고 생각하기 때문입니다. 이야기의 요점은 이렇습니다. 귀 기울여 잘 들어 주십시오.

일요일 새벽이었습니다. 날이 밝으려면 두 시간이나 있어야 했지만 팔라몬은 종달새가 우는 소리를 듣고 잠에서 깨어났습니다. 그는 자리에서 벌떡 일어나 독실한 마음으로 축복과 은총을 받은 시테레아의 신전에, 즉 영예롭고 고귀한 비너스의 신전에 참배하기로 마음먹었습니다. 그는 비너스의 시간*28에 신전이 있는 경기장으로 걸음을 옮겼습니다. 그리고 겸허하고 애끓는 마음으로 무릎을 꿇고 말했습니다.

"아리따운 여신 가운데 가장 아름다운 여신이며, 조우브의 따님이시고 불칸*29의 신부이며, 시테론 산에 기쁨을 선사하시는 나의 비너스 여신이여! 아도니스*30에게 베푸신 사랑으로 저의 뜨겁고 슬픈 눈물에 동정을 베푸시고, 당신의 가슴에 저의 보잘것없는 소원을 새겨 주소서. 이 지옥 같은 고통을 나타낼 적당한 말을 저는 한 마디도 알지 못합니다. 제 마음은 이 고통을 표현할 방법을 모릅니다. 너무나 혼란스러운 나머지 저는 '제 마음을 이해하여주시고 제 상처를 보고 계시는 고매한 여신이여, 자비를 베푸소서!'라는 말밖에 하지 못합니다. 이 모든 괴로움을 불쌍히 여기시고 부디 제 고통에 자비를 베푸소서. 지금 이 순간부터 온 힘을 다하여 영원히 당신의 충실한 종이 되겠으며 항상 정결을 위해 싸우겠나이다. 이것이 저의 맹세이오니 저를 도와 주소서. 저는 무공(武功)을 자랑할 마음이 없으며, 내일 싸움에서 이기게 해 달라고 빌 생각도 없습니다. 이번 싸움으로 명예를 얻거나 헛된 명성을 얻고 싶지도 않으며, 트럼펫 소리가 울려 퍼지는 전투에서 훌륭한 업적을 세우게 해 달라고 빌고 싶지도 않습니다.

단지 바라는 것은 에밀리를 완전히 소유하고 당신을 섬기다가 죽는 것입니다. 제가 어떻게 해야 하는지 가르쳐 주십시오. 싸움에 이기거나 지는 것은 조금도 중요하지 않습니다. 단지 제 여인을 두 팔로 안아 보고 싶을 따름입니다. 마르스는 전쟁의 신이시지만 하늘에 계신 당신의 힘은 절대적이니, 당신이 원하시기만 하면 저는 사랑하는 여인을 쉽게 얻을 수 있을 것입니다. 이 순간부터 평생 당신을 숭배할 것이며, 언제 어디서나 향불을 피우고 당신

---

*28 일요일의 첫 번째 시간은 태양에 속하며 두 번째 시간은 비너스에 속한다. 이밖에도 하루 24시간 가운데 비너스는 9번째, 16번째, 23번째 시간을 지배한다. 날이 밝기까지 2시간은 23번째 시간이므로 이는 비너스의 시간에 속한다.

*29 불카누스, 불과 대장장이의 신.

*30 비너스의 사랑을 받은 미소년. 산돼지의 습격을 받아 목숨을 잃자 그 핏자국에서 아네모네 꽃이 피었다.

의 제단에 제물을 바치겠습니다. 그러나 당신이 이러한 제 소망을 원치 않으신다면, 아름다운 여신이여, 내일 알시테가 창으로 제 심장을 찌르게 해 달라고 애원합니다. 제가 죽으면 알시테가 그녀를 아내로 삼는다 해도 저와는 상관없는 일이기 때문입니다. 이것이 제 기도의 전부입니다. 사랑스럽고 복된 여신이여, 사랑하는 여인을 저에게 주십시오!"

기도를 마친 팔라몬은 제물을 바치고 애처롭기 그지없는 표정으로 모든 의식을 절차에 따라 치렀습니다. 하지만 여기서 그 과정을 하나하나 이야기하지 않겠습니다. 그런데 마지막에 비너스상이 흔들리며 어떤 징후가 나타났습니다. 이를 본 팔라몬은 비너스 여신이 그의 기도를 들어 준 것이라고 받아들였습니다. 그 신호는 시간이 걸릴 것이라는 암시였지만, 그는 소원이 성취되었다고 생각하고 기쁜 마음으로 집으로 돌아갔습니다.

팔라몬이 비너스의 신전에 참배한 지 세 시간이 지나자 해가 떴고, 에밀리는 잠자리에서 일어나 재빨리 다이애너의 신전으로 달려갔습니다. 그녀가 데려간 하녀들은 불과 향과 예복과 제물을 포함한 모든 것을 준비해 갔습니다. 그리고 당시의 관습에 따라 벌꿀 술을 잔뜩 채운 뿔로 만든 잔까지 가져갔으므로 제물의식을 거행하기에 부족한 것은 하나도 없었습니다. 화려한 장식 천이 드리워진 신전에 향불 연기가 가득 찼습니다. 우아하고 고상한 에밀리는 우물물에 몸을 씻었습니다. 그녀가 어떻게 예배의식을 행했는지 자세히 말하면 분명 재미는 있겠지만 나는 일반적인 내용만 말할 작정입니다. 선량한 마음을 지닌 사람이라면 이 이야기를 다 들어도 아무런 해가 되지 않겠지만, 이것은 저마다의 상상에 맡기는 편이 나을 것 같습니다. 그녀는 윤기 흐르는 머리를 풀어 곱게 빗질하고, 참나무 잎으로 만든 초록빛 화관을 머리에 곱게 썼습니다. 그녀는 제단 위에 향불을 두 개 피우고 스타티우스[31]의 테베이드와 다른 고서(古書)에 적힌 대로 의식을 행했습니다. 제단에 불이 붙자 그녀는 다이애너에게 애원했습니다.

"푸른 숲 속에 계시는 순결의 여신이여! 하늘과 땅과 바다를 굽어 살피시는 여신이여! 암흑 제국에 계신 플루토의 왕비이며 처녀들의 여신이여! 오랫동안 당신은 제 마음을 헤아려 주셨고 제가 바라는 것이 무엇인지 아셨습

---

*31 1세기 로마의 시인. 《테베이드》의 저자. 그러나 초서의 언급과 달리 이 장면은 그의 서사시에 나오지 않는다.

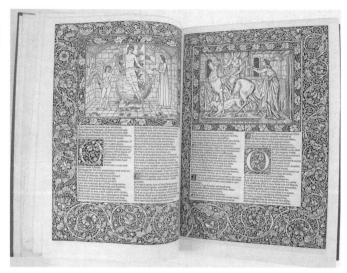

사랑의 여신 비너스와 다이애너 여신(1896년판)

니다. 당신의 분노와 악테온이 받는 끔찍한 고통에서 저를 해방시켜 주소서. 정절의 여신이여. 당신은 제가 평생 처녀로 지내기를 원하고, 누군가 애인이나 아내가 되고 싶지 않다는 사실을 알고 계십니다. 알다시피 저는 당신과 같은 처녀이며 사냥과 숲 속을 거닐기를 좋아하지, 결혼하여 임신하기를 원치 않습니다. 또한 남자와의 교제도 바라지 않습니다. 다이애너 여신이시여, 제발 저를 도와 주소서. 당신의 세 가지 신성*32으로 저를 충분히 도우실 수 있습니다. 저를 사랑하는 팔라몬과 저를 잊지 못하는 알시테를 위해 당신에게 단 한 가지만 빕니다. 부디 그 두 사람이 마음에 평화를 이루어 우정을 되찾게 해주소서. 아니면 그들의 열정과 욕망과 끝없는 고통을 잠재워 주시거나 다른 쪽으로 돌려 주소서. 저에게 이런 은총을 베풀어 주시지 못한다면, 또는 제가 그들 중 한 사람과 짝이 될 운명이라면 저를 간절히 원하는 사람에게 저를 보내 주소서. 정결의 여신이여, 제 빰을 타고 흘러내리는 이 쓰라린 눈물을 보아 주소서. 모든 처녀의 보호자시여, 제가 언제나 순결한 몸으로 있게 지켜 주소서. 그러면 저는 목숨이 다하는 날까지 처녀로서 당신을 섬기겠나이다."

에밀리가 기도하는 동안 제단 위에서는 불이 활활 타오르고 있었습니다.

---

*32 하늘에서는 루나, 땅에서는 다이애너 또는 루키나, 명계에서는 프로세르피나(페르세포네)가 된다.

그런데 별안간 아주 이상한 현상이 일어났습니다. 갑자기 불 하나가 꺼지더니 다시 살아나고 곧이어 다른 불이 완전히 꺼지면서 젖은 나무가 탈 때와 같은 소리가 났습니다. 그리고 장작 끝에서 핏방울 같은 것들이 자꾸만 흘러내렸습니다. 이 광경을 본 에밀리는 소스라치게 놀라 미친 듯이 소리를 질렀습니다. 그녀는 그것이 무엇을 뜻하는지 알 수 없었고 다만 그 광경이 너무 두려워 눈물만 흘렸습니다. 그 순간 손에 활을 든 사냥꾼의 모습을 한 다이애너가 나타나 말했습니다.

"내 딸이여, 눈물을 거두어라. 하늘에 계신 신들이 뜻을 정하시어 영원불변한 규정이 정해졌으니, 너는 너로 인해 큰 고통과 슬픔을 겪고 있는 두 사람 가운데 한 사람과 결혼해야 한다. 그러나 그가 누구인지 말해 줄 수는 없다. 나는 이 이상 여기에 머무르지 못하노라. 하지만 내 제단에서 타오르는 불꽃이, 네가 이곳을 떠나기 전에 네 운명의 향방을 알려 줄 것이다."

다이애너가 이렇게 말하자 여신의 화살통 속에 있던 화살들이 서로 부딪치며 소리를 냈습니다. 그리고 다이애너 여신은 앞으로 한 발짝 내딛더니 온데간데없이 사라졌습니다. 에밀리는 크게 놀라 말했습니다.

"이것이 도대체 어찌 된 일입니까? 다이애너 여신이여, 저는 당신이 보호해 주시리라 믿으며 제 몸을 맡기고 당신의 뜻에 따르겠나이다." 그러고는 지름길을 따라 서둘러 집으로 돌아왔습니다. 이것이 전부입니다.

이어지는 마르스의 시간*33에, 알시테는 성큼성큼 걸어서 포악한 전쟁의 신인 마르스의 신전으로 향했습니다. 그는 이교도 의식에 따라 모든 제사를 지낸 뒤 경건한 마음으로 마르스에게 기도했습니다.

"아, 강대한 신이시여. 추운 트라케 지역에서 숭배받으며 왕으로 군림하시는 마르스 신이시여. 당신은 모든 왕국과 모든 땅에서 전쟁의 고삐를 쥐고 계시며 뜻대로 승리를 결정하시는 분이십니다. 부디 보잘것없는 저의 제물을 받아주소서. 제가 젊어서 당신의 은총을 받을 자격이 있다면, 제 힘이 심부름꾼으로서 당신을 섬기기에 충분하다면 제 고통을 불쌍히 여기소서. 지금 저를 괴롭히는 이 고통과 격정은 일찍이 당신이 느꼈던 욕망과 같습니다. 젊고 신선하고 자유분방한 비너스 여신의 아름다움에 반하시어 마침내 그녀

---

*33 월요일의 네 번째 시간을 말하는 듯하다.

를 품에 안고 마음껏 즐기셨지만, 불행히도 당신은 불칸이 파놓은 함정에 빠져 그의 아내와 한자리에 누워 계시다가 들키고 말았습니다. 그 때 당신이 느꼈던 그 격정과 슬픔을 되새기시어 저의 고통을 불쌍히 여기소서. 당신도 아시다시피 저는 나이가 어리고 무지한 사람입니다. 그래서 다른 어떤 사람보다도 사랑 때문에 쓰라린 고통을 겪고 있다고 생각합니다. 제게 이 고통을 주는 여인은 제가 물에 빠져 죽든 말든 조금도 개의치 않기 때문입니다.

그녀가 제 사랑을 받아주기 전에 먼저 마상시합에서 힘으로 상대를 물리쳐야 한다는 사실을 잘 알고 있습니다. 더욱이 당신의 도움과 은총 없이는 제가 아무리 힘이 세더라도 아무 소용 없음을 알고 있습니다. 그러니 그 옛날 당신의 가슴을 불태웠고, 지금은 제 가슴을 불태우는 불길을 생각하시어 내일 있을 싸움에서 제가 이기도록 도와 주소서. 싸움은 제가 하지만, 그 영광은 당신에게 돌릴 수 있도록 보살펴 주소서. 저는 다른 어떤 곳보다도 고귀한 당신의 신전을 숭배하고, 나아가 당신의 기쁨을 위해 온 힘을 바칠 것이며, 당신의 강한 힘을 더욱 강력하게 하고자 애쓰겠습니다. 신전에 제 깃발과 제 동료들의 무기를 걸어놓고 제가 죽는 날까지 영원히 당신의 제단에 향불을 피우겠습니다. 또한 한 번도 면도칼이나 가위를 대어본 적이 없는 이 머리칼과 수염을 당신에게 바치고, 제 목숨이 다하는 날까지 충실한 종이 될 것을 맹세합니다. 마르스 신이여, 저의 크나큰 슬픔에 자비를 베푸시고 제가 승리할 수 있도록 도와 주소서. 저는 그 이상은 아무것도 원치 않습니다."

용맹한 알시테가 기도를 마치자 신전 문에 달린 종과 문들이 별안간 시끄러운 소리를 내며 덜커덩거리기 시작했습니다. 알시테는 짐짓 놀랐습니다. 제단의 불꽃이 활활 타오르며 신전 내부를 환하게 밝히고, 바닥에서는 그윽한 향내가 스며나왔습니다. 그러자 알시테는 손을 들어 불에 더 많은 향을 넣고 다른 여러 의식을 치렀습니다. 그러자 마르스의 석상을 덮고 있던 그물 갑옷이 짤랑짤랑 소리를 냈습니다. 그 소리와 함께 "승리"라는 말이 희미하게 들려왔습니다. 알시테는 다시 마르스를 찬양하고 경배했습니다. 그리고 모든 일이 잘될 것이라는 희망과 기쁨에 가득 차서 숙소로 돌아왔습니다. 그의 모습은 햇빛을 받으며 지저귀는 새처럼 즐거워 보였습니다.

하지만 하늘에서는 사랑의 여신 비너스와 무서운 전쟁의 신 마르스가 누구의 소원을 들어 주어야 할 것인가를 두고 심한 말다툼을 벌이고 있었습니다. 주피터가 그들 사이에 끼어들어 말리려고 무진 애를 썼습니다. 결국 옛 선조의 전략을 잘 알고 있던 창백하고 냉정한 사투르누스가 풍부한 경험을 바탕으로 양쪽을 만족시킬 수 있는 해결책을 생각해 냈습니다. 속담에도 있듯이, 나이가 많은 것은 매우 유리합니다. 그만큼 많은 지혜와 경험을 갖고 있다는 뜻입니다. 젊은이가 늙은이보다 빨리 달릴 수는 있지만 늙은이의 지혜를 앞지를 수는 없는 법입니다. 사투르누스는 천성적으로 싸움을 말리는 성격이 아니었지만, 이번 싸움을 해결할 수 있는 방법을 찾아냈습니다.

"사랑하는 나의 딸 비너스여." 사투르누스가 말했습니다.

"나의 운행 궤도는 너무도 광대하여 내 힘은 그 누구도 헤아릴 수 없을 만큼 크도다. 시퍼런 바다에 빠져 죽는 것, 어두운 감옥에 갇히는 것, 사람의 목을 조르거나 매어 죽이는 것, 협박하거나 대중들이 폭동을 일으키는 것, 신음소리와 남몰래 독살하는 것 모두 나의 힘에 속한다. 내가 사자자리에 있으면 복수를 하기 위해 징벌을 내리고 높은 궁전을 폐허로 만들기도 하고, 탑이나 성벽을 무너뜨려 광부나 목수를 죽일 수도 있다. 나는 기둥을 마구 흔들던 삼손을 죽였다. 치명적인 질병을 내리고, 음흉한 배신이나 음모를 꾸미게 할 수도 있으며, 내가 모습을 보이기만 해도 전염병이 도느니라. 자, 이제 울음을 멈추어라. 마르스는 그에게 소원을 빈 알시테를 돕겠지만, 나는 최선을 다해 너에게 소원을 빈 기사 팔라몬이 네가 약속한 여인을 가질 수 있도록 힘을 쓰겠다. 너희들은 성격이 너무나 달라 매일 싸우지만 조만간 너희 둘 사이에도 평화가 깃들어야 할 것이다. 나는 너의 할아버지이니 네 소원이 이루어지도록 해 주겠다. 자, 눈물을 거두어라. 네 소원을 들어 주마."

이제 전쟁의 신 마르스와 사랑의 신 비너스를 비롯한 천상의 신들에 대한 이야기는 그만하고, 이야기의 결말을 되도록 간결하게 이야기하겠습니다.

4

그날 아테네에서는 큰 축제가 벌어졌습니다. 게다가 화창한 5월이라 모든 사람들의 마음이 들떠 있었으므로, 월요일은 온종일 창으로 마상시합을 하거나 춤을 추고, 비너스 여신을 극진히 섬기는 행사를 치르며 보냈습니다. 하지만 다음 날 벌어질 큰 시합을 보려면 아침 일찍 일어나야 했으므로 사람들은 밤이 되자 일찌감치 잠자리에 들었습니다.

다음 날 날이 밝자 아테네의 모든 여관에서 말 울음소리와 갑옷의 쩔그렁 거리는 소리로 떠들썩했습니다. 군마와 승용마를 탄 귀족들의 행렬이 궁전으로 향했습니다. 그들은 모두 진귀하고 값비싼 갑옷으로 무장하고 있었습니다. 갑옷은 모두 금세공과 자수와 강철로 장식되어 있었습니다. 번쩍거리는 방패, 말의 재갈과 머리보호대, 금으로 세공한 투구, 사슬, 갑옷, 준마(駿馬)에 올라탄 군주와 수행하는 기사들, 창끝을 자루에 죄고 투구 죔쇠를 채운 수습기사들, 그리고 끈을 단단히 조여매고 방패에 가죽 끈을 매다는 자들 모두 필요한 곳에서 제 역할을 했으며 게으름을 피우는 자는 아무도 없었습니다. 군마들은 황금 고삐를 번쩍이며 입에서 거품을 뿜고 있었고, 무구를 만드는 자들은 망치와 줄칼을 들고 이리저리 바쁘게 말을 몰았습니다. 종자들은 걸어서 뒤따랐습니다. 수많은 평민들은 짧은 막대기로 무장을 하고 빽빽하게 모여 있었습니다. 피리와 나팔과 북과 클라리온이 피를 부르는 소리를 내며 울려 퍼졌고, 궁전은 빈틈 하나 없이 사람들로 가득 찼습니다. 사람들은 곳곳에서 삼삼오오 짝을 지어 테베의 두 기사에 대해 이러쿵저러쿵 떠들어 대며 누가 이길 것인지를 점쳤습니다. 어떤 사람은 수염이 검은 기사를 편들었고, 다른 사람은 대머리 기사가 이길 것이라고 말했습니다. 또 다른 사람은 머리숱이 많은 기사를 편들었습니다. 누군가가 말했습니다. "저 사람은 인상이 험상궂은 걸 보니 잘 싸울 거야. 게다가 20파운드나 되는 살상용 도끼를 들고 있잖아."

이처럼 해가 이미 중천에 떴지만 궁전 안은 오랫동안 온갖 추측과 논쟁으로 소란스러웠습니다.

위대한 왕 테세우스는 시끌벅적한 음악소리와 소음에 잠에서 깼지만, 똑같이 명예롭게 존중받아야 할 테베의 두 기사가 궁전으로 들어올 때까지 화려한 침실에 그대로 있었습니다. 테세우스 왕은 옥좌에 앉은 천상의 신처럼 의복을 갖춰 입고 창가에 있는 자리에 앉아 있었습니다. 사람들은 곧바로 창문으로 가까이 몰려가 경의를 표하고 그의 명령을 기다렸습니다. 발판 위에서 전령이 "조용히 하시오"라고 외치자 사람들이 입을 다물었습니다. 그는 주위가 완전히 조용해진 것을 확인한 뒤 위대한 테세우스 왕의 뜻을 전했습니다.

"테세우스 왕께서는 깊게 사려하시어 이렇게 결정하셨습니다. 오늘의 시합으로 누군가가 목숨을 잃게 된다면 고귀한 혈통을 파괴하는 결과가 되어 너무 가혹하다고 여기셨습니다. 따라서 기사들이 목숨을 잃지 않도록 처음의 규정을 변경하셨습니다. 즉 그 누구도 경기장에 화살이나 창이나 도끼 혹은 단검을 지니고 들어가지 못하며 이 명령을 어기는 자는 사형에 처할 것입니다. 날카로운 칼날로 사람을 찌를 수 있는 단도를 허리에 차고 들어가도 안 됩니다. 또한 그 누구도 날카로운 창으로 상대방을 한 번 이상 찔러서는 안 됩니다. 말에서 내린 뒤에는 자신을 방어하기 위해 창을 쓸 수 있습니다. 상처를 입은 사람은 절대로 죽이지 말고, 양쪽의 말뚝이 있는 곳으로 끌고 갈 것입니다. 한쪽 편의 대장이 그곳으로 끌려오거나 목숨을 잃으면 이 시합은 끝이 납니다. 이제 모두의 성공을 빕니다. 앞으로 나와 열심히 싸우십시오. 긴 칼과 철퇴로 마음껏 싸우십시오. 이것이 바로 우리 대왕의 뜻입니다."

그러자 관중들이 하늘을 찌를 듯이 환호성을 질렀습니다. "피에 의한 파멸을 원치 않으신 위대하신 대왕께 신의 축복이 있기를!" 나팔소리와 팡파르가 하늘 높이 울려 퍼지고, 시합에 참가할 기사들이 평소와 달리 거친 사지천이 아니라 금실로 짠 장식천이 걸려 있는 거대한 아테네 시내를 지나 경기장으로 향했습니다.

훌륭한 테세우스 왕은 위풍당당하게 말에 올라, 테베의 두 기사를 양쪽에 거느리고 행진했습니다. 왕비와 에밀리가 그 뒤를 따랐으며, 그들 뒤로 나머지 사람들이 계급과 신분에 따라 무리지어 따랐습니다. 이렇게 그들은 도시를 지나 정해진 시각에 경기장에 도착했습니다. 테세우스 왕이 왕비 히폴리테와 처제 에밀리와 함께 귀빈석에 앉고, 주위에 있던 많은 귀부인들이 신분에 따라 자리잡았을 때 시각은 아직 아홉 시도 되기 전이었습니다. 관중들도 자리에 앉았습니다. 알시테가 기사 백 명과 함께 붉은 깃발을 높이 들고 마르스 상이 있는 서쪽 문으로 들어왔습니다. 동시에 팔라몬이 흰 깃발을 치켜세우고 결연한 태도로 비너스 상이 있는 동쪽 문으로 들어왔습니다. 이 세상 어디를 둘러보아도 이 두 기사무리처럼 모든 면에서 우월한 일행은 찾아볼 수는 없을 것입니다. 아무리 현명한 사람도, 누가 더 용감하다거나 지위나 힘이 다른 쪽보다 뛰어나다고 단언할 수 없기 때문입니다. 그만큼 서로 팽팽한 실력을 가진 기사들이 선발되었던 것입니다. 그들은 두 대열로 당당히 늘어섰습니다. 그들의 이름을 하나하나 호명하여 숫자에 거짓이 없음을 확인하자 마침내 양쪽 문이 닫히고 큰 외침이 들렸습니다.

"젊고 긍지 높은 기사들이여, 그대들의 의무를 다하라."

전령들이 물러나자 나팔과 클라리온이 크게 울렸습니다. 더 이상의 말이 필요 없었습니다. 동쪽과 서쪽을 보십시오. 공격을 하기 위해 창들이 삼엄하게 겨누어졌고, 양쪽의 기사들이 말에 박차를 가했습니다. 이제 누가 창쓰기를 더 잘하고 누가 말을 더 잘 타는지 곧 알게 될 것입니다. 창이 두꺼운 방패에 부딪쳐 흔들립니다. 어떤 기사는 명치에 창이 파고들어오는 것을 느꼈습니다. 창이 20피트 정도 하늘 높이 날아올랐습니다. 칼이 은빛으로 번쩍이며 칼집에서 나왔습니다. 투구가 산산이 부서졌습니다. 붉은 피가 강물처럼 솟구쳤고, 무거운 철퇴에 맞아 뼈가 가루가 되었습니다. 어떤 기사는 엉겨서 치열하게 싸우는 기사들 한가운데로 달려들었습니다. 가장 튼튼한 말조차 발부리에 채어 휘청거렸고 끝내 말과 사람이 모두 나뒹굴었습니다. 어떤 이는 발치에서 공처럼 데굴데굴 굴렀고, 어떤 이는 창을 고쳐 잡고 다리를 공격했으며, 어떤 이는 말에 타고 있던 상대편 기사를 떨어뜨렸습니다. 어떤 이는 온몸에 상처를 입고 붙잡혀 강제로 말뚝이 있는 곳으로 끌려왔습니다.

규칙에 따라 일단 끌려오면 그곳에 머물러 있어야만 했습니다. 상대편에서도 또 한 사람이 끌려갑니다. 가끔씩 테세우스 왕은 그들에게 휴식을 취하도록 하고, 원하면 술이나 물로 목을 축이도록 했습니다. 테베의 두 기사는 그날 수없이 싸우며 상대에게 심한 상처를 입혔습니다. 그들은 저마다 두 번씩 상대방을 말에서 떨어뜨렸습니다. 사냥꾼에게 새끼를 잃은 가르가피아 계곡*34의 호랑이도 질투의 불꽃에 휩싸여 팔라몬을 공격하는 알시테보다 사납게 달려들지는 못했을 겁니다. 또한 사냥꾼에게 쫓기거나 굶주려 포획물의 피를 갈망하며 미쳐 날뛰는 벤마린의 사자도 적수인 알시테를 죽이려는 팔라몬보다 더 포악하지는 않았을 것입니다. 질투로 불타는 두 사람은 상대의 투구를 있는 힘껏 내리쳤으며, 붉은 피가 그들의 옆구리를 흥건히 적시며 흘러내렸습니다.

하지만 모든 일에는 끝이 있기 마련입니다. 해가 서쪽으로 기울기 전에 힘센 에메트레우스 왕이 알시테와 싸우는 팔라몬을 붙잡고 그의 몸 속 깊이 칼을 찔러 넣었습니다. 반항하는 팔라몬을 말뚝이 있는 곳으로 끌고 가려면 스

---

*34 이곳에서 다이애너는 자신이 목욕하는 모습을 본 악테온을 사슴으로 만들어 버렸고, 결국 악테온은 자신의 사냥개에게 물려 죽었다.

무 명의 기사가 필요했습니다. 끌려가는 팔라몬을 구하기 위해 리쿠르고스 왕이 달려들었지만 그 역시 말에서 떨어지고 말았습니다. 팔라몬은 사로잡히기 전에 에메트레우스 왕에게 일격을 가했는데, 안장에 앉은 왕은 힘이 엄청났음에도 칼 길이만큼이나 멀리 떨어져 나가고 말았습니다. 하지만 모든 것이 허사였습니다. 팔라몬은 말뚝이 있는 곳으로 끌려갔고, 그곳에서는 그의 용맹함도 아무런 소용이 없었습니다. 한번 사로잡히면 그곳에 머물러야 한다는 것이 시합의 규칙이었으니까요.

싸울 기회를 완전히 잃은 팔라몬은 너무나 슬펐습니다. 이 광경을 지켜본 테세우스는 여전히 싸움을 계속하고 있는 전사들에게 명령했습니다. "싸움을 멈추어라! 승패는 결정되었다! 나는 공정한 심판관으로서 그 누구의 편도 들지 않겠다. 테베의 알시테에게 에밀리를 주겠노라. 알시테에게 행운이 깃들어 정정당당하게 에밀리를 얻었노라."

이 말을 듣고 관중들은 기쁨에 넘쳐 환호성을 질렀습니다. 그 함성이 어찌나 크던지 경기장이 와르르 무너질 것만 같았습니다.

일이 이렇게 되었으니 아름다운 비너스가 하늘에서 무엇을 할 수 있었겠습니까. 그녀는 아무 말도 못 하고, 자기 뜻이 실현되지 않자 경기장이 눈물로 넘쳐흐를 만큼 서럽게 통곡하는 수밖에 없었습니다. 그녀는 외쳤습니다. "이보다 수치스러운 일이 어디 있으랴."

그러자 사투르누스가 말했습니다. "안심해라, 내 딸아! 마르스는 그의 뜻을 이루었고 그의 기사는 모든 은총을 얻었노라. 그러나 맹세하건대 네게도 곧 만족스러워할 일이 생길 것이다."

나팔과 음악 소리가 높이 울려 퍼지고, 전령들이 기뻐하며 알시테의 승리를 외쳤습니다. 하지만 진정하시고 내 이야기를 끝까지 들어 주십시오. 곧 어떤 기적이 일어났는지 알게 될 겁니다.

용맹한 알시테는 얼굴을 보여 주기 위해 투구를 벗고 말에 올라 에밀리를 바라보며 경기장을 한 바퀴 돌았습니다. 에밀리도 그에게 다정한 눈길로 화답했습니다. 여인들은 일반적으로 운명의 여신이 축복을 내린 사람을 따르는 경향이 있거든요. 알시테의 표정과 마음에 기쁨이 흘러 넘쳤습니다.

그때 땅 속에서 사투르누스의 부탁을 받은 플루토가 지옥에서 보낸 분노의 여신 푸리아 앞에 갑자기 나타났습니다. 그러자 알시테의 말이 겁에 질려 갑자기 뒷걸음질치며 펄쩍 뛰더니 땅에 넘어져 버렸습니다. 알시테는 무슨 일이 일어났는지 미처 알아차릴 겨를도 없이 땅에 정수리를 찧고 굴러 떨어져 정신을 잃었습니다. 가슴이 말안장 돌기 부분에 치어 터져 버린 것입니다. 석탄이나 까마귀처럼 까맣게 변해 버린 얼굴에서 피가 솟구쳤습니다. 사람들이 슬퍼하며 그를 곧 경기장에서 테세우스의 궁전으로 옮겨, 재빨리 갑옷을 벗기고 조심스럽게 침대에 눕혔습니다. 아직 의식이 남아 있던 그는 끊임없이 에밀리를 외쳐 불렀습니다.

테세우스 왕은 일행을 모두 데리고 성대하고 화려한 행진을 하며 궁전으로 돌아 왔습니다. 비록 불상사가 일어나기는 했지만 왕은 사람들의 마음을 기분좋게 하고 싶었습니다. 사람들도 알시테가 죽지 않을 것이며 곧 회복될 것이라고 생각했습니다. 또한 그 많은 기사들 가운데 한 사람도 목숨을 잃지 않았다는 사실에 기뻐했습니다. 비록 많은 사람이 큰 상처를 입었고, 특히 한 기사는 창에 갈비뼈가 찔리는 심각한 부상을 입기는 했지만 말입니다. 상처와 부러진 팔을 치료하기 위해 어떤 기사는 고약을 발랐고, 어떤 기사는 마법을 썼습니다. 약초를 쓰거나 세이즈 약초를 달여 먹는 사람도 있었는데, 팔다리를 온전히 회복하는 데 효과가 있다는 말이 있었기 때문이었습니다.

위대한 테세우스 왕은 모든 기사들을 두루 위로하고 그들의 노고에 경의를 표시했습니다. 또한 외국에서 온 왕족과 영주들을 위해 밤새 향연을 베풀어 주었습니다. 이 경우, 마상시합에 참여한 것처럼 자신이 패배했다고 느끼는 사람은 아무도 없었습니다. 그 누구도 망신을 당했다고 생각하지 않았습니다. 사실 말에서 떨어지는 것은 누구에게나 있을 수 있는 일이기 때문입니다. 또한 자기가 타던 말이 몽둥이에 맞아가며 종자와 하인들에게 끌려가고, 자신은 스무 명의 기사에게 붙잡혔으면서도 끝내 굴복하지 않다가 발로 차이고 뺨을 맞으며 강제로 말뚝이 있는 곳으로 끌려간 팔라몬도 전혀 창피하게 느끼지 않았습니다. 그를 비겁하다고 탓할 사람은 아무도 없었기 때문입니다.

테세우스 왕은 모든 원한과 질투에 종지부를 찍을 것을 당부하며, 마치 형제들이 싸우듯 백중지세로 훌륭히 싸웠다고 공포했습니다. 그리고 지위와 신분에 걸맞게 선물을 하사하고 사흘에 걸쳐 잔치를 베풀어 주었습니다. 그리고 왕들이 떠날 때는 성문 밖까지 손수 바래다 주고 성대하게 작별인사를 했습니다. 모두가 지름길을 택해 고향으로 되돌아갔습니다. "잘 가시오, 행운을 빕니다"라는 훈훈한 작별인사가 오갔고 이렇게 모든 것이 끝이 났습니다. 시합에 대해서는 이쯤에서 마치고 이제 팔라몬과 알시테의 이야기를 하겠습니다.

알시테의 가슴은 부어올랐고, 심장 근처의 상처가 날이 갈수록 악화되었습니다. 의사들이 갖은 애를 썼지만 응고된 피는 썩어 갔고 몸에는 고름이 퍼져 갔습니다. 피를 뽑아내고 약초도 달여 먹였지만 아무 소용이 없었습니다. 자연적 힘 또는 동물적 힘이라고 불리는 인체의 배출력으로도 동맥에서 독을 씻어 내거나 배출시키지 못했습니다. 알시테의 폐혈관이 붓기 시작했고, 가슴 근육은 독과 고름으로 썩어 문드러졌습니다. 구토제와 설사제도 써 보았지만 아무 효과가 없었습니다. 가슴 부위가 완전히 망가져 버려 대자연의 힘이 지배력을 잃게 된 것입니다. 대자연의 힘이 더 이상 작용하지 않는다면 의술과 작별을 고하고 환자를 교회로 옮기는 수밖에 없습니다. 끝내 알시테는 죽을 운명인 것입니다. 죽음을 예감한 그는 에밀리와 사랑하는 팔라몬을 불러 말했습니다.

"내 가슴속에 자리 잡고 있는 이 슬픈 영혼은 가장 사랑하는 당신에게 내 처참한 고통의 일부분조차도 표현할 수가 없소. 이제 내 목숨이 얼마 남지 않았으니 이 세상 그 누구보다도 오직 당신만을 따를 내 영혼을 바치겠소. 아, 슬프오. 참으로 슬프오. 당신 때문에 내가 얼마나 오랫동안 커다란 슬픔과 고통을 겪었는지 아시오? 그런데 이렇게 죽어야 하다니. 아, 나의 에밀리여, 당신과 헤어져야 하다니 참으로 괴롭소. 내 마음속의 여왕이여, 아, 내 아내여, 내 마음속의 부인이여, 내 생명을 앗아간 여인이여! 도대체 이 세상은 무엇이며, 인간은 무엇을 갖고자 애쓴단 말인가? 사랑하는 사람과 함께 하리라 믿었건만 이내 친구도 없이 외로이 차가운 무덤으로 가는 것을 ……. 안녕, 나의 달콤한 적 에밀리여. 당신의 팔로 나를 다정하게 안아 주시오. 그리고 내 말을 들어 주시오. 나는 당신을 사랑했고 그로 인한 질투 때문에 오랫동안 여기 있는 내 사촌 팔라몬을 증오했고, 마침내 결투까지 벌이게 되었소. 주피터 신이여, 진정한 연인으로서 갖추어야 할 속성과 자질에 대해 정확히 말할 수 있도록 내 영혼을 이끌어 주소서. 즉 진실과 명예와 기사도와 지혜와 겸손과 지위와 고귀한 혈통과 정직함과 사랑에 속하는 모든 것을 두고 지금 말하건대, 이 세상 그 무엇보다 당신만을 사랑하고, 앞으로

알시테의 죽음

　도 평생 당신을 사랑할 팔라몬만큼 당신의 사랑을 받기에 적합한 사람은 아무도 없을 것입니다. 그러니 당신이 다른 사내와 결혼할 생각이 있다면 이 선량한 팔라몬을 부디 잊지 마시오.”

　그 뒤 알시테는 더 이상 말을 잇지 못했습니다. 죽음의 냉기가 발에서 가슴까지 올라와 이내 온몸을 사로잡았기 때문입니다. 그러자 그의 두 팔에서도 기운이 완전히 빠져 버렸습니다. 곧이어 죽음이 심장을 건드리자, 그의 병들고 상처받은 심장에 깃들어 있던 감정도 끊어지기 시작했습니다. 눈에서 광채가 사라지고 호흡이 멈추었습니다. 하지만 그는 여전히 그가 사랑한 여인을 바라보고 있었습니다. 그리고 “에밀리, 나에게 연민을……”라는 마지막 말을 남기고 그의 영혼은 이제까지 살던 집을 떠나 어디론가 홀연히 사라져 버렸습니다. 그곳이 어딘지는 나도 모릅니다. 나도 그곳에 가 본 적은 없으니까요. 나는 예언자가 아니니 이 문제에 대해서는 더 이상 말하지 않겠습니다. 이 이야기에는 영혼에 대한 부분이 없고 비록 그 영혼이 머무는 곳에 대해 쓴 책들이 있긴 하지만, 나는 그것들을 지루하게 설명하고 싶지 않습니다. 알시테는 싸늘하게 식었습니다. 마르스 신이여, 그의 영혼을 보살펴 주소서! 이제 에밀리에 대해 말하겠습니다.

　에밀리는 비명을 지르며 눈물을 흘렸고, 팔라몬도 구슬프게 울부짖었습니다. 테세우스는 실신한 처제를 알시테의 주검에서 멀리 떨어진 곳으로 데려갔습니다. 그녀가 밤낮없이 얼마나 울었는지 말하면서 제 이야기를 길게 늘일 필요는 없을 것 같습니다. 이처럼 남편을 잃은 여인들은 극도의 슬픔을 느끼는 법이니까요. 대부분의 여인들이 실의에 빠져 의욕을 잃고 병에 걸려 결국 죽음에 이르기도 합니다.

테베의 기사 알시테가 죽었다는 소식을 듣자 온 아테네 도시에 눈물이 끊이지 않았으며 남녀노소 모두가 통곡했습니다. 헥토르가 목숨을 잃고 트로이로 실려 왔을 때도 이토록 큰 울음소리는 들리지 않았을 것입니다. 정말 비탄 그 자체였습니다. 자신의 뺨을 할퀴고 머리칼을 쥐어뜯는 사람도 있었습니다. 여자들은 큰소리로 부르짖었습니다.

"왜 당신이 죽어야만 했나요? 당신은 부도 얻고 에밀리도 얻었는데!"

늙은 아버지 아이게우스를 제외하고는 아무도 비탄에 잠긴 테세우스를 위로할 수 없었습니다. 슬픔 뒤에 기쁨이 오고 기쁨 뒤에 슬픔이 온다는 이 세상의 진리를 몸소 깨우친 아이게우스는 이 세상의 무상함을 잘 알고 있었습니다. 늙은 아버지는 테세우스에게 이와 비슷한 수많은 사례를 이야기해 주었습니다.

"태어나지 않은 사람이 죽는 일은 결코 없듯이, 이 세상에 태어난 사람 가운데 언젠가 죽지 않는 사람은 아무도 없느니라. 이 세상은 고통으로 가득 찬 길에 지나지 않으며, 우리는 그 길을 지나가는 순례자일 뿐이거늘. 죽음은 이 세상에서 겪는 모든 고통의 끝이니라." 그는 이러한 말을 몇 번이고 되풀이하며 사람들이 기운을 되찾도록 현명한 말로 일깨워 주었습니다.

테세우스는 훌륭한 알시테의 주검을 어디에 둘 것이며, 어떻게 해야 죽은 자의 신분에 알맞은 명예로운 무덤을 세울 수 있을지를 고민했습니다. 마침내 가장 좋은 장소는 사랑을 얻기 위해 처음으로 팔라몬과 알시테가 싸운 곳이라는 결론에 이르게 되었습니다. 그 아름답고 푸른 숲은 알시테가 사랑의 불꽃과 육체적 욕망을 느끼고, 슬픔을 노래한 곳이었습니다.

테세우스 왕은 바로 그곳에서 알시테의 신분에 맞는 장례를 치르기로 했습니다. 즉시 그는 오래된 참나무를 베어 장작으로 잘라서 잘 타오르도록 차곡차곡 쌓아두라고 지시했습니다. 신하들은 왕의 명령을 받들기 위해 곧바로 달려 나가거나 말을 타고 갔습니다. 그런 다음 테세우스는 관을 짜라고 명령하고, 그 안에 자기가 갖고 있던 가장 비싼 금실로 짠 천을 깔고, 그것과 같은 천으로 알시테의 몸을 덮었습니다. 또한 알시테의 두 손에 흰 장갑을 끼워 주고, 머리에는 푸른 월계수 관을 씌워 주었으며, 손에는 날카롭게 빛나는 칼을 쥐어 주었습니다. 테세우스 왕은 알시테의 얼굴이 보이도록 관에 누이고 듣는 이의 가슴이 아리도록 슬프게 울었습니다. 그리고 날이 밝자 모든 아테네 시민들이 그를 볼 수 있도록 궁전 홀로 옮겼습니다. 문상 온 사람들의 울음소리가 온 궁전에 울려 퍼졌습니다.

그 순간 비탄에 잠긴 팔라몬이 도착했습니다. 그의 수염은 헝클어져 있고, 텁수룩한 머리칼에는 재가 가득했으며 검은 상복은 눈물로 온통 젖어 있었습니다. 하지만 그 누구보다도 가장 슬퍼한 사람은 불쌍한 에밀리였습니다. 고인의 지위에 걸맞은 성대한 장례식을 치르기 위해 테세우스는 눈부신 강철 장식을 하고 알시테의 문장(紋章)을 씌운 준마 세 필을 데려와 그 위에 알시테가 애용하던 무기를 싣도록 지시했습니다.

이 커다란 백마들 위에는 기수가 한 명씩 타고 있었는데, 한 사람은 알시테의 방패를 들고, 다른 한 사람은 창을 들고, 나머지 한 사람은 금으로 장식된 터키식 화살이 들어 있는 화살통을 들었습니다. 그들은 슬픔에 가득 찬 채 숲으로 향했습니다. 그곳에 있던 그리스에서 지체가 최고로 높은 사람들이 알시테의 관을 어깨에 메고 너무 울어 벌겋게 부어 오른 눈으로 천천히 아테네의 큰길로 나아갔습니다. 거리는 온통 검은 천으로 뒤덮여 있고, 높은 건물에도 검은 천이 걸려 있었습니다. 늙은 아이게우스는 오른쪽에, 테세우스는 왼쪽에 서서 순금으로 된 아름다운 잔을 들고 걸어갔습니다. 그 잔에는 꿀과 우유와 피와 포도주가 가득 들어 있었습니다. 그 뒤를 팔라몬이 많은 동료들과 함께 걸었고, 불쌍한 에밀리가 그 당시 풍습대로 장례식 때 쓸 불을 들고 그 뒤를 따랐습니다.

장례의식과 화장하는 데 필요한 나뭇단을 쌓아올리는 데 엄청난 노력을 쏟았으며 준비가 정성스럽게 이루어졌습니다. 쌓아올린 참나무 더미는 하늘에 닿을 듯했으며, 아래 너비는 스무 폭이나 되었습니다. 말하자면 그만큼 웅장했다는 말입니다. 맨 아래에는 짚 더미가 깔려 있었습니다. 하지만 높디 높은 장작이 어떻게 쌓아올려졌으며, 나무를 어떻게 잘랐는지, 그 나무들의 이름이 무엇인지 하나하나 이야기하고 싶지는 않습니다. 나무들만 해도 참나무, 전나무, 자작나무, 사시나무, 딱총나무, 졸참나무, 포플러, 버드나무,

느릅나무, 플라타너스, 물푸레나무, 회양목, 밤나무, 보리수, 월계수, 단풍나무, 가시나무, 너도밤나무, 개암나무, 주목나무, 층층나무 등 이루 헤아릴 수가 없기 때문입니다. 또한 물의 정령과 숲의 요정과 목신(木神)들이 평화롭게 살던 보금자리를 빼앗기자 놀라 허둥대며 이리저리 뛰어다니고, 나무가 잘리자 짐승들과 새들도 너무 무서워 허겁지겁 도망쳤으며, 눈부신 햇빛을 거의 본 적 없는 숲 속의 땅이 햇빛을 보자 화들짝 놀란 모습입니다.

화장용 나뭇단 밑에 맨 먼저 짚이 놓이고 세 조각으로 쪼개진 마른 나뭇가지가 놓였으며, 그 위에 푸른 나무와 향료, 금실로 짠 천과 보석, 수없이 많은 꽃을 엮어 만든 화환, 몰약과 향기로운 향이 놓인 것을 일일이 말할 수는 없습니다. 또한 알시테가 그 안에 어떻게 안치되었고, 그 둘레에 얼마나 호화로운 보물들이 놓였는지, 또한 에밀리가 그 시절의 관습에 따라 어떻게 나뭇단에 불을 던졌으며, 불길이 타오르기 시작하자 그녀가 실신한 이야기며, 그녀가 무슨 말을 했고 그녀의 바람이 무엇이었는지, 그리고 불길이 세차게 솟아오르자 사람들은 어떤 보석들을 던졌는지, 어떤 사람들은 방패를, 어떤 사람들은 창을, 어떤 사람은 입고 있던 옷을 던졌고, 포도주와 우유와 피가 든 술잔을 성난 불길로 던진 사람도 있었으며, 또한 그리스인들이 긴 행렬을 지어서 함성을 지르며 나뭇단 주위를 왼쪽으로 세 바퀴 말을 달리고, 세 번 창 소리를 내고, 여자들이 세 번 통곡을 한 이야기며, 에밀리는 집으로 돌아가고, 알시테는 재가 될 때까지 탔으며, 밤새 장례식이 진행되었고, 그리스인들이 죽음을 애도하는 경기를 벌인 일을 자세히 이야기하고 싶지는 않습니다. 벌거벗은 몸에 기름을 칠하고 씨름을 한 사람들 가운데 누가 이겼으며 누가 가장 잘 싸웠는지, 또 경기가 끝난 뒤 그들이 어떻게 아테네로 돌아갔는지에 대해서도 말하고 싶지는 않습니다. 이 긴 이야기를 이제 요점만 간추려서 마무리하고자 합니다.

몇 해가 지나자 그리스인들의 슬픈 눈물은 약속이나 한 듯이 완전히 사라졌습니다. 그리고 몇 가지 문제를 해결하기 위해 아테네에서 회의가 열리게 되었습니다. 그 가운데 가장 중요한 문제는 어느 나라와 동맹을 맺고 테베인을 완전히 복종시키느냐는 것이었습니다. 그래서 고귀한 테세우스는 곧바로 사람을 보내 마음씨 착한 팔라몬을 불렀습니다. 슬픔에 싸여 있던 팔라몬은 왕이 무슨 일로 부르는지 전혀 몰랐지만, 명령을 받고 검은 상복을 입은 채

팔라몬과 에밀리의 결혼 보카치오 작. 1465.

급히 달려왔습니다. 테세우스 왕은 에밀리도 불렀습니다. 그들이 자리에 앉고 주위가 조용해지자, 테세우스는 가슴속에 담아 둔 현명한 말을 꺼내기 위해 잠시 숨을 고르며 사람들을 둘러보았습니다. 그리고 진지한 표정으로 조용히 한숨을 내쉬고 말했습니다.

"하늘에 계신 만물의 원동력이신 분*35께서 아름다운 사랑의 사슬*36을 처음으로 만드셨을 때 그 결과는 위대하고 그 의도는 고귀했노라. 그분께서 사랑의 사슬로 불과 공기와 물과 흙이 서로 떨어지지 않도록 일정한 범위 안에 묶어 놓으셨을 때 그분은 그 이유와 의미를 잘 알고 계셨다. 왕이시며 원동력이신 그분은 이 비참한 하계(下界)에 태어난 모든 존재에게 일정한 수명을 정해 주셨다. 아무도 그 기간을 넘을 수는 없지만 줄이기는 쉽다. 이는 경험을 통해 이미 증명된 사실이므로 어떤 유명한 사람의 말을 인용할 필요도 없이 그저 내 의견을 말하면 그만이다. 그러면 사람들은 이 질서에 따라

---

*35 주피터. 중세 천문학에서는 주피터가 우주 만물을 움직이는 근원이라고 생각했다.
*36 이 세상의 모든 것이 사랑의 사슬로 연결되어 있다는 생각은 플라톤 시대부터 있었다. 테세우스의 이 위대한 연설은 보에티우스의 《철학의 위안》에 나온다.

이 원동력이 확고부동하며 영원히 변치 않음을 알 수 있을 것이다. 또한 바보가 아니라면, 모든 부분은 위대한 전체에서 생겨남을 당연히 알 것이다. 자연은 어떤 조각에서 시작된 것이 아니라 완전하고도 확고한 것에서 비롯되었으며, 결국에는 쇠퇴하여 소멸하기 때문이다. 따라서 현명한 섭리를 통해 그분은 모든 사물의 종류와 생성의 진행이 대를 이어 연속되도록 하셨으나 영원히 살지는 못하게 하셨다. 이는 틀림없는 사실이며 눈으로 직접 보고 확인할 수 있노라. 우리가 보다시피 저 참나무는 처음 싹을 틔운 뒤로 꾸준히 자라 오랜 세월을 버텨 왔지만 결국에는 죽고 말 것이다. 또한 우리가 밟고 다니는 저 단단한 돌도 길바닥에 놓여 있는 동안 역시 닳아 없어지고 말 것이다. 때로는 저 널따란 강도 말라붙을 것이며, 거대한 도시도 달이 기울듯 쇠퇴하여 몰락하고 만다. 모든 것에는 끝이 있는 법이다. 또한 남자든 여자든 두 시기, 즉 젊은 시절이나 늙은 시절에 반드시 죽게 된다는 것을 우리는 잘 알고 있다. 시종은 물론 왕도 죽어야 한다. 어떤 이는 침대에서 죽고, 어떤 이는 깊은 바다에 빠져 죽고, 또 어떤 이는 드넓은 전쟁터에서 죽는다. 모두가 똑같은 길을 가야만 하니 구원할 방도가 없도다. 따라서 모든 것은 죽을 운명이라고 말할 수 있다.

이 세상을 다스리시는 분은 바로 만물의 근원이자 통치자이신 주피터 신이시다. 그분은 모든 것을 다시 근원으로 되돌려 보내신다. 이런 섭리를 거스를 수 있는 것은 이 세상에 아무것도 없다. 따라서 나는 필요한 덕은 베풀고, 피할 수 없는 것들, 특히 우리 모두가 이미 예견하고 있는 것들은 기꺼이 받아들이는 것이 지혜롭다고 생각한다. 이를 두고 불평하는 것은 어리석은 짓이며 만물을 지배하시는 신에 대한 반역이기도 하다. 명성이 최고조에 달하고 인생의 전성기에 죽은 자는 최고의 명예를 얻게 된다. 친구나 자신에게 어떠한 치욕도 남기지 않기 때문이다. 친구들도 그가 명예롭게 숨을 거두었다면 나이 들어 그의 명성이 시들고 무용이 완전히 잊힌 뒤에 죽을 때보다 그 죽음을 기쁘게 받아들여야 한다. 훌륭한 이름을 남기기 위해서는 명성이 최고조에 이르렀을 때 죽는 것이 가장 좋은 방법이다.

이런 것을 부정하는 것은 쓸데없는 고집일 뿐이다. 기사도의 꽃인 알시테는 존경과 명예를 한 몸에 지니고 이승의 감옥에서 벗어났는데 왜 우리는 침울한 마음으로 슬퍼해야 하는가? 왜 여기 있는 그의 사촌 팔라몬과 아내인 에밀리는 그들을 더없이 사랑한 알시테의 행복을 못마땅하게 여기는가? 죽은 그가 이들에게 고마워할 것 같은가? 아니다, 절대로 그렇지 않다. 그것은 알시테의 영혼에 이롭지 못할 뿐만 아니라 그들 자신에게도 이롭지 못하며 그런 식으로는 행복을 찾을 수 없기 때문이다.

이 기나긴 말에서 내가 이끌어 낼 수 있는 결론은, 슬픔 뒤에는 반드시 기쁨이 따르도록 하신 주피터 신의 자비에 감사를 드려야 한다는 것이다. 이 자리를 떠나기 전에, 나는 두 고통을 영원히 하나의 완전한 기쁨으로 만들 것을 제안한다. 자, 보아라. 가장 깊은 고통이 있는 곳에서부터 치료를 시작할 것이니라.

처제여, 이것이 내가 의회의 의견을 수렴하여 심사숙고한 결론이다. 그대를 처음 본 순간부터 마음과 영혼과 온 힘을 다해 섬기고 사랑한 팔라몬에게 자비를 베풀고, 그를 남편으로 맞으라. 자, 손을 이리 다오. 이것이 우리가 내린 결정이노라. 그대의 여성다운 연민의 정을 보여 다오. 팔라몬은 왕의 조카이다. 비록 그가 가난한 수습기사라 할지라도 그는 오랫동안 그대를 섬겨왔고 그로 인해 수많은 고통을 겪었으니 그대의 남편이 될 자격이 있다고 생각한다. 고귀한 자비는 정의보다 앞서는 미덕이니라."

그런 다음 테세우스는 팔라몬에게 말했습니다.

"그대의 동의를 얻기 위해 장황하게 말할 필요는 없을 줄 안다. 이리 가까이 와서 사랑하는 여인의 손을 잡으라."

그곳에 모인 원로와 귀족들에 의해 두 사람 사이에 혼인 또는 결혼이라 불리는 서약이 맺어졌습니다. 이렇게 온갖 축복과 기쁨의 음악이 울려 퍼지는 가운데 팔라몬은 에밀리와 결혼했습니다. 이 넓은 세상을 만드신 신이여, 값비싼 대가를 치르고 얻은 팔라몬의 사랑을 이루어 주소서. 그 뒤 팔라몬은 부귀영화를 누리며 건강하고 행복하게 살았습니다. 에밀리는 온 정성을 다해 팔라몬을 사랑했고, 팔라몬도 아내에게 헌신했습니다. 그들 사이에는 질투의 말이 오가는 법도 없고, 속상해서 싸우는 일도 없었습니다. 이렇게 팔라몬과 에밀리의 이야기는 끝이 납니다. 신이시여, 이 두 사람에게 축복을 내려 주소서! 아멘.

기사의 이야기는 이것으로 끝난다.

방앗간 주인의 이야기

여관 주인과 방앗간 주인의 말다툼이 이어진다.

기사가 이야기를 마치자, 남녀노소 누구나 그 이야기가 고상하며 기억할 만한 가치가 있다고 입을 모았습니다. 특히 신분이 높은 사람은 누구나 그렇게 인정했습니다. 우리의 여관 주인은 껄껄 웃으며 말했습니다.

"제대로 되어 가는군요. 슬슬 이야기보따리가 열렸어요. 자, 그럼 이제 누가 다음 이야기를 하시겠습니까? 시작이 아주 좋았어요. 그럼 수사님, 기사님의 이야기와 견줄 만한 이야기가 있으면 한 번 들려 주시지요."

그런데 말 위에도 겨우 앉아 있을 정도로 술에 잔뜩 취해 얼굴이 창백해진 방앗간 주인이 두건이나 모자도 벗지 않고 남의 말을 기다리는 예의도 갖추지 않은 채 신비극의 빌라도*¹와 같은 괄괄한 목소리로 소리쳤습니다.

"그리스도의 두 팔과 피와 뼈를 두고 맹세하건대, 나는 기사 양반의 이야기 못지않은 고귀한 이야기를 알고 있소."

여관 주인은 그가 맥주를 너무 마셔 취한 것을 보고 말했습니다.

"잠깐 기다리시오, 로빈. 우선 좀 더 지체 높은 분의 이야기부터 들어 봅시다. 기다려 주시오. 놀이가 잘 진행되도록 협조해 주시오."

"뭐라고! 난 그렇게 못해!"

방앗간 주인이 말했습니다.

"지금 이야기할 기회를 주지 않으면 나는 내 길을 갈 것이오."

그러자 여관 주인이 대답했습니다.

"이런 제기랄! 정 그렇다면 어디 이야기해 보시오. 어리석은 사람 같으니, 당신은 지금 술에 취해 제정신이 아니란 말이오."

---

*1 그리스도를 처형한 유대 총독.

"자, 여러분, 내 이야기를 들어 보시오."

방앗간 주인이 말했습니다.

"우선 내가 취했다는 것부터 말해 두겠소. 나도 내 목소리를 들어 보면 알 수 있소. 따라서 내가 잘못 이야기하거나 한다면 그것은 전적으로 서더크에서 마신 맥주 때문이라고 이해하여 주시오. 나는 어느 목수와 그의 아내에 대한 이야기를 하겠소. 한 학생이 목수를 어떻게 놀려먹었는지에 대한 이야기요."

그때 청지기가 말했습니다.

방앗간 주인의 이야기 머리글 부분 삽화

"입 닥치지 못해! 주정뱅이 입에서 나오는 추잡한 이야기는 집어치워. 남을 욕하거나 명예를 실추시키고 그것도 모자라 남의 아낙에 대해서까지 입방아를 찧는 것은 멍청이나 하는 짓이고 죄악이야. 하려면 다른 이야기를 하도록 해."

그러자 술 취한 방앗간 주인이 재빨리 대답했습니다.

"사랑하는 형제 오스왈드여, 여편네가 없으면 여편네가 서방질할 걱정도 없지 않소. 물론 당신 부인이 그렇다는 이야기는 아니오. 세상에는 훌륭한 부인들도 얼마든지 있으니까. 하지만 적어도 천 명에 한 명 꼴로 나쁜 여자도 있소. 당신도 제정신이라면 이 정도는 알 거요. 그런데 왜 내 이야기에 화를 내시오? 나도 당신처럼 아내가 있는 몸이지만 내 마누라가 다른 놈하고 놀아난다고 생각하지는 않소. 난 고삐 매인 황소를 보고 고삐가 풀리지 않을까 걱정하는 사람은 아니오. 남편은 신이나 아내의 비밀을 캐서는 안 되는 법이오. 아내에게서 하느님의 충만한 은총을 찾을 수만 있다면 더 이상은 알려고 하지 않는 게 좋소."

이런 상황에서 내가 무엇을 더 말할 수 있겠습니까?

방앗간 주인은 그 누구에게도 말을 가려서 하지 않았고, 마음대로 상소리를 지껄이기 시작했습니다. 몹시 유감스럽게도 나는 그의 이야기를 그대로 여기에 옮겨 놓을 것입니다. 이 점에서 점잖은 여러분들의 양해를 구하는 바이며 내 이야기를 잘못 평가하지 않기를 바랍니다. 나에게 나쁜 의도가 있는 것이 아니며, 단지 좋든 나쁘든 가리지 않고 모든 이야기를 그대로 옮기고자 할 뿐입니다. 그렇지 않으면 이 이야기들을 일부 조작하는 결과가 되기 때문입니다. 따라서 이 이야기를 읽고 싶지 않으면 페이지를 건너뛰어 다른 이야기를 읽기 바랍니다.

그러면 길건 짧건 점잖은 역사 이야기나 인류와 성인에 대한 이야기를 얼마든지 볼 수 있을 것입니다. 그러니 잘못 선택하고서 나를 탓하지 말았으면 합니다. 여러분들도 알다시피 방앗간 주인은 막돼먹은 사람이며, 또한 청지기나 다른 몇몇도 이런 부류에 속합니다. 그래서 그들의 이야기 역시 모두 상스러운 것입니다. 이 점을 미리 알리는 바이니 잘 생각하고 나를 탓하지 않기를 바라며, 또한 농담을 진지하게 받아들이는 일도 없기를 바랍니다.

방앗간 주인의 이야기가 시작된다.

옥스퍼드에 돈 많은 늙은이가 하나 살고 있었소. 그의 직업은 목수였는데, 집에서 하숙을 치고 있었소. 그 집의 하숙생은 가난한 학생으로 문법이니 수사니 논리학을 공부하고 있었지만 그의 관심은 오로지 점성술에 쏠려 있었소. 그는 별들을 비가 언제 내리고 가물지를 알아맞혔소. 또한 앞으로 일어날 일을 물어 보면 척척 대답해 주곤 했지. 그렇지만 나는 이런 질문을 모두 열거할 생각은 없소.

학생은 멋쟁이 니콜라스라 불렸소. 겉보기에는 숫처녀처럼 유순했지만, 남몰래 연애를 즐기는 재주가 있었으며 약아빠지고 음흉하기 짝이 없었소. 그는 이 하숙집에서 혼자 방 하나를 다 썼는데, 그 방에는 향기로운 여러 식물이 곳곳에 장식되어 있었소. 학생 자신도 감초나 생강 뿌리처럼 향긋한 향기를 풍겼소. 침대 머리맡에 있는 선반에는 공부에 천문학 교본과 점성술에 대한 논문들, 크고 작은 여러 교과서들, 계산하는 데 쓰는 작은 돌들이 가지런히 놓여 있었소. 옷장은 붉은 모직 천으로 덮여 있고 그 위에는 훌륭한 하프가 놓여 있었는데, 그는 밤마다 이 하프를 연주하여 자기 방을 아름다운

선율로 가득 채우곤 했소. 그
는 늘 〈성모 마리아의 천사〉
를 부르고 이어서 〈윌리엄 왕
의 노래〉라는 가요를 불렀
소. 사람들은 그의 목소리가
좋다면서 칭찬을 아끼지 않았
소. 이 매력적인 학생은 자기
수입과 친구들이 마련해 준
돈으로 생계를 유지했소.

목수는 얼마 전에 결혼했는
데, 아내를 자기 목숨보다도
더 소중히 여겼소. 열여덟 살
인 아내는 젊고 발랄했지만
자기는 늙었기 때문에 그녀가
서방질을 할지도 모른다고 생
각했소. 그래서 그는 아내를

목수와 아내 엘리슨
윌리엄 러셀 플린트 작, 메디치 소시어티판, 1913.

집 안에 가두어 놓고 한 발짝도 나가지 못하게 했소. 목수는 배운 게 없어서
'사람은 자신과 어울리는 사람과 결혼해야 한다'는 케토*2의 가르침을 미처 몰
랐던 거요. 자고로 사람은 신분이 맞는 사람과 결혼해야 하는 법이오. 젊은
여자와 노인이 결혼하면 반드시 문제가 생기기 마련이거든요. 그러나 목수는
이미 이런 함정에 빠지고 말았으니 꾹 참고 지내는 수밖에 도리가 없지요.

목수의 어린 아내는 아름다웠으며 족제비처럼 나긋나긋하고 날씬했소. 그
녀는 비단으로 만들어진 줄무늬 허리띠를 하고 있었으며 갓 짠 우유처럼 새
하얗고 주름이 잔뜩 잡힌 앞치마를 둘렀소. 또한 하얀 셔츠를 입고 있었는데
옷깃은 검은 비단이고 앞뒤로 자수가 놓아져 있었소. 흰 모자에는 옷깃과 똑
같이 검은 리본이 달려 있었소. 머리에는 넓은 비단 머리끈을 맸고, 자두처
럼 검고 가느다란 활을 두 개 그려놓은 듯한 아치형 눈썹 아래에는 음탕하기
그지없는 두 눈이 반짝이고 있었소. 그녀의 자태는 꽃이 흐드러지게 핀 배나

---

*2 4세기 무렵의 로마 시인.

무보다 달콤하고 양털보다 부드러웠소. 그녀의 허리띠에는 비단 술과 쇠구슬로 장식한 가죽 주머니도 하나 달려 있었소.

이 세상 어디를 뒤져 보아도 이 부인처럼 발랄하고 사랑스러우며 젊고 요염한 여자는 찾아볼 수 없을 것이오. 그녀의 피부는 런던탑*3에서 방금 찍어낸 금화보다 더 반짝거렸으며, 노랫소리도 광 위에 앉은 제비처럼 명랑하고 맑았소. 또한 그녀는 어미를 쫓아가는 송아지나 새끼 양처럼 폴짝폴짝 뛰며 장난을 치기 일쑤였고, 망아지처럼 천방지축으로 뛰어다녔지요. 입은 꿀이나 밀주 혹은 건초 속에 넣어둔 사과처럼 달콤했소. 게다가 그녀는 키가 돛대처럼 후리후리하게 컸고, 몸은 화살처럼 꼿꼿했소. 옷깃 아래에는 방패 장식보다 더 커다란 브로치를 달았고, 신발 끈은 종아리까지 친친 매어져 있었소. 그녀는 어떤 귀족나리의 침대에 들이기에 손색이 없었으며, 돈 많은 지주의 아내로도 모자람이 없는 데이지 꽃이요, 앵초꽃 같은 존재였소.

자, 여러분, 그런데 어느 날 일이 벌어지고 말았소. 남편이 오스니로 일을 나간 틈을 타 멋쟁이 니콜라스가 젊은 부인을 희롱하기 시작한 거요. 일반적으로 학생들은 아주 교활하고 영악하기 짝이 없는 탕아들이다 보니, 슬그머니 그녀의 은밀한 곳을 만지며 말했소.

"사랑하는 여인이여, 이렇게 하지 않으면 난 당신에 대한 사랑 때문에 죽고 말 것이오." 그리고 그녀의 엉덩이를 단단히 움켜잡으며 말했지. "지금 당장 사랑을 나눕시다. 그렇지 않으면 난 죽고 말 거요."

그녀는 편자를 박을 때의 망아지처럼 펄쩍 뛰며 고개를 휙 돌리고 말했소.

"당신에게 키스하는 일은 절대 없을 거예요. 그만해요. 그만 하라니까요, 니콜라스. 아니면 이웃들에게 도와 달라고 큰소리를 지르겠어요. 그 손 치워요! 예의를 갖추세요."

하지만 니콜라스는 막무가내로 애원했소. 어찌나 애절하게 부탁을 하는지 마침내 그녀도 굴복하고 말았지. 그리고 기회가 있으면 그에게 몸을 주겠다고 캔터베리의 토머스 성인의 이름으로 맹세했소.

"남편은 질투가 굉장히 심한 사람이라 차분히 기다렸다가 조심스럽게 일을 치러야 돼요. 그렇지 않으면 내 목이 날아갈 거예요. 당신도 반드시 이

---

*3 이곳에 조폐소가 있었다.

일을 비밀에 부쳐야 해요."

"걱정 말아요."

니콜라스가 말했소.

"청년이 늙은 목수 하나쯤 속이지 못한다면 지금까지 허송세월한 것 아니겠소."

두 사람은 이렇게 의견의 일치를 보고 앞에서 말한 대로 적당한 기회가 오길 기다리기로 했소.

일이 뜻대로 풀리자 니콜라스는 그녀의 깊은 부분을 쓰다듬고 달콤하게 키스하고 나서 하프를 들고 활기찬 곡을 즐겁게 연주하기 시작했소.

그리고 이런 일도 있었지. 어느 성인의 날, 이 선량한

목수의 아내 엘리슨

부인은 그리스도를 위한 일들*4을 하기 위해 교회로 갔소. 일을 마치고 얼굴을 무척 깨끗이 씻었으므로 그녀의 이마는 대낮의 햇살처럼 밝게 빛나고 있었소. 그 교회에는 압살론이라는 교회 서기가 있었소. 그의 곱슬머리는 금빛으로 빛났고, 머리 한가운데에 멋스럽게 가르마가 나 있고 그 양쪽으로 머리털이 커다란 부채처럼 펼쳐져 있었소. 얼굴은 붉고 눈은 거위 눈처럼 잿빛이었으며, 성 바울로 성당의 붉은 창문에 새겨진 환상적인 그림과 같은 진홍빛 양말과 구두를 신은 멋쟁이였소. 또한 우아한 레이스가 달린 긴 하늘색 겉옷을 걸쳤는데, 몸에 딱 맞아 아주 멋스러웠지. 그 위에 걸친 하얀 옷은 나뭇가지에 핀 꽃과 같았소. 정말이지 그는 근사한 청년이었소. 그는 피를 뽑거나 머리를 깎고 면도를 하는 데 일가견이 있었고, 법정 서류를 작성하는 법도 알고 있었소.

---

*4 자선행사를 말한다.

그뿐만 아니라 그는 스무 가지나 되는 춤을 출 줄 알았는데, 그 시절 유행하던 다리를 사방으로 쭉쭉 뻗으며 추는 옥스퍼드식의 춤이었소. 또한 두 줄짜리 바이올린을 연주하며 고음으로 노래를 부르곤 했는데, 기타 솜씨도 보통이 아니었지. 시내에서 그가 가보지 않은 술집이나 여관은 하나도 없었는데, 특히 작부가 있는 곳은 더욱 그랬소. 사실 그는 별로 우아하거나 고상한 사람은 아니었소. 방귀에 대해선 다소 신경질적이었으며 말투는 거만하고 거칠었소.

활달하고 명랑한 압살론은 축일에 향로를 가지고 도는 역할을 했는데, 교구의 여인들에게 향내가 확실히 스며들도록 해 주었소. 그때마다 여인들에게 몇 번이나 추파를 던졌는데 특히 그날은 목수의 아내에게 유난히 관심을 보였소. 아리따운 그녀는 달콤하며 먹음직스러워서 그녀를 바라보는 것만으로도 평생을 보낼 수 있을 것이라고 생각했소. 만일 그녀가 쥐고 압살론이 고양이라면 틀림없이 당장 덮치고 말았을 것이오. 서기는 사랑에 빠진 나머지, 그날 여자들한테서는 헌금을 한 푼도 받지 않았소. 게다가 예의상 옳은 일이 아니기 때문이라고 말했소.

밤이 되자 달빛이 세상을 환하게 비추었소. 뜨거운 열정을 주체하지 못한 압살론은 기타를 들고 여자들을 유혹하기 위해 집을 나섰소. 들뜬 발걸음으로 목수의 집까지 왔는데, 그때는 벌써 첫닭이 운 다음이었소. 그는 목수의 집 벽에 나 있는 창문 아래에 기대어 서서 기타 반주에 맞추어 은은한 목소리로 나직이 노래를 했소.

"사랑하는 여인이여, 나의 기도를 들어 주오.
제발 나를 불쌍히 여겨 주오."

노랫소리에 잠이 깬 목수가 아내에게 물었소.
"엘리슨, 우리 침실 창문 밑에서 노래하는 압살론의 목소리가 들리지 않는 거요?"
부인이 남편에게 대답했소.
"알고 있어요, 존. 아까부터 죽 듣고 있었어요."
이렇게 일은 진행되고 있었소. 무엇을 더? 명랑한 압살론은 날마다 그녀의 집으로 가서 사랑노래를 부르며 열심히 구애한 끝에 결국 상사병에 걸려 완전히 야위고 말았소. 그는 밤이고 낮이고 한숨도 잠을 자지 않은 거요. 곱슬머리를 빗어 멋을 부려보기도 했고, 중매쟁이를 통해 사랑을 호소하기도 했으며, 그녀의 노예가 되겠다고 맹세하기도 했소. 또한 나이팅게일처럼 떨리는 목소리로 노래를 부르고, 달콤한 술이며 밀주며 향료가 들어간 맥주며 갓 구운 빵을 보내기도 했소. 그리고 그녀가 도시에서 머물고 있으니 살 것이 많을 것이라 생각해서 돈도 보내 주었소. 이 세상에는 돈으로 살 수 있는 여자가 있고 폭력이나 달콤한 말로 얻을 수 있는 여자도 있기 때문이오.

한번은 그녀에게 자신의 다재다능한 면을 보여 주기 위해 노천무대에서 헤롯 왕*5 역할을 맡기도 했소. 하지만 이런 것은 하나도 소용이 없었소. 그녀가 니콜라스를 너무도 사랑했기 때문에 압살론은 강물에 뛰어들고 싶은 심정이었소. 그가 아무리 애를 써도 돌아오는 것은 비웃음밖에 없었소. 그녀는 압살론을 우스꽝스런 원숭이로 보았고, 그의 헌신적인 노력을 조롱하였소. '가까이 있는 간사한 사람이 멀리 있는 연인을 싫어하게 만든다'*6라는 말이 딱 맞아요. 압살론은 니콜라스가 그녀 가까이에서 자기의 빛을 가로막고 있다고 소리 지르며 미친 사람처럼 떠들어댔소.

자, 멋쟁이 니콜라스여, 잘해 보시오. 압살론은 울면서 구슬피 노래하고 있을 뿐이니. 어느 토요일에 이런 일이 있었소. 목수가 오스니로 일을 보러 가자, 니콜라스와 엘리슨은 질투심 많은 어리석은 남편을 속이기 위해 계획을 세우기로 뜻을 모았소. 계획대로 일이 이루어지면 두 사람이 바라던 대로 그녀는 니콜라스의 품 안에서 하룻밤을 지낼 수 있게 되는 것이오. 니콜라스는 더 이상 기다리지 못하고 한 마디도 하지 않은 채 조용히 하루나 이틀 동안 먹을 음식을 자기 방에다 몰래 갖다놓았지. 그리고 엘리슨에게, 만일 그녀의 남편이 니콜라스가 어디 있느냐고 물으면 온종일 보지 못해서 어디에 있는지 모른다고 대답하고, 하녀가 큰 소리로 아무리 불러도 대답이 없으니 틀림없이 병이 난 모양이라고 말하라고 일러 두었소.

그렇게 니콜라스는 토요일 내내 방에 틀어박혀 먹고 자고 또 하고 싶은 일을 하며 해가 지기 시작하는 일요일까지 보냈소. 토요일 밤이 되자 아무것도

---

*5 유대의 폭군. 이 왕의 치세에 그리스도가 태어났다.
*6 눈에서 멀어지면 마음에서도 멀어진다는 뜻.

모르는 불쌍한 목수가 니콜라스에게 무슨 일이 있는지 아내에게 묻기 시작했소.

"아, 토머스 성인이여! 여보, 니콜라스에게 좋지 않은 일이 일어난 게 아닌지 걱정이 되는구려. 혹시나 별안간 죽어 버린 것은 아닌지 모르겠소. 이 놈의 세상은 도대체 믿을 수가 없으니 말이오. 오늘 낮에 지난 월요일까지만 해도 열심히 일하던 사람이 시체가 되어 교회로 실려 가는 것을 보았소." 그러면서 그는 시중들던 하인에게 말했소.

"2층으로 올라가 문 앞에서 큰 소리로 불러보고, 안 되면 돌로 문을 두드려 봐라. 무슨 일이 있는지 잘 알아보고 곧장 본대로 내게 이야기하거라."

하인은 힘차게 계단을 뛰어 올라가 큰 소리로 부르며 미친 듯이 문을 두드렸소.

"이봐요, 니콜라스 선생님, 도대체 어떻게 된 거요? 왜 하루 종일 잠만 주무세요?"

하지만 소용없었소. 안에서는 아무 대답도 없었던 것이오. 그런데 하인은 벽 밑에서 고양이가 들락거리는 구멍을 하나 발견했소. 하인이 그 구멍을 통해 방 안을 들여다보자 니콜라스의 모습이 슬쩍 보였소. 니콜라스는 마치 상현달을 보고 있는 것처럼 꼼짝도 하지 않고 입을 벌린 채 꼿꼿이 앉아 있었소. 하인은 아래로 내려가 자기가 본 니콜라스의 모습을 그대로 말해 주었소.

목수는 십자가를 그으며 말했소.

"프리데스위드 성녀님,*7 우리를 도와 주소서! 그 누가 우리에게 닥칠 운명을 예견할 수 있겠습니까? 니콜라스는 천민학인지 천문학인지 때문에 미쳐버렸거나 말 못할 괴로운 일이 있는 겁니다. 저는 이렇게 될 줄 알았어요. 인간이 하느님의 비밀을 캐내려고 해서는 안 되는 법입니다. 사도신경 말고는 아무것도 모르는 사람이야말로 얼마나 행복합니까! 똑같은 일이 천문학을 공부하는 어떤 학자에게도 일어났었지요. 그는 별을 보고 미래를 점치고자 집에서 나와 들판으로 걸어갔는데 분뇨 구덩이에 빠지고 말았던 겁니다. 그건 그가 전혀 예상치 못했던 일이었습니다. 하지만 토머스 성인이시여, 니콜라스에게 그런 일이 일어나다니 정말로 마음이 아픕니다. 하늘에 계신 예

---

*7 옥스퍼드 도시 및 대학의 수호성인이며 목수의 수호성인이기도 하다.

수 그리스도를 두고 맹세하는데, 제가 그 공부를 못하도록 혼쭐을 내주겠습니다. 로빈, 장대를 하나 가져 오거라. 네가 장대로 문을 들어 올리고 있는 동안 문을 한 번 밀어 볼 테니. 더는 하늘을 올려다보고 멍하니 있지 못하게 하자꾸나."

그는 학생의 방으로 갔소. 하인은 힘이 넘치는지 단숨에 문짝을 들어 올려 문고리를 따내자 문이 바닥으로 쓰러졌소. 이런 와중에도 학생은 입을 벌린 채 공기를 들이마시며 돌부처처럼 앉아 있었소. 목수는 그가 절망에 빠져 미쳐 버린 줄 알고 그의 어깨를 덥석 잡고는 있는 힘껏 흔들며 말했소.

"이봐, 니콜라스, 정신 차리게. 아래를 봐! 정신 차리고 예수 그리스도의 수난을 생각해 봐! 내가 도깨비나 마귀로부터 자네를 보호해 주겠네!"

그러면서 목수는 집안 구석구석과 문지방 밖을 향해 주문을 외기 시작했소.

"예수 그리스도여, 베네딕트 성인이여, 이 집에서 사악한 영혼을 몰아내 주소서. 베드로 성인의 누이여, 당신의 종을 버리지 마소서."

얼마 뒤 교활한 니콜라스가 깊게 숨을 내쉬며 말했소.

"아, 슬프도다, 이 세상은 이제 곧 멸망할 운명인가?"

그러자 목수가 대답했소.

"도대체 무슨 소린가? 땀 흘려 일하는 우리 노동자들처럼 하느님을 믿도록 하게."

니콜라스가 대답했소.

"가서 마실 것 좀 가져다 주시오. 그리고 우리 두 사람과 관계된 어떤 문제를 당신에게만 말하고 싶소. 이 일을 다른 사람에게는 절대로 입도 뻥긋하지 않을 것이오."

목수는 아래층으로 내려가 큰 병에 독한 맥주를 가득 채워서 가지고 왔지. 니콜라스는 문을 꼭 닫고, 목수를 자기 옆에 앉히고는 말했소.

"사랑하는 존 영감님, 지금 당장 이 비밀을 아무에게도 말하지 않겠다고 맹세해 주시오. 그러면 그리스도의 비밀을 보여 주겠소. 이 사실을 다른 사람에게 말하면 당신은 파멸하고 말 겁니다. 약속을 어기면 분명 당신은 벌을 받고 미치광이가 될 겁니다."

그러자 순진한 목수가 대답했소.

"예수 그리스도와 그분의 성스러운 피를 두고 맹세하건대 절대 말하지 않겠네. 나는 입을 함부로 놀리는 사람이 아니야. 나는 입이 가벼운 사람을 좋아하지 않아. 그러니 마음 놓고 말해 보게. 지옥으로 내려가신 예수 그리스도에게 맹세코, 남자와 여자, 어린아이를 비롯한 그 누구에게도 절대로 말하지 않겠어."

니콜라스가 말했소.

"이봐요, 존, 이건 거짓말이 아니오. 나는 점성술로 저 하늘에 밝게 빛나는 달을 관찰해 본 결과, 다음 월요일 밤 아홉 시 무렵에 큰 비가 내릴 것이란 사실을 확인했소. 노아의 홍수와는 비교도 할 수 없는 어마어마한 폭우가 내릴 거요. 너무나 엄청난 비라 한 시간도 채 되지 않아 온 세상이 빗물에 잠기고 인간은 멸망할 것입니다."

이 말을 듣고 목수가 소리쳤소.

"아, 불쌍한 내 마누라! 내 마누라도 빠져 죽는가? 아, 불쌍한 엘리슨!"

그는 너무나 큰 충격을 받은 나머지 거의 기절할 지경이 되어 말했소.

"어떻게 살아날 방법이 없는가?"

교활한 니콜라스가 말했다.

"있지요. 있고말고요. 당신 생각대로 하지 않고 시키는 대로 내 충고를 따르기만 한다면 살 수 있소. 솔로몬도 '무슨 일이든지 가르침대로 행하면 후회하지 않으리라' 라고 말씀하셨는데, 정말로 지당한 말씀이오. 당신이 내 충고를 따르기만 한다면 돛대나 돛이 없어도 우리 세 사람은 목숨을 구할 수 있소. 하느님이 모든 사람이 물에 잠길 것이라고 말씀하셨을 때 노아가 어떻게 목숨을 구했는지 들어 보았소?"

"그럼, 아주 오래 전에 들었지."

목수가 말했소.

니콜라스는 계속해서 말했소.

"노아가 그의 아내를 배에 태우기 위해 다른 가족들과 함께 얼마나 고생했는지도 들었소? 내가 자신 있게 말하건대, 그때 노아는 가지고 있는 검은 양을 모조리 팔아서라도 아내가 혼자 탈 배를 마련하려고 했을 거요. 그렇다면 당신은 어떻게 하는 게 가장 좋겠소? 서둘러야 하오. 워낙 급한 상황이라 설명하느라 시간을 질질 끌 수도 없어요.

지금 당장 달려가서 반죽통이나 그리 깊지 않은 욕조를 가져오시오. 우리

세 사람이 하나씩 들어갈 수 있도록 세 개를 구해 와야 해요. 배처럼 물에 뜨고 안에 하루치 양식도 넣을 수 있을 만큼 커야 합니다. 그 이상은 필요 없어요. 다음 날 아침 아홉 시면 물이 모두 빠져 없어질 테니 말이오. 하지만 당신의 하인 로빈은 이 일을 알아서는 안 됩니다. 또 하녀인 질도 구해서는 안 돼요. 그 이유는 묻지 마시오. 내게 물어 보아도 하느님의 비밀이라 밝힐 수 없으니 말이오. 당신이 제정신이라면 노아처럼 커다란 은총을 받는 것으로 만족해야 할 거요. 걱정 마시오. 당신 부인은 내가 구하겠어요. 이제 가서 통을 찾아보시오.

나와 당신 부인 그리고 당신이 탈 통을 세 개 구하면, 우리가 대홍수에 대비하고 있다는 사실을 아무도 눈치 채지 못하도록 지붕에 높이 매달아 두시오. 내가 말한 대로 통마다 식량을 넣고 밧줄을 끊을 도끼도 넣어두시오. 그래야 물이 찰 때 도망갈 수 있으니 말이오. 또 정원 쪽 벽에 구멍을 하나 뚫어 놓아야 홍수가 지나간 뒤 그리로 빠져 나갈 수 있다는 사실도 절대로 잊지 마시오. 그러면 당신은 암거위를 졸졸 쫓아다니는 하얀 수거위처럼 기쁜 마음으로 노를 젓게 될 겁니다. 그때 내가 '엘리슨! 존! 무사하오? 기뻐하시오. 물은 곧 빠질 거요'라고 소리치겠소. 그러면 당신은 '안녕, 니콜라스! 잘 잤나? 낮이라 그런지 얼굴이 아주 잘 보이는군'이라고 대답할 수 있을 거요. 그 순간부터 우리는 노아와 그의 아내처럼 남은 평생을 이 세상의 주인으로서 지내게 될 거요.

하지만 한 가지 경고할 것이 있소. 일단 통 안에 들어가면 우리는 그 누구도 말을 하거나 큰 소리를 질러서는 안 되며, 조용히 기도를 올려야 하오. 그것은 하느님이 친히 내리신 명령이기 때문이오.

당신과 부인은 죄를 짓지 않도록 되도록 멀리 떨어져 있어야 합니다. 행동은 물론이고 서로 쳐다보아서도 안 되오. 이것이 당신이 지켜야 할 사항이오. 자, 얼른 가시오. 행운이 따르길 빌겠소! 내일 밤 사람들이 모두 잠이 들면 우리는 통 안으로 들어가 하느님의 은총을 기다리며 앉아 있읍시다. 자, 가시오. 더 이상 설명할 시간이 없어요. 속담에도 '현명한 사람에게는 말이 필요 없다'고 하지 않소. 당신은 현명하니까 길게 가르칠 필요도 없지. 어서 가서 우리의 생명을 구해 주시오. 제발 부탁입니다."

어리석은 목수는 아래층으로 후다닥 내려오면서 수없이 "아, 이 일을 어쩐담" 하고 한숨을 내쉬었소. 그리고 이 비밀을 아내에게 몰래 일러 주었소. 물론 그녀는 이 계획이 무엇을 뜻하는지 목수보다 더 잘 알고 있었소. 하지만 그녀는 당장이라도 숨이 넘어갈 듯이 말했소.

"아, 여보, 어서 가서 우리가 목숨을 구할 수 있도록 해 보세요. 그렇지 않으면 우린 모두 죽고 말 거예요. 난 법적으로 인정받은 당신의 진정한 아내예요. 사랑하는 여보, 우리의 목숨을 구해 주세요."

보시오, 감정이란 얼마나 위대합니까! 사람은 너무도 강한 충격을 받으면 상상만으로도 죽을 수 있는 법이오. 어리석은 목수는 두려움에 떨기 시작했소. 그는 정말로 노아의 홍수가 밀려와 자기의 둘도 없는 아내 엘리슨이 물에 빠져 죽을지도 모른다고 믿었소. 늙은 목수는 몸서리치며 탄식하고 흐느껴 울면서 자신을 비참한 존재라고 생각했소. 목수는 나가서 반죽통과 술통을 구해 아무도 모르게 집 안으로 가져와 지붕 꼭대기에 매달았소. 그런 다음 대들보에 매달아 놓은 통에 올라갈 수 있도록 손수 사다리도 세 개 만들었지. 그리고 반죽통과 술통에 하루 동안 먹고도 남을 만큼 충분한 양의 빵과 치즈, 질 좋은 맥주 한 통을 넣었소. 그는 이 모든 준비를 하기 전에 하인과 하녀는 런던으로 심부름을 보냈소. 월요일 밤이 다가오자 목수는 촛불도 켜지 않고 문을 잠갔으며, 모든 준비가 제대로 되었는지 샅샅이 확인했소. 잠시 뒤 세 사람은 각자의 통에 들어가 얼마 동안 그 안에서 꼼짝도 하지 않고 앉아 있었소.

니콜라스가 말했소. "쉿, 주기도문을 외웁시다."

"쉿." 존이 말했소. 그러자 엘리슨도 다시 "쉿" 하고 말했소. 목수는 주기도문을 외고 조용히 앉아 기도를 올리고는, 빗소리가 들릴까 싶어 귀를 기울였소.

목수는 너무나도 피곤하고 힘든 하루를 보낸 탓에 소등시간이나 그보다 조금 지났을 때에는 마치 죽은 듯이 깊은 잠에 빠졌소. 악몽을 꾸는지 커다란 신음소리를 냈고 머리 위치가 편치 않아서인지 코도 골았소. 한편 니콜라스는 소리 없이 사다리를 타고 내려왔고, 엘리슨도 살금살금 내려왔소. 아무말도 하지 않은 채 그들은 목수의 침대로 향했소. 그곳에는 말 그대로 기쁨과 감미로운 음악이 있었소. 엘리슨과 니콜라스는 아침기도를 알리는 새벽종이 울리고 수사들이 성당에서 성가를 부를 때까지 침대에서 쾌락과 위안을 얻느라 무척 바빴소.

사랑 때문에 슬픔에 빠져 있는 그 음탕한 교구 서기 압살론은 그 월요일에 친구들과 함께 유희를 즐기기 위해 오스니에 가 있었소. 그때 한 수사에게 늙은 목수 존에 대해 은밀히 물어 보았소. 그러자 수사는 압살론을 교회 밖으로 데리고 나가더니 말했소.

"나는 모르겠소. 토요일 이후에는 여기서 일하는 걸 보지 못했소. 아마도 수도원장 지시로 나무를 구하러 간 것 같소. 그럴 때면 산장에서 하루나 이틀 정도 머물곤 하니 말이오. 아니면 집으로 돌아갔을 거요. 아무튼 어디에 있는지 잘 모르겠소."

압살론은 몹시 기뻐하며 생각했소.

'마침내 밤을 새야 할 때가 왔어. 해가 뜬 뒤로 그가 집에서 나온 것을 본 사람은 아무도 없어. 잘 돼야 할 텐데. 첫닭이 울면 그의 침실에 낮게 달려 있는 창문을 살짝 두드려 엘리슨에게 사랑을 고백해야지. 적어도 키스만이라도 꼭 하고 말겠어. 틀림없이 흡족한 결과를 얻을 수 있을 거야. 온종일 입이 근질거리는 것을 보니 그녀에게 키스할 수 있다는 좋은 징조야. 그리고 밤새 연회에서 즐기는 꿈을 꾸었지. 그러니 한두 시간 낮잠을 자고 나서 밤새도록 즐겨야겠어.'

첫닭이 울자 희망에 부푼 압살론은 자리에서 벌떡 일어나 가장 훌륭한 옷으로 차려 입었소. 머리를 빗기 전에 입 냄새를 향기롭게 하기 위해 향료와 감초 뿌리를 씹었으며, 혀 밑에 가시나무 잎사귀를 넣었소. 그렇게 하면 자신이 더 매력적으로 보이리라 생각한 거요. 그는 목수의 집으로 어슬렁거리며 다가가 조용히 창문 밑에 멈춰 섰소. 그 창은 압살론의 가슴에 닿을 정도로 매우 낮았소. 그는 작은 목소리로 헛기침을 하고 말했소.

"사랑하는 이여, 아름다운 엘리슨. 무얼 하고 있소? 아, 나의 아리따운 새, 아, 나의 감미로운 계피여. 눈을 뜨시오. 사랑하는 이여, 내 말을 들어 주오. 나는 어딜 가나 그대 생각으로 애태우는데 그대는 내 고통을 조금도 생각지 않는구려. 내가 마음을 졸이고 고통스러워하는 것은 당연한 거요. 어미젖을 찾는 새끼 양처럼 나는 그대를 간절히 원한답니다. 사랑하는 그대여, 정말이지 나는 그대를 사랑합니다. 사랑에 빠진 비둘기처럼 당신 때문에 한숨지으며, 어린 소녀처럼 아무것도 먹지를 못한답니다."

엘리슨이 말했소.

"저리 썩 꺼지지 못해요! 얼간이 같으니. 하느님께 맹세하건대 당신한테 키스해 달라고 하는 일은 없을 거예요. 나한테는 당신보다 훨씬 멋진 애인이 있어요. 그러니 어서 꺼져 버려요! 안 그러면 돌멩이를 던질 거예요. 제발 잠 좀 자게 내버려 둬요. 악마는 저런 사람을 안 데려가고 뭐하나 몰라."

"아, 슬프구나!" 압살론이 말했소.

"진정한 사랑은 언제나 이런 대접을 받다니! 나에게 키스해 줘요. 그 이상은 바라지 않을게요. 하느님과 나를 생각해서 한 번만 해 줘요."

"그럼 돌아갈 거예요?" 엘리슨이 물었소.

"물론이지요." 압살론이 얼른 말했소.

"그럼 준비하고 계세요. 곧 나갈게요." 그녀는 그렇게 말하고 니콜라스에게 조용히 속삭였소. "쉿, 조용히. 배꼽이 빠질 만큼 우스운 일이 벌어질 거예요."

압살론은 무릎을 꿇고 말했소.

"어디로 보나 내가 왕이야. 키스가 끝나면 그것보다 더 좋은 일이 생길 테니까. 사랑하는 이여, 귀여운 새여, 당신의 은총과 사랑을 베풀어 주오."

엘리슨은 재빨리 창문을 열며 말했소.

"이리 와서 얼른 하세요. 빨리요. 이웃사람한테 들키면 안 되니까요."

압살론은 입술을 박박 닦았지. 바깥은 숯처럼 새카매서 아무것도 보이지 않았소. 그녀가 창 밖으로 엉덩이를 내밀자 압살론은 그것이 무엇인지 확인도 해 보지도 않고 벌거벗은 엉덩이에 입을 맞추었소. 그때 무언가 잘못되었다고 느끼고 갑자기 펄쩍 뛰며 뒤로 물러섰소. 여자들이 수염이 없다는 것쯤은 그도 알고 있는 사실인데, 어찌된 일인지 거칠고 뻣뻣한 털이 나 있었던 것이오.

"아니, 내가 무슨 짓을 한 거야?"

그녀는 깔깔 웃으며 창문을 세게 닫아 버렸소. 압살론은 풀이 죽어 터벅터벅 발걸음을 돌렸소.

"하하, 털, 털이라니! 정말 멋진 장난이야!"

니콜라스가 유쾌하게 소리쳤소.

이 말을 빠짐없이 들은 불쌍한 압살론은 분노에 차서 입술을 깨물며 다짐

했소. "반드시 복수하고 말겠
어."

압살론은 진흙이며 모래며,
지푸라기, 헝겊, 톱밥 등 닥
치는 대로 집어 입술을 문질
러 닦았소. 압살론은 "아이
고" 하며 슬퍼하며 말했소.
"악마에게 영혼을 팔아도 상
관없어. 이 도시 전체를 얻기
보다 내가 당한 치욕에 복수
하는 편이 더 나을 거야. 아,
내가 대체 왜 그랬을까."

그의 뜨거운 사랑은 순간
차갑게 식어 버렸고, 그녀의

압살론을 골려 주는 엘리슨

엉덩이에 입을 맞춘 뒤로는 사랑 따위는 아무 가치도 없다고 내뱉듯 말했소.
상사병이 씻은 듯이 나은 것이요. 그는 사랑에 대해 수없이 비난을 퍼부으며
매 맞은 어린아이처럼 울었소. 압살론은 조용히 길을 건너 대장장이 저베이스
의 집을 찾아갔소. 그는 대장간에서 쟁기 부품을 만들고 있었소. 즉 가랫날을
열심히 갈고 있었던 거요. 압살론은 매우 조용하게 문을 두드리며 말했소.

"저베이스, 문 좀 열어 주게, 어서."

"누구요? 무슨 일이요?"

"날세, 압살론이야."

"압살론이라고? 이렇게 이른 아침에 웬일인가? 무슨 곤란한 일이라도 있
나? 어떤 계집애 꽁무니를 쫓다가 여기까지 오게 된 거로군. 네오트 성인*8
에 걸고, 자네는 내가 무슨 말을 하려는지 잘 알겠지?"

압살론은 그의 농담에는 조금도 관심을 보이지도 않았고, 한 마디도 대꾸
하지 않았소. 문제는 저베이스가 생각한 것보다 훨씬 복잡했기 때문이지. 그
가 말했소.

---

*8 877년에 죽은 그라스톤베리의 수도사.

"저기 화덕 옆에 있는 뜨거운 가랫날 좀 빌려 줘. 그걸로 할 일이 좀 있거든. 곧 되돌려 주겠네."

저베이스가 대답했소.

"물론 빌려 주지. 그것이 금으로 만들어졌거나 금화가 잔뜩 든 주머니라고 해도 자네에게 빌려 주지. 정직한 대장장이는 거짓말을 하지 않아. 그런데 그걸로 대체 무얼 할 생각인가?"

"그냥 좀 쓰려고 하네. 이유는 내일 자세히 말해 주겠네." 압살론은 가랫날의 달궈지지 않은 부분을 집어 들고 말없이 대장장이의 집을 나와 목수의 집으로 향했소. 그는 먼저 헛기침을 하고 전에 했던 대로 창문을 콩콩 두드렸소.

엘리슨이 대답했소.

"누구세요? 이번에는 도둑이 틀림없을 거야."

압살론이 말했소.

"아니오, 사랑하는 이여. 당신의 압살론이라오, 사랑스러운 이여. 당신에게 주려고 어머니가 주신 금반지를 가져왔소. 아주 예쁘고 아름답게 세공된 반지요. 내게 키스해 주면 이 반지를 주겠소."

때마침 니콜라스가 소변을 보려고 자리에서 일어났는데, 압살론을 멋지게 놀려주고 싶었소. 그가 달아나기 전에 자기 엉덩이에 키스하게 할 생각이었던 거요. 그래서 재빨리 창문을 열고 조용히 엉덩이를 허리께까지 쑥 내밀었소. 이것을 본 압살론이 말했소. "사랑하는 그대여, 말 좀 해 보시오. 당신이 어디 있는지 도저히 찾을 수가 없구려."

이때 니콜라스가 천둥처럼 요란한 소리를 내며 방귀를 뀌었소. 압살론은 방귀 냄새 때문에 거의 눈이 멀 지경이었소. 화가 난 압살론은 손에 들고 있던 뜨거운 가랫날로 니콜라스의 엉덩이를 힘껏 찔러 버렸소.

순식간에 손바닥만한 살점이 떨어져 나갔지. 뜨거운 가랫날이 니콜라스의 엉덩이를 지졌고, 니콜라스는 죽을 듯이 아파 미친 듯이 소리를 꽥꽥 질러댔소. "사람 살려! 물! 물! 도와 줘! 제발 좀 살려 줘!"

이 소리에 잠들어 있던 목수가 깜짝 놀라 눈을 떴소. 그는 누군가가 미친 듯이 "물" 이라고 소리치는 것을 듣자, '그래, 노아의 홍수가 드디어 왔구나'라고 생각하고 벌떡 일어나 도끼로 밧줄을 잘랐소. 그러자 반죽통이 바닥으로 굴러 떨어졌고, 목수는 마룻바닥으로 나뒹굴며 그만 정신을 잃고 말았소.

엘리슨과 니콜라스는 벌떡 일어나 거리로 뛰쳐나가며 소리쳤소. "살려 줘요! 우리를 죽이려고 해요!" 이웃 사람들이 너도나도 달려와 죽은 듯이 정신을 잃고 마룻바닥에 널브러져 있는 목수를 보았소. 설상가상으로 그는 떨어지면서 한쪽 팔이 부러지고 말았다오. 하지만 목수는 자신의 고통을 꾹 참아야 했소. 그가 의식을 되찾고 말을 하

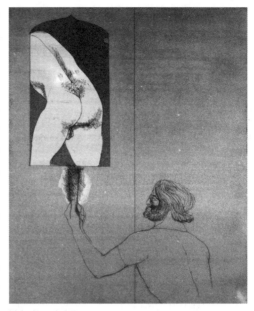

복수하는 압살론

려고 하자, 엘리슨과 니콜라스가 그의 입을 막기 위해 선수를 쳤기 때문이요. 목수가 정신이 나가서 노아의 홍수가 닥칠 것이라고 겁을 먹고는 반죽통과 술통을 사와서 대들보에 걸어놓고는 두 사람에게 제발 같이 있어 달라고 애원했다고 말했소.

모인 사람들은 목수의 망상을 큰 소리로 비웃었소. 그리고 대들보를 바라보며 기가 막힌다는 듯이 그의 불행을 장난쯤으로 여겼소. 목수가 아무리 설명을 해도 소용이 없었소. 아무도 그의 말을 믿지 않았소. 사람들은 그가 미쳤다고 확신했고, 학생들도 모두 "옳소, 옳소"라며 니콜라스를 편들었소. 그들은 "저 사람은 미쳤어"라고 수군거렸지. 그리고 모든 사람들이 이 소동을 조롱하며 비웃었소. 이렇게 해서 목수의 질투와 감시에도 불구하고 그의 아내는 니콜라스와 사랑을 나누었소. 압살론은 그녀의 엉덩이에 입을 맞추었고, 니콜라스는 뜨거운 가랫날로 엉덩이에 화상을 입게 되었던 것이오.

이 이야기는 이렇게 끝나오. 하느님께서 여러분을 보살펴 주시기를.

방앗간 주인의 이야기는 이것으로 끝난다.

장원청지기의 이야기

장원청지기의 이야기 머리글

사람들은 압살론과 교활한 니콜라스의 황당한 이야기를 듣고 배꼽이 빠지도록 웃으며 저마다 의견을 내놓았습니다. 모두 웃기 위한 농담이었습니다. 이 이야기를 듣고 화를 내는 사람은 아무도 없었습니다. 다만 장원청지기 오스왈드만은 그렇지 않았는데, 그의 직업이 목수였기 때문이다. 청지기는 분노를 간신히 참고 투덜거리며 나무랐습니다.

"나도 상소리를 섞어 가며 방앗간 주인의 눈을 속인 이야기를 해서 방앗간 주인에게 앙갚음을 할 수도 있지만, 그러기에는 내가 너무 늙었소. 나이가 들면 농담도 시시해지는 법이라오. 파릇파릇한 풀을 뜯어먹던 시절은 지나고 이제 말라비틀어진 겨울 건초나 먹을 나이오. 이 희끗희끗하게 센 머리에도 내 나이가 고스란히 나타나 있고, 심장에는 이 머리털처럼 하얀 곰팡이가 피었소. 나도 서양모과처럼 자랄수록 점점 못쓰게 되어 결국에는 거름과 지푸라기 속에서 썩어져 버릴 것이오. 우리 늙은이들은 다 그렇다고 생각하오. 썩을 때에야 비로소 익기 마련이지.*¹ 세상이 피리를 부는 동안 우리는 계속해서 춤을 추오. 우리의 바람에는 언제나 못이 박혀 있소. 마치 파처럼 하얀 머리에 푸른 줄기를 달고 있는 꼴이오. 기운은 빠졌는데 욕망만은 전과 다름이 없소. 욕망을 행동으로 옮기지 못하면 입으로라도 지껄이려고 하지. 묵은 잿더미 속도 헤집어 보면 아직 불씨가 남아 있는 법이라오.

우리에게는 타오르고 있는 불씨가 네 개 있소. 그것은 바로 오만과 거짓과 분노와 탐욕이오. 이 네 불씨는 늙은이들의 것이오. 나이를 먹어 우리의 몸뚱이는 매우 허약하지만 욕망은 줄어들지 않소. 사실이오. 내 생명의 술이

---

*¹ 사람은 나이가 들어 죽기 전까지 성욕을 억제하지 못한다. 즉 분별을 얻지 못한다는 뜻이다.

흐르기 시작한 이래 여러 해가 지났지만 나는 여전히 젊은이의 욕망을 가지고 있소. 내 생명이란 술통의 꼭지에서 술이 흘러 내리기 시작한 지 벌써 몇 해인가. 아니, 내가 태어나자 바로 죽음이 내 술통의 꼭지를 따서 생명의 꼭지를 따버렸고, 그렇게 술이 흘러내려 이제는 술통도 거의 비어 버렸소. 이

장원청지기의 이야기 머리글 부분 삽화

제 내 생명의 술은 술통 가장자리에서 방울방울 떨어질 뿐이고, 나불거리는 이 혀는 과거의 불행만을 떠들 뿐이오. 늙으면 망령밖에 남는 게 더 있겠소."

여관 주인은 장원청지기의 기나긴 설교가 끝나자 임금처럼 위엄 있게 말했습니다.

"이런 모든 지혜가 무슨 소용이 있소? 아침 내내 성서 이야기만 할 겁니까? 악마가 청지기를 설교자로 만들기라도 했소? 아니면 구두장이나 선원이나 의사로 만들었소? 시간 낭비하지 말고 이야기나 시작하시오. 봐요, 벌써 뎁트포드*2까지 왔고 아침 일곱 시 반이 지났소. 조금 더 가면 건달들이 많이 사는 그리니치요. 자, 당신이 이야기하기 딱 좋은 때가 아니오?"

장원청지기 오스왈드가 입을 열었습니다.

"여러분, 내가 방앗간 주인의 이야기에 대꾸하여 그를 좀 놀리더라도 너무 기분 나빠하지 마시오. 받은 만큼 돌려 주는 것이 도리가 아니겠소. 저 술 취한 방앗간 주인은 놀림당한 목수 이야기를 했소. 내 직업이 목수이니 아마도 나를 조롱하고자 한 것이겠지요. 그러니 여러분들의 양해 아래, 나도 방앗간 주인처럼 상소리도 섞어가며 앙갚음을 하겠소. 나는 저 녀석의 모가지가 댕강 부러졌으면 원이 없겠소. 저 녀석은 남의 눈에 있는 티끌만 보고

---

*2 런던 근교인 서더크에서 4마일 떨어진 곳.

제 눈에 있는 들보는 보지 못하오."

장원청지기의 이야기가 시작된다.

케임브리지에서 그리 멀지 않은 곳에 있는 트럼핑턴에는 굽이굽이 흐르는 작은 개울이 있고 그 위에 다리가 놓여 있었소. 개울가에는 물방앗간이 하나 있었소. 지금 내가 하는 이야기는 실제로 있었던 일이라오.

그곳에는 오래 전부터 방앗간 주인이 살고 있었소. 그는 공작새처럼 거만 하고 방탕하기 짝이 없었소. 그는 백파이프를 연주할 줄 알았고 사냥이나 낚 시질도 잘했소. 그물을 고치거나 돌이판을 돌려 나무 컵을 만드는 재주도 있 었소. 싸움도 잘하고 사냥에도 능했지요. 허리띠에는 항상 날이 시퍼런 긴 칼을 차고 다녔고, 주머니에는 조그맣고 예쁜 단도를 넣고 다녔소. 다칠까 두려워 그를 건드리는 사람도 없었소. 게다가 그는 양말 속에는 셰필드제[3] 단도를 넣고 다녔소. 얼굴은 둥글넓적했고 코는 들창코에 머리는 원숭이처럼 대머리였소. 그는 늘 건드리면 혼쭐을 내주겠다는 태도로 장터를 어슬렁거렸 으므로 굳이 그에게 맞서려는 사람은 아무도 없었소.

사실 그는 곡식이나 밀가루를 상습적으로 훔치는 나쁜 놈이었소. 그래서 그는 오만한 심킨이라고 불렸지. 하지만 그의 마누라는 좋은 집안 출신이었 소. 그녀의 아버지는 마을의 교구목사로, 심킨이 그의 딸을 아내로 맞이하는 대가로 값비싼 놋그릇을 많이 주어야만 했소. 심킨의 아내는 수녀원에서 자 랐소. 심킨은 자신의 시골 유지 가문을 지키기 위해 교육을 잘 받은 정숙한 처녀가 아니면 결혼하지 않겠다고 말했던 것이오. 그 여자는 콧대가 세고 못 된 까치처럼 건방졌소.

이 부부의 모습은 정말 가관이었소. 조교행사일이면 방앗간 주인은 머리에 두건을 두르고 아내보다 앞장서 걸었소. 여자는 빨갛고 긴 가운을 입고 그의 뒤를 따랐소. 심킨도 그와 똑같은 빨간색 양말을 신고 있었소. 아무도 '부인' 이 아닌 다른 호칭으로 감히 그녀를 부르지 못했고, 길을 가다 그녀와 시시 덕댄다거나 가벼운 농담을 건네는 일은 상상도 하지 못했소. 심킨이 휘두르

---

*3 영국 잉글랜드 중부에 있는 유명한 칼의 산지.

는 칼에 죽고 싶지 않다면 말이오. 질투에 불타는 사내들이란 위험한 존재들이오. 적어도 그들은 자기 아내만이라도 그렇게 믿어주길 바라지요. 방앗간 주인의 부인은 출신이 깨끗하지 않다 보니*4 시궁창에 괸 물처럼 악취를 풍겼소. 그녀는 사람들을 멸시하며 건방진 눈초리로 그들을 깔보았소. 어쨌든 그녀는 자기 가문이 좋을 뿐만 아니라 수녀원에서 교육까지 받았으니 남들의 존경을 받아야 한다고 생각했소.

그들 사이에는 스무 살

장원청지기의 이야기 판화(1721) 존 유리 작.

먹은 딸과 태어난 지 여섯 달 된 튼튼한 갓난아기가 있었소. 요람에 누워 있는 아기는 잘생긴 사내아이였고, 딸아이는 영양상태가 좋아 포동포동했소. 코는 들창코에 눈은 유리구슬 같은 잿빛이었으며, 엉덩이는 큼직했고 둥근 젖가슴이 봉긋 솟아 있었소. 하지만 머릿결은 정말 아름다웠소.

교구목사인 그녀의 외할아버지는 외손녀를 너무 예뻐하여 그의 재산과 땅을 외손녀에게 모두 물려줄 작정을 하고 있었소. 또 그녀의 결혼 문제에 대해 여간 까다롭지 않았소. 손녀를 전통 있는 훌륭한 집안의 남자와 결혼시키고 싶었기 때문이었소. 거룩한 교회의 재산은 교회의 피를 이어받은 사람을 위해 쓰여야 하기 때문이오. 그래서 그는 성스러운 교회를 모두 말아먹는 한이 있어도 자신의 신성한 혈통을 지키려고 한 것이오.

---

*4 아버지가 교구목사이므로 합법적인 부부 사이에서 태어나지 않았음을 뜻한다.

이 방앗간 주인은 그 마을뿐만 아니라 이웃의 가까운 마을의 밀이며 보리를 모두 찧으며 방앗삯을 비싸게 받았소. 특히 케임브리지에는 솔라홀[5]이라는 큰 대학이 있었는데, 그곳의 보리와 밀은 모두 이 방앗간에서 찧었소. 그러던 어느 날 학교의 식료품 조달원이 병에 걸려 몸져눕자 방앗간 주인은 전보다 백 배나 많은 밀과 보리를 훔치기 시작했소. 그전에는 조금씩 훔치는 정도였는데 이제는 드러내놓고 염치없이 도둑질을 하기 시작한 거요. 교장은 야단법석을 떨며 불평했지만, 방앗간 주인은 눈 하나 깜짝하지 않고 시치미를 뚝 뗐소. 오히려 그는 교장에게 고함을 치며 맞대들었소.

그 학교에는 젊고 가난한 학생이 둘 있었소. 둘 다 고집이 세고 장난치기를 좋아하는 사람들이었다오. 그들은 단지 재미있게 놀아보고 싶은 마음에 교장에게 학교의 곡식을 찧는 모습을 보러 가게 해 달라고 졸랐소. 그러면서 방앗간 주인이 곡식을 한 되라도 훔치거나 무력으로 빼앗으면 가만히 있지 않겠다고 큰소리를 쳤지. 결국 교장은 그들의 청을 받아들여 방앗간에 가는 것을 허락했소. 한 학생의 이름은 존이었고 다른 학생의 이름은 알란으로, 둘 다 어딘지는 모르지만 저 먼 북쪽에 있는 스트로더라는 마을 출신이었소.

알란은 만반의 준비를 마치고 곡식자루를 말에다 실었소. 알란과 존은 허리에 좋은 칼과 방패를 차고 곧 방앗간으로 떠났소. 존이 가는 길을 잘 알고 있어서 안내인은 필요 없었소. 방앗간에 도착한 그들은 곡식자루를 땅바닥에 내려놓았소. 먼저 알란이 말을 건넸소.

"오랫만이오, 시몬[6] 씨. 예쁜 따님과 부인은 잘 지내시오?"

심킨이 대답했소. "어서 오게, 알란. 오, 존도 함께 왔군! 여기까지 어쩐 일로 왔는가?"

존이 대답했소. "시몬 씨, 그야 당연히 수요 앞에는 장사 없으니 왔지요. 현자들도 '하인이 없으면 스스로 몸을 보살펴라. 그렇지 않으면 바보다'라고 하지 않았소. 우리 식료품 조달원이 어금니 통증으로 죽기 일보 직전이에요. 그래서 그 사람 대신 알란과 함께 곡식을 빻아서 가져가려고 왔지요. 얼른 가야 하니 좀 서둘러 주시오."

---

[5] 1337년 에드워드 3세가 세운 킹스홀이라는 건물의 다른 이름. 나중에 트리니티 칼리지에 병합되었다.
[6] 방앗간 주인의 이름. 심킨은 시몬의 애칭이다.

심킨이 말했소. "지금 당장 찧어 주지. 그런데 내가 일하는 동안 자네들은 무얼 할 건가?"

"나는 곡식을 넣는 통 옆에 서서 곡식이 어떻게 방아로 들어가는지 보겠소. 난 곡식 빻는 기계가 이리저리 움직이는 것을 한 번도 본 적이 없거든요." 존이 말했소.

그러자 알란도 말했소. "그렇게 하게, 존. 난 밀이 어떻게 빻아져 가루가 되어 통 안으로 떨어지는지 지켜보지. 이것도 재미있을 것 같아. 나 역시 자네처럼 방앗간 일에 대해서는 아는 게 없으니 말이야."

방앗간 주인은 그들의 순진함을 보고 교활한 미소를 지으며 생각했소. '무슨 꿍꿍이수작을 꾸미고 있군. 아무도 자기들을 속일 수 없다고 여기는 모양이야. 하지만 아무리 똑똑하고 철학을 안다고 해도 나는 녀석들 머리 꼭대기에 올라가 있어. 녀석들이 머리를 쓰면 쓸수록 난 더 많이 훔치고 말겠어. 심지어 밀가루를 주는 대신 겨를 줄 테다. 옛날에 암말이 늑대에게 "가장 많이 배운 학자가 현명한 사람은 아니다"라고 말했지. 녀석들의 계략은 나에겐 안 통해.'

방앗간 주인은 적당한 때를 봐서 아무도 모르게 밖으로 빠져 나가 학생들이 데려온 말을 찾았소. 말은 방앗간 뒤쪽 헛간에 매어져 있었지. 그는 말에게 살금살금 다가가 고삐를 풀었소. 고삐 풀린 말은 야생 암말들이 자유롭게 뛰놀고 있는 늪 쪽으로 달려가더니 '히힝' 하고 울면서 들판을 가로지르며 암말들을 쫓아다녔소.

다시 안으로 들어온 방앗간 주인은 천연덕스럽게 학생들과 농담을 주고받으며 일을 했소. 마침내 밀이 다 빻아지자 아무것도 모르는 존은 밀가루를 자루에 담아 밖으로 나왔소. 그제야 말이 없어진 것을 알아차린 존이 다급하게 소리 질렀소.

"도와 줘요! 큰일 났어요! 우리 말이 도망쳤어, 알란, 빨리 나와 봐. 교장선생님의 말이 없어졌어."

그러자 알란은 밀이고 밀가루고 새까맣게 잊어버리고 말았소. 이 물건에서 한시도 눈을 떼지 말아야 한다는 생각이 어느덧 사라져 버린 것이오. 그는 울상이 되어 큰소리로 물었소.

"뭐라고? 말이 어디로 사라졌다고?"

그때 방앗간 주인의 아내가 달려오면서 말했소.

"당신들의 말은 저 늪지에 있는 야생 암말들을 향해 있는 힘껏 달려갔어요. 누가 고삐를 묶었는지 몰라도 그렇게 시원찮게 묶어서야 되겠어. 고삐를 좀 더 잘 맸어야지요."

존이 소리를 질렀소.

"제기랄! 알란, 칼을 내려놓게. 하느님도 내가 노루처럼 재빠르다는 사실을 알고 계셔. 말들은 우리한테서 절대 달아나지 못해. 그런데 자네는 왜 말을 헛간에 넣어두지 않았나, 알란, 이 바보 같은 녀석아!"

아무것도 모르는 두 학생은 늪으로 잽싸게 달려갔소.

그들이 멀리 사라진 것을 확인한 방앗간 주인은 학생의 자루에서 밀가루를 반 부셸*7이나 덜어내어 아내에게 주면서 케이크나 만들라고 했소. 그러면서 덧붙였소.

"녀석들은 생각도 못했겠지만 방앗간 주인도 학생들 따윈 얼마든지 속일 수 있다고. 아무리 배운 게 많은들 뭐 하겠어. 뛰어가게 그냥 놔둬. 저것 봐! 한 놈이 저리로 뛰어가는군! 저대로 좀 놀게 놔둬. 결코 쉽게 잡을 수는 없을 거야."

불쌍한 두 학생은 이리 뛰고 저리 뛰며 소리쳤소.

"거기 서! 서라고! 멈추란 말이다! 넌 뒤를 지켜! 네가 휘파람을 불면 내가 몰래 다가가 고삐를 잡을게."

그들은 말을 잡으려고 안간힘을 썼지만 도저히 말을 따라잡을 수가 없었소. 해가 뉘엿뉘엿 질 무렵에야 겨우 말을 도랑으로 몰아서 간신히 붙잡을 수 있었소.

존과 알란은 비에 젖은 소처럼 땀에 흠뻑 젖어 지친 몸으로 겨우 돌아왔소. 존이 투덜거렸소.

"태어나서 이렇게 지독한 꼴을 당하기는 처음이야. 방앗간 주인은 우리를 비웃으며 가지고 놀았고, 우리 밀까지 훔쳤어. 학교에서 사람들이 이 사실을 알면 바보라고 놀리겠지. 교장선생님과 친구 녀석들도 놀려댈 거야. 게다가 저 방앗간 주인 녀석은 말할 것도 없지. 아, 이 일을 어쩌면 좋단 말인가."

---

*7 곡물 등의 중량 단위. 영국에서 1부셸은 28.1킬로그램.

존은 말을 끌고 방앗간으로 걸어오면서 넋두리를 했소. 방앗간 주인은 난로 옆에 앉아 있었다오. 날이 어두워져서 그들은 학교로 되돌아갈 수가 없었소. 그래서 방앗간 주인에게 돈을 줄 테니 하룻밤 묵을 방을 빌려달라고 통사정을 했지.

그러자 방앗간 주인이 말했소.

"방이 있다면야 기꺼이 묵게 해 주지. 하지만 우리 집이 워낙 좁아서 말이지. 자네들은 공부를 제법 많이 했으니 논쟁으로 6미터짜리 방을 1킬로미터짜리로 만드는 법도 알 걸세. 그럼 자네들이 묵을 적당한 장소가 있나 찾아보지. 똑똑한 자네들은 말로 모든 것을 해결하니 그 방을 넓게 만들어 보게."

존이 말했소.

"시몬씨, 구스버트 성인*8을 두고 맹세컨대 당신의 재담은 정말 재미있소. 옛말에 '사람은 자신이 찾은 것이나 가져온 것 둘 중에서 하나만 선택할 수 있다'라고 했는데, 정말 그렇소. 친절하신 주인 양반, 값은 후하게 쳐줄 테니 잠자리와 먹을 것과 마실 것 좀 갖다 주시오. 빈손으로 매를 잡을 수는 없는 노릇이니 돈을 먼저 드리겠소. 여기 있습니다."

방앗간 주인은 딸을 마을로 보내 빵과 맥주를 사 오도록 하고 그들에게 거위를 구워 주었소. 그리고 말이 다시 달아나지 못하도록 단단히 고삐를 맨 뒤 자기 방에 침대를 하나 마련해 주고 깨끗한 시트와 담요를 깔아 주었소. 그곳은 방앗간 주인의 침대에서 불과 3, 4미터 떨어진 곳이었소. 딸도 같은 방을 썼는데 학생들 침대 가까이에 딸의 침대가 있었소. 집이 좁았기 때문에 그곳만이 유일하게 안락한 자리였소. 그들은 주인 식구와 함께 저녁을 먹고 이런저런 이야기도 나누며 웃고 즐겼소. 그리고 딸이 사 온 맥주를 실컷 마시다가 자정이 되어서야 잠자리에 들었소.

방앗간 주인은 맥주를 들이붓듯이 벌컥벌컥 마시고 잔뜩 취해서 얼굴이 벌겋다 못해 창백한 상태였소. 그는 감기나 천식에 걸린 사람처럼 딸꾹질을 하며 코맹맹이 소리를 해댔소. 그는 아내와 함께 침대로 갔소. 그의 아내도 술로 목을 축인 탓인지 귀뚜라미처럼 재잘거리며 기분이 매우 좋아 보였소. 갓난아기의 요람은 침대에 누워 발로 흔들어 줄 수도 있고 아이를 들어 올려

---

*8 영국 잉글랜드 노섬벌랜드 린디스판의 주교로 686년 사망. 존은 그의 고향의 성인의 이름을 걸고 맹세한다.

젖을 먹이기 쉽도록 침대 발치에 놓여 있었소. 맥주가 동이 나자 존과 알란, 딸도 잠자리에 들었소. 모두가 술을 한 방울도 남기지 않고 마셨기 때문에 잠을 청하기 위해 수면제를 먹을 필요도 없었소. 방앗간 주인은 술에 취해 말처럼 코를 골았고, 그의 아내도 이내 남편과 합창을 하기 시작했소. 그녀가 코고는 소리는 2마일 밖에서도 들릴 정도였소. 게다가 딸도 장단을 맞추어 코를 골았소.

이 요란한 음악 소리를 듣고 있던 알란이 존을 팔꿈치로 툭 치면서 말했소.

"자나? 자네는 이런 노랫소리를 들어 본 적이 있나? 정말 끝내 주는 합창이야. 들어 보게. 자기 전에 온 가족이 이렇게 열심히 저녁예배 찬송을 부르다니. 몸뚱이마다 불이 붙은 모양이지. 이렇게 끔찍한 노랫소리는 정말이지 처음이야. 아무래도 오늘 밤에는 눈도 한번 제대로 못 붙이겠군. 하지만 상관없어. 차라리 잘된 일이야. 존, 할 수만 있다면 난 저 계집애를 덮칠 생각이네. 법적으로 전혀 문제가 없어. 법에도 한 사람이 손해를 보았다면 다른 방법으로 그에 상응한 보답을 받아야 한다고 적혀 있어. 우리는 밀가루를 빼앗겼고 온종일 골탕만 먹었어. 우리의 손실을 만회할 방법이 없으니 저 여자애와 재미를 봐야겠어. 그 방법밖에 없어."

그러자 존이 말했소.

"알란, 신중히 행동해야 돼. 저 방앗간 주인은 아주 위험한 놈이야. 놈이 잠에서 깨기라도 하면 우리는 험한 꼴을 당할 수도 있어."

"난 저런 놈 따위는 파리만큼도 겁나지 않아." 알란이 대답하더니 자리에서 벌떡 일어나 살그머니 딸에게로 다가갔다오. 그녀는 반듯하게 누워 깊은 잠에 빠져 있었소. 알란이 배 위에 올라타자 딸은 깜짝 놀라 눈을 떴지만 비명을 지르기에는 너무 늦었소. 다시 말해 두 사람은 이미 한 몸이 되어 있었던 거요. 그러면 알란은 재미를 보도록 놔두고, 존에 대해 말하겠소.

침대에 꼼짝 않고 누워 있던 존은 이내 후회하며 한탄했소.

'이게 무슨 꼴인가. 나만 대가도 받지 못한 채 비웃음만 샀어. 같이 온 녀석은 방앗간 주인의 딸을 품에 끼고서 손실을 보상받고 있어. 그는 위험을 무릅썼고 마침내 성공했어. 하지만 난 여기에 꾸어다 놓은 보릿자루처럼 가만히 누워만 있다니. 이 이야기가 밖으로 새어 나가면 나는 두고두고 바보 취급을 당할 거야. 나도 일어나 모험을 해야겠어. "호랑이 굴에 들어가야 호

랑이를 잡는다"라는 말도 있지 않은가.'

존은 자리에서 일어나 조심스럽게 아기의 요람으로 다가갔소. 그리고 조용히 그것을 자기 침대 밑으로 가져왔지.

얼마 뒤 방앗간 주인의 아내가 코골기를 멈추고 잠에서 깨어났소. 그리고 그녀가 소변을 보러 나갔다가 돌아와 보니 요람이 보이질 않는 거요. 어둠 속에서 이리저리 더듬어 보았지만 어디에도 없었소. 그러자 이렇게 생각했소. '맙소사! 하마터면 학생 침대에 들어갈 뻔했네. 정말이지

장원청지기의 이야기 그림

큰 실수를 할 뻔했어.' 어둠 속을 더듬어 간신히 요람을 찾은 그녀는 요람 옆에 있는 침대가 자기 침대라고 생각했소. 그녀는 자기가 어디에 있는지도 잘 모른 채 학생이 누워 있는 침대 안으로 들어가서 조용히 누워 잠을 청하려 했소. 그때 존이 벌떡 일어나 아무것도 모르는 부인 위에 올라탔소. 정말이지 그녀는 오랫동안 그토록 즐거운 흥분을 느껴본 적이 없었소. 존은 마치 미친 사람처럼 격렬하게 그녀의 안으로 파고들었소. 이렇게 두 학생은 동이 틀 때까지 마음껏 재미를 볼 것이오.

아침이 되자 알란은 밤일을 너무 심하게 한 나머지 지칠 대로 지쳐 있었소. 그는 방앗간 주인의 딸에게 속삭였소.

"사랑스런 몰리, 안녕. 이제 곧 날이 밝아올 테니 난 여기에 더는 머무를 수가 없소. 하지만 어디에 가든지 내가 살아 숨쉬는 한 당신의 남자가 되겠소."

그녀도 말했소.

"사랑하는 사람이여, 잘 가세요. 안녕. 하지만 당신이 가기 전에 한 가지만 말해 줄게요. 방앗간을 지나 집으로 돌아갈 때 보면 방앗간 뒷문 쪽에 밀

가루 반 부셸로 만든 케이크가 있어요. 당신에게서 훔친 밀가루로 만든 건데, 아버지가 밀가루를 훔칠 때 나도 도왔어요. 어쨌거나 하느님의 축복이 있길 빌겠어요. 안녕."

이렇게 말하면서 딸은 눈물을 글썽거리기까지 했소.

알란은 자리에서 일어나 생각했소.

"날이 밝기 전에 친구 곁으로 돌아가야지.' 그리고 존의 침대를 찾아 더듬는데 요람이 만져진 것이오. '맙소사, 실수를 할 뻔했군. 밤새 일을 너무 심하게 해서 머리가 빙빙 도는 바람에 방향을 제대로 찾지 못하겠군. 하지만 요람 덕에 길을 잘못 든 걸 알았어. 여기는 방앗간 주인과 아내가 잠자는 곳이야.' 이렇게 해서 알란은 악마의 소굴인지도 모르고 방앗간 주인이 자고 있는 침대로 갔소. 그는 자기 친구 존 옆에 누웠다고 생각했지만, 실제로는 방앗간 주인 옆으로 기어들어간 것이오. 알란은 옆에 누워 있는 방앗간 주인의 목을 끌어당기며 속삭였소.

"이봐, 존, 이 멍청한 놈아. 일어나서 내 얘기를 들어봐. 어젯밤 네가 겁에 질려 벌벌 떨고 있는 동안 나는 방앗간 주인의 딸을 세 번이나 덮쳤단 말이야."

그러자 이 말에 놀란 방앗간 주인이 소리쳤소.

"뭐가 어째? 내 딸을 덮쳤다고? 이런 도둑놈 같으니라고. 이 배은망덕한 놈! 내 기필코 네놈을 죽여 버리고 말겠다! 지체 있는 가문의 아가씨를 네놈이 감히 욕보였단 말이냐!"

방앗간 주인은 알란의 목덜미를 붙잡았소. 그러자 알란도 미친 듯이 주인의 멱살을 잡고는 주먹으로 코를 때렸소. 그러자 그의 가슴팍 위로 피가 흘러내렸소. 두 사람은 자루 속에 든 두 마리 돼지처럼 입과 코에서 피를 흘리며 바닥에서 서로 뒹굴었소.

그들은 엎치락뒤치락하다가 방앗간 주인이 돌부리에 걸려 세상 모르게 자고 있던 마누라 위로 넘어지고 말았소. 그녀는 이런 한심한 격투에 대해서는 전혀 모르고 있었소. 밤새 사랑을 나눈 존과 함께 막 잠이 든 참이었기 때문이오. 존은 밤새 깨어 있었던 거요.

부인은 남편이 넘어지는 바람에 깜짝 놀라 잠에서 깨어나서는 마구 소리를 지르기 시작했소.

"살려 주세요, 브롬홀름*9의 거룩한 십자가여! 제 모든 것을 하느님 아버지의 손에 맡깁니다. 시몬, 악마가 내 위에 쓰러졌어요. 심장이 터져 버릴 것 같아요. 살려 줘요, 죽을 것 같단 말이에요. 내 배와 머리 위에 누군가가 있단 말이에요! 시몬, 도와 달란 말이에요! 이 빌어먹을 학생 녀석들이 서로 싸우고 있다고요."

존은 침대에서 벌떡 일어나 벽을 더듬으며 몽둥이를 찾았소. 방앗간 주인의 아내 역시 자리에서 일어났소. 그녀는 방의 구조를 훤히 알고 있던 터라 곧바로 벽에 기대어 놓은 몽둥이를 찾을 수 있었소. 그녀는 희미한 불빛을 보았는데, 틈새로 새어드는 환한 달빛이었소.

그녀는 서로 싸우고 있는 두 사람을 보았지만 누가 누군지는 분간할 수가 없었소. 그런데 무언가 하얀 것이 눈에 들어왔소. 그녀는 그것이 학생이 잠잘 때 쓰는 모자라고 생각하고 살금살금 다가가 힘껏 내리쳤소. 그녀는 알란에게 멋지게 한 방 먹였다고 생각했는데 사실은 몽둥이로 남편의 대머리를 내려치고 만 것이오.

남편은 비명을 지르며 바닥으로 고꾸라졌소. "사람 살려! 나 죽네!"

두 학생은 방앗간 주인을 흠씬 두들겨 패고는 재빨리 옷을 챙겨 입고 말과 밀가루를 챙겨 달아났소. 물론 빼앗긴 밀가루로 만든 케이크 챙기는 것도 잊지 않았소.

이렇게 해서 우쭐대던 방앗간 주인은 몽둥이질을 호되게 당하고 밀을 빻아 준 값도 받지 못했으며 알란과 존의 저녁 식대도 몽땅 날리고 말았소. 게다가 아내와 딸은 겁탈까지 당했소. 보시오. 방앗간 주인이 정직하지 못하면 이런 대가를 치르는 거요. '뿌린 대로 거둔다'라는 속담이 딱 맞잖소. 남을 속이려 들면 결국 자기도 속아 넘어가기 마련이라오. 하늘에 계신 위대하신 하느님, 우리 일행에게 축복을 내려주소서. 이 이야기로 저는 방앗간 주인에게 원수를 갚았습니다.

장원청지기의 이야기는 이것으로 끝난다.

---

*9 노퍽에 있는 마을. 그 마을에 있는 수도원에는 1223년에 동방에서 가져온 십자가가 있으며, 영험하기로 소문이 나 이내 순례의 대상이 되었다.

요리사의 이야기

요리사의 이야기 머리글

청지기가 말하는 동안 런던에서 온 요리사는 청지기가 등을 간지럽히기나 한 것처럼 폭소를 터뜨렸습니다.

"하하하. 방앗간 주인이 하룻밤 재워 준 값을 톡톡히 치렀군요. 솔로몬 왕은 '뭇 남자를 집으로 불러들이지 말라'라고 했지요. 낯선 사람에게 잠자리를 내주는 것은 위험천만한 일이랍니다. 자기가 집에 들이는 사람이 누구인지 잘 알아봐야 한다는 말이지요. 나는 웨어 지방의 호지*¹라 하는데, 방앗간 주인을 그렇게 완벽하게 골탕 먹인 이야기는 태어나서 처음 들었습니다. 방앗간 주인은 어둠 속에서 악질적인 속임수를 당한 거네요. 하지만 이런 이야기는 이제 그만 하십시다. 여러분들이 보잘것없는 내 이야기를 듣고 싶으시다면, 내가 살고 있는 마을에서 일어난 재미있는 이야기를 아주 맛깔나게 해 보겠습니다."

여관 주인이 대답했습니다.

"좋소, 호저 씨, 멋진 이야기를 해 주시오. 당신은 육즙 없는 고기파이를 팔거나, 도버식 만두를 여러 차례 데웠다 식혔다 하면서 팔아치웠소. 이 때문에 수많은 순례자들이 당신에게 욕을 퍼부었소. 왜냐하면 그루터기만 먹여 키운 오리고기와 함께 먹은 파슬리가 상해서 단단히 고생을 했기 때문이오. 결국 당신 주방에는 파리 떼만 날아다니고 있소. 자, 친애하는 호저 씨, 어서 이야기를 시작하시오. 내 농담에 화내지 말기 바라오. 사람이란 자고로 농담과 장난 속에서 진실을 이야기하는 법 아니겠소."

호저가 대답했습니다.

---

*1 호저의 별명. 웨어는 런던에서 약 30마일 떨어진 하트퍼드셔 동부에 있는 마을.

요리사의 이야기 머리글 부분 삽화

"정말이지, 당신 말이 옳아요. 플랑드르 사람들은 '제대로 된 농담은 나쁜 농담'이라고 말한답니다. 그러니 해리 베일리 씨,[*2] 우리가 헤어지기 전에, 내가 여관 주인 이야기를 한다고 해서 화내지 말았으면 좋겠소. 하지만 아직은 그 이야기를 하지 않을 거요. 그러나 우리가 헤어지기 전에 당신에게 꼭 복수하고 말 것이오."

그는 유쾌하게 웃으며 여러분이 곧 듣게 될 이야기를 시작했다.

요리사의 이야기가 시작된다.

우리 마을에 도제(徒弟)가 한 명 살았습니다. 그는 식료품가게에서 일을 배우고 있었지요. 젊은이는 숲 속을 자유롭게 날아다니는 방울새처럼 활발했습니다. 야생딸기처럼 가무잡잡한 얼굴에 이목구비가 단정하고 키는 작았으며, 검은 머리를 단정하게 빗어 묶고 있었습니다. 그는 춤을 너무나 흥겹게 잘 추어서 사람들은 그를 난봉꾼 퍼킨이라고 불렀습니다. 그는 꿀이 가득한 벌통처럼 언제나 여자들과 달콤한 사랑을 나누는 마음이 넘쳐 흘러 있었지요. 그를 만나는 여자는 행복했습니다. 그는 결혼식이란 결혼식에는 빠지지 않고 참석해서 노래하고 춤을 추었으며, 가게일보다는 술집을 더 좋아했

*2 여관 주인의 이름.

습니다. 치프사이드에서 축제나 행사가 열리기라도 하면 가게일을 걷어치우고 달려 나가 그 광경을 다 보고 실컷 춤을 춘 뒤가 아니면 가게로 돌아올 생각을 하지 않았습니다. 그는 그와 같은 부류의 사람들을 모아 함께 춤을 추고 노래하며 즐겁게 놀았습니다. 심지어 어떤 마을에 노름을 하러 가기로 약속을 정하기도 했습니다. 그 마을에서 퍼킨만큼 노름을 잘하는 도제는 없었으며, 그는 은밀한 곳에서 돈을 물 쓰듯 펑펑 썼습니다.

가게 주인은 이 사실을 곧바로 눈치 챘습니다. 자주 금고가 텅 비어 있었거든요. 사실 노름하고 술 마시며 흥청대고 계집질에 빠져 있는 난봉꾼 도제가 있으면, 가게 주인이 비록 도제와 함께 즐기지 않았더라도 그 돈을 지불하게 됩니다. 도제가 기타와 바이올린을 아무리 잘 연주하더라도, 노름과 방탕한 삶은 돈을 훔칠 때에만 가능한 것입니다. 여러분도 알다시피 가난한 사람들이 정직하고 방탕하게 산다는 것은 앞뒤가 안 맞는 이야기입니다.

이 방탕한 도제는 밤낮으로 야단을 맞고, 어떤 때에는 악대를 앞세우고 뉴게이트 감옥*3으로 끌려가기도 했지만 수습기간이 거의 끝날 때까지 주인과 함께 살았습니다. 그러던 어느 날, 주인은 퍼킨의 도제계약서를 살펴보다가 '썩은 사과가 다른 사과까지 망치기 전에 버리는 편이 낫다'라는 속담을 떠올렸습니다. 말썽꾼 하인도 마찬가지입니다. 집안의 다른 하인들을 망쳐놓기 전에 내쫓는 편이 피해가 적지요. 그래서 주인은 퍼킨에게 온갖 욕지거리와 저주를 퍼부으며 나가라고 했습니다.

이렇게 해서 방탕한 퍼킨은 그 누구의 간섭도 받지 않는 자유의 몸이 되었습니다. 이제 그는 밤새도록 마음껏 놀 수 있었지요. 하지만 으레 도둑놈에게는 남의 것을 훔치거나 사기를 치라고 부추기면서 들러붙는 못된 친구가 있는 법입니다. 퍼킨은 즉시 자기 침대와 옷가지를 그러한 친구의 집으로 보냈습니다. 그 친구는 술을 먹고 흥청대며 노름을 하고 계집질하기를 좋아하는 방탕한 사람이었습니다. 그에게는 체면상 가게를 하나 내긴 했지만 실제로는 자기 몸을 팔아서 생활비를 벌고 있는 아내가 있었습니다.

(미완)

---

*3 런던의 성바오로 성당 근처에 있던 감옥. 또한 그 시절에는 사람들의 이목을 집중시키고 경각심을 일깨우기 위해 마을 악대가 음악을 연주하며 범죄자를 감옥으로 이송했다.

변호사의 이야기

여관 주인이 일행에게 하는 말

여관 주인은 눈부신 태양이 그 행로의 4분의 1을 달렸으며, 거기에서 반 시간이 더 흘렀음을 알았습니다. 비록 천문학에 깊은 지식은 없었지만, 그날 이 5월을 미리 알려 주는 4월 18일이며, 나무 그림자가 정확하게 그 나무의 높이와 일치한다는 것을 알고 있었습니다. 그는 그림자의 길이로, 화사하게 빛나는 태양이 45도 높이에 솟아 있다는 것을 알아냈으며, 그것으로 여관 주인은 그날의 위도를 고려하여 아침 10시 정각이라는 결론을 내렸다.

그는 갑자기 말을 돌려 세우며 말했습니다.

"여러분, 오늘도 벌써 4분의 1이 지났음을 알려드립니다. 하느님과 요한 성인의 사랑을 위해 되도록 더는 시간을 허비하지 마십시다. 여러분, 시간은 밤낮으로 쉬지 않고 유유히 흘러갑니다. 잠을 잘 때나 깨어 있을 때나 게으름을 피울 때도 시간은 아무도 모르게 슬그머니 달아나 버립니다. 시간은 산에서 들판으로 흐르는 강처럼 한 번 흘러가면 다시는 돌아오지 않습니다. 세네카[1]를 비롯한 많은 철학자들은 금고 속의 황금보다 시간을 잃어버리는 것을 더 안타까워했습니다. 그는 '잃어버린 재산은 되찾을 수 있지만 시간은 되돌릴 수 없다'라고 말했지요. 방탕한 말킨[2]이 잃어버린 처녀성을 다시 되찾을 수 없는 것처럼, 시간은 한 번 흘러가면 다시는 돌아오지 않습니다. 그러니 우리도 꾸물거리지 맙시다."

여관 주인은 계속해서 말했습니다.

"변호사 양반, 이제 약속대로 당신의 이야기를 들려 주십시오. 당신은 이번 여행에서 내 지시에 따를 것을 흔쾌히 약속했습니다. 그러니 약속을 지키

[1] 로마의 정치가·철학자·극작가.
[2] 창녀를 일컫는 일반적인 이름.

십시오. 그러면 적어도 당신의 의무는 이행하게 되는 것입니다."

변호사가 말했습니다.

"이보시오, 주인장, 흔쾌히 응할 것이오. 약속을 깰 생각은 조금도 없소. 약속은 빚과 같으니 나는 기꺼이 그 약속을 지킬 것이오. 그 이상 뭐라고 말하겠소. 우리 법전에는 '남에게 지키라고 요구하는 법은 그 법을 제안한 사람부터 지켜야 한다'라고 씌어 있소. 그런데 지금은 재미있는 이야기가 하나도 생각이 나지 않는군요. 초서는 운율과 압운을 다는 재주는 서투르지만 숙달된 영어로 옛날부터 내려오는 이야기를 여러 편 지은 것은 누구나 알고 있는 사실입니다. 초서는 그런 이야기들을 한 권이 아닌 여러 권에 걸쳐 썼습니다. 그는 오비드*³가 그의 서간집*⁴에서 언급한 것보다 훨씬 많은 연인들에 대해 자세히 이야기했습니다. 이미 오래 전에 초서가 다 쓴 이야기들을 왜 내가 다시 읊어야 합니까?

젊었을 때 초서는 세익스와 헬시온*⁵의 이야기를 썼습니다. 그 뒤로 유명한 귀부인들과 그들의 애인을 노래했습니다. 《착한 여인 전(典)》이라는 그의 두툼한 책을 살펴보면, 루크리스*⁶와 바빌론의 티스비*⁷가 깊은 상처를 입은 이야기와, 아이네이아스*⁸에게 버림받은 디도*⁹가 칼로 목숨을 끊은 이야기, 데모폰을 사랑한 나머지 스스로 목을 맨 필리스*¹⁰의 죽음, 데야니이

---

*3 오비디우스. BC 43~AD 17. 로마의 시인으로 대표작으로는 《변신이야기》가 있다.

*4 오비디우스의 《사랑의 기교》를 말한다. 12편의 연애편지로 되어 있다.

*5 케익스와 알키오네. 초서의 초기 작품인 《공작부인의 책》에도 이 왕과 왕비의 사랑이야기가 나온다. 케익스 왕이 바다에 빠져 죽자 왕비 알키오네도 사흘 뒤에 몸을 던져 죽는다. 오비디우스는 《변신이야기》에서 신이 두 사람을 불쌍히 여겨 물총새로 되살아나게 했다고 썼지만, 초서는 변신에 대해서는 이야기하지 않았다.

*6 로마의 장군 타크원에게 겁탈당하고 자살한 로마의 처녀. 나중에 셰익스피어도 《루크리스의 능욕》이라는 장편시를 썼다.

*7 연인 피라마스가 죽은 것을 보고 그 뒤를 따라 자살한 처녀. 셰익스피어는 이 주제를 《한여름밤의 꿈》의 촌극으로 다루었다.

*8 트로이 전쟁의 용사. 디도의 사랑을 배신하고 이탈리아로 달아나 로마를 세웠다.

*9 카르타고의 여왕. 베르길리우스의 《아이네이스》에서는, 트로이 전쟁에서 지고 표류하던 아이네이아스를 구출해주고 그와 사랑에 빠져 결혼한다. 그러나 아이네이아스가 그녀를 배신하고 떠나자 슬픔에 못 이겨 자살한다.

*10 테세우스의 아들 데모폰은 트로이가 멸망한 뒤 아테네로 향하는 도중 바다에서 폭풍우를 만났으나 트라케의 공주 필리스의 도움으로 목숨을 구한다. 그는 필리스와 결혼을 약속했지만 그녀를 배신하고 고국으로 달아난다. 절망한 필리스는 자살한다.

라*[11]와 헤르미온*[12]의 눈물, 아리아드네*[13]와 이시필레*[14]의 눈물, 바다 한 가운데의 무인도*[15]에 서 있는 아리아드네의 모습, 헤로 때문에 물에 빠져 죽은 레안드로의 이야기, 헬렌*[16]의 눈물과 브리세이스*[17]와 라오다미아*[18]의 슬픔, 이아손이 배신하자 어린 자식들을 목 졸라 죽인 잔인한 메데아 왕비*[19]의 이야기도 있지요. 그리고 초서는 히페르미스트

변호사의 이야기 머리글 부분

라*[20], 페넬로페*[21], 알케스티스*[22]의 여성다움을 더없이 칭송했습니다.

*[11] 데이아네이라. 오이네우스의 딸이며 헤라클레스의 아내.
*[12] 헤르미오네. 메넬라오스의 딸.
*[13] 크레타 왕 미노스의 딸. 테세우스가 미궁에 사는 미노타우루스를 처치하는 데 도움을 주지만 나중에 테세우스는 그녀를 배신하고 낙소스 섬에 버리고 떠난다.
*[14] 힙시필레. 황금양털을 구하러 가는 길인 이아손과 결혼한다. 그러나 이아손은 그녀의 재산을 가로채고 두 아이가 있음에도 그녀를 버리고 떠난다.
*[15] 낙소스 섬.
*[16] 헬레네. 스파르타의 왕 메넬라오스의 아내. 트로이의 왕자 파리스가 그녀를 납치하여 트로이 전쟁이 일어났다.
*[17] 아킬레스가 사랑한 트로이의 여인.
*[18] 트로이 전쟁에서 헥토르에게 죽은 프로테실라오스의 아내.
*[19] 코르키스의 왕 아이에테스의 딸. 이아손과 결혼하고 그에게 황금양털을 얻는 법을 가르쳐 주지만 나중에 그에게 배신당한다.
*[20] 히페름네스트라. 아르고스 왕 다나오스의 쉰 명의 딸 가운데 하나로, 결혼 첫날밤 남편 린케우스를 죽이라는 아버지의 명령을 거역하고 남편을 살려 준다. 린케우스는 홀로 달아나고, 그녀는 잔혹한 아버지에게 붙잡혀 투옥된다.
*[21] 오디세우스의 아내. 20년에 달하는 남편의 원정 기간 동안 정절을 지킨 것으로 유명하다.
*[22] 아드메토스의 아내. 초서는 《착한 여인 전》 머리글에서 이 여인을 데이지의 화신으로 여기며 사랑을 위해 목숨을 바친 모든 여인들을 상징한다고 보았다.

하지만 초서는 자기 형제를 사랑한 죄 많은 카나세*23에 대해서는 한 마디도 쓰지 않았습니다. 이런 저주스런 이야기는 나도 싫습니다. 또한 티루스의 아폴로니우스 이야기도 쓰지 않았습니다. 특히 저주받은 안티오쿠스 왕*24에 자기 딸의 정조를 빼앗고 길바닥에 내팽개친 이야기는 너무 끔찍해서 읽을 수도 없습니다. 초서는 일부러 이런 비정상적인 이야기는 절대 쓰지 않았습니다. 그러므로 나도 되도록 그런 이야기는 뺄 것입니다.

그런데 오늘은 무슨 이야기를 해 드릴까요? 나는 피에리데스라는 뮤즈와 비교되는 것은 싫습니다. 《변신이야기》를 읽은 사람이라면 내 말이 무슨 뜻인지 잘 아시리라 믿습니다. 하지만 내 이야기가 초서와 비교해서 형편없다는 말을 듣는 것은 괜찮습니다. 운문은 초서에게 맡기고, 나는 산문으로 이야기하겠습니다."

말을 마친 변호사는 진지하게 다음과 같은 이야기를 시작했습니다.

변호사의 이야기 머리글

아, 가난하다는 것은 얼마나 불행한 일입니까! 목마름과 추위와 배고픔으로 고개 숙이는 자여! 남에게 손을 벌리는 것은 부끄러운 일입니다. 그러나 도움을 청하지 않는다면 완전히 거지가 되어 숨겨진 상처마저 드러나게 되는 법이지요. 극심한 곤궁에 시달리면 별 수 없이 남의 것을 훔치거나 구걸하거나 빌려 달라고 애원해야 합니다.

당신은 그리스도를 원망하며 그분께서 속세의 부(富)를 불공평하게 나눠 주셨다고 투덜댑니다. 이웃은 모든 것을 가졌는데 당신은 가진 것이 없다며 이웃을 비난하는 죄를 저지르기도 합니다. 그리고 이렇게 말하지요. "그는 가난한 사람을 돕지 않는 죄로 언젠가 뜨거운 불구덩이에서 꼬리가 타들어 가는 벌을 받게 될 것이다."

현자들은 "가난하게 사느니 죽는 것이 낫다", "가난하면 이웃의 멸시를 받는다"라고 말합니다. 당신이 가난하다면 아무런 존경도 받지 못하는 법입니다. 또한 현자들은 말합니다. "가난한 사람들의 인생은 죄악이다." 그러니

---

*23 카나케. 아이올로스의 딸로, 오빠인 마카르와 사랑에 빠져 근친상간을 저지른다.
*24 시리아의 왕(BC 175~64). 이집트와 근동 대부분을 정복했으나 나중에 로마군에 패한다.

이런 상황에 빠지지 않도
록 조심하십시오.

당신이 가난하면 형제마
저 당신을 미워하고 친구
들은 당신을 멀리할 것입
니다. 이 얼마나 불행한
일입니까! 돈 많은 상인
들, 고귀하고 점잖은 사람
들은 행운아입니다. 그들
은 더블 에이스가 아니라
5와 6을 뽑아*25 항상 게
임의 승자가 됩니다. 그리
고 크리스마스가 되면 마
음껏 춤을 추며 즐깁니다.

그러한 상인들은 돈을
벌기 위해서라면 바다와
육지를 가리지 않고 돌아

변호사의 이야기 판화(1721) 존 유리 작.

다닙니다. 현자처럼 그들은 주변 국가들의 여러 정치적 상황을 꿰뚫고 있습
니다. 또한 평화와 전쟁 및 여러 소식의 원천이기도 합니다. 여러 해 전에
한 상인이 이 이야기를 들려 주지 않았더라면 지금 나는 여러분들에게 해 줄
이야기가 없을 뻔했습니다. 그럼 내 이야기를 들어 보십시오.

변호사의 이야기가 시작된다.

1

옛날 시리아에 한 무리의 부유하고 정직한 상인들이 살고 있었는데, 그들
은 멀리 있는 여러 나라에 향료와 금실로 짠 천과 화려한 공단을 수출했습니
다. 그들이 파는 물건은 아주 새롭지만 값이 싸서 누구든지 그들에게 물건을

---

*25 그 무렵 주사위놀이에서는 1과 6이 각각 쌍으로 나오면 지지만 처음에 말한 숫자와 똑같거나
그보다 큰 숫자를 뽑으면 이긴다.

사려고 하고, 그들과 장사를 하고 싶어했습니다.

어느 날 그들 가운데 몇몇 상인이 로마로 떠나기로 계획을 세웠습니다. 사업 때문인지 아니면 단순히 놀러 간 것인지는 알 수 없지만 어쨌든 그들은 사람을 미리 파견하지 않고 직접 로마에 가기로 했습니다. 그리고 그들은 적당하다고 생각되는 곳에 숙소를 잡았습니다.

상인들은 로마에 머물며 마음껏 즐겼습니다. 그러던 어느 날 황제의 딸 콘스탄스의 훌륭한 명성이 시리아 상인들의 귀에도 들어오게 되었습니다. 그것도 내가 이제 여러분에게 이야기하려는 내용이 하루가 멀다 하고 들려 왔습니다.

사람들은 누구나 말했습니다.

"우리 로마 황제께서는 딸이 한 분 계십니다. 하느님의 가호가 황제와 함께하기를! 이 세상이 시작된 이래 공주님처럼 어여쁘고 마음씨 착하신 분은 어디에도 없을 정도지요. 하느님께서 공주님의 명예를 지켜 주시기를 비나이다. 공주님은 온 유럽의 여왕이 되기에 조금도 모자람이 없는 분입니다. 아름답지만 거만하지 않고, 젊지만 방자하거나 어리석지 않습니다. 모든 행실이 착하고 고결하며 성품이 겸손하여 절대로 거만한 법이 없습니다. 그녀의 예절은 본받을 만한 거울이고, 마음은 거룩한 성전이며, 손은 아낌없이 자비를 베푸는 시종입니다."

이 모든 이야기는 하느님이 실제로 계시듯 모두 사실이었습니다. 하지만 지금은 하던 이야기로 되돌아가도록 하겠습니다. 상인들은 배에 새로운 짐을 잔뜩 싣고, 이 하느님의 은총을 듬뿍 받은 공주를 본 뒤 매우 기뻐하며 시리아로 돌아왔습니다. 고향으로 돌아온 그들은 전과 다름없이 장사를 했고, 여전히 행복하게 살았다는 이야기 말고는 할 말이 없습니다.

그런데 이 상인들은 술탄의 총애를 듬뿍 받았습니다. 상인들이 외국에 나갔다가 돌아올 때면 술탄은 그들을 진심으로 환대했으며, 그들이 보고들은 여러 나라의 신기한 것들에 대해 열심히 물어 보았습니다.

상인들은 여러 소식 가운데 특히 콘스탄스 공주의 고귀한 덕성을 열심히 그리고 아주 자세히 술탄에게 설명했습니다. 상인들의 말을 들으면서 술탄은 어느덧 그녀의 모습을 마음속에 새기며 자기 목숨이 다하는 날까지 그녀를 사랑하는 것이 유일한 바람이라고 생각하게 되었습니다.

▲ 술탄 앞의 상인 행렬

▶ 콘스탄스 공주

사람들이 하늘이라고 부르는 저 커다란 책의 별 속에는 그가 태어났을 때부터 사랑 때문에 불행하게 죽을 것이라는 사실이 씌어 있었습니다. 그 책을 읽을 수 있는 사람은 누구나 알 수 있도록 하느님만이 아는 모든 사람의 죽음이 거울처럼 선명하게 별 속에 씌어 있기 때문입니다.

별 속에는 헥터*26와 아킬레스*27, 폼페이우스*28와 줄리어스 시저*29의 죽음이, 그들이 태어나기 여러 해 전부터 이미 기록되어 있었습니다. 테베의 전투나 헤라클레스, 삼손, 투르누스, 소크라테스의 죽음도 적혀 있었습니다. 그러나 인간이 아둔하여 그것을 완벽히 읽어내지 못할 뿐입니다.

술탄은 곧 추밀원 의원들을 소집했습니다. 이 일을 간단히 말하자면, 술탄은 그들에게 자신의 뜻을 알리며, 지금 당장 콘스탄스 공주를 얻지 못하면 그는 죽은 몸이나 다름없다고 말했습니다. 그리고 의원들에게 그의 목숨을 구할 방법을 서둘러 알아내라고 명령했습니다.

많은 사람들이 저마다 다양한 의견을 내놓았습니다. 그들은 논쟁을 벌이고 이런저런 제안과 현명한 의견을 여럿 내놓았습니다. 마법이나 주문을 동

---

*26 헥토르, 트로이의 왕자로, 트로이 전쟁에서 아킬레스에게 죽었다.
*27 트로이 전쟁 때 그리스 군에서 싸운 영웅.
*28 로마의 장군·정치가. 제1차 삼두정치의 수뇌.
*29 율리우스 카이사르, 로마의 장군·정치가. 삼두정치 체제를 조직하고 독재자가 되었지만 머지않아 브루투스의 손에 죽는다.

원하자는 이야기도 나왔지만, 결국 결혼 외에는 달리 어떠한 방법도 소용 없다는 결론을 내렸습니다.

그러나 그들은 그 결혼을 성사시키기에는 아주 큰 어려움이 있음을 깨달 았습니다. 단도직입적으로 말하면, 두 나라의 신앙이 서로 너무나 달랐던 것입니다. 즉, "어떤 그리스도교 왕도 우리의 예언자이신 마호메트의 율법을 따르는 나라에 기꺼이 딸을 출가시키는 일은 없을 것이다."

그러자 술탄이 말했습니다.

"나는 콘스탄스를 잃느니 차라리 세례받기로 마음을 굳혔노라. 나는 반드시 그녀와 혼인해야 한다. 다른 방도는 있을 수 없느니라. 그대들은 논쟁을 멈추고 어서 내 목숨을 구하도록 하라. 내 목숨을 움켜쥐고 있는 공주를 얻을 수 있는 방법을 찾으라. 나는 이 고통을 오래 견딜 수는 없노라."

이에 무슨 말이 더 필요하겠습니까? 조약과 협상 그리고 교황 및 여러 교회와 귀족들의 중재를 통해 그들은 우상숭배를 멈추고 거룩한 그리스도의 율법을 전파하기로 뜻을 모았습니다. 이 점에 대해서는 나중에 들으실 수 있을 것입니다.

양측은 다음과 같은 조약을 맺었습니다. 콘스탄스와 결혼하는 대가로 술탄과 귀족들을 비롯한 모든 신하들은 세례받을 것과, 금이 얼마나 되는지는 모르지만 그에 합당한 양의 금을 제공한다는 것이었습니다. 아, 아름다운 콘스탄스 공주여, 전능하신 하느님이 그대의 앞길을 인도해 주시기를!

여러분들 가운데에는, 황제가 사랑하는 딸 콘스탄스를 시집보내기 위해 얼마나 거창하게 준비했는지 자세히 이야기해 주기를 기대하는 분이 계실지도 모릅니다. 그러나 그 누구도 이 고귀한 목적을 위한 정교한 준비 작업을 몇 마디 말로 표현할 수 없다는 사실을 누구나 잘 아실 것입니다.

요컨대 주교들과 군주들, 귀부인들, 유명한 기사들을 비롯한 많은 사람들이 공주와 함께 떠나기로 결정되었습니다. 그리고 온 도시 사람들에게 그리스도께서 이 결혼을 축복해 주시고, 공주가 무사히 항해를 마치도록 헌신적으로 기도하라는 명이 내려졌습니다.

공주가 떠날 날이 되었습니다. 마침내 슬픈 숙명의 날이 다가온 것입니다. 더는 미루지 못합니다. 모두들 출항할 채비를 마쳤습니다. 슬픔에 짓눌린 콘스탄스는 창백한 얼굴로 엉거주춤 자리에서 일어나 떠날 채비를 했습니다.

다른 방법이 없다는 것을 너무도 잘 알았기 때문입니다.

아, 슬프도다. 다정히 돌봐 주던 친구들 곁을 떠나 낯선 나라로 가서 얼굴도 성격도 모르는 낯선 남자의 다스림을 받으며 평생을 살아야 하는 콘스탄스가 구슬피 울었다 해도 전혀 놀라운 일이 아닙니다. 그러나 모든 남편은 예나 지금이나 착한 사람들입니다. 아내들은 그 사실을 잘 알고 있습니다. 그러니 더 이상 말하지 않겠습니다.

콘스탄스가 말했습니다.

"아버지, 어머니, 하늘에 계신 그리스도 다음으로 두 분은 저의 기쁨이셨습니다. 온 정성을 다해 길러 주신 이 불쌍한 딸 콘스탄스가 마지막으로 두 분에게 진심으로 감사드립니다. 저는 시리아로 가야 할 몸이니 다시는 두 분을 뵙지 못할 것입니다. 두 분의 뜻을 받들어 저는 야만인이 사는 나라로 떠나갑니다. 우리를 구원하기 위해 돌아가신 그리스도여, 당신의 계명을 따를 수 있도록 저에게 힘을 주소서! 가련한 콘스탄스는 죽어도 괜찮습니다. 여자는 고통받고 구속당하며 남자들의 다스림을 받기 위해 태어났으니 말입니다."

트로이에서 일리온이 불타기 전에 피루스*[30]가 성벽을 무너뜨렸을 때나 테베가 함락되었을 때, 또는 로마에서 로마인들이 한니발*[31]에게 세 번이나 공격당하여 무참히 짓밟혔을 때에도 콘스탄스가 떠나는 지금처럼 비통한 울음소리는 들리지 않았습니다. 그러나 울든지 웃든지 상관없이 그녀는 떠나야 합니다.

아, 잔인한 제9천(天)*[32]이여, 너는 날마다 본디대로라면 그 반대로 가야 할 모든 것들을 짓눌러 동쪽에서 서쪽으로 가게 하는구나. 너의 힘이 하늘을 뒤흔들어서 잔인한 화성이 결혼을 망치도록 하였도다.

비스듬히 솟아올라 불행을 예언하는 별이여. 아, 주성(主星)인 화성은 양자리에서 전갈자리로 힘없이 떨어졌도다. 아, 화성이여, 사악한 힘이여. 아, 불행하고 연약한 달이여. 그대는 다른 행성과 조화를 이루지 못하고 아무런

---

*30 아킬레스의 아들.

*31 카르타고의 장군. 제2차 포에니 전쟁 때 피레네와 알프스를 넘어 이탈리아를 공격했다.

*32 프톨레마이오스의 천문학에 따르면 우주의 가장 바깥에 있는 천구로, 지구 둘레를 동쪽에서 서쪽으로 회전한다.

도움도 주지 못하는구나.

아! 경솔한 로마 황제여! 당신의 도시에는 점성학자가 하나도 없었습니까? 왜 떠나는 날을 아무 날이나 잡은 겁니까? 험한 바다가 아닌 여행하기 좋은 때를 고를 수 없었습니까? 특히 고귀한 사람이 먼 길을 떠나는데, 그 출생 시각을 알고 있는데도 방법이 없었단 말입니까? 아, 그것은 태만이요, 무지입니다!

슬픔에 찬 공주는 화려하고 장엄하게 배로 인도되었습니다. "예수 그리스도께서 여러분과 함께 하시기를." 공주가 나직이 말했습니다.

"아름다운 콘스탄스 공주님, 안녕히!" 배웅하는 군중들은 더 이상 말을 잇지 못했습니다. 애써 공주는 밝은 표정을 지으려고 했습니다. 이제 공주는 항해를 계속하도록 놔두고 처음 주제로 돌아가도록 하겠습니다.

온갖 악의 원천인 술탄의 모후는 아들이 예부터 이어져 내려온 성스런 관습을 버리려는 의지가 확고함을 알고, 즉시 고문관들을 소집했습니다. 고문관들은 모후의 뜻을 알아보기 위해 모였습니다. 그들이 한자리에 모이자 술탄의 모후는 자리에 앉아 이렇게 말했습니다.

"경들은 모두 내 아들이 알라신의 사자이신 마호메트가 주신 코란의 거룩한 가르침을 버리려 하고 있음을 아실 것이오. 그러나 나는 전능하신 알라신께 맹세하는 바이니, 마호메트의 법률을 내 마음에서 찢어 버리느니 차라리 내 심장을 내놓을 것이오.

이 새로운 종교가 우리에게 고통과 속박 외에 무엇을 가져다 주겠소? 결국에는 마호메트 신앙을 거부한 죄로 지옥으로 끌려가고 말 것이오. 하지만 경들에게 묻나니, 그대들은 내 말을 따르고 내 충고를 받아들이겠다고 맹세할 수 있겠소? 그렇게 한다면 경들이 영원히 구원받을 수 있는 방법을 알려 줄 것이오."

고문관들은 모두가 생사를 함께 하며 모후의 편에 서겠다고 약속했으며, 저마다 힘닿는 데까지 모후를 도울 지지자들을 모으겠다고 굳게 다짐했습니다. 그러자 모후는 이제 여러분들이 듣게 될 책략을 그들에게 차근차근 이야기했습니다.

"우선 우리는 그리스도교로 개종하는 척해야 하오. 세례받을 때의 찬물이 우리에게 큰 해를 끼치지는 않을 것이오. 그런 다음 나는 화려한 연회를 베풀어 술탄에게 복수를 할 것이오. 그의 아내가 세례를 받아 티 없이 깨끗한 몸일지언정 그 많은 피를 씻어내려면 성수반 가득히 물을 떠온다 해도 모자랄 것이오."

아, 술탄의 모후여, 사악한 죄의 원천이여! 그대, 독부(毒婦)여, 제2의 세미라미스*33여! 여자의 탈을 쓴 독사여, 지옥 깊은 곳에 묶여 있는 뱀과 같은 여자여, 아, 배신을 일삼는 여자여, 미덕과 순결을 파괴하는 모든 죄악의 집합소여!

질투로 가득한 사탄이여, 하느님의 천국에서 쫓겨난 이래, 너는 여자들의 마음을 다스리는 법을 너무도 잘 알고 있도다. 이브를 꾀어 우리를 노예로 만들고, 이제는 그리스도 교인들의 결혼을 파멸시키려 하는구나. 너는 우리를 나쁜 길로 빠뜨리려고 할 때면 언제나 여자를 도구로 삼는다. 아, 참으로 슬프도다.

내가 비난하고 저주하는 술탄의 모후는 은밀하게 고문관들을 해산시켰습니다. 하지만 이 이야기를 길게 할 필요는 없을 것 같습니다. 어느 날 모후는 술탄을 찾아가 자신은 오랫동안 사교를 믿어온 것을 후회하며, 마호메트 신앙을 버리고 사제에게 세례를 받고 싶다고 말했습니다.

그리고 그리스도 교도들에게 성대한 연회를 베풀 영광을 달라고 청했습니다. 또한 모후는 이렇게 덧붙였습니다. "그리스도 교도들을 기쁘게 하기 위해 최선을 다하리다."

술탄이 대답했습니다. "어머님이 원하시는 대로 따르겠습니다." 술탄은 이루 말할 수 없는 기쁨에 가득 차 무릎을 꿇고 어머니에게 감사했습니다. 모후는 아들에게 입을 맞추고 거처로 돌아갔습니다.

2

그리스도 교도들은 장엄한 위세를 자랑하며 시리아의 항구에 도착했습니다. 술탄은 즉시 사자를 보내 먼저 모후에게 아내의 도착을 알린 뒤 온 나라에 공포했습니다. 그리고 왕국의 명예를 위해 모후에게 왕비를 맞이해 줄 것

---

*33 아시리아의 여왕으로, 악녀의 전형이다.

을 간곡히 부탁했습니다.

군중이 구름떼같이 몰려들었습니다. 게다가 한 자리에서 만난 시리아인들과 로마인들의 옷차림은 참으로 장관이었습니다. 호화롭게 치장한 술탄의 모후는 마치 사랑스런 딸을 맞이하는 어머니처럼 환한 미소를 지으며 콘스탄스를 맞이했습니다. 그들은 가장 가까운 도시를 향해 천천히 장엄하게 말을 몰아 행진했습니다.

루칸*³⁴이 그토록 자랑스럽게 묘사한 줄리어스 시저의 개선식도 이 기쁨에 싸인 군중들보다 화려하고 웅장하지는 않았을 것입니다. 그러나 사악하고 잔인한 영혼을 지닌 전갈 같은 모후는 겉으로는 듣기 좋은 말을 늘어놓았지만 그 뒤에는 치명적인 상처를 입힐 독침을 숨기고 있었습니다.

얼마 뒤 술탄이 화려하게 치장하고 당당하게 나타나 행복과 기쁨이 넘치는 모습으로 콘스탄스를 맞았습니다. 그들이 기뻐하는 모습은 생략하겠습니다. 내가 말하고자 하는 부분은 이 이야기의 결말, 즉 요점이니까요. 적당한 시간이 되자 사람들은 연회를 끝내고 각자 잠자리로 돌아갔습니다.

그리고 그날이 왔습니다. 내가 앞에서 말했듯이 늙은 모후가 연회를 열었습니다. 젊은 사람 늙은 사람 가릴 것 없이 모든 그리스도 교도들이 연회에 참석했습니다. 연회는 성대하기 이를 데 없었으며, 그리스도 교도들은 말할 수 없이 푸짐한 산해진미를 마음껏 즐겼습니다. 하지만 그들은 식탁에서 일어나기도 전에 너무도 비싼 대가를 치러야만 했습니다.

아, 속세의 무한한 기쁨 뒤에는 갑작스런 슬픔이 찾아오기 마련이기에, 항상 쓰라린 법이지요. 왜냐하면 슬픔은 세상의 기쁨에 종말을 고하며, 슬픔이야말로 우리 행복의 결말이기 때문입니다. 여러분이 안전한 쪽에 있고 싶다면 내 충고를 귀담아 들으십시오. 여러분들이 행복할 때에는 그 뒤에 뜻하지 않은 고통이나 재앙이 다가오고 있다는 사실을 명심하십시오.

그날 콘스탄스를 제외한 술탄과 모든 그리스도 교도들은 그 자리에서 칼에 찔려 목숨을 잃었습니다. 이 끔찍한 사건은 가증스런 모후가 신하들과 공모하여 저지른 것이었습니다. 모후는 스스로 나라를 통치하고자 했던 것입니다.

술탄의 뜻에 따라 그리스도교로 개종한 시리아인들은 한 사람도 살아남지

＊34 39~65. 에스파냐의 코르도바에서 태어난 로마의 시인. 대표작은 《파르살리아》.

못하고 잔치가 끝나기도 전에 모조리 목이 잘렸습니다. 자객들은 그 자리에서 콘스탄스를 붙잡아 키 없는 배에 태우고는 시리아에서 그녀의 고향인 이탈리아까지 알아서 가라고 했습니다.

그들은 콘스탄스가 가져온 보물 일부와 옷가지를 돌려 주고, 식량도 넉넉히 주었습니다. 이리하여 그녀는 홀로 망망대해를 헤매게 되었습니다. 자애로운 콘스탄스, 황제가 총애하는 딸이여, 운명의 신이 그대를 이끌어 주시기를!

콘스탄스는 성호를 긋고 애처로운 목소리로 그리스도의 십자가를 바라보며 기도했습니다.

"아, 찬란하고 축복받은 제단이여, 세상의 오랜 죄를 자애롭고 어린양의 피로 붉게 물들어 씻어주는 성스러운 십자가여, 이 깊은 바다에 제가 빠져 죽게 될 때 악마와 그의 발톱에서 저를 지켜 주소서! 승리의 나무*35여, 성도들의 보호자여, 새로운 상처를 입은 하늘의 왕, 창에 찔리신 흰 어린양을 떠받들기에 합당한 십자가여! 두 팔 벌려 모든 사람에게게서 악마를 몰아내시는 십자가여, 저를 보호해 주소서. 제게 힘을 주시고 제 삶을 보살펴 주소서."

불쌍한 콘스탄스는 오랜 세월 그리스 해를 이리저리 떠돌다가 우연히 모로코 해협에 다다랐습니다. 그동안 푸석푸석한 음식을 먹으며 세찬 파도에 휩쓸려 그녀가 운명지어진 곳으로 떠밀려오기까지 몇 번이고 죽을 고비를 넘겨야 했습니다.

사람들은 연회석상에서 왜 그녀만 살해당하지 않았는지, 누가 그녀를 구해 주었는지를 물을지도 모릅니다. 그 물음에는 이렇게 답하겠습니다. 주인이건 노예건 아무도 도망치지 못하고 사자의 먹이가 되었던 그 무시무시한 동굴에서 누가 다니엘을 구해 주셨겠습니까? *36 다니엘이 마음 깊숙이 믿고 따르던 오직 하느님밖에 없습니다.

하느님은 사람들이 그분의 전능하신 능력을 알 수 있도록 콘스탄스를 통해 기꺼이 신비로운 기적을 보여 주신 것입니다. 신학자들도 알다시피, 모든 아픔을 확실하게 치료해 주시는 그리스도께서는 어떤 목적을 위해서 인간의 지혜로는 도저히 이해하지 못하는 당신만의 방법을 선택하십니다. 인간은

---

*35 그리스도가 처형된 나무. 악마를 이기고 인류의 죄를 몰아내어 없앴으므로 '승리의 나무'라고 상징적으로 표현한다. 중세의 그리스도 찬가에 사용된 표현.
*36 《다니엘》 26 : 16~24 참조.

무지하여 그리스도의 절묘한 섭리를 알지 못합니다.

그렇다면 공주가 연회에서 살해당하지 않았듯이, 물에 빠져 죽지 않도록 지켜 주신 분이 누구이겠습니까? 요나가 니네베에서 토해져 나올 때까지 고래 배 속에서 그를 돌보아 주신 분이 누구십니까? 히브리 사람들이 맨발로 바다를 건널 때*37 물에 빠져 죽지 않고 무사히 지켜 주신 그분이심을 여러분도 분명 아실 것입니다.

동서남북의 육지와 바다를 뒤흔들 수 있는 폭풍의 네 정령에게 "바다와 육지와 나무를 괴롭히지 말라"라고 명하신 분이 누구이겠습니까? 이 여인이 잠잘 때나 깨어 있을 때나 폭풍으로부터 보호하라고 명령하신 분은 틀림없이 하느님이십니다.

3년이 넘는 기간 동안 그녀는 먹을 것과 마실 것을 어디서 구했겠습니까? 어째서 그녀의 식량은 떨어지지 않았을까요? 누가 사막과 동굴에서 이집트의 성 마리아*38에게 먹을 것을 주었을까요? 그리스도 말고는 아무도 없습니다. 그분은 빵 다섯 조각과 물고기 두 마리로 5천 명을 먹이는 기적을 보이셨습니다. 하느님은 그녀가 곤궁할 때마다 충분한 양식을 보내셨습니다.

콘스탄스는 거친 파도를 넘어 우리 영국 해협으로 들어왔고, 마침내 이름은 모르지만 저 멀리 노섬벌랜드에 있는 어떤 성 아래에 이르렀습니다. 공주가 탄 배는 해변의 모래톱에 깊이 박혀 어떤 조수에도 움직이지 않았습니다. 공주가 그곳에 머물게 된 것은 그리스도의 뜻이었습니다.

성주는 성 아래로 내려와 난파선을 자세히 살펴보다가 마음고생이 심해 완전히 지쳐 버린 한 여인을 발견했습니다. 그리고 그녀가 가지고 있던 보물도 찾았습니다. 그녀는 자기 나라 말로 자비를 베풀어 달라고 애원하며, 이 불행에서 벗어날 수 있도록 차라리 목숨을 끊어 달라고 처절하게 말했습니다.

그녀는 라틴어 속어로 말했지만 그 말뜻은 상대방에게 제대로 전달되었습니다. 성주는 더 이상 살펴볼 것도 없다고 판단하고 이 가련한 여인을 성으로 데려갔습니다. 콘스탄스는 무릎을 꿇고 하느님의 도움에 감사드렸습니

---

*37 《출애굽기》 14 : 22.

*38 5세기의 인물로, 젊은 시절을 방탕하게 보낸 것을 후회하며 요르단 너머의 사막에서 빵 세 조각만으로 47년을 살았다고 한다.

망망대해에 버려
진 콘스탄스 공주

다. 하지만 무슨 일이 있어도, 설사 죽는 한이 있어도 자신이 누구인지 알릴
마음은 없었습니다.

그녀는 바다를 떠다니는 동안 너무나 큰 고통을 당했기 때문에 기억을 잃
었다고 말했습니다. 성주와 그의 아내는 그녀가 너무나 불쌍하여 동정심에
눈물을 흘렸습니다. 콘스탄스는 게으름을 피우지 않고, 성 안 사람들을 열심
히 시중들어 그들을 기쁘게 했습니다. 그래서 그녀를 본 사람은 누구나 그녀
를 좋아하게 되었습니다.

성주와 그의 아내 헤르멘길드 부인 그리고 그 나라 사람들은 모두 이교도
였습니다. 하지만 헤르멘길드는 콘스탄스를 자기 목숨처럼 사랑했습니다.
콘스탄스는 아주 오랫동안 그곳에 머물면서 구슬피 눈물을 흘리며 간절히
기도했습니다. 마침내 예수 그리스도의 은총으로 성주의 아내 헤르멘길드
부인이 개종하게 되었습니다.

지금껏 그 나라에는 함께 모여 예배를 올릴 그리스도 교도가 한 명도 없었
습니다. 북쪽 지역의 바다와 육지를 침략한 이교도들이 그리스도 교도들을
모두 나라 밖으로 추방했기 때문입니다. 이 섬에 살던 브리튼족 그리스도 교
도들은 웨일스로 도망쳐서 당분간 그곳에 숨어 있었습니다.

그러나 그들이 모두 추방된 것은 아니었습니다. 이교도들의 눈을 피해 남몰래 그리스도를 섬기는 사람들이 있었던 것입니다. 그들 가운데 세 사람은 성 근처에 살았습니다. 한 명은 장님이어서 오직 마음의 눈으로만 사물을 볼 수 있었습니다.

여름처럼 해가 쩽쩽 내리쬐던 어느 날이었습니다. 콘스탄스는 산책을 하기 위해 성주 부부와 함께 바닷가로 향했습니다. 그들이 바닷가를 거닐고 있을 때 눈먼 그리스도 교도를 만났습니다. 그는 늙어서 허리가 구부정했고, 두 눈은 완전히 감겨 있었습니다.

눈먼 브리튼인이 큰 소리로 말했습니다. "헤르멘길드 마님! 예수 그리스도의 이름으로 비오니, 제 시력을 회복시켜 주십시오."

이 말을 듣고 헤르멘길드는 덜컥 겁이 났습니다. 남편이 자기가 그리스도 교로 개종했다는 사실을 알면 죽일지도 모른다고 생각했기 때문입니다. 그러나 콘스탄스는 부인에게 용기를 주면서 교회의 딸로서 그리스도의 뜻을 행하라고 말했습니다.

눈앞에서 벌어진 상황에 몹시 당황한 성주가 큰 소리로 말했습니다. "이것이 도대체 어찌 된 일인가?"

콘스탄스가 대답했습니다. "성주님, 이것이 바로 악마의 덫에서 사람들을 구원하시는 예수 그리스도의 힘이십니다." 그리고 자신의 신앙을 열심히 설명하여 마침내 밤이 채 오기도 전에 성주를 개종시켜 그리스도를 믿게 만들었습니다.

이 성주는 콘스탄스가 발견된 지역의 통치자가 아니었습니다. 그는 노섬벌랜드의 알라 왕을 섬기면서 오랫동안 그 성을 지켜온 사람이었습니다. 여러분들도 알다시피 알라 왕은 스코트족을 철통같이 막아낸 매우 현명한 왕이었습니다. 하지만 이 이야기는 접어두고 다시 본래의 줄거리로 돌아가겠습니다.

언제나 우리를 함정에 빠뜨리려고 호시탐탐 노리며 숨어 있는 사탄은 콘스탄스가 나무랄 데 없이 완벽하다는 사실을 알자, 그녀에게 복수할 방법을 생각해 냈습니다. 사탄은 그 마을에 사는 젊은 기사에게 음탕한 욕정을 품고 콘스탄스를 열렬히 사랑하게 만들었던 것입니다. 이 기사는 그녀를 갖지 못한다면 틀림없이 죽고 말 것이라고 진심으로 믿게 되었습니다.

기사는 콘스탄스에게 열렬히 구애했지만 헛수고였습니다. 콘스탄스는 무슨 일이 있어도 죄를 지으려고 하지 않았습니다. 그러자 화가 치민 기사는 그녀가 수치심을 못 이겨 스스로 목숨을 끊도록 계략을 꾸몄습니다. 그는 성주가 성을 비우기를 기다렸다가, 어느 날 밤, 헤르멘길드가 잠들어 있는 침실로 몰래 기어들어갔습니다.

콘스탄스와 헤르멘길드는 늦게까지 기도하다가 지쳐 곤히 잠들어 있었습니다. 사탄의 유혹을 이기지 못한 기사는 살그머니 침대로 다가가 헤르멘길드의 목을 잘라 버렸습니다. 그리고 피 묻은 칼을 콘스탄스의 옆에 놓아두고 도망쳤습니다. 아, 하느님 그에게 저주를 내리소서!

얼마 뒤 성주가 알라 왕과 함께 성으로 돌아왔습니다. 그는 아내가 잔인하게 살해당한 것을 보고 비통한 눈물을 하염없이 흘리며 자기 손을 비틀었습니다. 그리고 콘스탄스의 침대에서 피 묻은 칼을 발견했습니다. 아, 너무나 슬픈 나머지 콘스탄스는 넋을 잃어 아무 말도 할 수가 없었습니다.

성주는 이 불행한 사건을 알라 왕에게 보고하고, 콘스탄스를 배에서 발견한 시간과 장소와 당시의 상황을 빠짐없이 이야기했습니다. 그것은 여러분도 이미 들으신 대로입니다. 왕은 곤경에 빠진 착하고 예의바른 콘스탄스를 보자 가슴이 미어지는 것 같았습니다.

도살장으로 끌려가는 어린 양처럼, 죄 없는 콘스탄스는 왕 앞에 서 있었습니다. 이 범죄를 저지른 기사는 모든 일이 그녀가 한 짓이라고 나서서 거짓

고발을 했습니다. 그러나 사람들은 믿지 않았습니다. 콘스탄스가 그런 잔인한 짓을 했으리라고는 상상조차 할 수 없었기 때문입니다.

언제나 예의바른 그녀가 헤르멘길드를 얼마나 사랑했는지 모두 잘 알고 있었기 때문입니다. 칼로 헤르멘길드를 죽인 기사를 제외한 집안 모든 사람들이 똑같은 증언을 했습니다. 이 말을 들은 어진 알라 왕은 사건을 샅샅이 조사하여 사실을 밝혀야겠다고 생각했습니다.

아, 그러나 슬프도다, 콘스탄스여, 그대를 위해 증언해 줄 사람은 아무도 없도다. 그대 스스로도 자신을 지킬 수가 없도다. 오직 우리를 구원하기 위해 돌아가시고, 악마를 아직도 지옥의 심연에 꽁꽁 묶어 두신 하느님만이 지금 이 순간 그대의 강력한 변호사가 되어 주실 수 있으리라. 그리스도가 모든 사람이 보는 앞에서 기적을 일으키지 않는다면 그대는 죄가 없음에도 곧 처형당할 것이기 때문이다.

콘스탄스는 무릎을 꿇고 기도했습니다.

"영원하신 하느님, 수잔나*³⁹의 누명을 벗겨 주신 하느님, 그리고 자애로운 안나 성인의 따님이시며, 당신의 아들 앞에서 천사들이 '호산나'라고 찬송하는 성모 마리아시여. 제가 이 죄를 짓지 않았다면 부디 저를 구해 주소서. 그렇지 않으면 저는 죽고 말 것입니다."

여러분은 혹시 아무런 은총도 받지 못하고 군중 속을 지나 형장으로 끌려가는 창백한 얼굴을 보신 적이 있습니까? 아무리 군중 속에 섞여 있다 할지라도 죽음의 고뇌를 한눈에 알아볼 수 있는 얼굴을 보신 적이 있습니까? 콘스탄스의 얼굴이 바로 그러했습니다. 그녀는 주위를 둘러보았습니다.

영화롭게 사는 왕비와 귀부인들이여, 세상의 모든 여인들이여, 부디 콘스탄스의 고난을 가엾이 여겨 주십시오. 로마 황제의 딸이 누구의 도움도 받지 못하고 홀로 서 있습니다. 그녀 곁에는 한탄을 들어 줄 사람도 없습니다. 두려움 속에 서 있는 왕가의 공주여, 그대에게 가장 필요한 이 순간, 그대의 친구들은 너무도 멀리 떨어져 있습니다.

하지만 알라 왕의 고귀한 마음속에는 항상 연민이 넘쳐흘렀습니다. 왕은 그녀가 너무나 불쌍하여 눈물을 비 오듯 쏟아냈습니다. 알라 왕이 말했습니다.

---

*39 구약성서에 나오는 아름답고 경건한 여성.

"빨리 복음서를 가져오너라. 기사가 그 책에 손을 얹고 콘스탄스가 부인을 죽였다고 맹세한다면 재판관으로서 그녀에게 어떤 벌을 내릴지 상의하도록 하겠다."

그러자 브리튼어로 번역된 복음서를 가져왔습니다. 기사는 곧바로 책 위에 손을 얹고 그녀가 범인이라고 맹세했습니다. 그러자 갑자기 모두가 보는 앞에서 어떤 손이 하나 나타나 기사의 목덜미를 내리쳤습니다. 기사는 돌멩이가 떨어지는 것처럼 털썩 쓰러졌고, 얼굴에서 두 눈이 튀어 나왔습니다.

그때 모인 사람들의 귀에 한 소리가 들려왔습니다.

"너는 하느님 앞에서 성스러운 교회의 순결한 딸에게 죄를 뒤집어씌웠다. 그런데도 내가 잠자코 있을 것 같으냐?" 이런 기적을 보자 군중들은 겁을 먹었고, 콘스탄스를 제외한 모든 사람들은 하늘의 복수를 두려워하면서 멍하니 서 있었습니다.

죄 없는 콘스탄스를 부당하게 의심했던 사람들은 뉘우치며 벌벌 떨었습니다. 결과적으로, 이 기적과 콘스탄스의 정성에 감동하여 왕을 비롯하여 그 자리에 있던 수많은 사람들이 그리스도교로 개종했습니다. 그리스도의 자비에 감사를!

알라 왕은 정직하지 못한 기사를 위증죄로 즉시 처형하라고 명령했습니다. 하지만 콘스탄스는 기사의 죽음을 무척 슬퍼했습니다. 그 뒤 예수 그리스도께서는 은총을 베푸시어 알라 왕이 아름답고 거룩한 여인과 엄숙한 결혼식을 올리게 하셨습니다. 이렇게 그리스도는 콘스탄스를 왕비로 만드셨습니다. 그런데 이 결혼을 아주 못마땅하게 여기는 사람이 있었습니다. 바로 알라 왕의 모후인 포악한 도네길드였습니다. 두 사람의 결혼 소식을 들은 모후의 저주받은 심장은 두 쪽으로 찢어지는 듯했습니다. 그녀는 결코 그 결혼이 달갑지 않았습니다. 그녀는 아들이 이방의 여인을 아내로 맞이하는 것은 치욕이라고 생각했습니다.

나는 알맹이 없이 쭉정이 같은 이야기들을 길게 늘어놓아 시간을 허비할 생각은 없습니다. 그러니 결혼식이 얼마나 성대하게 치러졌는지는 말하지 않겠습니다. 어떤 요리가 먼저 나왔으며, 누가 나팔을 불고 누가 뿔나팔을 불었는지도 말하지 않겠습니다. 중요한 것은 모두가 잘 먹고 잘 마셨으며,

실컷 춤을 추고 노래를 부르며 재미있게 보냈다는 사실입니다.

그리고 나서 알라 왕과 콘스탄스는 결혼 절차에 따라 신방으로 들었습니다. 아내는 거룩한 존재이긴 하지만, 반지를 끼워 주며 결혼한 남편을 즐겁게 해 줄 수 있는 모든 행위를 밤새 참을성 있게 견뎌야 합니다. 그러기 위해서는 거룩함도 잠시 옆으로 치워 놓아야 합니다. 어쩔 수 없는 일이지요.

얼마 뒤 콘스탄스는 아기를 갖게 되었습니다. 그러나 왕은 적들과 싸우기 위해 스코틀랜드로 출정해야 했습니다. 그는 성주와 주교에게 아내를 잘 돌봐 달라고 부탁했습니다. 겸손하고 유순한 콘스탄스는 임신한 동안 그녀의 방에서 조용히 지내며 그리스도의 뜻을 기다렸습니다.

때가 되자 콘스탄스는 사내아이를 낳았고, 아들에게 마우리시우스라는 세례명을 붙여 주었습니다. 성주는 사자를 불러 알라 왕에게 이 기쁜 소식과 그 밖에 필요한 여러 용건을 알리기 위해 편지를 썼습니다. 사자는 편지를 갖고 급히 떠났습니다.

하지만 사자는 자기 이익을 위해 곧바로 왕의 모후에게 달려갔습니다. 그는 매우 예의바르게 인사하고 말했습니다.

"태후마마. 기뻐하십시오. 그리고 하느님께 감사를 드리십시오. 마침내 왕비께서 왕자님을 출산하셨습니다. 온 나라가 이 소식을 듣고 기뻐하고 있습니다. 보십시오. 여기에 그 소식을 전하는 편지가 있습니다. 저는 이 편지를 한시 바삐 폐하께 가져가야 합니다. 저는 언제나 변함없이 태후마마의 종입니다. 마마의 아드님이신 폐하께 전하실 말씀이 있으시면 전해 올리겠나이다."

그러자 도네길드가 이렇게 대답했습니다. "지금 당장은 없다. 하지만 네가 오늘 밤 이곳에 머물렀으면 좋겠구나. 내일 전할 말을 일러 줄 것이니."

사자는 맥주와 포도주를 실컷 마셨습니다. 그가 술에 잔뜩 취해 돼지처럼 곯아떨어지자 도네길드는 상자 속의 편지를 다른 것과 바꿔치기했습니다. 그 편지는 성주가 왕에게 보내는 것처럼 씌어졌지만, 내용은 여러분이 곧 듣게 될 아주 흉악한 것으로 바뀌어져 있었습니다.

그 편지에는 왕비가 너무나도 흉측한 악마 같은 아들을 낳아서 성 안의 그 누구도 감히 아이와 함께 있을 엄두를 내지 못한다고 적혀 있었습니다. 또한 아이의 어머니는 마술이나 요술을 부려 인간이 된 도깨비이며, 모든 사람이 그녀와 마주치기를 피한다고 적혀 있었습니다.

편지를 읽은 알라 왕은 가슴이 찢어지는 듯한 슬픔을 느꼈지만, 이런 비통한 심정을 아무에게도 내색하지 않았습니다. 대신 답장을 직접 썼습니다.

"저는 이제 그리스도의 가르침을 받았으니, 주님이 내리시는 것을 항상 기꺼이 받겠나이다! 주여, 저는 당신의 뜻에 기꺼이 따르겠나이다. 제 바람은 모두 당신의 뜻에 맡기겠나이다. 내가 돌아갈 때까지 괴물이건 아니건 내 아들과 아내를 잘 보살펴 주소서. 그리고 그리스도께서 원하시는 때가 되면, 이 아들보다 더 마음에 드는 후계자를 내려 주소서."

왕은 눈물을 감추며 편지를 봉한 뒤 사자에게 건네 주고 곧바로 떠나도록 했습니다.

술에 취한 사자여, 네 입에서는 술 냄새가 진동하고, 팔다리가 흐느적거리고 표정은 일그러졌구나. 너는 참새처럼 주절거리며 분별없이 비밀이란 비밀은 모조리 말해 버린다. 확실히, 주정뱅이들이 모이는 곳에서는 그 어떤 비밀도 숨길 수가 없도다.

아, 도네길드여, 나는 너의 악덕과 잔인함을 제대로 설명할 방법이 없구나. 그런 것은 악마에게 맡기는 수밖에 없다. 악마만이 너의 배신을 제대로 설명할 수 있으리라. 아, 이 여인의 탈을 쓴 악마여, 아니지, 하느님께 맹세코 그것은 거짓이다. 악마의 영혼이라고 해야 옳을 것이다. 네 몸은 비록 땅 위를 걷고 있지만, 네 영혼은 이미 지옥에 있도다.

사자는 왕의 편지를 가지고 도네길드의 궁전으로 찾아가 말에서 내렸습니다. 모후는 사자를 매우 기쁘게 맞이하며 극진히 대접했습니다. 사자는 또다시 술독에 빠져서 더 이상 한 방울도 들어갈 수 없을 때까지 포도주로 배를 채웠습니다. 그리고 평소처럼 해가 뜰 때까지 밤새 코를 골면서 잠을 잤습니다. 전과 마찬가지로 편지는 날조된 것으로 바뀌었습니다. 날조된 편지에는 이렇게 적혀 있었습니다.

"짐은 성주에게 다음과 같이 명한다. 명령을 지키지 않으면 교수형에 처하리라. 성주는, 어떤 일이 있어도 콘스탄스를 사흘 세 시간 이상 왕국에 머물게 하지 말라. 또한 콘스타스와 아이는 일찍이 콘스탄스가 타고 온 똑같은 배에 그들의 소지품과 함께 실어 바다에 밀어 보내고 다시는 되돌아오지 못하도록 하라."

아, 콘스탄스여, 도네길드가 이런 음모를 꾸미고 있으니, 그대의 영혼은 두려움에 떨며 악몽에 시달려도 이상할 것 없으리라.

다음 날 아침, 잠에서 깨어난 사자는 가장 짧은 지름길을 택해 성으로 서둘러 달려가 성주에게 편지를 건네 주었습니다. 성주는 끔찍한 내용의 편지를 읽고 너무 놀라 소리쳤습니다.

"아, 이 무슨 일인가! 그리스도여, 사람들이 이토록 악독한데 어찌 세상이 계속될 수 있나이까! 아, 전능하신 하느님이여, 이것이 당신의 뜻이라면, 당신이 정의로운 심판관이시라면, 어찌하여 죄 없는 사람들을 죽게 하고, 악독한 사람들이 번영을 누리도록 하십니까? 아, 선량한 콘스탄스여, 당신을 추방하지 않으면 제가 치욕스럽게 죽어야 하니 어찌하면 좋습니까! 그 밖에 다른 길은 없습니까."

왕이 보낸 편지를 읽자 성 안에 있던 사람들은 남녀노소 누구나 눈물을 흘렸습니다. 나흘째 되던 날, 콘스탄스는 죽은 사람처럼 핏기 없는 얼굴로 배를 향해 발길을 옮겼습니다. 하지만 그녀는 이 모든 것이 예수 그리스도의 뜻이라 생각하고 바닷가에 무릎을 꿇고 말했습니다.

"주님, 저는 당신의 뜻을 기꺼이 받아들이겠나이다. 이 땅에서 누명을 썼을 때 저를 구해 주신 하느님께서 비록 그 방법은 모르나 바다에서도 모든 위험과 고난으로부터 저를 구해 주시리라 믿습니다. 그분은 언제나 변함없이 전지전능하신 분이시니 저는 그분을 믿습니다. 또한 제 영혼의 돛이고 키이신 그분의 어머니도 믿습니다."

어린 아기는 그녀의 품에 안겨 울고 있었습니다. 콘스탄스는 꿇어앉은 채 측은하게 아이를 바라보며 말했습니다.

"울지 마라, 아가야. 이 엄마가 네게 무슨 해를 끼치겠니."

그러고는 머릿수건을 벗어 아이의 눈을 덮어 주며 팔 안에서 달랬습니다. 그녀는 하늘을 우러르며 외쳤습니다.

"아름다운 동정녀 마리아시여, 여자의 유혹으로 인류는 파멸하여 영원한 죽음을 선고받았고, 그로인해 당신의 아들이 십자가에 못 박혀 돌아가셨습니다. 당신은 성스러운 눈으로 그분의 고통을 직접 보셨습니다. 그때 당신이 느끼신 고통은 우리 인간이 받은 그 어떤 고통과도 견줄 수 없을 것입니다.

날조된 편지에 의해 추방당하는 콘스탄스와 아기

당신은 눈앞에서 아들이 살해당하는 광경을 보셨습니다. 하지만 지금 내 아들은 다행히 살아 있습니다. 고통으로 신음하는 사람들이 구원을 청하는 아름다운 성모님, 모든 여인들의 영광이시며, 아리따운 동정녀이시고, 안전한 피난처이시며, 밝게 빛나는 샛별이시여, 부디 제 아들을 불쌍히 여기소서. 슬픔에 빠진 모든 이들을 불쌍히 여기는 그 마음으로 자비를 베푸소서.

오, 아가야. 너는 아직 아무 죄도 짓지 않았는데 네가 무엇을 잘못했단 말이냐? 무자비한 네 아버지는 왜 너를 죽이려고 하신단 말이냐? 성주시여, 자비를 베풀어 주세요. 내 아들은 당신과 함께 이곳에 남도록 해 주세요. 처벌을 받을 것이 두려워 이 아이를 구해 주실 수 없다면, 아버지 대신 이 아이에게 키스라도 한 번 해 주세요."

고개를 떨군 콘스탄스는 다시 땅을 내려다보며 말했습니다. "안녕히, 무정한 남편이여!" 그녀는 자리에서 일어나 해변을 걸어 배로 향했습니다. 많은 사람들이 그녀의 뒤를 따라갔습니다. 가는 동안 그녀는 쉬지 않고 우는 아이를 달랬습니다. 마침내 콘스탄스는 사람들과 작별 인사를 하고 경건한 마음으로 성호를 긋고 배에 올랐습니다.

배 안에는 오랫동안 먹을 수 있는 식량과 다른 여러 필수품도 넉넉히 실려 있었으니, 하느님의 은총에 감사할지어다! 전능하신 하느님, 훈훈한 바람과 화창한 날씨를 보내시어 콘스탄스가 무사히 고향에 닿을 수 있도록 하소서! 그녀는 정처 없이 바다로 흘러갔습니다. 이 이야기는 더는 말하지 않겠습니다.

3

이 일이 일어난 지 얼마 되지 않아 알라 왕은 성으로 돌아와 아내와 아이를 찾았습니다. 성주는 심장이 얼어붙는 것을 느끼며 그 동안 있었던 일을 자세히 설명했습니다. 그 내용은 앞서 여러분이 들은 대로이니 더 이상 되풀이하지 않을 것입니다. 그리고 왕의 봉인이 찍힌 편지를 내밀며 말했습니다.

"폐하, 폐하께서 명령을 따르지 않으면 교수형에 처한다고 하셨기에 저는 그대로 실행했습니다."

그리하여 편지를 전달한 사자는 어디에서 잠을 잤는지 고백할 때까지 밤마다 혹독한 고문을 당했습니다. 그리고 지혜로운 판단과 교묘한 심문으로 누가 그 끔찍한 음모를 꾸몄는지도 짐작하게 되었습니다.

어쨌든 왕의 편지를 위조한 장본인이 누구인지 밝혀졌고 사악한 음모가 만천하에 드러났습니다. 책에 분명히 기록되어 있듯이 결국 알라 왕은 자신의 모후를 음모죄로 사형에 처했습니다. 이렇게 해서 늙은 도네길드는 비참하게 생을 마감했습니다. 그녀에게 영원한 저주 있으라!

알라 왕이 아내와 아들을 그리워하면서 밤낮으로 얼마나 슬퍼했는지는 말로 다 표현할 수가 없을 것입니다. 그러나 이제 콘스탄스에 대해 말하겠습니다. 콘스탄스는 그리스도의 뜻에 따라 온갖 어려움을 겪으며 5년 넘게 바다를 떠다니다 가까스로 육지에 이르렀습니다.

마침내 콘스탄스와 아기는 이름 모를 어떤 이교도의 성 아래에 있는 모래톱에 도착했습니다. 인류를 구원하신 전능하신 하느님, 콘스탄스와 그녀의 아이를 기억하소서! 여러분이 듣게 되는 바와 같이 그녀는 또다시 낯선 이교도의 땅에서 죽을 위험에 처했습니다.

수많은 사람들이 성에서 내려와 콘스탄스와 그녀가 타고 온 배를 뚫어지게 바라보았습니다. 짧게 말하자면, 어느 날 밤, 우리의 신앙을 저버린 흉악한 성주의 집사가 홀로 배 안으로 들어왔습니다. 하느님, 그에게 저주를 내리소서! 그리고 그는 콘스탄스에게 그녀가 원하든 원하지 않든 자신의 여인으로 만들겠다고 말했습니다.

이 가엾은 여인은 너무 슬퍼 어찌할 바를 몰랐습니다. 그녀의 아들은 너무도 놀라 울음을 터뜨렸고, 그녀 역시 소리내어 서럽게 울었습니다. 하지만 바로 그때 성모 마리아께서 도움의 손길을 내미셨습니다. 콘스탄스가 있는 힘을 다해 몸부림치며 저항하자 못된 집사가 균형을 잃고 바다에 빠져 목숨을 잃은 것입니다. 한 마디로 정당한 죗값을 치른 것입니다. 이처럼 그리스도는 콘스탄스를 한 점 흠 없이 지켜 주셨습니다.

아, 음란한 색욕이여, 네 결말을 보라. 너는 사람의 정신을 흐릴 뿐만 아니라 육체까지도 파멸에 이르게 한다. 음욕의 결말, 맹목적인 욕망의 끝은 불행뿐이다. 일찍이 그 죄를 저질러서가 아니라, 그 죄를 저지르려는 마음을 품은 것만으로도 얼마나 많은 사람이 죽거나 파멸했는가!

이 연약한 여인이 무슨 힘이 있어서 배교자로부터 스스로를 지켜낼 수 있었겠습니까? 어떻게 무기도 갖추지 않은 어린 다윗이 어마어마한 거구의 골리앗을 이길 수 있었겠습니까? 그 무서운 얼굴을 똑바로 바라볼 용기가 어디서 나왔겠습니까? 의심할 여지없이 모두 하느님의 은총 덕택이었습니다.

쥬디스[40]에게 용기와 담력을 주시어, 천막에서 적장(敵將) 홀로페르네스를 죽여 하느님의 선택된 백성들을 재앙에서 해방시키신 분이 누구겠습니까? 그들에게 강인한 정신을 주시어 불행에서 그들을 구원하신 하느님께서 콘스탄스에게 힘과 용기를 주셨다고 나는 확신합니다.

콘스탄스의 배는 지브롤터와 세우타 사이에 있는 좁은 해협을 지나갔습니다. 때로는 서쪽으로, 때로는 남쪽으로, 때로는 동쪽으로 몇 날 며칠을 파도에 실려 떠돌아다녔습니다. 마침내 그리스도의 어머니—아, 그분께 축복이 영원히 함께 하길! 하느님께서 끝없는 자비심으로 콘스탄스의 고통에 막을 내리려 하셨습니다.

이제 콘스탄스의 이야기는 잠깐 멈추고 그녀의 아버지인 로마 황제에 대해 이야기하겠습니다. 황제는 시리아에서 온 편지를 받고, 그리스도 교도들이 학살당했으며 딸이 치욕스럽게 쫓겨났다는 사실을 알게 되었습니다. 이

---

*40 구약성서 외경 《유딧》에 유딧 (쥬디스)과 홀로페르네스의 이야기가 나온다. 유딧의 마을을 침략한 홀로페르네스는 유딧에게 잠자리를 요구한다. 그러나 유딧은 그에게 술을 먹여 재운 뒤 목을 잘라 마을로 돌아간다.

일을 꾸민 장본인은 연회석상에서 술탄은 물론 귀천을 가리지 않고 남녀 모두를 살해한 사악한 술탄의 '모후'라는 것도 알게 되었습니다.

그래서 황제는 훌륭하게 무장한 원로원 의원과 수많은 제후들을 시리아로 보내 무참히 복수를 했습니다. 그들은 여러 날 동안 도시를 불태우고 시리아 인들을 학살하고 적군을 괴멸시켰습니다. 이것이 그 결말입니다. 이제 그들은 로마로 돌아갈 준비를 했습니다.

이야기에 따르면, 승리를 기뻐한 원로원 의원이 배를 타고 로마로 돌아오는 길에 표류하고 있는 배를 만났습니다. 그 배에는 가엾은 콘스탄스가 타고 있었습니다. 원로원 의원은 그녀가 누구이며, 왜 그러한 지경에 이르게 되었는지 전혀 알지 못했습니다. 콘스탄스 또한 죽는 한이 있어도 자신의 신분을 밝히려 하지 않았습니다.

원로원 의원은 콘스탄스와 그녀의 아들을 로마로 데려가 자기 부인에게 맡겼습니다. 그들은 원로원 의원과 함께 살게 되었습니다. 이렇게 성모 마리아는 슬픔에 잠긴 콘스탄스와 수많은 사람들을 불행에서 구해 주셨습니다. 콘스탄스는 그곳에서 오랫동안 살면서 선행을 많이 베풀었습니다.

원로원 의원의 부인은 그녀의 이모였지만 콘스탄스를 알아보지 못했습니다. 이런 이야기는 그만 하고, 아직도 아내 때문에 눈물지으며 탄식하고 있는 알라 왕의 이야기로 돌아가도록 하겠습니다. 그 동안 콘스탄스는 원로원 의원의 보호 아래 남겨 두도록 하겠습니다.

어느 날 알라 왕은 어머니를 죽인 뒤 양심의 가책에 시달리다가 속죄하기 위해 로마로 향했습니다. 교황의 처사에 모든 것을 맡기고 그리스도에게 자기가 저지른 사악한 죄를 빌고 용서를 구하고자 했던 것입니다.

알라 왕이 참회의 순례를 위해 로마로 온다는 소식이 앞서 보낸 전령에 의해 온 도시로 퍼졌습니다. 이 소식을 들은 원로원 의원은 관례에 따라 수많은 수행원을 거느리고 말에 올라 왕을 맞으러 갔습니다. 왕에 대한 예의를 차리기 위해서일 뿐만 아니라 자신의 위엄을 과시하기 위해서였습니다.

고귀한 원로원 의원은 알라 왕을 기쁘게 맞이했고, 알라 왕도 그의 인사에 보답했습니다. 그들은 서로 상대를 매우 공경했습니다. 하루나 이틀 뒤, 원로원 의원은 알라 왕이 여는 연회에 초대받았습니다. 거짓 없이 말하면, 콘스탄스의 아들도 원로원 의원과 동행했습니다.

어떤 사람은 콘스탄스의 부탁으로 원로원 의원이 아이를 데리고 갔다고 말합니다. 하지만 자세한 내막은 모릅니다. 어찌 되었든 아이가 그곳에 있었던 것만은 틀림없습니다. 사실 아이는 어머니가 시키는 대로 식사하는 동안 알라 왕 앞에서 왕의 얼굴을 보며 서 있었습니다.

아이를 본 알라 왕은 너무나 놀랐습니다. 그는 곧장 원로원 의원에게 물었습니다. "저기 서 있는 예쁜 아이는 누구입니까?"

아들을 한눈에 알아보는 알라 왕

원로원 의원이 대답했습니다. "저도 모릅니다. 하느님과 성 요한에게 맹세하건대 제가 아는 것은 저 아이에게는 어머니만 있고 아버지는 없다는 사실뿐입니다." 그리고 아이를 발견한 경위를 알라 왕에게 간단히 이야기했습니다.

원로원 의원은 말했습니다. "하느님도 아시겠지만 결혼을 했든 안 했든 간에 이 세상의 모든 여인들 가운데 저 아이의 어미처럼 고결하고 덕이 많은 여인은 제 평생 본 적도 들은 적도 없습니다. 죄를 짓느니 칼로 가슴을 찔러 죽을 여인이라고 감히 말할 수 있지요. 이 세상의 어떤 사내도 그 여인에게 죄를 짓게 하지는 못할 겁니다."

아이는 믿을 수 없을 만큼 콘스탄스를 쏙 빼닮았습니다. 알라 왕은 콘스탄스의 얼굴을 기억하고 있었습니다. 알라 왕은 아이의 어머니가 어쩌면 자기 아내일지도 모른다고 생각하고 한숨지으며 서둘러 연회장에서 빠져 나왔습니다.

알라 왕은 고민했습니다. '여전히 내 머릿속에는 환영이 자리잡고 있어. 이성적으로 따지면 내 아내는 바다에서 죽었다고 믿어야 옳지 않은가.' 그러나 또 이런 생각도 했습니다. '전에도 그리스도께서 콘스탄스를 다른 나라에서 우리나라까지 인도하셨듯이 이번에도 바다를 건너 여기까지 오게 하셨을지도 모르지 않은가.'

오후가 되자 알라 왕은 그러한 기적 같은 일이 일어날 수 있는지 알아보기 위해 원로원 의원 집으로 갔습니다. 원로원 의원은 그를 성대히 맞이하며 서둘러 콘스탄스를 불러오게 했습니다. 하지만 심부름꾼이 찾아온 이유를 알았을 때 콘스탄스가 마냥 기뻐하며 춤출 기분이 아니었다고 말하면 믿으실 수 있겠습니까? 사실 그녀는 제대로 서 있기도 힘들 정도였습니다.

알라 왕은 아내를 보자 예의를 갖춰 정중히 인사를 하고 보기에도 딱할 만큼 엉엉 울었습니다. 왕은 그녀를 보자마자 한눈에 자기 아내임을 알았던 것입니다. 한편 콘스탄스도 슬픔이 벅차 올라 나무처럼 뻣뻣하게 굳은 채 서 있었습니다. 알라 왕의 잔혹한 처사를 떠올리자 너무나 괴로운 나머지 마음이 굳게 닫혀버린 것입니다.

알라 왕이 흐느끼며 애절한 목소리로 사실을 말하는 동안에도 콘스탄스는 두 번이나 그의 앞에서 정신을 잃었습니다. 알라 왕은 말했습니다.

"하느님과 거룩한 모든 성인들이시여, 제 영혼을 불쌍히 여기소서. 당신의 얼굴을 빼닮은 마우리시우스와 마찬가지로, 나는 당신이 겪은 수난에 아무런 죄가 없다오. 이 말이 거짓이라면 당장 악마가 이 자리에서 나를 잡아갈 것이오."

그들의 눈물과 고통과 슬픔이 가라앉기까지는 오랜 시간이 필요했습니다. 탄식하는 두 사람의 모습은 너무나 가련했습니다. 울면 울수록 그들의 아픔은 더욱 커져만 갔습니다. 이 이상 자세히 이야기하지 않아도 이해하여 주시기 바랍니다. 나는 슬픈 이야기를 꺼내기만 해도 우울해지기 때문에 온종일 그들의 슬픔만을 묘사하고 싶지 않습니다.

그러나 마침내 콘스탄스가 겪은 불행에 알라 왕은 아무런 죄가 없다는 사실이 밝혀지자, 두 사람은 수차례 키스를 했습니다. 두 사람은 하늘의 영원한 기쁨을 제외하고는 이 세상의 그 누구도 맛보지 못한 행복을 느꼈습니다.

이제 기나긴 슬픔과 고통에서 해방되자, 콘스탄스는 남편에게 겸손하게 청을 했습니다. 아버지인 로마 황제에게 연회에 초대할 수 있는 영광을 내려 주시기를 부탁해 달라는 것이었습니다. 또한 아버지에게 자기 이야기는 절대로 하지 말아 달라고 간청했습니다.

어떤 사람들은 아들 마우리시우스가 황제에게 초청장을 가지고 갔다고 말합니다. 하지만 나는 알라 왕이 그리스도교의 꽃이며 최고로 영예로운 지위에 계신 로마 황제에게 아이를 사자로 보낼 만큼 어리석다고는 생각하지 않습니다. 따라서 알라 왕이 직접 갔다고 보는 것이 마땅할 것입니다.

황제는 연회에 참석해 달라는 알라 왕의 청을 흔쾌히 승낙했습니다. 읽은 책에 따르면, 황제가 아이를 뚫어지게 바라보며 자기 딸을 떠올렸다고 합니다. 알라 왕은 숙소로 돌아와 만찬 준비에 온 힘을 쏟았습니다.

날이 밝자 알라 왕과 콘스탄스는 황제를 맞이하기 위해 몸단장을 하고 기쁜 마음으로 말을 타고 나갔습니다. 거리에서 아버지를 만난 콘스탄스는 말에서 내려 황제의 발밑에 엎드리며 말했습니다.

"아버지, 아버지께서는 어린 딸 콘스탄스를 까맣게 잊으셨을 테지요. 제가 바로 당신의 딸 콘스탄스입니다. 오래 전에 아버지께서 시리아로 시집보낸 콘스탄스입니다. 망망대해에 홀로 버려져 죽을 운명을 맞이했던 딸입니다. 사랑하는 아버지, 제게 자비를 베푸시어 다시는 이교도의 땅으로 보내지 말아 주십시오. 그리고 언제나 저를 다정하게 대해 준 제 남편을 치하해 주십시오."

마침내 세 사람이 다 함께 모여 나눈 기쁨을 어찌 말로 다 표현할 수 있겠습니까? 하지만 이제 이 이야기를 마무리해야겠습니다. 날이 저물어 가고 있으니 더 이상 끌지 않겠습니다. 행복한 세 사람은 연회석에 앉아 즐거운 시간을 보냈습니다. 아마 내가 말하는 것보다 천 배는 더 행복했을 것입니다.

그들의 아들 마우리시우스는 나중에 교황에 의해 황제로 임명되었습니다. 그는 평생을 독실한 그리스도 교도로 살며 수많은 영광을 교회에 돌렸습니다. 하지만 그에 대한 이야기는 이 정도만 하겠습니다. 내 이야기는 콘스탄스에 대한 것이니까요. 마우리시우스 황제의 일생은 고대 로마의 역사책을 읽어보면 알 수 있을 겁니다. 사실 그에 대해서는 잘 모릅니다.

알라 왕은 때를 보아 아름답고 거룩한 아내 콘스탄스와 함께 곧바로 영국으로 돌아갔습니다. 그리고 그곳에서 두 사람은 행복하고 평화롭게 살았습니다. 그러나 현세의 행복은 그다지 오래가지 않는다고 여러분에게 분명히 말씀드립니다. 시간은 멈춰서 기다려주지 않고 썰물처럼 밤낮으로 바뀌기 때문입니다.

양심의 가책을 느끼지 않고, 분노와 욕심과 적개심과 질투와 오만과 열정과 두려움에 사로잡히지 않고 단 하루라도 완전한 행복을 누리며 산 사람이 어디 있겠습니까? 내가 이런 말을 하는 것은 알라 왕과 콘스탄스의 행복과 충만한 기쁨이 그리 오래 이어지지 않았다는 사실을 말씀드리기 위해서입니다.

그들이 다시 만난 지 약 1년이 지난 어느 날, 신분의 고하를 막론하고 모든 사람에게 찾아오는 죽음이 알라 왕을 데리고 간 것입니다. 왕이 죽자 콘스탄스는 깊은 슬픔에 잠겼습니다. 하느님이 왕의 영혼을 축복해 주시도록 기도합시다!

마지막으로 말씀드리자면, 콘스탄스, 이 거룩한 여인은 로마로 돌아가 그곳에서 평온하게 살고 있는 친구들과 다시 만났습니다. 이제 그녀는 모든 고난에서 무사히 벗어났습니다. 아버지를 만난 콘스탄스는 또다시 아버지 발밑에 엎드려 기쁨의 눈물을 흘렸습니다. 그리고 너무나 행복한 마음에 하느님을 수없이 찬양했습니다.

아버지와 딸은 사람들에게 자선과 덕을 베풀며 여생을 보냈습니다. 그들은 죽음이 두 사람을 갈라놓을 때까지 다시는 헤어지지 않았습니다. 그럼 이제 작별하도록 합시다. 내 이야기는 여기서 끝납니다. 슬픔 뒤에 기쁨을 주시는 그리스도여, 우리에게 자비를 베푸시고 여기 있는 모두를 보살펴 주소서. 아멘,

변호사의 이야기는 이것으로 끝난다.

변호사 이야기 그 뒤

여관 주인이 의자 위에 서서 말했습니다.

"여러분, 모두 내 말을 들어 주시오. 이것은 정말로 유익한 이야기였습니다. 자, 신부님, 하느님의 뼈를 걸고, 앞서 우리에게 약속한 대로 이야기를 하나 들려 주십시오. 하느님의 권위를 걸고 말하건대, 여러분처럼 학식이 높으신 분들은 훌륭한 이야기도 많이 알고 계신다는 사실을 잘 알고 있습니다."

교구신부가 대답했습니다.

"맙소사! 주인장은 무슨 생각으로 그리 불경한 맹세를 하는 거요?"

여관 주인이 대꾸했습니다.

"어이쿠, 젠킨*41 씨, 거기 계셨소? 어쩐지 롤라드*42 냄새가 난다 했소. 여러분, 그리스도의 수난을 헤아려 참으시고 좀 들어 보시오. 이 롤라드가 우리에게 한바탕 설교를 하실 모양이오."

선장이 말했습니다.

"안 되오. 돌아가신 내 아버지의 영혼을 두고 맹세하건대 그렇게 두지는 않을 것이오. 여기서 설교는 사절이오. 복음서를 풀이하면서 우리를 가르치는 것도 안 되오. 우리는 모두 위대한 하느님의 존재를 믿고 있으니까 말이오. 하지만 롤라드는 우리의 깨끗한 밀밭에 나쁜 씨를 뿌려 잡초를 심으려 하거든. 그러니 주인장, 미리 말하는 바인데, 천성이 명랑한 내가 먼저 이야기를 하는 것이 어떻겠소이까. 내가 즐거운 종소리를 딸랑딸랑 울리면 졸음에 감기는 사람들의 눈을 번쩍 뜨게 해 줄 것이오. 하지만 나는 철학이나 의학이나 요상한 법률용어가 나오는 말은 하지 않을 거요. 내 이야기 속에는 라틴어 같은 것이 애당초 들어 있지도 않으니까요."

---

*41 그 시절에는 교구신부를 일반적으로 '존'이라고 불렀다. 여기서는 젠킨이라는 존의 애칭으로 부르며 농담을 하고 있다.

*42 위클리프파 교도. 그들은 맹세를 하는 것을 정면으로 반대했다. 그 시절에는 모욕하는 말로 사용되었다.

바스 여장부의 이야기

바스 여장부의 이야기 머리글

결혼생활에 대한 권위 있는 책들이 모조리 다 없어진다 해도, 나는 내 경험만으로도 충분히 말할 수 있습니다. 그도 그럴 것이 여러분, 나는 열두 살 때부터 지금까지—영원하신 하느님께 감사하게도—교회에서 다섯 남편을 맞이했거든요. 그것도 정식으로 말이죠. 게다가 남편들은 저마다 사회에서 이름깨나 날리는 사람들이었답니다.

그리 오래된 이야기는 아니지만 나는 분명 이런 이야기를 들었습니다. 그리스도는 단 한 번, 갈릴래아 가나*¹의 한 혼인잔치에 가셨을 뿐이므로, 이로 미루어 그리스도는 결혼을 단 한 번만 해야 한다고 가르쳤다고 봐야죠. 자, 잘 들으세요. 하느님이면서 사람이셨던 예수님이 우물가에서 한 여인을 꾸짖으셨죠. '네게는 남편이 다섯이나 있었다. 지금 함께 살고 있는 남자도 사실은 네 남편이 아니다' 그분은 틀림없이 이렇게 말씀하셨어요.

하지만 나는 그 말씀을 제대로 이해할 수 없답니다. 무슨 뜻으로 이렇게 말씀하셨는지 잘 모르겠어요. 왜 다섯 번째 남자는 사마리아 여인의 남편이 아니었는지 묻고 싶습니다. 도대체 그녀는 몇 번이나 더 결혼해야 남편을 가질 수 있는 건가요? 여태껏 남편은 몇 명이어야 한다는, 한정된 숫자를 정확하게 적혀져 있는 것을 본 적이 없습니다. 사람들은 이러니저러니 추측하기도 하고 나름대로 해석하기도 하지만 솔직히 말씀드리자면, 하느님은 우리들에게 많이 낳아 번성하라고 말씀하고 계십니다. 이에 대해 기록하고 있는 고귀한 내용도 분명 이해하고 있습니다. 또한 남편들에게 '부모를 떠나 아내와 함께 하라'*²고 그리스도께서 말씀하셨다는 것도 알고 있고요.

---

*1 〈요한 복음서〉 2 : 1.
*2 〈마태오 복음서〉 19 : 5.

바스 여장부의
이야기 머리글
부분

하지만 두 번 결혼하라거나 여덟 번 결혼하라거나 하는, 숫자에 대해서는 아무 말씀도 하지 않으셨잖아요. 그런데 사람들은 왜 그것이 나쁜 것처럼 이야기하는지 모르겠어요.

예를 들어 현명한 솔로몬 왕을 보세요. 솔로몬 왕은 단언하건대 한 명 이상의 아내를 가졌었어요. 솔로몬 왕의 반만이라도 내가 합법적으로 즐기도록 하느님이 허락해 주신다면 정말 좋겠다고 생각할 정도죠. 그가 여러 아내들과 누린 기쁨이야말로 하느님이 주신 최고의 선물이 아니었을까요? 이 세상을 살아가는 사람 가운데 그만큼 축복받은 사람은 없었습니다. 이 고귀한 왕이 그 많은 아내들과 첫날밤을 얼마나 즐겁게 지냈는지는 하느님만이 아시겠죠. 그만큼 행복한 삶을 누린 것입니다.

내가 다섯 번이나 결혼할 수 있었던 것도 하느님께 감사드려야 할 일입니다.[*3] 여섯 번째 남편도 언제든 대환영입니다. 나는 정조 따위는 지키지 않으니까요. 지금의 남편이 세상을 떠나면 어느 그리스도교인과 또다시 결혼하겠죠. 남편이 없다면 언제든 원할 때[*4] 하느님의 이름을 걸고 자유롭게 결혼할 수 있다고 사도 바울로가 말하지 않았나요? 바울로 사도는 결혼은 나쁜 짓이 아니라고 말하고 있습니다. 욕정을 불태우기 보다는 결혼하는 것이 훨씬 낫습니다.

---

*3 이 다음의 6행(44a~44f)은 개정판(The Riverside Chaucer)도 있으나, Robinson판에는 생략되어 있다.

*4 〈고린토인들에게 보낸 첫째 편지〉 7 : 39.

사람들이 저 사악한 라멕[5]과 그의 이중 결혼을 나쁘게 말한다 한들 그게 나와 무슨 상관이겠어요? 나는 아브라함이 신앙심 깊은 사람이었다는 것을 잘 알고 있답니다. 그리고 내가 알고 있는 한 야곱 또한 그랬고요. 이분들도 저마다 두 사람 이상의 아내가 있었죠. 이들 말고도 신앙심 깊은 다른 이들이 그랬고 말이죠.

　어느 시대엔들 하느님이 분명한 목소리로 결혼을 금지시켰노라고 기록한 것이 있습니까? 있다면 제게 가르쳐 주세요. 그리고 처녀로 지내라고 말씀하신 적이 있으셨나요? 나 또한 여러분과 마찬가지로 잘 알고 있습니다. 의심할 여지가 없다는 것을 말이죠. 바울로 사도는 처녀에 대한 이야기는 어디에도 없다고 말씀하고 계십니다. 여자는 독신으로 지내야 한다고 충고하는 사람이 있었을 지도 모르지만 충고는 충고일 뿐, 명령이 아닙니다. 사도께서는 그것을 우리들 스스로에게 판단하도록 맡기셨죠.

　만약 하느님이 처녀로 지내라고 명령하셨다면, 결혼을 비난하셨을 게 분명합니다. 무엇보다도 씨를 뿌리지 않는다면 처녀는 또 어떻게 생길 수 있겠습니까? 사도 바울로는 적어도 주님이 명령하지 않은 것에 대해서는 새삼스레 명령하려 하지 않았습니다. [6] 경주의 상품[7]은 처녀에게만 주게 되어 있습니다. 손에 넣을 수 있는 사람은 누구나 손에 넣어 보라죠. 누가 가장 잘 달리는지 그것도 볼만 할 겁니다.

　그러나 이 말은 모든 사람에게 해당되는 말이 아닙니다. 하느님께서 힘주시기를 원하시는 자에게만 적용되는 것이죠. 나는 바울로 사도가 동정이었다는 것을 잘 알고 있습니다. 그래서 자기처럼 하기를 바란다고 쓰고 있기는 하지만 그것은 그저 처녀들에 대한 충고에 지나지 않아요. 바울로는 누군가의 아내가 되는 것은 좋은 일이라고 내게 말했습니다. 그러니 내 남편이 죽은 뒤, 내가 누군가와 결혼한다고 해서 비난받을 일은 아니라는 말입니다. 그것이 비록 두 번째일지라도 말이죠. 바울로는 침대 위에서나 긴 의자 위에서는 남자와 여자가 관계를 맺지 않는 것이 좋다고 말했습니다. 불과 부싯돌을 한데 두면 위험하니까요. 당신은 이것이 무슨 말인지 이해하리라 생각합

---

*5 〈창세기〉 4 : 19~23. 이 바스 여장부는 이중결혼을 하지는 않았다.
*6 〈고린토인들에게 보낸 첫째 편지〉 7 : 25.
*7 〈고린토인들에게 보낸 첫째 편지〉 9 : 24절에 대한 라틴어 해석에 언급한 것

니다. 다시 말하자면 바울로는 처녀로 있는 것이 유혹에 넘어가 결혼하는 것보다 완전하다고 생각한 것입니다. 남편과 아내가 평생 서로에 대해 정조를 지킬 수 있다면 그것은 별개의 문제겠지만 말이죠.

나는 처녀로 지내는 것이 두 번 결혼하는 것보다 낫다고 해도 아무런 경쟁의식이 생기지 않습니다. 몸도 마음도 깨끗한 것을 사람들은 좋아하니까요. 내 경우를 자랑할 생각은 없습니다. 그것은 여러분도 잘 알고 있겠죠. 집 주

바스 여장부의 이야기 판화(1721) 존 유리 작.

인은, 금으로 된 그릇만을 가질 수는 없는 법입니다. 그것보다는 나무로 만들어진 그릇이 주인에게 매우 유용하게 쓰일 수도 있으니까요. 하느님은 사람들을 당신의 필요에 따라 불러 쓰십니다. 모든 사람은 저마다 하느님으로부터 재능을 선물받았습니다. 이 사람에게는 이것을, 저 사람에게는 저것을, 주님이 원하시는 대로 주셨죠.

처녀라는 것은 도덕적으로 완전하다는 말과 같습니다. 헌신을 위한 금욕 또한 마찬가지입니다. 완전함의 원천인 그리스도께서는, 가진 것을 모두 팔아 가난한 자들에게 나누어 주고, 자신을 따르라는 말씀을 모든 사람에게 하신 것은 아닙니다. 그리스도께서는 도덕적으로 흠 없이 살고자 하는 사람들에게만 그렇게 말씀하셨습니다. 여러분, 실례를 무릅쓰고 말씀드리자면, 이 말씀은 내게 하신 말씀이 아닙니다. 나는 그런 인간이 아닙니다. 나는 내 인생의 꽃다운 청춘을 결혼 생활에 바치고 싶어요.

말해 보세요. 왜 우리의 생식기관이 만들어진 거죠? 그것도 완전무결하고

현명하신 분이 어째서 생식기를 만드신 건가요? 여러분들은 그것이 아무 목적도 없이 만들어졌다고는 생각하지 않을 거예요. 여러분들은 마음대로 왜곡시키고 토론을 벌이면서 그저 소변을 보기 위한 것이며 남녀를 구별하기 위한 것일 뿐 다른 목적은 없다고 말할지도 모르겠어요. 하지만 나는 경험에 비추어 절대로 그런 것이 아님을 알고 있답니다.

혹시 성직자분들이 화를 내지 않는다면 나는 이렇게 말하겠어요. 그것들은 두 가지 목적을 갖고 있어요. 하나는 생리적 기능이지요. 또 하나는 생식의 기쁨인데, 이것이 하느님을 욕되게 하지는 않습니다. 그렇지 않다면 어째서 '아내에게 빚진 것을 남편은 갚아야 할 의무가 있다'*8고 책에 적어 넣을 필요가 있었을까요? 남자가 자기의 행복한 연장을 제대로 쓰지 않는다면 무엇으로 아내에게 갚을 수 있겠느냐는 말입니다. 그러니 이 기관은 배설을 위한 것이며, 생식을 위해 만들어진 것이라는 말이 되겠죠.

그러나 이 도구를 지닌 사람들이 생식행위를 위해서 그것을 반드시 써야 한다고 주장하는 것은 아닙니다. 사람들은 순결 따위를 신경 쓸 필요가 없다는 것입니다. 그리스도께서도 동정이셨습니다. 그리고 남자의 몸으로 태어나셨죠. 세상이 시작된 이래, 수많은 성인들도 그랬습니다. 게다가 그분들은 언제나 완전하고도 흠 없이 순결함을 유지하셨죠. 나는 처녀를 조금도 부러워하지 않습니다. 그분들은 순수한 새하얀 밀가루 떡이며, 아내된 우리는 보리떡이라고 불리지요. 그러나 성 마르코께서도 말씀하고 계시듯, 예수님은 보리떡으로 많은 사람들을 먹이셨습니다. 하느님이 우리를 부르신 모습 그대로, 나는 보리떡의 모습으로 살아갈 것입니다.

나는 결벽증은 없습니다. 아내로서, 나를 만드신 분이 주신 대로 마음껏 내 도구를 사용하려 합니다. 만일 내가 까다롭게 군다면, 주님, 제게 슬픔을 내리소서! 아침이든 저녁이든 내 남편이 원할 때마다 그는 나를 가질 것이며, 그의 빚을 갚을 것입니다. 그는 내게 채무자가 될 것이며, 노예처럼 대해 줄 것입니다. 그리고 내가 그의 아내인 동안에는 그의 육체를 학대하겠습니다. 내가 살아 있는 동안 남편의 육체는 남편의 것이 아니라 바로 내 것입니다. 이는 사도께서 내게 말씀하신 것*9입니다. 그리고 남편들에게 아내를

*8 〈고린토인들에게 보낸 첫째 편지〉 7 : 3.
*9 〈고린토인들에게 보낸 첫째 편지〉 7 : 4.

사랑해야 한다고 명령하셨지요. 나는 그분의 생각에 전적으로 동감이에요.

이때 면죄부 판매자가 일어나 말했습니다.

"부인, 하느님과 성 요한을 두고 맹세하는데 정말 훌륭한 설교였습니다. 아, 나도 한 여자와 결혼할 뻔했습니다. 왜 내 몸이 그런 대가를 치러야 하는 거죠? 차라리 어떤 여자와도 결혼하지 않는 게 더 나았을 거예요!"

그러자 바스 여장부가 대답했습니다.

"잠시만요! 아직 내 이야기는 시작도 하지 않았답니다. 내가 말을 끝내기도 전에 다른 술통의 술을 마셔 버린다면, 앞으로 나올 에일 맥주가 얼마나 맛있는지 음미하지 못할 거예요. 자, 그럼 내가 결혼에 대한 여러 가지 문제점을 다 이야기해 드리죠. 먼저 결혼의 고통에 대한 이야기를 들려 드리고 난 뒤에 말입니다. 이 나이쯤 되고 보면 많은 일을 겪어 온 덕에 결혼에 대해서는 전문가라고 할 수 있죠. 말하자면 내가 결혼생활을 좌지우지하며 살았다는 말입니다. 그러니 내가 마개를 뽑아 주려고 하는 이 술을 마실 것인지 마시지 않을 것인지는 당신이 결정하세요. 하지만 이 술에 너무 가까이 다가오지 않도록 조심하는 게 좋을 겁니다. 어떻게 조심해야 하는지 당신에게 열 가지도 넘는 이야기를 들려 주겠어요. '다른 사람의 경고를 듣지 않는 사람들이 결국 다른 사람의 웃음거리가 되고 만다'는 말이 있어요. 이 말은 바로 프톨레미가 쓴《천문학대전》에 나와 있는 말[10]이니 찾아보세요."

그러자 면죄부 판매자가 말했습니다.

"부인, 시작했던 이야기를 계속해 주시면 좋겠습니다. 누가 뭐라 하던 신경 쓸 필요 없습니다. 부인의 풍부한 경험을 바탕으로 우리 젊은이들에게 그 방법을 가르쳐 주세요."

"좋아요. 내 이야기를 듣고 싶어하는 것 같으니 기꺼이 들려 드리지요. 하지만 여기 계신 분들에게 미리 말해 둘 것은, 내 생각대로 이야기하더라도 언짢게 여기지는 말아 달라는 겁니다. 이것은 어디까지나 여러분을 즐겁게 해 드리기 위한 것이니까요. 그러면 이야기를 계속하죠."

---

*10 프톨레마이오스를 가리킴. 이 내용은《천문학대전》이 아니라 12세기 격언집에 실린 글.

사실만을 말하기 위해 맥주나 포도주를 일절 입에 대지 않을 것을 맹세해요.

내 다섯 남편 중에서 세 사람은 좋은 남편이었고, 두 사람은 형편없는 남편이었어요. 좋았던 남편 세 사람은 부자였고 나이가 꽤 많았죠. 그래서 그들은 부부로서의 계약을 잘 이행하지 못했습니다. 무슨 말인지 당신들은 알아들을 수 있겠죠? 오, 주님! 밤마다 무자비하게 노동시킨 것을 떠올릴 때마다 터져 나오는 웃음을 참을 수가 없어요. 솔직히, 나는 그들이 괴로워하든 말든 전혀 개의치 않았답니다. 그들은 내게 땅과 재물을 주었죠. 나는 그들의 사랑을 얻거나 그들에게 경의를 표하기 위해 애쓸 필요가 없었어요. 그들이 얼마나 나를 사랑해 주었는지, 그들의 사랑을 하찮게 여길 정도였답니다. 똑똑한 여자는 사랑을 정복하려고 애쓰지만, 그건 사랑받지 못할 경우에 그렇다는 거죠. 그러나 나는 이미 땅을 받았고, 모든 것을 손아귀에 쥐고 있었답니다. 그러니 나만 즐기면 되는 거지, 뭐가 아쉬워서 그들을 즐겁게 해 주려고 굳이 애쓰겠어요? 그렇게 해서 얻어지는 게 있다면 또 모를까.

아무튼 나는 그들을 호되게 부렸고, 그래서 밤이면 밤마다 그들의 입에서는 울부짖는 소리가 흘러나왔지요. 웨섹스 지방의 던모우에서는 1년 내내 싸우지 않는 부부에게 베이컨을 상으로 주었다는데, 난 그런 상을 한 번도 받아본 적이 없어요. 나는 남편들을 내 방식대로 다스렸지만 그들은 모두 행복하였답니다. 시장에 갈 때면 예쁜 물건들을 사오곤 했죠. 내가 다정하게 말만 걸어 주어도 얼마나 좋아했는지. 그런데도 내가 얼마나 못되게 그들을 다그쳤는지는 하느님만 알고 계실 겁니다.

현명한 아내들이여, 이제 여러분들에게 내가 그들을 어떻게 다루었는지 이야기해 드리겠어요. 당신들도 그들이 틀렸다고 비난해 주어야 합니다. 대범하게 서약하거나, 여자의 반만큼이라도 거짓말 할 줄 아는 남자는 드물어요. 나는 이 말을 현명한 아내들에게 하고 있는 게 아닙니다. 부인들이 잘못을 저질렀을 때라면 모를까. 현명한 아내들은 자신에게 이로운 것이 무엇인지 똑똑히 알고 있으며, 남편을 설득해 자신에게 불리한 것을 믿지 않게 만들 수도 있지요. 또한 하녀를 불러 자기에게 유리한 증언을 하도록 시키기도 한답니다. 그렇지만 내가 어떤 방법을 썼는지 잘 들어 보세요. 난 이렇게 말했답니다.

이 늙은이야, 최선을 다한 게 고작 이 정도야? 옆집 여편네는 왜 저리 말쑥하게 차려 입고, 기분은 또 왜 저리 좋은 거지? 그 여자는 어디를 가든 사람들이 우러러보는데, 왜 나는 집에 처박혀 있어야 하는 거냐고? 나는 입고 나갈 옷도 없어. 도대체 당신, 그 여자 집에서 무슨 짓을 한 거지? 그 여자가 그렇게 예뻐? 당신, 그렇게 밝히는 사람이었어? 도대체 우리 하녀에게 뭐라고 속삭이고 있었는지 말해 봐. 이, 음탕한 늙은이야, 그따위 짓, 당장 그만두라고! 아무런 잘못도 없는 내게 친한 사람이나 친구가 있다는 것만으로도 당신은 내게 악마처럼 호통을 치지. 어쩌다 그 사람들 집에 가서 놀기라도 하면, 당신은 생쥐처럼 곤드레만드레 취해 집에 와서 의자에 떡 버티고 앉아 설교를 늘어놓잖아. 천벌받아! 당신은 가난한 여자와 결혼하는 것은 돈이 많이 들기 때문에 불행할 거라고 했지? 그러면서도 돈 많고 지체 높은 여자와 결혼하면 잘난 체하고 신경질 부리는 바람에 견뎌내기 어려울 거라고 말했어. 만일 여자가 예쁘면 동네의 모든 바람둥이들이 졸졸 쫓아다닌다고 할 것이고, 사방에서 뭇 사내들이 노리는 여자는 한순간도 정조를 지킬 수 없다고 말하겠지.

어떤 남자는 여자의 돈 때문에 여자를 원하고, 또 어떤 사람들은 몸매*[11]를 보고, 어떤 사람은 예쁜 얼굴을 보고 여자를 탐낸다고 말했어. 여자가 춤추고 노래하는 모습을 보고 반하는 사람도 있고, 가문이 좋다거나 교태 부리는 것이 마음에 들어 좋아하는 사람도 있으며, 가냘픈 손과 팔을 보고 사랑에 빠지는 사람도 있다고 말했어. 이런 이야기들은 결국 우리가 악마의 손에 있다는 이야기지. 더 이상 성벽을 지킬 수 없을 만큼 사방팔방에서 공격해오니 결국 무너질 수밖에 없다는 얘기가 아니겠어?

또 못생긴 여자는 눈에 띄는 아무 사내에게나 욕심을 내고, 자기 가치를 알아주는 남자가 나타날 때까지 마치 애완견처럼 그에게 달라붙을 거라고 했지. 연못에 있는 회색빛 거위조차도 반드시 짝을 원하는 법이지만 그렇다고 원치 않는 물건을 자기 마음대로 통제한다는 것은 참으로 힘든 일이라고 말했어.

이 빌어먹을 늙은이야! 잠자리에 들 때까지 이런 소리나 나불대면서. 당

---

*11 단순히 겉보기의 체형뿐만 아니라 좋은 기관을 가지고 있는 사람이라는 뜻을 가지고 있는지도 모른다.

신은 정신이 멀쩡한 사람이라면 결혼 따윈 할 필요가 없다고, 하늘을 우러러 부끄러움이 없는 사람이라면 그럴 필요가 없다고 떠들어 대고 있잖은가 말이야. 벼락과 번갯불에 당신의 주름진 목이 두 동강 나버렸으면 좋으련만!

빗물이 새거나, 연기가 나거나, 아니면 바가지 긁는 여편네가 남자를 집 밖으로 내몬다고 그랬어? 원, 세상에! 도대체 뭐가 이 늙은이를 이토록 시끄럽게 만든 거지? 여자들은 결혼하기 전에는 결점을 꼭꼭 감춰 뒀다가 결혼한 뒤에야 보인다고도 했지? 정말이지 이건 지나친 악담이야!

황소나 당나귀나 말이나 개 같은 가축들은 구입하기 전에 찬찬히 시험해 볼 수 있고, 대야나 물통이나 수저와 같은 살림살이도 그렇게 할 수 있다고 말했지. 그리고 주전자, 옷가지, 가구 등도 모두 한 번씩은 시험을 해 보지만, 사람은 결혼하기 전에 그 누구도 아내 될 여자를 미리 시험해 볼 수 없다고 하다니. 빌어먹을 늙은이 같으니라고! 그래서, 결혼한 다음에야 우리가 흠집을 드러낸다는 말이야 뭐야?

당신이 내 얼굴을 바라보면서 늘 예쁘다고 말하지 않으면 내가 기분나빠한다고 말했지? 어디서든 나를 바라보며 "여보!"라고 다정하게 부르지 않거나, 내 생일날 잔치를 열어 기분을 북돋아 주지 않거나, 내 유모나 시녀 혹은 친정아버지와 그 밖의 친척들을 극진히 대접하지 않으면 내가 바가지를 긁는다고 했어. 이 거짓말쟁이야!

언젠가는 금발에 곱슬머리인 우리 집 시종 젠킨이 내가 어디를 가든지 따라다니며 극진히 대한다면서 나를 의심하기도 했어. 당신이 내일 죽는다 해도 난 그런 놈을 가질 생각은 없어!

하지만 이 말은 좀 해야겠어. 도대체 당신은 왜 장롱이나 문갑 열쇠를 감추는 거지? 그건 당신 것이기도 하지만 내 것도 된다고. 나를 바보취급하려는 거야? 좋아, 성 야고보를 두고 맹세하는데, 당신은 내 몸이나 재산 둘 중에서 하나만 선택해야 돼. 어떤 것을 선택해도 난 상관없어. 어쨌든 하나는 내놔야 될 테니까. 왜 사사건건 간섭하면서 늘 감시하는 거지? 아마도 나를 금고 속에 가두어 버리고 싶을 테지. 하지만 당신이 제대로 된 인간이라면 오히려 이렇게 말해야 돼. '여보, 당신이 가고 싶은 곳으로 가서 실컷 놀다 오구려. 남들이 뭐라고 수군대도 난 믿지 않아요. 엘리스, 난 당신이 절대로 날 배신하지 않는 충실한 아내라는 것을 잘 알고 있소.' 이렇게 말이야. 우리 여자들은 자유를 원하기 때문에 우리를 일일이 감시하는 남자는 사랑할 수 없다는 걸 알아두라고!

뭇 남자들 가운데 가장 복된 남자가 바로 점성술사인 프톨레마이오스인데, 그 사람은 자기 책 《천문학대전》*12에서 이렇게 말했지. '가장 현명한 사람은 세상을 누가 지배하든지 조금도 개의치 않는 사람이다.' 이 말이 무슨 말인지 알겠지? 당신이 충분히 먹고살 수 있다면 다른 사람이 즐겁게 살건 어쨌건 신경 쓰지 말라는 뜻이야. 이게 무슨 말이냐, 당신이 원한다면 오늘 밤에 실컷 즐기도록 해 주겠다는 말이거든. 다른 사람이 자기 등불에서 불을 붙여가지 못하게 하는 자야말로 최고의 구두쇠 아니겠어? 그렇다고 해서 등불이 닳거나 어두워지는 것은 아니잖아? 당신도 충분히 갖고 있으면서 불평할 필요가 없다는 말이지.

우리가 멋진 옷과 보석으로 치장이라도 하면 우리의 정조가 위태로워진다고 말했지? 이 바보야! 당신은 사도의 말을 근거로 자기주장을 해야만 직성이 풀리겠지. '여자들은 정숙하고 단정한 옷차림을 해야 합니다. 머리를 지나치게 꾸미거나 금이나 진주로 치장을 하거나 비싼 옷을 입지 말라'*13 사도가 이렇게 말씀하셨다면서 말이야. 하지만 난 당신이 외는 성서 구절이나 기도서의 규정에는 관심 없어.

언젠가는 당신이 내게 고양이 같다고 했지? 누구든 고양이의 털을 조금만 태우면 고양이는 분명 자기 집에만 틀어박혀 있을 거라면서 말이야. 하지만 털이 아름답고 매끄러운 고양이는 반나절도 집에 처박혀 있지 않아. 눈만 뜨면 밖으로 나가 멋진 털을 뽐내면서, 마치 발정기인 것처럼 야옹거리며 암내를 피우고 다닌다고. 이 바보야! 그러니까 내가 멋지게 옷을 차려 입겠다는 것은 집에서 빠져 나가 옷 자랑을 하고 싶다는 뜻이야.

이 늙은 바보야! 도대체 날 감시해서 당신한테 좋은 일이 뭐지? 눈이 100개나 되는 아르고스*14에게 부탁해서 나를 감시한다 해도, 자신 있게 말하겠는데, 내가 원하지 않는 한 나를 가둬 둘 수는 없어. 내가 마음만 먹는

---

*12 다음의 두 행에 걸친 이야기는 프톨레마이오스의 《천문학대전》에 나오는 말이 아니라, 흔히 쓰이고 있는 말.

*13 〈디모테오에게 보낸 첫째 편지〉 2 : 9.

*14 주피터와 니오베의 아들. 주의 깊은 것으로 유명하다.

다면 그를 어떻게든 속일 수 있을 테니까.

당신은 또 이런 말도 했지. 이 세상에 골칫거리가 세 가지 있는데, 어떤 남자도 이 세 번째를 당해 낼 수가 없다고 말이야. 이 한심한 바보야! 오, 예수님. 이 늙은이를 어서 데려가소서! 당신은 3대 불행 가운데 하나가 꼴 보기 싫은 여편네라고 외치고 다녔지. 무고한 여자들을 끌어들이지 않고는 당신이 찾을 만한 비교 대상이 그렇게도 없단 말이야?

어디 그뿐인가. 여자의 사랑을 지옥이나 메마른 땅이나 황무지, 그리고 불 타는 석유에 비교했어. 타면 탈수록 탈 만한 모든 것을 휩쓸어 버리는 석유 말이야. 또한 나무를 야금야금 갉아먹는 벌레들처럼 아내가 남편을 그렇게 만든다고 했지. 아내에게 얽매인 모든 남편들은 이런 사실을 알고 있다고 했던가? 이게 바로 당신이 말한 것들이야!

여러분도 알아들으셨겠지만, 나는 늙은 남편들이 술에 취했을 때 이런 말들을 했다고 믿게 만들었답니다. 하지만 그것은 모두 거짓말이었어요. 하지만 조카딸과 젠킨이 내 증인이 되어 주었답니다. 오, 하느님! 나는 그들에게 수많은 고통과 근심을 안겨 주었어요! 그들은 죄가 없었는데도 말이죠. 나는 말처럼 물어뜯고 울어댔어요. 그러면 늙은 남편들은 나를 어루만져 주었답니다. 또 나는 그들에게 호통을 치곤했어요. 심지어는 내가 잘못했을 때에도 그랬죠. 만일 그렇게 하지 않았다면 나는 여러 번 엉망이 되었을 겁니다.

방앗간에서는 먼저 도착한 사람의 밀을 먼저 빻는 법*15이지요. 나는 늘 먼저 불평을 늘어놓으면서 싸움에 종지부를 찍었어요. 그러면 그들은 생전 하지도 않은 일에 대해 사죄를 하면서 이내 기뻐했죠.

나는 내 남편이 너무 아파서 제대로 서지 못할 때에도 바람둥이라고 몰아 대곤 했어요.

하지만 이런 말을 듣는 남편은 은근히 좋아했답니다. 아마 이렇게 닦달하는 것이 내가 자기를 얼마나 사랑하는지 보여 주는 것이라고 여겼던 것 같아요. 나는 밤에 외출할 때마다, 그들이 함께 잤던 여자들을 알아내기 위해 나가는 것이라고 남편에게 맹세했답니다. 이런 구실을 만들어서는 매우 즐거

---

*15 속담 같은 표현으로, 현대의 영국에서는 'First come, first served(빠른 자가 이긴다)'으로 쓰인다. 방아 찧는다는 표현은, 남녀 간 성관계를 암시한다.

운 시간을 보냈죠. 여자들이란 태어날 때부터 이런 재주를 갖고 있어요. 하느님은 우리에게 눈물과 속임수 그리고 길쌈하는 능력을 주셨거든요. 어쨌든 이 한 가지만은 자랑할 수 있어요. 무슨 수를 써서라도 남편들을 이겼다는 거예요. 그렇게 하려면 잔꾀나 힘을 동원해야 합니다. 이를 테면, 계속 바가지를 긁거나 잔소리를 늘어놓는 거죠. 특히 침대 속에서는 가만히 놔두지 말아야 해요. 늘 바가지를 긁고, 그들이 원하는 것을 해 주지 않았어요. 남편이 팔로 내 허리를 껴안을 것 같으면 나는 침대에서 벌떡 일어나 그가 내게 몸값을 치를 때까지 절대로 자리로 돌아가지 않았지요. 그가 값을 지불하고 나서야 그들을 즐겁게 해 주곤 했답니다.

그래서 이 세상 모든 남자들에게 이 이야기를 들려 주고 싶어요. 누구든 할 수 있을 때 벌어 두라고 말입니다. 모든 것은 팔기 위해 있는 것이니까요. 빈손으로는 매를 유인할 수 없는 법이죠. 바라는 것을 얻기 위해서 나는 남편의 욕망을 참았고, 심지어는 내가 그런 것을 원하는 것처럼 행동하기도 했어요. 사실, 소금 절인 베이컨*16 따위는 먹고 싶지 않았지만 말이에요. 그래서 그 늙은이들에게 계속해서 잔소리를 했던 거예요. 심지어 식탁에서도 그들의 사랑을 투덜댔어요. 아마 교황님께서 그들 옆에 앉아 계셨더라도 그랬을 걸요. 말에는 말로 응수했죠. 전능하신 주님의 이름으로 맹세하고 지금 이 자리에서 장담합니다만, 그들에게 한 마디도 지지 않았다고 자신 있게 말할 수 있습니다. 나는 그들이 다투지 않는 것이 상책이라고 생각하도록 언제나 영리하게 일을 꾸며서, 결국은 남편 쪽에서 손을 들고 항복하도록 만들었죠. 그러지 않았다면 한시도 잠잠할 때가 없었을 거예요. 그가 아무리 성난 사자처럼 날뛴다 해도, 결국 자기가 바라는 것은 얻지 못하고 말거든요.

그럴 때 나는 이렇게 말했어요.

"여보, 사랑하는 당신, 우리 양 윌킨은 어쩜 저렇게 순할까요! 이리 와요. 당신 뺨에 키스해 드릴게요. 당신도 양처럼 순하고 참을성이 있어야 해요. 그리고 다정하고 신중한 사람이 되세요. 당신은 성서에 나오는 욥의 인내*17에 대해 늘 이야기하시잖아요? 당신도 늘 그렇게 참으세요. 당신은 설교도 그렇게 잘 하시니까요. 당신이 말하는 것을 행동으로 옮기시라고요. 그

---

*16 일반적인 비유로, 늙은이를 가리킨다.
*17 초서는 〈옥스퍼드 대학생의 이야기〉에서 이에 대해 말하고 있다. 〈욥기〉 42 : 6.

렇게 하지 않으면 마누라는 가만히 놔두어야 집안에 평화가 깃든다는 것을 몸소 가르쳐 주겠어요. 우리 둘 중 한 사람은 져야 한다는 건 두말할 필요가 없죠. 게다가 남자가 여자보다 사리가 더 밝잖아요. 그러니 당신이 양보해야 돼요. 도대체 왜 이토록 투덜대는 거예요? 내 옥문(玉門)을 당신이 독차지 하겠다는 거예요? 좋아요, 그럼 이 몸을 가지세요. 그리고 실컷 즐기세요. 얼마나 그걸 원하는지 한번 지켜 보겠어요. 베드로를 두고 맹세하건대 당신이 그걸 사랑하지 않는다면 가만 놔두지 않겠어요. 내가 그걸 팔겠다고 마음 먹는 날에는, 아마 나는 장미처럼 생생하게 돌아다닐 겁니다. 하지만 당신을 위해서 참을 생각이에요. 모든 잘못은 당신에게 있어요. 신께 맹세하지만 나는 당신에게 진실만을 말하고 있답니다."

우리는 이런 말들을 나누었죠. 이제 네 번째 남편에 대해 들려 드려야겠 군요.

내 네 번째 남편은 바람둥이였어요. 그러니까 그에게 정부가 있었다는 말입니다. 한때 나는 젊고 정열적이었으며, 힘이 넘치는 데다 고집도 세고 까치처럼 명랑했답니다. 달콤한 포도주가 한 잔 들어가면, 하프의 우아한 곡조에 맞추어 춤을 추었죠. 나이팅게일처럼 노래도 잘 불렀고요.

하지만 이 더러운 남편은 마치 메텔리우스*18 같았어요. 메텔리우스는 아내가 술을 마셨다는 이유로 몽둥이로 때려 죽인 나쁜 놈이지요. 그러나 내가 그녀였다면 술을 끊도록 나를 위협하게 내버려 두지는 않았을 겁니다. 난 술을 마시면 비너스가 생각난답니다. 날씨가 추우면 우박이 내리듯이, 색을 밝히는 엉덩이*19는 음탕한 입과 맞게 마련이죠. 여자가 술에 취하면 제대로 몸을 추스를 수 없어요. 이것은 수많은 바람둥이들이 경험으로 잘 알고 있는 일이죠.

그러나 이런 일을 떠올릴 때면 재미있게 놀았던 젊은 시절이 생각나요. 그 시절, 내 세상을 맘껏 즐긴 것이 지금까지도 나를 기분 좋게 만든답니다. 하지만 모든 것을 엉망으로 만들어 버리는 나이를 먹자 나도 아름다움과 정력을 잃게 되었어요. 젊음이여, 안녕! 이제 나는 아름답지도 않고 기운도 없답

*18 1시기 로마의 작가 발렐리우스 맥시무스의 《저명언행록》에 나온다.
*19 속담 같은 표현. 영어로는 처음 나타난 예.

니다. 이젠 꽃도 열매도 모두 시들어 버린 거지요. 앞으로 최선을 다해 밀기울이나 팔아먹고 사는 수밖에 없어요. 하지만 남은 인생을 최선을 다해 즐겁게 지내려고 노력할 거예요. 그럼 이제 네 번째 남편 이야기를 들려 드리죠.

이미 말씀드렸듯이, 나는 남편이 다른 여자와 놀아나는 것에 화가 치밀었죠. 하느님과 조스 성인*20을 걸고 그를 응징해 주었답니다. 나는 같은 나무로 십자가를 만들어 그에게 주었죠. *21 다른 남자에게 몸을 준 것이 아니라, 다만 다른 남자에게 추파를 던져서 남편이 분노와 질투로 미쳐 날뛰게 만들어 줬답니다. 그가 이 세상에 살아 있는 동안, 그에게는 내가 지상의 연옥이었어요. 하지만 지금은 그가 천국에 있기를 바란답니다. 신발이 너무 조일 때면*22 그는 앉아서 끙끙 앓곤 했어요. 하느님과 그를 제외하고는 그 누구도 내가 얼마나 고통스런 방법으로 그를 괴롭혔는지 몰라요. 그는 내가 예루살렘에서 돌아오자 이미 죽어서 십자가 들보 아래에 묻혀 있더군요. 그의 무덤은 아펠레스가 공들여 세운 다리우스의 묘*23처럼 훌륭하지는 않았어요. 값비싼 장례를 치르는 것은 낭비잖아요. 하느님, 그의 영혼에 안식을! 그는 이제 무덤 속에 있고, 관 안에 갇혀 있답니다.

이제 다섯 번째 남편에 대해 말할 차례군요. 하느님께 기도드리오니, 제발 그의 영혼이 지옥에 떨어지지 않게 하소서! 그는 내게 가장 잔인한 남편이었어요. 그 아픔은 아직도 뼈마디마디마다 사무쳐 있죠. 아마도 내가 죽는 날까지 그 고통을 잊지 못할 겁니다. 하지만 침대에서는 정력적이었고 원기왕성했어요. 특히 나와 사랑을 나누고 싶을 때에는 달콤한 말로 꾀어 내 마음을 돌려놓는 기술이 있었죠. 비록 내 뼈가 으스러질 정도로 때리고 난 뒤에도, 마음만 먹으면 즉시 내 사랑을 차지하곤 했답니다.

나는 남편들 중에서 그를 제일 좋아했어요. 그가 매우 까다로운 사람이었기 때문이죠. 우리 여자들은 이 점에 있어서는 이상하게 비꼬인 생각을 갖고

---

*20 7세기 프랑스 브루타뉴 출신의 성인.
*21 복수를 했다는 뜻.
*22 히에로니무스 성인으로 인해 생긴 말로써, 지금도 흔히 쓰이는 속담.
*23 페르시아 왕 다리우스의 피라미드를 아펠레스가 만들었다고 하나, 이것은 후세에 만들어진 이야기이다.

있답니다. 우리는 쉽사리 가질 수 없는 것이 있으면 하루 종일 울고불고 하면서 그것을 달라고 하지요. 우리에게 무언가를 금지시키면, 우리는 그것을 더욱 갖고 싶어한답니다. 반면에 누가 우리를 쫓아오면 도망치고 말아요. 나는 우리가 팔 수 있는 것을 한꺼번에 모두 보여 주어서는 안 된다고 생각해요. 물건 값이 비싸면 사람들이 많이 모이지만, 물건 값을 내리면 하찮게 여길 것이 틀림없으니까요. 이건 현명한 여자들은 모두 알고 있는 사실이랍니다.

다섯 번째 남편은 돈 때문이 아니라 사랑 때문에 선택했어요. 하느님, 그의 영혼에 은총을 내리소서! 그는 한때 옥스퍼드 대학교 학생이었지만 학교를 그만두고, 우리 마을에 살고 있던 나의 가장 친한 친구 집에서 하숙을 하고 있었어요. 내 친구의 이름은 앨리슨*24이었어요. 하느님, 그녀의 영혼을 지켜 주소서! 그녀는 우리 마을의 신부님보다 내 마음과 나만의 비밀스런 생각을 훨씬 잘 알고 있었답니다.

내 모든 것을 그녀에게 다 말해 주었거든요. 만일 우리 남편이 남의 담에 오줌을 쌌다면 아마 그녀에게 곧바로 달려가 모조리 말해 주었을 거예요. 남편이 목숨을 잃을지도 모르는 위험한 일을 했다고 해도 지체 없이 앨리슨에게 알려 주었을 겁니다. 나는 앨리슨과 내가 극진히 사랑하는 조카딸 그리고 다른 훌륭한 여자들에게 남편의 비밀들을 하나도 빠짐없이 이야기해 주었어요. 하느님께서는 이런 사실들을 잘 알고 계십니다. 그러면 우리 남편은 가끔씩 얼굴이 새빨개져서는 창피해하면서, 내게 비밀을 말해 준 자기 자신을 탓하곤 했답니다.

그런데 어느 사순절날이었어요. 사순절이 되면 나는 늘 앨리슨의 집을 찾아가곤 했죠. 난 재미있게 놀기를 좋아했고, 3월과 4, 5월이 되면 이집 저집을 드나들면서 남의 험담을 듣는 것도 좋아했거든요. 그때, 젠킨과 내 친구 앨리슨 그리고 나 이렇게 셋이서 함께 들판으로 놀러 나간 적이 있었어요. 우리 남편은 그 해 사순절 내내 런던에 있었기에 자유시간이 많이 생긴 나는 놀기도 하고, 이것저것 보기도 하고, 또 놀기 좋아하는 사람들과 어울릴 기회가 생긴 셈이죠. 하지만 내 운명이 어떤 것인지, 언제 어떻게 바뀔지 어떻게 알았겠어요? 그래서 축일 전야제나 행진, 순례 그리고 결혼식에도 갔고,

---

*24 원문에는 Alys로 되어 있다.

신비극 공연에도 갔어요. 또 화려한 진홍색 옷을 입고 설교를 듣기도 했지요. 벌레나 좀이 내 옷을 상하게 하지는 못했답니다. 왜 그랬는지 아세요? 난 늘 그 옷을 입고 다녔거든요.

그건 그렇고, 우리가 들판으로 놀러 간 이야기를 하고 있었지요? 이제 무슨 일이 있었는지 이야기해 드릴게요. 들판을 거닐면서 난 그 학생과 친하게 되었어요. 그래서 내 미래에 대해 그에게 말하게 되었죠. 내가 과부가 되면 꼭 나하고 결혼해 주어야 한다고 그에게 말했답니다. 분명히 말씀드리지만 이건 자랑하기 위해서 하는 말이 아닙니다. 아무튼 나는 결혼이나 다른 일에 대해서도 늘 계획을 세우고 있었으니까요. 결혼 문제를 비롯해서 그 밖의 일에 있어서 내 예견이 적중하지 않은 적은 한 번도 없었답니다. 사실 숨을 곳이 하나밖에 없는 생쥐 같은 처지는 아무런 가치가 없어요. 그 구멍이 막혀 버리면 꼼짝없이 죽고 말기 때문이죠.

나는 어머니가 가르쳐 준 속임수를 써서 내가 그에게 홀딱 반했다고 생각하게 만들었죠. 또 밤새도록 그의 꿈을 꾸었는데, 그가 잠자고 있던 나를 죽이려고 했으며, 침대는 피로 완전히 물들어 있었다고 말했지요. 그렇지만 피는 황금을 의미한다면서, 그가 나에게 행운을 가져다 주기를 바란다고 덧붙였어요. 하지만 이 말은 모두 거짓말이에요. 비슷한 꿈조차 꾼 적이 없었거든요. 나는 다른 일을 할 때에도 어머니가 일러 준 방법을 최대한으로 활용했어요.

어머나, 내가 무슨 이야기를 하려고 했었죠? 아, 이제야 생각나네요. 이야기가 다른 곳으로 새고 말았어요.

네 번째 남편이 죽어 관속에 누워 있을 때, 세상 아내들이 으레 하는 것처럼 나는 울면서 슬픈 표정을 짓는 척했고, 수건으로 얼굴을 가리기도 했답니다. 하지만 이미 사랑하는 사람이 있었기 때문에 그리 심하게 울지는 않았어요. 이건 정말이에요.

이튿날, 이웃 사람들이 남편의 관을 교회로 옮겼고, 그에게 마지막 경의를 표하려고 온 마을 사람들이 뒤를 따랐어요. 조문객 중 하나가 바로 학생 젠킨이었어요. 오, 하느님, 저를 용서해 주소서! 관을 따라가는 그를 보면서 '정말 멋진 다리구나' 생각했지 뭐예요. 그 다리에 홀딱 반해 버렸답니다. 그때 그의 나이가 아마 스무 살이었을 거예요. 그리고 내 나이는 마흔이었죠.

그 나이에도 나는 소싯적 욕망을 가지고 있었답니다. 난 이빨 사이가 벌어졌지만, 그런 모습은 내게 잘 어울렸어요. 나는 태어날 때부터 비너스의 흔적*25을 갖고 있었으니까요. 난 예쁘고, 돈도 있는데다가 젊고 발랄한 여자였어요. 솔직히 말하면, 내 남편들이 내게 말한 것처럼 나는 이 세상에서 가장 좋은 '그것'을 가지고 있었답니다. 내 감정이 비너스로부터 비롯된 것이라면, 마음은 마르스*26로부터 비롯된 것이죠. 비너스는 내게 욕망과 음욕을 주었고, 마르스는 내게 굳건한 힘을 선사해 주었답니다. 내 안에 마르스를 가지고, 황소자리로 태어난 것입니다. 아, 사랑이 죄악이라니 너무나 슬퍼요! 나는 늘 내 운세의 힘과 자연적인 기질에 따라 유유히 살았답니다. 별들은 내 비너스의 방*27을 보고 싶어하는 근사한 청년에게 모두 보여 주게 했어요. 그러나 내 얼굴과 나의 은밀한 곳에는 화성의 흔적도 있답니다.

하느님, 구원하여 주시옵소서! 나는 사리 판단을 하고 사랑에 빠진 적은 한 번도 없습니다. 나는 늘 내 욕망에 따랐죠. 키가 크던 작던, 피부가 검던 희던 그가 나를 좋아한다면 개의치 않았습니다. 또 지위가 낮더라도 상관하지 않았어요.

어쨌든 그달 말에 이 밝고 예의바른 학생 젠킨은 모든 의식을 갖추어 나와 결혼했어요. 나는 그때까지 가지고 있던 땅과 재산을 모두 그에게 주었답니다. 하지만 나중에 얼마나 후회했는지 몰라요! 그는 내가 원하는 것은 하나도 못하게 했으니까요. 한번은 자기 책을 한 장 찢었다는 이유로 내 뺨을 호되게 때리더군요. 그 뒤, 나는 귀머거리가 되었지 뭐예요.

나는 암사자처럼 고집이 세고 그 어떤 광대도 당할 수 없을 정도로 입심이 세답니다. 남편은 나에게 이웃집을 돌아다니면 안 된다고 말했지만, 나는 전에 했던 대로 집집마다 찾아다니며 나들이를 즐겼어요. 그래서 남편은 내게 자주 설교를 해댔고, 고대 로마의 이야기를 들려 주면서, 로마의 집정관이었던 심플리시우스 갈루스가 왜 아내를 버렸는지, 그리고 왜 그녀를 영원히 거부했는지를 설명했어요. 그 이유는 단지, 어느 날, 얼굴에 아무것도 두르지 않은 채 문 밖을 내다보았기 때문이었다는 거예요. 또 남편 몰래 한여름 밤

---

*25 목이나 엉덩이에 있는 보라색 반점. 호색을 나타내는 말.
*26 군신(軍神) 마르스를 가리킨다.
*27 《장미이야기》에서 유래. 여성의 비밀스러운 부분을 완곡하게 표현한 것.

의 축제에 참석했다는 이유로 아내를 버린 어느 로마인의 이야기도 들려 주었답니다. 그리고 성서를 들어서 〈시라서〉*28의 유명한 대목을 읽어 주곤 했어요. 그 대목은 바로 남편들에게 아내가 이리저리 쏘다니게 내버려두면 안 된다고 강조하는 부분이었어요. 그런 다음에는 이런 시를 읊곤 했지요.

    '버드나무 가지로 집을 짓는 사람,
    혹은 눈먼 말을 타고 갈아놓은 땅을 달리는 사람,
    이런 사람은 모두 교수형에 처해야 한다.'

하지만 아무 소용없었어요. 나는 이런 격언이나 옛이야기에는 조금도 관심이 없었거든요. 무엇보다 내 행실을 바꿀 생각은 조금도 없었답니다. 난 내 잘못을 지적하는 사람들을 매우 싫어해요. 다른 여자들도 나 못지않게 그렇겠지만 말이죠. 내가 못마땅한 행동을 하면 남편은 화를 내면서 날 잡아먹을 듯이 으르렁거렸지만 나 또한 한 치도 양보하지 않았어요.

이제 성 토머스를 걸고 내가 왜 그의 책을 몇 장 찢었는지 말하겠어요. 그로 인해 귀까지 멀게 된 이유를 말입니다.

그에게는 밤이고 낮이고 즐겨 읽던 책이 한 권 있었어요. 바로 발레리우스와 씨오프레스토터스*29의 책이라고 하더군요. 그는 이 책을 읽으면서 늘 큰 소리로 웃곤 했어요. 또, 로마의 신학자로 제롬 성인이라 불리는 추기경이 있었습니다. 조비니안*30을 반박하는 편지를 쓴 분이죠. 그 책 속에는 또 터툴리안, 크리시푸스, 트로툴라*31 그리고 파리에서 그리 멀지 않은 곳에 위치란 수녀원 원장인 엘로이스*32 등의 책이 있었답니다. 또 솔로몬의 우화나

---

*28 성서 외전의 하나.

*29 두 사람 모두 반 여성주의자에 반 결혼주의자. 전자는 라틴 이름으로 발레리우스(앞서 나온 발렐리우스 맥시무스와는 다른 사람). 《발레리우스가 철학자 루피누즈에게 보내는 독신을 권하는 글》(1180년 무렵)은 그의 편지를 모은 것이라 여겨진다. 후자는 라틴 이름으로 오프라투스. 《테오프라스투스의 결혼론》의 저자.

*30 처녀가 결혼한 사람보다 낫다는 것을 부정한 수도사.

*31 터툴리안(150?~230?) 자신은 결혼을 반대하는 글을 쓰지는 않았다. 크리시푸스는 반 여성주의자. 트로툴라는 11세기 사레르노의 여의사. 그녀의 논문에서 바 여성적인 부분이 눈에 띄지는 않는다. 초서가 직접 트로툴라를 알고 있었다는 증거는 없다.

오비디우스의 연애론을 비롯한 많은 책들이 모두 한 권으로 묶여 있었어요. 남편은 일이 끝난 뒤, 시간만 있으면 밤이건 낮이건 이 책에 등장하는 못된 아내들의 이야기를 읽는 게 습관이었죠. 그는 성서에 나오는 착한 아내들보다 못된 아내들의 전기나 전설을 더 많이 알고 있었답니다.

정말이지 어느 학자가 부인들에 대해 좋은 이야기를 쓴다는 것은 불가능한 일입니다. 성인의 삶에 대해 쓴다면야 모를까. 누가 사자를 그렸나요?[*33] 누구였는지 말씀해 주세요. 수도원 골방에서 학자들이 글을 쓴 것처럼 여자들이 글을 썼다면, 아마 아담의 아들들이 좋은 일을 한 것보다 남자들의 온갖 악행을 더 많이 썼을 게 분명해요! 머큐리와 비너스의 영향 아래 태어난 자녀들은 생활 방식이 완전히 달랐습니다. 머큐리는 지혜와 지식을 사랑하지만, 비너스는 환락과 사치를 좋아하거든요. 서로 성질이 다르기 때문에 어느 한쪽이 힘을 발휘하고 있을 때에는 다른 한쪽이 약해져 있게 마련입니다. 아시다시피 물고기자리에서 비너스의 기가 오르면 머큐리는 기운이 빠지며, 반면에 머큐리의 기운이 오르면 비너스는 기운이 빠지게 되어 있습니다. 그래서 어떤 여성도 학자들로부터 칭찬을 듣지 못하는 것입니다. 학자들은, 나이를 먹어 헌신짝처럼 제 구실을 못하게 되면 그저 앉아서 '여자들은 결혼 서약을 지키지 못한다' 따위의 한심한 글을 쓰게 되는 것입니다.

책 때문에 매를 맞았다는 이야기로 돌아가야겠군요. 어느 날 밤이었어요. 젠킨은 난로 앞에 앉아 책을 읽고 있었죠. 먼저 이브 이야기부터. 이브가 금지된 나무의 열매를 따먹은 죄로 온 인류는 불행해졌고, 그로 인해 예수님은 고귀한 피를 흘리고 돌아가셨죠. 예수님은 자신의 피를 흘리시고 인간들의 죄를 대속해 주셨습니다. 보세요. 이 부분에서 여자가 인류를 파멸의 길로 이끌었다는 것을 확실하게 볼 수 있죠.

그는 삼손이 어떻게 그의 머리칼을 잃어버리게 되었는가를 읽어 주었어요. 삼손이 잠든 사이, 애인이 커다란 가위로 삼손의 머리칼을 자른 것입니

---

*32 아벨랄의 아내로, 남편에게 쓴 편지에 결혼을 반대하는 주장을 펼쳤다. 초서가 이 편지를 직접 읽은 것이 아니라 《장미이야기》에서 인용한 것으로 보인다.

*33 인간과 사자가 함께 걷는 이야기는 《이솝우화》에서 볼 수 있다. 인간이 사자를 죽이는 인간 그림을 보여 주었다. 그러자 사자는, 만약 사자가 그림을 그릴 수 있다면 그와 반대되는 상황을 그렸을 것이라고 말한다.

다. 그 배신 때문에 삼손은 두 눈을 잃게 되었다는 이야기였어요.

그러고 나서 헤라클레스가 자기 몸에 불을 지르게 만든 아내 데이아네이라*34의 이야기를 읽어 주었어요. 또 소크라테스가 그의 두 아내에게 받은 근심과 슬픔을 낱낱이 읽었어요. 크산티페가 소크라테스의 머리에 오줌을 끼얹은 이야기, 그때 시체처럼 가만히 앉아 있던 가엾은 소크라테스가 머리를 닦으며 기껏 한다는 말이 '천둥이 멎기도 전에 비가 내리는 구려' 했다는 것까지 읽어 주었어요.

크레타의 왕비 파시파에*35에 대한 이야기는, 그녀의 악행 때문에 그가 매우 좋은 이야기라고 생각하는 것이었죠. 그녀의 무시무시한 욕정과 호색은 소름이 끼칠 정도여서 더 이상 이야기하는 것조차 싫을 정도예요.

그리고 음욕을 채우기 위해 정부와 짜고 남편 아가멤논을 죽인 클리템네스트라*36에 대해서는 이야기에 푹 빠져 읽었죠. 그런 다음, 암피오락스*37가 테베에서 어떻게 목숨을 잃었는지도 들려 주었어요. 내 남편은 그의 아내 에리필렘의 일대기를 알고 있었죠. 그녀는 금 브로치가 갖고 싶어서 그리스인들에게 자기 남편이 숨어 있는 곳을 발설한 것이죠. 그래서 암피오락스는 테베에서 비참하게 살해되었다는 이야기였어요.

또, 남편을 죽인 니비아*38와 누실리아*39에 대해서도 말해 주었어요. 한 여자는 사랑 때문에, 다른 한 여자는 증오 때문에 남편을 독살한 것이었습니다. 어느 날 밤, 늦은 시간에 니비아는 남편을 증오한 나머지 독을 먹여 죽였어요. 반면 누실리아는 남편을 너무나 사랑한 나머지 그가 그녀만을 사랑하도록 사랑의 묘약을 주었는데, 약효가 너무 세었기에 다음 날 아침이 되기 전에 남편은 목숨을 잃고 말았지요. 이래저래 남편들만 늘 안타까운 처지에 놓이게 되는 것이었습니다.

---

*34 발레리의 《서간집》에도 언급되어 있다. 하권의 〈수도사 이야기〉나 《장미이야기》에도 나오는 말.

*35 크레타의 왕 미노스의 아내로, 반인반수인 미노타우로스를 낳다.

*36 크류타임네스트라. 남편 아가멤논이 집을 비운 사이, 불륜을 저지르고, 트로이에서 남편이 돌아오자 욕실에서 그를 살해한다.

*37 그의 아내에게 배신당한다. 살해당하기 직전, 주피터에 의해 불사신의 몸이 된다.

*38 정부의 꼬임에 넘어가 남편 도루수스를 독살했다.

*39 사랑의 미약(媚藥)을 잘못 사용하여 시인인 남편 루크레티우스를 죽게 만들었다.

계속해서 남편은 라투미우스라는 남자가 친구인 아리우스에게 불평을 늘어놓은 이야기[*40]를 들려 주었어요. 그는 친구 아리우스에게 자기 정원에 나무가 한 그루 있는데, 세 아내가 질투심으로 마음고생을 이기지 못해 모두 목을 매달았다는 이야기였죠. 아리우스가 친구에게 말했어요.

　"친구여, 내 정원에 심을 테니 저 신성한 나무를 내게 나누어 주게나."

　마지막으로 다음과 같은 아내들의 이야기를 읽어 주었습니다. 남편을 침상에서 죽이고, 그 시체를 마룻바닥에 둔 채로 정부와 놀아났다는 이야기며, 잠자고 있는 사이 남편의 머리에 못을 박아 죽인 이야기에다 음료수에 독을 타서 죽인 이야기 등이었죠. 그는 상상도 할 수 없는 사악한 이야기를 했습니다. 이것 말고도 이 세상에 존재하는 풀이나 약초의 숫자보다 더 많은 속담을 알고 있었어요. '시도 때도 없이 바가지를 긁는 여편네와 사느니 차라리 사자나 용과 함께 사는 편이 낫다', '시끄러운 여자와 한집에서 사느니 다락방 한구석에서 사는 편이 낫다. 이런 여자는 사악하고 심술궂기 때문에 남편이 좋아하는 것은 늘 싫어한다', '여자는 치마를 벗으면 부끄러움도 떨쳐 버린다'는 속담도 그가 해 준 것이지요. 그러면서 이렇게 덧붙였답니다. '정숙하지 않은 미녀는 돼지 코에 걸린 금 코걸이와 같다.' 이런 얘기를 들었을 때 내 마음이 얼마나 상하고 아팠는지 여러분들은 짐작하실 수 있나요?

　어쨌든 남편이 그 빌어먹을 책에서 눈도 떼지 않은 채 밤새도록 읽을 낌새를 눈치챈 나는 그에게 다가가서 갑자기 읽고 있던 페이지를 찢어 버렸어요. 모두 세 장을 찢었죠. 그러자 남편은 내 얼굴을 주먹으로 때렸고, 그 바람에 나는 뒤로 벌렁 넘어져 난로에 부딪히고 말았어요. 그는 마치 성난 사자처럼 펄쩍펄쩍 뛰더니 주먹으로 내 머리를 세게 때렸고, 나는 그대로 바닥에 쓰러지고 말았어요. 쓰러진 채 꼼짝하지 않자 남편은 무척 놀란 모양인지 겁을 내고는 달아나려 하더군요. 그때 마침 내가 정신을 차리고 그에게 덤볐죠.

　"오, 그래! 날 죽이고 싶은 모양이지? 이 배신자, 도둑놈아! 내 땅을 차지할 속셈으로 날 죽이려 한 거야? 죽기 전에 네 놈에게 키스 한번 해 주마."

　그러자 그는 가까이 다가와서 조심스레 무릎을 꿇고 앉더니 이렇게 말하

[*40] 이 목 매단 나무의 이야기는 히에로니무스 성인 외에 《로마 이야기》로도 알려져 있다. '라투미우스'라는 출처 불명으로, 다른 작품에서도 볼 수 없는 이름이다.

더군요.

"사랑하는 앨리스, 하느님을 두고 맹세하는데 다시는 때리지 않을게. 하지만 날 극단으로 몰고 간 건 당신이야. 부디 용서해 줘. 이렇게 빌게."

하지만 난 그의 뺨을 후려치며 말했어요.

"이 도둑놈아! 복수를 하고 나니 이제 속이 좀 시원하군. 더 이상 한 마디도 못하겠네. 죽을 것만 같다고!"

이렇게 끝없이 싸우고 바가지를 긁은 끝에 마침내 우리는 합의에 이르렀답니다. 그는 내게 집안 관리권을 넘겨 주었고, 나는 집과 토지뿐만 아니라 그의 혀와 주먹도 다스릴 권리를 갖게 되었어요. 그리고 원수 같은 그 책도 당장 태워 버리라고 했어요. 그 순간부터 모든 주도권을 쥐었고, 결국 남편은 내게 이렇게 말하게 되었답니다.

"여보, 당신은 나의 유일한 사랑이야. 그러니 이제 당신 마음대로 해. 당신의 명예를 지키고, 내 체면도 지켜 줘."

이런 일이 있은 뒤, 우리는 한 번도 싸우지 않았어요. 나는 덴마크에서 인도에 이르기까지 찾을 수 있는 그 어떤 여자에게도 뒤지지 않을 만큼 남편에게 다정하게 대했고, 그에게 진실했답니다. 남편 또한 제게 그랬고요. 영광스런 주님께서 그분의 자비로 그의 영혼을 축복해 주시기를 빕니다. 자, 그럼 이제부터 내 이야기를 들려 드리죠.

소환리와 탁발수사의 논쟁

이 이야기를 듣고, 탁발수사는 큰 소리로 웃음을 터뜨리며 말했습니다.

"부인께 천국의 즐거움과 축복이 있기를! 그런데 서두가 좀 길군요."

그러자 탁발수사의 말은 들은 소환리가 나섰습니다.

"이것 보시오! 주님의 두 팔에 걸고 맹세하는데, 당신은 늘 남의 이야기에 끼어들어 방해를 한단 말이야. 선량하신 여러분들, 좀 보세요. 파리라는 놈하고 탁발수사는 접시라는 접시에는 다 달라붙는가 하면, 뭐든지 입을 삐쭉 내밀려고 하지요. 그대는 어째서 서두가 이러니저러니 하는 건가? 가만히 걸으나 빨리 걸으나, 멈춰 서 있거나, 주저앉거나 뭐가 어떻다는 거냐고? 당신은 늘 사람들의 즐거움에 끼어들어 방해를 하지!"

그러자 탁발수사가 대꾸했습니다.

"소환리 양반, 정말 그렇게 생각하시오? 그렇다면 내가 떠나기 전에 소환리에 대해 한두 가지 이야기를 들려 드리지. 순례자 여러분들이 들으면 아주 즐거워할 이야기를 말이야."

다시 소환리가 받아쳤습니다.

"그래? 어디 한번 두고 보자고. 만약 그렇지 않으면 네 얼굴을 저주해 줄 테다. 내가 시팅본*⁴¹에 도착하기 전에 탁발수사에 대한 이야기를 두세 가지 들려 줄 것을 맹세하오. 가만히 있을 것을, 괜히 입을 열었다고 후회하게 될 것이오. 벌써부터 화가 치미는 모양이군."

이때, 여관 주인이 소리치며 말했습니다.

"조용히, 조용히들 하시오! 부인 이야기를 계속 들어 봅시다. 당신 두 사람은 술 취한 사람들처럼 행동하고 있소. 부인, 이야기를 계속하시오. 그게 가장 좋을 것 같군요."

그러자 바스 여장부가 말하길,

"네, 알았습니다. 그럼 시작할게요. 여기 계신 수사님이 허락하신다면 말이에요."

이 말을 듣고 있던 탁발수사가,

"좋습니다, 부인. 시작하시오. 어디 한 번 들어 봅시다."

바스 여장부의 이야기가 시작된다.

브리튼 사람들이 높이 추앙하는 아서 왕이 다스리던 옛날, 이 나라는 온통 요정들로 가득했습니다. 요정의 여왕과 발랄하기 그지없는 신하들은 종종 푸른 들판에 나가서 춤을 추곤 했어요. 내가 읽은 바에 따르면 수백 년 전부터 옛날 사람들은 이렇게 믿고 있었지요. 하지만 지금은 더 이상 요정을 찾아볼 수 없게 되었죠. 그것은 모든 나라, 하천 구석구석을 찾아다니는 수도원 순례 탁발수사*⁴²와 그 밖의 탁발수사들—햇볕 아래 드러난 뽀얀 먼지처

---

*41 이 순례의 둘째 날 숙박지.

*42 원어로는 lymytours. 자신이 속한 종파에서, 특정 지역에서 탁발(동냥)하도록 허락받은 수도사.

럼 숫자는 또 얼마나 많은지—의 자비와 기도로 거실이며 침실, 주방, 도시와 마을, 성이나 높은 탑, 마을, 헛간, 마구간이며 목장 등 장소를 가리지 않고 축복을 내리며 다니다 보니 요정이 사라질 수밖에요. 이전에는 요정이 자주 나타나던 곳에, 요즘은 탁발수사가 나타나서는 아침저녁으로 자기 구역을 돌아다니면서 미사를 드리지요. 그래서 요즘에는 여자들도 마음놓고 어디든 나닐 수 있죠. 숲 속이나 나무 밑에서나 탁발수사 말고는 악령이 없으니까요. 그곳에서 만날 수 있는 유일한 사티로스는 탁발수사랍니다. 탁발수사는 기껏해야 여자의 몸을 더럽힐 뿐, 그 이상의 해를 끼치지는 않는답니다.

'여자들이 가장 원하는 것이 무엇인지 해답을 찾아오라'는 왕비의 명을 받는 기사

그건 그렇고, 아서 왕의 궁전에는 혈기 넘치는 젊은 기사가 한 명 있었어요. 어느 날 강둑에서 매 사냥[43]을 끝내고 말을 타고 집으로 돌아가던 이 기사는 혼자 걸어가고 있던 처녀를 보게 되었죠. 기사는 힘으로 그녀를 겁탈하고 말았습니다. 그녀가 반항했음에도 말이죠.

그런데 이 겁탈 사건은 큰 물의를 일으키게 되었답니다. 아서 왕에게 정의로운 심판을 내려달라는 요청이 쇄도했고, 마침내 그 기사는 법에 따라 사형선고를 받았죠. —당시에는 법이 그랬으니까요—왕비와 귀부인들이 왕에게 자비를 베풀어 달라고 간곡하게 애원하지 않았더라면 그는 목숨을 잃고 말았을 겁니다. 왕은 기사의 목숨을 살려 주면서 왕비에게 그 기사를 죽이든

---

[43] 물새를 노린 매사냥. 〈초서의 토파즈 경 이야기〉에도 '말을 달려 강기슭으로 매사냥을 나간다'는 표현이 있다.

살리든 마음대로 하라고 했답니다.

왕비는 왕에게 진심으로 감사를 드린 뒤, 어느 날 기사를 불러 이렇게 말했지요.

"그대는 아직도 목숨을 장담할 수 없는 어려운 상황에 있다오. 하지만 '여자들이 가장 원하는 게 무엇'인지 내게 말해 주면 그대를 살려 주겠소. 도끼에 목이 잘리지 않도록 유념하시오. 지금 당장 대답을 할 수 없다면 12개월하고도 하루를 더 줄 테니, 이 문제에 대해 만족할 만한 해답을 찾아오시오. 그리고 이곳을 떠나기 전에 돌아오겠다는 맹세를 하도록 하시오."

기사는 자기의 가련한 처지가 너무나 서글퍼 한숨을 내쉬며 괴로운 표정을 지었습니다. 하지만 선택의 여지가 없었답니다. 마침내 그는 하느님이 내려 주실 해답을 가지고 1년 뒤에 다시 오겠다고 맹세한 뒤 작별을 고하고 길을 떠났습니다.

기사는 여자들이 가장 원하는 것이 무엇인지 알아볼 수 있는 곳이라면 어디든 찾아다녔어요. 하지만 어느 곳에서도 이 문제에 대해 같은 생각을 갖고 있는 사람들을 만날 수 없었답니다.

어떤 사람은 여자들이 가장 바라는 것은 부(富)라고 했고, 어떤 사람은 명예라고 했어요. 그저 흥겹게 노는 거라고 말한 사람도 있었고, 화려한 옷이라고 대답한 사람도 있었으며, 어떤 사람은 침대에서의 쾌락이나 남편을 여의고 여러 번 시집가는 것이라고 떠든 사람도 있었습니다. 달콤한 말로 비위를 맞춰 주는 것을 가장 좋아한다고 생각한 사람도 있었죠. 솔직히, 이 말은 진실에 가까워요. 남자가 여자를 정복할 수 있는 최고의 방법이 바로 칭찬하는 것이거든요. 여자에게 꾸준히 관심을 갖고 달콤한 말로 유혹해 보세요. 결국 여자들은 그들의 덫에 빠지게 되죠. 어떤 부류의 여자라도 말입니다.

또 어떤 사람은 우리 여자들이란 아무것에도 구애받지 않고 자유롭게, 하고 싶은 일을 하며 사는 것이라고 말했습니다. 결점을 들추면서 꾸짖는 사람이 아닌, 우리에게 어리석지 않다고, 똑똑하다고 칭찬해 주는 것이라는 겁니다. 사실 여자들이란 누군가가 자기의 아픈 곳을 건드리면 반드시 복수를 하게 마련이거든요. 그건 진실을 거론하면서 우리를 건드리기 때문이랍니다. 한 번 시험해 보시면 여러분도 곧 알게 될 겁니다. 사실 아무리 마음이 흉악한 여자라 할지라도 다른 사람들이 우리를 늘 덕망 있고 현명하며 순결한 여

숲 속에서 우연
히 마주친 기사
와 노파

자라고 생각해 주기를 원하거든요.

어떤 사람은, 여자들이란 신중하고 착실해서 무슨 일이든 꿋꿋이 해 낼 수 있으며, 남자들이 말해 준 비밀을 절대로 발설하지 않는다는 말을 들을 때 가장 기뻐한다고 말했어요. 그러나 내가 보기에 이런 생각은 전혀 고려할 가치가 없는 것 같아요. 우리 여자들은 무슨 일이든 비밀을 간직할 수 없는 존재들이거든요. 예를 들어 미다스의 경우*44를 보세요. 이 이야기를 들어 보시겠어요?

다른 여러 가지 사소한 이야기들 가운데 오비디우스는 미다스가 긴 머리카락 밑에 두 개의 당나귀 귀를 숨기고 있다고 말하는 대목이 있어요. 그는 이 흉한 귀를 아무도 보지 못하게 감추느라고 애를 썼죠. 그 사실을 알고 있는 사람은 오로지 그의 아내뿐이었죠. 미다스는 아내를 끔찍이 사랑했고 굳게 믿었어요. 그는 아내에게 자기의 이런 비밀을 아무에게도 말해서는 안 된다고 신신당부했어요.

아내는 온 세상을 다 준다고 해도 그런 나쁜 짓은 하지 않을 것이며, 남편의 명예에 먹칠하는 일은 절대로 없을 것이라고 맹세하고 또 맹세했어요. 그녀 또한 그 사실을 수치로 여겨 아무에게도 말하고 싶지 않았습니다. 그러나 이런 엄청난 비밀을 너무 오래 가슴에 묻어 두었다가는 죽을지도 모른다는

---

*44 오비디우스의 이야기 속에 나오는 것으로, 초서를 연구하는 어느 학자의 말에 따르면 바스의
여인은 아마도 다섯 번째 남편에게서 이 이야기를 듣고, 아무런 악의 없이 반복한 것이다. 이밖
에도 가와의 《연인의 고백》에도 언급되고 있다.

생각이 들었어요. 그렇다고 입 밖에 낼 수도 없었죠. 그래서 그녀는 근처에 있는 늪으로 달려갔답니다. 그곳까지 달려가는 동안에도 그녀의 가슴은 말하고 싶다는 열망으로 가득 타올랐어요. 늪에 도착하기가 무섭게 진흙탕에서 소리내어 울어대는 왜가리처럼 물에다 대고 이렇게 말했지요.

"물아, 지금 내가 털어놓는 비밀은 아무에게도 이야기해서는 안 된단다. 이건 너한테만 말해 주는 건데, 내 남편은 당나귀처럼 두 개의 긴 귀를 가지고 있단다! 아, 이제 속이 후련하구나. 정말이지 더 이상 참을 수가 없었어."

이 이야기를 통해서도 알 수 있죠. 우리 여자들은 잠시 비밀을 간직하다가도 언젠가는 말해 버리고 말아요. 우리는 비밀을 숨겨두지 못합니다. 이 뒷이야기가 궁금하다면 오비디우스의 책을 읽어 보세요. 거기에 모두 적혀 있으니까요.

내 이야기의 주인공인 기사가 그것, 다시 말해 여자들이 무엇을 가장 원하는지 알아낼 수 없다는 사실을 깨달았을 때, 그의 마음은 슬픔으로 가득했습니다. 더 이상 그곳에 머물 수 없었던 그는 집으로 돌아가려고 합니다. 그리고 고향으로 발길을 돌려야 할 날이 다가왔습니다. 수심에 싸인 그가 말을 타고 어느 숲 근처를 지나고 있는데 스물 네댓 명의 여자들이 원을 그리며 춤추는 모습이 눈에 들어왔어요. 그는 뭔가를 배울 수 있을지도 모른다는 생각으로 그녀들에게 다가갔는데, 희한하게도 그가 가까이 가자 춤추던 여인들이 어디론가 사라지고 말았습니다. 그녀들이 춤추고 있던 자리에는 한 노파만 앉아 있었습니다. 게다가 그 노파는 여러분들의 상상을 초월할 정도로 추한 모습이었어요. 그녀는 기사에게 인사를 건넬 생각으로 자리에서 일어나더니 기사에게 이렇게 말하는 것이었습니다.

"기사님, 여기부터는 길이 없습니다. 당신이 찾고 있는 게 뭔지 나한테 말해 보세요. 혹시 좋은 수가 나올지도 몰라요. 늙은이는 생각보다 많은 것을 알고 있답니다."

그러자 기사가 대답했어요.

"고맙습니다, 할머니. 사실, 저는 여자가 가장 바라는 것이 무엇인지 알아내지 못하면 목숨을 잃게 됩니다. 그걸 말해 주신다면 반드시 보답하겠습니다."

"그럼, 내 손을 잡고 당신의 진심을 맹세하세요. 내 첫 번째 요구가 당신이 할 수 있는 일이라면 반드시 들어 주겠다고요. 그러면 밤이 되기 전에 그

기사가 왕비에게 문제의 해답을 말하자, 그 해답은 자신이 가르쳐 준 것이라고 밝히는 노파

답이 무엇인지 내가 말해 드리리다."

이 말을 듣자 기사가 말했어요.

"좋습니다. 제 명예를 걸고 맹세하겠습니다."

"그렇다면, 자신 있게 말씀드리건대 당신은 목숨을 구할 수 있을 거예요. 왕비께서도 나와 똑같이 말하실 테죠. 자, 베일을 둘렀건 머리 장식을 했건, 내가 당신께 가르쳐 드리는 것에 반대할 용기가 있는 사람, 그렇게 고귀한 사람은 분명 아무도 없을 겁니다. 이제 대화는 그만하고, 어서 길을 떠납시다."

노파는 기사에게 귀엣말로 뭔가를 말해 주고서, 더 이상 걱정하지 말고 기운을 내라고 말했습니다.

노파와 함께 궁전에 도착한 기사는, 약속한 대로 정확한 날짜에 이르렀으며, 문제에 대한 해답을 가져왔다고 알렸어요. 똑똑하기로 이름난 수많은 귀부인들과 처녀들을 비롯하여 과부들까지—과부들은 현명하니까요—해답을 듣기 위해 한자리에 모였습니다. 왕비는 재판관석에 앉으면서 기사를 불러오라고 지시했어요.[45]

궁전 안의 모든 사람들이 숨을 죽였습니다. 기사는 숨을 죽인 청중 앞에서 '여자들이 가장 원하는 것이 무엇'인지 말하라는 명령을 받았습니다. 이 기사는 말 못하는 짐승처럼 그저 가만히 서있지만은 않았습니다. 주어진 질문에 남자다운 우렁찬 목소리로 모든 사람들이 잘 알아들을 수 있도록 또박또

[45] 실제로, 중세의 '사랑의 법정'을 방불케 하는 광경. 여기서는 사형에 처해지는 일은 없었다.

박 대답했죠.

"왕비마마와 귀부인 여러분들, 여자들이 너나없이 원하는 것은 남편뿐만 아니라 정부들과의 잠자리에서도 주도권을 쥐고 그들 위에 군림하는 것입니다. 이것이 여자들의 가장 큰 소망입니다. 제가 목숨을 잃는다 하더라도 이것은 틀림없는 사실입니다. 이제 왕비마마께서 원하시는대로 하소서. 제 목숨은 마마의 손 안에 있습니다."

그 자리에 모인 부인들과 처녀들, 그리고 과부들 가운데 누구도 이 말에 이의를 제기하지 않았어요. 그녀들은 모두 기사를 살려 주라고 말했어요. 바로 그 순간, 그 노파가 갑자기 앞으로 나아가 큰 소리로 말했어요.

"자비를 베푸소서, 고귀하신 왕비마마. 이 재판이 끝나기 전에 제 말씀도 들어 주십시오. 기사에게 그 답을 준 사람은 바로 접니다. 그리고 그 대가로 다음과 같은 것을 요구했습니다. 즉 내가 그에게 요구하는 것이 만일 그가 할 수 있는 일이라면 반드시 들어 주겠다는 것이었습니다. 따라서 여기 모이신 여러분들 앞에서 기사님에게 부탁하겠습니다. 나를 아내로 맞아 주세요. 여러분들도 아시다시피 나는 그의 목숨을 구해 주었습니다. 내 말이 거짓말이라면 당신의 명예를 걸고 거짓이라고 말해 보세요."

그러자 기사가 대답했어요.

"나는 틀림없이 그런 약속을 했습니다. 하지만 제발 다른 것을 부탁해 주세요. 내 재산을 몽땅 달라고 해도 좋으니, 제발 내 몸만은 자유롭게 놓아 주세요."

하지만 노파는 고집스레 이렇게 말했어요.

"싫습니다. 내가 그렇게 한다면, 하느님, 우리 두 사람에게 저주를 내리소서! 나는 늙고 추하고 돈도 없는 여자예요. 하지만 땅에 묻혀 있거나 땅 위에 있는 금이나 보석을 모두 준다고 해도 내가 원하는 것은 단지 당신에게 사랑받는 아내가 되는 것뿐이에요."

기사는 소리쳤습니다.

"내게 사랑받는 아내가 되겠다고요? 당신처럼 천한 여자와 결혼해서 비참하게 되어야 하다니!"

하지만 아무 소용이 없었습니다. 마침내 기사는 노파와 결혼을 하게 되었고, 이 노파와 나란히 침실에 함께 들게 되었죠.

노파와 결혼하여 첫날밤을 맞았으나 도저히 마음이 내키지 않는 기사

여러분들 중에서 몇몇은 결혼식이 어떻게 치러졌으며, 얼마나 많은 축하가 있었을지 자세히 말할 필요는 없다고 하실 겁니다. 하지만 아주 짧게 말씀드리죠. 그곳에는 결혼의 기쁨도 없었고, 요란한 잔치도 없었어요. 단지 무거운 마음과 슬픔만이 있었을 뿐이랍니다. 다음 날, 아무도 모르게 결혼식을 치른 기사는 하루 종일 올빼미처럼 숨어 있었으니까요. 너무나 못생긴 아내를 생각하면 그의 마음은 말로 다할 수 없을 만큼 슬펐답니다.

아내와 잠자리에 들어서도 기사는 오직 슬픈 마음뿐이었어요. 잠을 이루지 못하고 수없이 이리저리 몸을 뒤척였죠. 하지만 아내는 미소지은 채 그를 바라보며 이렇게 말했어요.

"사랑스런 당신. 도대체 어느 기사가 자기 아내를 이렇게 대하나요? 아서 왕의 궁전에서는 이렇게 하는 게 관례인가요? 아서 왕의 어느 기사가 당신처럼 이토록 까다롭다는 말입니까? 나는 당신이 사랑하는 사람이고, 당신의 아내잖아요. 나는 당신의 목숨을 구해 준 사람이라고요. 게다가 단 한 번도 부정을 저지르지 않았고요. 그런데도 첫날밤에 내게 이렇게 대하는 이유가 뭐죠? 당신은 마치 넋 나간 사람처럼 행동하고 있어요. 내 죄가 뭔지 말 좀 해 주세요. 할 수만 있다면 고치겠어요."

그러자 기사가 말했어요.

"고친다고? 맙소사! 이건 도저히 고칠 수 없는 것이오. 당신은 눈 뜨고

볼 수 없을 만큼 추하고, 늙은 데다 출신도 천하지. 그러니 내가 이렇게 뒤
치는 것이 마땅한 일 아니겠소. 내 가슴은 지금 터져 버릴 것만 같소!"

그녀가 물었죠.

"그게 당신이 슬퍼하는 이유란 말인가요?"

"그렇소! 너무나 당연한 일 아니오?"

"그렇다면 좋아요. 사흘 안에 모두 고칠 방법을 알고 있답니다. 당신이 내
게 잘 대해 주실 거라면야 얼마든지. 하지만 당신이 말하는 고귀한 마음이
란, 유서 있는 부유한 집안을 말하는 거죠? 그렇기 때문에 당신은 아내가
좋은 가문 출신이어야 한다고 생각하는 거예요. 그러나 그런 거만한 생각은
닭 한 마리 값도 되지 못하는, 어리석기 짝이 없죠. 혼자 있든 공식석상에
있든 상관없이 늘 높은 덕성을 지니고, 좋은 일을 하기 위해 애쓰는 사람을
보세요. 그 사람이야말로 귀족 중에서도 가장 훌륭한 사람이에요.

그리스도는 우리의 가치가 조상으로부터 물려받은 부모님의 재산으로 판단
하는 것이 아니라, 고귀한 성품을 기준으로 판단하기를 바라요. 돈 많은 선조
들이 우리가 훌륭한 가문 출신이라고 주장할 수 있도록 모든 유산을 물려준
다고 쳐요. 하지만 조상에게 물려받은 덕행이 하나도 없고 세상사람들의 본
보기가 될 만한 것도 없다면, 그런 사람을 귀족이라고 부를 수는 없지요.

피렌체 출신의 현명한 시인 단테는 이런 내용을 잘 표현해 낼 줄 아는 재
주를 가졌지요. 들어 보세요. 이 시 속에 단테가 말하고자 하는 것이 잘 드
러나 있답니다.

> '인간의 도덕적으로 뛰어난 성품*46은,
> 지체 높은 가문에서 나오기가 어렵다.
> 우리들이 고귀할 수 있는 것은
> 바로 자비로우신 하느님께서
> 우리에게 숭고함을 주셨기 때문이다.'

우리가 조상에게서 물려받을 만한 것은 하나도 없어요. 그들이 물려주는

---

*46 단테가 말하는 '귀족(gentilesse)'의 정의.

것은 모두 순간적인 것이어서 결국 우리에게 해를 끼칠 뿐이랍니다. 이것은 나뿐만 아니라 세상사람 모두가 다 알고 있는 사실이지요. 혹 어느 숭고한 가문의 계보 속에 자연스레 심겨졌다 해도, 공적으로든 사적으로든 늘 고귀한 행동을 하겠죠. 그런 사람은 상스럽고 사악한 행동은 결코 하지 않을 거예요. 타오르는 횃불을 들고, 여기서 코카서스 산 사이에 있는 가장 어두운 집에 갖다 놓아 보세요. 그리고 그곳에 있는 사람들에게 문을 열고 나가라고 해 보세요. 횃불은 수만 명이 볼 수 있을 만큼 아름답게 타오를 거예요. 내 목숨을 걸고 말하지만, 이 횃불은 꺼질 때까지 자기 임무를 다할 겁니다.

이런 예를 통해 숭고함이란 재산과는 아무 관계가 없다는 사실을 알 수 있을 거예요. 횃불은 늘 변함없이 활활 타오르지만, 사람들은 언제나 모범적으로 행동하지는 않기 때문이랍니다. 귀족의 자식도 때때로 야비하고 수치스럽고 상스러운 짓을 한다는 것은 하느님도 아는 사실이에요. 단지 귀족의 집안에서 태어났고, 그의 선조들이 고귀하고 덕이 높았다는 이유만으로 존경받기를 원하는 사람들이 많아요. 그러나 공작이건 백작이건 행동이 고귀하지 못하거나 돌아가신 훌륭한 선조들을 본받으려고 하지 않는다면 귀족이라고 말할 수 없어요. 상스럽고 사악한 행동을 하는 사람은 그 출신이야 어떻든 천민이 되는 거예요. 그런 사람에게 귀족이란, 자비를 베푼 선조들의 명성일 뿐 자신과는 아무런 관계도 없는 거라고요. 귀족적인 성품은 하느님에게서 오는 것이랍니다. 다시 말해서 우리의 진정한 귀족적 성품은 하느님의 은총으로 주어지는 것이지, 선조들에게 물려받은 사회적 지위가 주는 것이 아니라는 말이죠.

발레리우스*[47]가 말한 것처럼, 툴리우스 호스틸리우스*[48]가 얼마나 고귀한 사람이었는지 생각해 보세요. 그는 가난뱅이에서 입신하여 왕의 지위까지 오른 사람입니다. 세네카와 보에티우스를 읽어 봐요. 거기서도, 귀족이란 의심할 여지도 없이 영웅적인 업적을 이루는 사람이라고 분명하게 말하고 있답니다. 사랑하는 당신. 내가 당신께 하고 싶은 말은 우리 조상이 비록 천민이었다고 해도, 하늘에 계시는 하느님께서는 내게 은총을 베푸시어, 다른 이들에게 덕을 베풀며 살아가도록 해 주실 거라는 겁니다. 악을 저지르지 않고 도덕

---

*47 1세기의 작가 발레리우스 막시무스를 가리킨다. 《저명언행록》 등의 저서가 있다.
*48 가축치기에서 입신하여, 로마의 제3대 왕이 된 전설상의 인물.

적으로 살 때에야 비로소 나도 고귀한 인간이 될 것입니다.

당신이 나를 가난하다고 비난하시니, 우리가 믿고 우러러 섬기는 하늘에 계신 하느님께서는 자진해서 가난한 삶을 택하셨다는 것을 말해야겠네요. 천국의 왕이신 그리스도께서 악한 생활을 하지 않으셨다는 것은 남녀노소 누구나 알고 있죠. 세네카와 다른 학자들도 가난이란 고귀한 것이라고 말하고 있죠. 가난한 삶에 만족하는 사람은 헐벗고 다닐지라도 부자라고 나는 생각합니다. 비록 그에게 셔츠 한 장 없다 해도 말이죠.

하지만 탐욕에 빠져 있는 사람은, 자기 힘으로는 가질 수 없는 것을 가지려 하기 때문에 가난할 수밖에 없죠. 가진 것도 없고 그 무엇도 탐내지 않는 사람은, 천한 취급을 받더라도 부자랍니다. 쥬비날*49 또한 가난에 대해 행복한 어조로 이렇게 말했어요. '가난한 사람이 여행을 떠나면 도둑을 걱정할 필요가 없다.' 가난이란 '선(善)'이라고 말하고 싶어요. 가난은 사람들을 근심으로부터 해방시켜 주는 효과를 가지고 있을 뿐만 아니라 이것을 참아내고 겸허하게 받아들이는 사람은 지혜를 갖게 되죠. 가난이란 참아내기 힘든 것이지만, 그 누구도 빼앗으려고 하지 않는 재산이기도 하답니다. 빈곤한 사람은 대부분 하느님과 자기 자신에 대해 잘 알고 있어요. 가난이란 요술 거울과도 같아요. 진정한 친구가 누구인지 골라 낼 수 있는 그런 거울말이에요. 나의 가난이 당신을 슬프게 만들지는 않아요. 그러니 내가 가난하다고 더 이상 나를 책망하지 마세요.

그리고 여보, 내가 늙었다고 면박을 주었죠? 사실 이 점에 대해서는 권위를 세울 만한 경서는 없습니다. 하지만 당신들 같은 훌륭한 이름을 가진 귀족들은 노인을 존경해야 한다고 말하며, 노인을 부를 때는 예의를 갖추어 '아버지'라고 부르지요. 이 점에 대해 언급하고 있는 권위자도 찾을 수 있을걸요?

그리고 당신은 나에게 늙고 못생겼다고 말했죠. 하지만 내게는 샛서방이 생길 염려가 없어요. 못생긴데다 나이까지 많다는 건 정조를 지키는 훌륭한 방패막이가 될 거라는 말이죠. 이렇게 말은 하지만 당신이 즐기고 싶어하는 마음을 알고 있으니 당신의 욕구를 만족시켜 드리지요.

---

*49 여기 인용되어 있는 것은, '젠틸레세'에 대한 논의 중에도 나온다. 초서는 이것은 초서 자신이 이용한 '주해(gloss)'에 충실하게 따랐기 때문일 것이다.

기사가 진심으로 노파를 아내로 받아들이자, 아름다운 여인으로 변신한 아내

자, 이제 둘 중 하나를 고르세요. 늙고 못생겼지만 당신에게 진실하고 정숙한 아내로서 죽을 때까지 당신을 거스르지 않는 것과, 젊고 아름답지만 당신 집안에서나 다른 곳에서 남자들이 시시때때로 드나들며 법석을 떠는 꼴을 겪는 것 중 하나를 말이에요. 어떤 것을 선택하든 당신 마음입니다."

기사는 한참 동안 심사숙고했어요. 그러고는 연달아 한숨을 내쉬더니 마침내 이렇게 말했어요.

"내 아내이면서 사랑하는 사람, 내 소중한 부인이여. 난 당신이 풍부한 경험을 바탕으로 현명한 선택을 하리라 믿소. 우리 두 사람을 위해 어떤 것이 더 좋고 영예로운 것인지, 당신이 선택하도록 하시오. 어떤 선택을 해도 난 괜찮소. 당신이 좋아하는 것이라면 나는 그것으로 만족하니까 말이오."

그녀가 말했어요.

"내가 원하는 대로 선택하고 다스릴 수 있으니, 난 당신을 지배할 권리를 얻은 셈이네요. 그렇죠?"

이 말을 듣자 기사가 대답했어요.

"물론이오. 그게 가장 좋은 방법인 것 같소."

"그럼 내게 키스해 줘요. 우리 더 이상 싸우지 말아요. 내 명예를 걸고 맹세하는데, 난 두 여자가 되겠어요. 다시 말하자면, 아름답고 착한 아내가 되겠어요. 하느님, 이 세상이 생긴 이래 남편에게 가장 충실하고 착한 아내가 되지 못한다면 나를 미쳐 날뛰다 죽게 하소서! 그리고 내일 아침 동서양을 통틀어 가장 아름다운 여자가 되지 못한다면 나를 살리든지 죽이든지 당신 마음대로 하세요. 이제 커튼을 걷고 내 얼굴을 보세요."

기사는 아내를 쳐다보았습니다. 그런데 이게 웬일입니까! 그녀는 참으로 아름답고 젊은 모습으로 변해 있었어요. 그녀의 말이 정말로 이루어진 겁니다. 기사는 기쁨을 주체하지 못하고 그녀를 두 팔로 꼭 껴안았어요. 그는 더 없이 행복한 마음에 아내에게 수천 번이나 키스를 퍼부어 댔답니다. 그녀 또한 남편을 기쁘게 해 주거나 즐거움을 주는 일이라면 모두 따랐다고 해요.

이렇게 그들은 평생을 기쁘고 행복하게 살았어요. 그리스도여, 우리 여자들에게 말 잘 듣고 젊음이 넘치며, 잠자리에서는 우리를 만족시켜 줄 수 있는 남편을 보내 주소서! 그리고 우리가 남편들보다 더 오래 살게 해 주셔서 다시 시집을 갈 수 있게 해 주소서! 또한 청컨대 아내의 지배를 받지 않으려는 남자들을 일찍 죽게 해 주시고, 늙고 성질 나쁘고 구두쇠 같은 추한 늙은이들에게는 죽을병을 내려 주소서!"

바스 여장부의 이야기는 여기에서 끝난다.

탁발수사의 이야기

탁발수사의 이야기 머리글

돈을 모으는 데 명수인 훌륭한 탁발수사는 계속해서 소환리를 못마땅한 눈초리로 쳐다보고 있었습니다. 체면상 지금까지 야비한 말은 하지 않았지만, 마침내 바스 여장부에게 한 마디 하고야 말았습니다.

"부인, 주님이 내려주신 축복이 당신과 함께하시기를! 당신은 신학적으로 매우 어려운 주제를 다루셨습니다. 솔직히 당신의 말은 여러 점에서 맞는 말입니다. 그렇지만 말을 타고 순례하는 지금은 그저 재미있는 이야기 말고는 할 필요가 없을 것 같군요. 책이나 설교 혹은 어려운 강론 따위는 설교자나 신학자들에게 맡기는 게 좋겠다는 생각입니다. 여기에 계신 여러분을 즐겁게 해 드리기 위해 소환리에 대한 재미있는 이야기를 하나 들려 드리겠습니다. 소환리라는 말만으로도 좋은 이야기가 아니라는 것쯤은 짐작하시겠죠. 내 이야기에 언짢아하시지 않았으면 좋겠습니다. 소환리란 간통죄를 저지른 사람들을 심판하기 위한 소환장을 들고 사방을 다니지만, 결국 가는 곳마다 마을 사람들에게 사정없이 몽둥이찜질을 당하는 인간들이니까요."

그러자 사회자인 우리의 여관 주인이 나서서 말했습니다.

"이보세요, 탁발수사 양반! 당신은 지위에 맞게 예의를 차려 점잖게 말씀해 주세요. 같은 일행끼리 싸움을 해서야 되겠습니까? 그럼 당신 이야기를 시작하시고, 소환리는 가만히 내버려 두세요."

이 말이 끝나자 소환리가 한 마디 했습니다.

"상관없습니다. 하고 싶은 이야기가 있으면 실컷 해 보라고 하십시오. 다음에 내 차례가 되면 고스란히 복수할 테니까요. 나는 감언이설로 사람들을 속여 돈을 긁어모으는 탁발수사가 얼마나 명예로운 존재인지 낱낱이 들춰낼 참입니다. 여기서 하나하나 거론할 필요도 없는 온갖 악행까지도 말이죠.

그들이 어떤 일을 하고 있는지도 말할 겁니다."

그러자 사회자가 다시 끼어들었습니다.

"모두 조용히 하시오! 이제 그만들 합시다!"

그리고 탁발수사를 바라보며 이렇게 말했습니다.

"얼른 이야기를 시작하시지요. 친애하는 탁발수사님."

탁발수사의 이야기가 시작된다.

내가 살던 고장에 훌륭한 부주교[*1]가 한 분 살고 계셨는데, 그분은 사회적으로도 지위가 높은 분이셨지요. 부주교는 간음이나 마법, 매춘과 명예훼손 또는 간통이나 교회재산 횡령, 유언장이나 계약서 위조, 성사(聖事) 의무 태만, 고리대금이나 성직 매매 등을 매우 엄격하게 처벌했습니다. 그는 특히 호색한을 가장 엄하게 다스렸죠. 그에게 한 번 붙들리면 대성통곡할 정도였습니다. 또 십일조 헌금을 소홀히 하는 자들이나 봉헌을 적게 한 사람들도 주교가 그의 갈고리로 그들을 잡아들이기 전에 부주교의 수첩에 그들의 이름이 올라 있었습니다.

이 부주교는 자신의 관할권 도처에서 그들을 벌할 수 있는 권한을 가지고 있었습니다. 그에게는 손발처럼 부릴 수 있는 소환리가 한 명 있었는데, 그는 잉글랜드 어디에서도 찾아볼 수 없는 교활한 인간이었습니다. 그에게는 득이 될 만한 여러 가지 정보를 제공해 주는 끄나풀들이 있었지요. 기둥서방 한두 명을 용서해 주는 대가로 그들이 24명 이상의 기둥서방을 밀고하게 만드는 인간이었습니다.

이 소환리는 3월달 교미기의 산토끼[*2]같이 미쳐 날뛰었죠. 나는 그자의 못된 행위를 낱낱이 이야기하고자 합니다. 소환리들은 우리에게 아무런 처벌권도 가지고 있지 않습니다. 아마 평생 그렇겠지요.

"성 베드로님! 창녀들도 우리 권한 밖이라오!"

소환리가 이렇게 소리쳤습니다. 그러자 여관 주인이 말했습니다.

[*1] 주교로부터 일부 교구를 수탁받는 중요한 직분.

[*2] 원어로는 hare. '3월달 교미기의 산토끼처럼 미쳤다'는 것은 영어에서는 아주 일반적인 표현이다. 토끼는 3월 번식기가 되면 매우 거칠어진다.

탁발수사의 이야기 머리글 부분

"이런 젠장! 이봐, 조용히 좀 탁발수사님 말을 가로막지 말란 말이야! 자, 계속하시죠. 개의치 말고 이야기를 계속하세요, 친애하는 수사님."

그러자 탁발수사가 이야기를 이어갔습니다.

야바위꾼이자 도둑놈과 다름없는 이 소환리는 창녀들을 마치 매를 유혹하는 미끼처럼 자기 마음대로 부렸고, 그녀들은 자기들이 캐낸 비밀을 소환리에게 모두 일러바쳤습니다. 이런 그들의 관계는 새삼스러울 것도 없죠. 창녀들은 그의 사설 스파이들이었으며, 그녀들을 통해 소환리는 큰 이익을 챙겼습니다.

상관인 부주교는 소환리가 얼마나 돈을 버는지 샅샅이 알지는 못했습니다. 법적인 소환장도 없이 소환리는 무지한 자들을 파문에 처하겠다고 윽박지르기 일쑤였고, 그러면 이 어리석은 자들은 그를 술집에 초대해서 거나하게 대접하곤 했습니다. 창녀들도 즐겨 그의 지갑을 채워 주었고요. 마치 유다가 작은 지갑을 들고 다니는 도둑놈이었던 것처럼 이 소환리도 유다와 다를 바 없는 도둑이었던 거죠. 부주교는 소환리가 거둬들이는 수입의 반밖에 받지 못했어요. 내가 만약 그에게 정당한 이름을 붙여 준다면, 그는 도둑이자 소환리였고, 동시에 포주였습니다.

그는 창녀들도 고용하고 있었습니다. 이 창녀들은 로버트 경이든 휴 경이든, 아니면 잭이나 랠프든, 그 누구든 상관없이 함께 잠을 자면 즉시 소환리에게 달려가 알려 주곤 했습니다. 그들은 서로 한통속이었던 셈이죠. 그래서

탁발수사의 이야기 191

엉터리 소환장을 만들어 창녀와 놈팡이를 재판소로 불러, 놈팡이에게는 돈을 빼앗고 창녀는 몰래 풀어 주기도 했습니다. 그러면서 이렇게 말했습니다.

"이봐, 내가 자네를 위해 저 창녀의 이름을 우리 블랙리스트에서 삭제해 주겠네. 더 이상 이 일로 근심할 필요 없어. 이제부터 우린 친굴세. 내 도움이 필요하다면 언제든 찾아오게나."

이 소환리는 내가 2년을 쉬지 않고 말해도 모자랄 정도로 수많은 사기를 쳤습니다. 미끼에 걸려든 게 상처 입은 사슴인지 아닌지 이 소환리보다 더 잘 분간할 수 있는 사냥개는 없었습니다. 한 마디로 말하자면 기둥서방이나 간통을 범한 사람, 혹은 방탕한 여자들의 냄새를 맡는 데에는 아무도 그를 따라올 사람이 없었다는 말입니다. 그는 수입을 대부분 이 일로 얻었으므로 밤낮으로 이 일에만 빠져 있었습니다.

그런데 어느 날이었습니다. 평소와 마찬가지로 먹잇감이 없을까 궁리하던 소환리는 말을 타고 어느 늙은 과부를 소환하러 나섰습니다. 아무 꼬투리나 잡아서 그 과부에게서 돈을 뜯어 낼 작정이었지요. 그런데 숲 근처를 지나다가 말을 타고 가던 부자차림의 시골유지를 만나게 되었습니다. 그는 화려하게 차려 입고 푸른색 짧은 망토를 두르고, 날카로운 화살이 든 활통과 활을 들고 있었으며, 머리에는 검은 술이 달린 모자를 쓰고 있었습니다. 소환리가 말했습니다.

"안녕하시오! 멋지게 차려 입으셨군요."

그러자 상대방이 대답했습니다.

"안녕하시오! 당신처럼 정직한 사람을 만나게 되어 반갑소. 그런데 어디로 가는 중이기에 이 숲을 지나는 것이오? 먼 길을 가는 게지요?"

소환리가 대답했습니다.

"아니오, 여기서 가까운 곳이라오. 우리 주인님의 소작료를 받으러 가는 길이랍니다."

"그럼 당신은 청지기*3요?"

"그렇소."

소환리가 이렇게 대답했습니다. 사실 소환리들의 평판이 워낙 나빠서 감

---

*3 주군의 영지를 관리하고, 소작료를 거두며, 법도 집행했다.

히 자기가 소환리라고 말하기가 쑥스럽고 창피했던 것입니다. 그러자 부자차림의 시골유지가 이렇게 말했습니다.

"이거 참 반갑소! 우리는 형제로군요. 나도 청지기요. 나는 이 고장에 처음 온지라 당신과 친하게 지냈으면 좋겠소. 내 집 금고에는 번쩍거리는 금과 은이 많다오. 당신이 우리 마을에 올 일이 있다면 당신이 원하는 대로 주리다."

이 말을 들은 소환리는 너무나 기쁜 나머지 고맙다고 말했습니다. 두 사람은 악수를 하고 평생 의형

탁발수사의 이야기 판화(1721) 존 유리 작.

제를 맺기로 약속했습니다. 그런 다음 기분 좋게 잡담을 하면서 말을 몰았습니다.

이 소환리는 아무렇지도 않은 듯이 잡담을 하고 있었지만, 속마음은 흉악하기 그지없었습니다. 그는 이렇게 물었습니다.

"어디 사시오? 내가 노형을 찾아가려면 사는 곳을 알아야 하지 않겠소?"

그러자 다른 청지기는 부드럽게 대답했습니다.

"여기서 멀리 떨어진 북쪽에 있는 마을*4에 살고 있소. 언제 한번 그 곳에서 만났으면 좋겠소. 우리가 헤어지기 전에 우리 집을 찾는 데 전혀 문제가 없도록 자세히 설명해 드리리다."

"그건 그렇고, 노형도 나처럼 청지기라고 하니, 말을 타고 가는 동안 노형

---

*4 성서에서도 게르만 신화에서도 지옥은 북쪽 나라라고 생각하고 있다.

만이 갖고 있는 비결을 말해 줄 수 있겠소? 어떻게 해야 우리가 가장 실속을 차릴 수 있는지 알고 싶소. 양심의 가책 같은 것은 신경 쓰지 말고 노형이 실제로 어떻게 하고 있는지 듣고 싶소."

그러자 다른 청지기가 이렇게 말했다.

"그러지요. 사실대로 이야기해 주겠소. 솔직히 말하자면 내 월급은 몇 푼 되지도 않아서 그것만으로는 입에 풀칠하기도 어렵다오. 우리 주인은 구두쇠인데다가 성격도 까다롭단 말이오. 그러다 보니 내가 여간 힘든 게 아니랍니다. 그러니 남의 것을 빼앗아 살 수밖에. 그래서 사람들이 주는 것은 마다하는 법이 없다오. 잔꾀를 부리든, 완력을 쓰든, 어떻게 해서든지 해마다 내가 쓸 돈은 벌어야 하니까 말이오. 솔직히 이 이상 더 잘 얘기할 수는 없소."

그러자 소환리가 이렇게 말했지요.

"아, 그렇군요. 나 또한 그렇게 생활하고 있답니다. 하느님도 아시는 일이지만, 나도 사람들이 주는 것은 모두 받아먹는다오. 그것이 너무 무겁거나 뜨겁지만 않다면 말이오. 사람들 몰래 내가 무엇을 손에 넣든 양심에 걸리지는 않아요. 강탈이라도 하지 않으면 나도 먹고 살 형편이 못 되는데다가, 이런 일로 참회하고 용서받으려는 생각도 없소. 난 양심도 동정심도 없는 사람이오. 고해신부들? 웃기지 말고 하라지. 우린 정말 잘 만났지 뭐요. 그럼, 이제 통성명이라도 합시다."

소환리가 이렇게 말하자 다른 청지기는 얼굴에 미소를 띠면서 말했습니다.

"정말로 내 이름을 알고 싶소? 그렇다면 가르쳐 드리지. 나는 악마요. 내가 사는 곳은 지옥이지만, 여기서 이렇게 말을 타고 돌아다니는 것은 사람들에게 얼마나 뜯어갈 수 있을지 알아보기 위해서요. 이렇게 긁어가는 것이 내 수입의 전부거든. 내가 보기에 당신도 나와 같은 목적으로 돌아다니는 것 같구려. 수단 방법을 가리지 않고 말이오. 난 먹잇감을 얻기 위해서라면 지구 끝까지라도 돌아다닐 참이오."

깜짝 놀란 소환리는 이렇게 소리쳤답니다.

"맙소사! 이 불행이 내게서 물러가기를! 지금 뭐라 했소? 난 당신이 정말 청지기인 줄 알았는데. 생긴 것이 나하고 똑같은 사람 모양이니 어떻게 알아볼 수 있겠소? 지옥에 있을 때에는 다른 특정한 모습을 하고 있는 거요?"

"아니, 그렇지는 않소. 하지만 우리가 원할 때, 원하는 모습이 될 수는 있지. 그러니까 어떤 때엔 사람 모습을 하거나, 원숭이 모습을 할 수도 있으며, 심지어는 천사의 모습으로 이 세상을 돌아다닐 수도 있다는 말이오. 이 정도 쯤이야 놀라운 일도 아니오. 이가 득실거리는 요술쟁이도 당신을 속일 수 있지. 하지만 나는 요술쟁이들보다 더 많은 속임수를 알고 있소."

탁발수사의 이야기
소환리와 악마의 만남

그러자 소환리가 물었습니다.

"그렇다면 한 가지 모습으로 다니지 않고 여러 모습으로 바꿔 가면서 돌아다니는 이유가 뭐란 말이오?"

악마가 대답했습니다.

"여러 가지 이유가 있기는 하지. 해는 짧은데 벌써 아홉 시는 지났고, 아직까지 한 명도 건지지 못했소. 할 수만 있다면 온 힘을 다해 일하고 싶구려. 우리가 가진 지혜를 놓고 이러니저러니 하고 싶지는 않소만, 어쨌거나 당신 머리로는 이런 것을 모두 말해 준다 해도 제대로 이해하지 못할 거요. 그렇지만 왜 내가 이렇게 기를 쓰며 돌아다니느냐고 물었으니, 그 이유는 말해 주리다.

우리는 가끔 하느님의 도구로 쓰임을 받는다오. 하느님이 원하시면 우리는 여러 가지 방법과 형태로 이 땅의 피조물들에게 그분의 명령을 실행하는 중개자가 된다는 말이오. 하느님이 계시지 않거나 하느님이 우리를 밀어 주시지 않는다면 우린 힘없는 존재들이 되고 말거든. 우리가 간청하면, 가끔씩 영혼은 해치지 않고 육체에만 고통을 주도록 허락하시기도 한다오. 우리에게 고통받은 욥*5을 생각해 보면 잘 알 거요.

*5 〈욥기〉 1 : 12, 2 : 6.

때로는 육체와 영혼을 모두 지배할 수도 있고, 또 어떤 인간은 육체는 그대로 둔 채 영혼만 고통스럽게 만들라고 하실 때도 있지. 이 모든 것은 인간들에게 최선의 것을 주시려는 그분의 뜻이오. 만일 인간이 우리의 유혹을 이겨내면 구원받을 수는 있소. 물론 우리의 목적은 그를 사로잡기 위한 것이지 구원받게 하는 것은 아니지만 말이오. 때로는 사람들에게 봉사하기도 하지. 성 던스탄 대주교*6나 사도들을 섬겼던 것처럼 말이오."

소환리가 다시 물었습니다.

"그럼 사실대로 말해 주시오. 당신들은 지금처럼 지수화풍(地水火風) 네 원소로 새로운 육체를 만드시오?"

그러자 악마가 대답했습니다.

"아니오, 이따금 그렇게 하는 척할 뿐이오. 어떤 때에는 여러 가지 방법으로 죽은 시체의 몸에 들어가 나타나기도 하고, 사무엘*7이 피소니스*8의 마녀에게 했듯이 부드럽고 유창하게 말하기도 하지요. 어떤 사람들은 그게 사무엘이 아니었다고 말하기도 하지만, 난 그런 신학자들 말에는 관심 없소. 당신에게 한 가지만 경고하겠소. 이건 농담이 아니니 잘 들으시오. 당신은 우리의 진정한 모습이 무엇인지 알고 싶다고 했지요? 머지않아 당신은 나한테 그런 것을 배울 필요가 없는 곳에 있게 될 것이오. 당신이 경험한 것을 토대로 이 문제에 대해 버질이나 단테보다 멋지게 강연*9할 수 있게 될 것이오. 그럼 말을 재촉합시다. 당신이 나를 버릴 수 있을 때까지 동행해 드릴 테니."

그러자 소환리가 소리쳤습니다.

"그런 일은 없을 것이오. 나는 이 바닥에서 유명한 청지기요. 당신과 나눈 맹세도 지킬 거라고! 당신이 아무리 악마 사탄이라 해도 나는 의형제의 신의를 지키겠소. 서로 형제가 되기로 한 약속을 지키겠다 그 말이오. 둘이 함께 먹잇감을 찾아 나섭시다. 사람들에게서 받는 것 가운데 당신 몫을 챙기시

---

*6 악마를 지배하는 힘을 가졌다고 한다. 초서가 재직 중이던 캔터베리 대주교의 어떤 모습을 상상했는지는 알 수 없다.

*7 히브리의 사사이며 예언자.

*8 《우르가다 성서》에 나오는 엔도르 마녀의 이름. 〈사무엘 상〉 28 : 7~20.

*9 중세의 대학에서는, 교수는 의자에 앉아 강의했고, 학생들은 바닥에 앉아 수업을 들었다. 베르길리우스는 《아에네이스》에서, 단테는 《신곡》 지옥편에서 지옥을 묘사하고 있다.

오. 나는 내 몫을 챙기겠소. 그러면 우리 둘 다 어떻게든 살아갈 수 있을 테니. 만일 우리 중 어느 한쪽이 더 많이 벌게 되면 속이지 말고 정직하게 나누어 갖도록 합시다."

악마가 말했습니다.

"나도 내 진실을 걸고 그렇게 하겠다고 약속하지."

그들은 말을 몰았습니다. 그때 소환리가 가려고 생각하던 마을 어귀에서 건초를 가득 실은 마차를 보았습니다. 길이 진흙투성이였기 때문에 마차는 꼼짝달싹도 못하고 있었지요. 마부는 채찍을 휘두르며 미친 듯이 외쳐댔습니다.

"워, 워! 힘내 브록! 서둘러라, 스콧! *10 이런 빌어먹을! 어째서 우두커니 서있기만 하는 거냐고! 악마한테나 잡혀가 버려라! 몸도, 뼈도 몽땅 다 말이야! 너 때문에 내가 이 꼴이 됐다고! 말이고 마차고 건초고 모두 악마가 가져가 버리면 속이 다 시원하겠네!"

이 말을 듣자 소환리는 속으로 생각했습니다.

"이거, 재미있는 일이 생기겠는걸."

그러고는 마치 아무 일도 없는 것처럼, 은근히 악마 곁으로 다가가 그의 귀에 대고 속삭였습니다.

"이보시오, 형제. 들었소? 저 마부가 한 말을 들었냐 말이오. 어서 해치우시오. 건초와 마차와 말 세 마리까지 모두 주겠다지 않소."

악마가 말했습니다.

"아니, 신께 맹세하건대 그런 일은 없소! 마부는 그런 뜻으로 말한 게 아니오. 내 말을 믿지 못하겠으면 마부에게 물어 보시오. 아니면 잠시 기다려 보던가. 그러면 당신도 곧 알게 될 거요."

갑자기 부드러워진 마부가 말 엉덩이를 살살 두드리자, 말들은 몸을 당기거나 숙이며 움직이기 시작했습니다. 그러자 마부가 이렇게 소리쳤습니다.

"그래, 잘하고 있어! 예수님이 너희들에게 축복을 내리실 거다! 당신께서 만드신 크고 작은 일에 모두 축복을 내리실 거야! 하느님과 성 로이 성인*11께서 너희들을 보살펴 주시길! 하느님, 정말 감사합니다! 드디어 내

---

*10 말 이름. '브록'은 회색말 이름이고, 스콧은 오늘날, 동 앵글리아 지방에서는 일반적으로 쓰이는 이름.

탁발수사의 이야기
악마 앞에서 노파를 겁박하는 소환리

마차가 진흙탕에서 빠져 나왔습니다!"

이 광경을 본 악마가 말 했습니다.

"이제 알았소? 내가 뭐라고 했소. 아까 마부가 한 말은 진심이 아니었음을 알았을 것이오. 그럼 이제 우리가 가야 할 길이나 갑시다. 여기서 내가 챙길 수 있는 것은 아무것도 없소.

그들이 마을에서 벗어났을 때, 소환리가 악마에게 속삭였습니다.

"이보시오, 형제. 여기에 늙은 할망구가 하나 살고 있는데, 이 할멈은 자기 돈을 한 푼이라도 빼앗기느니 차라리 목을 내놓겠다는 지독한 구두쇠지. 이 할망구가 미쳐 날뛰는 한이 있더라도 나는 12펜스를 빼앗고야 말겠소. 그래도 돈을 주지 않는다면 재판소로 소환하는 수밖에. 하느님도 알고 계시는 일이지만, 그 늙은이는 아무 죄도 짓지 않았지. 하지만 당신이 이곳에서 전혀 돈벌이를 못하는 것 같으니, 내가 하는 것을 잘 보고 배우도록 하시오."

소환리는 늙은 과부 집 대문을 쿵쿵 두드리면서 큰 소리로 외쳤습니다.

"이리 나와, 늙은 마녀야! 지금 네가 탁발수사나 사제놈과 함께 있다는 걸 다 알고 왔다고."

잠시 뒤 노파가 대문을 열며 말했습니다.

＊11 마바리꾼들의 수호성인

"게 누구요? 아니, 이게 웬 일이람! 도대체 소환리 양반이 무슨 일로 예까지 오셨소? 신의 가호가 있기를!"

"여기 소환장이 있다. 내일 아침 부주교님 앞에 출두하여 몇 가지 묻는 말에 대답하라. 그렇지 않으면 넌 파문을 면치 못할 것이다." 소환리가 이렇게 말하자 노파가 대답했습니다.

"왕 중의 왕이신 주 예수 그리스도여, 저를 도와 주소서! 제게는 힘이 없습니다. 오랫동안 병을 앓고 있어서 그렇게 멀리까지 갈 수는 없답니다. 그곳에 간다면 아마 저는 죽고 말 겁니다. 옆구리가 너무 쑤셔서……. 소환

탁발수사의 이야기
소환리를 지옥으로 데려가는 악마

리 나리, 기소장을 주시겠소? 그럼 대리인을 시켜서 제가 고발당한 죄목에 대해 모두 답변하도록 하지요."

그러자 소환리가 말했습니다.

"그렇다면 좋아. 지금 당장 12펜스만 내놓는다면 특별히 용서해 주마. 그 돈을 받는다 해도 내게 크게 득이 되는 것은 없어. 득을 보는 사람은 내 상관이지 내가 아니거든. 자, 자, 꾸물대지 말고 어서 가져와! 난 빨리 돌아가야 한단 말이야. 어서 12펜스만 내놔!"

"12펜스라고요! 성모 마리아님, 저를 모든 죄악과 고통에서 구해 주소서! 이 세상을 다 준다고 해도 지금 제게는 12펜스나 되는 큰 돈은 없답니다. 늙고 가난한 내게 자비를 베푸소서!"

"할멈이 죽는다 해도 그건 절대로 안 돼! 당신을 용서해 주면 악마가 날 잡아가고 말거야."

그러자 노파가 울부짖었습니다.

"아! 내게 아무 죄가 없다는 건 하느님도 아실 거예요."

"어서 돈을 내놓으라고! 성 안나를 두고 맹세하는데 할멈이 오래 전 내게 진 빚의 대가로 새 냄비를 들고 가겠어. 당신이 서방질했을 때 내가 당신 대신 벌금을 냈단 말이야."

"그건 거짓말이야! 구세주를 두고 맹세하건대 난 지금까지 한 번도 재판소에 소환당할 일을 한 적이 없어. 남편이 있을 때에도 그랬고, 과부가 되어서도 말이야. 내 몸을 더럽힌 적은 단 한 번도 없다고! 거칠고 검은 악마여, 이 빌어먹을 놈과 내 냄비를 가져가 버리소서!"

노파가 무릎을 꿇고 이렇게 소리치는 것을 들은 악마가 말했습니다.

"자, 친애하는 마벨 할머니. 지금 한 말, 진정이지요?"

"저놈이 죽기 전에 악마가 와서 저놈을 잡아가면 좋겠어요. 내 냄비고 뭐고 다! 저놈이 끝내 뉘우치지 않는다면 말이에요."

그러자 소환리가 큰 소리로 말했습니다.

"이 빌어먹을 할망구야! 네가 뭘 준다 해도 뉘우칠까 보냐! 네 속옷이며 헝겊 한 조각까지 몽땅 가져갈 테다!"

이때 악마가 말했습니다.

"진정하게나, 형제. 네 몸도 이 냄비도 당연한 권리로 내 것이 됐어. 너는 나와 함께 오늘 밤 지옥에 가게 되었거든. 그대는 지옥에서 신학자들보다 훨씬 더 많이 우리들의 비밀을 알게 될 거야."

이렇게 말하면서 악마는 소환리를 붙잡았습니다. 그리고 소환리들의 몸과 영혼이 대대로 모여 있는 곳으로 끌고 갔습니다.

당신의 모습 그대로 인간을 만드신 하느님! 우리를 구원하시고 인도해 주소서! 그리고 소환리들이 착한 사람 되게 해 주시옵소서!

자, 여러분, 내가 소환리에 대해 이야기할 수 있는 시간과 여유가 더 있다면, 나는 그리스도와 성 바오로와 성 요한을 비롯한 수많은 학자들의 말을 빌려서 여러분들이 몸서리칠 만큼 끔찍한 지옥의 고통을 들려 드릴 수 있을 것입니다.

아마 이 이야기를 들으시면 여러분의 마음은 두려움으로 가득 차게 될 것입니다. 지옥의 저주받은 집에서 행해지고 있는 고통은 천년을 이야기해도 제대로 다 보여 줄 수 없을 것입니다. 그런 저주받은 장소에 가지 않도록 조심하세요. 그리고 주 예수님께 유혹자 사탄의 손에서 우리를 지켜달라고 은총을 구하세요. 모두 이 말을 명심하시기 바랍니다.

'사자는 마을의 길목을 지켰다가 죄 없는 자를 죽이려고 두 눈을 부릅뜨고 가엾은 사람을 노린다. 숲 속에 숨은 사자처럼 불쌍한 놈 덮치려 잠자코 기다리다가 그물 씌워 끌고 가서 죄 없는 자를 치고 때린다.'[*12]

늘 당신들의 마음을 속박하려 하는 악마에게 맞설 수 있도록 준비하십시오. 악마는 당신들의 힘을 뛰어넘으면서까지 유혹하지는 못합니다. 그것은 그리스도께서 여러분의 전사가 되고 기사가 되어 주시기 때문입니다. 이제 악마가 소환리들을 지옥으로 데려가기 전에 그들이 죄를 뉘우치도록 하느님께 기도합시다.

　　탁발수사의 이야기는 여기서 끝난다.

[*12] 〈시편〉 10장 8~9절.

소환리의 이야기

소환리의 이야기 머리글

그때 소환리(召喚吏 : ^{법원 출두를 명하는} ^{소환장을 전달하는 관리})는 의자에 발을 걸치고 높이 서 있었습니다. 그는 탁발수사 이야기에 미칠 듯이 화가 나서, 사시나무 이파리 떨듯 부르르 떨며 이렇게 말했습니다.

"여러분에게 한 가지 부탁을 드리겠습니다. 여러분들은 저 위선적인 탁발수사가 한 거짓말을 들으셨습니다. 그러니 이제 내가 하는 이야기를 들어 주시면 고맙겠습니다. 탁발수사는 자기가 지옥에 대해 잘 알고 있다고 했지요. 하지만 주님께서도 아시고 계시듯 그건 놀랄 만한 일이 아닙니다. 탁발수사와 악마는 거의 차이가 없기 때문이죠. 아마 여러분은 영혼이 환영 속에서 지옥으로 끌려간 탁발수사의 이야기를 들어 본 적이 있으시리라 생각합니다. 천사가 그 탁발수사를 끌고 다니면서 지옥의 모든 고통을 보여 주었는데, 거기에는 탁발수사가 한 명도 없었지요. 다른 많은 사람들은 고통을 겪고 있었는데 말입니다."

그러자 탁발수사가 천사에게 물었습니다.

"천사님, 탁발수사들은 하느님의 크나큰 은총을 입어서 이곳에 한사람도 오지 않은 것입니까?"

그러자 천사가 말했습니다.

"천만에요! 이곳에는 수많은 탁발수사가 있습니다."

그러고는 그 탁발수사를 사탄이 있는 곳으로 데리고 가서 이렇게 말했습니다.

"그대가 보듯이, 사탄은 큰 배의 돛보다도 더 커다란 엉덩이를 갖고 있지요."

천사가 사탄에게 말했습니다.

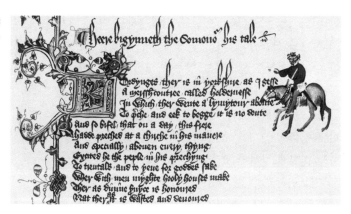

소환리의 이야기 머리글 부분

"사탄아, 네 엉덩이를 들어 보아라. 자, 어서! 그리고 탁발수사들이 어디에 있는지 보여 주려무나."

그러자 2초도 채 지나지 않아 벌집에서 벌 떼들이 몰려나오듯 사탄의 항문에서 2만 명에 이르는 탁발수사가 우르르 달려 나와 지옥 전체를 가득 메웠습니다. 그리고 나올 때처럼 있는 힘을 다해 빠른 속도로 사탄의 항문 깊숙한 곳으로 다시 들어갔습니다. 탁발수사들이 모두 들어가자 사탄은 꼬리로 항문을 막고 아무 일도 없었다는 듯 누워 있었습니다. 탁발수사가 그곳에서 일어나고 있는 처참한 고통을 확인한 순간, 무한하게 인자하신 하느님은 그의 영혼을 육체에 되돌려 주셨습니다.

탁발수사는 불현듯 잠에서 깨어났습니다. 그러나 아직도 공포에 사로잡혀 부들부들 떨고 있었습니다. 사탄의 항문이 너무나도 강렬하게 그의 마음에 남아 있었던 것입니다. 사탄의 엉덩이는 탁발수사들이 대대로 이어받고 있는 것이었습니다. 주님께서 우리 모두를 구원해 주시기를! 하지만 저 빌어먹을 탁발수사만은 예외로 해 주소서! 이것으로 내 이야기의 서두를 마치겠습니다.

소환리의 이야기가 시작된다.

여러분, 요크셔 지방에 홀더니스*1라는 습지가 있습니다. 그곳에서 한 탁발수사가 이곳저곳을 돌아다니며 설교도 하고 동냥도 하고 있었지요. 그러

---

*1 요크셔의 남동쪽 끝에 있는 지방 감독 구역.

소환리의 이야기 203

던 어느 날이었습니다. 이날도 탁발수사는 여느 때처럼 어느 교회에서 열심히 설교를 했습니다. 특히 연옥에 있는 죽은 자의 영혼 구원을 위해 30일 동안 연도미사*²를 드리라고 힘주어 말했습니다. 또 하느님의 영광을 위해 헌금하라고도 했지요. 그 헌금으로 성전을 지을 수 있기 때문입니다. 쓸데없는 일에 돈을 낭비하거나 돈이 부족하지 않은 사람들, 예를 들어 편안하고 풍족한 생활을 하는 교구 신부들에게 돈을 낼 필요가 없다고 말했습니다. 탁발수사는 이렇게 말하곤 했습니다.

"연도미사는 늙은 사람이든 젊은이든, 세상을 떠난 친구들의 영혼을 연옥에서 구제합니다. 30일이 아니라 단 하루만의 미사라도 좋습니다. 미사는 사제들을 위해 드리는 것이 아닙니다. 사제는 하루에 한 번밖에 미사를 드리지 않지요. 그러니 어서 불쌍한 영혼들을 구제하십시오! 몸이 갈고리나 쇠꼬챙이에 찢기거나 쪄지거나 불태워지는 것이 얼마나 끔찍한 일인지! 그러니 어서 서두르세요! 그리스도를 위해 어서 서두르십시오!"

이 사제는 자기가 하고 싶은 말을 모두 마친 뒤, '그리스도와 하늘에 계시는 아버지께서 함께 하시기를!' 하고 중얼거리고는 제 갈 길을 향해 떠났습니다.

교회에 있던 사람들이 저마다 적당하다고 생각한 헌물을 드리자, 탁발수사는 이것들을 가지고 떠났습니다. 더 이상 그곳에 있을 이유가 없었던 거죠. 탁발수사는 자루와 쇠장식이 달린 지팡이를 들고, 법의를 걸쳐 입고는 집집마다 기웃거리면서 빵이나 치즈 혹은 곡식을 동냥했습니다. 그의 동료는 뿔 달린 지팡이와 글을 쓸 수 있는 상아로 만들어진 헌납판 그리고 잘 다듬어진 펜을 가지고 다녔습니다. 그 펜으로 동냥을 주는 사람들의 이름을 헌납판에 모두 적어 넣었습니다. 헌납한 자들을 위해 기도드려 줄 것처럼 보이기 위한 행동이었지요.

"밀 반 말이나 엿기름 혹은 귀리나 치즈 한 덩이, 아니면 과자라도 주십시오. 여러분이 주고 싶은 것 무엇이든 좋습니다. 하느님을 위해 반 페니나 1페니라도 괜찮습니다. 멧돼지고기도 좋고요. 부인, 자매님들, 모포 한 장이라도 주십시오. 자, 보십시오. 여기에 당신들의 이름을 적습니다. 베이컨이

나 고기, 아니면 여러분들이 가진 그 무엇이라도 사양하지 않습니다."

건장한 젊은이 한 명이 두 탁발수사 뒤를 졸졸 따라다녔습니다. 그는 수도원의 종자였는데, 늘 자루를 메고 다니면서 사람들이 탁발수사들에게 주는 것을 그 안에 집어넣었습니다. 그런데 이 자는 성도들의 집을 나서는 순간, 헌납판에 적어 넣은 이름들을 모두 지워 버렸지요. 탁발수사는 시답잖은 이야기나 거짓 이야기를 꾸며 사람들에게 들려 주었을

소환리의 이야기 판화(1721) 존 유리 작.

뿐입니다.

이때, 탁발수사가 소리쳤습니다.

"야, 이 못된 소환리! 거짓말 좀 그만 꾸며대라고!"

"그리스도과 성모님을 위해서라도 제발 조용히 하세요! 자, 이야기를 계속하시오. 하고 싶은 말은 모두 다."

사회자가 탁발수사의 말을 가로 막았죠. 그러자 소환리가 말했습니다.

"그럼 그렇게 하겠습니다."

이렇게 탁발수사는 이 집 저 집을 돌아다니다가 한 저택에 이르렀습니다. 그 집에서는 늘 환대를 받곤 했지요. 이 저택의 주인은 병들어 침상에 누워 있었습니다. 탁발수사가 부드럽고 정중한 목소리로 인사했습니다.

"안녕하시오, 토머스 씨? 주님께서 당신을 속량해 주시기를! 나는 이 의자에 앉아 행복한 시간을 보내곤 했지요. 여기서 즐거운 식사시간을 보낸 것이 몇 번인지!"

이렇게 말하며 의자에 앉아 있던 고양이를 내쫓고는, 지팡이와 모자 그리고 자루를 내려놓고서 편안하게 앉았습니다. 그의 동료*³는 하인과 함께 마을로 나가, 그날 밤 묵기로 한 숙소에 가 있었습니다.

병자가 말했습니다.

"수사님, 3월 이래 어떻게 지내셨습니까? 수사님을 뵌 지 벌써 보름이 넘었나 봅니다."

그러자 수사가 대답했습니다.

"하느님도 알고 계시겠지만 그동안 열심히 일했답니다. 특히나 당신과 친구들을 구제하기 위해서 말입니다. 몇 번이나 정성어린 기도를 드렸는지 모릅니다. 오, 주여, 이들을 축복하소서! 오늘은 당신이 다니는 성당에서 설교를 했습니다. 변변치 않은 재주지만 최선을 다했답니다. 난 성서에 있는 그대로 말하지는 않았어요. 내 생각에 사람들이 너무 어려워하지 않을까 염려되었기 때문이지요. 그래서 나는 모인 사람들을 위해 성서를 풀어서 말해 줍니다. 해석한다는 것은 참으로 영광스러운 일입니다. 우리 신학자들이 흔히 말하듯이, '글자는 사람을 죽이기'*⁴ 때문이지요. 사람들에게 자비를 베풀라고 말해 주었습니다. 그리고 합당한 일에 재산을 아끼지 말라고도 했지요. 거기서 당신의 부인을 보았습니다만, 지금 어디 계십니까?"

"아마 마당에 있을 겁니다. 곧 들어오겠죠."

바로 그때 집주인의 아내가 들어왔습니다.

"어머나, 수사님! 이렇게 찾아 주셔서 고맙습니다. 그동안 어떻게 지내셨어요?"

수사는 점잖게 자리에서 일어나 그녀를 두 팔로 꼭 껴안았습니다. 그리고 그녀에게 달콤한 입맞춤을 하고는 참새처럼 입술을 쪽쪽거리며 즐겁게 재잘거렸습니다.

"당신의 일꾼으로서 열심히 살았습니다. 부인에게 영혼과 생명을 주신 고마우신 하느님! 오늘 성당에서 보니 부인보다 아름다운 여인은 없더군요."

"어머나, 아름답다니요. 부디 주님께서 제 결점을 고쳐 주시기를 기도드립니다! 아무튼 잘 오셨어요."

---

*3 탁발수사는 2명이 함께 다니는 것이 관례였다.
*4 〈고린토인들에게 보낸 둘째 편지〉 3 : 6.

부인이 대답했지요.

"고맙습니다, 부인. 늘 이렇게 환대해 주셨죠. 당신의 그 친절함에 감사드리며, 괜찮으시다면 잠시 자리를 비켜 주시겠습니까? 실례를 무릅 쓰고 말씀드리겠습니다. 부디 언짢아하지 마시기를 부탁드립니다. 토머스 씨와 할 이야기가 있어서요. 요즘의 교구 사제들은 나태해서 참회하러 온 사람들의 마음을 세심하게 어루만져 주지를 못하는 것 같아요. 설교가 제 주된 일이기는 하지만 베드로나 바오로의 말씀도 공부한답니다. 이

소환리의 이야기
병자를 찾아가 건축헌금을 내도록 장황하게 설교를 늘어놓는 탁발수사

렇게 동냥다니며 신도들의 영혼을 구제하면서 예수 그리스도에게 진 빚을 갚고 있습니다. 내 목표는 오로지 주님의 말씀을 전파하는 것입니다."

그러자 집주인의 아내가 말했습니다.

"고마우신 수사님, 저 사람 좀 야단쳐 주세요. 삼위일체 하느님을 두고 말씀드리는데, 저 사람은 원하는 것은 모두 갖고 있으면서도 개미처럼 걸핏하면 작은 일에도 화를 낸답니다. 매일 밤 담요를 덮어서 따뜻하게 해 주고 내 팔이나 다리를 몸 위에 얹어 주어도 우리에 갇힌 돼지처럼 쉬지 않고 툴툴거리지요. 저이는 재미라고는 하나도 없는 사람이랍니다. 어떻게 해야 저 사람 마음에 들지 모르겠어요."

"저런, 토머스 씨! 주 브 디*5 토머스! 어떻게 그럴 수가 있습니까! 그건 악마나 하는 짓이니 고치셔야 해요. 화를 내는 것은 하늘에 계신 하느님

이 금하신 것입니다. 내가 한두 마디 해야 되겠군요."

이때 집주인의 아내가 다시 말했습니다.

"수사님. 그런데 저녁 식사로 무얼 먹고 싶으세요? 먹고 싶으신 것으로 장만하겠어요."

"고맙습니다, 부인. 이렇게 말씀드려도 되는지 모르겠습니다만, 수탉의 간하고, 당신이 구운 빵 한 조각, 그런 다음 돼지머릿고기 정도면 충분합니다. 하지만 저를 위해 가축을 잡지는 마세요. 당신과 함께 식사할 수 있다는 것만으로도 충분히 맛있게 먹을 수 있으니까요. 저는 약간의 양식만으로도 만족합니다. 내 영혼의 양식은 바로 성서니까요. 저는 늘 깨어서 기도드리는 것에 익숙하기 때문에 식욕은 거의 없답니다. 부인, 이 말을 나쁜 뜻으로 받아들이진 마십시오. 단지 부인과 허물없는 사이라 솔직히 말씀드린 것뿐이니까요. 사실 이런 말을 할 수 있는 사람은 두세 명밖에 없답니다."

부인이 말했습니다.

"그럼 제가 장을 보러 나가기 전에 몇 마디만 하겠어요. 보름 전에 수사님이 이 마을을 떠나시고 얼마 안 되어 우리 아이가 죽었어요."

그러자 탁발수사는 이렇게 말했습니다.

"저는 그 아이의 죽음을 꿈의 계시로 보았답니다. 우리의 심판관이신 하느님을 두고 감히 말하건대 꿈 속에서 나는 그 아이가 죽은 지 채 반 시간도 되지 않아서 천국으로 들어가는 것을 보았습니다. 우리 수도원의 성당지기와 간호사도 그것을 보았답니다. 이들은 50년이나 정직하게 탁발수사로 일하다가 얼마 전에 50년 축연을 치른 사람들입니다. 그들은 동행인 없이*6 혼자서 탁발하러 다닐 수 있는 사람들이지요. 나는 잠자리에서 일어났습니다. 내 두 볼에는 눈물이 흘러내리고 있었지요. 종을 치지도 않았고 아무 소리도 내지 않았는데 수도원의 모든 사람들이 잠자리에서 일어났습니다.

우리 모두는 〈주 찬미가〉를 불렀습니다. 다른 찬송은 부르지 않았습니다. 저는 그저 그 계시에 감사드리기 위해 주님께 기도드렸을 뿐입니다. 우리의 기도는 다른 누구의 기도보다 훨씬 효과가 있습니다. 우리들은 예수님의 비

---

*5 'I tell you.'라는 뜻 일반적으로 흔히 쓰는 표현이지만, 프랑스어를 할 줄 안다는 것은 사회적 우월감이 드러나는 것이었다.

*6 탁발수사는 그 임무를 맡은 뒤 50년이 지나면, 혼자서도 탁발할 수 있었다.

밀스러운 일들을 곧잘 본답니다. 속세의 어느 왕도 그런 것을 우리만큼 많이 보지는 못할 테죠. 우리는 청빈과 절제 생활을 하고 있지만, 속세 사람들은 부귀와 사치, 게다가 먹고 마시고, 비천한 쾌락에 빠져 살지요. 우리는 속세의 쾌락을 경멸합니다.

가난한 라자로와 부자[*7]는 완전히 다른 생활을 했기에 그들에 대한 보응 또한 매우 달랐습니다. 기도에 힘쓰는 자는 단식을 하고, 몸을 깨끗이 해야 합니다. 다시 말하면 영혼을 살찌우고 육체는 야위게 해야 한다는 겁니다. 우리는 사도[*8]의 가르침을 그대로 따르고 있습니다. 아주 좋은 것이 아니라 할지라도 입을 것과 먹을 것만 있으면 그것으로 충분합니다. 탁발수사들은 단식을 하고 몸을 정결히 하기 때문에 예수 그리스도께서 우리 기도를 들어 주시는 것이지요.

모세를 보세요. 그는 40일 동안 금식한 뒤 시나이 산에서 하느님의 말씀을 들을 수 있었습니다. 오랫동안 금식하여 텅 빈 배로 하느님께서 손수 쓰신 율법을 받았던 것입니다. 당신도 잘 알고 있겠지만, 엘리야는 우리 영혼의 구세주이신 하느님의 말씀을 듣기 위해 호렙 산 위에서 오랫동안 단식하고 묵상하지 않았습니까? [*9]

신전을 책임지고 있던 아론과 다른 모든 수사들도 술을 입에 대지 않았습니다. 술에 취한 상태로는 백성들을 위해 기도하거나 예배를 드리기 위해 신전으로 달려와야만 할 경우에 적절히 대처할 수 없기 때문이지요. 아론은 철저한 금욕생활을 하면서 사람들의 영생을 위해 기도했습니다. 이 점을 명심하세요. 사람들을 위해 기도하는 자들이 술에 취해 있다면 어떻게 되겠습니까? 이것에 대해서는 더 이상 말하지 않겠습니다. 이미 충분히 말씀드렸으니까요.

우리 주 예수님은 성서를 통해 금식과 기도의 모범을 보여 주고 계십니다. 따라서 가난한 우리 탁발수사들은 청빈과 절제, 박애와 겸손, 절주, 의를 행함으로써 받는 박해, 눈물, 자비, 순결 등과 결혼한 것과 같습니다. 이런 이유로 하늘에 계신 하느님께서는 호의호식하는 평신도들의 기도보다 우리 탁

[*7] 〈루가의 복음서〉 16 : 19~31.

[*8] 〈디모테오인들에게 보낸 첫째 편지〉 6 : 8.

[*9] 〈열왕기〉 상편 19 : 8.

발수사의 기도를 더 잘 들어 주시는 것이지요. 인간이 에덴동산에서 쫓겨난 것도 탐욕 때문이었습니다. 낙원에 있을 때 인간은 매우 순결했답니다."

그리고 탁발수사는 병자를 향해 말했습니다.

"토머스 씨, 이제부터 내가 하는 말을 잘 들으세요. 성서 말씀이 정말로 그런 것인지는 확인할 수 없지만, 어느 주석에 보면, 우리의 거룩하신 그리스도께서 '마음이 가난한 사람은 행복하다'*10 말씀하신 것은 특별히 우리 탁발수사들에게 주신 말씀이라는 것입니다. 이것이 우리에게 더 잘 어울리는지, 아니면 재산 속에서 허우적거리고 있는 교단의 사제들에게 더 잘 어울리는지는 다른 복음서를 통해서도 알 수 있을 것입니다. 그들의 요란함과 탐욕은 얼마나 한심한지! 나는 그들의 무식함 또한 경멸합니다.

그들의 행동은 이교도 조비니안 같아요. 고래처럼 뛰룩뛰룩 살찐데다가 백조처럼 뒤뚱거리며 걸어다니죠. 마치 창고 속 술병처럼 그 속에는 술이 가득 차 있어요. 그들이 영혼을 위해 다윗의 노래를 부를 때에는 아주 경건해 보입니다. 보세요. 그들은 배불리 먹고는 '꺼억! 내 마음이 즐거운 소리!'라고 하는 것 같습니다. 도대체 겸손하고 순결하며 가난한 우리들 말고, 누가 예수님의 복음을 전하며, 그 뒤를 따르는 자가 있겠습니까. 우리는 하느님의 말씀을 듣기만 하는 사람이 아니라 실제로 행하는 사람들입니다. 하늘 높이 솟아오르는 매처럼 자비롭고 순결하며 근면한 탁발수사의 기도는 화살처럼 하늘로 치솟아올라 하느님의 귀에까지 이르는 것입니다.

토머스 씨, 성 이베*11를 두고 맹세하건대 당신이 우리 형제가 아니었다면 이렇게 부자가 되지 못했을 것이라는 사실은, 내가 살아 숨쉬는 것처럼 명백한 일입니다. 우리는 당신이 건강을 되찾고 사지를 쓸 수 있게 해 달라고 수도원에서 밤낮으로 그리스도께 기도드렸습니다."

탁발수사의 말을 듣고 있던 토머스가 말했습니다.

"그런데 조금도 나아진 것이 없어요. 정말이지 주님께서 제게 구원의 손길을 뻗어 주시면 좋겠습니다. 지난 몇 년 동안 이곳을 지나는 모든 탁발수사들에게 몇 파운드씩 시주를 했지만 병은 조금도 나아지지 않았습니다. 난 모든 재산을 거의 써 버렸답니다. 이제 내 재산은 모두 떠나갔답니다."

---

*10 〈마태오 복음서〉 5 : 3. 예수님의 유명한 '산상수훈'의 한 구절.
*11 프랑스 북부의 도시 샤르트르의 성 이베. 〈선장의 이야기〉에서도 똑같이 기록하고 있다.

그러자 탁발수사가 말했습니다.

"토머스 씨, 정말로 그렇게 했습니까? 무엇 때문에 '모든 탁발수사'들을 불렀습니까? 완전무결한 의사를 가진 사람이 무엇이 모자라서 다른 의사를 찾아갑니까? 당신의 그런 변덕이 당신을 망친 겁니다. 나와 우리 수도원에서 당신을 위해 기도하는 것이 모자라다고 생각됩니까? 아니면 우리 수도원에 부족한 것이라도 있나요?

토머스 씨, 그런 말은 한 푼어치의 가치도 없습니다. 당신이 병에 걸린 것은 우리에게 너무 조금 주었기 때문입니다. 당신은 '저 수도원에 보리 다섯 말을 주어라', '이 수도원에 24클로드*¹² 주도록 해라', '저 탁발수사에게 돈 한 푼 주어서 보내라' 말했겠죠. 하지만 그런 식으로 하면 안 됩니다. 한 냥을 열두 개로 쪼갠다면 무슨 가치가 있겠습니까? 완전한 것 하나가 쪼개진 여러 개보다 훨씬 큰 힘을 발휘하는 법입니다.

토머스 씨, 당신에게 아첨할 생각은 없습니다. 당신은 결국 우리를 공짜로 부려먹으려고 한 것입니다. 이 세상을 창조하신 하느님께서는 일꾼에게 일을 시키면 마땅한 보수를 지불해야 한다고 가르치셨지요.

토머스 씨, 나를 위해 당신에게 재물을 달라는 것이 아닙니다. 그건 단지 우리 수도원 전체가 당신을 위해 열심히 기도드릴 수 있도록 주님을 모실 교회를 세우는 데 쓰고자 함입니다.

토머스 씨, 당신이 진정으로 좋은 일을 하는 것이 무엇인지 알고 싶다면 인도의 《성 토머스*¹³ 전기》를 읽어 보세요. 그는 교회를 짓는 것이 얼마나 훌륭한 일인지를 역설하고 있습니다. 당신은 마치 악마가 당신의 마음을 불태우기라도 한 것처럼 분노에 휩싸여 있어요. 게다가 착하고 참을성 많은 죄 없는 부인을 못살게 굴고 있습니다.

토머스 씨, 당신의 행복을 위해 한 마디 하지요. 부인과 다투지 마세요. 그리고 이런 일에 대해 현자*¹⁴가 한 말을 들려 드릴 테니 꼭 마음에 새겨 두세요. '그대는 집안에서 사자처럼 처신하지 말라. 아랫사람들을 핍박하지 말 것이며, 친지들이 그대를 떠나게 하지 말라' 하셨습니다.

＊12 4펜스에 해당하는 은화.
＊13 토머스 사도는 인도에서 설교했고 많은 교회를 세웠으며, 많은 자를 개종시켰다고 한다.
＊14 성서외전 〈전도서〉의 저자인 시라크의 아들 예수를 가리킨다.

토머스 씨, 다시 한 번 말씀드리지요. 당신의 가슴속에 잠들어 있는 분노를 떨쳐 버리세요. 은밀하게 풀 속에 숨어 기어다니며 사람을 무는 독사를 조심하십시오. 인내심을 가지고 내 말을 들어 보세요. 수많은 남자들이 애인이나 아내와 싸우다가 죽었다는 사실을 기억하십시오. 당신처럼 착한 아내를 두고 있는 사람이 무엇 때문에 말다툼을 합니까? 꼬리 밟힌 뱀만큼 무서운 것이 없으며, 분노에 사로잡힌 여자만큼 지독한 것도 없답니다. 여자가 화를 품으면 복수만을 생각하게 되지요. 분노는 일곱 가지 죄악 가운데 하나이며, 하늘에 계신 하느님이 가장 싫어하시는 것입니다. 분노는 사람을 파멸로 이끕니다. 아무리 무식한 부주교나 교구 사제라도 분노가 살인을 낳는다는 것은 잘 알고 있습니다. 정말이지 분노란 오만한 행위입니다. 분노가 가져오는 재앙을 다 말하자면 아마 내일 새벽까지 말해도 끝나지 않을 걸요. 그래서 나는 분노로 가득 찬 인간이 힘을 갖지 않게 해 달라고 하느님께 밤낮으로 기도합니다. 화를 잘 내는 사람을 힘 있는 자리에 앉힌다는 것은 정말이지 위험하고도 불행한 일입니다.

　세네카가 말한 이야기를 하나 전해 드리지요.

　옛날에 화를 잘 내는 한 군주가 있었습니다. 어느 날, 두 기사가 함께 말을 타고 출정했습니다. 그런데 운명의 여신이 일부러 그렇게 만든 것인지, 한 기사는 집으로 돌아왔지만 다른 기사는 돌아오지 못했습니다. 살아 돌아온 기사는 군주 앞으로 끌려 갔답니다. 군주가 그에게 말했지요.

　'네가 동료를 죽인 것이 분명하다. 그러니 너에게 사형을 선고하노라.'

　그러면서 다른 기사에게 말했지요.

　'내가 명하노니, 저놈을 형장으로 끌고 가라.'

　그런데 기사가 죄인을 끌고 형장으로 가고 있을 때, 죽은 것으로 알고 있던 기사가 나타났습니다. 그러자 이 두 사람을 군주에게 데려가는 것이 좋겠다고 생각한 기사는 두 사람을 함께 군주 앞으로 데리고 갔습니다. 그리고 이렇게 말했지요.

　'이 기사는 그의 동료를 죽이지 않았습니다. 보시는 것처럼 그는 이렇게 멀쩡하게 여기 서 있지 않습니까?'

　하지만 왕은 이렇게 말했습니다.

　'너희들은 죽어야 한다. 하나 혹은 두 사람이 죽어야 한다는 말이 아니라,

세 사람 모두 죽어야 한다는 말이다.'

그러면서 전장에서 살아 돌아온 첫 번째 기사에게 이렇게 말했습니다.

'나는 너에게 사형을 선고했다. 그러니 너는 죽어야 한다. 그리고 살아 돌아온 너 역시 죽어야 한다. 그것은 네가 이 기사를 죽게 한 원인을 제공했기 때문이다.'

그리고 세 번째 기사에게는 이런 말을 했습니다.

'너는 내 명령을 따르지 않았다. 따라서 너도 죽어야 한다.'

그래서 왕은 그 세 사람을 모두 죽이고 말았지요.

또 화를 잘 내는 켐비세즈*15는 술주정뱅이에다 나쁜 짓을 즐겨하던 사람이었습니다. 어느 날 품행방정하고 덕을 사랑하는 한 영주가 캄비세즈 왕과 단 둘이 있는 자리에서 이렇게 말했습니다.

'사악한 군주는 파멸할 것입니다. 술에 취하는 것은 자기 명예에 먹칠을 하는 행동입니다. 하물며 그런 사람이 군주라면 더 말할 필요도 없겠지요. 왕 주위에는 항상 수많은 눈과 귀가 둘러싸고 있기 때문입니다. 하지만, 왕은 그런 사실을 알지도 못합니다. 그러니 술을 마실 때에는 더욱 조심하도록 하십시오. 술이란 늘 정신과 육체를 비참하게 만듭니다.'

그러자 켐비세즈가 말했습니다.

'그 말이 사실이 아니라는 것을 곧 보여 주겠다. 술이 사람들에게 그토록 해를 끼치지 않는다는 것을 네가 몸소 체험하게 해 주마. 나는 아직도 술 때문에 손이 떨리거나 눈동자의 초점을 잃은 적이 한 번도 없거든.'

왕은 악에 바쳐서 이전보다 몇 배나 더 많은 술을 마셨습니다. 그리고 나서 뻔뻔스러운 왕은 그 영주의 아들을 자기 앞으로 데려오라고 명령했습니다. 영주의 아들이 도착하자, 갑자기 왕은 활을 들어 활시위를 귀까지 잡아당긴 후 화살을 쏘았습니다. 영주의 아들은 그 자리에서 죽고 말았지요.

'어떠냐? 이래도 내가 손이 떨리고 정신이 없다고 말하겠느냐? 술 때문에 내 시력이 형편없어졌다고 감히 말할 수 있느냐는 말이다.'

영주의 아들은 살해당한 것입니다. 그런 그가 무슨 말을 할 수 있었겠습니까? 그러니 화를 잘 내는 왕을 대할 때에는 그저 조심 또 조심해야 합니다.

---

*15 페르시아의 왕. 키루스 대제의 아들.

가난뱅이를 상대할 때 말고는, 그냥 겉치레 말이나 하든지, 아니면 '최선을 다 하겠습니다'와 같은 말이나 하는 것이 좋습니다. 가난뱅이한테는 결점을 지적해 주어야 하지만, 군주에게는 그렇게 하면 안 됩니다. 아무리 그가 지옥에 떨어질 정도로 못된 사람이라도 그의 흠을 들춰 내서는 안 된다는 말입니다.

그리고 페르시아 왕 키루스[*16]를 보세요. 그 사람 또한 화를 잘 내는 사람이었습니다. 그가 어째서 기센 강을 파괴해 버렸는지 생각해 본 적 있습니까? 그가 바빌론을 정복하기 위해 출정했을 때, 그의 말 가운데 한 마리가 그 강에 빠져 죽었기 때문입니다. 키루스 왕은 그 기센 강을 아낙네들도 쉽게 건널 수 있을 정도로 아주 보잘것없는 개울로 만들어 버렸지요. 다른 사람을 잘 가르치는 방법을 알고 있었던 분[*17]이 무엇이라고 말씀하셨습니까? 그분은 '성급한 사람과 벗하지 말고, 성 잘 내는 사람과 함께 길 떠나지 말라. 후회할 일은 애당초 하지 말라' 말씀하셨습니다. 이젠 더 이상 말하지 않겠습니다.

사랑하는 형제 토머스 씨. 이제부터라도 화를 내지 마십시오. 당신은 내 말이 맞다는 걸 곧 알게 될 것입니다. 당신의 가슴에 악마의 칼을 품지 마세요. 당신은 당신의 분노 때문에 이렇게 고생하고 있는 것입니다. 이제 나에게 당신의 죄를 모두 고백하십시오."

그러자 집주인이 말했습니다.

"성 시몬을 두고 맹세하지만, 싫습니다! 오늘 우리 교구 신부님께 이미 고백했습니다. 모든 것을 이야기했다고요. 그러니 내게 겸손한 마음이 우러나오지 않는 한 다시 고백할 이유는 없습니다."

이 말을 듣자 탁발수사는 말했습니다.

"그렇다면 우리 수도원을 짓는 데 헌금을 내주십시오. 남들은 편안한 생활을 하고 있지만 우리는 홍합과 굴만을 먹으면서 수도원을 세우기 위해 애쓰고 있습니다. 주님께서도 아시지만, 아직 기초공사도 제대로 못했거든요. 바닥에 타일조각 하나도 깔지 못했습니다. 게다가 석재 값으로 40파운드를 빚지고 있습니다.

[*16] 아케메네스조(朝) 페르시아 왕(기원전 559~529)으로, 페르시아 제국을 건국한 사람.
[*17] 솔로몬을 가리킨다. 〈잠언〉 22장 24, 25절.

토머스 씨, 지옥을 정복하신 분*18을 사랑하신다면 우리를 도와 주십시오. 그렇지 않으면 우리는 책이라도 팔아야 합니다. 혹시 우리들 설교에서 흠이라도 발견했다면 이 세상은 파멸을 향해 치달을 것입니다. 이 세상에서 우리를 내쫓으려 하는 자들은, 그게 누구든……오, 주님, 저를 구해 주소서.

　토머스 씨, 그런 자들은 이 세상에서 태양을 빼앗으려고 하는 자들입니다. 왜냐 하면, 우리들만큼 열심히 가르치고 또 성실히 일하는 자는 없기 때문이죠. 이런 일들은 어제 오늘 시작한 일이 아니란 말입니다. 어느 기록에서 읽은 것인데, 탁발수사들은 엘리야나 엘리사*19 시대부터 자비를 베풀며 살아 왔다고 합니다. 주님께 감사! 자, 토머스 씨, 우리에게 자비를 베풀어 주십시오! 자비로운 성인님을 위해서라도!"

　이렇게 말하면서 탁발수사는 바닥에 무릎을 꿇었습니다. 집주인은 화가 치밀어 미칠 지경이었습니다. 거짓말만 늘어놓는 탁발수사가 불에 타죽었으면 좋겠다고 생각했습니다.

　"내가 가진 것을 드리지요. 이것 말고는 더 드릴 수 없습니다. 당신도 내가 당신의 형제라고 말하지 않았습니까?"

　이 말을 들은 탁발수사가 말했습니다.

　"분명히 그렇게 말했지요. 믿으세요. 교단의 봉인이 찍힌 편지를 부인께 드렸습니다."

　그러자 병자인 집주인이 말했습니다.

　"좋습니다. 그럼 내가 살아 있는 동안 당신의 거룩한 수도원에 약간의 돈을 기부하겠습니다. 곧 당신에게 드리도록 하지요. 하지만 한 가지 조건이 있습니다. 그것은 당신 수도원의 수사들이 모두 똑같이 나눠 가져야 한다는 것입니다. 당신의 성직을 걸고 절대로 속이거나 다른 이유를 대지 않겠다고 맹세하십시오."

　탁발수사는 손을 내밀어 토머스의 손을 잡고 맹세했습니다.

　"내 믿음을 걸고 맹세하고말고요. 우리가 한 약속을 절대 저버리지 않겠다고 맹세합니다."

　그러자 집주인이 말했습니다.

---

*18 예수 그리스도를 가리킨다.
*19 갈멜 수도회의 시조. 팔레스타인의 갈멜 산이 발상지.

"그럼, 당신 손을 내 등 밑에 넣고 더듬어 내려가 보세요. 궁둥이 밑에 감추어 놓은 물건을 찾게 될 겁니다."

이 말을 들은 탁발수시는, '이건 내가 독차지해야지.' 생각하면서, 병자의 등 밑에 손을 넣고 양쪽 볼기 사이에 있는 항문까지 더듬어 내려갔습니다. 그곳에 집주인이 기증해 줄 물건이 있을 거라고 생각한 거죠.

자기 항문 근처를 이러 저리 더듬는 탁발수사의 손길을 느낀 집주인은 그의 손바닥에 방귀를 한 발 날렸습니다. 마차를 끄는 말도 그토록 요란하게 방귀를 뀌지는 못했을 것입니다. 탁발수사는 성난 사자처럼 벌떡 일어나 소리쳤습니다.

"이런 거짓말쟁이 같으니! 감히 나를 우습게 보고 이런 짓을 해! 방귀에 대한 값을 톡톡히 치르게 해 줄 테다!"

떠들썩한 소리에 놀란 하인들이 급히 달려와 탁발수사를 내쫓았습니다. 탁발수사는 끓어오르는 분노로 얼굴을 붉으락푸르락 하며 그동안 모은 물건을 가지고 있는 동료를 찾아갔습니다. 분노에 찬 그의 모습은 성난 멧돼지 같았습니다. 그러고는 이를 부득부득 갈며, 늘 그에게 고해를 하는 이 마을 영주의 저택으로 갔습니다.

탁발수사가 그 저택에 들어섰을 때, 영주는 마침 식사를 하고 있었습니다. 수사는 너무나 화가 치밀어 한 마디도 하기 힘들었지만, 겨우 화를 가라앉히고 인사를 건넸지요.

"하느님의 축복이 영주님과 함께하시길!"

저택의 주인은 탁발수사를 쳐다보고는 말했습니다.

"아니, 왜 그러십니까? 무슨 일이라도 있으셨나요, 존 수사님? 숲 속에 도둑이 득실거리기라도 하는*20 듯한 표정이로군요. 자, 여기 앉아서 무슨 일인지 말씀해 보세요. 내가 할 수 있는 일이라면 기꺼이 도와 드리리다."

그러자 탁발수사는 이렇게 말했습니다.

"저는 오늘 영주님의 마을 어느 집에서 모욕을 당했습니다. 오, 주여, 당신께서 갚아 주십시오! 아무리 가난하고 젊은 종이라 해도 내가 당신 마을에서 겪은 봉변에 혐오감을 일으키지 않는 자는 없을 것입니다. 머리가 허연

---

*20 속담처럼 에둘러 표현한 것.

늙은이가 우리의 성스러운 수도원을 모독하여 나를 너무도 슬프게 만들었단 말입니다."

"자, 자, 선생!"

"부탁드립니다. 저를 선생이라고 부르지 마십시오. 저는 선생이 아니라 종복입니다. 학교에서는 나를 그렇게 부르지만 하느님은 우리가 랍비[21]라고 불리는 것을 원치

소환리의 이야기
탁발수사를 골탕먹이는 병자

않으십니다. 시장에서건 광장에서건 그런 호칭으로 불리는 것을 좋아하지 않으신다고요."

그러자 영주가 말했습니다.

"그건 그렇고, 도대체 무슨 문제가 있었는지 말씀해 보세요."

탁발수사가 말했습니다.

"영주님, 오늘 나뿐만 아니라 우리 종단이 흉측한 재앙을 당했습니다. 다시 말해서 성스러운 교회의 모든 성직자들이 모욕당한 것이지요. 하느님, 지체하지 마시고 그에게 갚아 주시기를 원합니다!"

이 말을 듣자 영주가 말했습니다.

"수사님, 수사님은 이 문제를 어떻게 해결해야 할지 분명 알고 계십니다. 자, 이제 진정하십시오. 당신은 나의 고해신부이고, 이 땅의 소금[22]이며, 음식에 간을 맞추는 분입니다. 부디 마음을 가라앉히고 당신을 슬프게 만드는 것이 무엇인지 말씀해 보세요."

---

*21 이 탁발수사는 신학 학위를 취득한 자로, '선생'이라 불릴 자격이 있었다. 〈마태오 복음서〉 23 : 7절 등에도 나오는 말.
*22 〈마태오 복음서〉 5 : 13.

그러자 여러분도 이미 알고 있는, 그 환자에게 당한 이야기를 오래도록 늘어놓았습니다. 무슨 내용인지 여러분도 아실 테지요?

탁발수사의 이야기를 처음부터 듣고 있던 이 집의 안주인이 이렇게 말했습니다.

"오, 성모님! 복되신 성모 마리아시여! 그런데 그게 전부입니까? 사실대로 말씀해 보세요."

그러자 탁발수사가 물었습니다.

"부인은 어떻게 생각하십니까?"

"내가 어떻게 생각하느냐고요? 그건 상놈이 상놈짓을 한 것이지, 그 밖에 뭐가 있겠습니까? 하느님, 그에게 불행을 내리소서! 그의 병든 머릿속은 어리석음으로 가득 차 있습니다. 내가 보기에는 아마도 미친 것 같아요."

"부인, 주께 맹세코 저는 거짓을 말씀드리지 않았습니다. 달리 복수할 방법이 없다면 저는 어디서건 설교를 할 때마다 그놈을 욕할 겁니다. 도저히 나눌 수 없는 것을 똑같이 나누어 가지라고 말한 그 거짓말쟁이에다 신성 모독자를 말입니다!"

하지만 영주는 무언가에 홀린 사람처럼 잠자코 있었습니다. '도대체 무슨 생각으로 그자가 탁발수사를 골탕먹인 것일까?' 마음속으로 이렇게 생각하면서 영주가 말했습니다.

"이런 이야기는 내 평생 처음 들어 봅니다. 아마도 악마가 그런 생각을 하게 만들었겠지요. 지금까지 나온 수학책을 모두 뒤져도 이 수수께끼를 해결할 수는 없을 겁니다. 방귀 냄새와 그 소리를 공평하게 나누어 가졌다고 해도 그것을 어떻게 증명하겠소? 어리석고 건방진 녀석. 저주나 받아라! 여러분도 이런 이야기 들어 본 적 있소? 천벌을 받을 놈 같으니! 모든 사람에게 평등하게 나누어 가지라고? 그런 일이 있을 수 있다고 생각하는 거야? 에잇, 어리석은 놈. 주님, 부디 그를 멸하소서! 뿡뿡거리는 방귀 소리든 무슨 소리든, 모든 소리는 공기의 진동에 불과한 것을. 그 소리는 점차 작아지면서 사라지지. 그걸 똑같이 나눴다고 판단할 수 있는 사람은 아무도 없어. 내 백성이 내 고해신부에게 그런 악의에 찬 짓을 하다니! 내 생각에, 그자는 분명 악마에 사로잡혀 그랬을 겁니다. 수사님, 그놈이 한 말은 잊어버리시고 어서 식사나 하세요. 제 손으로 목을 매달아 악마에게 끌려갈 놈입니다."

방귀를 12등분 하는 것에 대해 영주의 종복이 한 말

그때 탁자 옆에서 고기를 썰고 있던 영주의 종복이 그들 말을 하나도 빠짐없이 듣고 나서 이렇게 말했습니다.

"주인님, 이렇게 끼어들어 죄송합니다. 하지만 제게 옷 한 벌 만들 수 있는 옷감을 주신다면, 이 탁발수사님에게 수도원에 계신 모든 수사님들이 방귀를 골고루 나눠가질 수 있는 방법을 말씀드리겠습니다."

영주가 말했습니다.

"어서 말해 보아라. 옷감은 즉시 주도록 하지. 하느님과 성 요한을 걸고 약속하마."

소환리의 이야기 방귀를 12등분하다

영주의 대답을 들은 종복이 말을 이었습니다.

"바람 한 점 없고, 공기의 저항도 없는 날씨 좋은 날, 이곳으로 수레바퀴 하나를 가져오라고 하십시오. 바퀴살이 온전하게 붙은 바퀴 말입니다. 그리고 수사님 열두 분을 불러오십시오. 왜냐고요? 제가 알기로는 수도원에는 모두 열세 분의 수사님이 계십니다. 보통 바퀴에는 열두 개의 살이 있지요. 열두 분의 수사님들이 무릎을 꿇고 각각 저마다 살 끝에 코를 대고 꼼짝하지 말라고 지시하십시오. 여기에 계신 고해신부님은 높으신 분이니까 바퀴살이 모인 부분에 코를 대십시오. 그러니까 바퀴 중앙 아래에 코를 대라는 말입니다. 그런 다음에 뱃가죽이 북처럼 팽팽하고 탱탱한 그 상스러운 토머스를 이곳으로 데려와서 수레바퀴 한가운데에 올려놓고 방귀를 뀌도록 하는 겁니다.

제 목숨을 걸고 말씀드리는데, 아마 여러분들은 방귀 소리와 악취가 같은 속도로 열두 개의 바퀴살로 골고루 퍼져 나가는 것을 보실 수 있을 것입니다. 하지만 여기에 계신 고해신부님은 매우 고귀한 분이시므로 이 지위에 걸맞게 방귀 소리와 냄새를 가장 먼저 맛보게 되실 겁니다. 탁발수사님들은 아직도 중요한 사람에게 무엇이든 가장 먼저 대접하는 훌륭한 관습을 지키고 있습니다.

그러니 여기에 계신 고해신부님은 충분히 그럴 만한 자격이 있다고 생각합니다. 오늘만 해도 교단에서 훌륭한 설교를 하셨습니다. 그래서 제 생각으로는 방귀 냄새를 처음으로 맡게 하는 것이 옳다고 생각합니다. 아마 다른 수사님들도 같은 생각을 하시리라고 확신합니다. 왜냐하면 이 수사님은 아주 훌륭하고 거룩하게 행동하시기 때문입니다."

탁발수사를 제외한 영주와 영주 부인 그리고 그 자리에 있던 모든 사람들은 종복 젠킨이 유클리드나 프톨레미*23처럼 이 문제를 훌륭히 잘 처리했다고 말했습니다. 또한 병자 토머스에 대해서는, 뛰어난 지혜와 지성을 가진 사람만이 그런 말을 할 수 있을 것이니, 그는 바보나 미친 사람이 아니라고 결론을 내렸습니다. 이렇게 젠킨은 새 옷을 한 벌 얻어 입게 되었답니다.

내 이야기는 이것으로 끝입니다. 이제 곧 마을에 도착하겠군요.

소환리의 이야기는 여기에서 끝난다.

---

*23 유클리드는 기원전 300년 무렵, 그리스의 수학자·물리학자로 '기하학의 아버지'라 불린다. 프톨레미는 그리스 출신의 2세기 알렉산드리아의 수학자·천문학자·지리학자인 프톨레미우스 클라우디오스. 천동설을 주장함.

옥스퍼드 대학생의 이야기

옥스퍼드 대학생의 이야기 머리글

이야기의 진행을 맡고 있는 여관 주인이 말했습니다.

"옥스퍼드 대학생 양반! 당신은 아무 말도 없이 조용히 말만 몰고 있군요. 마치 갓 결혼한 신부가 처음으로 식탁에 앉은 것처럼 말이오. 하루 내내 당신은 말 한마디 하지 않았소. 내가 보기에 당신은 어떤 철학적인 문제를 깊이 생각하고 있는 것 같구려. 하지만 솔로몬 왕이 말했듯이 '무슨 일이나 다 때가 있다'*¹고 하지 않소.

자, 기운 내고 얼굴을 좀 펴시오. 지금은 사색을 하는 시간이 아니오. 약속대로 재미있는 이야기나 들려 주시오. 이 놀이에 낀 사람은 누구든지 규칙을 지켜야 하니 말이오. 하지만 사순절에 탁발수사들이 하는 식으로 설교를 늘어놓거나, 우리의 죄를 뉘우치게 하면서 눈물을 흘리게 만들지는 마시오. 그렇다고 재미라고는 눈곱만큼도 없는 이야기로 우리를 졸게 해서도 안 되오.

신나는 모험 이야기나 하나 하시구려. 그리고 당신들의 꽃이라고 일컬어지는 고상한 말투나 어려운 말은 고이 간직했다가 왕이나 다른 귀족들에게 글을 지어 바칠 때나 쓰도록 하시오. 지금은 우리 모두가 당신 말을 알아들을 수 있도록 쉽게 이야기해 주기 바라오. 그럼, 부탁합니다."

그러자 마음씨 착한 대학생이 다정하게 말을 건넸습니다.

"사회자님 말씀대로 하겠습니다. 지금 우리를 이끄는 분은 당신이니, 이치에 닿는 일이라면 당신의 말대로 따를 것을 맹세합니다. 그럼 파도바에서 어느 훌륭한 학자*²에게 직접 들은 이야기를 하겠습니다. 이 학자의 말과 행동은 모든 사람의 존경을 받기에 충분한 것이었습니다. 지금은 고인이 되어

---

*1 〈전도서〉 3 : 1. 〈탁발수사의 이야기〉에도 같은 구절이 있다.
*2 프란시스 페트라르카(1304~1374)를 가리킨다. 1341년에 그는 1341년에 계관시인이 되었다.

땅 속에 묻혀 있습니다. 주님께서는 부디 그의 영혼을 보살펴 주시기를! 그는 계관시인 프란체스코 페트라르카라고 불렸습니다. 리냐노가 철학과 법학을 비롯하여 많은 지식으로 온 이탈리아를 빛냈듯이, 페트라르카는 아름다운 시로 이탈리아 전역을 환하게 비추었습니다. 그러나 우리가 이 세상에 오래 머물기를 바라지 않는 죽음이 눈 깜짝할 사이에 이 두 사람의 목숨을 앗아갔습니다. 결국 우리 모두는 죽을 수밖에 없습니다.

이 이야기를 들려 준 훌륭한 사람이, 본문을 쓰기 전에 앞서 멋진 문체로 머리글을 썼다는 사실을 말씀드리고 싶습니다. 이 머리글에서 페트라르카는 피에드몬트와 살루초 근교를 자세히 묘사하고 있습니다. 또한 서부 롬바르디의 경계를 이루는 험준한 아페닌 산맥, 특히 그 중에서도 비소 산을 다루는데, 그곳은 바로 포 강이 시작되는 곳입니다. 이 강은 조그만 샘에서 흘러나와 에밀리아와 페라러 그리고 베네치아를 향해 동쪽으로 흐르면서 물길이 커집니다.

이 모든 것을 자세히 설명하려면 너무나 많은 시간이 걸릴 것이며, 이 이야기의 머리글으로서는 필요할지 몰라도 주된 이야기를 소개하는 데에는 적당하지 않다고 생각합니다. 자, 이제 이야기를 시작하겠습니다. 잘 들어 주십시오."

옥스퍼드 대학생의 이야기가 시작된다.

1

이탈리아의 서쪽, 그 추운 비소 산*3의 만년설 아래로 곡식이 풍성하게 자라는 기름진 들판이 펼쳐져 있었습니다. 그곳에는 우리 선조들이 세웠던 많은 탑과 성읍들이 여기저기 흩어져 있었습니다. 또한 아름다운 명승지들이 한둘이 아니었는데, 이렇게 멋진 지역이 다름 아닌 살루초였답니다. 한 옛날, 대대손손 살아온 이 고을의 영주는 후작으로, 그의 조상들 역시 영주였습니다. 그가 다스리는 사람들은 부자건 가난하건 모두 그의 말에 진심으로 따랐고, 늘 그에게 보탬이 되고자 마음먹고 있었습니다. 그는 이렇게 운명을

---

*3 만년설을 이고 있는 벨스 산(해발 3779미터)을 가리킨다.

거느리는 여신의 보살핌을 받으며, 오랫동안 귀족들과 백성들의 엄숙한 사
랑을 받으며 행복하게 살고 있었습니다.

그의 혈통은 롬바르디의 으뜸가는 가문이었습니다. 외모는 출중했으며 힘
도 세었고 혈기가 왕성했습니다. 또한 명예를 존중하고 예의바르며, 현명하
게 자기 영지를 다스릴 줄 알았습니다. 한두 가지 실수한 것 말고는 완벽하
게 영지를 통치했습니다. 이 젊은 영주의 이름은 월터였습니다.

그러나 그는 비난받아야 할 점도 있었습니다. 그것은 바로 장차 생길지도
모르는 일에 대해서는 전혀 준비하지 않는다는 것이었습니다. 그는 현재의
기분에만 온 정신이 팔려 있었던 터라, 영지 주위를 어슬렁거리고 돌아다니
며 동물 사냥이나 매 사냥을 하며 시간을 보내곤 했습니다. 사실 그는 자기
가 해야 할 일을 게을리하고 있었던 것입니다. 그런데 가장 나쁜 점은 아내
를 맞을 생각을 하지 않는다는 것이었습니다.

이 점에 대해 크게 근심하던 신하들이 어느 날 무리지어 후작을 찾아갔습
니다. 그 가운데 한 사람이 후작에게 말했습니다. 그의 말이라면 왕이 귀담
아들을 것이라고 생각했거나 혹은 이런 미묘한 문제를 어떻게 설명해야 하
는지 잘 알고 있는 사람이었습니다.

"오, 고귀하신 후작님. 저희는 영주님의 인자하신 성품을 믿고, 저희의 근
심을 털어 놓을 필요가 있다고 여길 때마다 영주님께 아룁니다. 영주님, 황

송하오나 저희의 충고를 들어 주시옵소서. 저희들의 말을 주의해서 들어 주시기를 간절히 바랍니다.

저나 지금 이곳에 모인 사람들은 모두 똑같은 생각을 가지고 있습니다만, 영주님께서 늘 제게 온정과 호의를 베풀어 주셨으므로, 저희들의 청원에 귀를 기울여 달라는 말을 대표로 하게 되었습니다. 우선, 제 말을 들어 보시고 영주님께서 좋은 쪽으로 결정하시기를 바라는 마음에서 알현을 청한 것입니다.

영주님, 사실 저희들은 당신과 당신이 하고 계시는 모든 것에 대해 기쁘게 생각하고 있습니다. 하지만 단 한 가지, 당신께서 결혼하겠다는 마음이 있으시다면 그리고 그것이 당신을 기쁘게 하는 것이라면 저희들 또한 너무나 기쁘고 행복할 것입니다. 그렇게만 된다면 영주님을 따르는 백성들은 최고의 평안을 얻게 될 것임을 믿어 의심치 않습니다.

부디 사람들이 혼례 또는 혼인이라고 부르는 그것, 속박이 아닌 한 남편과 한 아내이자 주권자로서 행복한 굴레 앞에 머리를 숙이시기를 간절히 원합니다. 영주님의 슬기로운 지혜로 우리의 앞날이 어떻게 흘러가고 있는지 고려하여 주십시오. 우리가 잠을 자거나 깨어 있거나, 말을 타고 이리저리 방황하든 말든 시간은 잠시도 쉬지 않고 순식간에 흘러가 버립니다. 시간은 기다려 주는 법이 없습니다.

지금 영주님께서는 꽃다운 청춘을 누리고 계시지만 노년은 돌처럼 조용히 다가오고 있습니다. 죽음은 노소를 가리지 않고 우리를 위협하며, 지위의 높고 낮음을 가리지 않고 목숨을 앗아갑니다. 아무도 죽음을 피할 수 없습니다. 언제든 죽는다는 사실은 알고 있지만, 그것이 언제 우리를 덮칠지는 아무도 모른답니다.

그러니 저희들의 진정한 소원을 들어 주십시오. 저희는 지금까지 한 번도 영주님의 명령을 거역한 적이 없습니다. 영주님, 만일 저희의 청을 받아들이신다면 저희가 이 나라에서 가장 훌륭하고 높은 가문에서 태어난 여인을 아내로 맞을 수 있도록 최선을 다하겠습니다. 저희 능력이 닿는 한 하느님께 맹세코 당신께 가장 어울리는 명예로운 여인을 택하겠습니다.

부디 아내를 맞으셔서 저희들을 끊임없이 괴롭히는 걱정에서 해방시켜 주십시오. 하늘에 계신 하느님을 위해서라도 아내를 취하시기를 바랍니다. 그런 일이 있어서는 안 되겠지만, 만일 영주님이 돌아가셔서 대가 끊어지면 낯선 곳에서 건너온 후계자가 영주님의 뒤를 잇게 됩니다. 그렇게 되면 저희는 얼마나 가련한 백성이 되겠습니까! 영주님께 간청하오니, 가능한 한 빨리 혼례를 치르십시오."

신하들의 간곡한 청원과 그들의 애원하는 눈빛을 보자 영주는 마음이 움직였습니다. 그래서 이렇게 말했습니다.

"친애하는 신하와 백성들이여, 여러분들은 내가 생각조차 못한 일을 하라고 요구하고 있소. 나는 자유를 마음껏 누려 왔소.

옥스퍼드 대학생의 이야기 판화(1721) 존 유리 작.

그것은 결혼한다면 결코 맛볼 수 없는 것이오. 자유의 몸이었던 내가 결혼을 함으로써 노예 신분으로 만족해야 한다는 말이오.

하지만 나는 여러분들의 진심을 잘 알고 있소. 그리고 언제나 그랬듯이 여러분들의 양심을 믿어 왔고 앞으로도 그럴 것이오. 따라서 내 자유의사에 따라 가능한 한 서둘러 결혼할 것을 약속하오. 다만 여러분들이 나의 신붓감을 찾아주겠다는 제안을 했는데, 여러분들에게 그런 짐을 지우고 싶지는 않소. 그러니 그런 부담은 갖지 말기를 바라오.

하느님도 알고 계시다시피, 아들이라고 해서 늘 아버지를 닮는 것은 아니오. 선량함이란 하느님에게서 오는 것이지, 혈통이나 가문에서 나오는 것이 아니기 때문이오. 나는 신의 선하심을 믿기에 나의 혼인과 지위와 영혼의 평화를 하느님의 뜻에 맡기겠소.

그러니 아내를 고르는 문제는 내가 선택할 수 있게 해 주시오. 하지만 내가 어떤 아내를 선택하든지 여러분들은 마치 황제의 딸을 대하듯이 그녀의 생명이 다할 때까지 언제나 말과 행실로써 공경할 것을 목숨걸고 다짐해 주기 바라오.

또한 내가 선택한 아내에 대해 반대하거나 이러쿵저러쿵 불평을 하지 않겠다는 맹세도 하시오. 여러분들의 청에 따라 나는 내 자유를 포기하겠소. 그 대신 내 마음에 드는 여자와 결혼할 것이니, 만일 이런 조건에 동의하지 않는다면 더 이상 결혼에 대한 이야기는 하지 않기를 바라는 바요."

이 말을 들은 신하들은 하나같이 진심으로 따르겠다고 맹세했습니다. 그러고는 되도록 빨리 혼례날을 정해 달라고 영주에게 간절히 청하고는 그 자리에서 물러났습니다. 그도 그럴 것이, 신하들은 영주가 결혼하지 않을지도 모른다는 일말의 두려움이 있었던 것입니다.

영주는 자기가 좋다고 생각한 날을 신하들에게 말해 주면서, 날짜를 정한 것은 신하들이 간곡히 요청했기 때문이라는 말을 덧붙였습니다. 신하들은 무릎을 꿇고 황송한 마음으로 순종할 것을 약속하면서, 자신들의 청을 들어준 데 대해 감사의 뜻을 표했습니다. 신하들은 원했던 목적을 이루자 모두 집으로 돌아갔습니다.

영주는 신하들에게 결혼 잔치를 준비하라고 명령했습니다. 또한 궁중기사들과 수습기사들에게 저마다 할 일을 지시했고, 그들은 영주의 분부대로 영광스런 명예에 걸맞은 결혼 잔치를 경애하는 마음으로 준비했습니다.

2

영주가 결혼 준비를 하고 있는 궁정에서 그리 멀지 않은 곳에 작고 아름다운 마을이 있었습니다. 이 마을에서는 빈곤한 사람들이 가축을 기르며 살고 있었습니다. 그들은 대지가 그들에게 풍부히 베풀어 주는 것에 만족하며, 노동으로 생계를 이어가고 있었습니다.

이들 중에서도 자니클라는 가장 가난한 사람이었습니다. 그렇지만 하늘에 계신 하느님께서는 그의 작은 외양간*4에 커다란 은총을 내리셨습니다. 자니클라에게는 너무나 아름다운 딸이 하나 있었는데, 그 처녀의 이름은 그리셀다였습니다.

---

*4 그리스도가 태어날 때의 이미지와 겹쳐진다. 〈누가복음〉 2 : 7~16 및 〈이사야〉 1 : 3.

미덕으로 따지자면 그녀는 천하 으뜸이었습니다. 그녀는 궁핍 속에서 자라났기 때문에 어떤 관능적인 욕심도 없었습니다. 그녀가 마시는 것은 포도주가 아닌 단지 샘에서 솟아나는 맑은 샘물뿐이었습니다. 또한 바르게 사는 생활을 사랑하여, 게으른 안락보다는 부지런히 일하는 것에 익숙해져 있었지요.

나이는 어렸지만 순결한 가슴속에는 확고한 신념과 성숙한 영혼이 깃들어 있었습니다. 그녀는 늙은 아버지를 모든 정성을 쏟아 보살폈습니다. 또한 몇 마리 안 되는 양들이 풀을 뜯어먹는 모습을 지켜보면서 실을 잣곤*5 했습니다. 그녀는 잠자리에 들 때까지 시간을 함부로 낭비하지 않았습니다.

집으로 돌아올 때면 가끔씩 나무뿌리나 풀을 가져와 잘게 썰거나 쪄서 먹었습니다. 그리고 푹신함이라고는 조금도 느낄 수 없는 딱딱한 침상에서 잠을 잤습니다. 그러면서도 늘 자식으로서 최선을 다해 아버지를 돌보았습니다.

영주는 말을 타고 사냥을 나가곤 했는데, 하루는 우연히 그리셀다를 보게 되었습니다. 그 뒤로 영주는, 찢어지게 가난한 이 소녀를 눈여겨 보았지요. 정복자의 방자하고 음탕한 눈빛으로 바라본 것이 아니라 자못 진지한 표정으로 그녀의 행동을 지켜본 것입니다.

그는 그녀의 고운 얼굴뿐만 아니라, 그녀가 지닌 넉넉한 덕성을 높이 평가했습니다. 이 점은 그녀 나이 때의 젊은 사람에게서는 볼 수 없는 것이었으니까요. 세상사람들은 그리셀다가 지닌 성품을 제대로 알아주지 않았지만, 그는 그런 미덕을 정확하게 제대로 평가했습니다. 그래서 결혼을 하게 된다면 그리셀다와 하겠다고 결심하고 있었지요.

결혼식날이 차차 다가왔지만 누가 신부가 될 것인지 아는 사람은 아무도 알 수 없었습니다. 사람들은 의아하게 여기며 자기들끼리 이렇게 수군거리곤 했습니다.

"아직도 우리 영주님은 어리석은 생각을 고집스레 하고 있는 게 아닐까? 결혼할 생각이 아예 없는 게 아닌지 몰라. 아, 어쩌면 좋아! 무엇 때문에 우리를 속이고 또한 자기 자신을 속이려고 하는 것일까? 정말 안타까운 일이야."

---

*5 성모 마리아의 이미지와 겹쳐진다.

그러나 영주는 그리셀다에게 줄 금과 청금석으로 꾸며진 보석 브로치와 반지를 이미 준비해 두었습니다. 심지어는 그리셀다의 몸매와 비슷한 처녀를 택해 치수를 재고, 혼례에 어울리는 다른 장식품도 모두 만들게 했습니다.

마침내 결혼식을 올리기로 한 날의 아침이 밝아오고 있었습니다. 궁전 전체가 호화롭게 치장되었고, 연회장과 침실 모두 격식에 맞게 꾸며졌습니다. 그리고 주방과 창고에는 이탈리아 전역에서 가져온 산해진미가 가득 쌓여 있었습니다.

화려하게 차려 입은 영주는 결혼식에 초대한 귀족들과 귀부인들을 비롯하여 젊은 기사들을 거느리고 웅장한 음악을 울리며 그리셀다가 살고 있는 마을로 갔습니다.

그리셀다는 이 모든 의상이 자기를 위해 만들어졌다는 것은 꿈에도 모른 채, 물을 길러 우물로 갔다가 급히 집으로 돌아왔습니다. 그날 영주의 결혼식이 있다는 소문을 익히 들어 알고 있었던 그녀는, 그 광경을 보고 싶었던 것입니다.

그녀는 이렇게 생각했습니다. '친구들과 함께 우리 집 문 앞에 서 있으면 영주님의 신부를 볼 수 있을 거야. 서둘러서 집안일을 끝마쳐야겠어. 그러면 신부가 이 길을 통해 성으로 들어가는 모습을 지켜볼 시간이 있을 거야."

그리셀다가 막 문지방을 넘어서려 하는 순간, 막 도착한 영주가 그녀를 나직이 불렀습니다. 그녀는 물항아리를 대문 근처에 있는 외양간에 내려놓으면서, 무릎을 꿇고 긴장한 표정으로 말없이 영주의 말이 떨어지기만 잠자코 기다렸습니다.

영주는 매우 엄숙한 표정으로 그리셀다에게 정중히 말했습니다.

"그리셀다, 그대의 아버지는 어디 계시오?"

공손한 그녀는 예의바르게 대답했습니다.

"안에 계십니다, 영주님."

그리셀다는 조금도 지체하지 않고 안으로 들어가 아버지를 영주에게 안내했지요.

영주는 노인의 손을 잡고는 아무도 없는 곳으로 가서 이렇게 말했습니다.

"자니클라, 나는 내 마음속에 솟아오르는 기쁨을 더 이상 숨길 수 없습니다. 당신이 허락한다면 당신의 딸을 데려가려 합니다. 그리고 죽음이 우리를

그리셀다의 집
으로 찾아온
영주

갈라놓을 때까지 내 아내로서 사랑하겠습니다.

당신은 나를 아끼지요? 그럴 것이라고 확신합니다. 당신은 내 충성스러운 백성이며, 내가 기뻐하는 일이면 당신도 똑같이 기뻐할 것임을 알고 있습니다. 그러니 지금 나의 청혼에 대해 분명히 대답해 주시오. 나를 당신 사위로 받아들이겠습니까?"

갑작스런 제안에 놀라고 당황한 노인은 얼굴이 새빨개진 채, 머리끝부터 발끝까지 벌벌 떨며 꼼짝도 못하고 있었습니다. 그는 간신히 다음과 같이 말했을 뿐입니다.

"영주님, 영주님의 소원은 곧 저의 소원입니다. 저는 절대로 영주님이 가시는 길에 걸림돌이 되고 싶지 않습니다. 영주님은 제가 사랑하는 왕이십니다. 그러니 바라시는 대로 하십시오."

그러자 영주는 부드러운 목소리로 이렇게 말했습니다.

"하지만 나는 그리셀다와 함께 당신 침실에서 아무도 모르게 이야기하고 싶습니다. 그건 다음과 같은 이유가 있기 때문입니다. 먼저, 나는 그녀가 내 아내가 되어 줄 것인지, 또 내 뜻대로 따를 마음이 있는지 물어 보고 싶습니다. 당신이 보는 앞에서 말이지요."

이렇게 영주와 자니클라가 침실에서 이야기를 주고받는 사이 영주의 행렬을 구경하기 위해 나온 마을 사람들이 집 주위로 몰려와, 그리셀다가 아버지를 얼마나 정성을 다해 돌봐 왔는지 칭찬을 늘어놓았습니다.

이런 광경을 한 번도 본 적이 없었던 그리셀다 또한 놀라움을 감출 수 없었습니다. 게다가 자기 집에 그토록 높고 귀한 손님이 찾아온 것에 말문이 막혀 아무 말도 할 수 없었습니다. 그건 당연한 일이었지요. 이렇게 귀한 손님들을 맞이해 본 적이 없었던 그녀는 얼굴에 핏기마저 가셨습니다. 영주는 착한 그리셀다에게 말했습니다.

"그리셀다여, 우리의 결혼에 대해 당신의 아버지와 나는 만족스럽게 생각하오. 아마 당신도 그럴 것이라고 짐작하오. 그러나 일을 급하게 서둘러야 하니 먼저 물어 보겠소. 당신은 이 결혼에 동의하시오? 아니면 좀 더 고민하길 원하오? 그러니까 이것은 나의 모든 소원을 당신이 지체하지 않고 기꺼이 들어 주겠는지를 묻는 것이오. 그리고 내가 당신에게 기쁨을 주던 고통을 주던 내 마음대로 해도 되는지 또한 내가 무엇을 하든 조금도 불평을 하지 않을 것인지를 묻는 것이라오. 즉, 내가 '그렇다' 고 말하는데 당신은 '아니오' 라고 말하거나, 혹은 불만스런 인상을 쓰지 않겠느냐는 것이오. 이런 것을 맹세해 준다면 나는 지금 당장 이곳에서 우리의 성혼을 공포하겠소."

영주의 말에 너무 놀란 그리셀다는 두려운 마음으로 몸을 바들바들 떨면서 대답했습니다.

"영주님, 저는 당신이 내리시는 영광을 받을 자격이 없습니다. 하지만 영주님의 모든 소원은 제 소원이기도 합니다. 제 목숨을 잃는 한이 있어도 제 마음대로 행동하지 않겠으며, 영주님의 말도 어기지 않겠다고 맹세합니다. 영주님을 위해서라면 죽음도 겁내지 않겠습니다."

그러자 영주가 말했습니다.

"그것으로 충분하오, 그리셀다!"

영주는 엄숙한 표정으로 문을 향해 걸음을 옮겼고, 그리셀다는 그의 뒤를 따랐습니다. 문 앞에 이르자, 영주는 군중들에게 이렇게 말했습니다.

"지금 내 옆에 서 있는 이 사람이 나의 아내이다. 나를 사랑하는 자는 모두 이 여인을 사랑하고 공경하기 바란다. 내가 하고 싶은 말은 이것뿐이다."

그러고 나서 영주는 그리셀다가 헌 옷을 한 가지라도 궁전으로 가져가지 못하도록, 여인들에게 곧바로 그녀의 옷을 갈아입히라고 지시했습니다. 귀부인들은 그리셀다가 입고 있던 남루한 옷을 기꺼운 마음으로 만지지는 않

그리셀다를 치
장해 주는 귀
부인들

앉습니다. 하지만 그들은 어여쁜 처녀를 머리에서 발끝까지 마침내 새 옷으로 갈아입혔습니다.

그리고 그들은 헝클어진 그녀의 머리를 곱게 빗겨 주었으며, 부드러운 손으로 그녀의 머리에 화관을 씌워 주었고, 온갖 종류의 보석으로 치장해 주었습니다. 어떻게 장식했는지에 대해서는 구태여 말하지 않아도 되겠지요? 그리셀다가 화려하게 꾸미고 나오자, 그 모습이 너무도 아름다워 사람들은 그녀를 제대로 알아보지 못할 정도였습니다.

영주는 준비해 온 반지를 끼워 주었으며 이로써 그리셀다를 아내로 맞이하게 되었습니다. 그런 다음 백마 위에 태웠는데, 그 모습은 마치 하얀 눈과도 같았습니다. 그는 더 이상 지체하지 않고 그녀를 궁전으로 데려갔습니다. 기쁨에 들뜬 군중들도 환호성을 지르며 궁전까지 따라갔지요. 그리고 해가 질 때까지 잔치가 벌어졌습니다.

이야기를 서두르기 위해 간단히 말하겠습니다. 하느님은 이 영주 부인에게 지극한 은총을 베풀었습니다. 그녀는 초가집이나 외양간에서 태어나 자란 여자가 아니라, 황궁에서 교육받은 여자처럼 보였습니다. 그녀가 태어날 때부터 알고 있던 고향 마을 사람들조차도 그녀가 자니클라의 딸이라는 사실을 믿을 수 없을 정도였지요. 그녀는 완전히 다른 여자로 변해 있었던 것입니다.

천성이 착하고 어진 그리셀다였지만, 그 덕성스럽고 자비로운 마음은 날이 갈수록 깊어져, 마침내 그녀의 인격은 인간이 다다를 수 있는 최고의 경지까지 이르게 되었습니다. 그녀는 늘 신중하고 다정했으며 말투도 상냥하여, 모든 사람에게 사랑과 존경을 한 몸에 받았습니다. 그녀를 단 한 번이라도 본 사람은 누구나 그녀를 사랑하게 되었지요.

그녀의 명성은 살루초뿐만 아니라 인근 지방에까지 널리 알려지게 되었습니다. 그녀에 대한 칭찬은 이 사람 입에서 저 사람 입으로 이어졌습니다. 이렇게 그녀의 명성은 자자하게 퍼져 나갔고, 마침내 남녀노소 가릴 것 없이 수많은 사람들이 그녀를 보기 위해 살루초를 방문하기에 이르렀습니다.

이렇게 영주 월터는, 신분은 낮지만 고귀한 마음을 가진 아내를 맞아 행복하고 명예로운 결혼 생활을 누릴 수 있었습니다. 그는 하느님이 내려주신 평화 속에서 안락하게 살았고, 커다란 명성을 누렸습니다. 그는 신분이 낮은 사람들 가운데서도 덕이 있는 사람들을 발견할 줄 알았으므로, 사람들은 그를 흔히 찾아볼 수 없는 위대한 현자라고 여겼습니다.

그리셀다는 타고난 지혜로 아내로서의 의무를 다했을 뿐만 아니라, 필요할 때에는 공익이 되는 일을 권할 줄도 알았습니다. 또한 나라 안에서 일어나는 온갖 불화나 증오, 나쁜 감정까지도 현명하게 충고하여 사람들을 평화롭고 기쁨으로 충만하게 만들어 주었습니다.

또 남편이 다른 곳에 나가 있을 때, 귀족들이나 백성들 사이에 다툼이 일어나면 그녀는 그들을 잘 설득하여 화해시켰지요. 그녀는 매우 현명했고 부드러운 말투로 이야기했으며, 공정하게 판단했습니다. 그래서 사람들은 그리셀다를 자기들을 구하고 모든 잘못을 바로잡기 위해 하느님이 보내주신 사람이라고 생각했습니다.

결혼한 지 얼마 되지 않아 그리셀다는 딸을 낳았습니다. 그녀는 아들이었으면 더 좋았을 것이라고 아쉬워했지만, *6 후작과 백성들은 모두 기뻐하였습니다. 이번에는 여자아이가 태어났지만 그녀가 불임이 아닌 이상, 남자아이도 낳을 수 있으리라 믿었기 때문입니다.

---

*6 이러한 이유로, 당시의 세습 제도를 생각할 수 있다.

이런 일이 있었습니다. 아기가 아직 젖먹이였을 때, 영주는 아내의 성실함을 알아보고 싶다는 생각을 하게 되었습니다. 남자들은 이따금 이런 생각을 하는 법입니다. 그는 아내를 시험해 보고 싶은 욕망을 이상하게도 억누를 수가 없었습니다. 하느님도 알고 계시는 일이지만 굳이 그럴 필요가 없음에도 그는 아내를 놀라게 하려 했던 것이지요.

그는 이전에도 그녀의 됨됨이를 충분히 시험했으며, 그럴 때마다 그녀는 훌륭하게 대처했습니다. 그럼에도 그는 또다시 그녀를 시험하려고 했습니다. 어떤 사람들은 그런 그의 행동을 현명하고도 교묘한 방법이라며 두둔할지도 모릅니다. 그러나 나는 쓸데없이 아내를 시험하여 그녀에게 정신적인 고통을 주고, 또한 공포 속에 빠뜨리는 것은 남편으로서 할 일이 아니라고 생각합니다.

영주는 계략을 꾸몄습니다. 어느 날 밤, 그는 엄숙하고 근심어린 표정으로 아내가 자고 있는 방으로 가서 말했습니다.

"그리셀다! 내가 당신을 가난에서 건져 주고 높은 지위를 주었던 그날을 설마 잊지는 않았겠지? 지금 당신이 큰 복을 누리고 있다고 해도 예전에는 극빈하게 살았다는 사실을 잊지 않았느냐는 말이오.

이제 내가 하는 말을 하나도 빠짐없이 귀담아 들으시오. 이곳에는 우리 둘만 있을 뿐, 아무도 엿듣는 사람은 없소.

당신이 이 궁전으로 오게 된 사정은 자신이 잘 알고 있을 것이오. 나는 여전히 당신을 사랑하고 소중히 여기고 있소. 하지만 귀족들은 그렇게 생각하지 않소. 그들은 시골에서 태어난 비천한 사람에게 복종하고 충성을 다한다는 것은 불명예이며 치욕이라고 말하고 있거든.

특히 우리 딸이 태어난 뒤로는 더 심하오. 이건 의심할 여지가 없소. 난 전과 다름없이 그들과 평화롭게 지내기를 바라오. 나는 공주를 위해 최선을 다해야 되겠지만, 제멋대로 하는 게 아니라 백성들이 기쁘게 여길 수 있도록 해야 되오.

하느님도 아실 거요. 이건 나로서는 매우 곤혹스러운 일이지만 당신에게 알리지 않고 내 마음대로 하지는 않을 것이오. 내 뜻에 순종함으로써 당신의 인내심을 보여 주시오. 우리가 결혼한 날, 당신이 내게 맹세했듯이 말이오."

남편의 말을 다 들은 뒤에도 그녀의 말투나 태도, 표정에는 아무런 흔들림이 보이지 않았습니다. 겉으로 나타난 모습만 가지고 말하자면, 그녀는 전혀 슬퍼하는 것 같지도 않았습니다. 남편의 요구에 그리셀다는 이렇게 대답했습니다.

"무엇이든 당신이 원하는 대로 하세요. 제 딸과 저는 당신 것이며 기꺼이 당신의 명령에 복종하겠습니다. 죽이든 살리든 그것은 당신 마음입니다. 당신 뜻대로 하세요. 당신 마음에 드는 것 가운데 제 마음에 들지 않는 것은 아무것도 없습니다. 구세주이신 하느님을 두고 맹세하건대 당신이 바라는 일이라면 저는 기꺼이 따르겠습니다. 제가 가지고 싶은 것은 당신뿐이며, 제가 잃어버리고 싶지 않은 것 또한 당신뿐입니다. 이것만은 변치 않는 저의 바람입니다. 세월이 아무리 흘러도, 또한 제가 죽는 한이 있더라도 당신을 향한 제 마음을 지우거나 변하게 할 수는 없을 것입니다."

그리셀다의 이런 대답을 들은 영주는 마음속으로는 말할 수 없이 행복했지만 겉으로는 아무렇지 않은 듯 꾸몄습니다. 방을 나서는 그의 태도나 표정은 매우 우울해 보였습니다. 이 일이 있은 지 얼마 지나지 않아, 영주는 한 사나이에게 자기의 계략을 모두 말한 뒤, 그를 아내에게 보냈습니다. 이 사나이는 영주에게 신임을 얻고 있는 그의 심복이었습니다. 이런 사람들은 좋지 않은 일을 쉽게 해치우는 기술을 터득하고 있는 법이지요. 영주는 그가 충성스러우면서도 동시에 자기를 두려워하고 있다는 사실을 잘 알고 있었습니다. 영주가 원하는 것이 무엇인지 잘 알고 있던 그 남자는 발소리도 내지 않고 조용히 그리셀다의 방으로 들어갔습니다. 그리고 이렇게 말했지요.

"부인, 저의 본분은 명령을 이행하는 것이므로, 어쩔 수 없이 제 일을 해야만 합니다. 부인께서도 잘 알고 계시겠지만, 영주님의 명령에 대해 불평하거나 원통해할 수는 있어도 어기거나 회피할 수는 없는 일입니다. 백성들은 반드시 그분의 명령을 따라야만 합니다. 저 또한 그분의 명령에 복종하는 수밖에 없습니다. 더 이상은 말씀드릴 수 없습니다. 영주님은 제게 저 아이를 데려가라는 지시를 내리셨습니다."

그는 말을 멈추고 잔혹하게 아기를 빼앗았습니다. 그리고 방을 나서기 전, 마치 그 아이를 죽일 것 같은 험상궂은 표정을 지어 보였지요. 그리셀다는 모든 것을 포기한 채, 순순히 따라야만 했습니다. 그녀는 순한 양처럼 조용히 앉아 이 잔인한 남자가 하는 행동을 바라보고만 있었습니다.

그 남자는 악명 높은 평판대로 행동도, 표정도, 말투도 매우 거칠었습니다. 그리고 그가 지은 겉모습으로 보아 불길한 일이 일어날 것만 같았습니다. 그녀가 그토록 사랑한 딸의 슬픈 운명이여! 그녀는 그 자리에서 당장 그가 사랑하는 딸을 죽일 것이라고 생각했지만 울지도 않고 탄식하지도 않았습니다. 그저 남편의 뜻을 따를 뿐이었습니다.

하지만 그리셀다는 훌륭하고 고귀한 사람을 대하는 듯한 말투로 그 사나이에게 딸이 죽기 전에 이별의 입맞춤이라도 하게 해 달라고 간곡히 부탁했습니다. 그러고는 매우 침착한 모습으로 딸아이를 가슴에 껴안고, 성호를 그으며 아기를 축복한 뒤, 입맞추며 부드럽게 말했습니다.

"내 사랑하는 아가야, 잘 가렴! 이제 다시는 너를 보지 못하겠구나. 하지만 너에게 성호를 그어 주었으니 우리를 위해 나무십자가에 못 박혀 돌아가신 하늘에 계신 하느님께서 너를 축복해 주실 거야. 사랑하는 딸아, 하느님께 네 영혼을 맡긴다. 네가 오늘 밤 죽게 된 것이 바로 이 어미 때문이로구나."

유모가 이 광경을 목격했다면 도저히 견딜 수 없었을 것입니다. 그러니 자식을 낳은 어머니로서 얼마나 통탄할 일이었겠습니까? 그러나 그녀는 차분하고 태연하게 이런 모든 고통을 참아 내면서 영주의 심복에게 다정하게 말했습니다.

"자, 아이를 받으세요. 이제 영주님의 명령을 받들도록 하세요. 하지만 한 가지 부탁이 있습니다. 영주님이 금하지 않으셨다면 이 작은 몸을 짐승들이나 새들이 해코지하지 않을 곳에 고이 묻어 주세요."

이렇게 공손히 부탁했건만 그 사나이는 아무 말도 하지 않은 채 아기를 거칠게 빼앗아 사라져 버렸습니다.

부하는 다시 영주에게 돌아가서 그리셀다가 했던 말과 행동을 간결하지만 낱낱이 보고한 다음, 사랑스런 딸을 영주의 품에 안겨 주었습니다. 영주는 아내가 가엾게 생각되었지만, 후작들이 자기 뜻을 이루고자 할 때 하는 것처럼 확고한 의지를 굽히지 않고 굳건히 했습니다.

영주는 부하에게 명령하여 아기를 조심스럽게 모포로 감싼 뒤, 상자에 넣거나 강보에 싸서 아무도 모르게 데려가라고 했습니다. 그러면서 이 일은 누구도 눈치 채서는 안 되며, 그 아이가 어디에서 왔으며 어디로 가는지도 알려져서는 안 된다고 덧붙였습니다. 그리고 마지막으로, 만일 이 비밀이 새어 나가는 날이면 그를 참수하겠다고 말했습니다.

부하는 아이를 볼로냐 근처 파냐고*[7]의 백작부인인 그의 누이에게로 데리고 가서, 이 상황을 설명하고 그 아기를 귀족신분에 걸맞게 최선을 다해 잘 키워 달라고 부탁했습니다. 그리고 그 아이가 누구의 딸인지는 아무에게도 밝히지 말라고 당부했습니다. 부하는 이렇게 그의 임무를 완수했습니다.

이제는 영주에 대해 이야기를 하겠습니다. 영주는 아내를 시험하고자 하는 마음을 결코 버리지 않았습니다. 그는 아내의 행동이나 말투가 달라지지는 않았는지 눈여겨 보았습니다만 아내는 조금도 달라지지 않았다는 것을 알았습니다. 그녀는 여전히 다정하고 상냥했습니다. 그녀는 자기가 해야 할 도리에 있어서도, 남편에 대한 사랑에 있어서도 늘 기쁨에 넘쳐 보였으며, 모든 것을 겸손히 세심하게 배려하고 있었습니다. 뿐만 아니라 단 한 번도 딸에 대한 이야기를 입에 올리지 않았습니다. 모진 아픔을 겪었음에도 그녀는 조금도 변하지 않았던 것입니다.

4

그녀의 태도는 늘 한결같았습니다. 어느덧 4년이라는 세월이 흘러 그리셀다는 다시 아기를 가졌습니다. 이번에는 하느님께서 월터에게 아주 잘생긴 사내아이를 선사해 주셨습니다. 이 소식이 전해지자 영주뿐만 아니라 온 백성들이 하느님께 감사를 드리고 찬미하면서 기뻐했습니다.

그런데 아이가 두 살이 되어 유모의 젖을 뗀 어느 날, 영주는 다시 한 번 아내의 인내심을 시험해 보고 싶다는 작정을 했습니다. 또다시 그리셀다를 시험한다는 것이 얼마나 쓸데없는 일입니까! 하지만 결혼한 남자들이란 참을성 있는 아내를 만날수록 한없이 시험해 보고 싶은 마음이 생기나 봅니다.

영주가 말했습니다.

"사랑하는 그리셀다, 당신도 알다시피 백성들이 우리의 결혼을 탐탁지 않게 여기고 있다는 것은 당신도 이미 들었을 것이오. 특히 우리 아들이 태어난 뒤로는 더욱 그런 것 같소. 그들의 절망이 내 심신을 피폐하게 만드는구

---

*7 볼로냐에서 남쪽으로 약 20마일 떨어져 있는 성 아래 마을이라고 되어 있으나 단정할 수는 없다.

그리셀다로부터 지난번의 딸도 그랬듯이 이번엔 아들마저 빼앗아 가는 영주의 심복

려. 그들의 수군거리는 소리가 내 귀를 얼마나 심하게 찌르는지 내 가슴이 갈래갈래 찢기는 것만 같다오. 그들이 뭐라고 하는지 아시오? '월터가 죽으면 자니클라의 가족이 그 자리를 계승하여 우리의 주인이 될 거야. 우리에게는 달리 후사가 없지 않은가' 하고들 있지. 나는 이런 이야기를 귀담아들어야만 하오. 비록 내 앞에서는 쉬쉬하고 있지만, 정말이지 나는 백성들이 그런 생각을 하고 있다는 사실이 두렵기 짝이 없소.

난 될 수 있는 한 평화롭게 살기를 바라오. 따라서 전에 이 아이의 어린 누이를 없앴듯이, 이번에도 아들을 그렇게 하려고 하오. 당신에게 미리 알려주는 것은, 당신이 지나치게 슬퍼하여 정신을 잃지 않기를 바라기 때문이오. 지난번처럼 이번에도 잘 참아달라고 당신에게 부탁하고 싶구려."

그러자 그리셀다가 말했습니다.

"지난번에도 말씀드렸다시피 저는 당신이 원하시는 일 말고는 그 어떤 것도 바라지 않습니다. 아무것도 저를 슬프게 만들 수는 없어요. 딸과 아들이 당신의 지시에 의해 죽는다 해도 말이지요. 두 아이로 인해 처음에는 진통을 겪었고, 그 뒤에는 슬픔과 고통 말고는 아무것도 없습니다. 당신은 우리의 주인이시니 당신이 원하시는 대로 하세요. 제 생각은 묻지 마세요. 당신을 따라 처음 이 성으로 올 때 저의 모든 누추한 옷을 집에 남겨 두고 당신이 주신 화려한 의복을 입었듯이, 저는 모든 의지와 자유를 그곳에 남겨두고 왔습니다. 그러니 당신이 원하시는 대로 하세요. 저는 그저 당신을 따를 뿐입니다. 제가 당신의 뜻을 미리 알았더라면 당신이 말씀하시기 전에 곧바로 실행했을 것입니다. 그러나 당신이 원하시는 것이 무엇인지 이제 알게 되었으니 변함없이 당신의 뜻을 따르겠습니다. 제가 죽어야 당신이 행복해질 수 있다면 기꺼이 죽음을 택할 것입니다. 당신을 향한 나의 사랑에 비하면 죽음은 아무것도 아닙니다."

아내의 변함없는 마음을 확인한 영주는 얼굴을 들 수가 없었습니다. 아내가 그토록 모진 고통과 슬픔을 견뎌내는 모습에 그저 놀라울 뿐이었지요. 그는 굳은 표정으로 방을 나섰지만, 마음은 기쁨으로 가득 찼습니다.

영주의 잔인무도한 심복은 전과 똑같은 식으로, 아니 전보다 더 흉악하고 난폭하게 그녀의 귀엽고 예쁜 아들을 빼앗아 갔습니다.

그러나 그녀는 이번에도 끝까지 인내했습니다. 그녀는 슬픈 기색 하나 보이지 않고 아들에게 입을 맞추고 성호를 그은 뒤 축복해 주었습니다. 그리고 그 사나이에게 한 가지만 부탁했습니다. 부디 이 아기를 땅에 깊이 묻어 달라고. 보기만 해도 예쁘고 보드라운 아기의 몸이 새나 짐승의 먹이가 되지 않도록 말입니다. 그러나 그 심복은 이번에도 아무런 대답을 하지 않았습니다. 그는 자신과는 상관없는 일이라는 듯 냉정하게 방에서 나가 버렸습니다. 그리고 이번에도 매우 조심스럽게 아기를 볼로냐로 데리고 갔습니다.

영주는 생각하면 할수록 아내의 인내심에 놀라지 않을 수 없었습니다. 만일 그리셀다가 자기 아이들을 얼마나 사랑했는지 미처 몰랐다면, 아마도 그녀가 교활하거나 마음이 사악한 여자라고 함부로 의심했을 것입니다.

그러나 그는 아내가 남편인 자기 다음으로 아이들을 사무치게 사랑했다는 사실을 잘 알고 있었습니다.

이곳에 계신 귀부인들께 묻고 싶습니다. 지금까지 치렀던 시험으로 충분치 않습니까? 아무리 냉혹한 남편이라도 아내의 지조와 정조를 시험하기 위해 이보다 더 잔인한 계략을 꾸밀 수 있겠는가 말입니다.

세상에는 별의별 사람들이 다 있습니다. 어떤 일을 하겠다고 한번 마음먹으면 그 생각을 떨쳐 버리지 못하고 반드시 그 뜻을 이루어야 직성이 풀리는 사람이 있는 법이지요. 마치 화형을 당하는 순교자처럼 말입니다. 영주가 딱 이런 경우였습니다. 그는 처음에 결심한 대로 아내를 끝까지 시험해 보려고 했습니다.

그는 어쩌면 자기에 대한 마음이 변하지는 않았는지 아내의 말이나 표정을 늘 유심히 살폈습니다. 그러나 아무런 변화도 느낄 수 없었습니다. 그녀의 표정과 행동은 늘 한결같았고, 오히려 나이가 들수록 더욱더 남편을 지극히 정성스레 섬겼습니다.

마침내 두 사람은 일심동체가 된 듯이 보였습니다. 남편 월터가 바라는 것이라면 무엇이든지, 그것은 아내 그리셀다의 뜻이 되었습니다. 그리고 하느님의 은총으로 모든 일들이 순조롭게 이루어졌습니다. 그리셀다는, 모름지기 아내란 아무리 혹독한 시련을 겪을지라도 남편과 다른 소망을 갖지 말아야 한다는 것을 몸소 증명해 보였습니다.

그런데 전국 방방곡곡 영주에 대한 나쁜 평이 퍼져 가고 있었습니다. 아내가 가난한 천민의 딸이라는 이유로, 그의 친자식을 잔인하게 둘씩이나 몰래 죽였다는 소문이었습니다. 사람들이 너나 할 것 없이 모두 이렇게 수군거리는 것은 이상한 일이 아니었습니다. 왜냐하면 백성들의 귀에는 어린 자식들을 무참히 죽였다는 말만 들렸기 때문입니다.

영주를 무척이나 사랑했던 백성들이었지만 이런 소문을 듣고서는 영주를 미워하지 않을 수 없었습니다. 자신에 대한 악평이 돌고 있음에도 불구하고 영주는 흉측한 계획을 중단하려고 하지 않았습니다. 그의 마음은 아내를 시험하려는 생각으로 가득 차 있었던 것입니다.

딸이 열두 살 되던 해, 영주는 로마로 사신을 보내, 자신의 비인간적인 계획을 위해 필요하다면 교황청 교서라도 위조해 오라고 지시했습니다. 교서의 내용은, 백성들을 진정시키기 위해 영주가 원한다면 그의 이혼을 허락한다는 내용이었습니다.

제가 말씀드리는 것은 영주가 로마 교황의 교서를 위조하라고 명령했다는 것입니다. 즉 영주와 백성들 간의 불화와 충돌을 없애기 위해 교황이 첫 번째 아내인 그리셀다를 버려도 좋다고 허락한다는 내용으로 둔갑한 것입니다. 영주는 이렇게 위조된 교서를 널리 공포했습니다.

기대했던 대로 백성들은 이 교서를 순진하게 그대로 믿었습니다. 이 소식을 전해들은 그리셀다의 마음이 얼마나 괴로웠을지 나는 헤아릴 수 있습니다. 그러나 겸허한 여인 그리셀다는 여느 때처럼 굳은 심지로 운명이 가져다 주는 모든 역경을 참고 견딜 준비가 되어 있었습니다.

그녀는 늘 남편의 뜻에 따랐으며, 남편의 기쁨을 위해 모든 것을 다 바쳤습니다. 그것도 이 세상의 진정한 만족을 충족시켜 주는 원천에 모든 것을 바치기라도 하는 것처럼.

이 이야기는 더 이상 길게 하지 않겠습니다. 영주는 자기 계획을 이루기 위해 아무도 모르게 볼로냐로 한 통의 편지를 보냈습니다. 그것은 자기 누이와 결혼한 파냐고 백작에게 정중히 부탁하는 내용이었는데, 바로 두 아이를 호위하여 공개적으로 고향으로 데려오라는 것이었습니다. 그리고 덧붙이기를, 도중에 그 아이들이 누구냐는 질문을 받더라도 절대로 말하지 말 것이며, 다만 여자는 곧 살루초의 영주와 결혼할 것이라는 말만 해 달라고 부탁했습니다. 백작은 그가 청한 대로 했습니다.

예정했던 날이 되자 백작은 살루초를 향해 떠났습니다. 화려하게 차려 입은 수많은 귀족들이 처녀와 어린 동생을 호위하고 있었습니다. 어린 동생은 누이 옆에서 말을 타고 있었습니다. 꽃봉오리 같은 처녀는 결혼식을 치르기 위해 화려한 옷을 입고 온통 찬란한 보석으로 치장하고 있었습니다. 한편 일곱 살짜리 동생도 나름대로 멋지게 옷을 차려입고 있었습니다. 그들은 이렇게 화려한 행렬을 이루며 기쁜 마음으로 살루초를 향해 갔습니다.

5

그러는 동안에도 영주는 평소의 잔혹한 습관대로 아내가 전과 다름없는 지조를 지녔는지 확인하기 위해, 더욱 모진 마음으로 아내를 시험할 방법을 찾았습니다. 그리하여 어느 날 군중들이 모여 있는 곳에서 큰 소리로 아내에게 말했습니다.

"그리셀다, 나는 혈통이나 재산 때문이 아니라 충실하고 순종적인 당신을 아내로 맞은 사실에 만족하고 있었소. 그러나 잘 생각해 보니 사회적 지위가 높은 사람일수록 얼마나 많은 의무와 책임이 따르는가를 절실히 깨닫게 되었소. 백성들은 내게 다른 여자를 아내로 맞이하라고 매일 소리치며 요구하고 있소. 교황께서도 백성들의 민심을 가라앉히기 위해서라면 나의 뜻대로 하는 것이 좋겠다고 동의하셨소. 그래서 미리 당신에게 말해 두는데, 지금 새 신부가 이리로 오고 있는 중이오. 그러니 지체하지 말고 당신의 자리를 비워주시오. 당신이 가져온 지참금은 모두 가져가도록 특별히 호의를 베풀겠소. 이제 당신 아버지의 집으로 돌아가시오. 세상 어느 누구도 영원히 행운을 누릴 수는 없으니, 한결같은 마음으로 운명의 풍파를 헤치고 견디어 나가도록 하시오."

그리셀다는 여전히 흔들림 없는 모습으로 이렇게 말했습니다.

"당신의 위대한 지위와 가난한 제 처지는 어떤 식으로도 비교될 수 없다는 사실을 잘 알고 있습니다. 이건 누구도 부정할 수 없는 일이지요. 제가 당신의 아내가 될 자격이 있다고 생각해 본 적은 한 번도 없었습니다. 심지어는 시녀가 될 자격조차 갖추지 못하고 있음을 훤히 알고 있습니다. 제 영혼의 안식처인 하느님을 두고 맹세하건대, 저를 주인으로 만들어 주신 이 집에서 저는 제 자신을 영주님의 아내로 생각해 본 적이 결코 없습니다. 단지 귀하신 당신의 비천한 하녀로 살아왔습니다. 그러니 제 목숨이 남아 있는 동안 이 세상 누구보다도 당신의 충실한 종이 될 것입니다. 저처럼 보잘것없는 여인에게 자비롭게도 오랫동안 영예를 베푸신 당신과 하느님께 감사드립니다. 하느님께서 그런 자비에 보답해 주시기를 기도드리겠습니다. 제가 드릴 말은 이것뿐입니다.

이제 저는 기꺼이 아버님께 돌아가 남은 일생을 아버지와 함께 보내겠습니다. 제가 어렸을 때부터 살아온 고향에서 몸과 마음이 정결한 홀어미로서 인생을 마감하겠습니다. 저는 당신에게 순결을 바쳤고, 의심할 나위 없이 당신의 충실한 아내였으니까요. 그러니 위대한 영주의 아내였던 제가 다른 남자를 남편으로 맞는 것은 하느님께서도 허락하지 않으실 것입니다. 하느님께서 당신과 당신의 새 부인에게 은총을 내리시어 행복과 번영을 만끽하시기를 바랄 뿐입니다. 새 부인에게 제가 크나큰 행복을 누렸던 자리를 기꺼이 내어드리겠습니다. 제 마음은 온전히 당신을 위하는 일로 가득 차 있습니다. 그러니 당신이 원하실 때 이곳을 떠나겠습니다.

제가 시집을 때 가져온 물건*8을 돌려 주겠다고 하셨지만, 저는 그것이 무엇이었는지 제대로 기억조차 나지 않습니다. 제게는 값비싼 것은 아무것도 없습니다. 기껏해야 떨어진 옷가지 정도입니다. 게다가 당장 그것을 찾기는

매우 어려울 것입니다.

아, 우리가 결혼하던 날, 당신의 모습과 말씀은 너무도 고귀하고 다정하셨습니다. 그때 당신이 하셨던 말씀은 진실이었으리라 생각합니다. 그리고 지금까지의 경험으로도 알 수 있는 일이지요.

그러나 '늙으면 사랑은 변한다'는 속담은 사실인 것 같습니다. 하지만 저는 앞으로 어떤 어려움에 부딪치더라도, 그로 인해 목숨을 빼앗긴다 해도 제가 당신에게 온 정성을 바쳤다는 사실을 말이나 행동으로 후회하는 일은 절대로 없을 거예요. 당신은 친정에서 제가 입고 있던 남루한 옷을 벗기시고 화려한 새 옷으로 친절하게 갈아입히신 일을 기억하고 계시겠지요? 제가 가져온 것은 저의 성실함과 헐벗은 알몸과 순결밖에는 없습니다. 이제 여기 그 옷과 당신이 주신 결혼반지를 영원히 되돌려 드립니다. 나머지 패물은 당신 침실에 보관되어 있습니다.

그리고 제가 처음 시집을 때 알몸으로 왔으니 알몸으로 되돌아가야 합니다.*9 저는 기꺼이 당신 뜻에 따르겠습니다. 그러나 제가 아무것도 걸치지 않은 채 알몸으로 나가는 것을 당신도 원하지는 않으실 것입니다. 당신의 자녀를 잉태한 적이 있는 이 몸이 아무것도 걸치지 않은 맨몸으로 걸어 나가는 것을 백성들이 보도록 하는 치욕스런 일은 하지 않으실 거라고 믿습니다. 그러니 부탁드립니다. 제가 벌레처럼 벌거벗은 알몸으로 거리를 지나가게 하지는 말아 주세요. 저는 보잘것없는 여자지만 당신의 아내였다는 사실을 기억해 주십시오. 그러니 당신에게 가져왔던, 하지만 이제 다시는 가질 수 없는 순결의 대가로 제가 입던 겉옷 한 벌을 주십시오. 그러면 저는 그것으로 한때 당신의 아내였던 여인의 배를 가리겠습니다. 당신을 더 이상 화나게 하고 싶지 않으니 저는 이만 작별을 고하고자 합니다."

그러자 영주가 말했습니다.

"지금 입고 있는 그 겉옷을 입고 떠나시오."

아내가 너무나 불쌍하고 양심의 가책을 느낀 나머지 영주는 목이 메어 간신히 말하고는 밖으로 나가 버렸습니다. 그리셀다는 백성들이 보는 앞에서 옷을 벗고, 머리에 모자도 쓰지 않고 신발도 신지 않은 채, 겉옷 하나만 걸

---

*9 〈욥기〉 1 : 21.

맨발에 겉옷만 걸친 채 궁전을 나와 집으로 향하는 그리셀다

치고 친정으로 향했습니다.

울면서 그녀의 뒤를 따르던 백성들은 줄곧 변덕스런 운명의 여신을 향해 욕을 퍼부었습니다. 그러나 정작 그녀는 눈물 한 방울도 흘리지 않았고, 한 마디 원망도 하지 않았습니다. 이 소식을 전해들은 그리셀다의 아버지는 자연의 여신이 자신에게 삶을 부여한 그날과 시(時)를 저주*10했습니다.

이 불쌍한 노인은 늘 딸의 결혼에 불안을 느끼고 있었습니다. 처음부터 그는 영주가 자신의 성적 욕구를 채우고 난 뒤에는, 천한 여자를 아내로 맞은 까닭에 자신의 품격이 떨어졌다고 여길 것이며, 가능한 한 빠른 시일 내에 마침내는 아내를 내쫓을 것이라고 생각해 왔던 것입니다.

그는 서둘러 딸을 맞이하러 나갔습니다. 사람들의 발소리로 딸이 가까이 왔다는 것을 알았던 거죠. 그리고 노인은 매우 비통하게 눈물을 흘리며 예전에 그녀가 입었던 옷으로 정성껏 감싸 주었습니다. 그러나 외투는 짧았고, 결혼식을 올린 지 오랜 세월이 지나 너무 낡은 탓에 제대로 감쌀 수조차 없었습니다.

이렇게 해서 그리셀다와 아버지는 다시 함께 살게 되었습니다. 인내심이 많은 여자의 본보기인 그녀는 사람들 앞에서든 사람들이 없는 곳에서든 마

*10 〈욥기〉 3 : 3.

음에 입은 상처를 결코 말하는 법이 없었으며 그런 눈빛조차 보이지 않았습니다. 그녀는 잃어버린 높은 지위를 그리워하거나 추억하는 듯한 표정을 짓지 않았습니다.

하지만 이런 것은 전혀 놀라운 일이 아니었습니다. 왜냐하면, 그녀는 영주 부인이라는 지위에 있을 때에도 지극히 겸손했기 때문이지요.

그리셀다는 맛있는 진수성찬을 좋아하지도 않았고, 사치를 바라는 마음도 없었고, 뽐내는 마음도 없었으며, 호사스럽게 거짓을 꾸미지도 않았습니다. 그녀는 그저 인내심과 온정으로 가득 차 있었고, 거만하지 않았으며, 항상 남을 배려하고, 명예를 존중했으며, 남편에게 순종하는 마음으로 변함없이 충실했습니다.

사람들은 욥을 이야기하면서, 특히 그의 겸손함을 칭찬합니다. 신학자들도 자기들이 원할 때에는 이 주제에 대해 유창하게 말하지만 대부분이 남자들의 겸손에 대한 것입니다. 이 학자들은 여자에 대해서는 별로 높이 평가하지 않지만, 사실 지조와 겸손에 있어서 남자들은 여자의 반도 따라가지 못합니다. 그 반대는 극히 드물지요.

6

마침내 볼로냐에서 출발한 파냐고 백작이 도착했다는 소식이 모든 계급 사람들에게 퍼졌습니다. 그가 화려한 행렬을 이끌고 영주의 새 부인을 데려왔으며, 그 행렬로 말하면 서부 롬바르디아에서는 예전에 본 사람이 없을 만큼 참으로 장엄하고 호화롭다는 소식이 온 백성들의 귀에 들어갔습니다.

이 모든 일을 계획한 장본인인 영주는 자기의 새 부인이 누구인지 알고 있었습니다. 그는 백작이 도착하기 전에 사자를 보내어 아무 죄도 없는 그리셀다를 데려오게 했습니다. 그녀는 겸손한 마음과 밝은 얼굴로 영주의 부름을 받들었습니다. 그리고 그 앞에 공손히 무릎을 꿇고 신중한 자세로 인사했습니다.

영주가 말했습니다.

"그리셀다, 내일 이곳에서 나와 결혼할 사람을 마치 왕비를 맞이하듯 성대하게 환영하려 하오. 또한 모든 사람들이 그들의 신분에 맞는 대접을 받을 수 있도록 온 정성을 다해 그들을 맞이하고 싶소. 하지만 내가 원하는 대로 침실을 꾸미고 정돈할 만한 사람이 없으니 그대가 그 일을 맡아 주었으면 하오. 그대는 나의 모든 취향을 잘 알고 있으니, 비록 그대의 옷차림이 남루하고 보기에 흉하기는 하지만 최선을 다해 그대의 의무를 해 주길 바라오."

그리셀다가 말했습니다.

"영주님, 저는 기꺼이 당신이 맡기신 일을 열심히 하겠습니다. 또한 보잘 것없는 지금의 제 위치에서 쓰러질 때까지 온전히 당신을 기쁘게 하는 것은 제 소원이기도 합니다. 기쁠 때나 슬플 때나 제 모든 것을 바쳐 당신을 더할 나위 없이 사랑할 것입니다."

그리셀다는 곧 집 안을 정리하기 시작했습니다. 식탁을 차리고 잠자리를 준비했습니다. 하녀들에게 서둘러 쓸고 닦으라고 지시를 내리면서, 누구보다도 부지런히 침실과 연회장을 말끔하게 치웠습니다. 그녀는 있는 힘을 다해 일했던 것입니다.

백작은 아침 아홉시 경에 귀한 두 아이들을 데리고 도착했습니다. 사람들은 보기 드문 광경을 지켜보기 위해 쏜살같이 달려 나갔습니다. 그리고 영주 월터가 새 아내를 왜 얻으려고 했는지 알만하다며 서로 수군대기 시작했습니다.

그들은 그리셀다보다 예쁘고 어린 여자를 보았던 것입니다. 그래서 결혼을 하면 그리셀다의 아이들보다 더 귀여운 아기가 태어날 것이고, 새색시의 출신 가문이 좋으니 금실도 전과 비할 수 없으리라 생각했습니다. 새색시의 남동생 역시 멋있기는 마찬가지였습니다. 사람들은 두 사람을 모두 마음에 들어 하면서 영주의 처사를 칭찬하기 시작했습니다.

"아, 격정의 폭풍우에 나부끼는 사람들이여! 바람개비처럼 수시로 변하고 지조도 신의도 없는 족속들이야. 무엇이든지 새로운 소문에 즐거워하는 사람들이 아닌가! 늘 달처럼 커졌다 작아졌다 하면서 동전 한 푼의 가치도 없는 소란스런 수다만 늘어놓을 뿐. 그 판단은 잘못 되었고, 너희들의 충성심이란 약간의 공격만 받아도 와르르 무너져 버리고 너희 같은 백성들을 믿는 자는 천하의 바보일 뿐이다."

구경꾼들이 눈이 휘둥그레져 요모조모 살펴보고 있는 사이, 이 마을에 지혜로운 사람들은 이렇게 말했습니다. 하지만 나머지 사람들은 여전히 입을 벌린 채 신이 나서 구경하며, 새 후작부인을 맞는 것이 신선하다는 이유만으로 마냥 행복해하였습니다. 이쯤에서 이 이야기는 그만하고, 그리셀다의 인내심이 어느 정도이고 얼마나 열심히 일을 했는지 말하겠습니다.

그리셀다는 결혼식 만찬 준비를 하느라고 눈코 뜰 새 없이 바빴습니다. 닳아서 넝마가 되어 버린 옷 따위에는 아랑곳없이 기쁜 표정으로 다른 사람들과 함께 성문으로 나아가 백작의 일행을 맞이하고는 다시 자기가 해야 할 일을 했습니다. 그녀는 영주의 손님들을 맞이하여 저마다의 신분에 맞게 능숙한 손놀림으로 접대했습니다. 그래서 손님들은 경사스러운 날에 어울리지 않는 그녀의 차림새를 비난하기보다는, 오히려 이토록 예의바르게 일을 잘하는 여인이 누구인지 궁금해하였습니다. 모든 손님들은 빈틈없이 일을 하는 그녀를 침이 마르도록 칭찬했습니다.

새색시와 그녀의 동생을 본 그리셀다는 진심으로 그들을 칭찬했습니다. 이런 칭찬은 인자한 마음씨에서 저절로 우러난 것이었으므로 그녀보다 진심어린 칭찬을 할 수 있는 사람은 아무도 없었습니다.

마침내 귀족들이 연회장에 자리잡고 앉자, 영주는 연회장에서 바쁘게 일하고 있던 그리셀다를 불렀습니다. 그는 농담조로 이렇게 물었습니다.

"그리셀다, 어떻소? 내 아내의 미모가 그대 마음에도 드오?"

"정말 아름답습니다, 영주님. 정말이지 이분보다 더 우아한 분은 본 적이 없습니다. 하느님께서 그녀에게 축복을 내려주시기를 기원합니다. 또한 영주님께도 남은 생애 동안 행복을 내려주시기를 빕니다. 단, 한 가지만 간청드리고 싶은 것이 있습니다. 외람되지만 충고의 말씀입니다. 영주님이 다른 사람*[11]에게 하신 것처럼 이 가녀린 분을 괴롭히지 말아 달라는 것입니다. 이분은 귀하게 자랐고 훌륭한 교육을 받으셨습니다. 그러니 가난하게 자란 사람과는 달리 힘든 일을 이겨내지는 못하실 것입니다."

월터는 그녀의 인내심과 밝은 태도를 보고 그녀의 말에 아무런 악의가 없음을 다시 깨달았습니다. 거듭되는 고통과 치욕을 겪었음에도 불구하고 성벽처럼 굳고 정숙하여 본래의 꿋꿋함을 잃지 않는 그리셀다의 태도에, 완고하고 엄격한 영주도 아내의 성품에 크게 감동하여 연민을 느끼게 되었습니다. 그래서 그는 이렇게 말했습니다.

---

*11 그리셀다 자신을 간접적으로 완곡하게 표현했다.

그리셀다 앞에 있는 아이들이 자식이라고 선언하는 영주

"사랑하는 그리셀다! 이제 이것으로 충분하오. 이제 더 이상 고통은 없을 것이니 두려워하지 마시오. 난 단지 당신이 높은 지위에 있건 낮은 지위에 있건 당신의 지조가 얼마나 굳고 마음이 얼마나 인자한지 시험해 봤을 뿐이라오. 그래서 지금까지 그 어떤 여인에게도 시험해 보지 않은 방법을 썼던 것이오. 이제서야 당신의 지조를 확신하게 되었소."

영주는 두 팔로 그녀를 껴안고 입을 맞추었습니다. 그녀는 너무나 놀란 나머지 그가 하는 말을 이해할 수가 없었습니다. 마치 깊은 잠에서 깨어난 것처럼 한동안 몽롱한 상태로 있다가 비로소 정신을 차렸습니다.

영주가 말을 건넸습니다.

"그리셀다. 우리를 위해 죽으신 그리스도를 두고 맹세하건대, 나의 아내는 오직 당신이오. 맹세코 당신 말고 다른 아내는 없으며 앞으로도 그런 일은 절대 없을 것이오. 이 말은 하느님이 나의 영혼을 구원하실 것이라는 말처럼 틀림없는 진실이오.

당신이 나의 새색시라고 생각한 이 처녀는 바로 우리 딸이오. 그리고 이 사내아이는 나의 후계자요. 난 처음부터 이 아이에게 대를 잇게 할 작정이었소. 이 아이는 분명 당신의 뱃속에서 나온 우리의 아들이오. 난 이 아이들을 볼로냐에서 은밀히 키워 왔다오. 자, 어서 자녀들을 반가이 맞아 주오. 당신의 두 아이들이 죽은 것이 아니라 이렇게 살아 있다는 것을 확인하시오. 나에 대해 이러쿵저러쿵 말하는 사람들에게 이르노니, 나는 악의를 품고 잔인한 마음으로 이런 일을 했던 것이 아니라 단지 아내의 지조를 시험해 보기 위해서였소. 어떻게 하느님께서 자기 자식을 죽이려는 사람을 가만히 놔두시겠소? 나는 처음부터 당신의 의지가 얼마나 확고한지 알게 될 때까지 남몰래 이 아이들을 키우려고 생각했던 것이라오."

영주에게 모든 이야기를 들은 그리셀다는 너무나 기쁜 나머지 정신을 잃고 말았습니다. 정신을 겨우 차리고 난 뒤에는 두 아이들을 가까이 불러 구슬프게 울면서 두 팔로 꼭 껴안고는 모든 어머니들처럼 애정어린 입맞춤을 퍼부었습니다. 넘쳐 흐르는 그녀의 뜨거운 눈물로 아이들의 얼굴과 머리칼이 온통 젖었습니다. 그녀가 정신을 잃을 때의 모습과 가련한 목소리로 말하는 장면은 얼마나 감동적이었는지 모릅니다.

"사랑하는 아이들의 목숨을 살려 주셔서 정말로 고맙습니다. 이제 저는 지금 당장 죽어도 여한이 없습니다. 제가 죽어 영혼이 육체를 떠난다 해도 아무런 미련이 없습니다. 아, 나의 귀여운 아이들아! 이 어미는 너희들이 사나운 개나 잔인한 짐승들에게 잡아먹힌 줄 알고 얼마나 괴로워했는지 모른단다. 하지만 자비로운 하느님과 인자하신 아버지께서 너희들을 지금까지 이렇게 잘 보살펴 주셨구나."

그 순간 그녀는 또 다시 의식을 잃고 쓰러지고 말았습니다. 너무나 세게 두 아이들을 부둥켜 안고 있었기 때문에, 아이들을 그녀의 품에서 떼어 내기가 여간 힘든 것이 아니었습니다. 이 광경을 보고 있던 수많은 사람들은 쉴 새 없이 눈물을 흘렸습니다. 차마 눈물 없이는 그 광경을 볼 수가 없었던 것입니다.

월터는 그녀의 깊은 슬픔이 가실 때까지 위로해 주었습니다. 망연자실해 있던 그녀는 정신을 차리고 자리에서 일어났습니다. 사람들은 그녀에게 진심으로 축하의 말을 전했습니다.

월터는 정성을 다해 그리셀다를 돌보았으며, 이제 다시 만난 두 사람은 진정한 행복을 맛보는 듯했습니다.

적당한 시간이 되자 시녀들은 그리셀다를 침실로 모시고 가서 낡은 옷을 모두 벗기고 눈부신 황금 옷을 갈아입혔으며, 머리에는 갖가지 보석으로 장식한 관을 씌워 주었습니다. 다시 연회장으로 안내를 받은 그녀는 영주부인의 지위에 걸맞은 대접을 받았습니다.

이렇게 슬프게 시작했던 날은 행복하게 끝을 맺었습니다. 그 자리에 모여 있던 사람들은 누구나 진심으로 그리셀다를 축복하면서 하늘에 별들이 반짝이기 시작할 때까지 즐겁고 기쁘게 보냈습니다. 누가 보아도 그날의 잔치는 이전의 결혼 잔치 때보다 훨씬 더 화려했고 멋졌습니다.

영주와 그리셀다는 오랫동안 단란하고 유복하게 살았습니다. 그들의 딸은 이탈리아에서 가장 고귀한 가문으로 알려진 귀족과 성대하게 결혼식을 올렸습니다. 월터는 장인을 궁전으로 모셔서 죽는 날까지 편안하게 생활할 수 있도록 했습니다.

그의 아들은 평화로이 아버지의 뒤를 이었으며, 복된 결혼을 했지만 아버지처럼 아내를 괴롭히거나 시험하지는 않았습니다. 두말할 나위 없이 요즘은 옛날처럼 도덕적 기준이 엄격하지 않답니다. 그것은 부정할 수 없는 사실이지요. 이 이야기의 저자인 저 페트라르카가 이 점에 대해 어떻게 말하는지 들어 보십시오.

이 이야기는 아내들에게 그리셀다의 인내를 본받게 하려는 목적을 가지고 있는 것은 아닙니다. 설령 여자들이 그렇게 하고 싶다고 해도 이런 고통을 참아낼 여자는 아무도 없을 것입니다. 이 이야기는 신분과 지위를 막론하고 역경에 처한 사람은 누구나 그리셀다처럼 지조를 버리지 말아야 한다는 내용입니다. 이런 이유로 페트라르카는 고상한 문체로 이 이야기를 쓴 것입니다.

배운 것도 없는 한 여인이 한낱 인간에게 커다란 참을성을 보여 준 것처럼, 우리는 하느님이 주신 모든 것에 불평하지 말고 기꺼이 받아들여야 합니다. 이 세상을 창조하신 하느님께서 시험하시는 것은 너무나 마땅한 일이기 때문입니다.

그러나 〈야고보서〉를 읽어 보면 아시겠지만, 죄를 대속해 주신 그분은 우리들을 극한에 이를 정도로 시험하지는 않으십니다. 물론 그분은 우리를 항상 시험하고 계십니다. *12 그것은 분명한 사실입니다.

그러나 그분은 우리를 올바른 길로 인도하기 위해 여러 가지 방법으로 날카로운 매를 들어 고통을 주는 것이지, 우리의 의지가 얼마나 강인한지 확인

---

*12 〈야고보의 편지〉 1 : 13.

하기 위해서 그러시는 게 아닙니다. 하느님은 우리가 태어나기 전부터 우리의 모든 약점을 잘 알고 계십니다. 그분이 주시는 것은 모두 우리를 위한 길입니다. 그러니 덕을 베풀며 신의를 지키며 살아가도록 합시다.

자, 이제 제 이야기를 마치기 전에 한 마디만 덧붙이겠습니다. 지금은 온 도시를 샅샅이 뒤져도 그리셀다와 같은 여자를 셋 이상, 아니 둘도 찾아내기 힘듭니다. 요즘 덕성스럽게 보이는 여자들은 청동을 섞은 금과 같아서 겉은 번지르르하지만, 그리셀다와 같은 고통을 겪는다면 구부러지기도 전에 두 동강이 나고 말 것입니다.

자, 이제 바스의 여장부에 대한 사랑을 위해, 그녀와 같은 여자들에게 주께서 힘을 주시기를 바랍니다. 그렇게 되지 않는다면 그것은 참으로 애석한 일입니다. 젊고 활기찬 마음으로 여러분을 위해 노래를 한 곡 부르겠습니다. 그러니 여러분들, 기운 내시기 바랍니다. 딱딱한 이야기는 그만 하겠습니다. 이제 제 노래를 들어 주십시오.

초서의 맺는 노래

그리셀다는 눈을 감았습니다. 그녀의 인내 또한 끝났습니다. 그 모두가 이탈리아 땅속에 고이 묻혀 있지요. 나는 듣고 있는 여러분 앞에서 소리칩니다. 아내를 취한 자라면 누구나 그리셀다가 겪은 고통처럼 자기 아내의 인내를 시험해 보려는 어리석은 이는 없을 것입니다.

신중하기로 이름 높으신 귀부인들이여, 무슨 일이 있어도 겸손이라는 이름으로 당신들의 입을 못 박지 마세요. 또한 학자들에게 참을성 많고 친절한 그리셀다와 같은 여자의 믿을 수 없는 이야기를 쓸 빌미를 주지 마시고요. 말라비틀어진 치체바체*[13]에게 잡아먹히지 않도록 조심하세요.

한시도 쉬지 않고 재잘거리며, 항상 모든 소리에 화답하는 메아리의 신 에코를 본받으십시오. 아무것도 모른다며 바보 취급당해서는 안 됩니다. 너무나 순진한 바보가 되어서는 안 돼요. 대신 남편들이 꼼짝 못하게 쥐고 흔들

---

*13 글자 그대로 해석하면 '마른 수소'라는 뜻이다. 아마도 '말라비틀어진 얼굴(chiche face)'이 비뚤어진 것이라고 생각된다. 이 소는 인내심이 강한 아내들만 잡아먹고 사는 전설의 소, 결과적으로 거의 먹지 못해 '마른' 것이다.

어야 합니다. 이 교훈을 늘 마음속에 새겨 두십시오. 그렇게 함으로써 인류의 공익을 도모할 수 있게 될 것입니다.

거대한 낙타와 같이 힘센 아내들이여, 싸움에 대비하세요. 남자들이 그대들에게 해를 입히지 못하도록 해야 합니다. 전투에서는 약하고, 사치스러운 부인들이여, 당신들은 머나먼 인도의 호랑이처럼 사나워져야 합니다. 늘 풍차가 돌아가듯 시끄러운 소리를 내세요. 내가 당신들에게 충고해 둡니다.

남자들을 두려워하지 마십시오. 남자들에게 경의를 나타내지 마세요. 당신의 남편이 아무리 단단한 철갑으로 두르고 있다 해도 당신의 날카로운 달변의 화살은 그의 갑옷을 뚫을 것입니다. 또, 질투의 밧줄로 남편을 꽁꽁 묶으십시오. 그러면 메추라기처럼 웅크리게 될 것입니다.

당신이 아름답다면 사람들 앞에서 자신의 얼굴이나 옷차림을 과시하세요. 만일 당신이 못생겼다면, 돈 쓰는 것을 아까워하지 말 것이며, 친구들을 얻기 위해 노력하기 바랍니다. 마음은 늘 보리수 잎처럼 가벼워야 합니다. 그리고 남편의 마음을 불안 속에 가슴 졸이며 울리기도 하고, 손을 비비 꼬게 하거나 한탄하게*14 만드세요.

여관 주인의 유쾌한 이야기를 들어 보시오! *15

이 훌륭한 대학생의 이야기가 끝났을 때, 여관 주인은 그에게 맹세했습니다.
"하늘에 맹세코 내 마누라가 한 번만이라도 이 이야기를 들어 준다면, 병에 가득 찬 맥주보다 내 마음이 더 기쁠 것이오! 당신이 한 이야기는 내 마음에 아주 쏙 드는군요. 당신은 내 말이 무슨 뜻인지 알 거요. 하지만 없는 것을 보채 봤자 무슨 소용이겠소."

옥스퍼드 대학생의 이야기는 여기에서 끝난다.

---

*14 무척이나 슬픈 모양을 표현한 것.
*15 이 부분은 초기에는 쓰여 있었으나, 〈무역상인의 이야기 머리글〉을 위해 초서가 새로운 시구 (詩句)를 쓰면서 삭제된 것으로 보인다.

무역상인의 이야기

무역상인의 이야기 머리글

상인이 말했습니다.

"아침저녁으로 울며불며 탄식하고 걱정하는 일은 내가 너무나도 잘 알고 있는 일입니다. 이것은 결혼한 남자라면 모두 느끼고 있을 겁니다. 내 경우가 그러니까요. 나는 아내가 있습니다. 그런데 그녀는 여러분들의 상상을 초월할 정도로 악처랍니다. 내 마누라가 악마와 결혼을 했더라도 아마 손쉽게 그놈을 제압했을 거예요. 하지만 그녀의 악독한 성격을 일일이 열거한들 무슨 소용 있겠습니까? 그녀는 정말 사납고 성격이 더러운 여자입니다.

그리셀다의 깊은 인내심과 내 마누라의 마음속에 자리잡고 있는 복수심 사이에는 엄청난 차이가 있습니다. 내가 마누라에게 속박만 당하지 않았더라면, 정말 그랬다면 얼마나 좋았을까요! 나는 두 번 다시 결혼의 굴레에 빠지지 않을 겁니다. 결혼한 남자들은 늘 슬퍼하며 광기에 사로잡힌 채 살아갑니다.

인도의 토머스 성인*1을 두고 맹세하지만, 누구든지 한번 시험해 보면 내 말이 옳다는 것을 알게 될 겁니다. 물론 모든 사람이 그렇다는 것은 아니고, 결혼한 남자가 거의 그렇다는 것입니다. 하느님, 이렇게 말하는 저를 용서해 주소서! 착한 사회자 양반, 내 말을 믿어주시오. 나는 겨우 두 달 동안 결혼 생활을 했지만 평생을 독신으로 지낸 어떤 총각도 내가 마누라와 살면서 겪은 일보다 더 고통스런 이야기는 할 수 없을 것입니다. 심장을 도려내는 아픔도 이보다는 나을 겁니다."

이때 사회자가 말했습니다.

---

*1 토머스 사도를 가리킨다.

"상인 양반, 하느님께서 은총을 내리시길! 당신이 이 문제에 대해 세세히 알고 있는 것 같으니 그에 대한 이야기를 들려 달라고 진심으로 부탁하고 싶소."

상인이 대답했습니다.

"기꺼이 그렇게 하지요. 하지만 내 가슴은 너무나 슬퍼서 내 자신이 겪은 고통에 대해서는 차마 말하지 못하겠습니다."

무역상인의 이야기 머리글 부분 삽화

상인의 이야기가 시작된다.

오래 전, 롬바르디아에 한 훌륭한 기사가 살고 있었습니다. 그는 파비아*2에서 태어나 부유하게 살았는데, 60년 동안 독신으로 지내면서 지각없는 속인들처럼 자기 구미에 맞는 여자들과 어울려 육체의 쾌락을 즐겼습니다. 그런데 종교 때문이었는지 아니면 노망이 난 것인지는 모르겠지만, 예순 살이 넘자 별안간 결혼을 하겠다는 억누를 수 없는 욕망을 품게 되었습니다.

그래서 그는 밤낮을 가리지 않고 자기가 꿈에 그리던 신붓감을 찾아다니면서 하느님께 아내와 남편으로서 누릴 수 있는 복된 생활, 즉 하느님께서 남자와 여자를 하나로 맺어 주신 그 성스러운 속박 아래 살게 해 달라고 기도했습니다. 지혜로운 늙은 기사는 이렇게 말하곤 했습니다.

"결혼을 제외한 나머지 생활은 아무런 가치도 없어. 이 세상을 낙원으로 만드는 것은 바로 결혼을 통한 순수한 기쁨이라고."

결혼이 대단히 좋은 일이라는 것은 하느님이 우리의 왕이라는 말처럼 틀

*2 롬바르디아 지방의 한 부자 마을. 고리대금업이나 그 밖의 좋지 못한 직업으로 유명한 곳이었다.

림없는 사실입니다. 특히 남자가 늙고 백발이 되었을 때에는 더욱더 그렇습니다. 지긋이 나이를 먹은 남자들에게 있어서 아내란 그들이 가질 수 있는 최고의 보물이기 때문입니다. 그래서 그는 젊고 예쁜 아내를 맞아 후손도 얻고, 아내와 함께 기쁨과 위안을 누리기로 마음먹었던 것입니다. 노총각들은 사랑이 뜻대로 이루어지지 않으면 탄식만 하며 어린애 같은 헛된 수작으로 세월을 보내지요. 어찌보면 남녀 간의 사랑이란 어린애 장난 같은 허영에 불과한 것입니다.

노총각들이 걱정하며 고민하는 것은 당연한 일입니다. 무른 모래 위에 집을 짓고, 그것이 견고할 거라고 착각한 순간, 얼마나 쉽게 무너지는지를 금세 알게 되니까요.

그들은 새나 짐승처럼 무절제하고 방종한 생활을 하지만 결혼한 남자는 결혼이라는 튼튼한 울타리 안에서 행복하고 안정된 생활을 합니다. 결혼했다는 이유로 기쁨과 행복에 가득 차 있는 것도 무리가 아니지요. 사실 아내보다 더 솔직하고 고분고분한 사람이 이 세상에 또 누가 있겠습니까? 남편이 건강할 때나 병들었을 때를 막론하고, 아내처럼 충실하고 근면하게 보살펴 주는 사람이 어디 있겠습니까?

아내는 행복할 때나 고통스러울 때나 남편을 버리지 않으며, 남편이 병으로 누워 있다 해도 죽을 때까지 그를 사랑하고 섬기는 데 지치지 않습니다. 그러나 어떤 학자들은 그렇지 않다고 말합니다. 그 가운데 하나가 바로 그 유명한 테오프라스토스입니다. 테오프라스토스가 거짓말을 했든 어떻든 무슨 상관이겠습니까? 그는 이렇게 말했습니다.

"생활비를 절약할 생각으로 아내를 얻지 말라. 경제적인 목적으로만 아내를 얻어서는 안 된다. 그렇다면 아내보다 충실한 하인을 얻는 편이 낫다. 하인은 아내보다 당신 재산을 더 정성스럽게 지켜 줄 것이다. 반면에 아내는 그녀가 살아 있는 동안 당신 재산의 반을 나눠 달라고 요구할 것이다. 나의 구세주이신 하느님을 두고 말하거니와, 당신이 병들면 재산을 차지할 순간만을 초조하게 기다리는 아내보다는 당신 친구들이나 성실한 하인이 더 살뜰히 간호해 줄 것이다. 소유하고 지배하기 위하여 아내를 맞아들인다면 머지않아 아내에게는 샛서방이 생길지도 모를 일이다."

이 작자는 이런 말을 비롯해 이보다 더 흉악한 말을 수없이 써놓았습니다.

하느님, 이 자에게 저주를 내리소서! 테오프라스토스의 말은 헛소리에 불과합니다. 여러분들은 이런 엉터리 소리에 귀를 기울이지 말고 내 이야기를 들어 주십시오.

아내는 하느님이 내려주신 귀한 선물입니다. 땅이나 소작료, 목장, 공유지나 동산(動産) 등은 모두 운명의 선물입니다. 게다가 그것들은 벽에 비친 그림자처럼 스쳐 지나가 버리고 말지요. 하지만 두려워하지 마십시오. 아내와의 관계는 오래 지속되며,

무역상인의 이야기 판화(1721) 존 유리 작.

아내는 당신들이 생각하는 것보다 훨씬 오래도록 집안에 남아 있습니다.

결혼은 위대한 성사(聖事)입니다. 아내가 없는 사람은 파멸하기 쉽다고 섣불리 생각합니다. 그런 사람은 아무 도움도 받지 못하고 황량한 생활을 하게 됩니다. 이것은 세속적인 사람들에 대한 이야기입니다. 내가 지금 하고 있는 이야기는 쓸데없는 이야기가 아닙니다. 여자가 왜 남자를 돕는 사람으로 만들어졌는지 그 까닭을 차차 알게 될 것입니다. 높은 곳에 계신 하느님께서 아담을 만드시고 그 아담이 홀로 외롭게 벌거벗은 채 있는 것을 보셨을 때, 선하신 그분은 이렇게 말씀하셨습니다.

"아담이 혼자 있는 것이 좋지 않으니 그 곁에서 도울 짝을 만들어 주리라."

그래서 하와를 만드셨습니다. 따라서 남자에게 있어 여자는 남자를 돕는 사람이고, 지상의 낙원이며 위로이자 그의 행복이라는 것을 알 수 있습니다. 아내는 순종하고 정절을 지키며, 싫어도 서로 화합하면서 살 수밖에 없는 존재입니다. 부부는 한 몸을 이룬 사람들이며, 기쁠 때나 슬플 때나 오직 한

마음을 가지고 있는 것이라고 생각합니다.

아, 아내들이여! 성모 마리아님, 우리를 축복하소서! 아내를 가진 남자가 어떻게 곤경에 빠질 수 있겠습니까? 저는 그 까닭을 알 수 없습니다. 두 사람 사이에서 나누는 행복은 말로 다 표현할 수 없으며, 마음속으로는 못다 느끼는 것이 있습니다.

만약 남편이 가난하다면, 아내는 남편을 도와 일을 합니다. 아내는 남편의 재산을 잘 관리하며, 절대로 낭비하지 않습니다. 남편이 바라는 모든 것은 아내에게 큰 기쁨이 됩니다. 남편이 옳다고 하는 일에 아내가 그렇지 않다고 말하는 일은 없습니다. 남편이 하라는 일에 아내는 순종합니다.

오, 혼인의 질서란 얼마나 좋은 것인지! 당신은 무척 유쾌한 사람이며, 절개가 있고, 누구에게나 칭찬과 칭송을 듣고 계십니다. 조금의 가치라도 지닌 사람이라면 누구나 무릎을 꿇고 아내를 보내 주신 하느님께 감사드리는 것이 마땅합니다. 그렇지 않으면 인생의 종착역까지 함께할 아내를 달라고 기도해야 합니다. 그래야만 그의 생활이 안정될 수 있기 때문입니다.

내가 보기에 아내의 충고대로 따르는 남자는 절대로 실수하지 않습니다. 그렇게 하면 누구 앞에서도 주저할 것 없이 당당하게 머리를 들고 다닐 수 있습니다. 왜냐하면, 아내들이란 저마다 성실하며 현명하기 때문입니다. 당신이 지혜로운 사람들처럼 하고 싶다면, 아내가 당신에게 들려 주는 이야기에 귀 기울이고 따라야 합니다.

야곱을 보십시오. 그는 어머니 레베카의 뛰어난 충고에 따라 염소 가죽을 자기 목에 감았기 때문에 아버지의 축복을 받을 수 있었습니다. *3

또한 유딧*4을 보세요. 이야기에 따르면, 그녀는 현명한 충고에 따라 신에게 선택받은 사람들을 구했습니다. 그리고 잠자고 있는 홀로페르네스를 죽였지요.

아비가일*5은 어떻습니까? 그녀는 선한 충고를 따른 덕분에 위기에 처한 남편을 살릴 수 있었습니다. 아니면 에스델*6을 떠올려 보세요. 그녀 또한

---

*3 〈창세기〉 20 : 21~29.

*4 성서 외전 〈유딧서〉 11~13장.

*5 〈사무엘 상〉 25 : 1~35.

*6 〈에스델〉 7 : 1~10.

선한 충고에 따라 신에게 선택 받은 사람들을 슬픔에서 해방시키고, 아하스에로스 왕으로 하여금 모르드개를 높은 지위에 앉히게 합니다. 세네카가 말했듯이, 이 세상에 친절하고 성실한 아내보다 더한 기쁨은 없습니다.

카토의 충고대로, 아내의 말을 참고 들으십시오.*7 즉 아내에게 주도권을 주고 그녀의 말을 잘 따르라는 말입니다. 그래도 아내는 남편에게 복종하게 마련입니다. 아내는 집 안의 경제를 관리하는 사람입니다. 집 안을 지켜 줄 아내가 없으면, 병들어 누워 있는 사람이 울거나 한탄하는 것도 무리가 아닙니다. 똑똑하게 살려면 그리스도께서 교회를 사랑하셨듯이 진심을 담아 아내를 사랑해야 한다고 충고하겠습니다.

만약 당신이 스스로를 사랑한다면, 당신은 자신의 아내를 사랑하는 것입니다. 누구도 자기 몸을 혐오하는 사람은 없습니다. 사람이라면 누구나 살아 있는 동안 자기의 몸을 보살피고 보호합니다. 그러니 자기 자신을 소중히 여긴다면 아내를 사랑해야 합니다.

여러분들에게 거듭 충고하오니, 아내를 사랑하십시오. 그렇지 않은 사람은 번영을 누릴 수 없습니다. 사람들이 뭐라고 말하든, 결혼이야말로 이 세상에서 가장 확실하고 안정된 길을 선택한 사람들입니다. 두 사람이 굳게 하나가 되면 어떠한 화도 닥치지 않을 것입니다. 특히 아내에게는 말입니다.

아까 제가 말했던 기사 재뉴어리는 이런 생각을 하고, 비록 늙었지만 달콤한 결혼 생활에서 맛볼 수 있는 행복과 마음의 평온을 누리고자 했습니다. 어느 날 그는, 자기가 오랫동안 고려해 왔던 것을 이야기하기 위해 친구들을 불렀습니다.

재뉴어리는 자못 심각한 얼굴로 말했습니다.

"여보게들, 나는 이제 늙었고 머리도 백발이 다 되었네. 하느님께서도 아시겠지만 이제 무덤에 한 발 들여놓은 것이지. 그래서 내 영혼에 대해 고민해 봐야 할 것 같네. 지금까지 나는 내 몸을 함부로 써 왔다네. 하느님, 긍휼을 베풀어 주소서! 그래서 나는 가능한 한 빠른 시일 내에 결혼하기로 결심했네. 그러니 젊고 예쁜 여자와 되도록 빨리 결혼할 수 있도록 도와 주게. 난 더 이상 기다릴 수가 없어. 나도 두 눈을 크게 뜨고 결혼할 여자를 찾아

---

*7 디오니시우스 카토, 《디스티카》(Disticha) 3~23 참조.

보겠네만, 나는 혼자고 자네들은 여럿이니까 내게 알맞은 신붓감을 찾을 확률이 높지 않겠나? 게다가 어떤 사람과 인연을 맺는 것이 좋을지 자네들이 알아서 찾아 주리라 믿네.

하지만 여보게들, 한 가지 미리 말해 둘 테니 잘 들어 주게나. 나이 먹은 여자를 아내로 맞을 생각은 결단코 없다는 걸세. 신부는 스무 살이 넘으면 안 되네. 이건 타협의 여지가 없어. 창고기는 새끼보다 다 자란 것이 낫고, 늙은 소고기보다는 송아지 고기가 더 좋지 않겠나. 난 서른 살 먹은 여자는 싫네. 그것은 말먹이용 콩줄기나 지푸라기처럼 하나도 맛이 없을 게 분명해. 하느님도 아시겠지만, 늙은 과부들은 얕은 물에 띄워놓은 웨이드의 배*8 위에서처럼 결혼 생활의 속임수를 낱낱이 알고 있어서 마음만 먹으면 얼마든지 문제를 만들어 낼 거야.

그러니 그런 여자와 평안을 누리리라 기대할 수는 없지. 여자란 여러 학교에서 경험을 쌓으면 자연히 학자가 되는 법이네. 하지만 어린 여자는 가르칠 수가 있지 않은가. 뜨뜻한 밀랍은 손으로 주무르는 대로 모양이 만들어지는 것처럼 말이야. 이런 이유로 늙은 여자를 아내로 맞고 싶지 않다는 걸세.

내가 결혼을 하고서도 아내와 기쁨을 누리지 못한다면, 나는 평생을 남의 여자나 탐하면서 지내다가 죽어서 결국 지옥으로 가게 될 걸세. 나는 그런 여자에게서 아이를 낳고 싶지 않아. 내 유산이 남의 손에 들어가는 것을 보느니 차라리 개들에게나 던져 주는 것이 나을 거야.

그래서 미리 말해 두는 거라네. 내가 노망이 나서 바보 같은 소리를 하고 있다고 생각하는 것은 아니겠지? 남자들이 왜 결혼해야 하는지 잘 알고 하는 이야기거든. 또 사람들은 남자가 결혼하는 이유를 우리 집 머슴만큼도 모르면서 마구 지껄인다는 것도 잘 알고 있네.

남자가 순결을 지키며 살 수 없다면 아내를 맞이해야만 하네. 그것은 단순히 욕정이나 사랑 때문만은 아니야. 합당하게 자식을 낳아 하느님께 영광을 드리기 위해서라는 말이지. 부부는 음란한 죄를 피하고, 자기가 진 사랑의 빚을 갚고, 불행을 당했을 때 누이가 남동생을 돕듯이 서로를 도우며 성스러운 금욕 생활을 해야만 한다는 걸 알고 있네.

---

*8 웨이드는 분명하지는 않지만 전설적인 인물인 것 같다. 여기서는 아마도 속임수와 관련이 있는 것 같다.

하지만 나는 그럴 만한 사람이 못 되지. 주님께 감사하게도, 나는 아직 남자가 하는 일이라면 무엇이든지 할 수 있는 충분한 힘이 있거든. 이런 점에서 내 자신을 나보다 잘 아는 사람은 없지.

비록 머리는 백발이지만, 나는 마치 과일이 무르익기 전에 꽃을 피우는 나무 같다네. 꽃을 피우는 나무는 죽지도 마르지도 않았지. 단지 내 머리가 희끗희끗할 뿐 마음과 육체는 1년 내내 푸른 월계수처럼 언제나 싱싱하다네. 자, 이제 내 생각을 다 털어 놓았으니 자네들에게 내 소망을 들어 달라고 부탁하고 싶네."

여러 사람이 결혼에 대해 서로 다른 이야기를 들려 주었습니다. 어떤 사람은 결혼을 몹쓸 짓이라고 비난했고, 또 어떤 이들은 결혼을 극찬했습니다. 친구들 사이에서 일어난 논쟁은 결국 싸움으로 이어지게 마련이지요. 이번에도 두 형제 사이에 말싸움이 벌어지고 말았습니다. 한 사람의 이름은 플라시보였고, 다른 사람의 이름은 저스티누스*9였습니다.

먼저 플라시보가 말했습니다.

"친애하는 재뉴어리 형님, 여기에 있는 이분들에게 물어 보실 필요도 없습니다. 형님은 슬기롭고 사려가 깊으십니다. 그러니 솔로몬의 가르침을 거스르지 않으시겠죠. 솔로몬은 우리들에게 이런 말을 했습니다. '조언에 따라 모든 일을 하라. 그래야 네 행실을 후회하지 않게 되리라.' 그렇지만 솔로몬이 이렇게 말했다 해도, 구세주이신 하느님을 믿는 것처럼 저는 형님의 생각이 가장 훌륭하다고 믿습니다. 제 말을 믿어 주십시오. 저는 일생을 궁정에서 살아왔고, 비록 보잘것없지만 많은 고관대작들 사이에서 신용을 쌓은 중요한 위치에 있습니다. 저는 한 번도 그네들과 말다툼을 벌인 적이 없어요. 제가 그들의 말을 부정한 적이 결코 없기 때문입니다. 저는 영주님이 저보다 훨씬 더 많이 아신다는 사실을 잘 알고 있습니다. 그래서 영주님 말씀이라면 무엇이든지 틀림없다고 생각하고, 나도 그분과 똑같거나 비슷하게 말합니다.

영주를 모시는 자문관이 자기의 조언이 영주의 의견보다 낫다고 생각한다면 그는 건방진 바보입니다. 영주로서 어리석은 사람은 한 명도 없으니까요.

---

*9 '정의로운 자'라는 뜻이 있다.

형님께서는 오늘 신앙심에 가득 찬 말씀을 하셨는데, 저는 형님의 의견에 전적으로 동의하며 형님이 하신 말씀도 모두 옳다고 생각합니다. 온 도시를 구석구석 뒤져 보아도 그렇듯 훌륭하게 말할 수 있는 사람은 아마 없을 겁니다. 그리스도께서도 형님 말씀을 들었다면 무척 만족하셨을 거예요.

나이 든 남자가 젊은 아내를 맞이하는 데에는 큰 용기가 필요한 일입니다. 우리 가문을 걸고 말씀드리지만 형님의 마음에는 쾌활한 못이 박혀 있는*10 게 분명해요. 이 일에 대해서는 형님이 좋으실 대로 하십시오. 그게 가장 좋은 방법이라고 생각합니다."

늘 잠자코 앉아 듣기만 하던 저스티누스가 플라시보의 말이 끝나자 이렇게 말했습니다.

"자, 형제여, 지금까지 자네 생각을 말했으니 이제 내 의견을 들어 주게. 슬기로운 격언을 수없이 남긴 세네카는, 자기 재산을 누구에게 남겨 줄 것인지에 대해 신중하게 생각해야 한다고 말씀하셨네. 내 재산을 넘길 사람을 선택할 때에도 최대한 심사숙고해야 하는데 하물며 내 몸을 맡길 사람을 선택할 때는 어떻겠나? 자네에게 진심으로 말하는데, 아내를 고르는 것은 아이들 장난이 아닐세. 그러니 정말 신중하게 생각해야만 하네.

내 생각이지만, 여자가 현명한지, 술을 자제할 줄 아는지, 술주정을 하는지, 허영이 있는지, 잔소리꾼인지, 낭비벽이 있는지, 부자인지 가난한지, 남자를 밝히는지에 대해서는 꼼꼼히 알아봐야 하네. 사람이든 짐승이든 이 세상에서 모든 면에 완벽한 것은 없을 테지만 말이야. 하지만 나쁜 점보다 좋은 점이 더 많은 아내라면 그것으로 만족해야 하겠지. 그런데 이런 것을 모두 알아보려면 시간이 꽤 걸리네.

하느님도 아시겠지만, 나는 장가든 뒤 남몰래 눈물을 흘린 적이 한두 번이 아니었네. 결혼을 찬양하는 사람이 많긴 하지만, 사실대로 말하자면 나는 결혼 속에서 은총이라고는 전혀 눈 씻고 찾아볼 수 없었네. 단지 늘어가는 비용과 근심, 게다가 행복이란 조금도 없으며 그저 의리나 책임만이 있다고 생각하네.

내 이웃들, 특히 여자들은 내 아내처럼 지조가 강하고 착한 여자는 없다고

---

*10 그 무렵에 곧잘 쓰인 표현. '활달하다' 정도의 뜻.

들 하지. 그러나 내 신발의 어느 부분이 뒤틀려 발이 아픈지 가장 잘 아는 사람은 바로 나 자신일세. 내 경우는 그렇다는 말이고, 당신께서는 뜻대로 하십시오. 그렇지만 형님의 나이가 적지 않으시니 결혼하기 전에 어떻게 살아갈 것인지 잘 고려해 보십시오. 젊고 예쁜 여자와 결혼한다면 더욱 그렇습니다. 바다와 땅과 하늘을 만드신 하느님을 두고 말하는데, 이 세상 어떤 젊은 남자도 자기 아내를 혼자 차지하려면 엄청난 노력을 해야 합니다.

내 말을 귀담아 들으십시오. 당신은 3년 동안 젊은 여자에게 기쁨을 줄 수는 없겠지요. 완전한 행복을 주는 것 말입니다. 게다가 여자들은 남편에게 온갖 의무를 요구합니다. 부디 저의 이런 말을 언짢게 여기지는 마십시오."

그러자 재뉴어리가 이렇게 대답했습니다.

"그래, 이제 할 얘기 다 했나? 자네가 들먹이는 세네카라는 그 녀석의 격언 따위는 집어 치우게! 그건 잘난 척하는 학자들이나 하는 말뿐이야. 그런 건 잡초 한 바구니만 한 가치도 없어. 자네보다 더 슬기로운 사람들이 내 뜻에 동조해 주었어. 플라시보, 더 할 말이 있나?"

"남의 결혼을 방해하는 사람은 저주받아 마땅하다고 생각합니다."

플라시보의 말이 끝나자, 사람들은 모두 자리에서 일어났습니다. 그리고 늙은 기사가 바라는 때에, 원하는 여자와 결혼하는 것에 동의했습니다.

날마다 재뉴어리의 머릿속은 결혼에 대한 엄청난 환상과 야릇한 생각들로 가득 찼습니다. 밤이면 밤마다 요염한 여자의 자태와 매혹적인 여자의 얼굴이 그의 마음을 스쳐 지나갔습니다. 마치 누군가가 깨끗한 거울을 광장 한복판에 갖다 놓고, 그 거울을 스쳐 지나가는 모든 사람들을 보여 주는 것 같았습니다.

이런 환상 속에서 재뉴어리는 자기 집 가까이에 살고 있는 여자들을 떠올려 보았습니다. 그러나 그중에서 누구를 결정해야 할지 판단이 쉽게 서지 않았습니다. 어떤 여자는 얼굴이 예뻤고, 또 어떤 여자는 착하고 참해서 사람들의 존경을 받고 있었습니다. 그런가 하면 돈은 많지만 평판이 나쁜 여자도 있었습니다.

마침내 그는 진담 반 농담 반으로 그 가운데 한 여자에게 마음을 두고 다른 여자들 생각은 모두 떨쳐 버렸습니다. 자신의 의지에 따라 상대를 정한 것입니다. 사랑은 언제나 사람의 눈을 멀게 하여 아무것도 보지 못하게 합니다. 그는 잠자리에 들자마자 마음속으로 그 여자를 떠올렸습니다. 그녀는 나이도 어리고, 눈부시게 아름다우며, 잘록한 허리에 가늘고 긴 팔, 얌전한 몸짓, 기품, 게다가 여성스럽고 성실했습니다.

그는 이 여자를 신붓감으로 결정하고 나니 더 이상의 현명한 선택은 있을 수 없다는 생각마저 들었습니다. 이렇게 결정한 그는 다른 사람들의 판단을 믿지 않았으며, 자신의 선택에 반대하는 자도 없을 것이라고 생각했습니다. 적어도 그는 이렇게 자기 자신에게 최면을 걸었던 것입니다.

그는 될 수 있는대로 빨리 와 달라고 친구들에게 기별을 보냈습니다. 자기를 위해 신붓감을 찾아 헤매는 그들의 수고를 덜어 주고자 했던 것입니다. 이제 친구들이 말을 타고 이리저리 돌아다닐 필요가 없어진 거지요. 이미 안식처를 찾았으니 말입니다.

곧 플라시보와 친구들이 도착했습니다. 그는 먼저 친구들에게 자기가 이미 내린 결정에 대해서 왈가왈부하지 말아 달라고 부탁했습니다. 그러면서 그녀를 아내로 맞이하면 하느님도 좋아하실 것이며 자기행복의 원천이 될 거라고 말해 주었습니다.

그는 자기가 살고 있는 마을에 아름답기로 소문난 한 처녀가 있는데, 신분은 보잘것없지만 젊고 어여쁜 것만으로도 충분하다고 말했습니다. 그러고 나서 그 처녀를 아내로 맞아 여생을 편안하고 거룩하게 보낼 거라고 하면서, 자기 혼자 그녀를 독차지하고 다른 남자와 기쁨을 나누지 않도록 해 주신 하느님에게 감사드렸습니다. 이어서 찾아온 사람들에게 이 결혼이 이루어질 수 있도록 도와 달라고 간곡히 부탁하면서 이렇게 말했습니다.

"그래야 내 마음이 편해질 것이네. 단 한 가지, 내 양심을 찌르는 것이 있는데 여러분들에게 속마음을 말하려 하네. 오래 전 나는 두 가지의 천국, 즉 지상에서의 천국과 하늘에서의 천국을 동시에 누릴 수는 없다는 말을 들었네. 하지만 우리가 일곱 가지 큰 죄를 피하고, 죄의 작은 가지*11를 피한다면, 결혼 생활 속에서 완전한 쾌락과 안락과 기쁨을 누릴 수 있다고 보네.

그래서 내가 늙은 나이에 아무런 근심이나 고통 없이 그토록 복되고 편안한 삶을 누린다면 이곳 지상이 나의 천국이 되지 않을까 걱정이라네. 진정한

＊11 일곱 가지 죄에 대해서는 〈교구 사제의 이야기〉에서 자세히 설명하고 있다. 죄를 큰 가지, 작은 가지로 구분하는 것이 당시의 관례였다.

천국에 가려면 무한한 고통과 커다란 고난의 대가를 치러야 하는데, 내가 만일 다른 남자들처럼 아내와 기쁨을 즐기면서 산다면 어떻게 그리스도가 계시는 영원한 천국으로 들어갈 수 있겠나? 이것이 바로 나의 걱정인데 자네들, 그리고 내 두 형제여, 이 문제를 해결해 주기 바라네.”

그의 어리석음을 못마땅하게 여기고 있던 저스티누스는 비웃는 표정으로 대답했습니다. 하지만 말을 길게 하고픈 생각이 없었던 그는 이번에는 권위 있는 사람들의 말을 인용하지 않았습니다.

“결혼이 유일한 장애물이라고 말씀하셨지요? 그러니 자비로우신 하느님께서 무한한 성스러운 교회에서 결혼식을 올리기 전에 결혼을 후회하게 만드시기를 바랍니다. 당신은 결혼 생활에 아무런 슬픔도 다툼도 없다고 말씀하시지만 말입니다. 그렇지 않다면 하느님이 독신자들보다도 결혼한 자들을 뉘우치게 만드는 은총을 베푸시기를 바랍니다.

형님, 제가 드리고 싶은 충고의 말씀은 절망하지 마시라는 것입니다. 이 말을 가슴에 새겨 두시기 바랍니다. 그녀는 형님의 연옥이 될지도 모릅니다. 때로는 하느님의 수단이 되거나 채찍이 되기도 할 것입니다. 그렇다면 형님의 영혼은 활시위를 떠난 화살보다 더 빨리 천국을 향해 치솟아 올라갈지도 모를 일이지요.

결혼생활에는 형님의 구원을 방해하거나 장해물이 될 완전한 행복은 없으며, 앞으로도 없을 것이라는 사실을 형님 스스로 조만간 확인할 수 있기를 바랍니다. 형님께서는 이성을 가지고 아내의 정욕을 절제 있게 만족시켜 주고, 그녀에게 감당못할 너무 큰 사랑을 베풀지 말며, 형님 자신도 죄악을 멀리하셔야 합니다.

저는 본디 아는 것이 없으니 더 이상 길게 말하지는 않겠습니다. 그렇지만 너무 걱정하실 필요는 없습니다. 형님께서도 잘 들으셨겠지만, 바스의 여장부는 결혼에 대해 분명하고도 간략하게 자기의 관점을 잘 설명해 주었습니다. 하느님의 은총이 늘 함께하길 기원합니다. 이만 안녕히.”

이렇게 말한 다음 저스티누스와 플라시보는 재뉴어리에게 작별인사를 하고 헤어졌습니다. 그들은 결국 다른 방법이 없다고 생각하고, 교묘하고도 신중하게 메이*[12]라는 이름의 처녀와 재뉴어리의 결혼을 서둘렀습니다. 그녀가 그의 토지를 법률상 소유하게 된 계약과 증빙문서를 하나하나 열거하는 것은 여러분을 무척 지루하게 만들 것입니다. 또 그녀의 의상을 이야기하는 것도 시간낭비라고 생각합니다. 마침내 결혼식날이 되었습니다. 목에 가사(架裟)를 걸친 사제가 나와 사라와 리브가*[13]처럼 지혜롭고 충실하라고 그녀에게 명했고, 관례에 따라 기도를 올린 뒤, 그들에게 성호를 그으며 하느님이 그들을 축복하시기를 기도했습니다. 이렇게 성스러운 의식으로 온전한 예식을 마쳤습니다.

이렇게 해서 두 사람은 정식으로 결혼한 몸이 되었습니다. 피로연에서 두 사람은 다른 지체 높은 사람들과 함께 높은 자리에 앉았습니다. 그의 저택은 기쁨과 행복으로 가득 찼고, 관현악이 울려 퍼졌으며, 이탈리아 요리 가운데 가장 맛있는 요리를 먹으며 한껏 즐겼습니다. 그들 앞에는 오르페우스*[14]나 테베의 암피온*[15]은 결코 소리내지 못했을 아름다운 음색의 악기들이 놓여 있었습니다. 새로운 시작을 알릴 때마다 요압*[16]에서조차 들어 보지 못했을 커다란 나팔 소리가 멀리멀리 울려 퍼졌습니다. 그 소리는 테베가 위험에 처했을 때 티오도마스*[17]가 울렸던 나팔 소리보다도 더 컸지요. 주신(酒神) 바쿠스는 사방을 돌아다니며 술을 따르고 있었고, 사랑의 신 비너스는 모든 사람에게 미소를 보내고 있었습니다.

재뉴어리는 비너스의 기사가 되어 결혼을 하든 하지 않든, 자기의 힘을 과시하려고 했습니다. 비너스는 이글거리는 횃불을 손에 들고 신부를 비롯하여 수많은 하객들 앞에서 춤을 추었습니다. 감히 말하건대, 결혼의 신 휘메니이오스*[18]도 이보다 더 행복한 신랑을 본 적은 없을 것입니다. 시인 마르티아누스*[19]여, 그대의 침묵을 지키라! 그대는 그녀 필로로지와 머큐리의 그

---

* 12 원어는 Maius. 운율을 맞추느라 메이라고 한 것 같다.
* 13 성서에 나오는 정절과 모범을 대표하는 여인들. '레베카처럼 현명하고, 사라처럼 오래 살며 정절을 지키라'는 말은 교회의 축도로 곧잘 쓰인다.
* 14 여러 작품에 등장하는 전설 속 음악가.
* 15 테베의 왕. 하프 연주자로 유명하다. 성벽을 쌓는 데 음악의 힘으로 바위를 옮겼다고 일컬어진다.
* 16 다윗의 장군 중 한 사람. 군대를 지휘할 때 트럼펫을 울렸다. 〈사무엘 하〉 2 : 28, 18 : 16, 20 : 22.
* 17 테베 군대의 점성술사. 그의 기도는 트럼펫을 울린 다음 시작되었다.
* 18 횃불과 베일을 가진 청년의 모습으로 나타난다.
* 19 5세기의 마르티아누스 카페라. 《필로로지와 머큐리의 결혼》의 저자.

즐거운 혼인잔치를 쓰거나, 또한 시신(詩神)들이 노래한 시가를 노래했다.

하지만 그대의 입과 펜은 이런 결혼을 그려내기에는 너무나도 미력하다. 구부정한 노인이 어린 처녀와 결혼할 때의 기쁨은 말로 표현할 수 없을 만큼의 환희가 있다. 그것을 스스로 시험해 보라. 그러면 내 말이 진실인지 거짓인지 곧 알게 될 것이다."

온화함이 넘치는 얼굴로 앉아 있는 메이는 마치 요정처럼 보였습니다. 에스델 왕비[20]도 아하스에로스 왕에게 그처럼 다정한 시선을 보내지 못했을 것이며, 그토록 상냥한 표정을 짓지 못했을 겁니다. 메이가 얼마나 아름다웠는지 하나하나 글로 다 표현할 수는 없습니다. 그러나 그녀의 미모에 대해 이렇게는 말할 수 있습니다. 그녀는 마치 아름다움과 즐거움이 넘치는 5월의 눈부신 아침햇살[21] 같았다고 말입니다.

재뉴어리는 메이의 얼굴을 바라볼 때마다 황홀경에 빠졌고, 패리스가 헬렌을 껴안았을 때보다 더 세게 메이를 안아 주리라 마음먹었습니다. 그러나 그날 밤 신부의 처녀성을 빼앗아야 할 것을 생각하니 애처로운 마음도 들었습니다. 그래서 속으로 이렇게 생각했지요.

"아, 딱하구나, 젊은 그대여! 그대가 내 원기 왕성한 힘에 잘 견딜 수 있도록 주께 기도드릴 수밖에. 나는 제법 예리하고 격렬하거든! 그대가 과연 그것을 이겨낼 수 있을지 참으로 걱정이구나. 하느님, 제 기운을 모조리 쓰지 못하도록 해 주소서! 어서 밤이 되어, 그 밤이 영원히 계속되도록 해 주소서! 하객들이 어서 이 자리를 뜨면 좋으련만!"

그는 아무도 눈치 채지 못하도록 신중하게 손님들로 하여금 일찍 자리를 뜨게 하려고 애를 썼습니다.

시간이 흘러, 자리에서 일어난 하객들은 오랫동안 춤을 추고 술을 마신 뒤, 온 집안을 돌아다니며 향료를 뿌려놓았습니다. 모두들 행복과 기쁨에 넘친 표정이었지요. 하지만 오직 한 사람, 몇날 며칠을 기사 앞에서 고기를 자르던[22] 시종 데미안만은 그렇지 않았습니다. 그는 기사의 부인인 메이에게 반해 이성을 잃어버릴 지경이었습니다. 그만큼 그의 고통은 컸지요. 하마터면

---

*20 〈에스델〉 2 : 7~20, 5 : 1~8.

*21 젊음, 아름다움, 기쁨을 나타내는 비유.

*22 주인인 기사를 위해 고기를 자르는 일은 그 가신 중에서도 가장 신뢰받는 자가 맡았다.

그는 그녀가 서 있던 옆에서 쓰러질 뻔했는데, 횃불을 손에 들고 춤을 추던 비너스가 그 불꽃으로 그의 가슴을 태우고 만 겁니다. 그래서 그는 서둘러 잠자리에 들어야 했습니다.

데미안의 이야기는 여기서 잠시 멈추고, 미소짓는 메이가 연민을 베풀 때까지 그 혼자 실컷 울고 탄식하도록 놔두겠습니다.

침대에서 솟아오르는 불길은 위험하기 짝이 없습니다. 집에서 봉사하고 섬기는 친근한 적이여! 아, 하인이면서 배신자여! 집에서 일하는 거짓 하인이여, 가슴 속에 살무사를 품은 성실하지 못한 자여!

하느님, 부디 우리들이 이런 자와 만나지 않게 해 주소서, 결혼의 기쁨에 도취된 재뉴어리여, 태어날 때부터 그대의 종이었으며, 지금은 시종인 데미안이 그대의 명예를 실추시키기 위해 어떤 음모를 꾸미고 있는지 두 눈을 똑바로 뜨고 보라!

하느님, 재뉴어리에게 집 안에 숨어 있는 적을 발견하게 도와 주소서! 집 안에 숨어서 늘 모습을 드러내는 적보다 더 흉악한 재앙은 이 세상에 없습니다.

태양이 포물선을 그리며 날아가는 화살처럼 이 끝에서 저 끝으로 기울었습니다. 태양은 더 이상 지평선 위에 머물 수 없습니다. 밤이 어두컴컴한 망토로 하늘을 감쌌습니다. 그리고 활기에 찬 하객들은 의례적인 인사를 나누고는 재뉴어리의 집을 떠나갔습니다. 그들은 말을 타고 즐겁게 집으로 돌아가 저마다 자기 집에서 하고 싶은 일들을 하고는 때가 되어 잠자리에 들었습니다.

하객들이 모두 떠나자, 재뉴어리는 초조한 마음을 감추지 못한 채 침상으로 가려고 했습니다. 우선 그는 정력을 강화하기 위해 꿀과 향료를 넣은 따뜻한 백포도주를 마셨습니다. 그 술은 저주받은 수도사 콘스탄티누스[23]가 《성교에 대하여》에 적어 놓은 수많은 강력한 최음 성분을 많이 가지고 있기로 유명한 것이었지요. 재뉴어리는 주저하지 않고 그 술을 단숨에 마셔 버렸습니다. 그리고 아직도 남아 있던 그의 친한 친구들에게 이렇게 말했습니다.

"제발 서둘러 돌아가 주게. 예의바르게 행동하고 싶다면 이제 그만 집으로 돌아가 달라는 말일세."

---

*23 콘스탄티누스 아프리카누스를 가리키는 것으로, 11세기 아라비아의 의학서를 번역한 사람.

친구들은 재뉴어리의 부탁을 들어 주었습니다. 그들이 마지막 건배를 들고 떠나자, 그는 커튼을 치고 신부를 침실로 데려갔습니다. 신부는 돌처럼 굳어 아무 말도 하지 않았지요.

신부(神父)가 침대에 성호를 그어 축복을 내리자, 그곳에 있던 모든 사람들이 침실에서 물러났습니다. 그러자 재뉴어리는 자기의 낙원이자 아내인 사랑스런 메이를 꼭 껴안고 그녀를 달랬습니다. 그는 몇 번이고 몇 번이고 아내에게 입맞춤을 퍼부었습니다. 들장미처럼 날카롭고, 곱상어처럼 거친 수염을 들이대며 말입니다. 그는 그만의 방식으로 수염을 깎은 지 며칠 되지 않았던 것입니다. 아내의 목덜미에 입맞춤을 퍼부으며 그는 이렇게 말했습니다.

"아, 가슴 아픈 일이오, 여보! 나는 당신을 습격하고, 거칠게 공격할 텐데 어쩌지? 하지만 이것만은 기억해 주오. 아무리 훌륭한 직공이라도 서두르면 일이 제대로 되지 않는 법이라는 것을 말이오. 그러니 시간에 구애받지 말고 잘해 봅시다. 우리가 얼마나 오랜 시간 사랑을 나누느냐 하는 것은 중요하지 않소. 우리는 혼인이라는 성스러운 관계로 맺어진 사이니까. 우리를 구속하는 굴레야말로 축복받은 것임을 알아야 하오. 왜냐하면 결혼한 부부가 하는 일들은 아무런 죄악이 되지 않거든. 자기 칼로 자기를 찌르는 사람*24이 없듯이 남편과 아내는 아무리 사랑을 나누어도 죄를 짓는 것이 아니라오. 우리의 쾌락은 법률이 허락한 떳떳한 것이오."

그는 날이 밝을 때까지 정력을 쏟았습니다. 그리고 고급 향료가 들어 있는 백포도주에 빵을 찍어 먹었습니다. 그리고 침대 위에 일어나 앉아 낭랑한 목소리로 크게 노래를 부르며, 아내에게 키스를 하고 다시 사랑놀이를 즐겼습니다. 재뉴어리의 음탕한 모습은 마치 망아지와 다름없었고, 재잘거리는 모습은 까치와 같았습니다. 쩍쩍거리며 노래를 부를 때면, 목덜미의 주름이 아래위로 흔들렸습니다. 그러나 나이트캡을 쓰고, 앙상한 목을 늘어뜨린 채 셔츠 한 장만 입고 앉아 있는 남편의 모습을 보면서 메이가 무슨 생각을 했는지는 하느님도 아시겠지요. 그녀는 남편과의 사랑놀이가 하나도 즐겁지 않았습니다. 어찌되었건, 마침내 기진맥진한 재뉴어리는 이렇게 말했습니다.

"이제 날이 밝았으니 난 잠을 자야겠소. 더 이상 한시도 눈을 뜨고 있을

---

*24 〈교구 사제의 이야기〉에서는 이와 반대되는 말로 간음을 꾸짖고 있다.

수가 없구려."

그는 곧 쓰러져 잠에 빠져들었답니다. 아홉 시가 되어서야 눈을 뜬 재뉴어리는 자리에서 일어나 옷을 입었습니다. 그러나 아리따운 메이는 양가의 새 색시들의 관습에 따라 나흘째되는 날까지는 침실에서 나가지 않았습니다. 그것은 갓 결혼한 여자들이 견딜 수 있는 최대한의 시간이었습니다. 무슨 일을 하든 가끔씩 휴식을 취해야 하기 마련이지요. 그렇지 않으면 오래도록 일을 할 수 없기 때문입니다. 이것은 새든 동물이든, 아니면 사람이든 살아 있는 모든 것에게 해당되는 말입니다.

이제 불쌍한 데미안의 이야기로 돌아가서, 그가 얼마나 고통을 받았는지 말하겠습니다. 하지만 먼저 데미안에게 이렇게 말하고 싶군요.

"불쌍한 데미안, 네가 어떻게 안주인인 아름다운 메이에게 네 사랑을 고백할 수 있겠느냐? 어디 이 물음에 대답해 보아라. 그녀는 네 사랑을 거절할 것이다. 또한 네가 구애를 하면, 그 사연을 남편에게 고자질할 것이다. 주님이 저를 도와 주시기를! 그 이상은 해 줄 말이 없구나."

사랑에 빠진 데미안은 비너스가 붙인 사랑의 불길에 온몸이 이글이글 불타고 있었습니다. 그는 욕망을 이기지 못해 죽을 지경이었습니다. 더 이상 참을 수 없게 된 그는 마침내 위험을 무릅쓰고 모든 것을 운명에 맡기기로 했습니다. 그는 아무도 모르게 자기의 모든 슬픔과 아픔을 시나 단가로 적어 사랑하는 메이에게 편지를 썼습니다. 그리고 그 편지를 자기 셔츠 아래에 달린 실크 주머니에 넣어 보관했습니다.

재뉴어리와 메이가 결혼한 날 정오에 황소자리의 90도를 지나가고 있던 달은, 이제 모든 여정을 마치고 게자리에 있었습니다. 나흘이 지났건만 메이는 상류 계급의 관습대로 아직 침실에서 나오지 않았습니다. 나흘이 지나 엄숙한 미사가 끝나기 전까지 신부는 절대로 식당에 앉아 식사를 할 수 없었거든요. 꼬박 나흘을 보내고 정식 미사를 마쳤습니다. 찬란한 여름 햇살처럼 아름다운 메이가 재뉴어리와 거실에 앉아 있었습니다. 그런데 재뉴어리는 불현듯 데미안을 떠올리고는 옆에 있던 시종에게 물었습니다.

"데미안이 내 시중을 들지 않다니 무슨 일이지? 아직도 병이 다 낫지 않은 거야? 아니면, 도대체 무슨 일이지?"

재뉴어리 옆에 서 있던 다른 시종들이 데미안은 아파서 의무를 다하지 못한다고 둘러대었지요.

"그거 정말 안 됐군! 그는 지위 높은 시종이다. 만약 그가 죽는다면 매우 슬픈 일이지. 그와 같은 위치에 있는 시종 가운데에서도 현명하고 신중하며 신뢰할 수 있는데다가 남자답고 근면한 사람은 드물거든. 아주 전도유망한 젊은이란 말이야. 식사 뒤에 반드시 그를 찾아가 봐야겠어. 메이에게도 그렇게 하라고 일러 둬야겠군. 그를 충분히 위로하기 위해서 말이야."

그 말을 들은 모든 사람들이 시종을 병문안할 것이라는 재뉴어리의 고귀하고 따뜻한 말을 듣고는 그를 축복했습니다.

재뉴어리는 아내에게 이렇게 말했습니다.

"여보, 저녁 식사가 끝나면 집안 하녀들을 데리고 데미안을 찾아보도록 하시오. 그는 신사이니 잘 위로해 주고, 나도 잠시 휴식을 취한 뒤 가겠다고 전해 주시오. 하지만 그곳에서 너무 오래 지체하지는 마시오. 당신이 돌아와 내 옆에서 잠들 때까지 기다릴 테니 말이오."

재뉴어리는 식당 관리를 맡고 있던 시종을 불러 그가 원하고 있는 어떤 일을 그에게 지시했습니다.

아리따운 메이는 집안 여인들의 시종을 받으며 곧장 데미안을 보러 갔습니다. 그녀는 데미안의 침대 옆에 앉아 성심껏 그의 기분을 북돋워 주었습니다. 데미안은 적당한 기회가 오자 자기의 모든 소원을 적은 편지를 주머니에서 꺼내 아무도 모르게 메이의 손에 쥐어 주었습니다. 그리고 긴 한숨을 토해 내며 부드럽게 귓속말로 속삭였습니다.

"저에게 자비를 베풀어 주소서! 만일 이 일이 알려지면, 저는 목숨을 잃게 됩니다."

그녀는 편지를 자기 품 안에 숨기고 방을 나왔습니다. 데미안의 고통에 대해 이야기하는 것은 이 정도로 해 두지요.

메이는 침대 옆에 편안히 앉아 있던 재뉴어리에게로 돌아갔습니다. 재뉴어리는 그녀를 꼭 껴안고 여러 번 키스를 퍼붓고는 곧 잠이 들었습니다. 한편 메이는 우리 모두가 종종 가야 하는 그곳에 가는 척하고 침대를 벗어났습니다. 그리고 데미안의 편지를 읽자마자 조심스럽게 찢어서 변기 속에 버렸답니다.

예쁘고 요염한 메이의 머릿속은 온갖 생각으로 가득 찼습니다. 그녀는 자기 기침소리에 어렴풋이 눈을 뜬 늙은 재뉴어리 옆에 나란히 누웠습니다. 그러자 그는 아내에게 옷을 모두 벗으라고 말했습니다. 아내와 즐기고 싶은데 옷을 입고 있으면 방해가 된다는 것이었지요. 메이는 좋든 싫든 남편의 말대로 했습니다. 그러나 여기에 계신 점잖은 분들의 귀를 상하게 하고 싶지 않기에 재뉴어리가 어떻게 했으며, 그런 일이 메이에게 낙원으로 생각되었는지, 아니면 지옥으로 여겨졌는지에 대한 이야기는 하지 않겠습니다. 나는 이두 사람이 하고 싶은 것을 할 수 있도록 그냥 놔두겠습니다. 어쨌거나 밤 기도를 알리는 종소리가 울리면 침대에서 일어나게 되어 있으니 말입니다.

그것이 운명이었는지 우연이었는지, 혹은 자연의 섭리였는지 행성의 영향에 의해서인지 나는 모릅니다. 아무튼 우주가 비너스와 관련된 일을 요구하기에 적당한 위치로 맞추어진 것입니다. 학자들이 말하는 바처럼 모든 일에는 다 때가 있기 마련이지요. 어떤 여자라도 애인을 얻는 데에는 적당한 때가 있게 마련입니다. 저는 그 순간을 잘 모르지만 말입니다. 하지만 모든 일에는 저마다 까닭이 있다는 것을 알고 계신 하늘에 계신 하느님께서 모든 사람의 심판자이시기만을 바랄 뿐입니다. 저는 그저 침묵을 지키겠습니다.

어쨌든 그날 메이는 병중에 있던 데미안에게 깊은 인상을 받았습니다. 그녀는 데미안을 위로해 주고 싶어졌습니다.

그녀는 이렇게 생각했습니다.

"틀림없는 사실은 이런 내 생각을 남이 안다고 해도 나는 전혀 상관없어. 지금이라도 데미안에게 내가 가장 사랑하는 사람은 당신뿐이라고 고백할 수 있거든. 그가 가진 것이라고는 셔츠 한 벌밖에 없다고 해도 말이야."

이렇게 착한 여자의 가슴속에는 자비로운 마음이 아주 빨리 일어나는 법이지요.

여성들에게는 얼마나 훌륭한 관용의 마음이 있는지 당신은 이제 아셨을 겁니다. 단, 그녀들이 원할 경우에 말이죠. 돌처럼 굳은 마음을 가진 여자 폭군도 있습니다. 아마 그런 여인들도 많이 있을 테지요. 그 여성 폭군은 애인에게 은총을 베풀기는커녕 오히려 잔혹한 마음에 사로잡혀 살인자가 될 생각을 하기도 할 것입니다.

부드럽고 자비로우며 동정심 많은 메이는 정성을 다해 손수 편지를 썼습니다. 그 안에는 그가 바라는 것이라면 모두 가질 것이라고 씌어 있었습니다.

단지 그의 욕망을 만족시켜 줄 날짜와 장소만 빠져 있었습니다. 그리하여 어
느 날 적당한 기회가 생기자 메이는 데미안을 찾아가 남몰래 그 편지를 그의
베개 밑에 넣었습니다. 그가 원하는 때에 읽어 볼 수 있도록 말입니다. 그녀
는 데미안에게 빨리 회복되기를 빈다고 말하면서 아무도 모르게 그의 손을
꼭 잡았습니다. 메이는 재뉴어리의 부름을 받고 그가 있는 곳으로 갔습니다.

　이튿날 아침, 데미안은 자리에서 벌떡 일어나자, 자기의 병과 근심이 모두
사라졌음을 알았습니다. 그는 애인의 눈에 매력적으로 보일 수 있도록 머리
를 단정히 빗고, 모양을 내서 옷을 차려입었습니다. 그리고 그의 여인이 좋
아할 만한 것이면 무엇이든 가리지 않고 다 했습니다. 그런 다음 재뉴어리에
게 갔습니다. 그는 사냥개처럼 주인의 명령이라면 무엇이든지 복종할 자세
였습니다. 데미안은 사람들을 기쁘게 할 만큼 상냥한 사람이었습니다. 모든
사람이 그를 칭찬했지요. 어쨌거나 그는 자기가 모시는 부인의 총애를 듬뿍
받게 되었습니다. 이제 이쯤에서 데미안은 그가 할 일을 하게 놔두고, 내 이
야기를 계속하겠습니다.

　어떤 학자*25들은 행복이 곧 쾌락에 있다고 생각합니다. 이런 점에서 훌륭
한 노기사 재뉴어리는 틀림없이 호화찬란한 생활을 하면서 기사에 걸맞은
삶을 살려고 온 힘을 쏟은 것이 분명합니다. 궁궐같은 그의 집과 가구와 의
상들은 화려했습니다. 그중에서도 가장 아름다운 것은 돌담으로 둘러싸인
정원*26이었습니다. 이것보다 더 감탄할 정원은 어디에도 없을 정도였지요.
사실 《장미의 로맨스》*27를 쓴 작가도 이 매혹적인 정원을 제대로 묘사하기
란 쉽지 않을 것입니다. 또한 정원의 신이라는 프리아포스*28도 늘 푸른 월
계수 잎으로 뒤덮인 그 정원과 샘의 청초함을 충분히 표현할 수는 없을 것입
니다. 이 정원 주위에는 플루토 왕과 왕비 프로세피나*29가 그의 모든 요정
들을 데리고 와서 노래하고 춤추며 즐겁게 보내곤 했습니다.

　늙고 명예로운 기사 재뉴어리는 이 정원을 오랫동안 거닐면서 기쁨을 만

＊25 에피크로스를 가리킨다.
＊26 주위를 병풍처럼 에워싼 정원은, 보통 처녀 마리아를 상징한다.
＊27 전반부의 작가는 기욤 드 롤리스. 주위를 벽으로 둘러싼 정원을 아름답게 묘사한 글로 이야기
　　가 시작되고 있다.
＊28 남근 숭배 신.
＊29 저승의 왕과 왕비. 그러나 로맨스 이야기에서는 요정들의 왕과 왕비.

낑했습니다. 그는 자기 말고는 그 누구에게도 정원의 열쇠를 주지 않았습니다. 그래서 늘 조그만 열쇠를 가지고 다니다가, 정원을 걷고 싶어지면 문을 열고 들어갔습니다. 여름 동안 그는 아내 메이에게 진 사랑의 빚을 갚아야겠다고 생각했습니다. 그래서 메이와 함께 정원을 거닐었습니다. 이 두 사람 말고는 아무도 그 정원에 들어갈 수 없었으며 그들은 그곳에서도 침대에서 하지 못했던 사랑놀이를 즐겼답니다. 재뉴어리와 그의 아내 메이는 이렇게 행복한 나날을 보냈습니다. 그러나 모든 사람들과 마찬가지로 재뉴어리에게 이런 속세의 쾌락은 영원히 지속될 수 없는 법.

오, 예기치 않은 운명이여! 믿을 수 없는 운명의 여신이여! 멋진 머리로 먹잇감을 유혹하여 독으로 가득 찬 꼬리로 찔러 죽이고 마는 전갈처럼, 그대는 속임수의 명수입니다. 오, 깨지기 쉬운 기쁨이여! 오, 야릇하고도 달콤한 독이여! 너는 낯빛 하나 달라지지 않은 채 너의 선물에 교묘하게 색을 칠하고는 모든 사람을 속이는구나! 너는 왜 재뉴어리를 속였는가?

그때까지 운명의 여신은 재뉴어리의 친구였지만, 그건 속임수에 불과했습니다. 운명의 여신은 갑자기 그의 두 눈을 멀게 했고, 그 슬픔을 이기지 못한 재뉴어리는 죽고 싶은 심정이었습니다.

이것은 고귀하고 다정한 기사 재뉴어리에게는 말로 표현하지 못할 크나큰 불행이었습니다. 그는 행복과 부귀를 한창 즐기는 도중에 눈이 멀게 된 것입니다. 그는 하염없이 울며 슬퍼했습니다. 또한 아내가 어처구니없는 짓을 하지는 않을까 걱정한 나머지, 질투의 불꽃에 사로잡혀 조마조마 마음을 태웠습니다. 그는 그녀와 그자를 누군가가 죽여 주기를 간절히 바라게 되었습니다. 자기가 살았건 죽었건, 메이가 다른 남자의 아내나 정부가 된다는 상상을 하면 참을 수가 없었죠. 재뉴어리는 메이가 짝 잃은 비둘기처럼 외롭게 검은 상복을 입은 채 과부로서 여생을 마쳐 주기를 바랐습니다.

한두 달이 지나자, 그의 고통은 조금씩 누그러지기 시작했습니다. 달리 방법이 없다는 사실을 깨닫게 되자, 그는 자기의 불행을 체념하며 받아들이게 된 것이지요. 그러나 양보할 수 없는 것이 하나 있었는데, 그것은 끊임없이 일어나는 질투의 불꽃이었습니다. 그 질투는 대단한 것이었지요. 재뉴어리는 거실이건 남의 집이건, 또 다른 어디건 가리지 않고 그녀가 어디에도 가지 못하게 했습니다. 늘 그녀를 자기 손이 닿는 곳에만 있게 했던 것입니다.

사랑하는 데미안을 만나지 못하게 된 메이는 하염없이 많은 눈물을 흘렸습니다. 그녀는 너무나도 데미안을 사랑했기에 자기가 원하는 대로 데미안을 갖든지 아니면 그 자리에서 죽어 없어지든지 결말을 지어야겠다고 결심했습니다. 때를 기다리는 그녀의 마음은 터질 것만 같았습니다.

한편 데미안은 이 세상에서 가장 슬픈 남자가 되고 말았습니다. 그는 낮이나 밤이나 전하고 싶은 사랑의 사연을 한 마디도 말할 수 없었습니다. 재뉴어리가 언제나 메이의 손을 붙잡고 떨어지지 않았기 때문이지요. 그러나 두 사람만 알 수 있는 손짓과 편지를 통해 그는 메이와 마음을 주고받을 수 있었습니다. 그녀 또한 데미안이 무슨 생각을 하고 있는지 이렇게 확인할 수 있었습니다.

재뉴어리는 참으로 한심한 신세였지요. 비록 바다 저 멀리 수평선까지 볼 수 있는 시력을 가졌다 하더라도 소용없었을 것입니다. 눈뜨고 속으나 눈감고 속으나, 속는 것엔 변함이 없으니까요.

100개의 눈을 가졌던 아르고스는 그 많은 눈으로 수없이 바라보았지만, 다른 사람들처럼 눈뜬장님에 불과했습니다. 자신은 그렇지 않을 거라고 생각하는 많은 사람들 또한 속아 넘어가기는 마찬가지입니다. 이런 이야기는 조용히 지나치기로 하겠습니다.

아름다운 메이는 재뉴어리가 드나들던 정원의 작은 열쇠를 밀납으로 모형을 떴습니다. 메이가 무슨 생각을 하는지 잘 알고 있던 데미안은 아무도 모르게 그 열쇠를 하나 더 만들었습니다. 곧이어 이 열쇠들로 인해 일어날 기상천외한 이야기를 들을 수 있게 될 것입니다.

오, 고귀한 오비디우스여! 그대의 말처럼 아무리 오래 걸리고 어려운 일일지라도 사랑의 신이 찾아내지 못할 교묘한 방법이 있겠는가. 피라모스와 티스베를 통해서도 잘 알 수 있습니다. 그들은 꽤 오랜 시간을 엄중하게 감시당하고 있었지만, 벽에 뚫린 구멍으로 속삭이면서 서로의 사랑을 확인하지 않았습니까? 누가 감히 그런 방법을 상상이나 할 수 있었겠습니까?

다시 본론으로 돌아가겠습니다. 6월 8일이 되기 전, 이런 일이 일어났습니다. 무심코 재뉴어리는 아무도 없는 그의 정원에서 아내와 단둘이서 즐기고 싶다는 생각을 하게 되었습니다. 그래서 어느 날 아침, 메이에게 말했지요.

"사랑하는 그대, 내 고귀한 아내여, 이제 일어나구려. 비둘기 소리가 들리지 않소? 오, 내 사랑하는 비둘기! 축축하게 비 내리는 겨울은 이제 끝났소. 자, 이리로 와요. 작은 비둘기의 눈을 가진 그대여. 당신 가슴은 백포도주보다 더 희고 달콤하오. 정원은 모두 담으로 빙 둘러싸여 있으니 아무도 우리를 볼 수는 없을 것이오. 자, 흰 눈처럼 새하얀 나의 신부여, 이리로 오시오! 당신은 내 가슴에 상처를 입혔지만, 난 당신에게서 아무런 흠도 찾지 못했소. 그러니 어서 즐기도록 합시다. 난 당신을 내 아내이자 안식처로 택했다는 것을 당신도 잘 알고 있지 않소?"

이것은 그가 늘 사용하던 낡고 저속한 말이었습니다. 메이는 데미안에게 신호를 보내, 먼저 정원에 들어가 있으라고 했습니다. 데미안은 열쇠로 쇠창살이 달린 정원 문을 열고, 아무도 눈치 채지 못하게 안으로 들어가서는 조용히 덤불 아래에 숨었습니다.

그것도 모르고 돌멩이처럼 눈먼 재뉴어리는 메이의 손을 잡고 매혹적인 정원으로 들어가 재빨리 정원 문을 잠그고는 아내에게 말했습니다.

"여보, 여기에는 세상에서 가장 사랑하는 당신과 나밖에 없소. 하느님을 두고 맹세하는데, 당신 마음에 상처를 입히느니 차라리 내 손으로 목숨을 끊겠소. 나의 충실한 아내! 내가 당신을 어떻게 택했는지 부디 돌이켜봐 주오. 결코 탐욕 때문이 아니라, 오직 당신을 사랑했기 때문에 아내로 맞이한 것이오. 나는 늙은 데다 눈마저 멀었지만, 나를 배신하지 말아요. 그래야만 하는 까닭이 있다오.

당신이 그렇게 한다면, 세 가지를 얻게 될 것이오. 첫째는 그리스도의 사랑이고, 둘째는 당신 자신의 명예이며, 셋째는 나의 모든 토지와 집과 성이 당신 것이 될 것이오. 당신이 바란다면 문서도 만들어 주겠소. 내일 해지기 전까지 그대로 다 해 주겠소. 하느님이 나의 영혼을 천국으로 인도해 주시기를! 그러기에 앞서 부탁하오. 약속을 지키겠다는 징표로 내게 키스해 주오. 그리고 질투가 심한 나를 너무 원망하지 말아 주면 좋겠구려. 당신은 내 마음을 온통 차지하고 있거든. 아름다운 당신을 생각할 때마다 당신에게 어울리지 않는 내 나이를 떠올리게 된다오. 그래서 죽는 순간까지 한시도 당신과 떨어져 있고 싶지 않은 걸 어쩌겠소. 이건 모두 틀림없는 사실이오. 사랑하는 아내여, 이제 나에게 키스를. 그리고 좀 거닐도록 합시다."

남편의 이런 말을 들은 아름다운 메이는, 울먹이면서 다정스럽게 대답했습니다.

"당신과 마찬가지로 저 또한 영혼을 지켜야만 해요. 사제께서 내 몸을 당신과 묶어 주었을 때, 내 명예도, 아내로서의 도리도 지키겠다고 약속했지요. 내 주인이신 당신이 허락하신다면 이렇게 대답하고 싶어요. 제가 부정한 아내가 되어 우리 가족을 수치스럽게 하거나, 자신의 명예를 더럽히는 일을 하게 된다면, 여자로서 받아 마땅한 추한 죽음을 기꺼이 맞겠습니다. 그러니 제가 그런 일을 저지른다면 저를 발가벗겨서 자루에 넣어 가까운 호수에 던져 죽여 주세요. 저는 양갓집 규수이지 창녀가 아니에요! 그런데 왜 제가 이런 말을 들어야 하고 또 해야 하죠? 남자들이 부정을 저지르지 않았다고 해서 아무 잘못도 없는 여자들이 비난받아야 하는 건가요? 남자들이란 부정이니, 비난이니 하면서 여자들을 꾸짖는 것 말고는 아무것도 제대로 아는 게 없어요."

이렇게 말하면서 메이는 덤불 속에 숨어있는 데미안을 쳐다보았습니다. 그녀는 기침을 하면서 데미안에게 과일이 주렁주렁 매달린 나무 위로 올라가라고 신호를 보냈습니다. 그는 즉시 나무 위로 올라갔습니다. 데미안은 남편인 재뉴어리보다 메이의 뜻을 더 잘 알아차리고, 이해하였습니다. 그도 그럴 것이 그녀는 그가 해야 할 일이 무엇인지 편지에 모두 적어 보냈기 때문입니다. 데미안은 배나무 위에 올라앉았고, 재뉴어리와 메이는 즐겁게 그곳을 거닐었습니다.

그날, 날씨는 매우 맑고, 하늘은 푸르렀습니다. 피버스 신은 황금빛을 쏟아 보내면서, 그 열기로 꽃들을 즐겁게 해주고 있었습니다. 그즈음, 피버스는 쌍둥이자리에 들어 있었던 것 같습니다. 주피터의 가장 높은 자리인 게자리의 적위(赤緯)*30에서 매우 가까운 거리였지요. 태양이 맑게 빛나는 그날 아침, 지옥의 왕인 플루토도 아내인 프로세르피나와 그녀를 수행하는 많은 귀부인들을 거느리고 정원의 푸른 잔디 위에 앉아 있었습니다.

프로세르피나가 목장에서 꽃을 꺾고 있을 때, 플루토가 덤벼들어 그녀를 무시무시한 마차에 실어 납치했다는 이야기는 로마의 시인 클라우디아누스*31가

---

*30 적도에서 위도 척도의 북쪽이나 남쪽으로 잰 거리.
*31 《프로세르피나의 능욕》의 저자. 클라우디우스 클라우디아누스(4세기)를 가리킨다. 이 작품은
　　발표되지 않았다.

쓴 이야기에 나와 있었습니다. 어찌됐든, 이 요정 나라의 왕은 신록으로 물든 싱그러운 잔디 위에 앉았습니다. 그리고 왕비에게 이렇게 말했지요.

"사랑하는 아내여, 우리의 경험에 비추어 볼 때 여자들이 날마다 남자들을 배반하고 있다는 사실을 부정할 사람은 아무도 없을 것이오. 난 여자들의 위선과 경거망동에 대한 수만 가지 이야기를 들려 줄 수 있소. 현명하기 이를 데 없고 세상사람들 중에서 가장 부자였으며, 지혜와 영광으로 가득 찬 솔로몬 왕은 지혜로운 사람이라면 누구나 기억할 만한 수많은 명언을 남겼소. 그는 남자들의 선한 행동을 이렇게 찬양했지. 지혜가 있는 '남자는 천에 하나 있을까 말까 하지만 여자들 가운데는 하나도 없다.'*32 이것이 여자들은 사악한 존재라는 사실을 훤히 알고 있던 솔로몬 왕의 말씀이오.

또한 시라크의 아들이신 예수*33께서도 여자들을 그다지 존중하지 않았을 것이라고 생각하오. 아, 오늘 밤에라도 당신네 여자들 몸 위로 급성 전염병이나 썩은 역병이 덮쳤으면 좋겠소! 당신에게는 저 훌륭한 기사가 보이지 않는단 말이오? 단지 늙고 눈이 멀었다는 이유로 하찮은 시종이 그의 아내를 건드리려 하다니! 나무 위에 올라가 있는 저 몹쓸 녀석을 보시오. 이제 나는 내 힘을 저 늙은이에게 베풀어 주겠소. 그의 아내가 추잡한 생각으로 그를 속이려는 순간, 그의 시력을 되돌려 주겠소. 그러면 자기 아내가 얼마나 비열한 짓을 하는지 알게 될 테지. 그녀뿐만 아니라 다른 많은 여자들에게 좋은 본보기가 될 것이오."

그러자 왕비 프로세르피나가 말했습니다.

"정말 그렇게 하실 건가요? 그렇다면 저는 외할아버지의 혼*34을 두고 맹세하는데, 저 여자와 미래의 모든 여자들이 만족할 만한 답을 주겠어요. 그녀들이 환희의 절정에 오를 때 들키더라도, 태연한 얼굴로 변명함으로써 나무라는 남자들이 오히려 고개 숙이도록 해 주겠다는 말입니다. 적절한 변명을 하지 못해 죽는 여자는 하나도 없도록 만들겠다고요.

비록 남자가 두 눈으로 여자의 부정을 목격했다 하더라도, 우리 여자들은 시치미를 뚝 떼고 눈물을 흘리며 맹세하면서 교묘하게 남자들을 탓할 거예

---

*32 〈전도서〉 7 : 28절 참조. 〈메리베우스 이야기〉에도 등장.
*33 〈전도서〉의 저자로 알려져 있다.
*34 세레스의 아버지. 사탄의 혼.

요. 남자들을 뒤뚱거리는 거위처럼 바보로 만들겠다는 말입니다. 당신이 들먹이는 권위 있는 말 따위는 나와 상관 없어요.

당신이 말하는 솔로몬이라는 유대인이 알고 있던 많은 여자들은 모두 바보였다는 걸 저도 알고 있어요. 그가 비록 착한 여자를 한 명도 발견하지 못했다 하더라도, 다른 남자들 중에는 지조 있고 덕성스러운 여자를 본 사람들이 수없이 많이 있어요. 하느님이 계신 천국에 살고 있는 여자들은 정조를 지키기 위해 목숨을 바쳤어요. 또한 로마의 역사를 보더라도, 신의를 지키는 착한 여자들이 많이 있었어요.

화내지는 마세요. 솔로몬 왕이 선한 여자를 한 명도 못 보았다고 했지만, 그 사람이 무슨 뜻으로 그렇게 말했는지 잘 생각해 보세요. 그가 말하고자 한 바는, 최고의 선(善)은 하느님 말고는 아무도 없다는 것, 다시 말해 남자도 여자도 아니라는 말이었다고요.

그건 그렇고, 왜 유일한 진리이신 하느님 이름을 들먹이면서 당신은 솔로몬을 그토록 우러러보지요? 그가 신전을 하나 지었다는 것이 그리 대단한가요? 돈 많고 명예가 드높았다는 것이 그리 크나큰 일인가요? 그는 거짓된 신들을 위해서도 신전을 지은 사람이에요. 어째서 그는 금지된 일을 저질렀을까요? 당신은 그의 명성을 찬양하기 위해 애를 쓰지만, 그는 호색한이었고 나이를 먹어서는 진정한 하느님을 잊어버린 단지, 우상숭배자였어요.

하느님께서는 성서에 적힌 대로 그의 아버지를 사랑하셨기 때문에 그를 용서하신 거예요. 그렇지 않았다면 아마 솔로몬은 그가 생각했던 것보다 훨씬 이전에 모든 왕국을 잃어버렸을 거예요. 당신이 여자들에게 쏟아놓는 중상모략에는 전혀 개의치 않아요. 하지만 나는 여자이기 때문에 가만히 있을 수가 없군요. 이렇게 하지 않으면 답답한 가슴이 터져 버릴 것만 같거든요.

만일 어떤 남자가 우리 여자들에게 수다쟁이라고 험담한다면, 내가 이 아름다운 머리타래를 평생 간직하고 싶은 마음만큼이나 변함없는 심정으로 우리 여자들을 부정하다고 비난하는 남자들을 용서하지 않고 욕설을 퍼부어 줄 거예요. 예의고 뭐고 개의치 않고 말입니다."

그러자 플루토가 말했습니다.

"부인, 화내지 마시오. 내가 졌소. 그러나 내가 저 노인에게 시력을 돌려주겠다고 맹세했으니, 그 약속은 지켜야겠소. 왕인 내가 거짓을 말할 수는 없으니 어쩔 수 없잖소."

이 말을 들은 프로세르피나가 되받아쳤습니다.

"나도 요정의 여왕이란 말입니다! 저 여자도 적당히 꾸며 댈 구실을 가지게 될 거예요. 이제 더 이상 말다툼하지 맙시다. 정말이지 당신을 거역하고 싶지 않답니다."

이제 다시 재뉴어리의 이야기로 돌아가겠습니다. 그는 아름다운 메이와 정원에 앉아 앵무새보다도 더 즐겁게 노래하고 있었습니다.

"나는 당신이 제일 좋아요, 앞으로도 영원히 당신만을 사랑할 거예요."

이렇게 말이죠. 그는 길고 긴 정원의 오솔길을 거닐다가, 마침내 데미안이 올라가 있는 배나무 밑에 이르렀습니다. 데미안은 푸른 잎사귀 틈 사이로 행복한 표정을 짓고 가만히 앉아 있었습니다.

빛나도록 아름다운 메이는 깊은 한숨을 내쉬며 말했습니다.

"어머나, 맛있겠다! 여보, 저는 무슨 일이 있어도 저 위에 보이는 배를 먹어야만 되겠어요. 안 그러면 죽을 것 같아요. 갑자기 저 작고 푸른 배가 먹고 싶은데, 이 일을 어쩌죠? 제발 어떻게 좀 해 주세요! 저 배를 먹고 싶은 마음이 너무도 간절해서 그걸 먹지 못하면 죽을지도 몰라요."

그러자 재뉴어리가 말했습니다.

"이런! 나무 위에 올라갈 하인이라도 옆에 있었으면……. 내가 눈이 멀지만 않았더라도……."

"상관없어요. 당신이 배나무를 꼭 껴안으세요. 당신이 내 정조를 믿지 않는다는 걸 잘 알지만, 날 당신 손에서 잠시 풀어 주세요. 그러면 당신 등을 타고 올라갈 수 있거든요."

"물론이지. 그렇게 하고말고. 당신이 바라는 일이라면 내 온몸을 던져 기꺼이 돕겠소."

재뉴어리는 허리를 굽혔고 메이는 그의 등 위에 서서 나뭇가지를 붙잡고 나무 위로 훌쩍 올라갔습니다. 귀부인들께서는 내 이야기를 듣고 너무 화내지 마시기를 바랍니다. 저는 배운 것이 없는 사람이라 점잖게 말할 줄을 모릅니다. 어쨌거나 데미안은 시간을 허비하지 않았습니다. 그는 메이의 옷을 걷어 올리고는 그녀를 덮치고 말았습니다.

플루토는 이런 뻔뻔스런 수작을 보고, 곧 재뉴어리의 눈을 뜨게 해 주었습니다. 그러자 그는 예전처럼 앞을 볼 수 있게 되었습니다. 시력을 되찾은 재뉴어리는 너무나 기뻤습니다. 늘 아내에게 마음을 쏟고 있던 그는 눈을 들어 나무 위를 올려다보았습니다. 그리고 데미안이 이상한 자세를 취한 채 자기 아내를 껴안고 있는 것을 보고 말았습니다. 상스러운 말을 쓰지 않고는 도저히 표현할 수 없는 모습이었습니다. 그 순간 그는 고함을 질렀습니다. 아이가 죽었을 때 어머니가 지르는 비명 같은 소리로요.

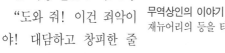

무역상인의 이야기
재뉴어리의 등을 타고 나무를 오르는 메이

"도와 줘! 이건 죄악이야! 대담하고 창피한 줄 모르는 뻔뻔스러운 여자 같으니! 거기서 도대체 뭘 하고 있는 거지?"

그러자 메이가 대답했습니다.

"무슨 일이세요? 잠시 참고, 점잖게 구세요. 지금 제 덕택에 당신이 눈을 뜨셨잖아요. 목숨을 걸고 이야기하는데, 이건 거짓말이 아니에요. 당신이 다시 볼 수 있게 되려면 제가 다른 남자와 나무 위에서 몸싸움을 하는 것이 제일 좋은 방법이라고 하더군요. 하느님도 제가 당신을 위해서 이런 일을 했다는 것을 알고 계시다고요."

"몸싸움을 한다고? 그것 참 좋은 핑계군! 하지만 그자와 당신의 몸이 한데 섞여 있지 않소! 하느님, 저 인간들이 수치와 불명예 속에서 죽게 해 주소서! 저놈이 당신과 관계를 맺었다고! 두 눈으로 똑똑히 보았단 말이야. 이 말이 거짓이라면 내 목을 매달아도 좋아!"

"그렇다면 제 치료 방법이 잘못된 거네요. 당신이 정말 볼 수 있다면 제게 그런 말을 할 수 없을 테니까요. 이번에는 제 약(藥)이 별로 효과가 없었던 모양입니다. 당신이 눈을 뜨고도 그렇게 말씀하시니 말이에요. 당신은 희미하게 볼 수 있을 뿐, 완전히 보이는 게 아니에요."

그러자 다시 재뉴어리가 말했습니다.

"나는 이제 옛날과 다름없이 두 눈을 뜨게 되었어. 내 명예를 걸고 말하겠는데, 그 녀석이 당신과 그 짓거리를 했단 말이야!"

"당신은 지금 제정신이 아니에요. 이게 당신 눈을 뜨게 해 준 보답이에요? 제가 당신한테 선심을 베풀지 말았어야 하는 건데."

"자, 여보. 그렇다면 지금 말한 것은 잊어버리시오. 그리고 어서 내려와요, 내 사랑. 내가 잘못 말했다면 용서해 주시오. 주님, 저를 이해하여 주십시오! 하지만 내 아버지의 영혼을 걸고 말하지만, 데미안이 당신에게 달라붙어 있었고, 당신 속옷이 그놈의 가슴팍까지 올라가 있었던 것처럼 보였소."

"좋아요. 당신 마음대로 생각하세요. 그렇지만 방금 일어난 사람은, 잠이 다 깨기 전에는 분간을 잘 하지 못하거나 완전하게 보이지 않는 법이에요. 마찬가지로 오랫동안 앞을 보지 못한 사람은 시력을 되찾더라도 하루나 이틀은 제대로 앞을 볼 수가 없어요. 당신 시력이 본래의 상태로 되돌아올 때까지는 당신이 앞을 볼 수 있다는 생각을 할지도 모르지만, 그건 착각일 뿐이에요. 그러니 제발 조심하세요. 하늘에 계신 주님을 두고 말하는데, 많은 사람들의 눈에 비친 모습과 실제의 모습은 다를 때가 많아요. 그런 식으로 사물을 잘못 보면 판단도 실수하게 마련이죠."

메이는 이렇게 말하면서 나무에서 훌쩍 뛰어내렸습니다.

재뉴어리가 기뻐하는 모습이란 이루 형언할 수 없습니다. 그는 메이에게 키스를 퍼부으며 여러 번 껴안았습니다. 그리고 그녀의 배를 다정하게 어루만진 다음 집으로 데려갔습니다.

자, 여러분. 부디 즐거우셨기를 바랍니다. 재뉴어리의 이야기는 여기서 끝입니다. 하느님과 성모 마리아님, 우리 모두에게 은총을 베푸소서!"

무역상인 재뉴어리의 이야기는 여기에서 끝난다.

무역상인의 이야기 후기

이야기가 끝나 우리 사회자가 말했다.

"하느님이 자비를 베푸시기를! 제 아내가 그렇지 않기를 기도드립니다! 여러분은 여자들의 속임수와 꾀가 이만저만이 아니라는 것을 알았을 것입니다. 언제나 꿀벌처럼 바쁘게 쏘다니면서 남자들을 속이려고 애를 쓰지요. 정말 불쌍한 것은 우리 남자들입니다. 상인의 이야기에서도 드러났듯이, 여자들은 항상 진실을 왜곡합니다. 내 아내는 지조가 굳은 여자랍니다. 하지만 잔소리를 할 때면 사나운 말처럼 걷잡을 수 없지요. 이것 말고도 결점이 아주 많답니다. 하지만 그게 무슨 상관이겠습니까? 그런 것은 다 내버려 둡시다.

왠지 아십니까? 우리끼리 하는 이야기지만, 난 마누라한테 매어 살고 싶지는 않거든요. 그러나 난 바보가 아니기에 그녀의 결점을 여러분들에게 모두 털어 놓지는 않겠습니다. 여기에서 말한 이야기는 반드시 그녀의 귀에 들어가게 마련이니까요. 누군가가 이 이야기를 일러바칠 게 분명하니 말입니다. 어떤 분이 그럴는지는 굳이 말할 필요가 없을 것 같습니다. 여자들은 이런 문제를 어떻게 해결해야 할지 분명 알고 있을 것입니다. 나는 그녀의 죄악을 일일이 말할 정도로 머리가 좋지 않습니다. 그러면 이쯤에서 내 이야기를 끝마치겠습니다."

수습기사의 이야기

수습기사의 이야기 머리글

"기사 양반, 이리로 가까이 와서 연애 이야기나 하나 들려 주시오. 틀림없이 당신은 그 누구보다도 연애에 대해서 잘 알고 있으실 테지."

그러자 수습기사는 이렇게 대답하였습니다.

"그렇지도 않습니다. 하지만 최선을 다해 이야기를 펼쳐 보겠습니다. 사회자의 말을 거역하고 싶지는 않거든요. 내 말재주가 형편없더라도 너그러이 용서해 주시기 바랍니다. 어쨌든 최선을 다하겠습니다. 자, 그럼 이야기를 시작하겠습니다."

수습기사의 이야기 시작된다.

1

타타르 지방의 사라이*¹라는 곳에 러시아와 전쟁을 벌인 어떤 왕이 살고 있었습니다. 수많은 용사들이 이 전쟁에서 목숨을 잃었습니다. 이 훌륭한 왕의 이름은 캄뷰스칸*²이었습니다. 그는 살아생전에 대단한 명성을 떨치고 있었으며, 이 세상 어디를 뒤져 보아도 그처럼 모든 점에서 뛰어난 인물은 없었습니다.

그는 왕이 지녀야 할 모든 것을 다 갖추고 있었습니다. 또한 자기가 태어난 나라의 신앙을 굳게 지켜나갔습니다. 게다가 그는 용감하고 현명한 데다 부유하고 긍휼히 여기는 마음과 정의로움을 지니고 있어, 어느 한쪽으로 치우치는 일이 없었습니다. 자신이 한 말을 충실히 지켰고, 자비로웠으며, 명

*¹ 러시아 동남부, 볼고그라드 가까이에 있는 짜레프를 가리킨다.
*² 몽골제국을 세운 사람. 칭기즈 칸을 가리킨다.

예를 중시했습니다. 그의 정신은 마치 중심축처럼 한결같았지요. 젊고, 신선하고, 강했으며, 무술 또한 어느 누구에게도 지지 않을 만큼 뛰어났습니다. 그야말로 잘생긴 얼굴에, 늘 행운이 그를 따라다녔습니다. 그리고 언제나 위엄 있는 왕의 모습을 보였으니, 이런 사람을 이 세상 어느 곳에서 찾을 수 있었겠습니까? 한마디로 이 왕과 견줄 만한 사람은 아무도 없었습니다.

수습기사의 이야기 머리글 부분 삽화

타타르의 기품 있는 왕 칭기즈 칸은 아내 엘페타*3와의 사이에 두 아들을 두고 있었는데, 큰아들의 이름은 알가르시프이고, 작은 아들의 이름은 캄발로였습니다. 딸도 하나 있었습니다. 이름은 카나세*4로, 세 아이들 가운데 막내였습니다. 그녀는 너무나 아름다워서 내 말주변으로는 그녀의 미모를 절반만큼도 설명하지 못할 것입니다. 아마 수사법을 잘 알고 있는 위대한 시인 정도나 되어야 그녀가 얼마나 어여쁜지 제대로 묘사할 수 있을 것입니다. 하지만 나는 그런 자질을 갖추지 못했기 때문에 내가 알고 있는 모든 표현을 총동원해서 최선을 다해 이야기하도록 하겠습니다.

칭기즈 칸이 왕위에 오른 지 20년이 되는 해였습니다. 그는 매년 해왔던

---

*3 이 이름은 초서가 별이름에서 따 온 것으로 보인다. 알가르시프는 '거인의 검'을 뜻하는 saifaljabbar에서, 캄발로는 쿠불라이칸의 수도 캄발루크에서 유래한 것으로 보인다.

*4 '왕녀'를 뜻하는 몽골어 kanaki에서 유래한 것으로 보인다. 엘페타와 그 아이들 모두 별자리 이름과 관계가 있는 것으로 여겨진다.

대로 3월 보름에 자신의 생일 잔치를 벌인다는 것을 타타르 전 지역에 알렸습니다. 태양의 신 피버스도 매우 기쁜 듯 맑고 화사하게 비치고 있었습니다. 그것은 태양이 화성의 최고점 가까이, 열두 별자리 중에서도 뜨겁고 격하기로 유명한 양자리 가까이에 있었기 때문입니다.

날씨는 쾌적하고 따스했습니다. 새들은 좋은 계절에 피어오르는 초록 잎에 자극 받은 듯, 빛나는 태양을 향해 소리 높여 세레나데를 지저귀고 있었습니다. 마치 겨울의 춥고 날카로운 칼에서 자신을 지킬 무기를 손에 넣은 것처럼 말입니다.

제가 여러분께 말씀드리려고 하는 이 칭기즈 칸은 어의(御衣)에 왕관을 쓰고, 궁전의 가장 높은 곳에 만들어 놓은 옥좌에 앉아, 장엄하고도 화려한 잔치를 벌이고 있었습니다. 이 세상에 이와 비교할 수 있는 것은 아무것도 없을 정도였지요. 그 광경을 제대로 설명하려면 여름 한 날이 꼬박 걸릴 것입니다. 게다가 요리의 코스마다 정찬 순서를 나열하기도 어려울 정도였습니다. 그 진귀하고 맛있는 수프며, 백조고기, 왜가리가 얼마나 노릇노릇 맛있게 구워졌는지 구태여 자세하게 이야기할 필요는 없으리라 생각합니다.

이 나라에는 옛날 기사들이 말한 대로 매우 맛있다고 일컬어지는 고기요리[*5]가 있습니다. 그런 요리들은 타타르 지방에서는 가장 맛깔스러운 음식으로 여겨지지만, 이곳에서는 그다지 맛있는 음식이라고 생각하지 않지요. 어쨌거나 이런 것들을 하나도 빼놓지 않고 이야기할 수 있는 사람은 아마 없을 겁니다. 그리고 이런 이야기로 여러분들의 귀한 아침 시간을 뺏고 싶지는 않습니다. 그것은 시간낭비에 지나지 않을 테니까요. 그래서 처음 이야기로 다시 되돌아가겠습니다.

귀족들 한가운데 앉은 왕은 그의 식탁 앞에 자리잡은 악사들이 연주하는 달콤한 음악을 들으면서 세 번째 요리를 먹고 있었습니다. 그때 갑자기 어느 기사가 황동으로 만든 준마를 타고 연회장으로 들어 왔습니다. 그의 손에는 커다란 유리거울이 들려 있었고, 엄지손가락에는 번쩍번쩍 빛나는 금반지를 끼고 있었으며, 옆구리에는 칼집에서 뺀 칼이 매달려 있었습니다.

그는 말을 탄 채 왕이 자리잡은 윗자리로 다가갔습니다. 이 기사의 갑작스

---

*5 몽골 사람들이 좋아하는 음식이라 생각되기는 하지만 무슨 고기인지는 분명하지 않다.

러운 출현에 화들짝 놀란
참석자들은 한 마디 말도
할 수 없었습니다. 늙은이
나 젊은이 할 것 없이 그
를 뚫어져라 바라보기만
했습니다.

갑자기 모습을 드러낸
이 이상한 기사는 값비싼
갑옷으로 온몸을 두르고
있었지만, 투구는 쓰고 있
지 않았습니다. 그는 먼저
왕과 왕비에게 인사한 다
음, 자리에 앉아 있는 차
례대로 여러 귀족들에게
인사했습니다. 말뿐만 아
니라 행동도 아주 예의바
르고 정중했습니다. 기사

수습기사의 이야기 판화(1721) 존 유리 작.

도의 모범이라고 일컬어지는 가웨인*⁶이 요정의 나라에서 되돌아온다고 해도
이 기사보다 낫지는 않았을 것입니다.

이 기사는 높이 솟은 식탁 앞에 서서 남자다운 우렁찬 목소리로 자기가 온
목적을 빠짐없이 말했습니다. 그리고 자기의 뜻을 제대로 전달하기 위해, 화
술을 가르치는 사람들에게서 배운 대로 말의 의미에 어울리는 몸짓도 취했
습니다.

나는 그의 표현을 그대로 재현할 수가 없습니다. 그렇게 해 달라고 요구하
는 것은 너무 지나친 부탁입니다. 그렇지만 아련한 기억을 더듬어 그가 말하
려고 했던 내용을 말해 보겠습니다. 그 기사의 말은 대략 이랬습니다.

"제가 섬기는 아라비아와 인도의 왕께서는 폐하에게 오늘처럼 경사스런
날을 맞게 되신 것을 진심으로 축하드린다는 말씀을 전하라 하셨습니다. 그

---

*6 아서 왕의 조카로, 원탁의 기사 중 한 사람. 예절을 본받을 만한 모범적인 인물이다.

리고 오늘 잔치를 기념하기 위해 저를 통해 황동으로 만든 말을 보내셨습니다. 비가 오건 해가 비치건 제가 타고 있는 이 말은 하루 안에, 그러니까 스물네 시간 내로 폐하께서 가시고 싶은 곳이면 어디든지 폐하의 옥체를 조금도 다치지 않고 편하게 모셔다 드릴 것입니다. 만일 폐하께서 독수리처럼 하늘 높이 날고 싶으시다면, 말 위에서 주무시더라도 가시고자 하는 곳까지 안전히 모셔다 드리고, 눈 깜짝할 사이에 다시 폐하를 모시고 돌아올 수도 있습니다.

이 말을 만든 사람은 기계 전문가이며 갖가지 마법도 능통하고 있습니다. 그는 폐하께 유리한 별자리가 될 때까지 오랜 시간을 기다렸다가 이 말을 완성했습니다. 또 지금 제가 들고 있는 이 거울은 엄청난 힘을 가지고 있습니다. 이 거울은 폐하의 나라나 폐하 자신에게 일어날지 모르는 재난을 미리 알려줄 것입니다. 그리고 누가 폐하의 적이고 친구인지도 가려 줄 것입니다.

특히 이 거울은 한 규수가 어떤 남자에게 마음을 주었을 때 요긴하게 쓰인답니다. 만일 남자가 부정한 짓을 저지르면 이 거울을 통해 훤히 알 수 있고, 남자의 새 애인과 그의 모든 속임수도 이 거울 속에 그대로 드러납니다. 그러니 아무것도 감출 수 없게 되는 것입니다. 이런 이유로 왕께서는 앞으로 다가올 사랑의 계절인 여름에 대비하여, 여기에 계신 폐하의 아리따운 카나세 공주님께 이 거울과 반지를 보내셨습니다.

폐하께서 이 반지의 효험을 알고 싶으실 테니 간단히 말씀드리겠습니다. 만일 공주님께서 이 반지를 엄지손가락에 끼시거나 주머니 속에 넣어 가지고 다니시면 하늘을 나는 모든 날짐승들의 소리를 들으실 수 있을 것이며, 그것이 무슨 새인지 구별하실 수도 있습니다. 뿐만 아니라 그들이 말하는 내용도 분명하고 정확하게 아실 수 있으며, 그들의 말로 대답하실 수도 있습니다. 그리고 땅 위에서 자라는 모든 약초의 특성들도 다 아실 수 있습니다. 그래서 아무리 크고 깊은 상처를 입은 사람이라도 능히 약초로 치료하실 수 있을 것입니다.

또한 지금 제 옆구리에 차고 있는 이 칼은 누구든지 살짝 치기만 해도 구멍이 뚫리거나 베임을 당하지 않을 갑옷이란 없습니다. 아무리 커다란 참나무같은 두꺼운 갑옷을 입었다 해도 소용없을 것입니다. 그리고 이 칼로 상처를 입은 사람은 폐하께서 온정을 베푸시어 이 칼등으로 상처를 만져 주시지

타타르 왕 앞에 황동의 말을 타고 나타난 기사

않는 한 절대로 낫지 않을 것입니다. 다시 말씀드리자면, 그의 상처를 아물게 하기 위해서는 폐하께서 칼등으로 그의 상처를 어루만져 주셔야만 합니다. 이 말은 과장이 아니라 진실 그대로입니다. 이 칼이 폐하의 손에 있는 한 절대로 효험이 사라지지 않을 것입니다."

이렇게 자기의 말을 끝마친 기사는 연회장을 나가 말에서 내렸습니다. 말은 태양처럼 빛을 발하며 돌처럼 꼼짝 않고 정원에 서 있었습니다. 말에서 내린 기사는 다시 연회장으로 안내되어, 그곳에 무기를 내려놓고 음식상을 받았습니다.

칭기즈 칸이 특별히 선정한 장교들은 기사가 가져온 선물인 거울과 칼을 높은 탑으로 정중히 운반하였습니다. 그리고 반지는 예의를 갖추어 주빈석에 앉아 있던 카나세 공주에게 전달하였습니다. 하지만 황동으로 만든 말은 다른 곳으로 데려갈 수가 없었습니다. 땅에 아교로 붙여놓기라도 한 듯 꼼짝도 하지 않았기 때문입니다. 한 발짝이라도 움직이게 할 수 있는 사람은 아무도 없었습니다. 심지어 활차를 사용해 보기도 했지만 그 말을 옮길 수는 없었습니다. 그 이유는, 아무도 그 말을 다룰 수 있는 방법을 알지 못했기 때문입니다. 그래서 기사가 그 방법을 알려 줄 때까지 그대로 내버려 둘 수밖에 없었습니다.

수많은 사람들이 꼼짝하지 않고 있는 말을 보기 위해 사방 천지에서 몰려들었습니다. 그 말은 롬바르디*⁷의 준마처럼 훤칠한 키에 몸집이 컸고 균형이 잡혀 있었습니다. 또한 눈매는 기품 있는 아풀리아*⁸ 산(産) 경주마처럼 매우 슬기로워 보였습니다. 모든 사람들은 그 말이 귀부터 꼬리까지 완벽하며 더 이상 멋질 수 없다는 데에 의견을 같이했습니다. 그러나 그들을 더욱더 놀라게 한 것은 어떻게 황동으로 만든 말이 움직일 수 있느냐는 것이었습니다. 그들은 틀림없이 그 말은 요정나라에서 건너왔을 것이라고 생각했습니다.

이 문제에 대해서는 보는 사람마다 각각 다른 생각을 갖고 있었습니다. 열이면 열 사람마다 생각이 달랐습니다. 그들은 벌 떼가 윙윙 소리를 내는 것처럼 중얼거리면서 각자의 환상에 따라 이론을 전개했습니다. 옛 시(詩)를 인용하면서, 그 말이 하늘을 나는 페가수스*⁹라고 말하는 사람도 있었으며, 옛 이야기에서 읽은 적 있는, 트로이를 파멸로 몰고 간 그리스의 시논*¹⁰이 지녔던 말과 같다고 말하는 사람도 있었습니다. 그 가운데 어떤 사람은 이렇게 말하기도 했습니다.

"왠지 불안해. 틀림없이 저 말의 뱃속에는 이 도시를 빼앗으려는 무장한 병사들이 들어 있을 거야. 한번 뱃속을 조사해 보는 것이 좋을 것 같아."

또 어떤 사람은 작은 소리로 친구에게 이렇게 속삭였습니다.

"저자의 말은 새빨간 거짓말이야. 이건 어떤 마술로 만든 환상과 같은 것이라고 해야겠지. 마술사들이 오늘처럼 큰 축연에서 보여 주는 그런 거 말이야."

사람들은 저마다 불안한 마음을 감추지 못한 채 횡설수설했지요. 아무것도 모르는 사람들이, 그들의 무지한 머리로 이해할 수 없는 매우 교묘하게 만들어진 것에 대해 이러쿵저러쿵 논의할 때 곧잘 일어나는 일입니다.

몇몇 사람은 탑으로 가져간 거울이 어떻게 해서 놀라운 장면들을 보여 줄 수 있는지 의아해하였습니다. 그러자 어떤 사람이 그것은 하나도 놀랄 것이 없는 당연한 일이며, 빛의 각도와 반사를 교묘하게 배합하면 된다고 설명했습니다. 그러면서 로마에도 이런 거울이 있다고 말했지요. 그리고 알하젠*¹¹

---

*7 이탈리아 북부, 군마(軍馬)의 산지로 유명하다.
*8 이탈리아 남동부, 말의 산지로 널리 알려져 있다.
*9 하늘을 나는 가공 속의 명마. 살해당한 메두사의 피에서 태어났다고 일컬어진다.
*10 트로이의 목마를 고안한 사람.

과 비텔로*¹² 그리고 아리스토텔레스*¹³의 이름을 언급하면서, 그들의 책을 읽은 사람은 모두 알다시피, 그들은 이미 이상한 거울과 광학에 대해 글을 썼다고 덧붙였습니다.

어떤 사람들은 모든 것을 꿰뚫을 수 있는 칼에 대해서도 가만가만 이야기 하고 있었습니다. 그들은 상처를 입힐 수도 있고 아물게 할 수도 있었던 아킬레스의 창과 텔레퍼스*¹⁴에 대해 말하면서, 앞에서 말한 칼도 똑같은 힘을 지니고 있다고 말했습니다. 그러면서 쇠를 담금질하는 여러 가지 방법과 언제 어떻게 칼을 단단하게 만들어야 하는가에 대해 도란도란 의견을 나누었 습니다. 어쨌거나 저로서는 알 수 없는 이야기였지요.

또한 사람들은 카나세 공주가 받은 반지도 화제에 올렸습니다. 모두들 이 토록 기적적인 반지 이야기는 들어 본 적이 없다면서, 단지 모세*¹⁵와 솔로 몬 왕이 금세공 분야에 뛰어난 명성을 지녔었다는 말만 들었다고 했습니다.

사람들은 삼삼오오 짝을 지어 이렇게 수다를 떨고 있었습니다. 몇몇 사람 은 고사리를 태운 재로 거울을 만들었지만 그것과는 전혀 다르게 보이다니 정말 신기한 일이라고 감탄하며 말했습니다. 그렇지만 거울 제조법은 오래 전부터 알려진 것이었기에 사람들은 그다지 궁금해하지 않았습니다.

또 그들은 천둥, 밀물과 썰물, 홍수, 안개, 섬세한 거미줄을 비롯해 세계 곳곳에서 일어나는 온갖 일의 원인에 대해 진지하게 생각하면서, 그 해답을 얻을 때까지 말하고 궁리하고 판단했습니다. 그들은 왕이 식탁에서 일어날 때까지 이렇게 주거니 받거니 수군거리고 있었던 것입니다.

왕이 식탁에서 일어날 무렵, 왕의 짐승이라는 고귀한 사자자리는 알리란 별자리를 발톱으로 움켜쥐고 높이 올라가고 있었습니다. 즉 오후 두 시가 지 나고 있었던 것입니다. 타타르의 왕 칭기즈 칸은 당당히 앉아 있던 식탁에서 박차고 일어났습니다.

음악소리가 크게 울려 퍼지는 가운데, 왕은 알현실에 도착했습니다. 그곳

---

*11 물리학자이며 천문학자로, 광학에 권위가 있었던 이슬람교도.

*12 2, 3세기 폴란드의 물리학자로, 원근 화법에 권위가 있었던 사람.

*13 그리스의 철학자(기원전 384~322)로, 플라톤의 제자.

*14 미시아의 왕. 아킬레스의 창에 부상을 입었으나 뒷날, 그 창의 녹으로 상처를 치유했다고 한다.

*15 솔로몬 왕처럼 마법에 뛰어난 기술을 가지고 있었다.

에서는 천국의 음악과도 같은 아름다운 선율이 여러 가지 악기로 연주되고 있었습니다. 그때 비너스의 신봉자들인 기사들과 귀부인들이 빙그르르 돌며 춤을 추기 시작했고, 그들의 여신인 비너스는 물고기자리*16의 가장 높은 자리에 앉아서 춤추는 그들을 다정스런 눈길로 바라보고 있었습니다.

고귀한 칭기즈 칸이 왕좌에 앉았습니다. 그리고 다른 나라에서 온 기사는 즉시 왕 앞으로 불려 나와 카나세 공주와 춤을 추었습니다. 나처럼 둔한 사람은 도저히 꿈도 꿀 수 없는 환희에 찬 잔치가 펼쳐졌습니다. 이런 광경을 여러분들 앞에 표현해 낼 수 있는 사람은, 사랑의 신에게 쓰임받는 사람 그리고 5월의 생기발랄함과 축제 분위기를 좋아하는 명랑한 사람일 것이 분명합니다.

그들이 얼마나 이국적인 스타일로 춤을 추었으며, 그들이 얼마나 아름다운 얼굴이었는지 그리고 시기심 많은 남자들이 눈치 채지 못하게 여자들이 얼마나 솜씨 좋게 시치미를 뚝 떼고 교묘하게 곁눈질했는지 누가 일일이 묘사할 수 있겠습니까?

이미 죽어서 저승에 있는 랜슬롯이 아니고는 아무도 없을 것입니다. 그래서 나는 그날의 기쁜 모습과 화려한 놀이에 대해서는 더 이상 말하지 않겠습니다. 그들은 저녁식사 때까지 이렇게 흥겹게 놀았습니다.

저녁식사 시간이 되자 음악이 울렸습니다. 그러자 궁정대신은 신속하게 술과 향료를 가져오라고 명령했습니다. 의전 관리들과 수습기사들은 궁정대신의 지시를 따르기 위해 급히 달려갔습니다. 그들이 이내 술과 향료를 갖고 들어오자, 모든 사람들은 술을 마시고 신전으로 가 엎드렸습니다.

그곳에서 예배를 본 후 만찬을 들었지요. 그들이 무엇을 먹었는지에 대해서는 애써 설명할 필요가 없을 것 같습니다. 왕이 베푸는 만찬에는 지위가 높고 낮음을 막론하고 모든 사람들이 풍성하게 먹을 수 있는 맛있는 음식이 나온다는 사실을 모두 알고 계실 테니까요. 어쨌든 내가 알지도 못하는 산해진미가 가득했습니다. 저녁식사를 마친 칭기즈 칸은 귀족들과 귀부인들을 거느리고 황동 말을 보러 갔습니다.

그들은 트로이 포위전에서 목마가 나타나 경탄의 대상이 된 뒤로, 말을 보

---

*16 12 별자리 중 하나. 비너스가 가장 높은 자리를 차지한다.

고 놀란 것은 이때가 처음이었습니다. 마침내 왕은 기사에게 그 말의 힘과 능력에 대해 물으면서, 그 말을 어떻게 다루어야 하는지 이야기해 달라고 했습니다.

기사가 말고삐를 잡자, 말은 곧 펄쩍펄쩍 뛰기 시작했습니다. 그러자 기사가 말했습니다.

"폐하, 이 말을 다루는 법은 어렵지 않습니다. 폐하께서 이 말을 타고 가시고 싶은 곳이 있으면 귀 안에 꽂혀 있는 조종철사를 돌리십시오. 어떻게 돌리는지는 저희 두 사람만 있을 때 은밀히 알려드리겠습니다. 그런 다음 폐하께서 떠나고 싶은 장소나 나라 이름을 말씀하십시오. 폐하가 머무르고 싶은 목적지에 도착하면 말한테 내려달라고 지시하시고요.

그리고 다른 조종철사를 돌리십시오. 그 조종철사 속에 모든 장치가 연결되어 있기 때문입니다. 그리 하시면 말은 폐하의 뜻대로 복종할 것이며, 폐하께서 말에서 내리신 다음에는, 그곳에 뿌리를 내린 나무처럼 꼼짝도 하지 않을 것입니다. 이 세상 그 누구도 그 자리에서 이 말을 움직이게 하거나 훔쳐 갈 수 없습니다.

또한 폐하께서 그 말을 멀리 보내고 싶으시면 이 조종철사를 돌리십시오. 그러면 즉시 모든 사람의 시야에서 사라지게 될 것입니다. 그렇지만 폐하께서 다시 부르시면 밤이든 낮이든 지체하지 않고 폐하 옆으로 다시 돌아올 것입니다. 저희 둘만 있는 자리에서 폐하께 시범을 보여 드리겠습니다. 폐하가 원하실 때마다 이 말을 타십시오. 더 이상 드릴 말씀은 없습니다."

기사가 설명한 대로 황동말의 조종법을 완전히 익힌 칭기즈 칸은 말할 수 없는 기쁜 마음으로 연회장으로 돌아갔습니다. 말은 탑으로 운반되어 왕의 가장 소중한 귀금속과 함께 있게 되었습니다. 그런데 어떻게 된 영문인지는 모르겠지만, 말은 순식간에 자취를 감추었습니다. 이제 이 이야기는 더 이상 하지 않겠습니다. 칭기즈 칸과 그의 신하들은 날이 샐 때까지 잔치를 벌였습니다.

2

'소화(消化)의 간호사'라고 일컫는 잠은 손님들에게 눈짓하며 술을 많이 마시면 적당한 휴식을 취해야 한다고 일러 주었습니다. 잠은 하품을 하면서 손님들 한 사람 한 사람에게 입을 맞추었습니다. 그러고 나면 이제 뜨거운 혈액*17이 몸을 지배하는 시간이니 잠을 자야 한다면서 이렇게 말했습니다.

"자연의 친구인 여러분의 피를 잘 보살피시오."

사람들은 하품을 하기 시작했고, 두 사람 혹은 세 사람씩 짝지어 편안한 잠자리에게 감사하면서, 잠이 명령한 대로 드러눕기 위해 연회장을 떠났습니다. 모두가 자신들의 건강을 위해서는 잠을 자야 한다는 사실을 잘 알고 있었습니다.

그들이 어떤 꿈을 꾸었는지 나로서는 말할 수가 없습니다. 그들의 머릿속은 술기운으로 가득 차 있었고, 따라서 그들의 꿈은 특별한 의미가 없기 때문이지요.

하지만 카나세 공주는 그렇지 않았습니다. 그녀는 여성스럽고 조심성이 많았습니다. 그리고 저녁이 되면 잠자리에 들어도 좋다는 아버지의 허락을 미리 받아 두었기 때문이지요. 다음 날 창백하고 피곤한 모습을 보이고 싶지 않았던 것입니다, 잠을 자면서 그녀의 마음은 마법의 거울과 반지 생각에 기쁨과 기대로 가득 차 얼굴빛이 몇 번이나 바뀌었습니다. 특히 거울은 그녀에게 강한 인상을 주었기 때문에 밤새 거울 꿈만 꾸었습니다. 이런 이유로 해가 동녘 하늘로 떠오르기도 전에 눈을 뜬 공주는 가정교사를 불러 자리에서 일어나고 싶다고 말했습니다.

나이 먹은 여자들이 대체로 현명한 것처럼 그 가정교사 또한 그런 여자였습니다. 그녀는 즉시 이렇게 물었습니다.

"공주님, 모두들 아직 자고 있는 이른 시간에 어디를 가시겠다는 겁니까?"

"자리에서 일어나 주변을 산책할까 해요. 더 이상 잠이 오지 않아서요."

가정교사는 시녀들을 깨웠습니다. 열두어 명의 시녀들이 일어나 그녀에게로 왔지요. 그러자 카나세 공주도 자리에서 일어났습니다. 양자리 중에서 4도 위로 올라간 젊은 태양*18처럼―4도라고 하는 것은 그녀가 일어날 준비를 하고 있을 때에는 그 정도밖에 올라가 있지 않았답니다―붉고 생기발랄한 빛을 내비치고 있었습니다.

---

*17 중세의 생리학에서 말하는 4체액 중 하나인 혈액.
*18 새벽 6시 경을 가리킨다.

공주는 천천히 걸었습니다. 거추장스럽지 않게 가벼운 옷을 입고 있었는데, 그 옷은 감미로운 계절에 알맞게 은은한 색이었답니다. 그녀는 대여섯 명의 시녀만을 데리고 오솔길로 접어들었습니다. 그곳은 나무로 울창한 숲이었습니다.

땅바닥에서는 아지랑이가 아물아물 피어오르고 있었습니다. 그래서인지 태양이 크고 붉게 보였습니다. 이 광경은 너무나 아름다웠지요. 이른 아침에 이런 멋진 광경을 보고 계절의 온화한 날씨를 느끼며 아름다운 새소리를 듣게 되니, 공주는 마음이 흐뭇해졌습니다. 그리고 새들의 노랫소리를 듣자마자 그녀는 새들이 전하고 싶은 내용과 그들의 감정을 모두 알 수 있었습니다.

보통 말하는 사람이 요점을 뒤로 미루면, 이야기를 듣는 사람들은 관심이 식게 마련입니다. 이야기가 길어지면 길어질수록 그 맛은 점점 더 사라지는 법이지요. 그러니 이제는 이 이야기의 요점으로 들어가야 할 것 같습니다. 카나세 공주의 산책 이야기는 되도록 빨리 끝마치겠습니다.

그녀는 편안한 마음으로 천천히 걷다가 석고처럼 하얗게 말라 죽은 나무 근처를 지나게 되었습니다. 그런데 그 나무꼭대기에는 매*19 한 마리가 앉아서 구슬피 울고 있었습니다. 처량한 울음소리가 온 숲에 울려 퍼지고 있었습니다.

그 매는 너무나 무참히 두 날개로 자기의 몸을 때린 나머지 붉은 피가 나무를 타고 카나세 공주가 있는 곳까지 흘러내렸습니다. 쉬지 않고 같은 동작으로 그 매는 애처롭게 울며 부리로 자기 몸을 쪼았습니다. 숲 속에 사는 호랑이나 그 밖의 사나운 짐승들도 이 매의 모습을 보았다면 슬퍼서 눈물을 흘리지 않을 수 없었을 것입니다.

아, 내가 매를 제대로 묘사할 능력만 있다면 얼마나 좋겠습니까! 다른 나라에서 날아온 것 같은 이 매는 보기 드물게 매혹적인 깃털과 고귀한 생김새를 지니고 있었습니다. 하지만 피를 너무 흘린 나머지 정신을 잃었고, 마침내는 땅에 떨어질 지경이 되었습니다.

아름다운 카나세 공주는 손가락에 마법의 반지를 끼고 있었습니다. 그래서 모든 새들의 말을 알아들을 수 있었을 뿐만 아니라, 그 새들의 언어로 대

---

*19 원본에는 hauk(=hawk)으로 되어 있다. 다른 곳에서는 faucon.

답할 수도 있었습니다. 매가 하는 말을 모두 알아들은 공주는 그 매가 너무나 불쌍하여 어찌할 바를 몰랐습니다.

그녀는 급히 나무로 다가갔습니다. 그리고 슬픈 표정으로 매를 바라보며 치마 앞자락을 펼쳤습니다. 피를 너무 많이 흘린 매가 다시 한 번 까무러친다면 나무에서 떨어질 것이라고 생각했던 것입니다. 공주는 오랫동안 매를 바라보다가, 매를 향해서 이렇게 말했습니다.

"도대체 왜 네가 이토록 처참하고 끔찍한 고통을 겪고 있는지 그 이유를 말해 줄 수 없겠니? 누가 죽어서 슬피 우는 것인지, 아니면 사랑하는 짝을 잃어버려서 그러는 거니? 내가 아는 바로는 고결한 마음에 고통을 줄 수 있는 것은 이 두 가지밖에 없구나. 이것 말고 다른 고통은 말할 가치도 없지.

너는 지금 네 자신의 몸에 복수를 하고 있어. 분노인지 공포인지 그런 고통은 쓰라린 사연이 있거나 절망에 빠져 있을 때에만 가능한 것이야. 네 모습이 너무나 처참해서 이제는 너를 잡으려고 하는 사람도 없을 것 같구나. 제발 네 자신에게 상처 입히는 일은 그만둬. 그리고 내가 어떻게 도울 수 있는지 말해 보렴. 나는 이 세상 어디에서도 너처럼 자신을 학대하는 새나 짐승을 본 적이 없어. 너를 보니 너무나 마음이 아프구나. 네 슬픔의 칼에 내가 죽을 것만 같으니 제발 나무에서 내려오도록 해.

나는 이 나라 왕의 딸이란다. 그러니 네가 무엇 때문에 고통을 받는지 그 까닭을 말해 봐. 내가 도와 줄 수 있는 일이라면 오늘 해지기 전까지 그 문제를 해결해 줄게. 아마 만물을 지배하는 하느님께서 틀림없이 내가 풀 수 있도록 도와 주실 거야. 그리고 네 상처가 빨리 아물도록 많은 약초를 찾아볼게."

이 말을 듣자 매는 더욱 구슬프게 울었습니다. 그러더니 갑자기 실신을 했는지 땅에 떨어져서 꼼짝도 하지 않았습니다. 카나세 공주는 매를 치마 앞자락에 싸서 다시 깨어날 때까지 보호해 주었습니다. 정신을 차린 매는 자기들 언어로 이렇게 말했습니다.

"공주님, 고귀한 사람의 마음에는 쉽사리 동정심이 일어나고, 남이 겪는 고통과 고초를 보면 자기 일처럼 괴로움을 느낀답니다. 이것은 경험으로도 알 수 있는 일이고, 또한 옛날 경전에도 기록되어 있는 일이지요. 고귀한 마음은 훌륭한 행동을 하게 합니다.

아름다운 카나세 공주님, 당신은 자신의 성격에 자연이 부여해 준 부드러운 마음을 갖고 있으며, 그래서 제 슬픔을 크게 동정해 주신다는 사실을 잘 알고 있어요. 저는 제 처지를 고쳐 보려는 마음은 없지만, 당신의 너그러운 마음을 따르고자 합니다. 그리고 다른 사람들이 저를 보게 되면 조심하기를 바랍니다. 개가 호되게 매 맞는 것을 보면 사자도 거동을 조심하게 마련이니까요.[20] 그러니 아직 여유가 있는 동안 제가 받은 고통을 삼가 말씀드리겠습니다."

암매의 슬픈 이야기를 들어 주는 카나세 공주 워릭 고블 작.

매가 힘겹게 말하는 동안 카나세 공주는 하염없이 울었습니다. 마치 그녀 자신이 눈물이 된 듯했습니다. 그러자 매는 울음을 멈추라고 부탁한 다음, 깊은 한숨을 내쉬고는 이야기를 시작했습니다.

"저는 잿빛 바위에서 태어났습니다. —그날을 얼마나 슬퍼해야 할지! — 저는 부모님의 사랑을 한몸에 받으며 자랐어요. 고통이란 것을 모르고 컸지요. 그러나 하늘높이 날기 시작하면서부터 불행이 무엇인지 알게 되었답니다. 우리 집 근처에 수매가 한 마리 살고 있었어요. 그는 거짓과 위선으로 똘똘 뭉쳐 있었지만, 겉으로는 고상함의 표본처럼 보였지요. 겸손하고 정직하며 예의바르고 명랑했어요. 그런 것이 모두 속임수라고 생각할 사람은 아

---

*20 이 말 속에는 '사자 앞에서 개를 두들겨 패라'는 속담이 깔려 있다.

무도 없었습니다. 그는 하다못해 깃털까지 가짜일 정도로 완벽하게 속였어요. 꽃 속에 숨어 있다가 먹이를 공격할 순간만을 기다리는 뱀처럼 위선자였어요. 또한 사랑에 빠진 전형적인 사람처럼 보였답니다. 매우 친절했고 점잖았으며, 늘 고귀한 사랑을 소중히 여기는 척했지요.

이 위선자는 겉으로는 아름답게 보였지만, 속으로는 시체가 썩어 가고 있는 무덤과도 같았어요. 겉으로는 사랑의 열기를 보여 주었지만, 그 속은 얼음장처럼 차가웠어요. 이 수매의 위선은 극에 달해 있었지만 아마 악마를 제외하고는 그의 속셈을 알아챌 사람은 아무도 없었을 거예요.

그는 오랜 세월을 통곡하면서 저에게 사랑을 애원하는 척했어요. 너무나 여리고 바보 같았던 제 마음은 그 수매의 악의는 눈곱만큼도 눈치 채지 못한 채, 그가 울다가 죽지는 않을까 두려워지기 시작했어요. 그래서 그의 맹세와 약속을 받고 제 사랑을 허락했어요.

그 맹세란 바로 공적으로나 사적으로나 제 명예를 더럽히지 않고 오래오래 지켜 주어야 한다는 것이었지요. 다시 말하자면, 저는 그의 훌륭한 성품을 믿고 내 마음과 영혼을 그에게 모두 바친 것입니다. 그렇지 않았다면 절대로 그에게 제 마음을 주지 않았을 거예요. 옛날 속담에 '정직한 사람과 도둑은 결코 생각이 같을 수 없다'는 말이 있지요. 정말 맞는 말입니다.

자기 생각대로 일이 되어 가고, 그가 제게 마음을 주겠다고 맹세한 것과 마찬가지로 제가 그에게 모든 사랑을 주자 그 매는 겉과 속이 다른 호랑이처럼 겸손하게 무릎을 꿇고 저를 높이 존경하는 척했어요. 그의 행동과 말은 진정한 애인 같았고, 사랑의 기쁨으로 넘치는 것 같았어요. 아마 제이슨이나 트로이의 패리스도 그처럼 흉내내지 못했을 거예요.

그런데 내가 제이슨이라고 말했나요? 아니에요. 옛날 작가들은 인류 역사상 처음으로 두 애인을 사랑한 사람은 라멕*²¹이라고 했었지요. 라멕 이래 속임수와 궤변에 있어서는 그 사람의 백만 분의 일도 흉내낼 수 없을 겁니다. 겉과 속이 다른 행동을 하는 데 아무도 그를 당할 사람이 없을 테니까요.

최초의 인간이 태어난 이래 어느 누구도 그 매의 능란한 기교를 이만 분의 일만큼도 따라잡지 못할 겁니다. 거짓과 속임수에 대한 한 그의 신발 끈을

---

*21 최초로 이중 결혼을 한 사람으로 알려져 있다.

풀어 줄 수 있을만한 사람*[22]은 없을 테니까요. 그만큼 제게 예의를 갖추어 말할 줄 아는 사람은 없었습니다. 그는 어떤 부인에 대해서도—그녀가 아무리 현명한 여자라 해도—그녀의 기분을 하늘에 떠오를 만큼 기쁘게 해 줄 수 있었지요. 그는 말을 잘 꾸며댔고, 위장을 했습니다.

그의 성실함에 내 마음이 움직여 그를 사랑하게 되었답니다. 아무리 작은 일이라도 그의 마음을 아프게 하는 것은, 죽음이 제 마음을 찢어놓는 것처럼 아플 정도였지요. 결국 결심은 그가 지닌 의지의 도구에 지나지 않았던 겁니다. 내 마음은 이치에 어긋나지 않거나 제 명예를 훼손시키지 않는 한, 모든 면에서 그의 뜻에 따랐답니다. 하느님께서도 아시겠지만 그렇게 친절한 사람을 알았던 적이 없었고, 또 앞으로도 그만큼 다정한 사람을 만날 수는 없을 겁니다. 이런 관계가 1, 2년 이어졌습니다. 저는 그저 그가 좋다고만 생각했어요.

하지만 운명의 여신은 그 수매로 하여금 제 곁을 떠나게 했어요. 제가 얼마나 슬퍼했는지는 말할 필요도 없을 거예요. 지금도 그 고통을 어떻게 설명해야 할지 모르겠어요. 하지만 한 가지만은 분명하게 말씀드릴 수 있어요. 저는 그 덕분에 죽음의 고통이 어떤 것인지 알게 되었다는 겁니다. 그가 제 곁에 머물 수 없게 되었기에 그토록 고통스러웠던 것이죠.

어느 날이었어요. 그가 몹시 고통스런 표정을 지으며 제게 작별을 고하는 것이었습니다. 그의 얼굴이 얼마나 고통스럽게 일그러졌는지, 저는 그 또한 저처럼 고통받고 있다고 생각했지요. 저는 그 순간에도 그의 성실함을 믿었고, 절대로 저를 버리지 않을 것이며, 곧 제 곁으로 돌아올 거라고 믿었어요. 그가 명예를 훼손시키지 않기 위해 떠날 수밖에 없다고 하기에, 그것이 필연이라면 어쩔 수 없다고 생각할 정도였답니다. 그리고 있는 힘을 다해 슬픔을 감춘 채 그의 손을 잡고는 성 요한을 두고 맹세했어요.

'자, 보세요. 저는 당신 것입니다. 지금까지도 그랬고, 앞으로도 영원히 그럴 거고요. 내가 당신께 진실한 것처럼 당신 또한 제게 그리하여 주시기를 바라고 있습니다."

그가 뭐라고 대답했는지 여기서 다시 반복해서 말할 필요는 없을 것 같아

---

*22 〈루가의 복음서〉 3 : 16 참조.

요. 누가 그보다 더 그럴 듯하게 말할 수 있겠어요? 아무도 그만큼 악행을 저지를 수는 없을 거예요. 그는 입으로는 달콤한 말을 하면서 나쁜 짓을 거뜬히 해낸 셈이죠. '악마와 함께 식사를 하기 위해서는 긴 숟가락이 필요하다'[23]는 말을 들은 적이 있습니다.

결국 그는 떠났습니다. 자기 마음에 드는 곳으로 훨훨 날아갔지요. 그가 쉬고 싶다는 생각을 했던 그 순간, '모든 것은 자기 본성으로 돌아갈 때 기쁨을 누릴 수 있다'는 격언을 떠올렸을 거예요. 새장에서 키우는 새들처럼 사람들은 새로운 것을 좋아하는 타고난 성향이 있어요. 당신이 밤낮으로 정성들여 돌봐 주고 새장 안에 비단처럼 부드러운 지푸라기를 넣어 주며 설탕과 꿀과 빵을 준다고 해도, 새로운 곳을 향한 새들의 갈증은 너무나 크기 때문에 새장 문이 열리면 제 발로 그릇을 뒤엎고 숲 속으로 날아가 벌레를 잡아먹으며 살게 되지요.

새로운 것을 찾아 떠나는 것은 그들의 본성이랍니다. 아무리 고귀한 혈통이라 할지라도 그것을 막을 수는 없어요. 그런데 그 수매에게도 이런 일이 일어났어요. 그는 훌륭한 혈통을 이어받았고, 성격도 활달했으며, 근사한 외모에 마음 또한 자비로웠지요. 하지만 어느 날 솔개가 날아오르는 것을 보고는 그 솔개를 미친 듯이 사랑하게 되었답니다. 그는 그렇게 내면의 진실을 거짓으로 만들어 버린 거죠. 그 솔개는 제가 사랑하는 수매를 온통 사로잡았습니다. 저는 치유할 방법도 없이 모든 것을 잃고 만 것입니다."

이렇게 이야기를 마친 암매는 슬피 울다가 갑자기 비명을 지르고는 카나세 공주의 품에 안겨 까무러치고 말았습니다.

카나세와 그곳에 있던 시녀들은 불쌍한 암매의 이야기를 듣고는 이루 말할 수 없이 슬픔에 휩싸였지요. 공주는 어떻게 암매를 위로해 주어야 할지 몰랐습니다. 그래서 암매를 치마 앞자락으로 싸서 궁전으로 데려가 상처 입은 곳에 정성을 다해 세심히 약을 발라 주었습니다. 카나세 공주가 할 수 있는 일은, 땅에서 아름다운 빛깔의 귀한 약초를 찾아내어, 그것으로 고약을 만들어 암매의 상처에 발라 주는 것밖에는 없었습니다. 공주는 밤낮으로 온 힘을 다해 간호했습니다. 침대 머리맡에는 암매가 살 수 있는 새장을 만들어

---

*23 이 말은, 초서 이후 속담처럼 쓰이게 되었다.

놓고, 그것을 푸른 벨벳 천으로 감쌌습니다. 푸른색은 여자들의 지조를 상징하는 것이었기에. 하지만 바깥쪽에는 초록색을 칠했습니다. 그것은 굴뚝새나 수매 그리고 부엉이처럼 지조 없는 새들을 상징하는 색깔이었지요. 그 옆에는 그 새들을 경멸하기 위해 그들을 향해 울거나 소리치는 까치를 그려놓았습니다.

이제 카나세 공주는 암매를 보살피도록 놔두기로 하겠습니다. 이야기책에 의하면, 칭기즈 칸의 작은 아들인 캄발러스의 도움으로 암매는 자기의 못된 행실을 뉘우친 수매의 사랑을 다시 얻게 되는데, 그때까지는 마법의 반지 이야기를 잠시 하지 않겠습니다. 지금부터는 모험과 전쟁에 대한 이야기를 펼치겠습니다. 사실 여러분들은 이토록 신비한 기적에 대해서는 한 번도 들어보지 못했을 겁니다.

앞서, 당시에 많은 도시를 점령한 칭기즈 칸에 대해 말하겠습니다. 그런 다음에 칭기즈 칸의 큰아들인 알가르시프가 어떻게 테오도라를 아내로 맞이하게 되는지 말씀드리지요. 황동말의 도움이 없었다면, 알가르시프는 아내 때문에 여러 번 큰 위험에 처할 뻔했거든요. 그 뒤, 캄발로가 카나세를 위해 두 형제와 마상 창시합을 벌인 이야기를 들려 드리기로 하지요. 그럼 아까 이야기하다가 그만둔 부분으로 다시 되돌아가겠습니다.

3

아폴로는 수레를 타고 하늘 높이 올라가 노련하고 교활한 신 머큐리[24]의 저택으로 들어갔습니다.

(두 달 뒤를 의미하며, 수습기사의 이야기는 끝을 맺는다.)

시골유지가 수습기사에게 한 말과 사회자가 시골유지에게 한 말

시골유지가 수습기사에게 말했습니다.
"정말 훌륭하게 의무를 이행하셨소. 아주 품격 있게 말이오. 그대의 지혜

---

*24 신들의 사자(使者)로, 상업·기술·여행·웅변·도둑 등의 수호신.

로움에 경의를 표하는 바요. 젊은 나이에도 불구하고 너무나 그대의 이야기에는 생생한 느낌이 있는 것 같소. 참으로 훌륭하오. 하느님께서 당신을 축복해 주시고, 그 능력이 영원하기를!

그대의 이야기를 아주 재미있게 들었소. 내게는 아들이 하나 있소. 1년에 20파운드의 세를 받을 수 있는 땅보다 그 아이가 그대처럼 사리분별을 할 줄 안다면 얼마나 좋겠소. 사람이 배운 것이 없다면 아무리 많은 재산을 가진다 한들 무슨 소용 있겠소?

그 아들은 눈 씻고 봐도 좋은 점이라고는 찾아볼 수 없는 녀석이거든. 뿐만 아니라 도박이나 허튼 곳에 돈을 탕진하고 있고 게다가 기품을 본받을 만한 사람들과 어울리는 것보다는 시종들하고 시시덕거리며 쓸데없는 수다떨기를 더 좋아하니 말해 무엇 하겠소."

이때 사회자인 여관 주인이 말했습니다.

"고귀한 성품이니 뭐니, 그런 말은 이제 그만 두시죠. 유지 나리, 당신은 여기에 있는 모든 사람들이 적어도 이야기 하나씩은 해야 한다는 사실을 알고 있을 것이오. 그렇지 않으면 당신이 한 약속을 어기게 되는 거란 말이오."

그러자 시골유지가 대답했습니다.

"나도 잘 알고 있소, 사회자 양반. 내가 이 젊은이와 몇 마디 나누었다고 해서 기분 나빠하지 마시오."

"그럼 더 이상 이러쿵저러쿵 왈가왈부하지 말고 어서 당신 이야기나 마저 시작하시오."

"그럽시다. 사회자의 뜻에 순순히 복종하겠소. 이제 내 이야기를 들어 보시오. 내 재주가 닿는 한, 여러분의 뜻을 거스르지 않도록 하겠소. 여러분들이 이 이야기를 마음에 들어 하기를 하느님께 기도하리다."

시골유지의 이야기

시골유지의 이야기 머리글

옛날 옛적에 고귀한 브리튼족들은 여러 모험담을 그들의 옛말에 맞추어 운문으로 썼습니다. 그리고 그러한 가사를 악기 연주에 맞추어 노래부르거나 낭독하기도 했습니다. 그런 노래 가운데 하나가 생각나는군요. 그 이야기를 여러분들에게 들려 드리겠습니다.

하지만 나는 보잘것없는 사람임을 미리 밝혀 둡니다. 그러니 내 말이 서툴고 비속하더라도 너그러이 용서해 주시기 바랍니다. 나는 수사학을 배우지 못했기 때문에 아무런 꾸밈이 없는 단순한 말만 할 수 있을 뿐입니다.

나는 파르나수스 산*¹ 정상에서 잠을 잔 적도 없으며, 마르쿠스 툴리우스 키케로*²의 수사학을 공부한 적도 없습니다. 그러니 언어에 수사학적으로 색깔을 입힐 줄 모릅니다. 제가 알고 있는 건 단지, 목장에 피어난 꽃들의 색깔, 사람들이 색을 입히거나 그림을 그리거나 하는 정도입니다. 묘미를 더해 주는 수사학적 색깔은 제게 익숙하지 않다는 것입니다. 제 마음은 조금도 느낄 줄 모릅니다. 그건 그렇고, 이제 내 이야기를 들어 주십시오.

시골유지의 이야기가 시작된다.

브르타니라고 불리는 아르모리카*³에 한 기사가 살고 있었습니다. 그는 어떤 귀부인을 사랑하고 있었고, 그 귀부인을 섬기는 데 온 힘을 기울였습니

---

*1 그리스의 중앙, 고린토 만의 북쪽 기슭에 있는 산(해발 2457미터)으로, 아폴로와 뮤즈들이 이 산에 산다고 전해진다. 델파이 신전이 있다.

*2 로마의 정치가·웅변가·저술가로, 수사학에 대한 권위 있는 저술도 있다. 기원전 106~43.

*3 프랑스 북서부, 고대의 한 지역으로, 지금의 브리타니와 거의 같다.

다. 그녀의 마음을 얻기 위해 그야말로 그는 수없이 많은 노력과 모험을 치
러야만 했습니다. 왜냐하면 그 귀부인은 세상에서 가장 아름다운 여인이었
으며 명문가의 딸이었기에, 기사는 감히 슬픔이나 고통, 비탄 등에 잠긴 자
기 사랑에 대해 털어 놓을 용기가 없었던 것입니다.

그렇지만 마침내 그의 진가, 특히 그의 정성과 겸손에 감동한 그녀는 그의
고통을 매우 마음 아프게 생각하게 되었습니다. 결국 그녀는 남편이자 주인
으로 그를 맞이하기로 마음먹었습니다.

여기에서 주인이란, 세상 남자들이 아내들에게 행사하는 지배권을 뜻합니
다. 남자는 귀부인과 보다 행복하게 살기 위해, 자발적으로 기사답게 이렇게
맹세했습니다. 그의 목숨이 붙어 있는 한, 평생토록 밤이나 낮이나 그녀의
뜻에 반대되는 행동을 하지 않을 것이고, 질투도 하지 않을 것이며, 그녀의
말에 따르고 모든 면에서 그녀가 바라는 대로 하겠다는 것이었습니다. 그렇
지만 자신의 지위를 욕되게 할 수는 없으니 남편으로서의 주권이라는 명분
은 갖겠다고 했지요.

그녀는 그에게 감사해하면서 공손히 말했습니다.

"당신은 관대한 아량을 베푸시어 제게 자유를 주셨습니다. 제 잘못으로
인해 우리 두 사람이 싸우거나 불화를 일으키는 일이 없기를 바랍니다. 이제
제 명예를 걸고 맹세하겠습니다. 저도 죽을 때까지 당신의 참되고 겸손한 아
내가 될 것임을 한 점 거짓 없이 말씀드립니다."

그래서 두 사람은 평화롭고 평온하게 살았습니다.

여러분, 내가 자신 있게 내세울 수 있는 말이 하나 있습니다. 그것은 오랜
시간 함께 살고자 하는 사람들은 서로 상대방의 말에 따라야 한다는 것입니
다. 사랑은 한 사람의 뜻에 지배되어서는 안 됩니다. 지배라는 것이 나타나
면, 사랑의 신은 날개를 펴서 눈 깜짝할 사이에 모습을 감추어 버리지요. 사
랑은 자유로운 영혼과 같습니다. 여자들은 본디 자유를 갈망하며 노예처럼
속박당하기를 거부합니다. 남성 또한 마찬가지고요. 사랑은 많이 참는 자가
유리하게 마련입니다. 인내야말로 최고의 미덕입니다. 학자들은, 사랑은 아
무리 애를 써도 얻을 수 없는 것을 정복한다고 말합니다. 아무리 사소한 말
일지라도 잔소리를 하거나 투덜대서는 안 됩니다.

참는 법을 배우십시오. 당신이 원하던 원치 않던, 그것은 언젠가는 따라야

할 것입니다. 맹세하건대 한 번의 실수도 없는 사람은 이 세상에 없으니까요. 화가 나거나 병에 걸리거나 아니면 별자리가 어떻게 됐다거나 술을 마시거나 또는 고통을 받거나 기분이 바뀌면 우리는 해서는 안 될 짓을 하기도 하고, 해서는 안 될 말을 하기도 합니다.

하지만 그런 잘못된 행동이나 말에 하나하나 복수할 수는 없습니다. 자제할 줄 모르는 사람은 때에 따라 중용을 지킬 필요가 있습니다. 이런 까닭에,

시골유지의 이야기 머리글 부분 삽화

그 훌륭한 기사는 평화롭게 살기 위해 인내할 것을 약속했고, 그녀 또한 절대로 실수하지 않겠다고 다짐했습니다.

여러분은 이들의 모습에서 조심스럽고 현명한 화합을 볼 수 있을 것입니다. 그녀는 남편을 시종이자 주인으로 섬겼습니다. 그러니까 사랑에 있어서는 종이었지만 결혼 생활에 있어서는 주인이었던 것입니다. 다시 말하자면, 남편은 주인이며, 동시에 종이었습니다. 그는 귀부인뿐만 아니라 사랑도 얻었으니, 단순한 종이 아니라 최고의 지배권을 가진 종이었던 것입니다. 한편 그녀는 그의 애인이었으며 동시에 아내였습니다. 이것이 바로 사랑의 법칙입니다.

이런 행복을 누리게 된 기사는 아내와 함께 자기 고향으로 돌아갔습니다. 그는 페드마르크*⁴에서 그다지 멀지 않은 곳에 살림을 차려 행복과 기쁨을 누리며 살았습니다.

결혼한 사람이 아니면 남편과 아내가 공유하는 기쁨과 평화를 이해할 수 없을 것입니다. 이렇게 행복한 나날이 1년 이상 이어졌습니다. 그런데 어느 날, 기사는 브리튼이라고 불리는 잉글랜드에 가기로 마음먹었습니다. 이 기사의 이름은 카이루드*5의 아르베라구스였고, 그가 잉글랜드로 떠나는 목적은 전쟁터에서 명예와 명성을 얻기 위해서였습니다. 사실 그의 마음은 온통 무훈을 세우는 것으로 가득 차 있었습니다. 책에는 그가 그곳에서 2년간 살았다고 합니다.

이제 아르베라구스 기사의 이야기는 그만 하고, 그의 아내 도리겐에 대해 말하겠습니다. 그녀는 온 마음을 다해 남편을 사랑했습니다. 지체 있는 여자들이 사랑에 빠졌을 때 그러하듯이 그녀는 그가 없는 동안 눈물과 탄식으로 하루하루를 보냈습니다. 남편과의 이별을 생각하면서 슬퍼하고 밤잠도 이루지 못했으며, 끼니도 거른 채 한숨 쉬며 불만을 토로했습니다. 남편을 갈망하는 마음에 사로잡혀 있었으므로, 이 넓은 세상이 온통 무가치해 보일 정도였습니다. 그녀가 이렇게 슬퍼하는 것을 알게 된 친구들은 있는 힘을 다해 그녀를 위로했습니다. 그런 행동은 아무런 이유도 없이 자신을 죽이는 행동이라고 말하면서 밤낮으로 충고했습니다. 친구들은 도리겐의 울적한 마음을 풀어 주기 위해 그들이 할 수 있는 모든 위로의 말을 아끼지 않았습니다.

여러분들도 알다시피 바위에다 꾸준히 무언가를 새기다 보면, 언젠가는 무언가가 각인되는 법입니다. 친구들이 오랫동안 도리겐을 위로한 덕분에, 마침내 그녀는 희망을 갖게 되었으며, 이성의 힘을 빌어 위로의 효과가 나타나기 시작했습니다. 도리겐의 깊은 슬픔이 조금씩 누그러들기 시작한 것입니다. 그녀로서도 언제까지나 비탄에 빠져 지낼 수는 없는 노릇이기도 했겠지요.

한편, 도리겐이 슬픔에 잠겨있을 때, 아르베라구스는 편지를 보내 안부를 전하고 곧 돌아가겠다고 했습니다. 그렇지 않았다면 그녀의 심장은 고통을 이기지 못하고 산산조각이 났을 것입니다.

---

*4 오늘날 브리튼 지방의 펜마르크. 이 이야기에서는 해안에 무시무시하고 위험한 바위가 돌출되어 있는 곳.

*5 오늘날, 브리튼 지방의 Kerru에 해당한다. 본디 웨일지 말로 '빨간 집(마을)'이라는 뜻. 초서는 브리튼 지방 사람들의 발음을 채택하고 있는 것으로 보인다.

도리겐의 고통이 차츰 사그라지는 것을 보자 그녀의 친구들은 제발 함께 산책하면서 우울한 생각을 떨쳐 버리자고 했습니다. 이런 모든 것이 자기를 위한 것임을 알게 된 도리겐은 기꺼이 친구들의 말에 따르기로 했지요.

도리겐이 살고 있던 성(城)은 바닷가였습니다. 그녀는 기분전환을 위해 이따금 친구들과 함께 벼랑 위를 거닐었습니다. 그곳에서는 저마다의 목적지를 향해 떠나는 수많은 돛단배와 거룻배들이 보였습

시골유지의 이야기 판화(1721) 존 유리 작.

니다. 그런데 이런 광경을 보면서 도리겐은 슬픔에 젖어 이렇게 혼잣말을 하곤 했습니다.

"아, 애처롭기도 하지! 저 많은 배들 중에서 우리 남편을 이곳으로 실어다 줄 배는 없단 말인가? 그렇게만 해 준다면 내 가슴속의 쓰라린 상처는 씻은 듯이 나을 텐데……."

어느 날, 벼랑 끝에 앉아 생각에 잠겨 있던 도리겐은 무심코 벼랑 아래를 내려다보았습니다. 그녀는 거기서 보기에도 끔찍한 검은 바위를 발견하고는 너무나도 두려워 몸을 벌벌 떨었으며, 자기 몸을 가누지도 못할 지경이 되었습니다. 그녀는 풀밭에 앉아, 보기에도 안타까울 정도로 슬픈 표정을 지은 채 바다를 바라보면서 눈물과 한숨을 쏟아내며 말했습니다.

"영원하신 하느님, 당신의 섭리로 이 세상을 확고하게 다스리시는 분이시여! 당신이 하는 일은 하나도 헛된 것이 없다고들 합니다. 그런데 왜 보기에도 끔찍한 시커먼 바위와 같이 터무니없는 것들을 만드셨습니까? 그것들

은 전지전능하시고 변함없으신 하느님의 아름다운 창조물이라기보다는 더럽고 불결한 혼란스런 세계처럼 보입니다. 이 세상 어느 곳에도 저 바위의 도움받을 사람이나 짐승은 없습니다. 새들도 마찬가지입니다. 제 생각으로는 해만 끼칠 뿐 아무런 도움도 되지 않습니다. 하느님, 수많은 사람이 바위 때문에 죽은 것을 모르십니까? 수만 명이 바위 때문에 목숨을 잃었지만, 그들의 이름을 기억해 주는 사람은 이 세상에 아무도 없습니다.

인간은 아름답기 그지없는 당신 창조물의 일부입니다. 당신의 모습대로 만든 것이 인간입니다. 그만큼 당신이 인간들에게 크나큰 사랑을 가지고 계셨다는 말이겠지요. 그런데 왜 저런 바위를 만드셔서 사람들을 죽게 하는 것입니까? 저 바위들은 인간에게 아무런 도움도 되지 않고 그저 피해만 줄 뿐입니다. 왠지는 모르겠지만, 학자들이 최선을 다해 자기들이 생각하는 것을 논리적으로 말했으며, 이것 또한 모두 우리를 위해서라는 사실을 잘 알고 있습니다.

바람을 다스리시는 하느님, 제 남편을 보호해 주소서! 이것이 저의 간절한 소망입니다. 당신이 왜 끔찍스런 바위를 만들었는지에 대한 논쟁은 학자들에게 맡기겠습니다. 하지만 저는 하느님께서 이런 바위들을 모두 지옥에 가라앉혀 제 남편이 무사히 돌아오게 해 주시기를 빕니다. 이런 바위들만 보면 제 가슴은 온통 두려움으로 터져 버릴 것만 같습니다."

친구들은 바닷가를 거니는 것이 도리겐에게 위안이 되기는커녕 슬픔만 더하게 한다는 사실을 알고는 그녀를 다른 곳으로 데려가 즐겁게 해 주기로 했지요. 그래서 강과 샘터를 비롯해 멋진 곳으로 가서 춤도 추고 체스와 주사위놀이도 했습니다.

5월의 여섯 번째 날 아침, 그들은 근처에 있는 정원으로 갔습니다. 음식과 그밖에 다른 필요한 것들을 준비해서 그곳에서 온종일 놀았습니다. 5월의 부드러운 비가 온갖 화초로 정원을 가득 메워 놓았습니다. 정원은 사람들의 손으로 매우 우아하게 꾸며져 있었습니다. 천상의 낙원이 아니고서는 그보다 훌륭한 정원은 이 세상에 있을 수 없을 만큼 아름다웠지요. 꽃향기가 물씬 풍기는 화려한 풍경을 보면, 아무리 마음이 무거운 사람도 즐겁지 않을 수가 없을 겁니다. 만일 그렇지 못한 사람이 있다면, 그는 중병을 앓거나 혹은 너무나도 큰 슬픔을 지닌 사람일 겁니다. 그만큼 이 정원은 즐거움과 아

바닷가의 바윗돌을 바라보며 불길한 생각에 잠긴 도리겐

름다움으로 가득 차 있었던 것이지요.

정오가 조금 지난 무렵, 식사를 마치고 그녀들은 사뿐사뿐 춤을 추고 노래를 불렀지만 도리겐은 여전히 원망과 한탄만을 쏟아냈습니다. 왜냐하면 춤추고 노래하는 사람들 속에 그녀가 사랑하는 남편이 없었기 때문입니다. 그럼에도 그녀는 자기 슬픔이 가라앉기를, 희망이 불어와 슬픔이 지나쳐 가기를 기다렸습니다.

춤을 추던 남자들 가운데 한 수습기사가 도리겐 앞에서 춤을 추고 있었습니다. 내가 보기에 그는 5월보다 더 발랄하고 화사하게 치장하고 있었습니다. 그는 세상이 시작된 이래로 그 누구보다도 훌륭하게 노래하고 춤추었습니다. 게다가 그는 이 세상에서 가장 매력적인 수습기사였지요.

젊고 힘도 세고 재주도 많았으며, 돈도 많고 똑똑해서 인기가 많았을 뿐만 아니라 생각도 깊었습니다. 그런데 비너스의 종이었던 이 멋진 수습기사는, 지난 2년 동안 이 세상 그 누구보다도 도리겐을 사랑하고 있었습니다. 하지만 도리겐은 전혀 그 사실을 눈치채지 못하고 있었지요. 이 수습기사의 이름은 아우렐리우스였습니다.

그는 자기의 고통을 한 번도 이야기하지 않은 채 마음속으로만 이루 말할 수 없는 고통을 감내하고 있었던 것입니다. 아무에게도 속마음을 털어 놓을 수가 없었던 수습기사는 절망했습니다. 그저 노래를 부르면서 자기의 뜨거운 마음을 표현하는 수밖에 없었지요. 이를 테면, 슬픔과 탄식을 노래하면서 말입니다.

자기는 사랑에 빠져 있었지만 그 사랑에 화답해 줄 사람은 없었으니까요. 이런 짝사랑을 주제로 그는 민요, 애가, 가요 그리고 짧은 시 등 많은 노래를 지었습니다. 이런 심정을 고백할 수 없었기에, 마치 지옥에서 복수의 여신이 번민하듯이, 그가 받는 고통을 노래했던 것입니다.

그는 에코가 나르시수스에게 사랑을 고백해 보지도 못한 채 죽었듯이 자기도 그런 죽음을 면할 수 없을 거라고 늘 읊곤 했습니다. 아우렐리우스가 마음속의 고통을 도리겐에게 드러내는 방법이라고는 내가 지금 여러분에게 들려드리고 있는 이런 것밖에 없었기 때문입니다. 하지만 가끔씩 젊은이들이 무도회에서 여자들에게 사랑을 호소하는 것처럼 구애하는 눈길로 도리겐의 얼굴을 물끄러미 쳐다보곤 했습니다. 그렇지만 도리겐은 그가 말하려는 바가 무엇인지 전혀 관심도 두지 않았습니다. 그런데 정원을 떠나기 전에 어쩌다 이 두 사람은 함께 이야기를 나누게 되었습니다.

도리겐은 오래 전부터 그를 알고 있었는데, 아우렐리우스는 도리겐의 이웃이었고, 명예와 명성을 지킬 줄 아는 사람이었기 때문입니다. 대화를 나누면서 아우렐리우스는 자기의 마음을 고백할 목적으로 화제를 이끌어 나가고 있었습니다. 마침내 적당한 순간이 다가오자 아우렐리우스는 이렇게 말했습니다.

"부인, 세상을 만드신 하느님을 두고 말씀드립니다. 당신 마음을 기쁘게 해 드릴 수 있다는 것을 그때 알았더라면, 당신 남편 아르베라구스가 바다를 건너던 날, 이 아우렐리우스도 다시는 돌아오지 못할 곳으로 영영 떠났을 것입니다. 제가 당신을 얼마나 사모하는지 당신은 모르십니다. 하지만 그것은 결국 헛된 일임을 잘 알고 있습니다. 그런 사랑으로 제가 받을 대가는 마음의 상처뿐이지요. 부인, 제 괴로움을 불쌍히 여겨 주십시오. 당신의 말 한마디가 저를 살릴 수도 있고 죽일 수도 있습니다. 아, 바로 여기 당신의 발밑에 죽어서 고이 묻힐 수만 있다면 여한이 없겠습니다. 저에게 자비를 베풀어 주세요. 그렇지 않으면 저는 죽고 말 겁니다."

그녀는 아우렐리우스를 한동안 바라보았습니다. 그리고 냉정하게 말했지요.

"그게 정말 당신이 바라는 건가요? 당신 말을 듣기 전까지는 전혀 당신의

도리겐에게 사랑을 고백하는 수습기사 아우렐리우스

생각을 몰랐어요. 아우렐리우스, 당신의 마음을 알았기에 하는 말이에요. 나에게 생명과 영혼을 주신 하느님을 두고 맹세컨대, 내가 살아 있는 동안, 말이나 행실에 있어서 절대로 부정한 아내가 되고 싶지 않아요. 나는 내가 결혼한 남자와 영원히 함께 있을 거예요. 난 결혼한 몸이니 마땅하죠. 이것이 처음이자 마지막으로 드리는 내 대답입니다."

그러나 잠시 뒤 그녀는 농담삼아 이렇게 말했습니다.

"아우렐리우스 님, 하늘에 계시는 하느님께 맹세코, 당신이 너무나 감동적으로 사랑을 호소하니 당신을 연인으로 받아들이겠어요. 하지만 한 가지 조건이 있답니다. 당신이 브리타니 바닷가에 있는 돌과 바위를 모두 치워서 큰 배나 작은 배가 지나다니는 데 방해가 되지 않도록 하는 날, 당신의 사랑에 보답하도록 하지요. 그러니까 바위로 꽉 찬 해안을 깨끗이 치워서 돌이 하나도 보이지 않게 되는 날, 이 세상 그 누구보다도 당신을 깊이 사랑하겠어요. 내 목숨이 살아 있는 한 이 약속은 반드시 지키겠어요. 하지만 내가 알기로는 이런 일을 한다는 것은 거의 불가능하죠. 그러니 어리석은 생각은 버리고 마음을 비우세요. 아내의 몸은 남편이 원할 때마다 소유할 수 있는 거예요. 그런 여자를 사랑해서 무슨 만족을 얻겠다는 건가요?"

아우렐리우스는 깊은 한숨을 내쉬었습니다.

"그것 말고는 제게 베풀어 주실 자비가 없다는 말입니까?"

그러자 도리겐이 대답했습니다.

"없고말고요. 나를 만드신 하느님을 두고 맹세해요. 그런 일이 있을 수 없다는 것을 저는 잘 알고 있답니다. 그러니 바보 같은 생각일랑 말끔히 버리세요. 남편이 원할 때 서슴지 않고 사랑을 바치고자 하는 남의 아내를 사랑하다니, 도대체 그런 사랑에 무슨 즐거움이 있겠어요?"

이 말을 듣자 아우렐리우스는 더없이 슬퍼 보였습니다. 몇 번이고 몇 번이고 깊은 한숨을 내쉬고는 이렇게 말했습니다.

"부인, 그런 일은 도저히 불가능합니다. 그 말은 나보고 절망에 빠져 죽으라는 소리와 마찬가지입니다."

이렇게 말한 뒤, 아우렐리우스는 뒤돌아서 가버렸습니다. 그때 도리겐의 친구들이 다가왔고, 그들은 정원의 오솔길을 이리저리 거닐었습니다. 이 이야기의 결말이 어떻게 될 것인지 전혀 알지 못한 채 말입니다. 또 다시 즐거운 향연이 시작되었습니다. 그리고 지평선이 태양의 빛을 야금야금 빼앗아 완전히 저물 때까지 흥겹게 놀았습니다. 어두컴컴한 밤이 되었다는 말이지요.

모두가 행복에 젖어 기쁜 마음으로 집으로 돌아갔지만, 아우렐리우스만은 납덩이처럼 무거운 마음으로 돌아갔습니다. 죽음을 피할 방법이 없다는 사실과 자기 심장이 차디차게 식어 가고 있다는 것을 느꼈습니다. 그는 두 손을 치켜들고 무릎을 꿇었습니다. 그리고 헛소리라도 하듯 기도를 시작했습니다. 너무나 고통스러운 나머지 넋을 잃은 상태였기에 자기가 무슨 말을 하는지도 몰랐지요. 상처받은 그의 마음은 신들을 향해 흐느끼며 탄식하기 시작했습니다. 특히 태양신에게 이렇게 말했습니다.

"모든 풀과 나무와 꽃의 주인이신 아폴로여! 당신의 운행에 따라 모든 만물에게 그에 맞는 기후와 계절을 주시며, 머무는 곳마다 높고 낮음을 정하시는 태양의 신 피버스 님! 당신의 긍휼히 여기시는 눈으로 절망에 빠져 어찌할 바 모르는 아우렐리우스를 비추소서.

보십시오! 저는 아무 죄도 짓지 않았는데 제가 사랑하는 여인은 저에게 죽음을 선고했습니다. 위대하신 당신만이 시름시름 앓는 제 마음을 가련히 여기실 수 있습니다. 태양의 신이시여, 당신은 제 애인을 제외한 그 누구보다도 저를 도와 줄 분이라는 것을 잘 알고 있습니다. 이제 당신이 저를 어떻게 도울 수 있는지 말씀드리겠습니다.

당신의 영광스런 누이이자 찬란하게 빛나는 아름다운 루시나*⁶는 여왕이시며, 바다에서 가장 높은 여신이십니다. 아무리 넵튠*⁷이 바다를 다스리는 힘을 가진다고는 하지만, 루시나 여신은 그 위에 군림하는 왕후이십니다. 그녀의 바람이 당신의 불길로 타오르는 것처럼—그래서 루시나 여신은 무척이나 열심히 당신의 뒤를 쫓고 있지요—바다가 루시나를 쫓는 것도 자연스러운 일이지요. 루시나는 단지 바다뿐만 아니라 모든 강과 하천의 여신이기 때문입니다.

그러하오니 태양의 신이시여, 이것이 저의 소망입니다. 이 기적을 이루어 주지 않으시면 제 심장은 산산 조각나고 말 것입니다. 당신이 다시 사자자리에 계시고 루시나 여신께서 당신과 마주 보는 위치*⁸에 자리잡으셨을 때, 당신의 자매에게 부탁하여 만조가 일어나게 해 주소서. 브리타니의 아르모리카 만에서 가장 높이 우뚝 솟아 있는 바윗돌을 다섯 길 밑으로 묻히게 하고, 그 밀물이 2년간 빠지지 않게 해 달라고 부탁해 주소서. 그러면 저는 애인에게 달려가 '이제 바윗돌을 모두 치웠으니 약속을 지켜 주십시오.' 이렇게 말하겠습니다.

태양의 신이시여, 저에게 이런 기적을 베풀어 주소서. 달의 여신이 당신보다 빨리 달리지 않도록 타일러 주소서. 2년 동안 계속해서 당신보다 빨리 궤도를 돌지 말라고 부탁해 주소서. 그러면 여신은 언제나 만월*⁹인 채로 계실 것이며, 봄날의 조수는 밤낮을 가리지 않고 바위를 뒤덮고 있을 것입니다. 하지만 루시나 여신께서 저에게 사랑하는 애인을 줄 수 없다면 모든 바윗돌을 플루토가 계신 지옥의 심연으로 가라앉게 해 달라고 사정해 주소서. 그렇지 않으면 저는 영영 제 애인을 정복할 수 없습니다. 저는 맨발로 델포이*¹⁰에 있는 당신의 사원을 순례하겠습니다. 태양의 신이시여, 이 뺨에 흘러내리는 눈물을 보시고 제 고통을 가엾게 여겨 주소서."

＊6 달의 여신 '루나'를 가리킨다.
＊7 바다의 신 넵튠. 그리스 신화의 포세이돈에 해당되는 신이다.
＊8 태양과 달이 서로 정반대되는 위치에 있다는 말이다. 이때, 만조가 일어난다.
＊9 달이 태양과 마주 보고 있을 때, 또는 같은 방향에 있을 때 만조가 일어난다.
＊10 지금의 그리스 델포이를 가리킨다. 아폴로 신전이 있었던 고대 도시.

그는 이렇게 장황하게 말하고 나서 기절하고 말았습니다. 그리고 오랫동안 땅 위에 쓰러져 깨어나지 못했습니다.

아우렐리우스의 슬픔을 알고 있던 형은 그를 침대로 데려갔습니다. 이제 이 불쌍한 수습기사는 침대에 누워 미친 사람처럼 고통을 받게 놔두겠습니다. 내가 아무리 보살펴도 죽거나 살거나 하는 문제는 모두 그의 의지에 달려 있기 때문입니다.

한편 기사도의 꽃인 아르베라구스는 다른 훌륭한 기사들과 함께 온몸에 명예를 안고 집으로 돌아왔습니다. 도리겐의 기쁨은 이루 말할 수 없었습니다. 그녀가 자기 목숨보다도 더 사랑하고 있는 기세당당한 기사를, 무용에 뛰어난 남편을 그녀의 품 안에 안고 있었습니다.

아르베라구스는 자기가 없는 사이, 어떤 남자가 자기 아내에게 사랑을 속삭였으리라고는 꿈에도 생각하지 못했습니다. 그런 생각은 전혀 하지 않은 채, 그는 아내와 함께 춤을 추고, 마상시합을 벌이며 한껏 즐겼습니다. 이제 두 사람은 행복과 기쁨에 파묻혀 지내도록 놔두고, 병든 아우렐리우스 이야기를 다시 하겠습니다.

가련한 아우렐리우스는 2년 넘게 심한 고통과 고뇌로 자리에 누운 채 한 번도 땅에 발을 내딛지 못했습니다. 그동안 그를 위로해 준 사람은 학자인 그의 형뿐이었습니다. 형은 왜 아우렐리우스가 상심하고 실성했는지 잘 알고 있었습니다. 그러나 아우렐리우스는 이 문제에 대해 한 마디 말도 하지 않았습니다. 그는 팬필루스*11가 갈라테를 향한 연정을 감춘 것보다 더 깊이 자기 가슴속에 이런 비밀을 감추었습니다. 겉으로 보기에 그의 가슴은 상처 하나 없었지만, 그의 마음속에는 화살 하나가 깊이 박혀 있었습니다. 여러분들도 아시다시피 이런 경우에 화살을 빼내지 않고 외상만 치료하는 것은 위험하기 짝이 없습니다.

아우렐리우스의 형은 아무도 모르게 눈물을 훔치며 슬퍼했습니다. 그런데 어느 날, 그가 프랑스 오를레앙에 있을 때—비술(秘術)을 배우고자 했던 젊은 학자들이 여기저기서 특수한 지식을 얻고자 했던 것처럼—한 서고에서 보았던 책이 생각났습니다. 그것은 자연마술*12에 대한 책이었지요. 당시,

---

*11 13세기의 라틴 시(詩) 《팬필루스 데 아모레》에 등장하는 갈라테의 연인.
*12 무술(巫術, 블랙 매직)과 대비되는 자연과학으로, 법적으로도 인정받고 있었다.

법학을 공부하는 학생이었던 그의 친구가 은밀하게 책상 위에 놓아 두었던 책이었습니다. 그 친구는 다른 분야를 배우기 위해 오를레앙에 잠시 체류하고 있던 중이었지요.

그 책에는 달의 영향을 받아서 움직이는 스물여덟 별자리*13의 운행에 대한 이야기가 자세하게 씌어 있었는데, 요즘 그런 책에 가치를 두는 사람은 없습니다. 우리가 믿는 신성한 성당의 교리는 우리에게 어떠한 망상도 허용하지 않기 때문입니다. 그러나 아우렐리우스의 형은 그 책을 떠올렸을 때, 너무나 기뻐서 춤이라도 추고 싶은 심정으로 혼잣말을 중얼거렸습니다.

"내 동생은 곧 낫게 될 거야. 노련한 마술사들이 하는 것처럼 온갖 환상을 만들어 내는 학문이 분명히 있으니까 말이야. 마술사들은 큰 잔치 때 물을 일게 하여 배를 띄우고, 연회장 위를 떠다닌다는 말을 들은 적이 있어. 그리고 어떤 때에는 성난 사자를 보여 주기도 했고, 꽃을 피워서 우리가 들판에 있다는 환상을 주기도 했어. 때로는 붉은 포도가 주렁주렁 매달린 포도나무를 만들기도 했으며, 전체가 석회석으로 만들어진 단단한 성(城)을 보여 주기도 했지. 그리고 그들이 원하는 때에 이런 것들을 모두 공중으로 사라지게 했지. 적어도 모든 사람의 눈에는 그렇게 보였던 말이야.

만약 내가 오를레앙에서 옛 친구를 만나거나, 아니면 이와 비슷한 요술을 할 수 있는 사람을 만나면 내 동생이 원하는 사랑을 얻게 해 줄 수 있을 거야. 이런 비법을 통해 마술사는 사람들의 눈에 브르타뉴 바닷가의 검은 암석들이 모두 없어진 것처럼 보이게 할 수도 있을 뿐더러, 배들이 해안을 따라 자유롭게 유유히 왔다 갔다 하는 것처럼 만들 수도 있어.

그 마술사는 이런 환상을 한두 주일 정도 지속할 수 있을 거야. 그러면 우리 동생은 상사병에서 곧 회복될 수 있을 테지. 그녀는 약속을 지켜야만 할 것이고, 그렇지 않다면 적어도 그 여자를 망신을 당하게 할 수 있을 테니까."

이 이야기를 더 길게 할 필요는 없을 겁니다. 그는 병들어 누워 있는 동생의 침대 머리맡으로 다가가 오를레앙으로 함께 가자고 사랑스런 어조로 말했습니다. 그러자 기사는 벌떡 일어났고, 자기의 불행이 사라질 것을 기대하

---

*13 근대 이전의 동양 천문학에서 쓰이던 달의 스물여덟 자리를 가리킨다.

면서 서둘러 출발했습니다.

두 사람이 오를레앙에서 반 마일쯤 떨어진 곳에 이르렀을 때였습니다. 그들은 혼자 거닐고 있는 젊은 학자를 만났습니다. 그는 두 사람에게 공손하게 라틴어로 인사한 뒤, 놀랍게도 이런 말을 했습니다.

"난 당신들이 이곳에 온 이유를 알고 있소."

그러면서 바로 그 자리에서 그들이 마음속에 품고 있던 생각을 모두 이야기했습니다. 학자인 아우렐리우스의 형은 그 젊은 학자에게 자기가 옛날에 알고 지내던 친구들의 소식을 물었습니다. 그들은 모두 죽었다는 말을 듣고 아우렐리우스의 형은 슬픔의 눈물을 하염없이 흘렸습니다. 어찌됐건 아우렐리우스는 말에서 내려, 마술사와 함께 그의 집으로 갔습니다. 그리고 그곳에서 편안하게 여장을 풀었습니다. 그 집에는 음식이 먹고도 남을 만큼 많았습니다. 아우렐리우스가 그렇게 훌륭한 설비를 갖춘 집을 본 것은 난생 처음이었습니다.

마술사는 저녁을 먹기 전에 아우렐리우스에게 야생동물로 가득 찬 숲 속 공원을 보여 주었습니다. 그곳에는 커다란 뿔을 가진 수사슴들이 경중경중 뛰놀고 있었는데, 그렇게 큰 것은 일찍이 본 적이 없었습니다. 또한 수백 마리의 사슴을 죽이고 있는 사냥개와, 화살에 맞아 피를 흘리고 있는 사슴들도 보았습니다. 이들 사슴들이 사라지자 매 사냥꾼들이 아름다운 강가에서 매로 왜가리를 잡는 것을 보았습니다. 그 다음에는 드넓은 들판에서 마상시합을 벌이는 기사들을 보았지요.

그 뒤, 마술사는 아우렐리우스를 기쁘게 할 광경을 보여 주었습니다. 그가 사랑하는 도리겐이 우아하게 춤을 추고 있었는데, 마치 아우렐리우스 자신이 도리겐과 함께 춤을 추고 있는 듯한 느낌이었습니다. 이제 충분하다고 생각했는지 그 마술사는 손뼉을 딱딱 쳤습니다. 이 소리와 함께 모든 장면이 순식간에 눈앞에서 사라졌습니다. 그들은 한 발짝도 집에서 나가지 않은 채, 마술사의 서재 안에서 이런 광경들을 본 것입니다. 그 자리에는 그들 세 사람 말고는 아무도 없었습니다.

마술사는 하인을 불러 말했습니다.

"식사 준비는 어찌 되었지? 이 두 분과 서재로 들어올 때 식사를 준비하라고 일렀는데 벌써 한 시간이 지났구나."

마술로 아우렐리우스를 기쁘게 할 장면을 보여 주는 마술사

그러자 하인이 대답했습니다.

"언제든지 드실 수 있도록 다 마련되어 있습니다."

다시 마술사가 말했습니다.

"그럼 이제 식사를 해야겠구나. 사랑에 빠진 사람도 가끔씩은 휴식을 취해야 하는 법이거든."

저녁 식사가 끝난 뒤, 두 형제는 지롱드 강*14과 센 강 사이에 있는 모든 암석과 브리타니 바닷가의 모든 바윗돌을 치워 주는 데 얼마만큼의 보수면 되겠느냐고 물었습니다. 처음에 마술사는 여러 가지 어려움을 들어 비싸게 굴더니, 마침내 1천 파운드 아래로는 절대로 안 된다고 말하고, 그것도 마음이 선뜻 내켜서 하는 것은 아니라고 신께 맹세했습니다.

하지만 아우렐리우스는 너무나 기뻐 어쩔 줄 몰라하면서 이렇게 말했습니다.

"1천 파운드라면 좋아요! 내가 우주의 주인이라면, 사람들이 둥글다고 말하는 이 지구라도 주겠습니다. 그럼 흥정은 끝난 겁니다. 한 푼도 에누리하지 않겠습니다. 이건 제 명예를 걸고 약속드립니다. 하지만 게으름을 부리셔서 우리를 하루 더 이곳에 머물게 하지 말아 주시기를 부탁드립니다."

그러자 마술사가 대답했습니다.

"기다리게 하는 일은 없을 겁니다. 맹세코 그렇게 하지는 않겠소."

---

*14 프랑스 서북부, 갈론 강과 도루드니 강이 합류하여 비스케 만에 이르는 강. (길이 72 킬로미터)

아우렐리우스는 잠이 오자 침대로 가서 밤새도록 곤히 잤습니다. 그날 하루 동안의 피로와 행복에 대한 기대로, 근심에 찼던 그의 마음은 순식간에 고통에서 해방된 것입니다.

다음 날, 아침이 밝아오자, 그들은 가장 가까운 길을 택해 브리타니로 떠났고, 숙소에 이르러 말에서 내렸습니다. 내가 읽은 책에 의하면, 그것은 춥고 서리가 많은 12월 어느 날이었다고 합니다.

태양은 나이를 먹은 탓인지 구릿빛을 띠고 있었습니다. 여름철에 뜨거운 황금빛을 발하던 태양은 염소자리(冬至)로 내려온 것인지 거의 숨을 거둘 듯 말듯 창백한 빛이었지요. 진눈깨비가 섞인 비가 내리고, 게다가 차가운 이슬까지 겹쳐서 모든 정원에 있는 꽃과 나무들은 흐늘흐늘 시들어 가고 있었습니다. 두 개의 얼굴에, 수염이 달린 1월의 신 야누스*15는 화로 옆에 앉아서 수소의 뿔로 만든 술잔으로 술을 벌컥벌컥 마시고 있었습니다. 큰 엄니가 있는 멧돼지고기가 그 앞에 놓여 있었고, 사람들은 모두 큰 소리로 '노엘!'*16을 외치고 있었습니다.

아우렐리우스는 모든 방법을 동원하여 마술사를 환대했습니다. 그리고 자기가 사랑의 고통에서 벗어날 수 있도록 최선을 다해 달라고 부탁하면서, 만약 그렇지 않으면 칼로 자기의 심장을 찔러 죽을 거라고 으름장을 놓았습니다.

노련한 마술사는 이 청년을 불쌍하게 생각하여, 밤낮을 가리지 않고 점성학을 실험할 수 있는 좋은 시간을 기다렸습니다. 나는 점성학 용어를 모르지만, 아무튼 요술을 부려서 도리겐을 비롯한 모든 사람들이 브리타니의 바윗돌이 없어졌거나 땅 밑으로 가라앉았다고 믿고 말할 수 있는 환상을 만들어 내려고 했던 것입니다.

마침내 마술사는 악마적이고 저주받은 마술을 행할 최적의 시간이 다가왔음을 알았습니다. 그는 최근에 수정된 톨레도의 점성표*17를 꺼냈습니다. 또 장기 연표*18와 단기 연표*19도, 항성들 간의 거리를 나타내는 위치도, 행성

---

*15 일출과 일몰을 비롯하여 모든 일의 시작과 끝을 감독하고, 문이나 입구를 수호하는 신.

*16 크리스마스를 가리키는 프랑스어.

*17 카스틸리아 왕 알폰소 10세의 지휘 하에 있던 톨레도 시를 위해 1272년 무렵 새로 만들어진 점성학 일람표.

*18 10년 주기. 원어로는 collect yeeris.

*19 1년 주기. 원어로는 expans yeeris.

들의 위치를 재는 각도계 등과 같은 기구들이 마련되어 있었습니다. 그리고 제8구(球)의 움직임으로 지금은 제9구(球)에 있는 알나스*20가 위쪽 양자리의 꼭대기*21에서 얼마나 움직였는지 정확하게 알아냈습니다. 그런 다음에 춘분점 세차(歲差)의 정확한 양이 얼마인지도 노련하게 계산했습니다.

그는 달이 스물여덟 자리 중에서 첫 번째 자리에 있음을 알고, 나머지를 비례법에 의해 계산할 수 있었습니다. 즉 언제 보름달이 뜰 것이며, 그러면 무슨 행성과 관련이 있고, 12궁의 어느 자리에 있을 것인지를 비롯한 모든 것을 알아냈습니다. 또한 달이 어느 자리에 있을 때 자기의 실험이 가장 좋은 효과를 볼 수 있는지, 그리고 이런 환상을 만드는 데 필요한 그밖의 모든 의식을 알고 있었습니다. 그리고 당시 이교도들이 사용하던 사악한 방법도 알고 있었던 마술사는 더 이상 지체하지 않았습니다.

마침내 그는 한두 주일 정도 브리타니 해안의 모든 바위가 사라진 것처럼 보이게 하는 데 성공했습니다.

아우렐리우스는 여전히 자기의 사랑을 차지하게 될 것인지, 아니면 그런 기회를 영영 잃어버릴 것인지 안절부절못하며 불안에 사로잡혀 밤낮 기적이 일어나기만을 간절히 기다렸지요. 그러다가 바위가 사라지고 사랑의 모든 장애물이 없어졌음을 확인하자, 그는 벅찬 기쁨을 억누르지 못한 채 마술사의 발 아래 엎드려 이렇게 말했습니다.

"가련하고 불쌍한 이 아우렐리우스는 마술의 스승이신 당신에게 진심으로 감사드립니다. 또한 참기 힘든 고통에서 저를 구해 주신 비너스 여신에게도 감사드립니다."

그는 당장 사원으로 달려갔습니다. 사랑하는 여인이 그곳에 있을 거라고 짐작했던 것이지요. 그는 적당한 기회를 보아, 그녀에게 다가가 떨리는 마음과 겸손한 태도로 인사를 건넸습니다. 하지만 그의 모습은 어딘가 모르게 슬퍼 보였습니다.

"제 두려움의 대상, 당신의 뜻이라면 그 어떤 일이라도 거역할 수 없는, 나의 모든 것을 바칠 사랑하는 부인! 당신으로 인한 나의 번뇌는 지금 당신 발밑에서 죽어야만 진정성을 증명할 수 있을 것입니다. 나는 죽거나 당신에

---

*20 양자리 가운데 한 별.
*21 춘분(春分).

게 사랑을 고백하거나 둘 가운데 하나를 택할 수밖에 없습니다. 당신을 사랑하는 죄 때문에 나는 한없이 고통받으며 죽어 가고 있습니다. 당신이 내 죽음에 아무런 동정을 베풀어 주지 않는다 해도, 당신이 하신 약속을 깨기 전에 부디 한 번쯤 헤아려 주시기를 바랍니다.

당신은 지난번에 제게 약속하셨던 것을 기억하고 계실 겁니다. 내가 당신에게 어떤 권리를 주장하는 것이 아닙니다. 나의 지고지순한 여인이여. 저는 그저 당신의 자비를 바랄 뿐입니다. 저쪽 정원에서, 당신이 제게 했던 말을 여전히 기억하시리라 믿습니다. 나를 누구보다 사랑할 것이라고 내 손을 잡고 말씀하셨던 것을요. 저는 그럴 만한 가치가 없는 사람이지만 당신은 분명 그렇게 말씀하셨습니다. 제 심장이 터져 버리지 않도록, 아니 그보다는 당신의 명예를 지켜드리기 위해 이렇게 말씀드리는 것입니다.

저는 당신이 명령하신 대로 했습니다. 괜찮으시다면 그리로 가서서 직접 한 번 보시지요. 당신 뜻대로 하세요. 하지만 당신께서 하신 약속은 지켜 주시기 바랍니다. 저의 목숨은 당신 손에 달려 있습니다. 어찌 됐건 바위가 모두 치워진 것은 사실입니다."

이렇게 말한 뒤 그는 도리겐 곁을 떠났습니다. 그녀는 너무나 놀란 나머지 넋을 잃은 채 그 자리에 꼼짝 않고 서 있었습니다. 그녀의 얼굴엔 핏기가 사라져 창백했지요. 이런 함정에 빠지게 되리라고는 생각조차 하지 못했던 것입니다. 그녀는 속으로 이렇게 외쳤습니다.

"어떻게 이런 일이 일어날 수가 있지? 이런 기적이 일어날 거라고는 꿈에도 생각하지 못했어! 이건 자연의 이치에 어긋나는 일이야!"

도리겐은 슬픔과 근심에 잠겨 집으로 발길을 돌렸습니다. 밀려드는 공포로 걸음도 제대로 걷지 못할 정도였습니다. 그녀는 거의 이틀 내내 울며 탄식하다가 몇 번이나 정신을 잃었습니다. 그 가련한 모습은 차마 볼 수 없을 지경이었습니다. 하지만 그 이유에 대해서는 한 마디도 입을 열지 않겠습니다. 남편 아르베라구스는 마침 출타 중이었습니다.

도리겐은 죽은 사람처럼 새하얀 얼굴과 비통한 표정으로 한탄했습니다. 그녀는 자기의 슬픔을 이렇게 표현했습니다.

"아, 슬프고도 슬프다! 그대 운명의 여신이여, 저는 당신을 원망합니다. 당신은 제가 방심한 틈을 이용해 저를 붙잡아 당신의 쇠사슬로 묶어 빠져 나

도리겐에게 약속한 대로 바닷가 바윗돌을 없애 버렸다고 말하는 아우렐리우스

오지 못하게 하셨습니다. 저는 죽거나, 아니면 치욕을 당할 수밖에 없습니다. 저는 이 두 가지 중 하나를 택해야만 합니다. 제 몸을 더럽혀 부정한 아내가 되어 명예를 더럽히는 것보다는 차라리 제 목숨을 버리겠습니다. 죽음은 이런 곤경에서 저를 건져 주겠지요. 이전에도 수많은 귀부인들과 처녀들이 자기 몸을 더럽히기보다는 차라리 죽음을 택했던 것을 알고 있습니다. 맞아요. 그런 이야기가 수두룩하게 많이 있지요.

흉악무도한 서른 명의 폭군들*22은 아테네에서 열린 연회에서 파이돈을 죽이고, 그의 딸들을 체포하라는 명령을 내렸습니다. 그리고 추악한 욕망을 채우기 위해 그녀들을 완전히 발가벗겨서 데려오라고 지시한 뒤, 바닥에 흥건하게 고여 있는 아버지의 핏물 위에서 춤을 추게 했습니다. 하느님, 그들에게 저주를 내리소서! 책에 의하면, 파이돈의 딸들은 공포에 떨며 자신들의 처녀성을 잃는 것보다는 죽음을 선택했다고 합니다. 우물에 몸을 던진 것이지요.

또한 메세나*23 사람들은 자신들의 음탕한 욕심을 채우기 위해 라케다이몬의 처녀 50명을 데려오라고 명령했습니다. 그렇지만 모두들 처녀성을 빼앗기느니 차라리 죽는 것이 낫다고 생각하여 목숨을 끊었습니다. 저도 죽음이 두렵지 않습니다.

*22 기원전 403년에 있었던 일.
*23 고대 그리스, 메세니아의 수도.

또 스팀팔리스라는 처녀를 사랑한 폭군 아리스토클리데스[*24]를 떠올려 보세요. 어느 날 밤 아버지가 살해되자, 그녀는 곧바로 다이애너 여신의 신전으로 달려가 두 손으로 다이애너 여신상을 꼭 껴안았습니다. 스팀팔리스는 여신상에서 손을 놓지 않았고, 아무도 그녀를 여신상에서 떼어 놓을 수 없었지요. 마침내 그녀는 그 자리에서 살해당했습니다.

처녀들은 음탕한 남자들의 더러운 쾌락을 만족시키기 위해 몸을 더럽히는 것을 경멸했습니다. 더욱이 아내된 여자는 몸을 더럽히느니 목숨을 끊는 것이 마땅합니다.

카르타고에서 스스로 목숨을 끊은 하스드루발[*25]의 아내는 또 어떤가요? 로마인들이 카르타고를 점령했다는 소식을 듣고, 그녀는 아이들과 함께 불 속으로 뛰어들었습니다. 로마인들에게 치욕을 당하느니 차라리 죽음을 택했던 것입니다. 루크레티아[*26] 역시 로마에서 자살했습니다. 그녀는 타르킨에게 겁탈당하자 자기의 이름을 더럽히면서까지 목숨을 부지하는 것은 치욕이라고 생각했던 것이지요. 밀레투스[*27]의 일곱 처녀도 골(Gaul)인들의 겁탈로 처녀성을 잃게 될 것을 두려한 나머지 절망에 빠져 스스로 목숨을 끊었습니다. 이런 이야기는 천 가지도 넘게 들려 드릴 수 있습니다. 아브라다테스[*28]가 살해되자, 그의 아내는 스스로 몸을 찔러 자기의 피가 남편의 커다란 깊은 상처 위에 떨어지게 하고는 이렇게 소리쳤습니다.

'내 몸은 정결하리라.'

몸을 더럽히느니 스스로 목숨을 끊는 편을 택한 여자들의 이야기를 더 이상 들려 드릴 필요는 없겠지요. 이렇듯 많은 여인들이 불결하게 되기보다는 죽음을 택했다는 말입니다. 이런 모든 것을 생각해 볼 때, 저 또한 제 몸을 더럽히느니 죽는 게 낫다고 생각합니다. 저는 남편 아르베라구스를 위해 정조를 지키던지, 아니면 몸을 욕되게 하지 않기 위해 죽은 데모시오네스[*29]의

---

*24 아르카디아의 오르코메노스(Orchomenos)의 폭군.

*25 카르타고의 장군(? ~기원전 207). 이곳은 제3차 포에니 전쟁(기원전 149~146) 참전.

*26 '정조'의 표본으로 꼽히는 로마의 현부인(賢婦人). 기원전 510년에 자살. 《선녀전(善女傳)》에도 등장하는 인물.

*27 고대에 번성했던 소아시아 서쪽 이오니아의 고도(古都). 기원전 494년 페르시아에 의해 멸망당했다.

*28 스시족(the Ariopagites)의 왕자.

딸처럼 무슨 수를 써서라도 목숨을 끊을 것입니다.

오, 스케다수스*³⁰여! 앞의 예와 비슷한 이유로 자살한 당신의 불쌍한 딸들이 어떻게 죽어 갔는지를 읽으면 울컥 솟아오르는 슬픔을 억누를 수가 없습니다. 또한 니카노르*³¹에게 겁탈당하지 않으려고 목숨을 끊은 테베의 처녀 이야기도 감동적입니다. 그리고 마케도니아인이 겁탈하려고 하자 순결을 지키기 위해 자살한 또 다른 테베 처녀의 이야기도 있습니다.

이와 비슷한 상황에서 스스로 목숨을 끊은 니케라투스*³²의 아내에 대해서는 말할 필요도 없습니다. 그녀는 사랑하는 애인에게 충실했습니다. 알키비아데스의 시체가 땅에 묻히지 못한다면 죽는 편이 차라리 낫다면서 자살했습니다. 알케스티스*³³는 얼마나 훌륭하게 정절을 지킨 아내였는지. 호머는 착한 페넬로페에 대해서 무엇이라고 말합니까? 그리스 모든 사람들이 그녀의 정숙함을 알고 있습니다. 또한 그는 라오다미아*³⁴에 대해 이렇게 쓰고 있습니다. 그녀는 남편 프로테실라우스가 트로이 전쟁에서 죽자 자신도 살아남기를 원하지 않았습니다.

고귀한 포르티아*³⁵도 이와 비슷한 경우입니다. 그녀는 자기의 마음을 모두 주었던 블루투스 없이는 살 수 없었습니다. 모든 이교도 나라에서 존경받는 아르테미시아*³⁶의 완전무결한 정조도 잘 알려져 있습니다.

오, 테우타 왕비*³⁷여! 그대의 정숙함은 모든 아내들의 본보기입니다. 또한 빌리아*³⁸나 로도구네,*³⁹ 그리고 발레리아에 대해서도 똑같이 말할 수 있습니다."

---

*29 아리오파가이츠(Ariopagites)족의 왕자.
*30 보티아(Boeotia)의 스케다수스를 가리킨다.
*31 테베 함락 때 알렉산더 휘하에 있던 장군.
*32 앞서 나온 30인의 폭군에게 살해당한다.
*33 아테네 인. 소크라테스의 문하생 중 한 사람.
*34 트로이 전쟁 때 헥터로 인해 살해된 프로테시라우스의 아내 라오다마이어를 가리킨다.
*35 블루투스의 아내.
*36 칼리아 왕 마우소르스의 아내. 남편을 위해 만든 거대하고 웅장한 묘는 세계 7대 불가사의 중 하나로 꼽힌다.
*37 일리리아의 여왕.
*38 카르타고와의 해전(海戰)에서 승리한 두일루스의 아내.
*39 달리우스의 딸. 남편이 죽은 뒤, 재혼을 거부한 여인.

도리겐은 하루 이틀, 이렇게 한탄하면서 죽기로 마음먹었습니다.

그러나 사흘째 되던 날 밤, 훌륭한 기사 아르베라구스가 집으로 돌아와 흐느끼며 울고 있는 아내에게 그 까닭을 물었습니다. 이 말을 듣자 도리겐은 더욱 구슬프게 울며 이렇게 말했습니다.

"아, 제가 세상에 태어난 것이 너무도 원망스러워요. 저는 한 남자에게……."

그녀는 그동안 있었던 일을 남편에게 모조리 말했습니다. 이야기를 다 듣고 난 남편은 침착한 표정을 지으며 다정한 목소리로 물었습니다.

"도리겐, 지금 말한 것이 전부요? 그밖에 다른 일은 없었소?"

"그게 전부라니요? 설령 이것이 하느님의 뜻이라 해도 너무나 엄청난 일입니다."

"걱정 마시오. 아마 잘 끝날 것이오. 그러나 당신은 약속을 지켜야만 하오. 하느님을 두고 맹세하건데, 난 당신을 너무나 사랑하오. 그래서 당신이 약속을 어기는 것을 참고 보느니 칼에 찔려 죽는 편을 택하겠소. 약속을 지키는 것만큼 소중한 일은 없소."

그러나 이 말을 끝내면서 아르베라구스는 울음을 터뜨리고 말았습니다. 그러고는 이렇게 덧붙였지요.

"당신이 살아 있는 동안 이 일을 누구에게도 말하지 마시오. 만일 새어나가는 날에는 당신의 목숨은 없는 것으로 아시오. 나도 최선을 다해 이 아픔을 이겨내도록 하겠소. 그리고 사람들이 당신에게 무슨 걱정이 있는지 알아채지 못하도록 슬픈 표정을 짓지 마시오."

그러고 나서 아르베라구스는 시종과 하녀를 불렀습니다.

"마님을 모시고 가거라. 지금 곧 마님이 원하시는 곳으로 모셔다 드리도록 해라."

그들은 집을 떠났습니다. 하지만 하녀와 시종은 도리겐이 왜 그곳으로 가는지 이유를 알 수 없었습니다. 기사는 자기 생각을 아무에게도 말하려 하지 않았습니다.

아마 여러분들은 아내를 이토록 위험한 상황으로 몰아넣는 것은 바보 같은 짓이라고 생각할 겁니다. 그러나 도리겐을 불쌍히 여기기 전에 이 이야기를 들어 보십시오. 도리겐은 여러분들이 생각하는 것 이상으로 운이 좋은 여자였습니다. 그러니 이 이야기를 끝까지 듣고 난 뒤 판단해 주십시오.

남편 아르베라
구스에게 자신
의 실수를 털어
놓는 도리겐

도리겐을 깊이 사랑한 수습기사 아우렐리우스는 우연히 시내의 가장 번잡한 거리 한복판에서 도리겐과 마주쳤습니다. 도리겐은 그와 약속한 정원을 향해 가고 있던 중이었지요. 그 또한 정원으로 가고 있었습니다.

그는 도리겐이 언제 집을 나오며, 어디로 가는지 하나도 빠짐없이 지켜보고 있었던 것입니다. 어쨌거나 그것이 우연이건 하느님의 섭리건 두 사람은 그렇게 마주쳤습니다. 아우렐리우스는 기쁜 마음으로 도리겐에게 인사를 건네며 어디로 가느냐고 물었습니다. 그러자 도리겐은 거의 실성한 사람처럼 이렇게 중얼거렸습니다.

"우리 남편이 말한 대로 약속을 지키기 위해 정원으로 가고 있는 중이에요! 아, 가련한 내 신세!"

이 말을 듣자 아우렐리우스는 깜짝 놀랐지요, 그녀의 슬픔과, 그녀가 한 약속을 지키라고 말한 아르베라구스에게 깊은 동정심이 일었습니다. 그는 진심으로 그 두 사람에게 연민의 정을 느끼고는, 이 일을 어떻게 해결하는 게 좋을지 고민했습니다. 그리고 마침내 고귀한 품성과 관대한 마음을 저버리느니 차라리 도리겐을 차지하려는 자신의 그릇된 욕망을 버리는 편이 낫겠다고 생각하기에 이르렀습니다. 아우렐리우스가 도리겐에게 말했습니다.

"부인, 당신의 남편 아르베라구스에게 전해 주십시오. 저는 남편이 아내에게 이렇듯 훌륭히 관용을 베푼 것과 당신의 고통을 이해합니다. 당신이 나와 한 약속을 깨뜨리게 하느니 차라리 치욕을 감수하겠다고 생각하시다니! 그렇게 결심한 그분이 얼마나 고귀하며, 당신이 얼마나 고통받고 있는지도 알겠습니다.

부인, 저는 당신들 두 사람의 사랑을 방해하느니 차라리 저 혼자 죽을 때까지 고통받는 것이 낫겠다는 결론을 내렸습니다. 당신이 제게 하신 모든 약속을 다시 당신의 손에 돌려드립니다. 그리고 이렇게 맹세합니다. 당신이 한 약속을 어겼다고 비난하는 일은 결코 없을 것입니다. 이제 제 평생 알게 된 여인 중에서 최고로 정숙하고, 가장 훌륭한 당신과 작별하겠습니다."

모든 여자들이여, 그러니 약속을 할 때에는 조심하십시오. 적어도 도리겐의 이야기를 기억하십시오. 기사와 마찬가지로 수습기사 또한 이렇게 훌륭하고 너그럽게 처신했습니다.

도리겐은 무릎을 꿇고 아우렐리우스에게 감사하다고 말한 뒤, 벅찬 가슴을 안고 남편이 기다리는 집으로 돌아갔습니다. 그리고 집에 도착하자마자 남편에게 이런 이야기를 모두 들려 주었습니다. 아르베르구스가 얼마나 기뻐했는지, 저로서는 도저히 말로 표현할 수 없을 정도입니다. 이 이야기를 더 할 필요가 있을까요?

두말할 나위 없이 아르베라구스와 그의 아내 도리겐은 죽을 때까지 완전한 행복을 누리며 살았습니다. 그들은 단 한 번도 말다툼을 한 적이 없었습니다. 아르베라구스는 아내를 극진히 보살폈고, 마치 왕비처럼 섬기고 아꼈습니다. 또한 도리겐은 죽을 때까지 지조를 지켰습니다. 이 두 사람에 대한 이야기는 그만 끝내겠습니다.

그런데 모든 재산을 잃어버리게 된 아우렐리우스는 자기가 태어난 날을 저주하면서 이렇게 말했습니다.

"아, 그 마술사에게 순금 1천 파운드를 주겠다고 약속하지 않았더라면 얼마나 좋았을까! 이제 어떻게 해야 하나? 난 완전히 거지 신세가 된 꼴이야. 상속받은 재산을 모두 팔고 동냥을 해서 끼니를 이어갈 판이니. 이곳에 살면서 친척들을 망신시킬 수는 없지. 마술사에게 자비를 구하는 수밖에. 어쨌거나 해마다 얼마씩 갚을 수 있게 해 달라고 부탁해 봐야겠어. 그리고 그동안 친절하게 대해 준 것에 대해서도 고맙다고 말해야지. 절대로 약속을 어기지는 않을 거야. 무슨 일이 있어도 말이야."

기사 아르베라
구스의 고귀한
처신에 대한
이야기를 듣고
감동한 나머지,
아우렐리우스
가 약정한 1천
파운드를 사양
하는 마술사

그는 서글픈 마음으로 금고에서 황금을 꺼내 마술사가 있는 곳으로 갔습니다. 제 기억으로는 5백 파운드 정도 되었던 것 같습니다만. 그리고 그에게 나머지 돈 갚을 시간을 달라고 간절히 부탁했습니다.

"선생님, 저는 지금까지 약속을 어긴 일이 한 번도 없습니다. 무슨 일이 있어도 약속한 날짜까지 갚겠습니다. 겉옷 하나만 걸친 채 이곳저곳을 돌아다니며 구걸하는 일이 있더라도 빚은 꼭 갚겠습니다. 2년이나 3년의 여유를 주신다면 반드시 다 갚겠습니다. 그렇지 않으면 저는 부모님이 물려주신 유산을 팔아야만 합니다. 제가 드릴 말씀은 이것뿐입니다."

이 말을 들은 마술사는 심각한 표정으로 말했습니다.

"나는 당신과의 약속을 모두 지킨 걸로 알고 있는데?"

"그렇습니다. 틀림없이 모두, 아주 훌륭하게 지키셨습니다."

"그런데도 당신은 원했던 대로 당신이 사랑하는 여인을 얻지 못한 거요?"

"그렇습니다."

아우렐리우스는 이렇게 대답하면서 슬프고도 긴 한숨을 내쉬었습니다.

"왜 그렇게 되었소? 그 까닭을 말해 줄 수 있겠소?"

그러자 아우렐리우스는 여러분들이 지금까지 들어서 알고 있는 이야기를 마술사에게 들려 주었습니다. 그 내용을 여기에서 되풀이할 필요는 없겠지요? 그는 이렇게 말했습니다.

"고귀하고 인자한 아르베라구스는 자기 아내가 약속을 어기기보다는 오히려 자신이 고통으로 죽는 편이 낫다고 생각했습니다."

그리고 도리겐이 겪은 슬픔도 들려 주었습니다. 그녀가 얼마나 슬퍼했으며, 남편에 대한 정조를 버리느니 차라리 죽음을 택하려고 했다는 것도 모두 말해 주었지요. 그리고 그 약속을 할 때, 그녀는 마술의 위력을 모른 채 순진한 마음에서 약속했다는 사실도 지적하면서 이렇게 말을 맺었습니다.

"저는 그녀를 크게 동정하게 되었습니다. 그래서 그 기사가 큰 관용으로 제게 아내를 보내 주었듯이, 저도 똑같이 관대한 마음으로 그녀를 남편에게 되돌려 보냈습니다. 이게 전부입니다. 더 이상 말할 것도 없습니다."

그러자 마술사가 대답했습니다.

"친애하는 형제여, 당신들은 서로에게 고귀한 모습을 보였소. 당신은 그저 수습기사이고, 그는 정식기사지. 학자인 내가 당신들처럼 고귀한 행동을 보이지 못한다면 그건 수치요. 아우렐리우스, 나는 당신이 지금 막 태어나, 처음 나를 만난 생면부지의 사람인 것처럼 1천 파운드에 대해서는 일체 잊어버리시오! 당신이 빚진 1천 파운드를 모두 탕감해 주겠소. 당신한테 내 기술이며, 애쓴 것에 대한 보답으로 단 한 푼도 받지 않겠다는 말이오. 내가 당신 집에 머무는 동안 당신이 좋은 음식을 대접해 주었으니 그것으로 충분하오. 자, 그럼 이만. 잘 지내시오."

이런 말을 남긴 뒤, 마술사는 말을 타고 훌쩍 떠났습니다.

여러분, 나는 묻고 싶습니다. 이들 중에서 누가 가장 관대하다고 생각하십니까? 말을 타고 다시 여행을 떠나기 전에 말해 주십시오. 이제 나는 더 이상 할 말이 없습니다. 이야기는 이것으로 끝입니다.

이렇게 시골유지의 이야기 끝난다.

의사의 이야기

의사의 이야기 시작된다.

티투스 리비우스*¹가 한 이야기입니다.

옛날에 비르기니우스라는 기사가 있었는데, 그는 명성이 높았으며 세력 있는 친구도 많고, 재산 또한 상당했습니다.

이 기사는 아내와의 사이에 딸만 하나 있었습니다. 이 딸은 세상 그 어느 여자보다도 아름다웠는데, 그것은 자연의 여신이 정성을 기울여 특별히 만들었기 때문입니다. 자연의 여신은 자랑스럽게 말하는 것 같았습니다.

"보라! 나, 자연을 다스리는 여신은 하느님이 만드신 사람을 이렇게 어여쁘게 꾸미고 단장할 수 있다. 누가 감히 내 기술을 흉내낼 수 있겠느냐? 피그말리온*²이 아무리 조각하고 색칠하고 가다듬어 갈고, 망치로 두드려도 나를 따를 수는 없으리라. 알렉산드로스 대왕 때의 화가 아펠레스*³도, 이름난 그리스의 화가 제우시스*⁴도 제아무리 힘껏 망치질을 하여 벼리고 조각해도 내가 색칠하여 만든 작품을 따라올 수는 없다.

이 세상을 창조하신 분이 나를 총대리인으로 임명하시어, 이 지상의 만물들을 내 마음대로 만들고 채색하도록 하셨기 때문이지. 그래서 달이 차건 기울건, 그 달 아래에 있는 모든 만물은 내 손에 달려 있는 거야. 또 나는 내 손으로 한 일에 대해 어떤 대가도 요구하지 않지. 그것은 나와 창조주 사이에 완전한 합의가 이루어졌기 때문이다.

그녀를 만든 것도 주님을 섬기기 위함이다. 그리고 다른 모든 창조물 또한

---

*1 로마의 역사가 (기원전 50~17)
*2 오비디우스의 《변신 이야기》에서는 뛰어난 조각가 키프로스인으로 등장한다.
*3 다리우스 대왕의 묘를 만든 전설상의 조각가.
*4 아테네의 유명한 예술가 제우시스를 가리킨다.

마찬가지이다. 그것이 어떤 빛깔, 어떤 모양을 하고 있건 말이다."

어쩌면 자연의 여신이 이렇게 말하고 싶었으리라고 생각합니다.

자연의 여신이 그토록 흡족해하던 이 처녀는 어느새 열네 살이 되었습니다. 여신은 백합을 흰색으로, 장미는 붉은색으로 칠하듯이 이 처녀가 아직 세상에 태어나기도 전에 그녀의 아름다운 몸을 각 부분에 어울리는 고운 빛깔로 칠해 주었습니다. 태양은 작열하는 그의 광선처럼, 탐스러운 그녀의 머릿결을 황금빛으로 물들여 주었습니다. 그러나 그녀의 덕은 그 완벽한 미모보다 수천 배나 더 컸고, 똑똑한 사람들이 칭송하는 온갖 덕성들을 하나도 빠짐없이 지니고 있었습니다.

육체적으로는 물론, 정신적으로도 순결한 그녀는 마치 꽃처럼 향기로웠습니다. 또한 겸손함과 절제의 덕을 갖추고 있었고, 절도가 있으며 인내심도 강하고, 태도나 그 꾸밈에 있어서는 늘 적당한 선을 유지했습니다. 또 팔라스*5처럼 현명했고, 그녀의 대답은 늘 조심스러웠고 신중했습니다. 그녀의 말씨는 평범하면서도 여성스러웠습니다. 게다가 솔직했지요. 현명하게 보이려고 잘난 체하며 거짓을 꾸며대지도 않았고, 늘 자신의 신분에 어울리게 말했습니다.

그녀의 말 속에는 넘치지도 부족하지도 않은 덕이 베어나, 우아한 기품이 느껴졌고 수줍음도 많았습니다. 생각은 일관되어 변함이 없었고, 게으름을 떨쳐 버리기 위해 열심히 마음을 갈고 닦았습니다. 그리고 술을 입에 대는 법이 없었기에, 술의 신 바쿠스도 그녀의 입에 아무런 지배력을 행사하지 못했습니다. 술과 젊음은 불 속에 기름을 끼얹는 것처럼 비너스(욕정)의 기운을 인간 내면에 증가시키게 되어 있으니까요.

그녀는 천성적으로 순결한 성격 때문에 병에 걸린 척하는 일이 가끔 있었습니다. 그것은 음탕하게 놀아나는 연회나, 술자리, 무도회처럼 뭔가 어리석은 일들이 일어날 수 있는 곳에서는 친구들과 어울리고 싶지 않았기 때문입니다. 여러분들도 아시겠지만, 그런 것들은 아이들의 눈을 너무 일찍 뜨게 해 주며 조숙하고 대담하게 만듭니다. 이런 것은 예나 지금이나 위험한 일이지요. 안타깝게도 그런 처녀들은 한 남자의 아내가 되었을 때 너무 빨리 뻔

─────────────────

*5 전쟁과 지혜의 여신 팔라스 아테를 가리킨다.

뻔스러워진답니다.

귀족들의 딸들을 맡아서 기르는 여러 가정교사 분들은 내 말을 듣고 불쾌하게 생각하지 마십시오. 그들이 당신들에게 가정교육을 맡긴 데에는 두 가지 이유가 있다는 것만 생각하시면 됩니다. 하나는 당신들이 도덕적이기 때문

의사의 이야기 머리글 부분 삽화

이거나 아니면, 정조관념이 희박하여 유혹에 굴복한 뒤 사랑놀이가 헛되다는 것을 깨닫고 그런 생활을 영원히 포기하기로 결심했기 때문일 테지요. 그러니 그리스도를 위해 여러분들이 맡은 처녀들의 덕성교육에 끊임없이 노력하십시오.

한때 사슴을 훔치다가 그 잘못을 뉘우치고 참회한 도둑은 그 어떤 사슴지기보다 낫습니다. 그러므로 마음만 먹으면 얼마든지 할 수 있는 일이니 맡은 처녀들을 잘 지켜 주십시오. 그리고 어떤 악한 일에도 눈짓을 보내지 마세요. 그렇지 않으면 여러분들의 악한 의도는 저주를 받게 될 것입니다. 또한 지금 내가 말하는 것을 주의 깊게 들어 주십시오. 모든 배신 중에서도 가장 역겹고 저주받을 일은 순진한 사람을 속이는 짓입니다.

하나 또는 그 이상의 자식을 가진 부모들이여, 당신들이 아이들을 기르는 동안 아이들을 지도하고 감독하는 것은 바로 여러분들의 의무라는 사실을 기억하십시오. 여러분들이 그릇된 본보기를 보이거나 혹은 아이들을 제대로 가르치지 않아 아이들이 나쁜 짓을 저지르게 된다면, 감히 말하건대 여러분들은 비싼 대가를 치르게 될 것입니다.

늑대는, 게으르고 부주의한 목자가 지키는 양을 수없이 잡아먹었지요. 지금은 이 한 가지 예만으로도 충분하리라 믿습니다. 이제 우리들의 주제로 돌아가기로 하지요.

내가 이야기하고 있는 처녀는 행실이 훌륭해서 가정교사가 따로 필요 없었습니다. 흔히 처녀들이 책 속에서 많은 것을 배우듯 이 덕성스러운 처녀에게서 훌륭한 언어나 몸가짐을 본받을 수 있었지요. 그녀의 미모와 어진 성품에 대한 명성은 자자하게 널리 퍼져서 전국 방방곡곡에서 덕을 사랑하는 사람들이 너나 할 것 없이 그녀를 칭찬했습니다. 하지만 성 아우구스티누스가 기록하고 있듯이, 남의 행복을 보면 아파하고 남의 슬픔과 불행을 보면 기뻐하는 질투의 여신만은 그렇지 않았습니다.

젊은 처자들이 이따금 그렇듯이, 어느 날 처녀는 어머니와 함께 시내에 있는 성당에 갔습니다. 그 시절, 지방에는 재판관이 한 사람 있었습니다. 그는 자기 앞을 스쳐 지나가는 이 처녀를 우연히 보게 되었습니다. 그런데 그는 눈길을 다른 곳으로 돌리지 않은 채 그녀만을 눈여겨 바라보았습니다. 재판관은 곧 그녀의 아름다움에 사로잡혔고, 그의 가슴은 요동치기 시작했습니다. 그는 머릿속으로 멋진 생각을 떠올리며 이렇게 혼잣말을 했습니다.

"무슨 일이 있더라도 이 처녀를 내 것으로 만들어야지."

그런 욕망을 품자마자 악마가 순식간에 그의 마음속으로 침투해 들어가 그녀를 어떻게 정복할 것인지 가르쳐 주었습니다. 그것이 바로 악마의 계략이었습니다.

그는 처음부터 힘이나 뇌물은 전혀 도움이 되지 않는다는 것을 알았습니다. 그녀에게도 세력 있는 친구들이 많고 게다가 흠 하나 없이 곱게 살아온 규수이기에, 그녀를 꼬드겨 육체의 죄를 짓게 할 수 없다는 사실을 잘 알고 있었던 것입니다.

재판관은 오랫동안 궁리한 끝에, 대담하고 교활하기로 유명한 도시의 건달을 불렀습니다. 재판관은 남몰래 사내에게 자신의 생각을 이야기한 뒤, 절대로 아무에게도 말하지 않을 것을 맹세하게 했으며, 만일 누설하는 날에는 목이 달아날 것이라고 위협했습니다. 이 사나이가 흔쾌히 흉악한 계획에 동의하자, 재판관은 크게 기뻐하면서 그에게 값비싼 선물을 주었습니다.

여러분들은 앞으로 이 이야기를 똑똑히 듣게 되겠지만, 호색한인 그의 욕망을 채우기 위해 매우 교묘하게 이루어질 방법을 골똘히 생각해 내느라 그들은 잠시도 쉬지 않고 모의했습니다. 그럴듯하게 계획이 꾸며지자, 클라우디우스라고 불리는 사나이는 집으로 돌아갔습니다. 이 사악한 재판관의 이름은 아피우스였습니다. ─그의 이름은 실제로 아피우스였습니다. 지금 말하고 있는 이 이야기는 꾸며진 것이 아니라 실제로 있었던 역사적 사실입니다 ─그는 자신의 욕망을 채우는 데 필요한 모든 것을 실행에 옮기기 위해 분주하게 움직였습니다. 리비우스의 책에 의하면, 며칠 뒤 악랄한 재판관이 평소처럼 법정에 앉아 여러 가지 사건을 심리하고 있을 때, 이 못된 건달이 황급히 뛰어들어와 이렇게 말을 건넸다고 합니다.

"재판관님, 저의 보잘것없는 청원을 들어 보시고 옳고 그름을 가려 주십시오. 저는 비르기니우스를 고발합니다. 만일 그가 부인한다면 믿을 만한 증인을 내세워 제 고발이 옳다는 것을 보여 드리겠습니다."

그러자 재판관이 말했습니다.

"비르기니우스가 이곳에 없기 때문에 나는 그 문제에 대해 아무런 판결도 내릴 수 없다. 비르기니우스가 이곳에 도착하면 네가 고발하려는 것이 무엇인지 기꺼이 들어 주겠다. 그러면 너는 공정한 재판을 받게 될 것이다. 법정에서는 부정이 있어서는 안 되는 법이니."

비르기니우스는 재판관의 판결을 듣기 위해 법정으로 달려왔습니다. 그러자 흉악한 고소장이 낭독되었습니다. 그 내용은 이랬습니다.

"고명하신 재판관 아피우스님. 당신의 하찮은 종 클라우디우스는 감히 당신 앞에 아뢰옵니다. 비르기니우스라는 기사가 법과 정의를 어기고, 또한 소인의 의사를 무시한 채 어느 날 밤, 소인의 집에서 합법적으로 소유하고 있던 노예를 강제로 빼앗아 갔습니다. 당시 제 노예는 매우 어렸습니다. 재판관님, 이 점이 사실임을 증명할 수 있도록 증인을 세우겠습니다. 그러면 재판관님은 조금도 의심을 품지 않으실 겁니다. 그가 뭐라고 말하든 지금 그가 키운 딸은 친딸이 아닙니다. 재판관님께 호소하오니, 제 노예를 되돌려 주십시오."

이것이 그가 작성한 고소장의 내용이었지요.

비르기니우스는 너무나 기가 막혀 아무 말도 하지 못한 채, 그 건달을 빤히 쳐다보고만 있었습니다. 비르기니우스는 자기의 명예를 걸거나 많은 증인들을 내세워 그런 말이 터무니없는 거짓임을 증명할 수 있었습니다. 그러나 악덕 재판관은 그럴 시간도 주지 않고, 심지어는 비르기니우스의 말은 한 마디도 듣지 않은 채 이렇게 판결했습니다.

"이 고소인에게 즉시 그의 노예를 되돌려 줄 것을 명한다. 더 이상 하녀를 네 집에 두어서는 안 된다. 지금 당장 그 노예를 이 법정으로 데려와서 이곳에 유치하도록 하라. 그리고 피고는 그 노예를 고소인에게 돌려 주도록 하라. 나는 이렇게 판결하노라."

훌륭하고 착한 기사 비르기니우스는 이런 판결에 따라, 아피우스의 탐욕을 채워 주기 위해 딸을 아피우스에게 보내야만 했습니다. 그는 집으로 돌아와서 거실에 앉아 딸을 불러오도록 지시했습니다. 핏기 하나 없는 핼쑥한 얼굴로 사랑스러운 딸의 얼굴을 바라보자니 아버지로서 한없이 슬펐지만 그는 의연한 표정으로 이렇게 말했습니다.

"내 딸 비르기니아야! 지금 네가 가야 할 길은 죽든지 아니면 치욕을 당하든지 둘 중 하나이다. 아, 내가 이 세상에 태어나지 않았다면 얼마나 좋았을까! 너는 한 자루의 칼로 죽어야 할 만큼 끔찍한 죄도 짓지 않았다. 오, 사랑스런 나의 딸아! 너는 내 인생에서 전부였고, 나는 너를 키우면서 얼마나 행복했는지 모른단다. 너는 내 생애의 마지막 슬픔이며 기쁨이다. 순결의 대명사인 비르기니아야, 너는 체념하고 죽음을 받아들여야 한다. 이것이 나의 결심이다. 네가 미워서가 아니라 사랑하기 때문에 나는 너를 더욱 죽여야 한단다. 내 저주받은 불쌍한 손으로 네 목을 칠 것이다. 아, 그놈의 아피우스가 너를 본 것이 이런 불행을 낳았구나. 그래서 그는 오늘 터무니없는 판결을 내린 것이다."

비르기니우스는 딸에게 사건의 경위를 모두 설명해 주었습니다. 이야기를 다 들은 비르기니아가 놀라 외쳤습니다.

"자비를 베풀어 주세요, 아버지!"

그녀는 이렇게 외치면서, 평소에 하던 습관처럼 아버지의 목을 두 팔로 꼭 껴안았습니다. 그녀의 두 눈에서는 고통스런 눈물이 솟구쳐 나왔습니다.

"아버지, 제가 꼭 죽어야 하나요? 저를 가엾게 여길 수는 없을까요? 살려주실 방법이 정말 없는 건가요?"

그러자 아버지가 대답했습니다.

"오, 사랑하는 내 딸아! 아무런 방법이 없구나."

"그러면 잠시만 시간을 주세요. 몇 분 동안만이라도 제 죽음을 슬퍼할 수 있도록 말이에요. 입다*6도 그의 딸을 죽이기 전에 딸이 자신의 죽음을 애도할 수 있는 시간을 주었어요. 그녀에게 아무런 죄가 없다는 것은 하느님도 아시는 일입니다. 그녀가 지은 유일한 죄라면 남보다 앞서 뛰어나가 가장 먼저 아버지를 맞이한 것뿐이었어요."

이렇게 말한 비르기니아는 실신하고 말았지요. 그리고 잠시 뒤, 정신을 차린 그녀는 아버지에게 이렇게 말했습니다.

"저를 처녀로 죽게 해 주신 하느님을 찬양합니다. 제가 치욕의 오점으로 더럽혀지기 전에 어서 저를 죽여 주세요. 아버지의 뜻대로 딸 비르기니아의 목숨을 거두어 주소서!"

그리고 칼로 치되 부드럽게 쳐달라고 거듭 부탁하면서 다시 기절했습니다.

비르기니우스와 딸 비르기니아
재판관에게 치욕을 당하느니 죽음을 택하는 비르기니아.

다. 슬픔에 휩싸인 채, 비르기니아의 아버지는 딸의 목을 모질게 쳤습니다. 그리고 재판관에게 보이기 위해 딸의 목을 들고 재판장으로 갔지요. 재판관은 아직도 판결을 내리고 있었습니다.

내가 읽은 책에 의하면, 재판관은 비르기니아의 잘린 목을 보자 비르기니우스를 즉시 체포하여 그 자리에서 교수형에 처하라고 지시했다고 되어 있습니다. 그러나 바로 그 순간 기사를 불쌍히 여긴 수많은 사람들이 법정으로 들이닥쳐서 기사를 구했습니다. 판결이 거짓으로 알려졌기 때문이지요.

사람들은 클라우디우스가 고소한 내용을 하나하나 의심하기 시작했고, 그

＊6 딸을 승리와 맞바꾼 이스라엘의 사사(士師). 구약성서의 〈판관기〉 11 : 1절 참조.

것은 분명히 재판관 아피우스의 동의하에 이루어졌을 것이라는 의심을 품게 되었습니다. 왜냐하면 아피우스가 색을 밝힌다는 것이 익히 알려져 있었기 때문입니다. 그래서 사람들은 아피우스에게 달려들어 그를 옥에 가두었고, 아피우스는 그곳에서 자살하고 말았습니다. 또한 아피우스의 심복이었던 클라우디우스에게는 교수형이 선고되었습니다.

하지만 이를 불쌍히 여긴 비르기니우스가 그를 죽이지 말고 먼 곳으로 추방하자고 제안해서 간신히 목숨만은 건졌지요. 그 또한 아피우스의 간계에 넘어간 것이었기에 말입니다. 그리고 이 사악한 음모에 가담했던 나머지 사람들은 모두 교수형을 당했습니다.

이 이야기를 통해, 여러분은 죄를 지으면 어떤 대가를 받게 되는지 깨달았을 것입니다. 그러니 조심하십시오. 하느님이 누구에게 벌을 내리실지는 아무도 모릅니다. 양심의 벌레*7가 아무도 모르게 죄를 짓는다 하더라도 하느님은 반드시 사악한 행동에 대한 무서운 형벌을 내리십니다. 유식한 사람이든 무식한 사람이든, 언제 무서운 심판을 받게 될지 하느님 말고는 아무도 모릅니다. 그래서 나는 여러분에게 충고합니다. 죄를 버리세요. 죄가 당신을 더럽히기 전에. *8

의사의 이야기는 여기에서 끝난다.

사회자가 의사와 면죄부 판매자에게 한 말

우리의 사회자는 갑자기 욕설을 퍼붓기 시작했다.

"제기랄! 그리스도를 십자가에 박은 못과 그리스도의 피를 두고 말하겠어! 그 재판관은 정말로 빌어먹을 놈이야! 거짓말만 일삼는 놈들은 모두 천벌을 받아야 해! 오, 하느님! 이런 재판관과 변호사들에게 상상할 수 없는 끔찍한 죽음을 내려 주소서! 불행히도 그 처녀는 죽었소. 그녀의 아름다움

---

*7 이노센트 3세의 작품 《De contemptu mundi (De miseria condicionis humane3. 2)》에 나오는 말. 'ermis cnscientiae(tripliciter lacerabit)'의 영역(英驛) ('The worm of conscience' 280).

*8 '사람이 더 이상 죄를 지을 수 없게 된 뒤, 다시 말해 죽은 뒤에는 후회해 봤자 소용없다'는 뜻의 속담.

은 너무나 값비싼 대가를 치렀소.

그래서 난 늘 이렇게 말하오. 운명의 여신과 자연의 여신이 주는 선물은 사람들에게 치명적인 결과를 가져온다는 것이 명백한 사실이라고 말이오. 아, 가엾은 처녀여! 두 여신은 좋은 일보다 해로운 일을 더 많이 선사하는 법이라오. 어찌됐건 의사 양반, 당신 이야기는 매우 슬프고 감동적이었소. 그건 그렇고, 그 이야기는 이제 그만 합시다. 우리로서는 어떻게 할 수 없는 일이니 말이오.

의사 선생, 하느님께서 당신을 구원해 주시기를 바랍니다. 그리고 당신의 소변기며, 당밀, 강심제며 아시는 약, 가루약으로 가득 찬 온갖 병들 모두를 하느님과 성모 마리아께서 축복해 주시기를! 내가 보기에 당신은 참으로 번듯한 사람 같구려. 성 론이안*9을 두고 맹세하는데, 당신은 고위 성직자처럼 보입니다.

여러분 내 말이 그럴듯하지 않소? 난 전문가들이 쓰는 어려운 말은 할 줄 모르지만 당신의 이야기는 내 마음을 감동시켰소. 당신 이야기를 듣고는 내 심장이 얼마나 두근두근 떨렸는지. 주님의 뼈를 걸고 말하는데 내게 약을 주거나, 아니면 신선한 맥아가 든 맥주 한 잔, 그도 아니면 유쾌한 이야기라도 들려 주지 않는다면 내 심장 박동은 불쌍한 처녀 때문에 멈추고 말 것이오. 자, 내 좋은 친구, 면죄부 판매자 양반, 어서 재미있는 이야기나 농담이라도 들려 주시오."

그러자 면죄부 판매자가 말했다.

"성 론이안을 두고 맹세하는데, 당신이 시키는 대로 하겠소. 하지만 그에 앞서 이 술집에서 술 한 모금과 빵 한 조각을 먹어야겠소."

면죄부 판매자의 말을 들은 고상한 사람들이 큰 소리로 외쳤습니다.

"부도덕한 이야기는 하지 마시오. 우리에게 가르침을 줄 수 있는 이야기를 해 준다면 기꺼이 듣겠소."

그러자 면죄부 판매자는 알았다는 듯 고개를 끄덕이며 이렇게 말했습니다.

"그러지요. 그렇게 하겠습니다. 하지만 한 잔하면서 점잖은 이야기를 차차 생각해 봅시다."

---

*9 아마도 스코틀랜드의 성 로난을 가리키는 것으로 보인다.

면죄부 판매자의 이야기

면죄부 판매자의 이야기 머리글

〈디모데 전서〉 6장

면죄부 판매자가 말했습니다.

여러분, 나는 성당에서 설교할 때 목청껏, 종소리처럼 낭랑하게 울리려고 애를 씁니다. 왜냐하면 그렇게 해야 내 이야기를 하늘에서 모두 듣기 때문이지요. 내 이야기의 주제는 늘 똑같습니다. 그건 바로 모든 악의 근원은 금전을 사랑하는 데 있다는 것입니다.

우선 내가 어디에서 왔는지를 말한 다음, 내가 교황님으로부터 받은 신임장을 모두 보여 드릴 것입니다. 먼저 나의 신분을 밝히기 위해 주교님의 도장이 커다랗게 찍힌 위임장을 보여 드리는 것이지요. 그것은 성직자이건 누구이건 내가 행하는 그리스도의 거룩한 사업을 감히 방해하지 못하게 하기 위함입니다. 그러고 나서 이야기를 시작한답니다.

교황님과 추기경, 대주교와 주교와 같은 높은 분들이 준 신임장도 보여 드리지요. 그러고는 라틴어를 몇 마디 곁들여 내 설교를 멋지게 보이게 하고, 신도들에게 경건한 마음을 고양시킨답니다. 또한 뼈와 천 조각이 가득 들어 있는 유리 상자를 보여 드리는데 아무것도 모르는 신도들은 그런 것을 모두 성물(聖物)이라고 생각합니다. 또한 쇠 상자 속에는 거룩한 유대인 야곱이 기른 양의 어깨뼈가 들어 있다고 말하고 나서 이렇게 시작합니다.

"여러분, 내 말을 주의 깊게 들으십시오. 이 뼈를 우물에 담근 뒤, 벌레 먹었거나 뱀에 물려 병에 걸린 황소나 암소, 염소 그리고 부종이 있는 수소의 혀를 그 우물물로 씻어 주세요. 그러면 그 자리에서 곧바로 병이 낫습니다. 그뿐이 아닙니다. 그 물을 한 모금 마시면 천연두나 옴, 그 밖의 병도 말끔히 낫는답니다.

내가 하는 이야기를 잘 들으시기를 바랍니다. 만약 가축을 소유한 주인이 단식을 하면서 일주일에 한 번 첫닭이 울기 전에 이 물을 마시면, 그 성스러운 유대인*²의 가르침대로 그의 가축들 또한 한없이 불어나게 될 것입니다.

면죄부 판매자의 이야기 머리글 부분 삽화

그리고 이것은 질투도 고쳐 줍니다. 남편이 아무리 질투에 불타는 사람이라 해도 이 물로 수프를 만들어 먹여 보세요. 그러면 두 번 다시 아내를 의심하지 않을 겁니다. 아내의 부정한 과거가 진실이었다는 것을 알게 된다 하더라도, 심지어 마누라가 두세 명의 사제와 관계를 가졌다는 사실을 알게 되더라도 말입니다.

자, 보시는 바와 같이 여기 장갑이 하나 있습니다. 여러분의 두 눈으로 직접 확인해 보십시오. 이 장갑을 끼는 사람은 밀이든 보리든 씨를 뿌리면 수확이 몇 곱절 늘어납니다. 그때, 적은 액수라도 헌금하는 것을 잊지 마세요.

선남선녀 여러분, 한 가지만 경고하겠습니다. 만일 이 성당에 있는 여러분들 가운데 차마 말할 수 없는 무서운 죄를 짓고도 수치스러운 나머지 고해성사를 하지 않았거나, 아니면 젊은 부인이건 나이 드신 부인이건 남편 아닌 다른 남자와 사랑을 나눈 사람이 있다면 이 거룩한 성물함에 봉헌하거나 자선할 마음이 들지 않을 것입니다.

누구나 자신이 죄를 짓지 않았다고 떳떳하게 생각하는 사람들은 스스로 나와서 봉헌할 수 있습니다. 그러면 내가 교황님의 위임장에 의해 내게 부여된 권한으로 여러분들의 죄를 완전히 사하여 주겠습니다."

---

*2 야곱을 말하는 것으로 보인다.

나는 면죄부 판매자가 된 뒤 이런 속임수를 써서, 해마다 100마르크*3씩 벌었습니다. 나는 설교단 위에 사제처럼 버티고 섭니다. 무지한 교인들이 자리에 앉고 나면, 지금 여러분들에게 들려 드린 내용을 비롯해 수백 가지나 되는 거짓말을 합니다.

목을 쭉 빼고 앞뒤 양옆에 나란히 앉은 그들을 보면, 마치 곳간에 앉은 비둘기가 머리를 끄덕이는 것처럼 보입니다. 내가 손과 혀를 얼마나 빨리 움직이는지, 아마도 그 모습이 무척 재미있을 겁니다. 내 설교의 주제는 탐욕과 그에 따른 해로움과 악함에 대한 것입니다. 오로지 돈을 벌기 위해서 하는 설교지요. 나의 유일한 목표는 경제적인 이득을 얻자는 것입니다. 신도들의 잘못이나 죄를 고쳐 주는 것 따위에는 눈곱만큼도 관심이 없습니다. 그들이 죽어서 어떤 형벌을 받든 제가 알 바 아니지요!

분명, 내 설교의 대다수가 악한 의도에 바탕을 두고 있기는 합니다. 어떤 때는 사람들의 귀를 즐겁게 해 주기 위해 설교하기도 하고, 때로는 돈을 거두어들이기 위해 신도들에게 아첨하면서 거짓말로 설교할 때도 있습니다. 이따금 허영 때문이기도 하고, 종종 증오심을 품고 설교하기도 하지요.

가령 여기 어떤 녀석이, 나나 내 동료에게 모욕을 주었다고 생각해 봅시다. 그런데 그 녀석을 공격할 다른 방법이 없을 때, 나는 설교를 통해서 그 자에게 따끔한 독설을 퍼붓습니다. 그렇게 신도들이 보는 앞에서 망신을 주는 경우도 있습니다. 내가 직접적으로 그 작자의 이름을 언급하지 않더라도, 모든 사람들은 적당한 암시를 통해 그가 누구인지 알아차리지요.

나는 이렇게 우리들 신경을 건드리는 사람에게 복수를 합니다. 겉으로는 거룩한 가면을 써서 진실하게 보이지만 속으로는 사악한 독기를 내뿜는 것이죠.

내가 설교하는 의도를 간단히 말하겠습니다. 한 마디로 내 탐욕을 채우기 위해 말씀을 전합니다. 그렇기에 내 설교의 주제는 늘 '모든 악의 근원은 탐욕에 있다'는 것입니다. 내 자신이 탐욕이란 악을 가장 잘 실천하고 있기 때문에 탐욕에 대해서는 어떻게 말해야 할지 잘 알고 있습니다.

비록 내 자신은 이런 죄악에 빠져 있지만 남들에게는 그런 죄를 피하게 만

---

*3 대략 66파운드에 해당(당시 1마르크는 13실링 4펜스)한다.

들고, 그런 죄를 지으면 깊이 회개하게 만드는 방법을 나는 잘 알고 있습니다. 물론 세상사람들에게 이런 죄를 피하게 하는 것이 내 설교의 주요 목적은 아닙니다. 나는 탐욕과 관련된 것 말고 다른 교리는 펴지 않습니다. 내 설교 목적에 대한 이야기는 이 정도면 충분하리라 생각합니다.

그런 다음, 교훈이 될 만한 옛날이야기를 들려준답니다. 어리숙한 사람들은 옛날이야기를 좋아하지요. 이런 이야기를 들으

면죄부 판매자의 이야기(1721) 존 유리 작.

면 그들은 잘 기억해 두었다가 다른 사람들에게 들려 주기도 합니다.

설교를 통해 애써 가르쳐서 많은 돈을 벌 수 있는 내가 가난하게 살 것이라고 생각하십니까? 천만의 말씀입니다! 그런 일은 꿈에도 생각해 보지 않았습니다. 나는 육체노동을 한다든지, 바구니를 짜면서[*4] 살지는 않을 겁니다. 설교와 구걸만으로도 먹고 살기에 충분합니다. 나는 성인들의 삶을 그대로 따르고 싶지는 않습니다.

동네에서 가장 가난한 과부나 머슴들에게 동냥을 하는 한이 있더라도, 끝내 나는 돈과 털옷과 치즈와 밀가루를 손에 넣습니다. 그들의 아이들이 굶어 죽는다 해도 그것은 나와 상관없는 일입니다. 나는 포도주를 마시고 동네마다 예쁜 정부(情婦)를 두고 있지요.

자, 여러분, 내 결론을 들어 주십시오. 여러분들은 내 이야기가 듣고 싶으

[*4] 사도 바오로가 아니라, 은둔자 바오로를 암시하고 있다. 그는 중세 그림에서 종려나무 잎으로 만든 옷을 입고 있다.

시지요? 독한 맥주를 한 모금 마셨으니 여러분이 좋아할 이야기를 하나 들려 드리겠습니다. 비록 나는 죄 많은 사람이지만, 내가 돈 벌기 위해 설교했던 교훈적인 이야기를 말입니다. 자, 조용히 하십시오! 이제 이야기를 시작하겠습니다.

면죄부 판매자의 이야기 시작된다.

옛날 플랑드르에 한 무리의 젊은이들이 있었습니다. 이들은 여기저기 몰려다니면서 노름이나 주사위놀이를 하고 유곽이나 술집을 드나들며 방탕하게 살고 있었지요. 주막이나 사창가에 가서는 밤낮으로 주사위놀이를 하면서 하프나 기타 반주에 맞추어 춤을 추었고, 배가 터지도록 먹고 곤드레만드레 취하도록 술을 퍼마셨습니다.

이렇게 그들은 악마의 사원*5에서 폭음과 폭식을 하며, 악마에게나 쏟아부을 산 제물을 바치고 있었던 것입니다. 그들이 얼마나 끔찍한 욕설을 퍼붓고 신성을 모독했는지 소름끼칠 지경입니다. 유대인들이 저지른 것도 충분치 않다는 듯이, 주님의 성체(聖體)를 갈기갈기 찢었습니다. 그러면서 서로가 지은 죄를 비웃었지요. 아름답고 날씬한 무희와 젊은 과일 판매상, 하프를 든 가수나 매춘굴의 포주, 과자 장수들이 마구 들어왔습니다. 그들은 지나치게 먹는 것에 싫증난 젊은이들에게 욕정의 불을 지피는 악마의 앞잡이들이었습니다. 욕정은 술과 취기에서 시작된다*6는 사실은 성서에도 씌어 있습니다.

저 술 취한 롯*7이 어떻게 했는지 보세요. 자기도 모르는 사이 두 딸과 동침했다는데, 이는 인륜에 어긋난 행위를 저지른 것입니다. 그는 술을 너무 많이 마셨기 때문에 자기가 무슨 짓을 저질렀는지도 알지 못했습니다.

헤롯은 또 어떻습니까? 역사서를 잘 읽어 본 분이라면 누구나 아시겠지만, 자기 집에서 열린 잔치에서 너무나 술을 퍼마신 나머지 아무 죄도 없는 세례자 요한을 죽이라고 지시했습니다.

---

*5 술집을 가리킨다.
*6 〈에페소인들에게 보낸 편지〉 5 : 18.
*7 하란의 아들이며, 아브라함의 조카, 〈창세기〉 19 : 30∼36.

면죄부 판매자의 이야기 "설교단 위에 사제처럼 서서 교인들에게 수백 가지나 되는 거짓말을 합니다."

이런 점에서 세네카가 한 말은 의심할 여지없이 옳은 말입니다. 그는 미친 사람과 술에 취한 사람은 전혀 차이가 없다고 말했습니다. 단지 차이가 있다면 죄 많은 사람이 미칠 경우, 그의 광기는 술 취한 사람보다 더 오래 간다는 것뿐입니다. 아, 사악하기 그지없는 탐욕이여! 탐욕은 우리를 멸망시키는 첫 번째 원인이며, 그리스도가 그 피로 우리 죄를 대속해 주실 때까지 우리를 파멸로 이끈 주범입니다.

간단히 말하자면 그 사악한 탐욕 때문에 우리가 얼마나 큰 대가를 치렀습니까? 온 세상은 지금 탐욕 때문에 썩어 가고 있습니다.

우리의 아버지 아담과 그의 아내인 하와가 낙원에서 쫓겨나, 노동을 하고 고생하게 된 것도 바로 그 탐욕이라는 죄악 때문이었습니다. 내가 책에서 읽은 바에 따르면, 아담은 낙원에 머무는 동안 금식을 했습니다. 하지만 금단의 과일을 먹은 뒤, 낙원에서 쫓겨나 고통과 번민을 겪게 되었습니다.

아, 탐욕이여, 인간이 네게 불평을 토로하는 것은 마땅한 일이다. 사람이, 탐욕과 무절제의 결과로 얼마나 많은 고통이 잉태되는지 안다면 식탁에서 음식을 대할 때 틀림없이 절제하게 될 것입니다. 목구멍을 타고 내려갈 때의 그 짧은 쾌락과, 맛있는 음식을 즐기는 입 때문에 얼마나 많은 사람들이 희생합니까! 그들은 동서남북 가리지 않고 바다와 육지와 하늘을 헤매면서 호식가들에게 가장 멋진 술과 산해진미를 가져다 주기 위해 엄청나게 고생을 합니다.

이런 일들에 대해 바오로는, '음식은 배를 위하여 있고 배는 음식을 위하여 있지만, 주님은 그 모두를 멸한다'고 말씀하셨습니다. 아! 진심으로 말씀드리오니, 이렇게 말하는 것은 더러운 일입니다. 하지만 그 행동은 더 추합니다. 사람이 백포도주와 적포도주를 많이 마시고, 그 폭음으로 갈급한 목을 충족시키는 짓은 추잡한 행위입니다.

사도 바오로는 이 문제에 대해 정확하게 지적했습니다. "내가 너희에게 많은 사람을 언급하였다. 슬픈 목소리로 울며 말하노니, 그들은 그리스도 십자가의 적들이며, 그들은 신의 배이니라" 그는 이렇게 말했지요. "오, 배여! 뱃가죽이여! 똥과 썩은 고기로 가득 찬 악취를 쏟아내는 자루여! 네구석구석 모든 곳에서 더러운 소리가 들려온다. 너 하나를 먹이기 위해 얼마나 많은 돈과 노동력이 필요한가! 너를 먹이기 위해 요리사들은 부수고, 거르고, 갈아서 네 게걸스럽게 탐식하는 버릇을 충족시키고 있다!" 요리사들은 가장 단단한 뼈에서 골수를 뽑아냅니다.

여러분의 목구멍을 부드럽게 타고 내려가 달콤하게 적시는 것은 하나도 버리지 않습니다. 또한 여러분들의 식욕을 돋우기 위해 갖가지 잎사귀며 뿌리며 껍질로 만든 향신료를 뒤섞어 감칠맛 나는 소스를 만듭니다. 그러나 이런 쾌락에 빠져 죄를 지으며 사는 사람은 죽은 것과 다름없습니다. *8

술은 음욕을 부추기는 근원입니다. 만취는 싸움과 불행의 근원이지요. "오, 술 취한 사람이여! 당신의 얼굴은 일그러져 있고, 당신의 입은 악취를 풍기며, 당신의 팔은 더러워서 껴안을 수조차 없구나! 게다가 술 취한 네코에서 나오는 소리는 마치 '삼손! *9 삼손!' 하고 부르는 것처럼 들린다. 하느님께서도 아시는 바와 같이 삼손은 술을 입에도 대지 않았다. 너는 칼에 찔린 돼지처럼 바닥에 고꾸라진다. 네 혀는 너의 의지와 상관없이 제멋대로 움직인다. 네 명예는 온데간데없이 곧 사라지고 말지. 취한다는 것은 인간의 지혜와 분별력을 무덤에 묻는 것과 같기 때문이다."

술이 모든 것을 지배하고 있는 사람은 그 누구도 비밀을 간직할 수 없습니다. 이것은 의심의 여지가 없는 사실입니다. 그러니 백포도주건 적포도주건 멀리하십시오. 특히, 피쉬 거리*10나 칩사이드*11에서 파는 레페*12 산(産)

---

*8 〈디모테오에게 보낸 첫째 편지〉 5 : 6.
*9 구약성서에 나오는 이스라엘의 사사. 〈민수기〉 6 : 3, 〈판관기〉 13 : 5.

백포도주를 조심하십시오. 이 에스파냐 포도주는 교묘한 방식으로 그 근처에서 생산되는 술과 섞이게 됩니다. 그 술은 역겨운 증기를 내뿜지요. 어찌나 독한지 석 잔만 마시면 자신은 칩사이드의 자기 집에 있다고 생각하지만, 실은 레페 거리, 다시 말해 에스파냐에 있는 것입니다. 로셀*13도 아니고 보르도도 아닌, 에스파냐의 레페에 있는 사람이 자기가 칩사이드의 제 집에 있다고 생각하게 된다는 말입니다. 그러면서 '삼손! 삼손!'하며 소리치게 될 것입니다.

여러분, 이 한 마디만 더 들어 주십시오. 나는 구약성서에 씌어 있는 모든 업적과 승리는 전지전능하시고 진리이신 하느님에게 바친 기도의 힘과 금욕으로 이루어졌다는 사실을 지적하고 싶습니다. 성서를 읽어 보시면 금방 알 것이고, 그것을 통해 배우게 될 것입니다.

위대한 정복자 아틸라유럽을 침략한 훈족의 왕(?~453)를 보십시오. 그는 술에 취해 잠을 자다가 코로 피를 토하며 수치스럽고 불명예스럽게 죽었습니다. 군사를 거느리는 사람은 늘 술을 멀리해야만 합니다.

또한 르무엘*14에게 내린 계명을 주의 깊게 살펴보십시오. 내가 말하는 것은 사무엘이 아니라 르무엘입니다. 그 계명이 무엇인지 알고 싶으면 성서를 읽어 보십시오. 그러면 법을 다루는 판관들에게 술을 주면 어떻게 되는지 분명하게 지적하는 대목을 찾을 수 있을 것입니다. 그러니 이것에 대한 이야기는 그만 하겠습니다. 지금까지 말한 것만으로도 충분할 테니까요.

지금까지는 탐욕에 대해 이야기했습니다. 이제부터는 노름에 대해서 말하고자 합니다. 노름은 헛소리와 허위를 낳는 근원이며, 저주해야 할 위증입니다. 그리스도에 대한 모독, 살인 그리고 재산과 시간을 탕진하는 것입니다. 또한 노름꾼으로서 명성을 얻는 것은 치욕이며, 우리가 쌓은 명예를 더럽힙니다. 사회적 지위가 높으면 높을수록 더한층 파렴치한으로 보이게 됩니다. 만일 군주가 노름을 한다면 백성들은 그의 정책과 정치를 우습게 여길 것입

---

*10 런던 다리 근처의 피쉬 힐 거리를 가리킨다.

*11 런던의 더 시티 중앙을 동서로 가르는 큰 거리. 중세에는 시장이었으며, 술집이 많았다. 이스트 칩이었을 것이라는 설도 있다.

*12 에스파냐의 유명한 포도주 생산지.

*13 프랑스의 유명한 포도주 생산지인 라 로셀을 가리킨다. 프랑스 서부 비스케 만의 항구도시.

*14 마사의 왕. 구약성서 〈잠언〉 31 : 4.

니다.

지혜로운 사신이었던 스틸본*15은 장엄한 행렬을 이끌고 스파르타에서 코린도로 파견되었습니다. 그의 임무는 코린트와 동맹관계를 맺는 것이었습니다. 그런데 고린도에 도착한 그는, 그 나라의 모든 고관대작들이 주사위로 노름하는 것을 보았습니다. 그러자 그는 즉시 본국으로 돌아가서 이렇게 말했습니다.

"저는 제 명예를 잃고 싶지 않으며 폐하를 노름꾼들과 동맹을 맺도록 하는 불명예를 저지르고 싶지도 않습니다. 다른 사신을 보내십시오. 저는 폐하를 노름꾼들의 동맹자로 만드느니 차라리 제 명예를 지키기 위해 죽음을 택하겠습니다. 저는 명예를 영광스럽게 생각하는 폐하가 노름꾼들의 나라와 조약을 맺는 중개자가 되고 싶지는 않습니다."

그 현명한 철학자 스틸본은 이렇게 말했던 것입니다.

또한 디미트리우스 왕을 보십시오. 역사책을 읽어 보면, 파르티아 왕은 노름을 무척 즐기던 그에게 경멸의 표시로 황금 주사위 두 개를 보냈습니다. 이처럼 파르티아의 왕은 디미트리우스 왕이 세운 모든 업적과 명성에 전혀 가치를 부여하지 않았던 것입니다. 중요한 위치에 있는 사람들은 시간을 보내기 위해 노름을 하기보다는 그것보다 더 좋은 것을 찾아야만 합니다.

이제 고대 경서에 의거하여, 함부로 욕을 하거나 위증을 하는 문제에 대해 말하겠습니다. 하느님의 이름을 모독하는 것은 가증스런 일이지만, 위증은 그것보다 더 혹독하게 비난해야 할 일입니다. 하느님은 우리에게 맹세를 하지 못하도록 하셨습니다. 그 증거로 마태복음을 보십시오. 특히 예레미야*16는 맹세에 대해 이렇게 말하고 있습니다.

"그대의 맹세를 진실 되게 하고 거짓으로 꾸미지 말라. 공정하고 정의로운 맹세를 하라."

쓸데없는 맹세는 사악한 행위입니다. 지극히 높으신 하느님이 주신 십계명*17의 첫 부분을 보면,

"내 이름을 망령되이, 잘못 부르지 말라" 하셨지요. 신은 살인이나 많은

---

*15 아마도 그리스의 철학자 스틸보를 가리키는 것으로 보인다.
*16 히브리 최고의 예언자 가운데 한사람(기원전 650？~585？).
*17 모세의 십계명 가운데 하느님에 대한 의무를 말한 처음 세 가지를 가리킨다.

가증스러운 행동보다 이렇듯 허튼 맹세를 하지 말라고 하셨습니다. 그것은 그 순서에 따라 그렇게 된 것이라는 점을 강조해 두고자 합니다. 신의 명령을 이해하는 사람들은 신의 두 번째 계명 또한 바로 그것이라는 점을 알고 있겠지요. 더 나아가 지나친 맹세를 하는 사람의 집안에서는 복수가 끊이지 않으리라는 것을 분명히 말해 둡니다. '하느님의 존귀하신 심장을 걸고'라거나 '하느님의 손톱에 걸고',[18] 또는 '헤일즈 성당[19]에 있는 그리스도의 피를 걸고 말하는데, 나의 운수는 일곱[20]이고, 너의 운수는 다섯이나 셋이야!'라고 하거나, '하느님의 팔에 걸고, 네가 치사하게 군다면 이 단검으로 네 심장을 찌르겠다!' 하는 맹세를 합니다. 이 두 개의 저주 받은 뼛조각에서 나오는 결과는 위증, 분노, 속임수 그리고 살인입니다. 그러니 우리를 위해 돌아가신 그리스도의 사랑을 위해 이런 종류의 맹세를 삼갑시다. 크던 작던 말입니다. 자, 이제부터는 내 이야기를 하겠습니다.

주정뱅이 세 사람에 대한 것입니다. 여섯시 미사를 알리는 종이 울리기 훨씬 전부터 그들은 술집에서 술을 마시고 있었습니다. 그런데 느닷없이 종소리가 났습니다. 그것은 시체가 무덤으로 실려 가기 전에 울리는 종소리였습니다. 그러자 주정뱅이 중 하나가 술집의 사환을 불러 말했습니다.

"어서 가서 지금 이 앞을 지나간 시체가 누구인지 가서 알아보아라. 죽은 사람의 이름을 똑똑히 알아오도록 해."

그러자 사환이 대답했습니다.

"그럴 필요가 없어요. 당신들이 이곳에 오기 두 시간 전에 이미 들어서 알고 있어요. 그 사람은 바로 당신들 친구랍니다. 지난밤에 술에 취해 의자에 누워 있다가 갑자기 죽었다던데요. 우리가 보통 '죽음'이라고 부르는 도둑이 이곳을 서성이다가 이 지역 사람들을 모두 죽이고 있어요. 어젯밤에는 그 친구 분을 찾아가 심장을 창으로 찔러 두 동강 낸 다음 아무 말도 없이 사라졌어요. 지금 퍼져 있는 전염병은 수천 명의 목숨을 앗아갔어요. 그러니 당신

---

[18] 그리스도의 손톱이나 십자가의 못을 가리키는 것으로 보이는데, 전자 쪽으로 해석하는 것이 타당할 것이다.

[19] 그로스타샤의 헤일즈 성당.

[20] 주사위 두 개의 눈을 더한 숫자.

들도 죽음이라는 적에게 잡혀서 욕보시기 전에 조심하시는 게 좋을 것 같군요. 죽음의 귀신이 언제 나타날지 모르니까 늘 대비하고 있어야 한다고 우리 어머니께서 가르쳐 주셨습니다."

그때 술집 주인이 끼어들어 이렇게 말했습니다.

"성모 마리아를 두고 맹세하는데, 이 아이의 말은 틀린 것이 하나도 없답니다. 올해에는 죽음의 귀신이 이곳에서 1마일 정도 떨어진 큰 마을에 나타나 남자, 여자, 어린아이, 농장 일꾼이며 하인 할 것 없이 모조리 죽였어요. 내가 생각하기에는 바로 그 마을에 죽음을 거느린 귀신이 살고 있는 것 같아요. 어쨌거나 당신들도 참변을 당하기 전에 조심하는 것이 좋을 것 같군요."

그러자 한 주정뱅이가 말했습니다.

"뭐라고? 그놈과 만나는 것이 그토록 위험하단 말이야? 그리스도의 뼈를 두고 맹세하는데, 길이란 길마다 샅샅이 다 뒤져서 그놈을 찾아내고야 말겠어. 친구들, 내 말 좀 들어봐. 우리 세 사람은 늘 한 마음이지. 영원히 의형제가 되기로 약속하는 게 어때? 그리고 거리로 나가서 사람들을 속이는 죽음이라는 배신자를 찾아 없애 버리자고. 많은 이들의 목숨을 앗아가는 그놈을 하느님의 영광을 위해 오늘 밤이 가기 전에 썩 물러가게 만들자고!"

세 사람은 살아도 함께 살고 죽어도 함께 죽자고 굳게 맹세했습니다. 마치 피를 나눈 친형제와 같았지요. 술에 취해 분노가 치민 세 주정뱅이는 자리에서 벌떡 일어나 술집 주인이 일러 준 마을 쪽으로 갔습니다. 그들은 그리스도의 성스러운 육체를 갈기갈기 찢어 가며, 죽음이란 놈을 잡기만 하면 죽여버리겠다고 듣기에도 끔찍한 맹세를 해댔습니다. 그렇게 그들은 그리스도를 욕되게 했던 것입니다.

그들이 반 마일도 채 가지 않았을 때였습니다. 어떤 울타리를 기어오르려는 순간, 그들은 초라한 행색의 늙은이를 만났습니다. 노인은 겸손하게 인사를 했습니다.

"하느님께서 여러분을 보호해 주시고 늘 함께하시길……."

그러자 세 주정뱅이 중에서 가장 거만한 사람이 이렇게 대답했습니다.

"빌어먹을 늙은이 같으니. 왜 얼굴만 빼놓고 친친 동여 감고 다니는 거야? 뭐 때문에 그렇게 오래 살고 있는 거냐고?"

노인은 그 주정뱅이의 얼굴을 빤히 들여다보면서 말했습니다.

"내가 인도까지 가서 찾아보았지만, 도시에도 농촌에도 내 나이와 젊음을 맞바꾸겠다는 사람을 하나도 찾을 수 없었기 때문이오. 그러니 하느님이 불러 주실 때까지 늙은 몸으로 사는 수밖에요. 아, 죽음의 사신조차도 내 목숨을 원치 않는 것 같소. 그래서 지칠 줄 모르는 죄수처럼 사방을 돌아다니며 우리 어머니의 문이라는 대지를 지팡이로 두드리며 이렇게 말한다오. '그리운 어머니! 제발 저를 당신의 문 안으로 들어가게 해 주세요. 내 육체와 피와

무뢰하게 구는 세 사람의 술주정뱅이에게 죽음의 마귀가 있는 곳을 가리켜 주는 노인

피부가 얼마나 시들었는지 보세요! 제 고단한 뼈가 휴식을 취하려면 얼마나 더 있어야 하는 겁니까? 당신이 제 몸을 감쌀 수 있는 옷 한 벌만 주신다면, 저는 오래 전부터 침실에 간직하고 있던 금궤를 드리겠습니다."

그래도 우리 어머니는 내 청을 들어 주지 않았소. 그래서 내 얼굴이 이토록 파리하고 쪼글쪼글해졌다오. 하지만 노인에게 함부로 말하는 것은 버릇없는 짓 아니오? 그건 말로든 행동으로든 죄를 범하는 것이오. 성서에도 '백발이 성성한 노인 앞에서는 일어서고 나이 많은 노인을 공경하여라'*21고 기록되어 있소.

내 그대들에게 충고 하나만 하겠소. 당신들이 노인이 되었을 때 젊은이들에게 받고 싶은 만큼, 혈기가 왕성할 때 늙은이들에게 해를 끼치지 마시오,

---

*21 구약성서 〈레위기〉 19 : 32.

당신들이 노인이 되었을 때 젊은이들에게 대접을 받고 싶은 만큼 행동하라는 말이오. 당신들이 어디에 있든 하느님의 가호가 있으시기를! 난 이만 내 갈 곳으로 가야겠소."

이 말을 듣자 다른 주정뱅이가 말했습니다.

"안 돼, 이 늙은이야. 신의 이름을 걸고 그렇게 가게 내버려 두지 않겠어!"

그러자 또 한 주정뱅이가 말을 거들었습니다.

"성 요한을 두고 맹세하는데, 쉽게 우리 손아귀에서 빠져 나갈 수는 없을 걸. 방금 전에 당신은 이 고장에 살고 있는 우리 친구들을 모두 죽인 배신자, 죽음의 사신 이야기를 했지? 당신은 그놈의 끄나풀이 틀림없어! 그놈이 어디에 있는지 말해! 하느님의 성체를 두고 맹세하는데, 그렇지 않으면 비싼 대가를 치르고 말 거야. 당신과 사신은 우리 젊은이들을 모두 죽이려고 음모를 꾸미고 있어. 내 말은 틀림없는 사실이야. 이 거짓말쟁이 도둑놈아!"

그러자 노인이 대답했습니다.

"좋소, 정말 사신을 만나고 싶다면 이 꼬부랑길로 올라가시오. 난 저 작은 숲 속 나무 밑에 앉아 기다리고 있던 죽음과 헤어진 지 얼마 안 되었소. 당신들에게 자신 있게 말하는데, 당신들이 큰소리친다고 죽음을 거느린 마귀가 겁먹고 숨지는 않을 것이오. 저 참나무가 보이시오? 바로 저기에서 당신들이 찾는 죽음의 마귀를 만날 수 있을 것이오. 구세주이신 하느님께서 당신들을 지켜 주시고 보살펴 주시길 빌겠소."

노인이 말을 마치자마자, 세 주정뱅이는 참나무가 있는 곳까지 급히 달려갔습니다. 그런데 그곳에서 그들은 8부셸은 족히 되어 보이는 반짝반짝 빛나는 플로린 금화*²² 더미를 발견했습니다. 그들은 죽음의 귀신을 찾겠다는 생각은 아예 까맣게 잊어버린 채 그곳에 주저앉았습니다. 그들은 눈부시게 번쩍이는 금화를 보고는 좋아서 어쩔 줄 몰랐습니다.

그때 세 주정뱅이 중에서도 가장 못된 사람이 먼저 입을 열었습니다.

"여보게들, 내 말 좀 들어 보게. 내가 농담만 하는 어수룩한 사람처럼 보일지 모르지만, 실은 상당히 지혜로운 사람이라네. 운명의 여신이 우리에게

---

*22 에드워드 3세 재위(1327~77) 당시, 1343년에 발행한 글로린 금화, 6실링 8펜스에 상당한다.

금화 무더기를 발견한 세 사람의 술주정뱅이 그들은 죽음의 마귀를 향해 다가가고 있다.

이 보물을 주셨어. 그것은 우리보고 여생을 기쁘고 신나게 살라는 뜻일 거야. 쉽게 얻은 것은 쉽게 써 버리는 법이지. 그럼, 그렇고말고.

하느님의 거룩하신 권위를 걸고 말하지만, 쉽게 얻은 것은 쉽게 써 버리는 법이지. 우리 모두 하느님의 은총에 감사드리자고. 우리가 이런 행운을 잡게 될지 누가 상상이나 했겠어? 이 금화들을 우리 집이나 자네들 집으로 가져갈 수만 있다면 우리는 더 이상 바랄 것이 없을 거야. 누구의 집으로 가져가든지 이건 우리의 공동 소유니까.

그렇지만 대낮에 그런 일을 할 수는 없지 않겠나. 사람들이 이 보물을 보면 우리를 노상강도로 오해하고 목매달아 죽여 버릴 게 분명해. 그러니 이 돈은 최대한 신중하고 교묘하게, 어두운 밤을 이용해서 쥐도 새도 모르게 날라야 해.

그래서 자네들에게 한 가지 제안하겠는데, 제비를 뽑아서 뽑힌 사람이 가능한 한 빨리 시내로 달려가 빵과 술을 사오기로 하고, 나머지 두 사람은 이 보물에서 눈을 떼지 않고 묵묵히 지키는 거야. 시내에 간 사람이 빨리 돌아와 준다면 우리가 가장 좋다고 생각하는 곳으로 이 보물을 옮기는 것이 어떻겠나?”

그는 손에 제비를 들고 나머지 두 사람에게 뽑으라고 말했습니다. 그러자 가장 나이어린 사람이 제일 긴 지푸라기를 뽑았고, 그는 곧 빵과 술을 사러 시내로 떠났습니다. 그 젊은이가 떠나자마자 남아 있던 두 사람 가운데 하나가 말했습니다.

"자네도 알다시피 우리는 의형제를 맺기로 맹세했어. 그래서 말인데, 지금 자네에게 득이 될 일을 하나 말해 주겠어. 자네도 보았듯이 우리 친구는 시내로 떠났고, 여기에는 우리 세 사람이 나누어 가질 금이 그대로 있어. 그렇지만 이 황금을 셋이 아니라 둘이서 나누어 갖는다면 더 많은 금을 가질 수 있지 않겠어?"

그러자 다른 사람이 대답했습니다.

"아니, 어떻게 그럴 수가 있나? 그 친구는 우리 둘이 여기에서 금을 지키고 있다는 사실을 분명 알고 있는데, 어떻게 그런 짓을 저지를 수가 있지? 그 친구한테 뭐라고 하려고?"

이 말을 듣자 먼저 말을 꺼낸 주정뱅이가 대답했습니다.

"비밀을 꼭 지킬텐가? 그리하겠다면 어떻게 해야 할지 방법을 말해 주겠네."

"좋아, 약속하지. 자네를 절대로 배신하지 않겠어."

"그렇다면 말해 주지. 너도 알다시피 우리는 둘이고, 두 사람은 한 사람보다 힘이 센 법이야. 시내로 간 친구가 돌아와서 이곳에 앉기를 기다린 다음, 장난삼아 그의 멱살을 잡고 싸울 듯이 일어나게. 나는 네가 그와 엎치락뒤치락하는 동안 그 녀석의 옆구리를 칼로 찔러 버리겠어. 너도 네가 지닌 단도로 녀석의 배를 깊숙이 찔러 버리도록 해. 그러면 너와 내가 이 모든 금을 나누어 가질 수 있을 거야. 우리는 세상에서 하고 싶은 것은 무엇이든 다 할 수 있을 것이고, 주사위놀음도 얼마든지 할 수 있을 거라고."

이야기한 것처럼 두 악당은 한 친구를 죽이기로 뜻을 모았습니다.

한편, 시내로 나간 가장 나이어린 친구는 번쩍이는 플로린 금화의 멋진 모습을 한시도 머릿속에서 지울 수가 없었습니다. 그는 혼자서 이렇게 생각했습니다. '아, 이 모든 보물을 나 혼자 가질 수만 있다면 얼마나 좋을까! 그렇게만 된다면 하느님의 옥좌 아래에 사는 사람 가운데 그 누가 나보다 행복하게 살 수 있을까?'

마침내 우리 모두의 적인 악마는 청년의 마음속으로 스멀스멀 기어 들어가 두 친구를 살해할 독약을 사도록 마음먹게 했습니다. 악마는 이 작자의 행실이 평소에도 형편없었던 것을 알았고, 그래서 그를 파멸시키기로 했던 것입니다.

이 청년은 양심의 가책 따위 조금도 없이 두 친구를 죽이기로 결심했습니다. 그는 시내로 들어가서는 다른 곳에는 들르지도 않고, 곧 약방으로 달려갔습니다. 그리고 쥐약을 달라고 약방 주인에게 말했습니다. 그러면서 족제비 한 마리가 자기 집 마당을 드나들면서 암닭들을 잡아먹을 뿐만 아니라 밤마다 자기를 괴롭히는데, 그 못된 놈을 단단히 혼내 줘야겠다고 덧붙였습니다. 그러자 약방 주인은 이렇게 말했습니다.

"주님, 우리의 영혼을 구해 주소서. 이 세상에서 생명 있는 어떤 것이라도 이 독약을 밀알 한 톨만큼이라도 먹으면 즉시 목숨을 잃고 만다오. 이 약은 효력이 너무나 강해서 이것을 먹은 사람은 당신이 1마일을 채 걸어가기도 전에 죽고 말 것이오."

그러나 그 청년은 독약 상자를 손에 들고 근처에 있는 거리로 갔습니다. 그리고 그곳에 사는 사람에게 병 세 개만 빌려달라고 사정했습니다. 그는 그 약을 병 두 개에 나누어 붓고 자기가 마실 병은 그대로 두었습니다. 친구들에게는 독약을 먹이고, 자기는 밤새도록 그 금화를 자기 집으로 열심히 옮겨다 놓을 작정이었지요. 그는 병 세 개에 술을 가득 채운 뒤, 친구들이 있는 숲으로 되돌아갔습니다.

그런데 이 이야기를 더 이상 자세히 할 필요는 없을 것입니다. 짧게 말하자면, 다른 두 친구들은 이 청년이 도착하자마자 칼로 찔러 죽였습니다. 그들의 계획이 마무리되자 한 친구가 말했습니다.

"자, 이제 앉아서 한 잔하지. 그런 다음에 저 녀석을 묻어 버리자고."

이렇게 말하면서 그는 독약이 든 술병을 들어 한 모금 마신 뒤 그 술병을 친구에게 건네 주었습니다. 친구도 그 술을 받아마셨고, 결국 두 사람도 모두 즉사하고 말았습니다.

나는 위대한 의사인 아뷔세나[23]도 그의 의학법전 중 어느 장에서도 이들

---

* 23 이븐 쉬너(980~1037). 이란인으로, 이슬람교도. 의사이자 철학자. 특히 의학에 권위가 있었던 사람.

두 후안무치한 인간들이 숨을 거두기 전에 보인 징후보다 더 이상한 징조를 기록한 부분은 결코 보지 못했습니다. 이것이 그 두 살인마의 최후였습니다. 또 배신자인 독살자의 종말이기도 했고요.

아, 모든 저주받을 죄 중에서도 지극히 저주받을 죄여! 배신과 살인이여, 오, 사악한 행위여! 폭식, 호색, 도박이여! 심한 욕설과 맹세로 그리스도를 매도하는 자여! 그것은 습관과 오만에서 오는 것. 아, 인류여! 너를 만드시고, 그 귀한 심장의 피로 너를 대속하신 창조주에 대해 어찌 그렇게도 불성실한 비행을 저지를 수 있다는 말인가!

"자, 선량하신 여러분. 하느님이 당신들의 죄를 용서하시고, 당신들을 탐욕스런 죄에서 구해 주시기를! 내 성스러운 면죄부는 당신들의 잘못을 고칠 수 있습니다. 여러분이 금화나 은화를 내시던지, 아니면 은브로치나 스푼, 반지를 내신다면 말입니다.

이 거룩한 칙서 앞에 머리를 숙이시오! 자, 부인들, 어서 오십시오! 양털을 헌납하시오. 당신들의 이름을 여기 면죄부에 바로 적어 넣겠습니다. 그렇게 되면 여러분들은 축복이 가득한 천국으로 가게 됩니다. 교황님의 이름으로 여러분들의 죄를 사해 주겠습니다. 그러면 여러분들이 태어났을 때처럼 순결해질 것입니다. 봉헌하는 당신들을 그렇게 해 드리지요."

자, 어떻습니까? 저는 이렇게 설교합니다. 우리 영혼의 구세주이신 그리스도께서 여러분들의 죄를 용서하시고, 여러분의 기도를 들어 주시기를 빕니다. 그게 무엇보다 좋은 일이니까요. 여기 모인 사람들을 속일 마음은 전혀 없습니다.

여러분, 잊어버리고 말하지 않은 것이 하나 있습니다. 나는 보따리 안에 유물과 면죄부를 가지고 있습니다. 이곳 잉글랜드에서는 그 누구의 것에 뒤지지 않으며, 또한 로마에 계신 교황님께서 손수 주신 것입니다. 혹시 여러분들 가운데 경건한 마음으로 봉헌하고, 죄 사함을 원하시는 분이 있으면, 앞으로 나와 겸손히 무릎을 꿇고 면죄부를 받으십시오. 그러면 당신이 말을 타고 여행하는 나라에서 어떤 사고를 당하더라도 안심할 수 있습니다. 그로 인해 영혼이 몸에서 떨어져 나가려 할 때, 제가 여러분의 동료가 되어 귀천을 가리지 않고 여러분의 죄를 소멸시켜 줄 수 있다는 것은 여러분들에겐 큰 영광이죠.

나는 귀족이건 평민이건, 그러니까 지위 고하를 막론하고 그들이 세상을 떠날 때 모든 죄를 사해 줄 수 있습니다. 그런 사람이 여러분 일행 속에 있다는 사실이 얼마나 마음 든든합니까! 나는 우리 사회자부터 시작하기를 권합니다. 그는 죄악 속에 가장 깊이 파묻혀 있으니까요.

"자, 사회자 양반, 어서 헌금하고 이 유물에 입을 맞추세요. 4페니만 내면 됩니다. 얼른 돈주머니를 푸십시오."

이 말을 듣자 사회자가 말했습니다.

"천만의 말씀! 거기에 입을 맞추지 않으면 그리스도께 저주를 받는다는 말이오? 쳇, 날 가만히 내버려 두시구려! 그 따위 짓이 무슨 도움이 될까! 당신이나 죄 사함을 받으시오! 당신의 낡은 바지에 날더러 입을 맞추라고 하고 있소. 게다가 당신 궁둥이로 더럽혀진 그 바지에 말이지. 성인의 유물이라고 하면서 맹세를 시키려는 수작인 게지요. 하지만 나는 성녀 헬레나*²⁴가 찾은 참된 십자가를 걸고 맹세하는데, 당신의 고환을 내손으로 잡고 싶구려. 자, 당신이 말하는 성물과 유물을 이리 주시오. 내가 그것을 딱 잘라내어 네가 들고 다니게 만들고 싶군요. 그리고 돼지 똥 속에 고이 모시게 하겠소."

면죄부 판매자는 아무런 대꾸도 하지 않았습니다. 너무나 화가 치밀어 말을 할 수 없었던 것입니다. 그러자 사회자가 다시 이렇게 말했습니다.

"자, 이제 더 이상 화난 사람과 농담을 나누고 싶지 않소."

일행이 모두 웃는 것을 보자, 훌륭한 기사가 끼어들어 말했습니다.

"자, 그만 하십시오. 이것만으로도 충분합니다. 면죄부 판매자 양반, 기분을 푸시고 웃으십시오. 그리고 사회자 양반, 면죄부 판매자와 화해의 입맞춤을 하세요. 면죄부 판매자 양반, 이리로 좀 더 가까이 오시오. 다시 웃고 즐깁시다."

그들은 곧 화해의 입맞춤을 나누고 여행을 계속했습니다.

---

*24 콘스탄티누스의 어머니, 십자가를 발견한 사람으로 일컬어진다.

선장의 이야기

먼 옛날, 생 드니*¹라는 곳에 한 상인이 살고 있었습니다. 그는 부유한 사람이어서 마을 사람들은 얼핏 그를 현명한 인물로 생각했습니다. 그에게는 매우 아름다운 아내가 있었는데, 그녀는 사교성이 뛰어난 데다 파티를 아주 좋아했습니다. 이러한 것은 연회에서 사람들이 여자들에게 바치는 온갖 관심이나 영예를 얻는 것보다 훨씬 더 많은 비용이 들었습니다. 인사치레나 겉모습 등은 벽에 비친 그림자처럼 스쳐 지나가는 것입니다.

그럼에도 이 모든 것에 돈을 지불하는 것은 늘 남편이니 불쌍합니다. 그는 아내들에게 화려한 옷을 입혀야 하고, 그녀들을 돋보이게 꾸며 주어야만 합니다. 그 모든 것들이 그의 체면을 유지하기 위한 것들이죠. 아내들이 남편이 해 준 옷을 입고 의기양양 신나게 춤을 추기 때문입니다. 그런데 혹시라도 그가 그럴 형편이 안 되거나 이런 일을 견디지 못하여 쓸데없는 낭비에다 손해라고 생각한다면 다른 사람이 아내들의 비용을 대신 내거나 아니면 자금을 빌려 주는 수밖에 없습니다. 하지만 그건 자칫 위험한 일이지요.

우리의 주인공인 무역상인은 멋진 집을 가지고 있었습니다. 그는 씀씀이가 헤픈데다 그의 아내는 아름다웠고, 많은 사람들이 그의 집을 자주 드나들었습니다. 참으로 놀라울 정도였습니다. 그 손님들 가운데 한 수사가 있었습니다. 그는 훌륭한 성품을 지닌 데다 대담한 구석이 있었습니다. 나이는 서른쯤이었다고 기억합니다. 그도 이 집에 자주 드나들었죠. 매우 잘생긴 수사는, 이 집 주인과 안면을 트고 난 뒤부터 그보다 더 가까운 사이는 없을 만큼 친하게 지냈습니다.

그 상인과 수사는 같은 마을에서 태어났습니다. 그래서 수사는 상인을 친척이라고 말했으며, 주인 또한 수사를 그렇게 소개했습니다. 그는 수사가 하

---

*1 파리 북쪽에 있는 마을. 14세기에는 포물 무역이 왕성했다.

는 일에 단 한 번도 안 된
다고 한 적이 없었습니다.
아니, 오히려 날이 밝아오
는 것을 기뻐하는 새처럼
수사가 하는 일을 좋게 생
각했습니다. 수사가 하는
일은 늘 그를 유쾌하게 만
들어 주었기 때문이지요.
그래서 두 사람은 영원히
형제가 되기로 굳게 약속
했으며, 목숨이 붙어 있을
때까지 형제로서 의를 지
키기로 맹세했습니다.

이 수사의 이름은 존이
었습니다. 그는 상인의 집
에 머무를 때면 돈을 물
쓰듯이 했습니다. 또한 인

선장의 이야기 머리글 부분 삽화

자하게 보이고 사람들의 기분을 북돋우기 위해 무척 애를 썼지요. 그는 집
안에서 가장 비천한 하인에게도 늘 잊지 않고 팁을 주었습니다. 그 집을 방
문할 때면 주인을 비롯하여 모든 하인들에게 지위에 맞는 적당한 선물을 주
었습니다. 그래서 하인들은 마치 새들이 떠오르는 태양을 반기듯이 이 수사
가 올 때마다 기쁜 마음으로 정성스레 맞이했습니다. 그러나 이 이야기는 이
정도로 해 두겠습니다.

어느 날, 상인은 물건을 사기 위해 브루제로 갈 채비를 하게 되었습니다.
그래서 파리에 있는 존 수사에게 전갈을 보내, 자기가 브루제로 떠나기 전에
하루 이틀쯤 생 드니에서 함께 보내자고 했습니다.

내가 말하고 있는 이 수사는 매우 신중한 사람으로, 교회의 훌륭한 관리인
이기도 했기 때문에 교회의 부속 농장이나 넓은 곡간은 언제든 관찰해도 좋
다고 수도원장으로부터 허락을 받은 몸이었죠. 그날도 존은 그렇게 외출 허
가를 받고 생 드니로 갔습니다.

사랑스럽고 멋진 존 수사보다 더 큰 환영을 받을 손님이 어디 있겠습니까? 평소처럼 그는 달콤한 백포도주와 향이 좋은 이탈리아산 포도주가 잔뜩 든 큰 통을 가지고 갔습니다. 그리고 사냥에서 잡은 고기를 가져왔습니다. 자, 상인과 수사는 하루 혹은 이틀 동안 실컷 먹고 마시고 즐기도록 내버려 두기로 하겠습니다.

　존이 온 지 사흘째 되던 날, 상인은 그의 사업을 돌보기 위해 회계실로 올라갔습니다. 그 해 장사가 어땠고 돈은 어떻게 썼으며 이익이 났는지 손실이 났는지 꼼꼼히 따져보기 위해서였습니다. 그는 계산대 위에 장부와 돈주머니를 잔뜩 펼쳐 놓고는 마치 그곳이 보물로 가득 찬 곳인 양 문을 꼭꼭 잠그고 자기가 그곳에 있는 동안 아무도 방해하지 말라고 지시했습니다. 그렇게 아침 아홉시 종소리가 울릴 때까지 그곳에 틀어박혀 있었습니다.

　존 수사 역시 동이 트자 자리에서 일어나 정원을 이리저리 거닐면서 경건하게 기도를 드리고 있었습니다. 그가 조용히 왔다 갔다 하는 동안, 착한 여주인이 아무도 눈치 채지 못하게 살그머니 정원으로 들어와서는 여느 때처럼 인사를 했습니다. 그녀는 자기 마음대로 조종할 수 있는 하녀와 함께 있었습니다.

　"존 수사님, 웬일로 이렇게 일찍 일어나셨어요? 무슨 일이라도 있으세요?"

　그러자 수사가 대답했습니다.

　"저는 다섯 시간만 자면 충분합니다. 물론 피로에 지친 노인이나, 사냥개들에게 초죽음이 되도록 헐레벌떡 쫓겨 다닌 토끼처럼 웅크리고 자는 결혼한 남자들은 사정이 다르겠지만 말이에요. 그런데 왜 그렇게 얼굴이 창백하지요? 틀림없이 그 형님이 간밤에 열심히 '일'을 했던 모양이군요. 잠시 휴식을 취하는 게 좋겠어요."

　이렇게 말한 수사는 명랑하게 웃으면서 자기가 생각한 것을 떠올리고는 지레 얼굴이 빨개졌습니다. 그러나 아리따운 상인의 아내는 고개를 양옆으로 절레절레 흔들어 보이며 이렇게 말하는 것이었습니다.

　"하느님도 다 아시는걸요. 수사님, 절대로 그런 일은 없었어요. 나에게 몸과 영혼을 주신 하느님을 걸고 맹세해요. 프랑스를 전부 뒤져 보아도 나처럼 즐기지 못하고, 또 나만큼 기쁨이 없는 아내는 없을 거예요. 저는 '아, 왜

태어나서 이렇게 산단 말
인가' 하고 한탄할 정도라
니까요. 하지만 누구에게
도 내 팔자가 이러네, 저
러네 하고 말하지는 않는
답니다. 이 답답함을 누가
알겠어요? 오죽하면 여기
를 떠날까 하는 생각까지
한답니다. 아니면 내 인생
에 종지부를 찍던지……
두렵기도 하고, 정말이지
걱정이 태산같아요."

수사는 그녀를 진지하게
바라보며 대답했습니다.

"아무리 슬프고 두렵더
라도 죽음을 생각해서는
안 됩니다. 내게 당신의

선장의 이야기 판화(1721) 존 유리 작.

슬픔을 털어 놓으세요. 어
쩌면 내가 당신의 불행에 도움이 될 만한 조언을 해 줄 수 있을지 모르겠군
요. 자, 당신의 고민을 말해 보세요. 비밀은 반드시 지키겠습니다. 내 기도
서에 걸고 맹세합니다. 내 생애 어떤 일이 있더라도 당신의 비밀을 누설하는
일은 결코 없을 것입니다."

그러자 그녀도 이렇게 덧붙였습니다.

"저 또한 마찬가지예요. 하느님과 이 기도서를 두고 맹세하겠어요. 내 몸
이 갈기갈기 찢어진다 해도, 내가 지옥으로 떨어진다 해도 당신이 하는 말은
입 밖에 내지 않겠어요. 친척이나 가족 같은 친근함 때문이 아니라 진정으로
사랑과 믿음을 가지고 있으니까요."

그들은 이런 맹세를 나누고 키스를 한 뒤, 서로에게 하고 싶은 이야기를
했습니다. 먼저 상인의 아내가 말했습니다.

"수사님, 지금 여기서는 좀 그렇지만, 만약 내게 시간이 주어진다면, 결혼

한 뒤 지금까지 내가 어떻게 인내하며 살아왔는지 내 일생의 순교 이야기를 들려 드릴 텐데 말이에요. 비록 당신이 그의 사촌이기는 하지만 말이죠."

그러자 수사가 말했습니다.

"하느님과 마틴 성인*2을 두고 맹세합니다. 그가 내 사촌이라고는 하지만, 나뭇가지에 매달려 있는 나뭇잎만큼도 관계가 없는 사람인걸요. 내가 그와 사촌이 된 것은, 프랑스의 데니스 성인*3 두고 말할 수 있습니다만, 사랑하는 당신과 더 가까워지기 위한 구실을 만들기 위해서였습니다. 내 성직을 걸고 맹세할 수 있습니다. 그가 내려오기 전에 당신의 슬픔을 말해 보세요. 자 어서."

"사랑하는 수사님, 정말로 사랑하는 존 수사님! 이런 이야기는 하고 싶지 않지만 그래도 해야겠어요. 더 이상 참을 수가 없거든요. 이 세상이 생긴 이래 내 남편처럼 형편없는 사람은 아마 없을 거예요.

하지만 저는 그의 아내로서 우리들의 비밀을 다른 누구에게도 발설하지 말아야 하지요. 침대 위에서의 비밀은 물론 그밖의 다른 일도 말이에요. 제가 그런 말을 하지 않도록 하느님께서 은총을 베푸시기를 바랍니다. 아내란 남편의 명예를 위해서도 함부로 말하지 말아야 해요. 그렇지만 당신에게만은 이것 하나만 알려드리겠어요.

하느님, 도와 주소서! 그 사람은 파리 한 마리만큼의 가치도 없어요. 나를 가장 곤란하게 만드는 건, 그가 바로 지독한 구두쇠라는 거예요. 여러 사람들이 알고 있듯이, 여자들은 태생적으로 여섯 가지 소망을 가지고 있답니다. 저 또한 그렇고요. 그건 남편이 용감하고 똑똑하며, 넉넉해서 돈을 잘 쓸 뿐만 아니라 아내 말을 잘 들어 주는데다가 잠자리에서는 늘 새롭게 해 주기를 바란다는 거예요.

우리를 위해 피 흘리신 그리스도를 두고 말하지만, 그 사람의 명예를 훼손시키지 않도록 치장을 하기 위해 다음 주 일요일에 옷 값 100프랑을 치러야만 한답니다. 그렇지 않으면 전 끝장나고 말거라고요. 누구에게 험담을 듣거나 모욕을 당하느니 차라리 태어나지 않았더라면 더 좋았을 것을!

남편이 이런 사실을 알게 되면 큰일 날 거예요. 그래서 당신한테 부탁하는

---

*2 투르(프랑스 서부에 있는 도시. 골 최초의 수도원 설립자.
*3 성 디오니시우스를 가리키는 말. 파리의 주교로, 프랑스의 수호성인.

데 100프랑만 빌려 주세요. 그렇지 않으면 난 죽을지도 몰라요. 존 수사님, 제발 100프랑만 변통해 주세요.

그렇게만 해 주신다면 반드시 사례하겠어요. 정해진 날 꼭 돌려 드리고, 당신이 원하는 대로, 내가 할 수 있는 모든 즐거움과 헌신을 드리지요. 제가 만약 약속을 지키지 않는다면, 프랑스의 가네론*4이 받은 것과 같은 끔찍한 복수를 주께서 내리시기를 바랍니다.”

상인 아내의 말을 듣자 예의바른 존 수사는 이렇게 말했습니다. “사랑하는 나의 여인이여, 정말이지 당신을 동정합니다. 당신께 맹세하지요. 남편이 플랑드르로 떠나면 당신이 그런 근심에서 벗어날 수 있도록 도와 드릴 것을 약속합니다. 당신에게 100프랑을 갖다 드리겠어요.”

그러면서 수사는 여자의 허리를 붙잡고 꼭 껴안고 여러 차례 키스를 한 다음 말했습니다.

“자, 조용히, 발소리도 내지 말고 안으로 들어가세요. 그리고 가능하면 빨리 아침을 먹읍시다. 내 해시계가 벌써 아홉시를 가리키고 있군요. 자, 어서 가세요. 그리고 당신도 나처럼 반드시 약속을 지키셔야 합니다!”

“그럼요, 하느님께 맹세코!”

상인의 아내는 마치 까치처럼 기쁜 표정을 지으며 안으로 들어갔습니다. 요리사들에게 곧 식사를 할 수 있게 서두르라고 이르고는, 남편에게로 올라가 회계사무실 문을 주저 없이 세게 두드렸습니다.

“게 누구냐?”

“저예요. 도대체 뭐하느라고 아직까지 그러고 있는 거예요? 장부와 서류를 갖고 얼마나 더 씨름해야 하나요? 사업 구상할 것이 그리도 많은가요? 그놈의 계산은 악마에게나 줘 버리세요! 하느님이 당신에게 주신 것만으로도 충분하지 않나요? 돈주머니는 잠시 놔두고 어서 아래로 내려오세요. 존 수사님도 굶으셔서 보기에도 딱할 지경인데 미안하지도 않나요? 자, 어서 미사를 드리고 아침을 먹도록 해요.”

아내의 성난 목소리를 듣자 남편이 투덜거렸습니다.

“당신은 사업이 얼마나 번잡한지 상상도 못할 거야. 이브 성인을 걸고 말

---

*4 롤랜드를 배신한 대가로 군마(軍馬) 네 마리에 사지가 찢기는 극형을 당했다.

하지만, 우리 상인들 중에 늙어 죽을 때까지 번영을 유지할 수 있는 건—하느님, 저를 불쌍히 여겨 주소서! — 열두 명 가운데 단 두 명도 안된다고. 우리는 즐겁고 명랑한 표정을 지으며 체면을 차리려고 애를 쓰고, 이 세상을 그때마다 형편에 맞게 잘 처신하고 견디며, 죽을 때까지 장사에 대한 모든 일을 비밀로 해 두는 거요. 우리가 순례나 여행을 하면서 근심을 날려 버릴 수도 있겠지. 이 묘한 세상을 신중하게 살아가야 한다오.

왜냐하면 우리 사업가들은 우연이나 운명을 두려워해야 하기 때문이오. 내일 새벽 일찍 플랑드르로 떠났다가 될 수 있는 대로 빨리 돌아오겠소. 사랑하는 여보, 당신에게 부탁하는데 내가 없는 동안 누구한테나 친절하고 예의바르게 대하도록 하시오. 재산을 잘 지키고, 우리 집안 또한 잘 다스려 주시오. 당신은 모든 점에서 부족함이 없지. 옷도, 식량도 풍부한 데다 지갑 속에는 돈도 많이 들어 있으니 말이오."

상인은 회계사무실의 문을 잠그고 아래층으로 내려왔습니다. 그리고 서둘러 미사를 올리고, 바로 식당으로 가서 자리에 앉았습니다. 상인은 수사에게 고급스러운 음식을 대접했습니다.

식사가 끝나고 잠시 쉬는 동안, 존 수사는 사뭇 진지한 표정을 지으면서, 상인을 한쪽으로 데려가 조용히 말했습니다.

"형님, 내일 브루제로 떠나시죠? 하느님이 보호해 주시고 성 아우 구스티누스께서 인도해 주시길 빕니다. 말 탈 때 조심하시고, 먹을 것에도 너무 욕심 내지 마세요. 특히 더위가 기승을 부릴 때에는 식사를 절제해야 합니다. 형제끼리 굳이 격식차릴 필요는 없을 테지요. 잘 다녀오시라는 말씀만 드리겠습니다.

하느님께서 형님의 모든 걱정을 덜어 주시기를 바랍니다. 만일 제게 당부하실 것이 있으시면 최선을 다해 도와 드릴 테니 말씀하시고요.

그런데 형님이 떠나시기 전에 한 가지 부탁드릴 것이 있습니다. 한두 주일만 100프랑을 빌려 주실 수 있나요? 우리 농장에 가축을 몇 마리 사야 하거든요. 그 농장이 형님 것이라면 얼마나 좋을까요! 빌린 돈은 정한 날짜에 틀림없이 갚겠습니다. 액수가 1천 프랑이라도 반드시 정한 날짜, 정한 시간에 갚을 겁니다. 그러나 한 가지 부탁 드릴 것은, 이 일을 비밀로 해 달라는 거예요. 지금 생각으로는 오늘 밤에 가축을 살까 하거든요. 자, 그럼, 친애하는 사촌형님, 잘 다녀오세요. 변함없는 형님의 친절에 감사드립니다."

그러자 마음씨 착한 상인은 부드럽게 말했습니다.

"사랑하는 내 사촌, 존 수사! 그런 것은 큰 부탁이 아니네. 내 돈은, 자네가 필요로 할 때는 언제나 자네 돈이나 다름없네. 아니 돈뿐만 아니라 내 물건도 마찬가지야. 주저하지 말고 원하는 대로 가져가도 된다네. 그러나 우리 상인들이 지키는 원칙이 하나 있는데, 아마 그런 건 내가 말하지 않아도 알 걸세.

상인에게 있어 돈이란 곧 괭이와 같다는 거지. 다시 말하자면 돈은 곧 도구라는 말일세. 평판이 좋을 때에는 신용 하나로 뭐든지 살 수 있지만, 돈이 없을 때에는 거지와 다름없는 신세가 되거든. 여유가 생기면 갚도록 하게. 내가 힘닿는 데까지 자네를 도울 수 있다는 사실이 그저 기쁠 뿐이네."

상인은 곧 100프랑을 가져다 아무도 모르게 존 수사에게 건네 주었습니다. 상인과 존 수사 말고 이 사실을 아는 사람은 아무도 없었습니다. 그들은 술을 마시고, 이야기를 나누며 마음 편히 산책했습니다. 그런 다음 존 수사는 말을 타고 수도원으로 떠났습니다.

다음 날 아침, 상인은 플랑드르로 떠났습니다. 그의 고용인이 훌륭하게 길을 안내한 덕분에 그는 기쁜 마음으로 브루제에 도착할 수 있었습니다. 상인은 장사하기에 바빴습니다. 열심히 물건을 팔기도 하고, 또 신용으로 물건을 사기도 했지요. 그는 주사위놀음도 하지 않고, 춤도 추지 않았습니다. 한 마디로, 무역상으로서 장사에만 빠져 지냈다는 것이지요. 상인 이야기는 여기서 잠시 멈추겠습니다.

상인이 떠난 그 다음 일요일, 존 수사는 머리 한가운데*5와 수염을 단정하게 깎고 생 드니로 갔습니다. 다시 돌아온 수사를 보자 모든 집안 식구들, 심지어는 어린아이들까지도 좋아했습니다. 이제 핵심만 이야기하겠습니다. 아리따운 상인의 아내가 지난번에 존 수사와 협정을 맺었던 것, 기억하시지요? 100프랑을 빌려 주면 존 수사와 하룻밤을 보내겠다는 협정 말입니다. 이 협정은 지켜졌습니다. 두 사람은 밤새 즐겁게 놀았고, 어느덧 새벽이 되

---

*5 수사들 특유의 삭발을 가리킨다.

없습니다. 존 수사는 하인들에게 작별을 고하고 다시 수도원으로 떠났습니다. 아무도 존 수사를 의심하는 사람은 없었습니다. 존은 수도원으로 돌아갔습니다. 아니 그곳이 수도원이든 아니든, 아무튼 존 수사는 떠났습니다. 이제 존 수사에 대한 이야기는 더 이상 하지 않겠습니다.

무역상인은 시장이 폐장한 뒤 생 드니로 돌아왔습니다. 그는 무사히 귀환한 것을 축하하기 위해 잔치를 벌이면서 아내와 즐거운 시간을 보냈습니다. 그리고 아내에게 물건을 사는 데 돈을 너무 많이 써서 돈을 빌려야 한다고 말했습니다. 2만 크라운을 단기간 내에 갚아야 했던 것입니다. 그래서 그는 친구 두어 명에게 돈을 빌리기로 하고 몇 프랑을 가지고 파리로 떠났습니다.

파리에 도착하자마자 그는 매우 들뜬 기분으로 존 수사를 찾아갔습니다. 그를 사랑하는 마음이 컸기 때문이지요. 그는 빌려 준 돈을 받으러 간 것이 아니라 그의 행복한 모습을 실제로 보고 느끼고, 또 자기 장사 이야기도 들려 주려고 생각했던 것입니다.

존 수사는 정중하고도 기쁘게 상인을 맞이하면서 그를 특별하게 대접했습니다. 상인은 물건을 구입하면서 얼마나 큰 이익을 보았는지 자세하게 이야기했습니다. 그러면서 단지 돈만 빌리면 아무 걱정 없이 여생을 편하게 살 수 있을 것이라는 이야기도 덧붙였습니다. 이 말을 듣자 존 수사가 대답했습니다.

"아무 일 없이 집으로 돌아갈 수 있었다니 정말 다행이네요. 만일 내가 가진 게 많았다면 2만 크라운을 빌려 드릴 수 있을 텐데. 형님은 친절하게도 지난번에 내게 돈을 빌려 주셨잖아요. 하느님과 성 야고보를 두고 말하지만, 어떻게 감사를 드려야 할지 모르겠어요. 제가 빌린 돈은 형수님에게 되돌려 드렸습니다. 형님 책상 위에서요. 아마 형수님이 잘 기억하실 거예요. 형님, 죄송합니다만 더 이상 형님과 함께 있을 수가 없어요. 우리 수도원장님이 파리를 떠나시는데, 그분을 모시고 가야 하거든요. 형수님께 안부 전해 주시고요. 그럼, 다시 뵐 때까지 안녕히!"

슬기롭고 똑똑한 상인은 돈을 빌려서 파리에 있던 롬바르디아 사람들에게 돈을 지불하고 채무증서를 돌려받았습니다. 그는 앵무새처럼 즐거운 마음을 품고 집으로 돌아왔습니다. 여행에서 쓴 비용을 모두 제하고도 1천 프랑 이상을 벌 수 있다는 확신을 가지고 있었기 때문이지요.

그가 여행에서 돌아올 때면 늘 그랬던 것처럼, 아내는 들뜬 마음으로 문간에서 남편을 기다리고 있었습니다. 그날 밤 두 사람은 성공적인 여행을 축하하면서 온 밤을 함께 보냈습니다. 그도 그럴 것이 빚에서 해방된 데다 돈도 많이 벌었기 때문이지요. 아침이 되자, 상인은 다시 아내를 얼싸안고 입을 맞추었습니다. 다시금 정열이 불타올랐던 것입니다.

"이제 그만 해요. 그만하면 충분하잖아요."

그녀는 말은 그렇게 하면서도 다시 남편 품속으로 파고들었습니다.

마침내 상인이 아내에게 말했습니다.

"여보, 실은 당신에게 조금 화

선장의 이야기 판화 존 벨 작, 1782.

가 나 있다오. 화를 내고 싶지는 않지만 말이오. 왠지 아시오? 내 생각에 당신이 나와 존 사이를 멀어지게 만든 것 같거든. 당신은 내가 떠나기 전에 그가 담보를 주었다는 이야기를 미리 해 주었어야만 했소. 내가 빚을 갚기 위해 돈을 빌린다는 이야기를 하자, 그는 퍽 섭섭한 표정을 지었소. 적어도 나는 그가 그런 표정을 지었다고 생각했소.

그러나 하느님을 두고 맹세하는데, 난 절대로 돈을 빌려 달라고 할 생각은 없었소. 여보, 다시는 그러지 마시오. 만일 내가 없는 사이에 빌려간 돈을 갚은 사람이 있다면 지금 내가 당신 곁을 떠나기 전에 말해 주시오. 그렇지 않으면 당신의 부주의로 인해서 이미 돌려받은 돈을 다시 갚으라고 할 경우가 생길지도 모르니 말이오."

그러나 상인의 아내는 놀라거나 당황한 표정을 짓지도 않은 채, 눈 하나 깜짝하지 않고 대담하게 대답했습니다.

"거짓말쟁이 존 수사의 이야기는 꺼내지도 마세요. 담보 따위는 중요한 게 아니에요. 존 수사가 돈을 가져온 사실은 나도 기억하고 있어요. 주님, 그 수사의 주둥이에 천벌을 내려 주소서! 저는 그가 당신이 이곳에서 베풀어 준 호의에 보답하기 위해 그 돈을 가져온 줄 알았어요. 내게 경의를 표하고 또 내게 잘해 주려는 의도라고 생각한 거죠. 사촌의 정을 나누는 사이이기도 한 데다, 우리 집에서 받은 환대에 보답하려는 것인 줄 알았지 뭐예요. 그 때문에 내가 지금 이런 꼴이 되어 버린 거예요. 길게 말하지 않겠어요. 매일매일 당신께 갚을게요. 만약 내가 그렇게 하지 못한다 해도 나는 당신 아내예요. 그 돈을 할부로 해 주세요. 그렇게 해 주시면 가급적 빠른 시일 안에 갚도록 하겠어요. 그 돈은 이미 옷 사는 데 몽땅 썼어요. 낭비한 게 아니라고요. 당신의 명예를 위해, 아니 하느님을 위해서라고 장담해도 될 정도랍니다. 난 그 돈을 적절하게 썼어요. 여보, 화내지 말아요. 대신 웃으면서 행복하게 지내도록 해요. 여기 내 아름다운 육체가 있어요. 난 이걸 담보로 당신에게 맡기겠어요. 그 돈을 모두 잠자리에서 대신 갚겠어요. 여보, 그러니 날 용서해 주세요. 자, 날 좀 봐요. 그리고 유쾌하게 보내자고요."

상인은 어찌할 방법이 없는 일을 책망하는 것은 어리석은 짓이라고 생각했습니다. 벌써 다 지나간 일이었으니까요.

"여보, 이번만은 내가 용서해 주겠소. 그렇지만 다음부터는 돈을 함부로 쓰지 말아요. 내 재산을 더 잘 관리해 달라는 말이오. 이건 내 부탁이오."

내 이야기는 여기까지입니다. 우리의 생명이 다하기까지 두터운 믿음을 내려 주시기를 기도합니다. 아멘!

선장의 이야기는 여기에서 끝난다.

사회자가 선장과 수녀원장에게 한 유쾌한 이야기

사회자가 말했습니다.

"성체를 두고 말하건대, 꽤 근사한 이야기였소. 선장, 무사히 항해하기 바라며, 오래오래 사시오. 하느님, 그 못된 수사에게 엄청난 액운을 내려 주소서! 여러분, 이런 속임수에 조심하십시오. 이 수사는 상인과 그의 아내를 웃음거리로 만들었소. 어거스틴 성인의 이름을 걸고 말씀드립니다만, 수사를 절대로 집 안에 들여서는 안 됩니다.

자, 이제 이런 이야기는 그만 하고, 다음 이야기는 누가 할 것인지 찾아봅시다."

이렇게 말하고 그는 마치 수줍음을 타는 처녀 같은 태도로 수녀원장에게 말했습니다.

"수녀원장님. 괜찮으시다면 다음에는 원장님께서 이야기를 해 주시면 좋겠습니다. 부디 이야기 한 가지 들려 주십시오."

그러자 수녀원장이 대답했습니다.

"물론입니다. 기꺼이 들려 드리지요."

수녀원장의 이야기

수녀원장의 이야기 머리글

오, 주님, 우리의 주여! 당신의 이름이 이 세상에 널리 퍼졌으니 얼마나 놀랍습니까! 그것은 지체 높은 사람들만 당신의 이름을 찬미하는 것이 아니라, 어린아이들의 입에서도 당신을 찬양하는 소리가 들려오기 때문입니다. 아기들은 젖을 빨면서도 당신의 영광을 드러냅니다.

저는 주님과, 영원한 동정녀이시며 하얀 백합꽃*¹이신 성모 마리아를 찬미하면서, 최선을 다해 이야기를 하려고 합니다. 성모님의 영광을 빛내고자 하는 것이 아닙니다. 왜냐하면 성모님은 곧 영광이며, 성모의 아드님에 이은 지혜와 영혼 구원의 원천이기 때문입니다.

아, 순결하신 어머니! 동정녀이시면서 고귀한 어머니여! 모세의 눈앞에서 불타오른, 하지만 타지 않은 덤불*²이시여! 당신의 겸양을 통해 신성(新聖)으로부터 성령을 받아들이신 어머니여! 성령이 당신의 덕으로 말미암아 하늘에서 내려왔을 때 성부의 지혜를 잉태하신 분이여, 당신을 드높이기 위해 이야기를 짓는 저를 도와 주소서!

성모 마리아님! 당신의 선한 마음과 기품, 덕성 그리고 위대한 겸손하심을 말로 다 표현할 수는 없습니다. 고귀하신 성모님은 저희 인간들이 도와 달라고 기도하기도 전에, 당신은 무한한 자비심으로 그 간절한 마음을 아시고, 당신이 기도로 키운 그토록 사랑하는 당신의 아드님께로 저희를 인도하기 위해 빛을 비추십니다.

하느님의 지혜로 충만하신 왕비여. 당신의 위대한 덕성을 찬양하기에는 내 지식이 너무나 약하며, 나는 당신의 영광을 도저히 감당할 수가 없습니

---

*1 흰 백합은 불타는 딸기나무와 더불어 성모 마리아를 상징하는 것으로, 순결을 나타낸다.
*2 처녀가 잉태할 것이라는 것을 예지하는 것.

다. 열두 달, 혹은 그보다 더 어린 아기가 말을 하지 못하는 것처럼 저 또한 그렇습니다. 간곡히 기도드리오니 성모 마리아에 대해서 말하고자 하는 저를 당신께서 잘 이끌어 주소서.

수녀원장의 이야기 시작된다.

옛날, 소아시아에 그리스도 교인들이 사는 커다란 도시가 있었어요. 그곳에는 그 나라 영주가 다스리는 유대인 거리가 있었는데, 유대인들은 거기에서 우리 그리스도와 사도들이 그토록 혐오하는 사악한 고리대금업을 하고 있었습니다. 하지만 사람들은 마음대로 그 거리를 돌아다닐 수 있었어요. 거리에는 아무런 바리케이드도 없었고 양끝이 열려 있었기 때문이죠.

그 길의 맨 끝에는 그리스도 교인들이 다니는 학교가 하나 있었는데, 해마다 그리스도 교인으로 태어난 많은 아이들이 그곳에서 공부를 했답니다. 거기에서는 모든 어린이들이 어렸을 때 배워야 할 것들을 가르치고 있었어요. 말하자면 읽고 쓰고 노래하는 것을 알려 줬던 거지요.

이 아이들 중에는 홀어머니 밑에서 자란 일곱 살짜리 아이가 있었는데 그녀석은 매일 학교에 가는 것이 습관처럼 되어 있었답니다. 그 아이는 어디서건 그리스도의 어머니인 성모상을 보면, 배운 대로 항상 무릎을 꿇고 기도하면서 아베 마리아를 부르곤 했답니다.

그의 어머니는 어린 아들에게 늘 성모님을 존경하도록 가르쳤으며, 그 아이는 이런 것을 결코 잊지 않았던 거죠. 순진한 어린아이들이란 일러 준 대로 순순히 따르는 법이니까요. 이 아이를 떠올릴 때마다 나는 어렸을 때부터 그리스도를 우러러보았던 니콜라스 성인*³이 떠오르곤 한답니다.

이 아이가 학교에서 기도서를 공부하고 있을 때였어요. 그 녀석은 다른 아이들이 노래 부르는 〈구세주의 어머니〉를 들었어요. 이 아이는 용기를 내어 그곳으로 갔답니다. 그는 가사와 선율을 귀담아 듣고는 마침내 첫 소절을 외우게 되었지요. 나이가 어렸기 때문에 라틴어로 된 그 구절이 무엇을 의미하는지는 알 수 없었어요. 그런데 어느 날, 친구에게 이 노래 가사가 무슨 뜻이며, 왜 부르는지를 이야기해 달라고 부탁했어요. 그 아이는 수없이 친구 앞에 무릎을 꿇었고, 그 구절을 번역해 달라고 부탁했으며, 그 노래의 의미를 설명해 달라고 애원했어요.

아이보다 나이가 많았던 그 친구는 마침내 이렇게 대답해 주었어요.

"내가 아는 것만 말해 줄게. 이 노래는 은총이 가득하신 성모님을 기리기 위해 만들어졌다고 해. 마리아님에게 인사하고, 우리가 죽을 때 도와 주시며 힘이 되어 달라고 기도하기 위해 만든 노래야. 이게 내가 네게 말해 줄 수 있는 전부야. 난 노래를 배웠지만 노랫말이 무슨 뜻인지는 잘 모르거든."

그러자 때 묻지 않은 순진한 그 아이가 물었어요.

"그러니까 이 노래는 예수 그리스도의 어머니를 기리기 위한 거라고? 그렇다면 온 힘을 다해 크리스마스 전까지 이 노래를 배울 거야. 기도문을 못외운다고 꾸중을 듣거나 한 시간마다 세 번씩 매를 맞을지라도 우리의 동정녀를 찬미하는 이 노래를 반드시 외워야지."

그래서 아이의 친구는 매일 집으로 돌아가는 길에 아무도 모르게 이 노래를 가르쳐 주었어요. 마침내 아이는 노래를 완전히 외우게 되었고, 악보에 맞추어 가사 하나하나를 정확하고 자신 있게 불렀어요. 아이는 매일 두 번씩 이 노래를 불렀답니다. 그러니까 학교에 갈 때와 학교에서 돌아올 때마다 불렀던 거지요. 아이의 머릿속은 온통 그리스도의 어머니 생각으로 가득 차 있었어요. 이미 말씀드렸다시피, 이 아이는 늘 기쁘게 〈구세주의 어머니〉를 부르며 유대인 거리를 지나다녔어요. 그리스도 어머니의 자비가 그의 마음

---

*3 4세기 전반, 밀라노의 주교로, 어린이들의 수호성인.

성가 〈구세주의 어머니〉를 부르며 성모 마리아를 섬기는 아이

을 감동시켰기 때문에 길을 걸으면서도 노래를 멈출 수 없었던 거지요.

가슴에 말벌 둥지를 가진 인류 최초의 적, 뱀과 같은 사탄이 유대인들의 마음속에서 고개를 내밀고는 이렇게 말했답니다.

"오. 히브리인들이여! 보라! 이것이 너희들을 명예롭게 하는 것인가? 어린아이가 너희들을 경멸하고 제멋대로 돌아다니며, 너희 율법에 거스르는 노래를 부르는 것이 말이다."

그때부터 유대인들은 이 순결한 소년을 죽이려는 계획을 짜기 시작했어요. 그들은 골목길에 숨어 살고 있던 살인자를 고용했지요. 저주받을 그 살인마는 아이가 유대인 거리를 지날 때, 아이를 붙잡아 단단히 묶어 목을 자른 뒤, 구덩이에 던져 버렸답니다.

그곳은 유대인들이 배설물을 쏟아내던 화장실이었지요. 오, 마치 헤롯이 다시 나타난 듯한 저주받은 자들이여! 너희들의 사악한 마음이 너희들에게 무슨 이득을 가져다 줄 것이란 말인가. 살인은 발각되게 마련이지요. 특히 하느님의 영광이 나타나고 있는 곳에서는 더더욱 말입니다. 피가 부르짖는 소리*4가 그들의 저주받은 행위를 향해 소리치기 때문입니다.

오, 동정녀와 하나가 된 순교자여! 그대는 하늘에 살고 있는 흰 양을 뒤쫓으며 노래하라—고 그녀는 말했습니다—흰 양에 대해서는 위대한 복음서

---

*4 그 시절의 사람들은, 죽임 당한 자의 피는 그 억울함이 벗겨질 때까지 외친다고 믿었다.

를 쓴 성 요한이 파트모스*5에서 기록하기를, 이 양들 앞에 걸어가면서 맑게 노래를 부르는 자는 여자의 육체를 알지 못한다고 했거든요.

불쌍한 아이 어머니는 밤새 아들을 기다렸지만, 아이는 끝내 돌아오지 않았어요. 그래서 동이 트자마자 두려움에 창백해진 얼굴로 학교를 비롯하여 온 동네를 샅샅이 뒤지며 아이를 찾았어요. 그리고 그 아이를 마지막으로 목격한 곳이 유대인 거리라는 사실을 알게 되었지요. 터질 듯한 슬픔을 억누르고, 마치 정신 나간 사람처럼 그녀는 어린 아들이 보일 만한 곳은 모두 돌아다녔어요. 그러면서 자비로우신 그리스도의 어머니에게 기도드렸답니다. 마침내 그녀는 유대인들 속에서 아이를 찾아보기로 마음먹었어요.

아이 어머니는 거기에 살고 있는 모든 유대인들을 찾아다니면서 자기 아들이 그곳을 지나가는 것을 못 보았느냐고 물었지만, 그들은 모두 보지 못했다고 대답했어요. 그녀는 아이가 버려진 구덩이 근처에까지 가게 되었어요. 그러자 그리스도께서는 자비를 베푸셔서 아이가 내던져진 그 근처에서 큰 소리로 아이를 부르게 하셨어요.

오, 위대한 하느님이시여, 깨끗한 자의 입을 통해 당신의 영광을 드러내시는 분이시여! 이제 여기서 당신의 위대한 힘을 보여 주소서! 이 순결한 보석 에메랄드며 순교로 빛나는 루비*6는 목이 잘린 채 누워 있던 곳에서 〈구세주의 어머니〉를 부르기 시작했어요. 그 노랫소리는 유대인이 사는 온 거리에 울려 퍼졌답니다.

그러자 그곳을 지나던 그리스도 교인들이 놀라 몰려와서는 그 소리를 들었습니다. 그리고 급히 영주를 불러오게 했지요. 영주는 즉시 달려와서 천국의 왕이신 그리스도와 그분의 어머니이시며 인류의 영광이신 성모 마리아를 찬양한 뒤, 범죄를 저지른 유대인들을 체포했어요.

그리스도 교인들은 애처롭게 울면서 계속해서 노래를 부르고 있던 아이를 구덩이에서 꺼내, 장엄한 행렬을 벌이며 근처에 있던 수도원으로 옮겼답니다.

아이의 어머니는 정신을 잃고 관 위로 쓰러지고 말았어요. 라헬*7처럼 말이에요. 사람들은 어머니를 관에서 떼어 놓으려고 했지만 허사였답니다.

---

*5 에게 해에 있는 섬. 사도 요한이 〈요한의 묵시록〉을 여기서 썼다고 믿고 있다.
*6 호색(好色)으로부터 몸을 지킬 수 있다고 여겨지던 보석. 루비는 그리스도의 빛을 나타내며, 순교에 어울리는 이미지로 여겨졌다.

영주는 이 범죄에 관련된 모든 유대인들을 고문한 다음, 많은 사람들 앞에서 창피 당하면서 죽도록 만들었어요. 그는 이런 사악한 행위를 도저히 참을 수가 없었던 것이지요. '악은 악으로 갚아야 한다'[*8]는 원칙에 따른 겁니다. 그래서 야생마로 그들을 능지처참한 뒤, 법에 따라 그들의 시체를 유대인 거리 입구에 걸어 놓았답니다.

이런 일이 일어나는 동안, 아무 죄도 없는 아이는 수도원 성당의 제단 앞에 안치되어 있었어요. 미사를 마치고, 수도원장과 사제들은 장례식을 치렀지요. 그런데 성수를 뿌리는 순간, 이 아이가 다시 〈구세주의 어머니〉를 부르기

'너의 혀에서 씨앗 한 톨이 없어질 때까지 너를 데리러 오마' 번 존스 작.

시작했지 뭐예요! 그 수도원장은 성스러운 사람이었어요. 사실 수도원장들은 거의 성인과 같습니다. 적어도 성인과 같아지려고 노력한답니다. 그 수도원장은 아이에게 질문을 던졌어요.

"삼위일체이신 하느님에게 간청하오니 저 아이가 말을 하도록 도와 주소서. 사랑스런 아이야, 말해 보아라. 너의 목은 완전히 두 동강이 났는데 어떻게 노래를 부를 수 있니?"

그러자 아이가 대답했어요.

[*7] 성서에 나오는 여인으로, 아이를 잃고는 위로할 수도 없을 만큼 슬퍼했다. 〈마태오 복음서〉 2 : 18, 〈예레미야〉 31 : 15.

[*8] 당시의 속담.

"저는 목뼈까지 잘려 나갔어요. 자연의 법칙에 의하면 이미 죽었어야 할 몸이에요. 그러나 성서를 읽으면 알 수 있듯이 예수님은 당신의 영광이 오래 오래 기억되고 영원히 이어지길 원하십니다. 그래서 예수님의 사랑하는 어머니인 마리아님을 기리기 위해, 저는 아직도 맑은 목소리로 힘차게 〈구세주의 어머니〉를 부른답니다. 저는 은총의 샘이신 그리스도의 어머니를 사랑했어요. 제가 죽을 때, 성모님은 내게 다가오셔서 내가 죽더라도 이 성가를 부르라고 말씀하셨어요. 방금 여러분들이 들은 것처럼 말이에요. 제가 노래를 부르는 동안, 그분은 내 혀 위에 씨앗 한 톨을 올려놓는 것 같았어요. 그래서 저는 노래하는 거예요. 꼭 노래를 불러야만 해요. 성스럽고 고귀하신 동정녀를 드높이기 위해, 내 혀에서 그 작은 씨앗 한 톨이 없어질 때까지 말이죠. 성모님은 제게 이렇게 말씀하셨어요.

'사랑하는 나의 아가야, 네 혀에서 그 씨앗 한 톨이 없어질 때 너를 데리러 오마. 무서워 말아라. 난 절대로 너를 버리지 않을 거란다.'"

이 말을 들은 성인, 즉 수도원장은 아이의 혀에서 그 씨앗을 꺼냈습니다. 그러자 아이는 곧바로 숨을 거두었고요. 이 수도원장은 그 기적을 보자, 슬픔의 눈물이 빗물처럼 그의 볼을 타고 흘러내렸습니다.

그는 바닥에 쓰러졌는데 마치 꽁꽁 묶이기라도 한 것처럼 꼼짝도 하지 않았어요. 다른 사제들도 바닥에 엎드려 울면서 그리스도의 어머니를 찬양했습니다. 그렇게 한참이 지난 뒤, 그들은 자리에서 일어나 관 속에서 순교자인 아이를 꺼내 작고 연약한 몸을 깨끗한 대리석 무덤 안에 안치했어요. 하느님, 우리도 그와 함께 있도록 특권을 내려 주소서!

여러분들은 링컨 지방에서 살았던 휴*9의 일도 바로 얼마 전에 있었던 일이니만큼 잘 기억하실 겁니다. 그도 역시 못된 유대인들의 손에 죽었습니다. 부디 연약하고 죄 많은 저희를 위해 빌어 주소서! 인자하신 하느님, 성모 마리아를 위해 저희에게 충만한 은총을 내려 주소서. 아멘!

수녀원장의 이야기는 여기에서 끝난다.

＊9 1255년, 유대인들의 손에 죽은 어린 순교자. 그의 순교 이야기가 노래로 불리고 있었다.

초서의 토파즈 경 이야기

초서의 토파즈 경 이야기 머리글

사회자가 초서에게 한 유쾌한 이야기에 주의하라.

기적의 이야기를 듣자 모두들 감격한 나머지 이상할 정도로 침묵을 지키고 있자, 마침내 여관 주인이 농담을 하기 시작했습니다. 그는 내게 이렇게 말했습니다.

"당신은 무얼 하는 사람이오? 마치 토끼라도 찾으려는 것 같은 얼굴을 하고 있구려. 왜 그렇게 생각하느냐고요? 보아하니 당신은 계속해서 땅만 보고 있습디다. 자, 이리 가까이와서 활기차게 얼굴을 들어 보시오.

여러분, 이리로 올 수 있게 자리 좀 비켜 주시오. 이 사람 허리가 꼭 내 허리 같구려. 가늘고 예쁜 부인들이 팔에 안고 다니기에 안성맞춤인 인형 같다고나 할까. 얼굴은 왜 그리 멍해 보이는 거요? 아무하고도 말을 섞으려하지 않고 말이오. 자, 무슨 말이든 해 보구려. 유쾌한 이야기 하나 들어 봅시다. 지금 당장 말이오."

그래서 나는 이렇게 말했다.

"사회자 양반, 기분 나쁘게 듣지는 마시오. 내가 알고 있는 이야기라고는 모두 운문으로 된 옛날에 전해오는 것들 뿐이오. 그것 말고는 아는 게 없소."

내 말이 끝나자 사회자가 다시 말했습니다.

"좋소. 그걸로 해 주시오. 자, 여러분. 꽤나 재미있는 이야기를 듣게 될 것 같습니다. 그의 얼굴에 그렇게 쓰여 있어요."

초서가 들려 주는 토파즈 경 이야기가 시작된다.

여러분의 호의에 힘입어 진심을 담아 즐겁고도 익살스러운 이야기를 들려드리고자 합니다. 이야기는, 전투와 마상 시합에서 용감하게 싸운 어떤 품위 있는 기사의 멋진 모험담입니다. 그 기사의 이름은 토파즈입니다.

그는 바다 건너 저 멀리, 플랑드르라는 나라에서 태어났습니다. 그의 고향은 포페링, 아버지는 지체 높은 귀족이자 그 고장의 영주였지요. 이것은 모두 하느님의 은총 덕택이었습니다.

토파즈는 용감무쌍한 청년으로 자랐습니다. 얼굴은 고운 밀가루처럼 희었고, 입술은 장미꽃처럼 붉었으며, 낯빛은 주홍빛을 띠고 있었지요. 게다가 코 또한 아주 멋졌답니다.

머리칼과 수염은 사프란처럼 샛노랬으며, 허리띠부분까지 길게 자라 있었습니다. 코도반*1 가죽으로 만든 신발에, 긴 갈색바지는 브루제 제품, 가볍고 얇은 비단으로 만들어진 멋진 옷은 제노바에서 만든 것으로, 작은 은동전*2 몇 닢 정도는 들었을 법한 호화로운 것이었습니다.

이 기사는 사냥의 명수였지요. 그의 팔에는 회색 큰 매 한 마리가 들려져 있고, 말을 타고 강변을 따라 매 사냥을 즐겼습니다. 게다가 그는 활의 명수이기도 했답니다. 씨름 또한 그를 당할 자가 없어, 상으로 걸린 숫양은 당연히 그의 차지였지요.

규방에서 자란 많은 아름다운 처녀들은 그를 사모하여 그의 연인이 되고 싶어 안달을 했습니다. 쓸데없는 희망에 사로잡히느니 차라리 잠이라도 자는 것이 더 나았을 것을. 그러나 이 기사는 호색한이 아니라 순결한 사람이었습니다. 늘 빨간 열매를 맺는 들장미꽃처럼 향기로운 사람이었지요.

그런데 어느 날, 이런 일이 있었습니다. 사실대로 말씀드리지요. 토파즈 경은 말을 타고 나갔습니다. 손에는 짧은 창을, 허리에는 긴 칼을 차고 잿빛 준마를 몰았답니다.

그는 말에 박차를 가하며 아름다운 숲 속을 이리저리 달렸습니다.

숲 속에는 크고 작은 야생 동물들이 많이 있는 법이지요. 그렇습니다. 수

---

*1 에스파냐의 한 도시. 가죽제품 산지로 유명하다.
*2 반 페니 정도의 은화. '제노바 은화 한 닢의 가치도 없다'는 우회적인 이야기가 있을 만큼의 가치를 가진 것. 여기서는 호화로움의 표현으로 쓰이고 있어 모순되는 느낌이다.

초서의 이야기
머리글 부분

사슴이나 야생토끼 같은 것들 말입니다. 그는 이리저리 말을 몰았는데 불행이 그를 기다리고 있었어요.

숲 속에는 향기로운 풀들이 많이 있지요. 감초며 생강, 정향나무를 비롯하여, 새 술이던 오래된 술이던 그 안에 넣거나 옷장 안에 넣어 두어도 좋은 육두구(肉荳蔲) 나무도 많았습니다.

귀를 기울이면 새들이 지저귀는 소리가 들려왔고요. 새매와 어치들의 노랫소리가 기분 좋게 울려 퍼지고 있었습니다. 티티새도, 나뭇가지 위 산비둘기도 소리 높여 아름답게 노래하고 있었습니다.

티티새의 노랫소리를 듣자, 토파즈 경은 그만 사랑에 빠지고 말았답니다. 말에 박차를 가하면서 그는 미친 듯이 달렸습니다. 어찌나 세차게 말을 몰았는지, 아름다운 그의 준마는 땀에 흠뻑 젖었고, 옆구리에서는 피가 흐르고 있었습니다.

마음이 가쁘게 달아올라 부드러운 초원을 얼마나 달렸는지 피곤이 엄습했습니다. 말에서 내린 그는 말에게 좋은 목초를 주고서 그 자리에 드러누웠지요.

"오, 성모님, 저에게 은총을 내려 주소서! 사랑이 무엇이기에 이토록 나를 번민하게 만들고 가슴 졸이게 하는 것입니까? 지난밤 내내 꿈을 꾸었습니다. 요정의 여왕이 내 사랑하는 여인이 되어 내 망토를 덮고 잠자는 꿈이었지요.

난 요정의 여왕님을 진정 사랑합니다. 이 세상에서는 내게 어울리는 여자란 하나도 없습니다. 온 마을을 뒤져 보아도요. 다른 여인들은 모두 버리겠습니다. 그리고 요정의 여왕이신 당신께로 가겠습니다. 들을 지나 강을 건너서 말입니다."

기사 토파즈는 다시 말안장에 올라타고, 울타리와 돌밭을 넘어 요정의 여왕을 찾아 쉬지 않고 달렸습니다. 그렇게 오랜 시간을 달린 뒤, 마침내 사람들의 눈에 잘 띄지 않는 곳에서 요정의 나라를 발견했습니다. 그런데 그곳은 매우 황량했지요. 말을 타고 다가오는 사람도, 걸어오는 사람도, 그에게 감히 기사와 얼굴을 마주칠 사람은 여자건 아이건 아무도 없었습니다.

그런데 마침내 거인이 한 사람 나타났답니다. 그의 이름은 엘리펀트 경으로, 매우 위험스런 사람이었지요.

그가 입을 열었습니다.

"이봐, 거기 새파란 젊은 녀석! 테르마가운트 신*3을 두고 말하는데, 당장 내 구역에서 나가지 않으면, 이 철퇴로 네 말을 죽여 버리겠어. 이곳엔 요정의 여왕님이 계시거든. 하프와 피리와 작은북을 울리는 곳이란 말이다."

그러자 기사가 대답했습니다.

"내게 영광 있으라! 내일 갑옷 차림으로 다시 와서 너와 대적하겠다. 그때는 이 창맛을 톡톡히 보게 될 것이다. 날이 밝기 전에 네 배를 단번에 뚫어 주마. 너는 내 손에 죽을 운명인 모양이니."

거인은 끔찍스런 팔매질로 돌멩이를 비 오듯 던졌습니다. 기사는 재빨리 몸을 피했지요. 기사 토파즈는 상처 하나 입지 않고 도망쳐 나왔습니다. 이것은 모두 하느님의 은총이며, 토파즈 자신의 당당한 행위에 대한 선물이었습니다.

그러나 여러분, 밤에 우는 새보다도 더 재미있는 제 이야기에 귀 기울여 주십시오. 이번에는 토파즈 경이 그 날씬한 허리로 언덕을 넘고 계곡을 지나 어떻게 마을로 돌아왔는지 말씀드리고자 합니다.

그는 부하들에게 명령하여, 그를 위해 여흥을 베풀도록 했습니다. 왜냐하면 머리가 세 개 달린 거대한 괴물과 싸움을 해야만 했기 때문입니다. 이 모든 것이 화려하게 빛나는 여인과의 사랑 그리고 기쁨을 위한 것이었지요.

---

*3 상상 속의 사라센 신.

그는 이렇게 말했습니다.

"나의 악사들을 모두 불러 내가 갑옷을 입는 사이 재미있는 이야기를 하게 하라. 왕실의 로맨스며, 교황이나 추기경 이야기, 사랑에 고뇌하는 사랑 이야기를 하게 하라."

부하들은 먼저 감미로운 포도주를 경에게 올렸고, 벌꿀 술을 나무그릇 가득 채웠으며, 아주 맛있는, 왕실용으로 어울릴 만한 향료가 섞인 생강과자에 감초, 이집트산 열매인 커민을 고급 설탕과 함께 내왔지요.

경은 새하얀 살에 고급 무명으로 지은 옷을 걸치고, 반바지와 셔츠 그리고

기사 토파즈 경의 꿈-요정의 나라 여왕

짧은 조끼를 입었습니다. 심장을 보호하기 위해 튼튼한 쇠로 만든 갑옷도 걸쳤죠.

그 위에 걸친 가슴과 등 보호대는 매우 단단한 철판으로 만들어진 것으로, 이름 높은 유대인 장인의 손길이 닿은 것이었답니다. 그 위에 흰 백합 같은 갑옷을 입었습니다. 이렇게 차려 입고 적과 싸우려는 것입니다.

방패는 화려한 진홍색 금으로 만들어졌고, 수퇘지의 큰 머리가 그려져 있었으며, 그 옆에는 홍옥(紅玉)이 반짝이고 있었습니다. 그는 빵과 술을 걸고 무슨 일이 있어도 그 거인을 죽이겠다고 맹세했습니다.

다리 덮개는 단단한 가죽으로 만들어졌습니다. 칼집은 상아에다, 투구는 빛나는 구리쇠요, 말고삐는 태양처럼, 혹은 달빛처럼 은은히 빛났지요.

창은 사삼(糸杉)나무*4로 만들어졌는데, 이것은 평화가 아니라 전투를 말해 주는 것이었지요. 창끝은 아주 날카롭게 다듬어져 있었습니다. 그의 잿빛 얼룩무늬 준마는 조용하고도 부드럽게 걸었습니다.

여러분, 여기까지가 첫 번째 이야기입니다. 더 들으시겠다면 기꺼이 들려 드리지요.

2

자, 기사 여러분 그리고 숙녀 여러분, 부디 조용히 하시고 제 이야기에 귀를 기울여 주십시오. 전쟁 속에서 기사도 정신을 발휘한 사내와 아가씨들의 열정적인 사랑 이야기를 들려 드리겠습니다.

사람들은 곧잘 사랑 이야기를 입에 올립니다. 젊은 호른 왕*5과 히포티스, 베비스 그리고 가이 경, 리뷔 경과 플랭다무르의 로맨스 따위를 말입니다. 그러나 토파즈 경이야말로 기사도의 꽃이랍니다.

그는 멋진 회색 준마에 올라타고 미끄러지듯 나아갔습니다. 그 모습은 횃불에서 튀어 오르는 불꽃같았지요. 투구 꼭대기는 탑처럼 솟아 있었고, 백합이 한 송이 꽂혀 있었습니다. 하느님, 이 기사가 망신을 당하지 않도록 도와주소서!

이 기사는 너무도 모험을 사랑했기에, 한 번도 집에서 잠을 잔 적이 없었습니다. 그는 항상 망토를 덮고 잠을 잤고, 번쩍이는 철모는 그의 베개였습니다. 기사가 잠을 자는 사이, 그의 말은 옆에서 싱싱하고 맛있는 풀을 뜯어 먹었습니다.

그는 갑옷을 입은 채 우물물을 마셨지요. 기사 퍼시발이 그랬던 것처럼 말입니다. 그러던 어느 날……

여기서 사회자가 초서의 토파즈 경 이야기를 중단시켰다.

"됐소! 이제 그만 하시오. 당신의 바보 같은 소리에 질려 버렸소. 내 영혼에 축복을 내려주시는 하느님을 걸고 말하는데, 당신의 그 쓸데없는 이야기를 듣느라 귀가 다 아플 지경이오. 운문인지 뭔지, 정말 빌어먹을 것으로

---

*4 사삼으로 만들어진 창에 대해서는 당시 《알렉산더 전쟁》 속에서도 언급되고 있다.
*5 영국 로맨스의 영웅. 이하에 언급되는 인물 모두 로맨스나 전설상의 인물들이다.

구먼! 그런 게 바로 서툰 노래가 아니고 뭐겠소!"

여관 주인의 말에 나는 이렇게 대꾸했습니다.

"도대체 왜 그러는 거요? 다른 분들 이야기는 잘 듣고서는 내 이야기만 방해하는 이유가 뭐요? 이건 내가 알고 있는 이야기 중에서 가장 재미있는 이야기란 말이오."

그러자 사회자인 여관 주인이 말했습니다.

"하느님 맙소사! 딱 부러지게 말하자면, 당신의 보잘것없는 시는 한 줌 똥만큼의 가치도 없소. 당신은 아까운 시간만 낭비하고 있단 말이오. 한 마디로 말하겠는데, 더 이상 그런 시는 읊지 마시오. 산문으로 된 이야기를 알고 있으면 애기해 봐요. 즐겁거나 보탬이 될 만한 이야기 말이오."

"좋습니다. 예수님의 수난을 두고 맹세하는데, 여러분들에게 산문으로 된 짧은 이야기를 들려 드리겠습니다. 틀림없이 좋아들 하실 겁니다. 그것도 싫다면 여러분들은 매우 까다롭다고 평가할 수 있을 것이오. 이 이야기를 사람에 따라 다르게 받아들일 테지만, 어쨌거나 매우 교훈적인 이야기랍니다.

여러분도 아시는 것처럼, 복음서의 저자들은 모두 예수님의 수난을 우리에게 들려 주고 있습니다. 그러나 그 저자들은 다른 동료들과 똑같이 말하고 있지는 않습니다. 그렇지만 그들은 모두 진실을 말하고 있으며, 모두가 이야기의 전체적인 의미에는 동의하고 있소. 그저 말하는 방식에만 차이가 있을 뿐이지요. 그들이 그리스도의 고난을 표현할 때 어떤 사람은 많은 것을 말하는가 하면, 다른 사람은 조금 덜하기도 했소.

나는 지금 마태·마가·누가·요한을 말하고 있는 것입니다. 그들의 요지는 하나였습니다. 여러분, 여기서 잠깐 양해의 말씀을 드리겠습니다. 그러니 지금부터 들려 드릴 훈화가 여러분이 이전에 들었던 이야기보다 많은 속담을 써서 효과를 키우거나 이야기가 조금씩 달라진다 해도 나를 탓하지는 마세요. 그러나 이 멋진 이야기의 출처인 조그만 책과 그에 담긴 전체적인 뜻은 조금도 다름이 없을 것입니다. 그러니 내 말을 귀담아 들어 주시고, 이번에는 이야기를 끝까지 마칠 수 있게 해 주십시오."

초서의 멜리비 이야기

초서의 멜리비 이야기가 시작된다.

멜리비라는 돈 많고 권세 있는 젊은이가 있었습니다. 그의 아내 프루덴스
(신중, 분별)와의 사이에 소피(지혜)라는 딸이 하나 있었지요.

어느 날, 멜리비는 들로 놀러 나갔습니다. 아내와 딸은 집에 남아 있었죠.
대문은 굳게 잠겨 있었고요. 그러나 그의 오랜 적들 가운데 세 명*¹이 숨어
서 이 장면을 훔쳐보고 있다가, 담에 사다리를 걸쳐 놓고 창문을 통해 집안
으로 들어갔습니다. 그리고 멜리비의 아내를 마구 때리고, 그의 딸에게는 다
섯 군데나 상처를 입혔습니다. 다리와 손과 귀와 입과 코에 말입니다. 그런
뒤 그들은 그 모녀가 죽은 것으로 생각하고 도망쳐 버렸습니다.

집에 돌아와 이 엄청난 광경을 본 멜리비는 마치 미친 사람처럼 제 옷을
갈기갈기 찢으며 울부짖었습니다. 그의 아내 프루덴스는 정신을 차리자마자
남편에게 울음을 그치라고 애원하면서 그를 진정시키려고 했지만 멜리비는
그럴수록 더 슬프게 울었습니다.

이런 모습을 보자 고결한 성품을 지닌 프루덴스는 오비디우스가 《사랑의
묘약》에서 말한 금언을 떠올렸습니다. '아들의 죽음을 보고 우는 어머니에게
울지 말라고 하는 것은 바보 같은 짓이다. 어느 정도 시간이 흐를 때까지 마
음대로 울게 내버려 두었다가 따뜻한 말로 위로해 주고, 눈물을 그만 흘리도
록 다독여 주는 것이 좋다'는 말이었지요. 그래서 프루덴스는 남편이 실컷
울부짖도록 한동안 내버려 두었습니다. 그리고 적당한 시간이 흐르자 남편
에게 이렇게 말했지요.

"여보, 왜 어리석은 사람처럼 그러세요? 이렇게 한탄하는 것은 현명한 사

---

*1 보통은 세상, 육체, 악마를 적으로 여기고 있었으므로 세 명이라고 말한 것이다.

람에겐 어울리지 않아요.
우리 딸은 하느님의 은총
으로 죽지 않고 회복될 거
예요. 지금 당장 딸아이가
죽는다 하더라도 그것 때
문에 당신 자신을 해쳐서
는 안 됩니다. 세네카는,
'현명한 사람이라면 자식
의 죽음을 너무 슬퍼하지
말고, 자기의 죽음을 기다
리듯이 참고 견뎌야 한
다'*2 말했지요."

그러자 멜리비는 즉시
대답했습니다. "이렇듯
슬퍼할 이유가 있는데 어
떻게 울음을 그칠 수 있단 초서의 멜리비 이야기 판화(1721) 존 유리 작.
말이오? 예수 그리스도도
친구 라자로가 죽자 통곡을 하지 않으셨소?"*3

프루덴스가 그의 말을 받았습니다.

"슬픔에 빠진 모든 사람에게 적당히 울 수 있는 권리마저 금지해서는 안
된다는 것쯤은 나도 잘 알고 있어요. 오히려 울도록 허락하고 있지요. 사도
바오로는 〈로마인들에게 보내는 편지〉에 이렇게 쓰고 있습니다. '기뻐하는 사
람이 있으면 함께 기뻐해 주고, 우는 사람이 있으면 함께 울어 주십시오.'*4
하지만 적당히 우는 울음은 괜찮지만 지나친 울음은 금지되어 있답니다.

세네카의 가르침을 따라 슬픔의 감정을 잘 조절해야 해요. 그는 이렇게 말
했어요. '그대의 친구가 죽었을 때 그대의 눈을 너무 많은 눈물로 적시지 말
고, 눈물이 마르게 하지도 마라. 눈물이 네 눈에 솟아오를지라도 울지는 마

---

*2 《루킬리우스에게 보내는 도덕 서간(Ad Lunilium)》 74·30.
*3 〈요한의 복음서〉 11 : 35.
*4 〈로마인들에게 보낸 편지〉 12 : 15.

라. 친구를 잃으면 다른 친구를 사귀도록 힘쓰라. 그렇게 하는 것이 잃어버린 그대의 친구를 위해 우는 것보다 지혜로운 일이다. 울어 봤자 아무 소용이 없기 때문이다.' 그러니까 슬기롭게 스스로를 다스리기 위해서는, 당신 가슴에 깊이 간직한 슬픔을 잊는 게 낫지요.

예수 시락크*⁵는 이렇게 말씀하셨어요. '늘 기뻐하고 즐거워하는 사람은 늙어서까지 번성하지만, 슬픔을 간직한 사람은 뼈마저도 마른다' 하시면서 마음속 슬픔은 수많은 사람을 죽음으로 몰아넣는다고 하셨잖아요. 또 솔로몬은 이렇게 말했어요. '양털 속 좀이 옷을 망치고, 작은 벌레가 나무를 병들게 하는 것처럼, 슬픔은 마음을 병들게 한다'고요. 그래서 세속적인 재산을 잃었을 때는 물론이고 우리 아이를 죽음에게 내주었을 때에도 참고 견뎌야 해요. 인내심 많은 욥을 생각해 보세요. 그는 자식들과 재산을 잃고 엄청난 육체적 고통을 참아야만 했지만, 그때도 욥은, '주께서 친히 주신 것을 다시 가져가셨으니 다만 주님의 이름을 찬양할지라' 말했습니다."

아내의 말을 다 들은 멜리비가 다시 입을 열었습니다.

"당신 말은 모두 옳고 유익한 이야기요. 그렇지만 내 가슴은 슬픔과 고통으로 어지러우니 어찌해야 좋단 말이오."

"그러면 당신의 믿을 만한 친구들과 지각 있는 친척들을 모두 부르세요. 그리고 당신의 상황을 설명하고, 그들의 충고를 들으시고 그 말에 따르세요. 솔로몬도 말했잖아요. '그대가 하는 모든 일을 상의하라. 그리하면 절대 후회하지 않을 것인즉.'"

멜리비는 아내 프루덴스의 조언대로 많은 사람을 집으로 불렀습니다. 외과의사, 내과의사, 나이든 사람, 젊은 사람을 비롯하여 그들 가운데는 적이었다가 화해한 친구들도 있었습니다. 다른 사람들도 그렇게 하듯이 몇몇 이웃 사람도 불렀는데, 그들은 친하기보다는 그에 대한 두려움 때문에 그에게 존경심을 보이고 있는 사람들이었습니다. 그리고 말 잘하는 아첨꾼들과 법률에 정통한 변호사들도 불렀습니다.

이들이 모두 모이자 멜리비는 슬픈 표정으로 자기의 딱한 처지를 들려 주었지요. 그의 말을 들으면서 사람들은 그의 마음속에 무서운 분노가 자리하

---

*5 〈시라서〉의 저자.

고 있으며, 원수들에게 복수할 준비가 되어 있고, 그들과 일전을 벌일 생각이라는 것을 알게 되었습니다. 그 자리에 모인 신중한 사람들을 대표해서 어느 외과의사가 자리에서 일어나 말했지요.

"우리 외과의사들은 어디서나 환자에게 최선을 다 합니다. 환자에게는 더 이상 상처를 입히지 말아야 합니다. 두 사람이 싸움을 하여 서로 상처를 입혔을 때, 우리는 그들을 똑같이 치료해야 하는 경우가 있습니다. 그래서 싸움을 조장한다든지 혹은 패를 가른다든지 하는 것은 우리

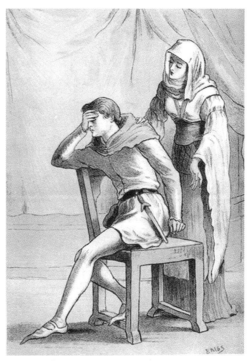

분노하며 울부짖는 멜리비를 진정시키는 아내 프루덴스

직업정신에 어긋납니다. 따님에 대해 말한다면, 비록 심한 상처를 입었다 하더라도 우리가 밤낮으로 정성을 다해 치료하겠습니다. 하느님의 도우심으로 빠른 시일 내에 회복될 것입니다."

내과의사 또한 거의 똑같은 말을 했습니다. 단지 다른 부분이 있다면, 외과의사의 말에 조금 더 덧붙여 이렇게 말했다는 것이지요. 병이란 대증요법(對症療法)으로 다스리는 것과 마찬가지로, 사람도 복수를 함으로써 그런 마음 상태를 해결할 수 있다고 말입니다.

멜리비를 시기하는 이웃들과 겉으로만 화해한 친구들 그리고 그에게 아첨하는 사람들은 그럴싸하게 슬픈 표정을 지으며 오히려 상황을 악화시키고 있었습니다. 그들은 멜리비의 권세와 재산과 힘을 한없이 찬양했고, 멜리비의 친구들 또한 그의 세력이 대단하다는 것을 거듭 강조했습니다. 그리고 그의 적들을 깎아 내리면서 당장 싸움을 벌여 보복하라고 말했습니다.

그때, 현명한 변호사가 일어났습니다. 그는 다른 변호사들의 권고와 동의

를 얻어 이렇게 충고했습니다.

"우리가 여기에 모인 것은 매우 중요하고 심각한 목적이 있기 때문입니다. 이미 여기서 악행이 저질러졌고, 그로 인해 더 큰 불행이 닥칠 수도 있습니다. 게다가 가해자나 피해자 모두 많은 재산과 힘을 가지고 있지요. 이런 이유 때문에 자칫 잘못하면 양쪽 모두 위험에 빠질 수 있습니다.

그래서 우리는 당신에게 이렇게 충고합니다. 무엇보다도 지체 말고 감시와 경계가 부족하지 않도록 하여 당신의 신변을 보호하세요. 그런 다음, 집에 경비병을 두고 집 안은 물론 당신을 지키게 할 것을 권합니다.

하지만 싸움을 벌이는 것, 곧 복수를 하는 것이 과연 당신에게 이득이 될 것인지는 섣불리 판단하기 어렵습니다. 이 사건을 신중하게 헤아리기 위해 숙고할 시간을 충분히 주십시오.

'결정이 빠르면 후회도 빠르다'는 속담도 있잖습니까? 또한 사건의 내용은 빨리 알아차리지만 판결은 차분한 마음으로 천천히 하는 재판관이 현명한 판관이라는 말도 있습니다. 물론 충분한 시간을 갖는다는 것은 따분한 일일수도 있습니다만, 복수나 판결에 있어서 충분히 생각하는 것이 합리적이라면 그렇게 하는 것이 좋을 테지요.

그리스도께서도 몸소 자신의 예를 보여 주셨지요. 간음한 여인이 끌려오자, 그리스도는 그 여인을 어떻게 처리할 것인지 알고 계셨지만 조급하게 대답하지 않으셨습니다. 그리스도는 깊이 생각하시고 두 번이나 땅에 글씨를 쓰셨습니다. 마찬가지로 우리도 신중히 생각해야 합니다. 그리고 하느님의 도움을 받아 어떻게 하는 것이 가장 좋을지 훌륭한 방법을 말씀드리겠습니다."

그때, 젊은이들이 벌떡 일어났습니다. 그들 가운데 대다수가 이 나이 든 현자를 경멸하며 소란을 피우기 시작했지요. 쇠는 단김에 두드려야 하는 것처럼, 이들이 받은 피해가 아직도 생생한 지금, 복수해야 한다고 목소리를 높였습니다. 그들은 모두 "전쟁이다! 전쟁이야!"라고 큰 소리로 외쳤습니다.

그러자 현명한 노인 가운데 한 사람이 일어나 조용히 하라는 손짓을 하며, 그곳에 모인 사람들을 주목시키고는 이렇게 말했습니다.

"여러분, 전쟁을 원하는 사람들은 많지만 그것이 무엇을 의미하는지 아는 사람은 별로 없는 것 같습니다. 전쟁이 시작될 때의 문은, 바라는 이들이 들어가기에 충분할 만큼 크고 넓습니다. 하지만 그것이 어떻게 끝날 것인지 아는 것은 쉬운 일이 아니지요. 일단 전쟁이 시작되면 젊어서 죽는 어머니들이 많이 생겨날 것이며, 그로 인한 비참한 생활 그리고 아직 태어나지도 않은 생명들이 엄마 뱃속에서 무수히 죽어 갈 것입니다. 그래서 전쟁을 시작하기 전에 심사숙고해야 하고 많은 자문을 구해야 하는 것입니다."

노인은 더 많은 예를 들어 자기 생각을 주장하려고 했지만, 많은 사람들이 그의 이야기를 방해하며 간추려 짧게 말하라고 소리쳤습니다. 상대방의 말을 듣고 싶지 않은 자에게 설교란 지겹기만 한 것이지요. 그래서 시락크는 '비탄에 잠겨 있는 사람에게는 음악도 시끄러운 법이다.' 이렇게 말했습니다. 자기 말을 듣기 싫어하는 사람 앞에서 떠드는 것이나, 우는 사람 앞에서 노래하는 것 모두 같은 일입니다. 지긋이 나이 든 현자는 아무도 자기 말을 들어 주려 하지 않는다는 것을 알고는 수치심을 느끼고 그냥 자리에 주저앉고 말았습니다. 그러고는 혼잣말로 중얼거렸지요.

"솔로몬은, '다른 사람들이 네 말을 듣고 싶어하지 않는 곳에서는 말을 하려고 하지 말라' 충고했지. 정말이지 좋은 충고란 그것이 반드시 필요할 때에는 얻을 수 없다고 한 격언은 옳아."

멜리비의 집에 모인 사람들 중에는 그의 귀에 대고 남몰래 충고하는 사람도 많았고, 모두가 듣고 있는 자리에서 상반되는 충고를 하는 사람도 있었습니다. 어찌됐건 참석자 대부분이 전쟁에 찬성한다는 것을 알게 되자, 멜리비는 그들의 의견을 받아들이고 그들의 뜻대로 할 것을 다짐했습니다. 그러나 프루덴스는 남편이 무기를 들고 적들에게 복수하는 길을 택했다는 사실을 알게 되자, 때를 보아 그에게 다가가서 조심스럽게 말을 건넸습니다.

"여보, 내 마음을 담아 진정으로 부탁합니다. 제발 너무 서두르지 마세요. 부디 내 말에 귀 기울여 주세요. 피에로 알폰스도 말하고 있듯이 '누군가 당신에게 이익을 가져다 주거나 또는 해를 입히는 사람이 있다면, 당신은 서둘러 그것을 갚으려고 생각하지 마라. 그가 당신의 친구일 경우, 그는 더 오랫동안 친구로 남을 것이요, 적이라면 그만큼 당신을 두려워할 것'이라고 했잖아요. 또한 '현명하게 기다리는 것이 올바르게 가는 지름길이다'라는 속담과 '자칫 서둘러서 득이 되는 것은 하나도 없다'는 속담도 있어요."

그러나 멜리비는 아내 프루덴스에게 이렇게 말했습니다.

"여러 가지 이유로 해서 나는 당신 말에 귀 기울이지 않겠소. 첫 번째 이유는, 만일 내가 당신 의견을 받아들여서 현명한 사람들이 수많은 토론을 거쳐 결정하고 권고한 것을 바꾸어 버린다면, 사람들은 틀림없이 나를 제정신이 아니라고 생각할 것이오.

두 번째 이유는, 모든 여자들은 악한 존재요. 여자들 중에는 단 한 명의 착한 사람도 없다는 말이오. 솔로몬은 '남자 천 명 중에는 착한 사람이 하나쯤 있지만, 여자들 가운데에는 하나도 없다'고 말했소.

결론적으로 말해서 만일 당신의 충고를 따른다면, 남들은 당신이 내 위에 군림한다고 오해할 것이오. 오, 하느님, 그런 일이 일어나지 않도록 해 주소서! 시락크는 '남편을 지배하는 아내는 반드시 남편의 뜻을 거역하리라' 말씀하셨소. 또한 솔로몬도 이렇게 말했지. '네가 살아 있는 동안에는 아들과 아내, 형제와 친구에게 권력도 재산도 양도하지 말라. 네가 자식들에게 요구하는 것보다 자식들이 너에게 요구하는 것이 더 낫다'고 말이오.

만약 내가 당신 충고에 따라 행동하게 된다면, 내 비밀은 어느 순간까지는 지켜져야 하오. 하지만 그런 일은 도저히 있을 수 없는 일이오. 왜냐하면 여자들이란 자신이 모르는 것 말고는 비밀이 없다고 기록되어 있거든. 철학자들도 말하고 있소. 여자는 남자보다 그릇된 충고를 잘 한다고 말이오. 이런 이유 때문에 당신의 의견을 따를 수가 없다는 것이오."

프루덴스는 남편의 말을 끊지 않고 진지하게 다 들은 뒤, 남편에게 말을 해도 되겠느냐고 묻고 나서 이렇게 입을 열었습니다.

"여보, 당신이 지적하신 첫 번째 이유에 대해서는 쉽게 대답할 수 있겠네요. 상황이 바뀌거나, 아니면 처음과는 다른 이유가 생겼을 때에 의견을 바꾸는 것이 어리석은 짓은 아니에요. 정당한 이유로 당신이 맹세하거나 약속한 것을 이행하지 않는다면 아무도 당신을 거짓말쟁이라고 부르거나 약속을 어겼다고 비난하지는 않을 거예요. '현명한 사람이 더 나은 목적을 위해 마음을 고쳐 먹는다면 절대로 거짓말을 했다고 할 수 없다'고 책*6에도 씌어 있어요. 많은 사람들이 당신의 의견을 받아들이고 지지했다 하더라도, 당신이 바라지 않으면 굳이 행동으로 옮길 필요는 없어요.

---

*6 세네카의 《은혜에 대하여(De beneficiis)》 4·38·1.

왜냐하면 사물에 대한 진리와 유용성은 소수의 지각 있는 사람들에게서나 찾을 수 있는 것이지, 저마다 소리를 지르고 아우성치는 군중 속에서는 발견할 수 없어요. 사실 이런 군중들은 존중할 가치도 없답니다.

당신이 말한 두 번째 이유는, 모든 여자들이 사악하다는 것을 전제로 하고 있어요. 당신은 이 세상여자들을 경멸하고 있어요. 그러나 '모든 만물을 멸시하는 자는 그 누구의 호감도 얻을 수 없다'고 씌어 있지 않나요? 또한 세네카는 이렇게 말했지요. '현자는 누구도 멸시하지 말고, 오만하거나 불손한 태도를 버리고 자기가 아는 바를 제대로 가르쳐야 한다. 그리고 미처 모르는 것을 자기보다 못한 사람에게 묻고 배우는 것을 부끄럽게 생각하지 말라'고요.

이 세상에 선한 여자들이 얼마나 많았는지는 쉽게 증명해 드릴 수 있어요. 사실대로 말해서, 만일 모든 여자들이 악했다면 우리의 주님이신 그리스도는 절대로 태어나지 못하셨을 거예요. 그뿐만이 아니에요. 그리스도께서 부활하셨을 때, 열두 사제들보다 여인들 앞에 먼저 나타나셨어요. 그건 여자들이 지닌 미덕 때문이랍니다.

솔로몬이 착한 여자를 하나도 보지 못했다고 주장하더라도, 그 말로 인해 모든 여자들을 악하다고 단정할 수는 없어요. 그가 착한 여인을 만나지 못했다 하더라도 선량하고 진실한 여자를 만난 남자들은 얼마든지 있으니까요. 아마 솔로몬이 말하려고 했던 것은 절대적인 선을 가진 여자가 드물다는 말일 거예요. 솔로몬 자신이 복음서에 쓰고 있는 것처럼 하느님 한 분 말고는 절대 선을 가진 사람은 이 세상에 하나도 없거든요. 다시 말하자면, 창조주이신 하느님의 완벽함과 비교해서 조금도 부족함이 없다고 자부할 선을 가진 사람은 없다는 말입니다. 그리고 당신이 말씀하신 세 번째 이유에 대해서는 이렇게 설명할 수 있겠어요. 당신이 내 충고에 따라 싸움을 자제할 경우, 남들이 제가 당신을 다스린다고 생각할 것이라고 말씀하셨지요? 하지만 여보, 결코 그렇지 않을 거예요. 만일 사람들이 자기를 지배하는 사람들의 말만을 들어야 한다면, 그렇게 자주 충고를 들으려 하지는 않을 것이에요. 충고를 들은 당사자는 오히려 그 말을 받아들일 것인지 말 것인지를 선택할 권리가 있다고 봐요.

그리고 또 네 번째 이유에 대한 제 의견을 말씀드려도 될까요? 여자들은 자기가 모르는 것 말고는 비밀을 간직하지 못한다고 하셨지요? 그건 다시 말하자면, 여자들은 알고 있는 것을 숨기지 못한다는 것과 같은 말입니다.

여보, 그런 말은 수다쟁이나 사악한 여자들에게나 해당되는 이야기지요. 그런 여자들은 남편을 집 밖으로 내모는 세 가지 원인을 제공한다고들 하잖아요. 연기와 지붕에서 물이 새는 것과 못된 마누라는 원인 말입니다. 그런 여자들을 두고 솔로몬은 이렇게 말했습니다. '제멋대로 행동하는 여자와 함께 사는 것보다는 차라리 사막에서 혼자 사는 게 낫다'고요. 하지만 그런 것은 저에게 하나도 해당되지 않아요.

당신은 제가 말이 없고 참을성이 많다는 사실을 잘 알고 계시고, 반드시 지켜야 하는 비밀은 발설하지 않는다는 것 또한 옆에서 보고 느꼈을 거예요. 그리고 여자가 남자보다 그릇된 충고를 잘 한다고 말씀하셨는데, 하느님도 아시듯이 그런 이야기는 이번 경우에는 해당되지 않아요. 만약 그렇다면, 결과적으로 당신은 잘못된 충고를 구한 게 됩니다.

당신이 옳지 않은 행동을 하려 할 때 아내가 이성적으로 그리고 좋은 충고로 가야 할 길을 막는다면, 당신의 아내는 비난이 아닌 칭찬을 들어야 마땅할 것입니다. 그러니 남자보다 여자가 더 악한 조언을 많이 한다고 한 철학자의 말은 이렇게 이해되어야 한다고 봅니다.

당신이 모든 여자와 그녀들의 말을 비난하시니, 제가 여러 가지 예로써 과거부터 지금까지 여자들이 얼마나 훌륭하게 처신했으며, 또 얼마나 건전한 조언을 했는지 말씀드리겠어요. 어떤 남자들은 여자들의 충고가 매우 값지거나 아니면 전혀 가치가 없다고 말합니다. 그러나 형편없고 하찮은 충고를 하는 여자들도 많지만, 지혜로운 여자들이 더 많으며 그녀들의 충고는 사려 깊고 현명하답니다.

야곱*7을 보세요. 그는 어머니 레베카의 훌륭한 조언 덕분에 아버지 이삭의 축복을 받았고, 다른 형제를 지배하게 되었지요. 또 유딧*8은 그녀가 살고 있는 고장 베틀리아가 홀로페르네스에게 포위당해 파괴될 위기에 처하자, 감탄할 만한 조언을 하여 위기에서 구해 냈어요. 아비게일*9은 다윗 왕이 죽이려던 남편 나발을 살려냈고, 지혜와 충고로 왕의 분노를 가라앉혔어

*7 〈창세기〉 27장.
*8 〈유딧서〉 8 : 1.
*9 〈에스델〉 9장.

요. 또한 하느님의 백성들은 에스델 왕후*¹⁰의 뛰어난 조언 덕분에 아하스에루스 왕 치하에서 번영을 누렸어요.

여자들이 좋은 충고를 해서 일이 잘된 경우는 얼마든지 많아요. 하느님도 아담을 만드셨을 때 이렇게 말씀하셨지요. '아담이 혼자 있는 것이 좋지 않으니 그를 도울 배필을 만들어 주리라.' 만일 여자들이 악하고, 그들의 조언이 그릇되며, 해로운 것이었다면, 하늘에 계신 하느님께서는 여자를 만들지 않으셨을 테지요. 또한 남자의 짝이라 부르는 대신, 남자의 파괴자라고 지칭하셨을 거예요.

옛날에 어떤 학자가 이런 시를 읊은 적이 있어요. '황금보다 좋은 것이 무엇인가. 그것은 여자. 선한 여자보다 더 좋은 것은 무엇인가. 아무것도 없다.' 다른 많은 교훈적인 이야기를 통해 당신도 알고 계시겠지만, 여자들은 거의 선하며, 훌륭한 충고를 할 줄 안다는 것을 아셨을 겁니다. 당신이 저의 충고를 받아들이신다면 저는 반드시 우리 딸의 건강을 회복시키겠다고 약속하겠어요. 또한 당신 명예에 해가 되지 않도록 이 문제를 해결할 수 있는 많은 일들을 하겠습니다."

아내 프루덴스의 의견을 듣고 멜리비는 이렇게 말했습니다.

"솔로몬의 말이 진실하다는 것을 잘 알겠소. 솔로몬은 '깊게 생각하고, 논리 정연하게 한 말은 벌집과 같다. 왜냐하면 좋은 말은 영혼에 기쁨을 주고, 육체에 건강을 주는 꿀과 같기 때문이다' 했거든. 나는 당신이 얼마나 정직하고 신중하며 지혜로운지 이미 알고 있소. 그러니 모든 것을 당신의 충고에 따라 처리하리다."

그러자 프루덴스가 기뻐하며 말했습니다.

"당신이 제 의견대로 해 주겠다고 하셨으니, 당신의 의논 상대를 어떻게 선택하셔야 할 것인가를 먼저 말씀드리겠어요. 우선 모든 일에 있어서 하느님께서 당신에게 조언과 위로를 주시도록 기도하세요. 토비*¹¹가 아들에게 가르친 것처럼, 하느님의 충고와 위로를 받을 수 있는 마음이 되어야 합니다. 그는, '언제나 주 하느님을 찬양하고 네 길을 인도해 주시도록 기도하고, 하느님의 모든 충고를 받아들일 준비를 해야 한다' 했지요. 성 야고보도

---

*10 〈에스델서〉 7장.
*11 성서 외전 〈토비서〉 4 : 10.

말씀하셨어요. '지혜가 부족한 사람이 있으면 하느님께 구하십시오.'[*12] 그러고 나서 당신 스스로 심사숙고하여 무엇이 가장 당신에게 이로울지를 곰곰이 생각해 보세요. 그렇게 하면 올바른 판단을 그르치는 세 가지를 마음속에서 떨쳐 버릴 수 있을 겁니다. 분노와 욕심과 성급함 말입니다. 자기 안에서 조언을 얻고자 하는 사람은, 먼저 분노를 없애야 해요.

그래야만 하는 까닭은 한두 가지가 아니랍니다. 첫째로, 분노란 언제나 자기가 무엇이든 할 수 있다고 생각하지만 결국 아무것도 할 수 없게 될 때에 일어나는 것이에요. 둘째로, 노한 사람은 무엇이 옳고 그른지 제대로 분별할 수 없답니다. 셋째, 세네카의 말처럼 '분노가 들끓는 사람은 비난밖에 할 줄 모르게 됩니다. 그의 악의에 찬 말은 다른 사람마저 노하게 만들기 때문이지요.'

그리고 당신 마음속에서 탐욕을 떨쳐 버려야 합니다. 사도도 말씀하셨듯이, 탐욕은 모든 악의 근원이기 때문입니다. 탐욕스러운 사람은 생각도 판단도 제대로 하지 못하고, 오로지 자기 욕심만 채우려 든다는 것을 기억하세요. 그런 일은 결코 이루어질 수 없는 것 아니겠어요? 왜냐하면 부란, 가지면 가질수록 더 갖고 싶어지기 때문이지요.

그리고 또, 당신 마음속에서 성급함을 떨쳐 버려야만 합니다. 갑자기 떠오른 생각으로는 올바른 판단을 할 수가 없거든요. 무슨 일이든 몇 번이고 거듭 생각하세요. 당신도 이미 들으셨겠지만 섣부른 결정은 빠른 후회를 낳는다'는 속담이 있어요. 물론 사람이 늘 똑같이 생각하는 것은 아니에요. 한때 좋아 보이던 것도 다른 때에는 정반대로 보이기도 하니까요.

만일 당신이 오랫동안 심사숙고하여 최선의 결정을 내렸다면, 그것을 비밀에 부쳐 두라고 말씀드리고 싶어요. 아무에게도 당신의 결정을 말하지 마세요. 물론 그런 결정을 이야기하는 것이 당신에게 이익이 될 것이라는 확신이 들 때는 예외지만 말이에요. 시락크도 이렇게 가르쳤어요. '너의 비밀이나 약점을 적(敵)은 물론이고 친구에게도 보이지 말라. 그들은 그대 앞에서는 그대의 말에 귀 기울이고, 집중하고, 지지한다고 말하지만, 그대가 없는 자리에서는 그대를 경멸할 것이기 때문이다.'

[*12] 〈야고보의 편지〉 1 : 5.

또 어떤 학자는, '비밀을 끝까지 간직하는 사람은 찾아보기 힘들다'고 말했어요. 그리고 성서에도 이렇게 씌어 있지요. '네 비밀을 네 가슴에 묻어 두고 있는 동안 너는 그것을 감옥 속에 간직하고 있는 것이다. 그러나 만일 네 비밀을 다른 사람에게 털어 놓으면 그 사람은 너를 함정에 빠뜨릴 것이다.' 그러니 비밀을 털어 놓고 그 사람에게 비밀을 지키라고 부탁하는 것보다, 당신 마음속에 품고 있는 생각을 혼자 간직하는 것이 더 낫다는 말입니다.

세네카는 이렇게 말했어요. '네 스스로 비밀을 지키지 못하면서 어떻게 다른 사람이 그 비밀을 지켜 줄 것을 바랄 수 있겠는가?' 그렇지만 당신의 의견을 다른 사람에게 말해서 당신의 입장이 더 나아질 거라고 생각된다면, 그때는 그 비밀을 말씀하되 이렇게 하세요. 당신이 전쟁을 바라는지, 평화를 원하는지, 혹은 이것인지 아니면 저것인지를 절대로 말하지 마세요. 즉 당신의 목적을 그대로 드러내 보이지 마시라는 것입니다.

일반적으로 내 안에서 충고하는 목소리는 아첨쟁이들이거든요. 특히 군주에게 의견을 내는 사람들이 그렇습니다. 그런 사람들은 자기들의 달래는 말이 거짓말이고 쓸데없는 것일지라도 군주의 마음에 드는 소리만 늘어놓으려고 해요. 그래서 부자는 자기 자신의 충고 말고는 훌륭한 조언을 얻기란 거의 불가능하다는 말이 있는 것이지요.

그 다음에는 누가 당신의 친구이며, 누가 당신의 적인지 깊이 생각해 보세요. 그리고 친구들 중에서도 누가 가장 현명하고 충실한지, 누가 연장자이며 누가 당신에게 도움 되는 말을 하는 사람인지를 잘 가리셔야 합니다. 가장 충실한 친구들을 부르도록 하세요. 솔로몬은 '사람의 마음이 달콤한 향기를 즐기듯, 진실한 벗의 충고는 우리의 영혼을 달콤하게 만든다'고 했어요. 또한 '진실한 친구와 비길 것은 이 세상에 아무것도 없다. 틀림없이 진정한 친구의 선의(善意)는 금이나 은과도 비교할 수 없이 가치 있는 것이다.' 그러면서 '성실한 친구는 안전한 피난처요, 그런 친구가 있다는 것은 보화를 지닌 것과 같다'고도 했답니다.

또 명심해야 할 것은, 진정한 친구들이 현명하고 신중한지도 생각해야 한다는 것이에요. 성서에서는 '너는 귀를 기울여 현자들의 말을 듣고 그들의 지식에 마음을 쏟아라.'*[13]고 적혀 있어요. 나이 많은 사람에게 조언을 구하라는 것도 같은 이유랍니다. 물론 그들이 오랜 경험을 쌓고 많은 것들을 보아왔으며, 당신이 믿을 만한 사람이어야만 하지요. 그 이유에 대해서는 '나이와 더불어 지혜가 자라고, 연륜과 함께 깨달음이 깊어간다'고 성서에서도 말하고 있어요. 툴리우스*14도 이렇게 말했어요. '커다란 업적은 힘이나 날쌘 육체에 의해 얻어지는 것이 아니라 훌륭한 조언과 사람들의 권위와 지혜로써 이루어진다. 이 세 가지는 나이를 먹을수록 감퇴되는 것이 아니라 날마다 커지고 강해지는 법이다.'

또한 언제나 다음과 같은 법칙을 명심하세요. 첫째는, 소수의 친구들에게 자문을 구하세요. 솔로몬은, '될 수 있는 대로 많은 친구들과 사귀어라. 그러나 단 한 사람에게만 조언을 구하라' 이렇게 말했습니다. 물론, 처음에는 소수의 친구들과 의논하시더라도 필요에 따라서는 더 많은 사람들과 의논하실 수도 있어요. 그러나 당신의 조언자는 아까 말씀드린 세 가지 자격을 갖추어야만 합니다. 진실해야 하고, 현명해야 하며, 경험이 많아야 한다는 것입니다. 때로는 많은 사람들의 조언을 귀담아 들어야 할 경우도 있거든요. 솔로몬도 이렇게 말했어요. '문제를 안전하게 처리하기 위해서는 다양한 조언자가 필요하다'고요.

지금까지 진정한 친구를 가리는 방법을 말씀드렸으니, 이제는 어떤 조언을 물리쳐야 하는지 알려 드리겠어요. 우선 바보들의 조언은 듣지 마세요. 솔로몬은 '어리석은 자의 충고를 듣지 말라. 그는 자기의 욕심에서 우러난 말밖에 할 줄 모른다' 했거든요. 성서에도, '어리석은 사람의 특징은 모든 사람을 경박하다고 생각하는 것이다. 그리고 경솔하게도 자기가 모든 장점을 가지고 있다고 믿는다'고 기록되어 있지요.

그리고 아첨쟁이들의 말도 피하도록 하세요. 그들은 진실을 말하는 대신 당신을 칭찬하면서 아부만 하려고 들 겁니다. 툴리우스는 '아첨은 가장 못된 우정의 역병(疫病)이다'라고 말했어요. 그리고 성서에서도 이렇게 말하고 있어요. '너에게 진실을 말하는 친구보다 너의 비위를 맞추려고 애쓰는 아첨쟁이들의 달콤한 말을 더욱 두려워하고 애써 피하도록 하라.' 솔로몬은 '아첨쟁이의 말은 순진한 사람을 사냥하기 위해 매복하고 있다'고 말하지요. 또한 '친구에게 감언이설만 일삼는 사람은 친구를 잡으려고 발밑에 그물을 치고 기다리는 사람과 마찬가지'라고도 했어요. 따라서 툴리우스는 이렇게 말했답니다. '아첨쟁이들에게 귀 기울이지 말고, 사탕발림하는 말을 따르지 말라.' 또 케이토도 '신중하게 생각하고, 달콤하고 듣기 좋은 말을 뿌리치라' 말하고 있어요.

마찬가지로 비록 적들과 옛날에 화해를 했더라도 그들의 말을 듣지 마세요. 성서는 과거의 적에게 호의를 베풀면 화를 입는다고 말하고 있으니까요. 또한 이솝도 '한때 싸웠거나 적의를 품었던 사람을 믿지 말고, 그에게 너의 비밀을 드러내지 말라'고 써져 있어요. 세네카는 왜 과거의 적을 믿지 말아야 하는지 이렇게 말하지요. '오랫동안 커다란 불길이 일었던 곳에는 반드시 잔불이 남아 있는 법이다.' 그래서 솔로몬은 이렇게 충고합니다. '지난날의 적을 절대로 믿지 말라.'

비록 적이 당신과 화해하고 머리 숙여 당신을 공손히 섬기더라도 절대로 믿지 마세요. 그런 사람은 당신을 좋아하는 마음에서가 아니라, 자기의 이익을 챙기기 위해 공손한 척했을 테니까요. 싸움을 통해서는 당신을 누를 수 없음을 알고서 그런 위선적인 행동으로 당신을 이기려고 하는 거지요. 이미 오래 전에 프토로스 알폰스도 '옛 적들과 자주 만나지 말라. 그들은 당신의 선행을 악으로 보답할 것이다' 경고했지요.

또한 당신을 매우 존경하는 듯이 행동하는 하인들의 말도 들으시면 안 됩니다. 그들은 당신을 사랑하기 때문이 아니라 단지 당신이 두려워서 충동적으로 말하는 경우가 많거든요. 그래서 어느 철학자는, '세상에는 자기가 두려워하는 사람에게 온전히 충성을 바칠 자는 없다'고 했습니다. 이 말은 일리가 있어요. 또한 툴리우스 키케로도 '황제가 아무리 큰 힘을 가지고 있다 하더라도, 백성들이 두려움 때문에 그를 섬긴다면 그 나라는 오래가지 않는다' 했지요.

그리고 술주정뱅이들의 조언도 듣지 마세요. 그들은 비밀을 지킬 수 없는 사람들이거든요. 솔로몬은 '주정뱅이들이 모인 곳에는 비밀이란 없다' 말했어요.

마찬가지로 단 둘이 있을 때에는, 이런 말을 하다가 사람들이 많은 곳에서는 반대로 말하는 사람들의 말도 절대 믿지 마세요. 카시오도루스는 공개석상에서는 이런 말을 하고 단 둘이 있을 때에는 다른 말을 하는 사람은 당신의 일을 방해하는 사람이라고 했습니다.

또한 나쁜 자들이 주는 충고는 일단 의심을 해 봐야 해요. 성서에도 '사악한 사람은 늘 거짓으로 가득 차 있다' 적혀 있거든요. 다윗은 '죄인들의 조언을 따르지 않는 사람은 복되다' 말했답니다. 그리고 젊은 사람들의 조언도 듣지 마세요. 그들의 충고는 미숙하기 때문이지요.

지금까지 누구의 조언을 들어야 하며, 어떤 이들의 조언을 피해야 할지 말씀드렸어요. 앞으로는 툴리우스의 말에 따라, 당신께 조언하는 사람들을 검증하기 위해서 심사숙고해야 할 거예요.

먼저, 당신이 하고자 하는 일이 무엇이며, 어떤 조언을 필요로 하는지 잘 고려하셔야 해요. 그리고 그것을 솔직하게 말씀하세요. 즉, 모든 것을 사실 그대로 명확하게 말씀하셔야 한다는 것이지요. 조언을 구하면서 거짓을 꾸미는 사람은 절대로 좋은 조언을 받을 수 없답니다.

그 다음에는 조언자들의 의견대로 하는 것이 사리에 맞는지, 당신의 능력으로 할 수 있는 일인지, 당신이 선택한 조언자들이 대부분 동의하는지 그렇지 않은지를 검토하셔야 해요.

또한 당신이 선택한 조언의 결과도 생각해야만 합니다. 예를 들어 증오, 평화, 다툼, 베품, 이익, 손해, 그 밖의 많은 것들을 말입니다. 그 중에서 가장 이로운 것을 택하시고 나머지는 주저하지 마시고 모두 버리세요. 그리고 이런 문제의 뿌리가 무엇이며, 어떤 열매를 맺게 될 것인지 깊이 헤아려 보세요. 또한 그 원인이 어디서 비롯되었는지, 그 이유도 잊어버리시면 안 돼요.

지금 제가 말한 방법으로 조언을 검토하셔서 무엇이 가장 좋고 이익이 되는지 판단하시고, 경험이 풍부하고, 아는 것이 많은 사람들이 찬성하는 것을 받아들이세요. 그런 다음에는 조언을 능히 실행에 옮길 수 있는지, 유종의 미를 거둘 수 있는지를 생각해 보시고요.

사실 이치에 맞지 않는 일은 적절하게 끝맺지 못하게 마련이지요. 자기의 한계를 넘어서 버거운 짐을 짊어질 수 있는 사람은 없는 법이랍니다. '많은 것을 껴안고 있는 사람은 아무것도 쥘 수 없다'는 속담이 있어요. 카토는 이렇게 말했지요. '네 힘에 닿는 것만을 실행에 옮겨라. 그렇지 않으면 그 일의 중압감으로 인해 견뎌내지 못하고 도중에 그만두게 될 것이다.'

만일 어떤 일을 해야 할지 말아야 할지 모를 때에는, 그 일을 시작하기보다는 차라리 참는 쪽을 택하세요. 프토루스 알폰스는 '할 수는 있지만, 하고 난 뒤 후회할 일에 대해서는, '예'라고 하는 것보다는 '아니오'라고 하는 게 낫다'고 했어요. 그러니까 말하는 것보다는 침묵을 지키는 게 낫다는 말이지요. 다시 말하자면 당신이 충분히 하실 수는 있지만 나중에 후회할지도 모르는 일은, 시작하기 보다는 참는 것이 낫다는 점을 이해하실 수 있겠지요. 어떤 일을 해야 할지 말아야 할지 모를 때에는 절대로 하지 말라고 충고하는데, 제가 말씀드린 대로 당신이 받은 조언을 면밀히 검토하셔서, 꼭 해야겠다는 확신이 들면 끝까지 그 결정을 밀고 나가세요.

이제는 남의 비난을 받지 않고 언제, 어떻게 당신의 의견을 바꿀 수 있는지를 말씀드리겠어요. 사실대로 말해서, 새로운 상황이 발생하거나 결정을 하게 만든 원인이 사라지면, 우리의 목적과 계획은 바뀔 수도 있어요. 법에도 이렇게 씌어 있어요. '새로운 일에는 참신한 조언이 필요하다.' 세네카도 '네 생각이 적의 귀에 들어갔다면 그 결심을 바꿔라' 말했어요.

당신이 내린 결정이, 실수나 다른 이유로 말미암아 해나 재난을 일으킬 수 있을 때에는 생각을 바꿀 수도 있는 거예요.

당신의 계획이 불성실한 것이거나 온당치 못한 동기에서 비롯된 것이라면 마땅히 바꾸셔야 해요. '불성실한 모든 약속은 아무런 가치도 없다'고 법전에도 쓰여 있어요.

실행할 수 없는 명령이거나 혹은 끝까지 이행할 수 없을 경우에는 의견을 바꿀 수도 있습니다. 이것을 행동의 규칙으로 삼아 주세요. 어떤 상황에서도 절대로 바꿀 수 없는 결심은 잘못된 것이에요."

남편 멜리비는 아내 프루덴스의 말을 다 들은 뒤, 이렇게 말했습니다.

"여보, 지금까지 당신은 내가 어떤 사람의 조언자를 만나야 하며, 그들과의 관계를 어떻게 유지해야 하는지 성실하고도 적절하게 잘 알려 주었소. 이제는 저마다 다른 상황에 어떻게 대처해야 할지, 또 지금 당장 필요해서 선택한 조언자들에 대해 어떻게 생각하는지를 말해 주면 좋겠구려."

그러자 프루덴스는 이렇게 대답했습니다.

"먼저, 겸손한 마음으로 당신께 한 가지 부탁드릴 게 있어요. 제가 당신 마음에 들지 않는 말을 하더라도, 일부러 반대하거나 듣기 언짢게 여기지 말아 주세요. 하느님도 아다시피 저는 오직 당신과 당신의 명예 그리고 당신의 이익을 위해서 말하는 것일 뿐이니, 너그러운 마음으로 제 말을 참고 들어주시길 바랍니다. 우선, 저를 믿어 주세요.

이번 문제에서 당신이 의논하신 것은 적당치 않았어요. 그건 당신이 몇 번씩이나 여러 가지 잘못을 저지른 어리석음을 드러낸 것이며, 충동의 소산이었다고 생각해요.

무엇보다도 조언자들을 모으는 것부터 잘못되었어요. 처음에는 몇 사람만 불러 의논한 뒤, 필요할 경우에 더 많은 사람들과 상의했어야 해요. 그런데 느닷없이 하나하나의 의견을 듣기도 벅찬, 질릴 정도로 많은 사람을 부르셨죠. 나이 들고 현명한 친구들만 불렀어야 하는데 말이에요. 알지도 못하는 사람이나 젊은이들 그리고 거짓을 꾸며대는 사람에다 화해한 적들, 사랑도 없으면서 존경심을 보이는 사람들까지 모두 부르신 건 정말 잘못하신 거예요.

또 다른 잘못은, 그 논의 속에 분노와 욕심 그리고 조급함이 있었다는 거지요. 당신이나 당신 의논상대들도 이런 세 가지 감정을 다스리지 않았어요.

또한, 듣는 이들에게 싸움으로 복수하겠다고 당신의 의도를 드러내신 것도 잘못입니다. 그들은 당신의 말을 통해 이미 속내를 알아차렸지요. 그래서 그들은 당신에게 이익이 되는 충고를 하기보다는 당신이 원하는 것을 충족시키기 위한 조언을 한 것입니다.

그리고 그들의 조언만으로 만족했다는 점이 당신이 저지른 또 하나의 잘못입니다. 게다가 깊이 생각하지도 않으셨지요. 그처럼 크고 중대한 일일 경우, 더 많은 상대와 의논하고 더 오래 심사숙고했어야만 합니다. 앞서 말씀드린 바와 같은 방법으로 당신의 의도를 스스로 검토해 보지도 않았고, 절차에 따라 생각하지도 않으셨어요. 그리고 조언자들을 구별하지도 않으셨지요.

진정한 친구와 거짓 친구를 가리는 일 말입니다. 나이 든 현명하고도 진실한 친구의 뜻을 헤아리지 않았고, 그들의 말을 잘 듣지도 않은 채 아무렇게나 쓰레기통 속에 내던져 버리고 다른 대다수의 의견에 마음을 기울였어요. 당신은 그들의 뜻에 동의하면서 스스로 몸을 굽힌 겁니다.

사람이란, 현명한 사람보다 어리석은 사람이 더 많다는 것을 당신 또한 잘 아실 겁니다. 개인의 지혜보다는 머릿수가 더 힘을 발휘하는 그런 모임에서는 어리석은 자가 더 우세하다는 사실을 잘 아셨을 거예요."

멜리비가 말했습니다.

"내가 잘못했다는 것을 솔직히 인정하오. 그렇지만 당신도 이야기했다시피 정당한 사유가 있을 경우에는 결정을 번복할 수도 있소. 난 당신의 생각대로 내 의견을 바꾸고 싶소. 속담에도 있듯이 실수는 인간이 저지르는 것이지만, 그 죄를 지속하는 것은 악마의 소행이니 말이오."

남편의 말을 들은 프루덴스가 말했습니다.

"이번 모임에서 나온 의견들을 살펴보세요. 그러면 누가 가장 좋은 조언을 했고, 누가 가장 현명한 말을 했는지 알게 되실 거예요. 먼저, 처음에 말한 외과의사와 다른 의사가 한 말부터 생각해 보도록 하지요. 그들은 자기들 본분에 맞게 지혜롭고 신중하게 조언했어요. 또한 모든 사람을 존중하고, 누구에게도 해를 끼치지 않는 그들의 의무를 잘 말해 주었습니다. 자기들이 보살피는 환자들의 병을 정성들여 치료하는 것은 그들의 의무입니다. 제가 보기에 그들의 고귀한 말은 최고의 보답을 받아 마땅합니다.

또한 그들은 우리 딸의 치료에 보다 정성을 쏟으리라고 생각해요. 의사들이 당신 친구들이기는 하지만 거저 치료해 주기를 기대해서는 안 됩니다. 적당한 보상을 하시고, 당신의 너그러움을 보여 주도록 하세요. 의사들이 말하기를 병이란 어떤 경우에는 반대되는 것으로써 고칠 수 있다고 했는데, 이 말을 어떻게 생각하시는지 당신 생각을 듣고 싶어요."

그러자 멜리비가 대답했습니다.

"내 의견은 이렇소. 내 적들이 나에게 해를 입혔으니 나도 그들에게 해를 입혀야겠다고 생각했소. 또한 내게 복수를 하고 무력을 행사했으니 나 또한 그들에게 복수하고 힘으로 응징을 해야겠다고 결심했소. 그렇게 해야 비로소 역(逆)을 또 다른 역으로 고치는 셈이라고 생각했소."

그러자 프루덴스가 설명했습니다.

"사람이란 얼마나 쉽게 자기 뜻을 이루려고 하는지! 의사의 말은 그렇게 이해해서는 안 되는 것이었어요. 악의 정반대가 곧 악은 아닙니다. 복수의 정반대가 복수가 아니듯이 말입니다. 해(害)의 정반대도 해가 아니지요. 이 것들은 비슷할 뿐이에요.

복수는 그에 대한 복수로 고쳐지는 것이 아닙니다. 오히려 일을 악화시킬 뿐이죠. 의사의 말은 이렇게 받아들여야 할 거예요.

선과 악은 두 개의 상반되는 것이며, 평화와 전쟁, 복수와 인내, 불화와 조화 그리고 그 밖의 많은 경우도 그렇게 고쳐져야 할 것입니다. 불화는 조화로써, 전쟁은 평화로써 등등, 다른 경우도 그렇게 고칠 수 있겠지요. 바오로 사도 또한 그렇게 말하고 있습니다. '해를 입었다고 해로 갚지 마라. 나쁜 말을 들었다고 악한 말로 되갚지 마라. 그대에게 해를 입히는 사람을 따뜻하게 대하고, 그대에게 저주를 말하는 사람을 축복하라'고 말입니다.

이밖에도 그는 평화와 조화를 권하고 있습니다. 이번에는 법률가나 현명한 사람들이 당신에게 말한 충고에 대해 생각해 보지요. 당신도 들으셨다시피 이들은 당신에게 자신의 몸을 지키고 집을 보호하라고 말하면서, 분별력을 가지고 심사숙고해야 한다고 말했었지요. 당신의 몸을 지키라는 말은, 싸움에 나갈 사람은 무엇보다도 예수 그리스도께서 자비심으로 그를 지키시고, 필요할 경우, 그를 도와 주도록 겸허하고 경건한 마음으로 기도해야 한다는 말로 이해하셔야 합니다. 이 세상에는 우리 주 예수 그리스도의 보살핌 없이, 누구의 충고를 듣거나 몸을 지킬 수 있는 사람은 아무도 없기 때문입니다. 예언자 다윗은 '하느님께서 이 마을을 지켜 주시지 않는다면 파수꾼이 아무리 지킨다 한들 헛된 일이다'라고 말했습니다. 그러니 당신이 인정하는 진실한 친구로 하여금 당신을 지키게 해야 합니다. 당신은 그들에게 신변을 지켜달라고 부탁해야만 해요. 왜냐하면 카토도 말하고 있듯이, '만약 도움이 필요하다면 그대의 친구에게 부탁하라. 당신의 진실한 친구만큼 좋은 의사는 없기 때문'입니다.

낯선 사람들이나 거짓말쟁이들을 멀리하시고 그들과 함께 있지 마세요. 프토루스 알폰스도 말했지요. '오래 사귄 사람이 아니면 함께 길을 가지 말라. 우연히 낯선 사람과 함께 길을 가게 되면, 눈치 채지 못하게 그가 어떤 삶을 살아왔는지 알아보고, 그대가 어디로 가는지 말하지 마라. 그가 물어 보면 거짓으로 목적지를 대라. 그리고 만일 그대가 창을 들었다면 그것을 왼손에 들고, 칼이 있다면 오른쪽에 차라.'

다시 한 번 말씀드리겠어요. 좀 전에도 말씀드린 것처럼, 낯선 사람과 동행하지 말고 그의 조언을 받아들이지 마세요. 또한 자신의 힘을 과신한 나머지 상대방의 힘을 과소평가하지 않도록 하시고요. 현명한 사람은 늘 적을 두려워하는 법이에요. 솔로몬도 이렇게 말했지요. '모든 사람을 두려워하는 것은 다행스러운 일이다. 하지만 겁이 없거나 거만한 사람은 재난을 면할 수 없다.' 또한 당신은 언제나 복병과 첩자들을 경계하셔야 해요. 세네카는 이렇게 말했지요. '악을 두려워하는 현자는 해를 피하며, 유혹을 피하는 자는 위험에 빠지지 않는다.'

당신이 아무리 안전한 장소에 있다 하더라도 당신 몸을 잘 돌보시도록 노력하세요. 큰 적을 만나든 작은 적을 만나든 절대로 신변 보호를 게을리하지 마세요. 세네카는 또, '정말로 현명한 사람은 아무리 하찮은 적이라도 두려워한다' 가르치고 있습니다. 오비드 또한 이렇게 말했어요. '족제비 한 마리가 커다란 황소나 사슴도 죽일 수 있다.' 고서에는 이렇게 적혀 있지요. '작은 가시가 왕을 찔러 큰 아픔을 줄 수 있으며 사냥개가 멧돼지를 잡을 수도 있다.' 그러나 두려워할 이유가 없는 곳에서도 말을 더듬는 겁쟁이가 되라는 말은 아니에요. 고서에는 '어떤 사람들은 남을 속이고 싶어하면서도 자기가 속는 것은 매우 두려워한다'고 적혀 있답니다.

또 독살(毒殺)될 것을 경계하고, 예의를 모르는 사람들을 멀리하세요. 고서는 '무례한 사람들과 어울리지 말라. 그들의 말은 독과 같다'고 말합니다.

자, 그러면 두 번째 문제, 그러니까 당신의 현명한 조언자들이 집을 잘 지키라고 충고한 것에 대해서는 어떻게 이해하셨는지, 어떤 생각을 갖고 계시는지 알고 싶어요."

멜리비가 대답했습니다.

"나는 그 말을, 성이나 다른 큰 건물처럼 망루를 만들고 무기와 대포를 내세워 지키라는 말로 이해했소. 그러면 적들이 감히 우리에게 접근할 수 없을 것이고, 따라서 내 몸과 집을 지킬 수 있을 것이라고 생각했소."

프루덴스가 설명했습니다.

"높은 망루를 만들고, 큰 건물을 세우는 것은 때때로 오만함과 결부되지요. 사람들은 높은 탑이나 커다란 건물을 짓는 데 막대한 돈을 쏟아 붓고, 막대한 노동력을 들입니다. 하지만 그런 것을 세운다 해도 진실하고 충성스럽고 신중한 친구들이 지켜 주지 않으면 아무 소용도 없지요. 재산은 물론, 몸을 지킬 수 있는 가장 든든한 방벽은 그의 부하들이나 이웃에게 받는 사랑입니다. 툴리우스도, '이 세상에는 절대로 무너뜨릴 수 없는 난공불락의 수비대가 있다. 그것은 시민들과 백성들이 영주에게 바치는 사랑이다'라고 말했듯이.

이제는 세 번째 문제로 들어가겠어요. 나이 들고 현명한 조언자들이 당신에게 일을 서두르지 말고 주의를 기울여 심사숙고하라고 말했지요? 사실 저는 그들의 말이 참으로 현명하고 옳은 말이었다고 생각해요. 툴리우스는 이렇게도 말했어요. '무슨 일이든 시작하기 전에 빈틈없이 준비하라.' 복수를 하든지, 전쟁을 치르든지 또는 성을 쌓든지 당신은 그런 일을 시작하시기 전에 열심히 준비해야 해요. 그는 또 이렇게 지적하고 있지요. '오랜 경고 속에 있던 수비대는 전쟁 준비가 그만큼 잘 돼 있다.' 또한 카시오도로스는 '오랫동안 준비할수록 수비대는 더욱 강해진다'고 말했고요.

이제는 당신 이웃들, 그러니까 당신을 사랑하지 않으면서 단지 무서워 공경하는 사람들이나, 당신과 화해한 과거의 적들 그리고 아첨꾼들이 했던 말을 생각해 보세요. 그들은 사석에서는 특정한 것을 권하지만 공석에서는 전혀 다른 말을 하지요. 또한 젊은 사람들은 당신에게 복수를 하고 즉시 전쟁을 하라고 소리쳤어요.

이미 제가 말씀드렸다시피 당신이 모든 사람들을 불러 의논하신 것은 실수였어요. 이 사람들이 의논상대로 적합하지 않은 이유는 제가 분명히 말씀드렸지만, 좀 더 자세히 살펴보기로 해요.

우선 당신은 툴리우스의 말대로 일을 진행하셨어야 합니다. 이 사건의 진상은 구태여 따져볼 필요도 없는 것이죠. 누가 당신을 공격하고 모욕한 장본인이며, 또 그들이 어떤 사람들인지는 익히 알려져 있으니까요.

다음으로 툴리우스가 언급한 두 번째 요건을 살펴봐야 해요. 툴리우스가 '동의'라고 말하는 뜻 말이에요. 당신에게 급히 복수를 서두르라고 조언한 사람들은 누구이며, 당신 적들의 행동에 따르는 사람들이 누구인지, 또 그 숫자는 얼마나 되고, 그들이 어떤 부류의 사람들인지 따져 보세요.

먼저, 당신의 조급한 복수에 동의한 사람이 누구인지는 다 알고 있어요. 즉시 전쟁을 시작하라고 충고한 사람들 모두가 당신의 진정한 친구는 아니었어요.

이제 자기 몸처럼 아끼는 친구들이 누군지 생각해 보세요. 당신은 권력도 있고 재산도 많지만 홀몸이에요. 아들은 없고 딸만 하나 있으니까요. 또한 형제나 사촌 혹은 가까운 친척도 없어요. 그런 사람들이 있다면 적들도 두려위 할 것이고, 공격하려고도 하지 않을 것이며, 파멸시키려 들지도 않을 거예요. 당신이 죽으면 그 재산은 여러 사람의 손에 분할되겠지요. 그렇지만 그들이 각자의 몫을 받은 뒤에는 당신의 죽음에 복수하겠다고 마음먹는 사람은 없을 겁니다. 반면에 당신의 적은 세 사람이고, 그들은 자식들과 형제들, 사촌들과 가까운 친척들이 많아요. 당신이 두세 사람을 죽인다 하더라도 당신에게 복수를 하기 위해 목숨을 빼앗을 수 있는 사람은 얼마든지 많다는 거지요. 당신의 친척이 적들의 친척보다 훨씬 충실하고 힘이 세다고 하더라도 그들은 먼 곳에 살고 있고, 당신과는 촌수도 멀어요. 하지만 그들은 적들과 매우 가까운 친척들이에요. 그런 점에서 볼 때 당신보다 적들이 훨씬 더 유리한 입장에 있지요.

그렇다면 복수를 주장한 사람들의 의견이 이치에 맞는지 생각해 보세요. 당신도 잘 알다시피 그 대답은 '아니오' 입니다. 그것이 옳은 일이고 이치에도 맞지만, 그것을 법적으로 관리하고 있는 재판관 말고 복수가 용납되는 자는 없습니다. 그 사람만이 법이 요구하는 바에 따라 합법적으로 복수할 수 있어요. 서두르건, 천천히 하건 법이 명하는 대로, 복수하도록 허용된 경우에만 가능한 것이지요.

게다가 툴리우스가 '일치'라고 한 것은, 당신이 자신의 목적을 달성하기 위해 충분한 힘과 능력을 가졌는가 하는 것입니다. 물론 당신은 그렇지 않다고 대답할 거예요. 분명히 말씀드리자면 우리가 할 수 있는 일은 합법적으로 할 수 있는 것뿐이거든요. 따라서 법적인 관점에서 보면 당신 스스로 복수할 수는 없어요. 결과적으로 당신은 자신의 목적을 수행할 능력이 없다는 말입니다.

그럼, 툴리우스가 '결과'라고 말한 것을 살펴보겠어요. 당신이 목적으로 삼고 있는 복수야말로 결과지요. 그러나 복수는 또 다른 보복과 위험과 전쟁을 낳으며, 전쟁에는 또 다른 무한한 해가 뒤따르는 법입니다. 지금으로서는 그 '해'가 무엇일지 전혀 알 수가 없답니다.

네 번째로 살펴봐야 할 것은, 툴리우스가 말한 '동기'예요. 당신이 입은 피해는, 적들의 당신에 대한 증오에 원인이 있어요. 그러므로 당신의 복수는 또 다른 보복의 동기를 제공하는 셈인 거죠. 그러니 큰 불행과 막대한 재산 손실을 가져올 수 있어요.

틀리우스가 '원인'이라고 이름 붙인 점을 살펴보도록 해요. 당신이 입은 피해에는 반드시 까닭이 있다는 것을 당신도 아실 거예요. 학자들은 그것을 '원인(原因)'과 '동인(動因)', '원인(遠因)'과 '근인(近因)'이라고 부르고 있습니다. 다시 말해, 먼 원인과 가까운 원인 말입니다. 먼 원인은 만물의 근원이신 전능하신 하느님이에요. 가까운 원인은 당신의 세 적들이고요. 부수적인 원인은 증오였으며, 실질적인 원인은 우리 딸이 입은 다섯 군데의 상처예요. 형식적 원인, 즉 당신 적들의 행동은 사다리를 가져와서 우리 집 창문으로 들어온 것이지요. 마지막 원인은 당신 딸을 죽이는 것이었어요. 이런 목적이 달성되지 않았다고 해서 그들이 이런 것을 목적으로 삼지 않았다고 말할 수는 없습니다.

그러나 먼 원인, 즉 그들이 어떤 최후를 맞게 될 것이며, 그들에게 어떤 일이 발생할 것인지 저는 추측할 수는 있지만 판단할 수는 없어요. 아마 불행한 최후를 맞이하겠지요. 왜냐하면 칙령서(嫩令書)에 이렇게 적혀 있거든요. '나쁜 씨앗이 좋은 결실을 맺기는 어려울 것이며, 큰 고통이 따를 것이다."

그런데 하느님께서 왜 사람들이 그런 못된 짓을 저지르도록 놔두셨느냐고 물으신다면 저는 분명한 대답을 할 수가 없어요. 사도 바오로는 이렇게 말했지요. '하느님의 풍요와 지혜와 지식은 심오합니다. 누가 그분의 판단을 헤아릴 수 있으며, 그분이 하시는 일을 이해할 수 있겠습니까?' 그렇지만 상상과 추측을 해 보자면, 공정하고 정의로우신 하느님께서는 어떤 합당한 이유가 있어서 이런 일이 일어나게 하셨으리라 믿어요.

당신 이름은 멜리비, '꿀을 마시는 사람'이라는 뜻이지요. 당신은 세속의 부귀와 현세의 쾌락과 명예라는 달콤한 꿀을 너무 많이 마신 나머지 취하고 말았어요. 그래서 당신의 창조주이신 예수 그리스도를 잊어버린 거예요. 당신은 그리스도께 명예와 존경을 바치지 않았어요. 당신은 오비드의 말을 잊으신 거예요. 그는 이렇게 말했죠. '속세의 행복을 안겨주는 꿀 속에는 영혼을 죽이는 독이 숨어 있다.' 또한 솔로몬은 이렇게 지적했어요. '꿀을 보더라도 적당히 먹어라. 너무 많이 먹으면 토하리라. 그러면 다시 배고픔과 부족함을 느끼게 될 것이다.' 그래서 아마도 그리스도는 당신을 외면하시고, 그의 자비로운 귀를 당신에게 기울이지 않으셨을지도 몰라요. 그렇게 함으로써 당신의 죄를 벌하셨는지도 모르지요.

당신은 우리 주 예수 그리스도에게 죄를 지으셨어요. 왜냐하면 인류의 세 가지 적, 즉 육체와 악마와 세속성이 당신의 육체라는 창*15을 통해 들어와 당신의 의지를 점령하게 만드셨거든요. 당신은 그런 적들이 침입하여 유혹하는 데도 저항하지 않았어요. 그래서 주님은 다섯 군데에 상처를 입힌 거예요. 다시 말하자면, 가장 큰 죄악들이 당신의 다섯 감각을 통해 침입한 것이지요. 마찬가지로 우리의 주님이신 그리스도도 세 명의 적이 창문을 통해 당신 집으로 들어와, 우리가 익히 알고 있는 바대로 우리 딸에게 상처를 입히도록 하신 거예요."

이 말을 듣자 멜리비가 말했습니다.

"당신은 지금 내가 복수하지 않도록, 적들에게 보복함으로써 생길 지도 모르는 여러 가지 위험이나 폐해를 들어 가며 나를 설득하려고 애쓰고 있다는 사실을 잘 알고 있소. 하지만 복수함으로써 생겨날 지도 모르는 위험과 폐해를 걱정한다면 이 세상에 앙갚음하는 사람은 아무도 없을 거요. 그거야말로 재앙이 되겠지. 복수는 선과 악을 구별해 주는 방법이며, 악행을 저지르려고 하는 자들에게는 범죄자들이 어떤 징벌을 받는지 보여 줌으로써 그 악한 의도를 버리게 할 것이기 때문이오."

프루덴스가 대답했습니다.

"복수가 나쁜 일도 생기게 하고 좋은 일도 생기게 할 수 있다는 것은 저도 잘 알고 있어요. 그러나 복수는 개인이 할 수 있는 게 아니에요. 그것은 재판권을 가지고 있는 재판관들만이 할 수 있는 것이지요. 그것뿐만이 아니에요. 개인적으로 복수를 하는 사람은 죄를 짓듯이, 재판관이 마땅히 해야 할 복수를 하지 않으면 그 또한 죄를 짓는 거예요. 세네카는 이렇게 말했어요. '악한 자를 꾸짖는 군주는 좋은 사람이다.' 또한 카시오도로스도 '자기 죄가 재판관들과 영주들이 싫어할 것임을 알면 죄짓기를 두려워한다' 말했고, 어떤 사람은 '옳은 일 하기를 두려워하는 재판관은 악한 자를 낳는다'고 지적하기도 했어요. 그리고 바오로 사도도 로마인들에게 보내는 편지에서 '재판관들은, 악한 자나 부랑인들을 벌하거나, 선량한 사람들을 지키는 일 말고는

---

*15 오감(五感)을 가리킨다.

이유 없이 창을 휘두르지 않는다' 말씀하셨어요. 만일 복수를 하시려거든 그들을 다스리는 재판관에게 근거를 제출하세요. 그러면 그 재판관은 법이 정하고 요구하는 바에 따라 정당하게 그들을 다스릴 거예요."

"그런 종류의 복수는 내 마음에 들지 않아. 운명의 여신은 어렸을 때부터 나를 돌봐 주었고, 많은 어려운 고비를 잘 넘길 수 있도록 도와 주셨다는 사실을 기억하고 있지. 하느님의 보호 아래, 내가 받은 치욕을 되갚는 일을 여신께서 도와 줄 것이라 믿고, 여신을 시험해 보겠소."

"만일 당신이 제 충고를 따르신다면, 운명의 여신에게 의지하실 필요도 없고 운명을 시험해 보실 필요도 없어요. 세네카는 이렇게 말했어요. '어리석은 행위나 운명의 여신의 힘을 기대하는 행위는 결코 좋은 결과를 얻을 수 없다. 운명의 여신이 밝게 빛나면 빛날수록 변덕스러워지고, 부서지기 쉬운 법이다.' 그러니 운명의 여신을 믿지 마세요. 그녀는 변화무쌍하여 영원하지도 않답니다. 운명의 여신이 도와 줄 것이라고 확신할수록 그녀는 당신을 속이고 시험할 거예요.

운명의 여신이 어렸을 때부터 당신을 사랑했다고 말씀하셨는데, 그럴수록 그녀가 호의를 베풀어 줄 것이라고 믿으시면 안 돼요. 세네카는 이렇게 말했어요. '운명의 여신은 그녀가 양육한 사람을 바보로 만든다.' 복수를 원하는데 법적인 재판을 통한 복수는 당신을 만족시키지 않고, 운명의 여신을 믿는 복수 또한 위험하다면, 모든 죄인들과 그들의 죄에 대해 보복하는 재판관인 하느님에게 의지하는 수밖에 없네요.

하느님이야말로 그분 자신이 증명하고 계시는 것처럼 당신을 대신해 복수해 주실 것입니다. 하느님은 이렇게 말씀하시지요. '원수 갚는 것은 내가 할 일이니 내가 갚아 주겠다. 내가 대신 복수해 주겠다'*16고 말입니다."

그러자 멜리비가 대답했지요.

"만일 내가 적들에게 받은 치욕을 복수하지 않는다면 그들은 내게 더 큰 상처를 입혀도 좋다고 생각할 것이오. 이것은 결국 그들을 부추기는 결과가 될 테지. 이런 글이 있어요. '과거의 치욕을 복수하지 않는다면 너는 적들에게 다시 너를 모욕하라고 부추기는 것이다.' 그리고 내가 참는다면, 이번에는

＊16 〈로마인들에게 보낸 편지〉 12 : 19.

더 견디지 못할 정도로 심한 악행을 저지르려 할 것이고 나를 얕잡아 볼 것이다. '지나칠 정도로 견디고 있으면 참을 수 없는 많은 일들이 생길 것'이라는 말도 있지 않소?"

"네, 맞아요. 지나치게 참는 것도 좋지 않다는 의견에는 나도 동의해요. 그렇다고 해서 화를 입은 모든 사람이 복수할 수는 없어요. 그 이유는 모든 복수는 재판관에게 속해 있기 때문이랍니다. 재판관만이 악덕이나 피해에 대해 복수할 수 있기 때문이지요. 당신이 말씀하신 두 가지 권리는, 오직 재판관만이 가질 수 있다는 말입니다. 악행이나 부도독한 행위를 아무런 징벌도 하지 않고 내버려 둔다면 그들은 다른 사람들에게 악행을 저지르라고 유혹할 뿐만 아니라 그렇게 하도록 명령할 것이기 때문이지요. 현자는 '죄를 바로잡지 않는 재판관은, 죄인에게 죄를 지으라고 명령하는 것이나 다름없다' 말했어요.

만일 재판관들이나 통치자들이 자기들 치하에 있는 죄인들을 벌하지 않는다면, 이 죄인들이 힘과 권력을 키워서 마침내 못된 짓을 엄단하지 않은 재판관과 통치지들을 자리에서 몰아내게 될 것입니다.

그러면 이번에는 당신이 복수해도 좋다는 허락을 받았다고 가정해 보세요. 그렇더라도 당신은 복수할 만큼의 충분한 힘을 갖고 있지 않다고 생각해요. 적들과 비교해 보면, 이미 제가 말씀드린 여러 면에서 그들이 당신보다 유리한 입장이라는 사실을 알게 될 거예요. 그래서 지금은 참는 편이 낫다고 말씀드리는 거랍니다.

당신도 이런 속담은 잘 알고 있을 거예요. '자기보다 힘세고 권력 있는 자와 싸우는 것은 미친 짓이다. 자기와 힘이 비슷한 사람과 싸우는 것은 위험한 일이다. 또한 자기보다 힘이 약한 사람과 싸우는 것은 비열한 행위다.' 그래서 싸움은 되도록 피하셔야 하는 거예요. 솔로몬은 이렇게 말했어요. '싸움이나 다툼을 피하는 사람은 명예롭다.'

만약 당신보다 힘이 세고 권력이 강한 사람이 공격해 오면, 복수 대신 그의 공격을 멈추게 하려고 노력해야 해요. 또 세네카는 이렇게 말했답니다. '자기보다 강한 사람과 싸우는 사람은 큰 위험에 처하게 된다.' 카토 역시 이렇게 지적하고 있어요. '만일 너보다 힘이 세거나 지위가 높은 사람이 너를 해치면 참도록 하라. 한때 너를 괴롭히거나 해친 자가 다음에 너를 구하고

도와 줄 수도 있기 때문이다.'

그렇지만 당신이 복수할 능력이 있고 허락을 받았다 해도 복수를 하지 말고, 당신이 입은 해를 참고 견뎌야 할 많은 이유가 있습니다. 무엇보다 먼저, 당신의 여러 가지 결점을 생각해 보세요.

이미 말씀드렸다시피 하느님께서 당신에게 이런 고통을 내리셨다는 것을 알게 될 거예요. 어느 시인은 이렇게 말했어요. '어려움을 겪을 만하다고 생각할 때, 우리는 그 고통을 꿋꿋이 참고 견뎌야 한다.' 그레고리우스 성인도 말했지요. '자신의 결점이나 죄가 얼마나 많은지 고민해 보면, 자기가 받는 고뇌나 어려움은 아직도 부족하다는 생각이 들게 될 것이다. 그래서 죄가 무겁고 견디기 힘든 것이라고 느낄수록 고뇌는 그만큼 가볍고 쉬운 것으로 받아들여질 것이다.'

그러니 당신은 겸손한 마음으로 우리 주 예수 그리스도의 인내심을 본받아야 해요. 성 베드로는 '예수 그리스도는 우리를 위해 참으시고, 모든 사람이 본받고 따라야 할 모범을 보이셨다. 그리스도는 죄를 범한 적이 없으며, 악한 말을 하신 적도 없으셨다. 사람들이 그리스도를 욕했을 때에도 그들을 욕하지 않으셨다. 또 사람들이 그 분을 쳤을 때에도 그들을 위협하지 않으셨다'고 하셨잖아요. 낙원에 계신 성인들은 아무런 잘못도 없으면서 고난을 겪고 인내로 참아낸 것을 생각한다면 당신도 참고 견딜 수 있을 거예요.

고통은 오래 지속되지 않고 빨리 지나간다는 것을 생각하시고 인내하려고 노력해야 합니다. 게다가 인내의 결과로 얻어지는 기쁨이야말로 사도가 편지에서 쓰고 있는 것처럼 영원한 것입니다. 인내하지 못한다면, 혹은 참기를 거부한다면, 그는 훌륭하게 양육된 사람이 아닐 뿐더러 뛰어난 교양을 가진 사람도 아니라고 저는 생각합니다.

솔로몬도 이렇게 말하고 있잖아요? '학문과 지혜는 인내로써 드러난다'고 말입니다. 또한 다른 곳에서는 '인내심 많은 사람은 깊이 생각함으로써 자신을 수양한다'고 적고 있으며 '화를 잘 내는 사람은 소란을 일으키지만 참을성이 많은 사람은 온화하며 소란을 피우지 않는다'고도 말했어요. 또 '단순히 힘센 것보다 인내심 많은 것이 훨씬 가치 있다. 게다가 스스로 마음을 다스릴 수 있는 사람은 강한 힘으로 마을을 탈취하는 사람보다 칭찬 받아 마땅하다' 했지요. 이와 같은 의미로 야고보는 편지에서 '인내야말로 위대하고도 완전한 덕이다'라고 썼어요."

그러자 멜리비가 말했습니다.

"그렇긴 하지. 여보, 인내야말로 완전한 미덕이라는 것은 나도 알고 있소. 그렇지만 당신이 추구하는 완성된 인격을 누구나 가지고 있는 것은 아니오. 나 또한 그렇소. 내 마음은 복수하기 전까지는 절대로 가라앉지 않을 것이오. 내게 복수한 점에 대해 내가 얼마나 악하게 갚을 것인지를 훤히 알서도 그들은 조금도 개의치 않고 사악한 욕망을 이루었소. 그러니 내가 그들에게 복수하는 데에 위험이 뒤따른다 해도 그리고 지나치게 보복한다고 해도 사람들은 나를 비난할 수 없으리라 생각하오. 그러니까 폭력을 폭력으로 되갚는다 해도 말이지."

"아, 당신은 기어이 욕망이 시키는 대로 복수하겠다고 말씀하시는군요. 하지만 어떤 경우에라도 지나치게 난폭한 복수를 해서는 안 됩니다. 카시오도로스도 말하지 않았나요? '복수하기 위해 강제력을 동원한 사람은 폭력을 휘두르는 사람과 똑같다'고요. 당신이 합당하게, 그러니까 지나친 행위나 무력을 일삼는 것이 아니라 법에 따라 정당한 방법으로 복수하는 게 옳아요.

만약 적들의 난폭한 행위에 대해, 정의가 명하는 것과는 다른 방법으로 복수하려고 한다면, 당신은 죄를 짓게 되는 것이죠. 세네카가 '악을 악으로 갚아서는 안 된다'고 말했지요. 하지만 정의라는 것이 폭행을 폭행으로, 싸움을 싸움으로 맞서는 것이라고 한다면 당신 말이 맞아요. 그 싸움이 지체되거나 어느 정도의 시간을 두고 벼르는 복수가 아니라 정당방위라면 말입니다.

그리고 폭력이라는 비난을 받지 않도록 중용을 지킬 필요가 있습니다. 안 그러면 비이성적인 행위가 되고 말 테니까요. 자, 하지만 당신은 자신을 지키기 위해 방어하려는 것이 아니라 복수를 위해 방어한다는 점을 잘 알고 계시지요 그렇다면 당신은 중용을 취할 마음이 없는 거예요. 그럴수록 인내야말로 최고의 선이라고 나는 생각합니다. 솔로몬도 '인내하지 못하는 사람은 큰 재앙을 만나게 될 것'이라고 말하고 있기 때문이지요."

"나도 당신 말에 동의하오. 자기와 상관도 없고 자기가 해야 할 일도 아닌 것을 가지고 화를 내거나 참지 못하는 사람이 화를 당한다는 것은 전혀 이상한 일이 아니오. 법전에도 '자신과 상관없는 일에 간섭하거나 끼어드는 사람은 벌을 받아 마땅하다'고 씌어 있소. 솔로몬도 '상관도 없는 분쟁에 끼어드는 것은 사냥개의 귀를 잡는 격이다' 말했지. 낯선 사냥개의 귀를 무턱대고 잡으면 물리듯이, 아무런 관련도 없는 일에 참지 못하고 끼어드는 사람이 화를 입는 것은 당연한 일이오.

그러나 당신도 잘 알다시피 이번 사건, 즉 내 슬픔과 고통이 얼마나 내 마음을 뒤흔드는지 모른다오. 내가 화내고 참지 못하는 것은 너무나 당연한 일이오. 당신의 말을 거역하는 것 같지만, 설령 복수를 한다 해도 큰 화를 입게 되리라고는 생각하지 않소. 왜냐하면, 내가 적들보다 더 부자이고 커다란 권력을 가졌기 때문이라오. 넉넉한 재산이 이 세상 모든 것을 지배하고 있지. 솔로몬도 '모든 것은 돈에 좌우된다'고 자신 있게 말하고 있잖소?"

남편이 적의 힘을 과소평가하면서 자신의 재산과 돈을 자랑하는 것을 들은 프루덴스가 말했습니다.

"여보, 나도 당신이 부유하고 권세 있는 사람이라는 걸 잘 알고 있어요. 부를 뛰어난 방법으로 얻고, 또 훌륭하게 쓸 줄 아는 사람에게는 부가 이로운 것입니다. 사람의 몸이 영혼 없이는 살아갈 수 없는 것처럼 재산 없이는 버틸 수 없지요. 게다가 부가 있으면 많은 친구를 얻을 수 있습니다. 팸필리우스*17는 이렇게 말했어요. '돈 많은 소몰이꾼의 딸은 수천 명의 남자 중에서 자기 마음에 드는 남편감을 마음대로 고를 수 있다. 천 명 가운데 선택받은 한 사람이라면 그녀를 버리거나 거부하지는 않을 것이기 때문이다.' 그리고 이런 말도 했어요. '당신이 진정 행복하다면, 그러니까 부자라면, 수많은 친구와 동지를 얻을 수 있을 것이다. 그러나 운명이 바뀌어 가난하게 되면 그들은 모두 당신을 버리고 떠난다. 그러면 당신은 혼자라는 사실을 알게 될 것이다', '태생이 노예라도 돈만 있으면 모든 사람의 존경을 받는다'고도 했어요.

돈이 이렇게 여러 가지 좋은 일을 선사하는 것처럼 가난하면 많은 손해를 볼 수도 있어요. 찢어지게 가난하면 어쩔 수 없이 다른 사람들에게 악을 끼치게 되기 때문입니다. 그래서 카시오도로스는 가난을 가리켜 '파멸의 어머니'라고 불렀지요. 즉 이 말은 파멸과 몰락을 낳는 어머니라는 뜻이에요.

이런 이유로 페트루스 알폰스는 이렇게 말했어요. '이 세상에서 가장 큰

---

*17 12세기의 라틴 시(詩) 〈사랑의 팸필리우스〉의 주인공.

역경 가운데 하나는, 자유인으로 태어난 그 혈통을 이어받은 사람이 너무나 가난하여 적이 주는 동냥으로 먹고사는 것이다.' 그리고 교황 이노센트도 자신의 저서에서 '슬픔으로 가득 찬 불행이란, 가난으로 인해 걸식하는 것이다. 구걸하지 않으면 굶어 죽을 것이고, 구걸을 하자니 그 치욕은 죽음에 못지않을 것이다. 그러나 배가 고프기 때문에 하는 수 없이 동냥을 해야 한다'고 쓰고 있고, 솔로몬도 이런 말을 했어요. '가난하게 사는 것보다는 차라리 죽는 게 낫다'고요. 이런 이유를 비롯해서 제가 알고 있는 다른 많은 이유 때문에, '부'라는 것은 정당하게 얻어서 올바로 쓰는 사람에게는 좋은 것이라고 말했던 거예요. 그래서 이제는 당신이 어떻게 재산을 모아야 하고 어떻게 써야 하는지 말씀드리겠어요.

먼저 돈에 대해 너무 욕심을 내지 말고 느긋하게 서서히 모으도록 하세요. 부를 얻고자 너무 열을 내는 사람은 도둑질이나 온갖 나쁜 짓을 하게 마련이에요. 이 점에 대해 솔로몬은 '벼락부자가 되려는 사람은 죄를 짓지 않을 수 없다', '급하게 얻은 재산은 쉽게 사라지지만 조금씩 모은 재산은 갈수록 불어난다.' 고 말했지요.

당신은 노력과 지혜로 재산을 불려야 해요. 당신이 부자가 되기 위해서 다른 사람에게 해를 끼치거나 부정한 방법으로 재산을 얻어서는 안 됩니다. 법전에도 이렇게 씌어 있어요. '남에게 해를 끼치는 사람은 절대로 부자가 될 수 없다.' 다시 말하면 어떤 사람도 다른 사람에게 해를 끼치면서까지 부자가 되려 하는 것을 금하고 있는 것입니다. 툴리우스도 '폭력이나 죽음의 공포 혹은 그 밖의 어떤 재난보다 남을 해침으로써 자신의 이익을 추구하는 것만큼 자연의 법칙에 어긋나는 것은 없다'고 했지요.

권력자와 갑부들이 당신보다 더 쉽게 부자가 된다 하더라도, 당신은 나태하지 않게 열심히 일하며 재산을 모아야 해요. 게으르지 않도록 늘 조심하세요. 솔로몬은 '게으름은 온갖 악행의 선생이다' 지적하면서 이렇게 덧붙였어요. '부지런히 밭을 가는 사람은 배불리 먹을 것이나, 일하지 않고 놀기만 하는 게으름뱅이는 가난에 허덕이며 배고파 죽을 것이다.' 나태한 자는 일을 싫어해요. 그래서 어떤 시인은 '게으른 자는, 겨울은 일하기에 너무 춥다고 말하고 여름이 되면 일하기에 너무 덥다고 말한다' 했지요. 카토는 이런 충고를 했어요. '잠을 너무 많이 자지 말라. 지나친 휴식은 수많은 악의 원천이며 자양분이다.' 제롬 성인은 또 뭐라고 했나요? '우리의 적인 악마가 너를 한가하다고 생각하지 않도록 좋은 일을 하라' 했어요. 악마는 좋은 일을 하는 사람들을 쉽게 정복하지 못하거든요.

그러니 재산을 모으는 데 가장 중요한 것은 게으르지 말라는 것입니다. 그리고 당신의 능력과 노력으로 얻은 재산과 돈을 제대로 쓰도록 하세요. 하지만 남들에게 너무 인색하다느니 혹은 반대로 너무 헤프게 낭비한다는 비난을 듣지 않도록 조심해서 써야 합니다. 카토는 이렇게 말했어요. '사람들에게 구두쇠라거나 수전노라는 말을 듣지 않도록 하라. 마음은 가난하면서 돈만 많다는 것은 큰 치욕이다', '네가 번 돈을 절제하며 써라'라고 말하기도 했어요. 모은 재산을 어리석게 낭비하는 사람은 자기의 재산이 모두 없어지면 결국 남의 재산을 빼앗을 계략을 꾸미게 되거든요.

다른 사람들이 당신에게 돈을 꼭꼭 숨겨두고 있다고 비난하지 않도록 주머니를 여시고, 탐욕을 버리세요. 사람들로 하여금 당신이 돈을 제대로 사용하며 잘 관리하고 있다고 생각하게 만드세요. 어떤 현자는 욕심 많은 구두쇠를 비난하면서 이런 시를 썼답니다. 무슨 목적으로, 무엇을 위해 그리 탐욕스럽게 재산을 은닉하고 있는가? 사람이란 언젠가는 죽음을 맞게 되어 있는 것을! 현세에서 죽음이란 모든 것의 종말을 의미하는 것인데 말이다.'

무슨 까닭으로 사람들은 자기 재산에 옴짝달싹 할 수 없을 만큼 묶여 있는 걸까요? 오감(五感)이 자기 몸을 재산으로부터 끊을 수 없을 정도로 말입니다. 죽을 때에는 이 세상에 있는 것을 아무도 가져가지 못한다는 점을 모르는 걸까요? 그래서 성 아우구스티누스는 이렇게 말씀하셨지요. '탐욕스러운 자는 지옥과 같다. 삼키면 삼킬수록 욕심은 더 늘어난다'고 말입니다.

구두쇠니 욕심쟁이니 하는 소리를 듣지 않도록 노력하셔야 하지만, 마찬가지로 낭비벽이 심하다는 소리도 듣지 않도록 조심하세요. 툴리우스는 '너의 집안에 있는 재물을 묻어 두거나 감추어 두지 말라. 그것들이 너의 동정과 자비에서 동떨어져 있게 하지 말라' 했지요. 이 말은 가난한 사람들에게 재산의 일부를 나누어 주라는 말입니다. 그러면서 이렇게 덧붙였죠. '그렇다고 해서 네 재산이 모든 사람의 공유재산이 되게 하지는 말라'고요.

돈을 벌거나 쓸 때에는 세 가지를 마음에 새기고 있어야 합니다. 주님과 당신의 양심과 명성을 말이에요. 아무리 큰 재물이 생긴다 해도 당신을 만드신 주님을 거슬러서는 안 됩니다. 솔로몬의 말을 빌려 그 이유를 말씀드리자면, '하느님의 사랑을 받으며 적은 재산을 가지는 것이 많은 재산과 보물을 가지고 하느님의 사랑을 잃는 것보다 낫다' 했거든요. 또한 예언자는 '많은 재산을 가지고 나쁜 사람이라는 비난을 듣느니, 가난하더라도 착한 사람으로 사는 게 낫다' 말씀하셨어요.

저는 이 말에서 한 걸음 더 나아가 이렇게 말하겠어요. 재물을 모으려는 당신의 노력은 언제나 양심이 허락하는 범위 안에 있어야 해요. 사도께서도 말씀하셨듯이 '이 세상에서 꾀를 부리지 않고 하느님의 은총으로 그분의 뜻에 따라 솔직하고도 진실하게 살아왔다는 것을 양심을 걸고 말할 수 있는 것만큼 큰 기쁨은 없다' 그리고 '양심에 죄를 짓지 않은 사람은 선하다'고 어느 현자는 말했습니다.

당신이 재산을 얻고 쓰실 때에는 늘 당신 명예에 흠이 생기지 않도록 노력해야 해요. '많은 재산을 갖는 것보다 높은 명성을 갖는 것이 훨씬 더 좋고 이롭다'고 솔로몬이 말한 것처럼 말이지요. 그는 다른 곳에서도 이렇게 충고하고 있답니다. '친구와 명성을 지키도록 노력하라. 이것은 귀한 보석보다도 더 오래도록 그대와 함께 머물 것이다.' 하느님을 경외하고 양심적으로 명성을 지키려고 노력하지 않는다면 훌륭한 사람이라고 말할 수 없습니다. 카시오도로스는 '명성을 사랑하고 바라는 것은 그 사람의 고귀한 정신을 나타내는 것이다' 했고, 성 아우구스티누스는 '없어서는 안 될 것이 두 가지가 있으니, 그것은 바로 양심과 명성이다. 양심은 각자의 마음속에 있는 것이고 명성은 이웃들과 관계된 것이다. 자신의 양심을 지나치게 믿는 나머지 자신의 명성을 우습게 여기거나 관심을 보이지 않는 사람은 비천하다' 했어요.

지금까지 저는 당신이 재물을 어떻게 얻어야 하며, 또 어떻게 사용해야 하는지에 대해서 말했어요. 당신은 자신의 재력을 굳게 믿으시기에 결국 싸움을 선택하려 한다는 사실을 잘 알고 있어요. 하지만 당신의 재산을 믿고 전쟁하지는 말라고 충고하고 싶어요. 아무리 많은 재산이 있더라도 전쟁을 하기에는 충분치 않거든요. 그래서 어떤 철학자는 이렇게 말했어요. '싸움을 원하고, 언제든 싸우기를 바라는 사람은 결코 만족할 수 없다. 만약 그 사람이 존경과 승리를 원하고 있다면 부유하면 할수록 더 많은 돈을 지불해야 할 것이기 때문이다.'

이 주제에 대해 솔로몬은 이렇게 말하고 있답니다. '재산이 많으면 그만큼 쓸 데도 많다.' 결론적으로 말하자면, 당신이 많은 돈을 가지고 있기 때문에 많은 사람들이 당신의 의견을 지지하는 건지도 몰라요.

그렇지만 당신이 명예를 누리면서 평화롭게 살 수 있는데도 전쟁을 시작한다는 것은 그리 옳은 일이 아닙니다. 이 세상에서 일어나는 승리는 인원의 많고 적음이나 사람의 힘에 의존하는 것이 아니라 우리 주, 전능하신 하느님의 뜻과 그분의 손에 달려 있기 때문입니다. 그래서 하느님의 전사였던 유딧 마카베는 적들과 싸우면서 그들이 자기 군대보다 숫자도 많고 힘이 세다는 것을 알고 자기 군사들을 이렇게 격려했어요. '하느님께서 구원하시려는 뜻을 가지고 계신다면 군대가 크고 작음은 문제되지 않는다. 전쟁의 승리는 군사의 많고 적음에 달린 것이 아니고, 우리의 주님이신 하느님의 힘에 달려 있다'고 말이지요.

이 세상에 하느님께서 자기에게 승리를 내려주실 것이라고 확신할 수 있는 사람은 아무도 없어요. 하느님이 사랑하는 사람조차도 그렇게 생각할 수는 없지요. 그래서 누구나 전쟁을 두려워해야 해요. 전쟁이 일어나면 약자든 강자든 위험을 피할 수 없거든요. 〈열왕기 하편〉에는 이런 구절이 있어요. '전쟁에서 일어나는 일은 무엇 하나 확실한 것이 없다. 이편이나 저편이나 창을 맞을 수 있기 때문'이라는 것이지요. 전쟁에는 늘 위험이 도사리고 있기 때문에 우리는 가능하면 전쟁을 피해야 해요. 솔로몬은, '위험을 사랑하는 자는 위험에 빠질 것'이라고 했어요."

프루덴스가 말을 마치자 멜리비가 이렇게 답했습니다.

"프루덴스, 당신의 훌륭하고 조리 있는 설명 덕분에 나는 당신이 전쟁을 원치 않는다는 사실을 알게 되었소. 하지만 지금 상황에서 내가 어떻게 행동해야 하는지는 아직 듣지 못했구려."

그러자 프루덴스가 말했습니다.

"적들과 화해하시고 평화협정을 맺으라고 권하고 싶어요. 야고보 성인께서도 자기가 쓴 〈야고보서〉에서 '화해를 하여 평화를 누리면 작은 재산도 크게 불어나지만, 불화와 전쟁 속에서는 큰 재산도 사라진다' 쓰고 있어요. 당신도 잘 알다시피, 화합과 평화는 이 세상에서 가장 고귀한 것 가운데 하나예요. 이런 이유로 우리 주 예수 그리스도께서도 사도들에게 이렇게 말씀

하셨지요. '평화를 위해 일하는 사람은 행복하다. 그들은 하느님의 아들이
될 것이다."

"아, 이제야 나는 당신이 내 명예나 체면을 존중하지 않는다는 것을 알게
되었소. 당신도 알고 있듯이, 적들은 내게 분노를 품고 이 전쟁을 먼저 시작
했소. 그들은 내게 평화를 요구하지도 않고 원하지도 않으며, 화해할 마음도
없다는 것을 잘 알고 있지 않소? 그건 분명 내게는 불명예스러운 일이오.
'지나친 친절은 경멸을 낳는다'는 말이 있듯이, 겸손이 지나쳐 몸을 낮춘다
면 그 또한 경멸을 부를 것이 분명하기 때문이오."

이 말을 듣자 프루덴스는 화난 표정을 지으며 대답했습니다.

"당신이 허락하신다면 말씀드리겠는데요, 나는 내 자신의 명예와 이익을
원하는 것처럼 당신의 명예와 이익을 원합니다. 지금까지 언제나 그래 왔어
요. 누구도 그렇지 않다고는 말할 수 없을 겁니다. 평화와 화해를 추구하라
고 말씀드린 것이 잘못되지는 않았어요. 어느 현자께서도 '불화는 다른 사람
에게서 비롯되고, 화평은 그대 자신에게서 시작된다' 했으며, 예언자*18 또한
'못된 짓을 하지 말고 착한 일을 하여라. 평화를 이루기까지 있는 힘을 다하
여라'고 했습니다.

그러나 저는 적들이 당신에게 오기를 기다리는 대신 당신이 그들에게 평
화협정을 맺자고 애원하라는 말은 하지 않았어요. 왜냐하면 당신은 너무 고
집이 세기 때문에 나를 위해서는 아무것도 하지 않을 거라는 것을 잘 알고
있거든요. '지나치게 고집 센 사람은 결국 불행하게 된다'는 솔로몬의 말을
잘 새기셔야 해요."

멜리비는 아내 프루덴스가 불쾌한 표정을 짓자 이렇게 말했습니다.

"여보, 부디 내 말에 상심하지 않기를 바라오. 당신도 알겠지만 난 지금
화가 나 있거든. 성난 사람은 자기가 무슨 말을 하는지 무엇을 하고 있는지
제대로 의식하지 못하는 법이오. 그렇기에 예언자는 '눈물 맺힌 흐린 눈은
명확하게 사물을 보지 못 한다' 하지 않았소. 그러니 당신의 생각을 거리낌
없이 내게 말해 주시오. 그러면 나는 당신 뜻대로 따르겠소. 당신이 나의 어
리석음을 꾸짖는다 해도 나는 당신을 사랑하고 존경할 것이니 말이오. 솔로

---

*18 다윗을 가리킨다.

몬은 '어리석은 자를 책망하는 사람은, 달콤한 말로 속이는 자보다 훨씬 큰 은총을 받는다' 했지."

그러자 프루덴스가 말했습니다.

"분노하고 화나는 감정을 드러내려 했던 게 아닙니다. 저는 오직 당신이 잘되기를 바라거든요. 솔로몬은 '얼굴에 화를 드러내며 어리석은 자를 책망하거나 꾸짖는 사람이, 악한 행동을 지지하거나 칭찬하며 그 어리석음을 비웃는 자보다 훨씬 좋은 사람이다'라고 말했어요. 또한 다른 사람이 슬픔에 잠겨 있는 것을 보고는, '어리석은 사람은 자신의 행동을 고친다'는 지적도 했고요."

아내 프루덴스가 이렇게 말하자 멜리비가 이어서 말했습니다.

"난 당신이 들려 준 수많은 교훈에 반박할 생각은 없소. 당신이 아주 조리 있고 설득력 있게 설명을 잘해 주었기 때문이오. 그럼 이제는 간단하게 당신의 생각과 의견을 말해 주시오. 난 그대로 따르겠소."

그러자 프루덴스는 비로소 자기의 뜻을 솔직하게 말했습니다.

"무엇보다도 먼저, 하느님과 화해하시라고 충고하겠어요. 부디 하느님과의 관계를 회복하시고 그분의 은총을 다시 받으세요. 아까도 말씀드렸다시피 하느님은 당신의 죄로 인해 당신에게 이런 고통과 고난을 주셨기 때문입니다. 내 충고에 따르신다면 하느님은 적들을 당신에게로 보내 그들을 무릎 꿇게 하시고, 당신의 뜻과 명령에 따르게 만드실 것입니다. 솔로몬은 '하느님을 기쁘시게 해 드리면, 하느님은 그 대적의 마음을 바꾸시고 그들에게 평화와 은총을 구하게 하실 것'이라고 했습니다.

사람들 눈에 띄지 않는 곳에서 은밀하게 적들과 대화하실 것을 권합니다. 그 만남이 당신의 뜻을 따라 동의하에 이루어진 것이라는 사실을 그들은 결코 모를 것입니다. 제가 그들이 무슨 목적을 가지고 일을 저질렀는지 알 수 있다면 당신에게 보다 확실한 조언을 해드릴 수 있을 거예요."

멜리비가 말했습니다.

"당신이 원하는 대로하시오. 난 전적으로 당신의 뜻에 따를 테니."

남편이 기꺼이 동의해 주자 프루덴스는 어떻게 해야 이 문제를 잘 풀어 낼 수 있을지 심사숙고했습니다. 그래서 그녀는 적당한 때를 보아 사람을 보내 혼자서 그들과 만났습니다. 그리고 그들에게 평화가 불러올 좋은 점들과, 전쟁에 내포된 커다란 위험이 무엇인지를 논리적으로 설명했습니다. 그러면서 그들에게 남편 멜리비와 딸 그리고 자기에게 입힌 상처와 모욕을 뉘우쳐야만 한다고 정중하게 말했습니다.

그들은 프루덴스의 다정하고 친절한 말을 듣자, 너무나 놀란 나머지 어찌할 줄을 몰랐습니다. 그들의 얼굴에는 형언할 수 없는 기쁨이 엿보였지요. 그들은 이렇게 말했습니다.

"부인, 당신은 예언자 다윗의 말대로 우리를 아름답게 살도록 축복해 주었습니다. 우리에게는 결코 자격이 없음에도 당신은 선량한 마음으로, 우리가 깊은 회한과 겸손한 마음으로 구해야 할 화해를 보여 주셨습니다. 이제우리들은 솔로몬의 말이 얼마나 옳은지 헤아릴 수 있게 되었습니다. 그는 '화해의 말은 우정을 더욱 돈독하게 하며, 악한 자들을 순하고 상냥하게 만든다' 했지요. 우리들은 이 문제를 당신 뜻에 맡기고, 멜리비님의 명령과 결정에 따를 것을 약속합니다.

착한 부인이여, 저희들은 머리를 조아려 당신에게 간청합니다. 당신의 커다란 자비에서 우러나온 인자한 생각과 말씀을 실행에 옮겨 주십시오. 우리는 멜리비님에게 용서받을 수 없는 죄를 저질렀으며, 그분에게 큰 빚을 지고있음을 잘 알고 있습니다. 그래서 그분의 뜻과 명령에 따를 것을 다짐합니다. 그러나 우리가 저지른 잘못 때문에 멜리비님이 너무나 큰 원한과 노여움을 품고 계시기에 우리들이 감당하지 못할 벌을 주실지도 모릅니다. 부인께 간청하오니, 만일 그런 일이 일어나면 우리가 재산을 모두 몰수당하거나 죽음을 당하지 않도록 인자하신 부인의 자비로 도와 주십시오."

그러자 프루덴스가 말했습니다.

"자기의 모든 것을 적의 결정이나 판단에 맡기거나 그의 힘과 권력에 맡기는 것은 아주 위험한 일입니다. 솔로몬은 이렇게 경고했습니다. '나를 믿으라. 내 말에 귀 기울이라. 회중의 대표자들이여, 당신의 아들이든 아내든 형제든 친구든 네가 살아 있는 동안에는 그 누구에게도 권력을 양도하지 말라.' 솔로몬이 친구나 형제에게조차 권력을 양도하지 말라고 하셨으니, 자신을 적에게 맡기는 일을 금해야 한다는 것은 두말할 필요도 없겠지요.

그렇지만 저는 제 남편을 믿어 달라고 말씀드리고 싶어요. 제가 아는 한, 그분은 온화하고 다정하며, 인정이 많고 정중하며, 재물이나 부귀를 바라거나 탐욕에 사로잡히지 않기 때문입니다. 그는 이 세상에서 오직 존경과 명예 말고는 아무것도 바라는 것이 없는 분입니다. 이 문제에 대해서도 내 충고 없이는 아무 일도 하지 않으리라고 확신하고 있습니다. 저는 우리 주님의 은 총으로 그분이 여러분들과 화해하도록 중재하겠습니다."

프루덴스의 말을 듣자 그들은 이구동성으로 대답했습니다.

"존경하는 부인, 우리의 몸과 재산을 당신의 뜻과 의지에 맡기겠습니다. 당신의 다정한 말씀대로, 당신이 정하시는 날에 우리의 의무와 약속을 지키 겠습니다. 우리는 당신과 멜리비님의 뜻을 존중하겠습니다."

그들의 대답을 다 듣고 난 프루덴스는 그들에게 아무도 눈치채지 못하게 돌아가라고 일렀습니다. 그러고 나서 그녀는 남편에게 적들이 뉘우치며 스 스로의 죄과를 겸허하게 인정하는 모습이나 자기들에게 가해질 형벌을 견딜 준비가 되어 있다는 것 그리고 멜리비의 자비와 긍휼을 바라고 있다는 것을 말해 주었습니다.

"자기들의 잘못을 고백하고 후회하면서 구차한 변명을 늘어놓지 않는 사 람은 용서와 관용을 받을 자격이 있소. 세네카는 '고백이 있는 곳에 용서와 은총이 있다'고 했지. 고백과 결백은 이웃사촌과 같은 사이지. 그는 다른 책 에서 또 이렇게 말하고 있소. '자기 죄를 부끄럽게 여기고 고백하는 사람은 용서받을 자격이 있다.' 결론적으로 말하자면, 난 그들과 화해를 하겠소. 하 지만 그 전에 내 친구들의 의견을 듣고 그들의 동의를 구하는 것이 좋을 듯 하오."

그러자 프루덴스는 기쁨에 넘쳐 이렇게 말했습니다.

"그래요, 여보. 정말 훌륭한 결정을 내리셨어요. 당신이 싸움을 결정하실 때 친구들의 의견을 듣고 동의를 구하셨으니, 적들과 화해할 때에도 그들의 조언을 구하는 것이 마땅합니다. 법전에도, '묶어놓은 물건은, 묶은 사람이 푸는 게 가장 자연스럽고 합당하다'고 기록되어 있어요."

프루덴스는 지체하지 않고 멜리비의 가장 친하고 똑똑하며 오래된 친구들 과 친척들에게 전갈을 보냈습니다. 그리고 멜리비가 있는 자리에서, 앞서 이 야기한 것처럼 이 문제를 낱낱이 설명하고, 어떻게 결정을 해야 좋을 것인지 그들의 의견과 생각을 물었지요. 멜리비의 친구들은 이 문제를 깊이 생각하 고 토의한 끝에, 평화를 체결하고, 멜리비가 흔쾌히 적들을 맞이하여 자비를 베풀고 용서하는 것이 좋겠다고 충고했습니다.

친구들의 조언과 남편 멜리비가 그들의 의견에 동의하는 것을 보자, 프루덴스는 모든 것이 자기의 생각대로 진행되고 있다는 사실에 내심 몹시 기뻤습니다. 그래서 이렇게 말했습니다.

"'오늘 할 일을 내일로 미루지 말라'는 옛 속담이 있어요. 그러므로 당신에게 청컨대, 당신의 적들에게 분별력 있고 똑똑한 사람을 보내셔서, 그들이 평화와 화해를 바란다면 즉시 이곳으로 오라고 하세요."

그녀의 말은 지체 없이 실행에 옮겨졌습니다. 침입자이자 자신들의 어리석은 행동을 뉘우치고 있던 사람들, 즉 멜리비의 적들은 매우 기뻐하면서, 겸손하고 공손한 어조로 멜리비와 그의 친척들에게 감사를 드렸습니다.

그들은, 그들의 신의를 증명하고 보증인이 되어 줄 진실한 친구 몇 명과 함께 지체 없이 멜리비의 집으로 갔습니다.

그들이 멜리비 앞에 이르자 멜리비가 그들에게 말했습니다.

"그간의 이야기는 모두가 알고 있는 바와 같다. 당신들은 아무런 이유도 없이 내 아내 프루덴스와 내 딸에게 큰 해를 입히고 악행을 저질렀다. 내 집에 폭력적으로 침입하여 누가 생각해도 죽어 마땅한 일을 저지르지 않았는가. 이 자리에서 너희들에게 묻겠다. 너희들이 저지른 악행에 대한 벌을 나와 내 아내 프루덴스의 뜻에 맡길 용의가 있는가?"

그러자 세 명의 적중에서 가장 똑똑한 사람이 그들을 대표하여 이렇게 말했습니다.

"저희들은 고귀하고 점잖으시며 훌륭하신 당신 집에 올 자격도 없는 인간들입니다. 저희들은 당신처럼 고결한 분에게 죽어 마땅할 엄청난 잘못을 저질렀습니다. 그러나 모든 사람이 잘 알고 있다시피 당신께서는 늘 커다란 자비와 온정을 베푸신다는 것을 저희들 또한 느끼고, 그 선하심과 친절 그리고 자비심에 의지하여 기꺼이 당신 명령에 따르려고 합니다. 저희는 당신의 명령에 복종할 마음의 준비가 되어 있습니다. 그러나 저희가 진심으로 뉘우치고 겸손한 마음으로 당신의 뜻에 복종하고 있음을 생각하시어 저희에게 자비를 베풀어 주소서. 저희들은 당신의 고결한 지배에 거슬러 저주받아 마땅할 잘못을 범했습니다. 하지만 당신의 자비와 은총으로 저희 마음으로부터 우러나온 회한과 겸손한 복종을 받아 주시고, 우리의 큰 죄를 용서해 주시기만을 간절히 바랄 뿐입니다."

이런 말을 듣자 멜리비는 매우 부드러운 태도로 엎드려 있는 그들에게 일어나라고 말했지요. 그리고 여러 가지 담보나 서약, 그들의 약속과 충성을 받아들였습니다. 그리고 그들에게 다시 올 날을 정해 주면서, 그날 그들의 죄를 판결하겠다고 말했습니다. 그런 다음 그들은 집으로 돌아갔습니다. 프루덴스는 멜리비에게 어떤 보복을 할 것이냐고 묻자 멜리비가 말했습니다.

"그들의 재산을 모두 몰수하고 평생 이 마을에 발을 들여놓지 못하게 할 것이오."

그러자 프루덴스가 부드럽게 타일렀습니다.

"그건 너무 잔인하고 이치에도 맞지 않아요. 당신에겐 이미 충분한 재산이 있으니까요. 만일 그들의 재산을 몰수하신다면, 사람들은 당신을 욕심쟁이라고 비난할 거예요. 그건 선량한 사람들이 피해야 하는 옳지 못한 판단입니다. 사도께서도 말씀하셨듯이 '탐욕이야말로 모든 악의 근원'이거든요. 그들의 재산을 빼앗는 것보다 당신 재산의 일부를 잃어버리는 편이 더 나아요. 치욕스럽게 재산을 불리느니 명예롭게 재산을 잃어버리는 게 차라리 낫기 때문입니다.

우리 모두는 좋은 평판을 얻도록 노력해야만 해요. 아니 훌륭한 가문의 명예를 누리는 것만으로는 충분하지 않고 명성이 더욱 드높아지도록 늘 애써야 합니다. 성서에서도, '오래되고 좋은 명성일지라도 새롭게 하지 못하면 곧 사라지는 법이다' 말씀하고 있습니다.

그리고 그들을 추방하는 것도 문제가 있어요. 그들은 당신에게 모든 것을 맡겼는데, 그런 그들을 추방한다는 것은 합리적이지 않으며 너무 지나친 것이에요. '주어진 권력과 힘을 남용하는 사람은 특권을 빼앗겨도 마땅하다'고 책에도 쓰여 있잖아요? 정의로운 법에 따라 그들에게 형벌을 내리는 것은 당신의 권한이지만, 차마 그렇게 하실 수는 없을 거예요. 만약 당신이 그렇게 하신다면 이전처럼 다시 분쟁 상태로 되돌아가겠지요.

그들이 복종하길 원하신다면 좀 더 너그러운 판결과 공명정대한 심판을 내리셔야 해요. '가장 관대하게 명령하는 사람에게 잘 따르는 법'이라는 격언을 떠올리세요.

이런 일에 있어서는 당신 스스로 충동을 억제하도록 노력하셔야 해요. 세네카는 '자기 마음을 지배하는 자는 두 배로 이기는 것이다' 말했어요. 툴리우스도 '위대한 군주에게 있어 인자함으로 아량을 베풀며 쉽게 마음을 다스리는 것만큼 진정한 칭찬은 없다' 했습니다.

결론적으로 말하자면, 복수하겠다는 생각을 떨쳐 버리라고 당신에게 조언하고 싶어요. 이렇게 하면 사람들은 당신이 지닌 온정과 자비를 찬양할 것이며, 그에 따라 명성도 유지되어 당신은 절대로 후회하지 않으실 거예요. 세네카는 '승리를 하고서도 후회하면 잘못 이긴 것이다' 말했어요. 저는 전지전능하신 하느님께서 최후의 심판에 당신을 불쌍히 여기실 수 있도록, 당신 마음속에 자비의 온정을 가지시고 권하고 싶어요. 성 야고보는 '무자비한 사람은 혹독한 심판을 받지만, 자비는 심판을 이긴다'고 말씀하셨습니다."

멜리비는 아내의 도리에 맞는 의견을 듣자, 그녀가 얼마나 현명하고 지혜롭게 충고하며 잘 가르치고 있는지를 깨달았습니다. 그래서 그는 아내의 충고를 따라 그대로 하기로 마음을 먹으면서, 이토록 훌륭한 아내를 내려 주신 데 대해 모든 미덕과 자비의 원천이신 하느님께 감사드렸습니다. 그래서 적들이 다시 오기로 한 날이 되자, 멜리비는 매우 다정한 목소리로 그들에게 말했습니다.

"너희들은 자만과 어리석음 그리고 부주의와 무지로 내게 죄를 범했다. 하지만 너희들이 보여 준 겸손한 태도로 미루어 보아 지난 잘못을 뉘우치고 있다는 점을 감안하여, 너희들에게 자비와 은총을 베풀고자 한다. 내 가족에게 저지른 죄나 상해 그리고 모든 악행을 모조리 용서해 주겠다. 그러면 무한한 자비를 지니신 하느님께서 우리가 죽는 날, 그 크고 넓으신 자비로 우리의 잘못을 너그러이 용서하시고 우리에게 영원한 축복을 내려 주실 것을 믿사옵니다. 아멘!"

수사의 이야기

수사의 이야기 머리글

—여관 주인과 수사가 나눈 유쾌한 대화—

　내가 멜리비와 푸르덴스와 그녀의 착한 마음씨에 대한 이야기를 마치자 여관 주인이 이렇게 말했습니다.

　"내 신앙과 성 마드리안*[1]의 고귀한 성체를 걸고 말하건대, 내 마누라 구들리프는 맥주 한 통을 마시느니 이 이야기를 들었어야 하오! 우리 마누라한테서는 멜리비의 아내인 푸르덴스가 보여 준 참을성은 눈 씻고 봐도 찾을수가 없으니까요. 하느님의 뼈를 걸고 말하건대, 내가 하인들을 때리고 있으면 내 마누라는 커다란 몽둥이를 들고 와서 이렇게 소리 지르지요. '이런 개같은 놈들은 죽여야 돼! 뼈 하나도 추리지 못하게 하라고요!'

　이웃 사람이 성당에서 내 마누라한테 인사하지 않거나 겁도 없이 심기를 건드리기라도 하면, 마누라는 집에 돌아오자마자 내 눈앞에 대고 주먹을 휘두르며 이렇게 소리를 지르지요. '이 빌어먹을 겁쟁이야! 자기 마누라 대신 복수도 못해? 칼 이리 내요. 그리고 당신은 내 대신 실이나 잣도록 해요!' 그리고 아침부터 밤까지 이렇게 말한답니다. '아이고, 내 팔자야! 누구한테 찍소리 하나 못하는 저런 졸장부랑 평생을 함께 살아 왔다니! 자기 마누라의 권리를 위해 말 한 마디도 못하는 겁쟁이 같으니!'

　이게 내 일상이라오. 싸우지 않으려면 당장에라도 문 밖으로 도망칠 수 있도록 준비를 해 놔야만 하죠. 안 그랬다간 파멸이에요. 겁 없는 야생 사자처럼 덤빌 게 아니라면 말이죠. 우리 마누라는 언젠가 내가 이웃을 죽이고 목이 달려 죽기를 바라는 게 분명해요. 나도 손에 칼만 들면 누구한테든 위해

---

*1 미상. 여관 주인이 어느 성인의 이름을 멋대로 갖다 쓴 것으로 보인다.

를 가할 수 있으니까요. 오직 마누라한테는 맞설 엄두가 나지 않지만 맹세컨대, 그녀는 완력이 보통이 아니죠. 누구든 우리 마누라를 못살게 굴거나 여편네에게 욕을 했다간 그 맛을 톡톡히 볼 수 있을 거요. 아무튼 마누라 이야기는 이쯤하고 다음으로 넘어갑시다.

수사의 이야기 머리글 부분 삽화

자, 수사님, 기운 내세요. 수사님이 이야기할 차례입니다. 로체스터*2는 바로 저기예요! 자, 수사님, 흥을 깨지 말고 어서 이야기해 보세요. 그런데 솔직히 당신 이름을 모르겠군요. 뭐라고 불러야 할까요? 존 수사라고 부를까요? 아니면 토머스 수사? 그것도 아니면 알반 수사님? 그리고 당신 조상을 걸고 청컨대, 무슨 교단에 속하십니까? 하느님께 맹세코 고백하건대, 정말 매끄러운 피부를 가지셨군요. 고해자나 유령처럼 창백하지 않은 걸 보니, 당신이 뛰노는 곳은 정말 좋은 목초지인가 봐요.*3

내 신앙을 걸고 말하건대, 당신은 어느 곳의 성직자나 훌륭한 성구 보관 책임자나 지하 포도주 창고를 지키는 분이 틀림없어요. 내 아버지의 영혼을 걸고 말하건대, 내가 보기에 당신은 수도원의 최고 책임자 같군요. 빈티 나는 은둔수사나 수습수사가 아니라 똑똑하고 현명한 수장이 틀림없어요. 기골도 장대하고 풍채도 훌륭하고! 당신을 처음에 수도원 같은 곳으로 데리고 간 사람은 아마도 정신 나간 사람일 거예요. 수사만 되지 않았다면 여자깨나 녹였을 거예요. 혈기왕성한 정력으로 생식 욕구를 충족할 수 있는 몸이었다

---

*2 캔터베리로 가는 길목에 있으며, 런던에서 약 30마일 떨어져 있다.
*3 수사를 말에 비유한 것.

면, 애를 낳았어도 수십 명은 낳았을 거요.

그런데 그렇게 헐렁한 옷을 입고 있다니! 내가 교황이었다면, 당신뿐만 아니라 정력이 좋은 남자는 모두 마누라를 하나씩 갖게 했을 거요. 머리 꼭대기를 밀어 버린 수도사들까지 죄다. 암, 그러고말고요! 교단이 생식력 좋은 사람들을 모두 거둬가 버리는 바람에 속세에는 하찮은 새우들만 남았다니까요. 시원찮은 나무에서는 병들어 빌빌대는 싹만 나는 법이죠. 그래서 우리 자손들이 비리비리하고 애도 못 낳는 것 아닙니까.

또 그래서 우리 마누라들은 수사만 보면 사족을 못 쓰고. 당신네가 우리보다 비너스에게 더 좋은 값을 치러 줄 수 있으니까요.*4 하느님도 아시지만, 당신네는 가짜 돈 같은 건 절대로 내지 않겠죠! 수사 양반, 이건 다 농담이니까 화내지 마세요. 우스갯소리 속에서 종종 진실을 듣기도 하지만!"

여관 주인의 농담을 꾹 참고 듣다가 훌륭한 수사가 이렇게 말했습니다.

"품위에 어긋나지 않는 이야기를 한두 개, 아니 세 개쯤 최선을 다해 들려 드리지요. 여러분이 잘 들어만 주신다면, 성 에드워드*5의 삶을 이야기하겠습니다. 아니면 비극적인 이야기를 먼저 들려 드릴까요? 그런 이야기라면 우리 수도원에는 널렸으니까요. 고대 서적에 기록되어 있듯이, 비극이란 한때는 큰 영화를 누리던 사람이 높은 지위에서 떨어져 비참한 최후를 맞이하는 이야기를 말합니다. 이런 이야기들은 보통 육운각(六韻脚)의 시로 지어져 있습니다. 산문으로 된 것도 많고, 운문으로도 다양한 형식이 있지요. 설명은 이 정도면 충분할 것 같군요.

자, 이제 듣고 싶으시면 귀를 기울여 주십시오. 먼저 내가 교황이나 황제, 왕들에 대해 일반적으로 알려진 시간 순서대로 이야기하지 않더라도 양해하여 주시기 바랍니다. 어떤 것은 앞에 말하고 어떤 것은 뒤에 말하는 식으로 머리에 떠오르는 대로 이야기하더라도 부디 나의 무지를 용서해 주시기 바랍니다."

수사의 이야기가 시작된다.

---

*4 성교로써 여성을 만족시킨다는 뜻.

*5 고해왕 에드워드(1004 ? ~1066).

이제 나는 높은 지위에 있다가 헤어날 수 없는 역경으로 떨어진 불행한 사람들의 이야기를 비극의 형식을 빌려 애도하고자 합니다. 운명의 여신이 우리를 떠나고자 한다면 그 누구도 그녀를 붙잡을 수 없지요. 그러니 헛된 영화로움을 믿지 말고, 여기 전해져 내려오는 진실한 이야기들을 마음에 새기십시오.

루시퍼

루시퍼 이야기부터 시작하지요. 루시퍼는 인간이 아니라 천사지만요. 운명의 여신은 천사를 해칠 수 없지만, 루시퍼는 자기가 지은 죄 때문에 높은 자리에서 지옥으로 떨어져 지금도 그곳에 있습니다. 천사 중에서도 가장 찬란했던 루시퍼여, 그대는 이제 사탄이 되어, 그대가 떨어진 불행에서 헤어나지 못하는구나.

아담

아담을 보십시오. 그는 인간의 부정한 정액에서 생겨난 것이 아니라 다미세네[6]의 들판에서 하느님의 손으로 만들어졌습니다. 아담은 낙원의 모든 것을 지배했지만, 나무 한 그루만은 그럴 수가 없었습니다. 아직까지 아담만큼 높은 자리에 오른 사람은 이 세상에 없습니다. 그가 잘못을 저질러 그 높은 영광의 자리에서 쫓겨나 노동과 지옥과 불행으로 떨어지기 전까지는.

삼손

삼손을 보십시오. 그가 태어나기 훨씬 전에 천사들은 그의 탄생을 알렸고, 태어난 뒤에는 전능하신 하느님께 바쳐졌으며, 시력을 잃기 전까지는 높은 명예 속에 있었습니다. 힘과 용기로는 그를 당해 낼 사람이 없었지만, 아내에게 자기 비밀을 털어 놓은 탓에 그는 비참한 죽음을 자초했습니다.

이 고귀한 전능의 전사 삼손은 결혼식을 올리러 가는 길에 아무런 무기도 없이 오직 두 손으로 사자를 갈기갈기 찢어 죽였습니다. 그의 사악한 아내는 삼손을 구슬리고 간청하여 그 비밀을 알아냈습니다. 그리고 그 비밀을 삼손의

---

*6 중세에는 뒷날 다마스커스(시리아의 수도)가 만들어진 곳이라고 여겨졌다.

적들에게 일러바치고는 삼손을 저버리고 도망쳐 새 애인을 맞아들였습니다.

화가 치민 삼손은 여우 300마리를 잡아 꼬리를 한데 묶은 다음 꼬리마다 홰를 하나씩 매달고 관솔불을 붙였습니다. 불붙은 꼬리는 온 나라의 곡식과 올리브나무와 포도나무를 태웠습니다. 또 그는 혼자 1천 명의 사람을 죽였는데, 그때도 그가 사용한 무기라고는 당나귀의 턱뼈 하나밖에 없었습니다.

그 많은 사람을 다 죽이고 나자, 삼손은 죽을 만큼 심한 갈증을 느꼈습니다. 그래서 하느님에게 자기의 고난을 불쌍히 여기시고 마실 것을 달라고 기도했습니다. 아니면 곧 죽을 것만 같았습니다. 그랬더니 바싹 마른 당나귀의 턱뼈 어금니에서 금세 샘물이 솟아나 그의 목을 한껏 축여 주었습니다. 사사기에서도 말하듯이, 하느님은 이렇게 삼손을 도우셨습니다.

어느 날 저녁, 삼손은 가자*7에 갔습니다. 삼손이 왔다는 소문을 듣고 블레셋 사람들은 성문을 철저히 지켰습니다. 그러나 삼손은 그 성문을 뽑아 어깨에 메고, 모든 사람이 볼 수 있는 언덕 꼭대기로 가지고 올라갔습니다. 아, 친애하는 고귀한 전능의 삼손이여, 네가 그 비밀을 여자에게 털어 놓지만 않았더라면 세상에 너를 당할 사람은 없었을 것을.

삼손은 하느님의 사자가 명한 대로 포도주나 독한 술을 입에 대지 않았으며, 자기 머리에 면도칼이나 가위도 절대로 대지 않았습니다. 그의 힘은 모두 머리칼에 있었기 때문입니다. 삼손은 꼬박 20년 동안 이스라엘을 다스렸지만, 이윽고 많은 눈물을 흘려야 했습니다. 여자들이 그를 불행으로 이끌었던 것입니다!

삼손은 애인 데릴라에게 자기의 모든 힘이 머리칼에서 나온다는 사실을 말했고, 그녀는 그 비밀을 삼손의 적들에게 팔아 넘겼습니다. 어느 날, 삼손이 자기 무릎을 베고 자고 있을 때, 데릴라는 사람을 불러 그의 머리칼을 자르게 한 다음 적들에게 그의 비밀을 팔아 넘겼습니다. 적들은 삼손이 그런 무기력한 상태에 있을 때 그를 꽁꽁 묶고 그의 두 눈마저 뽑아 버렸습니다.

머리칼이 잘리기 전이라면 그를 결박할 수 있는 사슬은 없었을 것입니다. 그러나 이제 그는 동굴 감옥에 갇혀 연자매를 돌리는 신세가 되었습니다. 인류 중 가장 힘세고 고귀한 삼손이여, 한때는 부귀영화를 누렸던 심판관이

---

*7 팔레스타인 남서부의 해항.

〈삼손과 데릴라〉
루벤스 작, 1609.

여! 이제는 영광에서 비참한 처지로 전락했으니, 앞을 보지 못하는 두 눈으로 울지어다.

이제 포로의 말로는 다음과 같습니다. 어느 날, 적들은 웅장한 신전에서 잔치를 열고 삼손을 끌고 와서 조롱거리로 삼았습니다. 그러나 마침내 삼손은 그들을 엄청난 공포로 몰아넣었습니다. 그가 기둥 두 개를 흔들어 쓰러뜨린 것입니다. 신전은 모든 것을 삼키며 순식간에 와르르 무너졌습니다. 결국 삼손도 죽고, 적들도 모두 죽었습니다.

다시 말하자면, 돌로 만든 대신전이 무너지면서 제후들과 그곳에 모였던 3천 명의 사람이 모두 깔려 죽은 것입니다. 삼손에 대해서는 더 말할 것이 없습니다. 그러나 명백하고도 오래된 이 이야기를 통해 명심하십시오. 즉, 비밀에 부치고 싶은 것이 정말로 있다면 아내한테는 절대로 발설해서는 안 된다는 것입니다. 자기의 신체나 목숨과 관련된 비밀이라면 더더욱.

헤라클레스

최고의 정복자 헤라클레스의 업적과 명성은 널리 칭송받았습니다. 당대에 헤라클레스는 힘의 대명사였기 때문이죠. 그는 사자를 죽여 그 가죽을 갈기갈기 찢었습니다. 그는 켄타우로스의 자존심을 납작하게 만들었고, 난폭한 맹조 하피들을 잔인하게 죽였습니다. 용에게서 황금 사과를 빼앗았고, 지옥을 지키는 개 케르베로스를 문에서 내쫓았습니다.

또한 잔혹한 폭군 부시리스를 죽인 뒤 그의 말에게 자기의 살과 뼈를 모두 먹게 했으며, 불을 내뿜는 독사를 죽였습니다. 아킬레우스의 뿔 두 개 중 하나를 부러뜨렸으며, 석굴 안에서 거인 카쿠스를 죽였습니다. 다른 힘센 거인 안타에우스를 죽였고, 보기에도 무시무시한 멧돼지를 눈 깜짝할 사이에 죽였습니다. 그리고 오랫동안 두 어깨로 하늘을 떠받들었습니다.

이 세상이 생긴 이래 헤라클레스만큼 많은 괴물을 물리친 사람은 없었습니다. 그 무적의 힘과 뛰어난 자질로 그의 명성은 이 넓은 세상에 구석구석 퍼져 나갔습니다. 또 그는 세상 모든 나라를 두루두루 돌아다녔습니다. 그는 대단히 강해서 어느 누구도 그에게 대항하지 못했습니다. 트로페우스*8에 의하면, 그는 세계의 양쪽 끝에 기둥을 세워 그 경계를 정했다고 합니다.

이 고귀한 전사에게는 5월에 비교될 만큼 싱그러운 '데이아네이라'라는 애인이 있었습니다. 학자들에 의하면, 그녀는 헤라클레스에게 화려한 새 속옷을 보냈습니다. 아! 비운의 속옷! 그 속옷에는 아무도 눈치채지 못하게 독이 묻어 있었습니다. 그 옷을 입은 헤라클레스의 살은 반나절도 지나지 않아 뼈에서 모두 떨어져 나갔습니다.

그러나 어떤 학자들은 데이아네이라는 아무런 잘못도 없다고 말합니다. 속옷을 만든 사람은 네소스라는 사람이라고 합니다. 어쨌든 나는 그녀를 비난하지 않겠습니다. 그러나 헤라클레스는 맨몸에 그 속옷을 걸쳤기에 결국 그의 몸은 독이 묻어 새카맣게 타 버렸습니다. 헤라클레스는 손을 쓸 도리가 없음을 알자 뜨거운 불구덩이에 스스로 몸을 던졌습니다. 독살되느니 불에 타 죽는 것을 택했던 것입니다.

위대한 용사 헤라클레스는 이렇게 죽었습니다. 보십시오, 도대체 누가 여신을 한시라도 믿을 수 있단 말입니까? 이 험난한 세상의 길을 따라가는 사람들은 저도 모르는 사이에 종종 저 밑바닥으로 떨어지고 맙니다. 그러니 자기 자신을 제대로 아는 사람이야말로 현명한 사람입니다! 운명의 여신은 우리를 속이고 싶어지면 때를 기다렸다가 전혀 예기치 못한 방법으로 그 사람

---

*8 미상.

을 나락으로 떨어뜨립니다. 그러니 늘 조심하십시오.

네부카드네자르

네부카드네자르 왕이 가졌던 막강한 권력과 귀한 보물과 영광스러운 왕의 위엄을 사람의 입으로 설명하기란 도저히 불가능합니다. 그는 두 번이나 예루살렘을 정복했으며, 신전의 성배를 약탈해 갔습니다. 그는

〈헤라클레스〉 루벤스 작, 1611.

바빌론에서 높은 왕좌에 앉아 영광과 기쁨을 누리며 살았습니다.

그는 이스라엘의 왕족 중에서 가장 잘생긴 젊은이들을 거세하여 자신의 노예로 삼았습니다. 다니엘은 그런 노예들 중 가장 총명한 청년이었습니다. 칼데아에서는 왕이 꾼 꿈이 어떤 결말을 의미하는지 아는 학자가 없었는데, 그는 그 꿈을 해석해 주었습니다.

이 오만한 왕은 높이 60큐빗*9에 넓이는 6큐빗이나 되는 황금신상을 만들라고 지시했습니다. 그리고 남녀노소 할 것 없이 그 신상에 절하고 경외하라고 명령했습니다. 그것을 어기는 자는 활활 타는 화덕에 산 채로 넣어 죽인다는 것이었습니다. 그러나 다니엘과 그의 두 젊은 친구는 신상에 절하기를 거부했습니다.

이 왕 중의 왕은 오만하기 그지없습니다. 그는 하느님이 자기를 높은 왕좌에 앉혀 주셨으니 그 지위를 빼앗아 가는 일은 없을 거라고 안심했습니다. 그러나 그는 하루아침에 그 높은 지위를 잃어버렸습니다. 그는 자기를 짐승

---

*9 길이 단위. 1큐빗은 약 17. 21인치. 팔꿈치에서 중지까지의 길이.

이라고 여기고 황소처럼 풀을 뜯어먹고, 비를 맞으며 들판에서 자고, 들짐승처럼 걸었습니다. 그렇게 시간을 흘러갔습니다.

그의 머리칼은 독수리의 깃털처럼 자라났고, 손톱 발톱은 새의 발톱처럼 길어졌습니다. 그렇게 몇 해가 지나자 하느님은 그를 용서하셨고, 그는 제정신을 되찾았습니다. 그는 눈물을 뚝뚝 흘리며 하느님에게 감사드렸습니다. 그러고는 평생 다시 죄를 저지르지나 않을까 두려움 속에서 살았습니다. 그리고 관에 들어갈 때까지 하느님의 권능과 은총을 체험했습니다.

벨사자르

그가 죽자 그의 아들 벨사자르가 그 뒤를 이어 왕국을 다스렸습니다. 그러나 그는 아버지가 남긴 가르침을 염두에 두지 않은 채 오만하게 허영과 사치를 일삼았습니다. 또한 그는 언제나 우상을 숭배했습니다. 자신의 높은 지위에 안심하고 오만하게 행동한 것입니다. 그러나 운명의 여신은 그를 나락으로 떨어뜨렸습니다. 그의 왕국은 순식간에 분열되었습니다.

어느 날 그는 군후들을 모두 불러 잔치를 열고, 마음껏 즐기라고 명령했습니다. 그리고 가신을 불러 이렇게 명령했습니다.

"아버지가 예루살렘에서 약탈해 온 성배들을 가져 오너라. 우리 조상들이 물려주신 영광을 하늘에 계신 우리 신들에게 감사드리자."

왕비와 군후들과 후궁들은 이 성스러운 성배로 온갖 종류의 포도주를 퍼마셨습니다. 그런데 왕이 문득 눈을 들어 벽을 봤을 때, 그는 거기에 팔 없는 손이 재빠르게 글씨를 쓰는 것을 보았습니다. 공포에 질린 왕은 벌벌 떨며 숨을 몰아쉬었습니다. 벨사자르를 이토록 극심한 공포에 몰아넣은 그 손은 '메네 데겔 바르신'*10이라고만 썼습니다.

온 나라의 점쟁이는 다 불러 모았지만 한 명도 그 뜻을 풀어내지 못했습니다. 그러나 다니엘은 금세 그것을 설명했습니다.

"폐하, 하느님께서는 선왕에게 영광과 명예, 왕국, 보물, 재물을 주셨습니다. 그러나 선왕은 그 때문에 오만해져서 조금도 하느님을 두려워하지 않았습니다. 그래서 하느님은 그에게 복수하여 그에게서 왕국을 빼앗으셨습니다.

---

*10 〈다니엘서〉 5 : 25.

〈벨사자르 왕의 잔치〉 렘브란트, 1635.

　선왕은 세상에서 쫓겨나 나귀들과 어울려 살았습니다. 그리고 짐승처럼 눈이 오나 비가 오나 풀을 뜯어먹고 살았지요. 그러다 은총과 이성을 되찾고, 하느님께서 모든 나라와 사람 위에 군림하는 존재임을 깨달았습니다. 그러자 하느님께서는 선왕을 불쌍히 여기시어 다시 인간의 모습을 되찾게 하시고 그의 왕국을 되돌려 주셨습니다.

　그런데 그분의 아들이신 폐하께서는 그런 사실을 모두 아시면서도 오만하게 하느님을 거역하시고 그분의 적이 되셨습니다. 폐하는 대담하게도 하느님의 잔으로 술을 마셨습니다. 왕비님과 후궁들도 이 성배로 불경스럽게도 온갖 술을 마셔댔지요. 그것도 모자라 폐하는 사악하게도 거짓 신들을 숭배하셨습니다. 그러니 폐하는 끔찍한 벌을 받으실 것입니다.

　저 벽에 '메네 데겔 바르신'이라고 쓴 손은 바로 하느님께서 보낸 것입니다. 제 말을 믿어도 좋습니다. 이제 당신의 왕국은 끝났습니다. 당신은 아무짝에도 쓸모없는 사람이 되었습니다. 당신이 다스리는 왕국은 분열되었습니다. 그것이 메디아인과 페르시아인에게 주어진 운명입니다."

　그날 밤 왕은 살해되었습니다. 그리고 왕위에 오를 권리도 정당성도 없는 다리우스가 왕위를 차지했습니다.

여러분, 이 이야기를 통해서 왕권도 결코 보장되지 않음을 아셨을 겁니다. 운명의 여신은 사람을 해치려고 마음만 먹으면, 왕국이든 부귀든 심지어 친구들까지 모조리 빼앗아 갑니다. 운명을 거느리는 여신의 힘으로 친구가 된 자는 불운이 닥치면 적으로 돌변합니다. 이 속담은 틀림없는 사실이며 널리 통용되고 있습니다.

제노비아

페르시아인이 그녀의 고귀함에 대해 썼다시피, 팔미라의 여왕인 제노비아*[11]는 무기를 들고 갑옷을 입으면 대단히 용맹해서 누구도 그녀를 당할 수가 없었습니다. 혈통이나 고귀한 출생으로 봐서도 그녀를 이길 사람은 없었습니다. 그녀는 페르시아 왕의 혈통을 이어 받았습니다. 세상에서 제일가는 미녀라고 할 수는 없지만, 어쨌든 그녀의 자태는 흠 잡을 데 없이 완벽했습니다.

제노비아는 어렸을 때부터 여자들의 일을 거부하고 숲으로 사냥을 나가서 커다란 활을 쏘아 수많은 사슴의 피를 흘리게 한 뒤 재빠른 발로 순식간에 달려가서 사슴을 붙잡았습니다. 성인이 돼서는 사자나 표범을 즐겨 잡았고, 곰을 갈기갈기 찢어 죽이기도 했습니다. 그리고 맨손으로 그 짐승들을 맘대로 다루었습니다.

그녀는 맹수들의 소굴을 찾아 겁 없이 산과 들을 돌아다녔으며, 덤불 아래서 잠자기도 일쑤였습니다. 또한 완력이 좋고 기운이 세서, 아무리 힘센 남자라도 그녀와 맞붙으면 이길 수가 없었습니다. 그녀에게 붙들리면 제대로 서 있지도 못했습니다. 그녀는 아무에게도 순결을 주려고 하지 않았습니다. 결혼해서 한 남자에게 얽매이기도 싫어했습니다.

그러나 오랜 설득 끝에, 마침내 그녀의 친구들은 그 나라 왕자인 오데나투스와 그녀를 결혼시키는 데 성공했습니다. 하지만 오데나투스도 제노비아와 같은 생각을 갖고 있었습니다. 그렇지만 그들은 일단 결혼하자 행복하고 즐겁게 살았습니다. 서로 무척 사랑했기 때문이죠.

---

*11 3세기경 시리아 팔미라의 여왕.

그런데 의견이 일치하지 않는 것이 한 가지 있었습니다. 그녀가 남편과의 동침을 딱 한 번밖에 허락하지 않겠다는 것이었습니다. 그녀에게 동침의 유일한 목적은 후손을 남기기 위해 아기를 갖는 것이었기 때문입니다. 그래서 첫 번째 동침 때 아기를 가지지 못했음을 알게 되면 남편에게 한 번 더 욕망을 이룰 수 있는 기회를 주기로 했습니다.

〈팔미라의 최후를 바라보는 제노비아 여왕〉 쉬발츠 작, 1888.

그리고 임신을 하게 되어 남편은 40주가 완전히 지날 때까지 다시 그런 기쁨을 누릴 수 없었습니다. 그 아기를 낳은 뒤에야 그녀는 남편에게 사랑의 행위를 허락했습니다. 오데나투스가 불같은 성격이었는지 온순한 성격이었는지는 알 수 없지만, 아무튼 그는 그녀에게서 그 이상 아무것도 얻어내지 못했습니다. 그녀가 자식을 낳는 것 이외의 목적으로 남자와 여자가 관계를 갖는 것은 아내에게 음탕하고 수치스러운 일이라고 말했기 때문입니다.

제노비아는 오데나투스와의 사이에서 두 아들을 얻었고, 그들에게 도덕과 학문을 가르쳤습니다. 그러나 이 이야기는 그만두고 본론으로 돌아가죠. 제노비아처럼 존경스럽고, 현명하고 절제할 줄 알며, 그러면서도 예의바르고, 전쟁에서도 굴할 줄 모를 뿐더러 전쟁의 고통을 그보다 잘 견디는 사람은 이 세상 어디를 뒤져도 없었습니다.

값비싼 그릇이며 의복이며 호화로운 소유물을 말로 표현하기란 어려웠습니다. 몸은 보석과 황금으로 치장했습니다. 사냥을 다니면서도 시간이 날 때마다 여러 언어배우기를 게을리하지 않았습니다. 그녀에게 최대의 기쁨은 어떻게 하면 덕성스러운 삶을 살 수 있는지를 배우기 위해 책을 읽으며 공부하는 것이었습니다.

간추려 말하자면, 제노비아와 그녀의 남편은 아주 용감한 전사였기에 동방의 위대한 나라들과 로마 주권에 속한 아름다운 도시들을 수없이 정복했습니다. 그리고 강력한 왕권으로 이 왕국들을 철저하게 지배했습니다. 오데나투스가 살아 있는 동안 적들은 그들을 단 한 번도 물리칠 수가 없었습니다.

페르시아 왕 사푸르를 비롯한 많은 왕들과 싸운 이야기에 대해서는 그 싸움의 상세한 정황과 그녀가 땅들을 어떻게 정복했으며 그로써 어떤 칭호를 얻었는지, 그 뒤 그녀에게 닥친 불운과 고뇌에 대해서는 그녀가 어떻게 포위되고 붙잡혔는지, 여기에 대해 알고 싶은 분은 내 스승이신 페트라르카의 책을 보시기 바랍니다. 페트라르카는 이 모든 것을 자세히 적어 놓았습니다.

오데나투스가 죽자 제노비아는 왕국을 강력하게 지배하며 혼자 적들과 격렬한 전투를 벌였습니다. 그녀가 전쟁을 선포하지 않은 나라들의 왕과 군후들은 그것을 큰 행운으로 알고 기뻐했습니다. 그들은 그녀와 맹약을 맺어 평화를 유지하고, 그녀를 그들의 영토에서 마음껏 돌아다니게 했습니다.

로마의 황제 클라우디우스나 그 이전 황제인 갈리에누스, 아르메니아인, 이집트인, 시리아인, 아랍인 모두 전쟁터에서 그녀와 일전을 벌일 엄두조차 내지 않았습니다. 그들 모두 그녀의 두 손에 죽거나 그 군대에 패하게 될까봐 두려웠기 때문입니다.

제노비아의 두 아들도 부왕의 후계자에 걸맞은 옷을 입고 전쟁터에 나갔습니다. 페르시아인들의 책에 의하면, 그들의 이름은 헤르마노와 티말라오였습니다. 그러나 운명의 여신은 달콤한 꿀에 쓰디쓴 쓸개즙을 섞어놓는 버릇이 있지요. 이 무적의 여왕도 권세를 오래 유지하지 못했습니다. 운명의 여신이 그녀를 왕좌에서 끌어내려 불행과 불운의 구렁텅이로 내던져 버렸던 것입니다.

아우렐리우스는 로마의 통치권을 손에 넣자 여왕에게 복수하기로 마음먹었습니다. 그는 군대를 이끌고 제노비아를 향해 쳐들어왔습니다. 간단히 말하자면, 제노비아는 그에게 패해 도망가다가 붙잡히고 말았습니다. 아우렐리우스는 제노비아와 그녀의 두 아들에게 족쇄를 채우고 그 나라를 점령한 뒤 그들을 로마로 끌고 왔습니다.

위대한 로마 황제 아우렐리우스의 전리품 중에는 황금과 보석으로 만들어진 전차가 있었습니다. 아우렐리우스는 모든 사람이 이것을 볼 수 있도록 로마로 가지고 왔습니다. 개선 행렬 선두에는 제노비아가 목에 금 사슬을 걸고 걸어갔습니다. 머리에는 그 지위를 알리는 왕관을 썼고, 옷에는 보석이 주렁주렁 달려 있었습니다.

아, 운명의 여신이여! 한때는 왕들과 황제들이 두려워했던 그녀가 이제는 만인의 구경거리가 되다니! 아, 치열한 전투에서 투구를 쓰고 강력한 도시와 탑들을 무력으로 점령했던 그녀가 이제는 머리에 유리관을 써야 하는 신세라니! 온갖 꽃으로 장식된 홀을 들었던 그녀가 이제는 목숨을 연명하기 위해 실패를 들어야 하다니!

이스파니아의 왕 페드로

오, 고귀하고 훌륭한 페드로여, 에스파냐의 영광이여, 운명의 여신이 그 높은 위엄을 주었던 그대여, 사람들이 그대의 비참한 죽음을 탄식하는 것도 당연하리! 그대는 동생에게 나라를 빼앗기고 쫓겨났으며, 뒤에는 간계에 빠져 포위되고 배신당해 동생의 막사로 끌려갔다. 동생은 자기 손으로 그대를 죽이고, 그대의 왕국과 재산을 차지했도다.

눈처럼 하얀 땅에서 시뻘겋게 타오르는 석탄처럼 붉은 끈끈이에 붙들려 있는 검은 독수리의 문장*12을 가진 베르트랑이 이 극악무도한 악행을 획책하고, 이 모든 죄업을 저질렀습니다. 그 일의 공모자는 악의 온상*13이라는 멸시를 받는 모니였습니다. 진실과 명예를 중시한 샤를마뉴의 올리버가 아니라, 뇌물에 눈이 어두워진 아모리카의 올리버였습니다. 그가 가네론처럼 이 위대한 왕을 함정에 빠뜨린 것입니다.

---

*12 베르트랑 뒤 게르클랭의 문장(紋章). 그가 페드로를 그의 동생 엔디크의 막사로 유인했으며, 페트로는 거기서 죽었다.

*13 악의 온상이란 올리버 드 모니의 이름을 비꼰 것으로, 그는 페드로를 배신한 인물이다. 아모리카는 올리버 드 모니의 고향이다. 가네론은 전설상의 인물인 롤랑을 배신한 인물로 알려져 있다.

키프로스의 페테르

위대한 키프로스의 왕 페테르여, 그대는 뛰어난 용병술로 알렉산드리아를 손에 넣고 수많은 이교도를 큰 슬픔에 빠뜨렸다. 그래서 그대의 신하들은 그대를 시기했고, 그 빛나는 기사도를 시기한 나머지, 어느 아침 그대가 잠자고 있는 틈을 이용해 그대를 살해했다. 운명의 여신은 이런 식으로 운명의 수레바퀴를 조종하며 사람들을 기쁨에서 슬픔으로 떨어뜨립니다.

롬바르디아의 베르나도

밀라노의 위대한 베르나도 비스코티 백작이여, 쾌락의 신이여, 롬바르디아를 비탄에 빠뜨리게 한 자여, 그토록 높은 지위에 올랐던 그대의 불행을 어찌 말하랴! 그대 형제의 아들, 그는 그대의 조카이자 사위이기도 했으니 그대와 이중 혈연관계에 있었다. 그런 그가 감옥에서 그대를 죽음에 이르게 했노라. 그러나 나는 그대가 왜 그리고 어떻게 살해되었는지 알지 못한다.

피사 우골리노 백작

피사의 우골리노 백작이 비참한 처지는 너무 가엾어서 어떤 말로도 표현할 길이 없습니다. 피사에서 그리 멀지 않은 곳에 탑이 하나 있습니다. 그 감옥에 그는 어린 세 아이와 함께 갇혔습니다. 가장 큰 아이는 이제 겨우 다섯 살이었습니다. 아, 운명의 여신이여! 이 작은 새들을 새장에 가두다니, 어찌 그리 잔혹한가!

그는 그 감옥에서 사형을 선고받았습니다. 피사의 주교였던 로제에게 무고한 고발을 당했고, 그런 고발 내용을 그대로 믿은 피사의 시민들은 일제히 일어나, 지금 말했던 감옥에 우골리노 백작을 가두었습니다. 감옥에서 주는 음식은 굶주림을 채우기에 턱없이 적은 양이었습니다. 게다가 영양가도 없는 형편없는 음식이었습니다.

어느 날, 평소처럼 음식이 들어올 시간이었습니다. 그런데 옥리가 탑의 육중한 문을 닫아 버렸습니다. 우골리노 백작은 그 소리를 분명하게 들었지만 아무 말도 하지 않았습니다. 그것은 적들이 자기를 굶겨 죽이려 한다는 생각이 불현듯 들었습니다.

"아아! 아아! 나는 이 세상에 왜 태어난 것인가!"

〈우골리노〉
도레 작.

그는 하염없이 눈물을 흘리며 이렇게 울부짖었습니다.

세 살 먹은 어린 아들이 말했습니다.

"아빠, 왜 울어? 간수는 언제 수프를 갖다 주는 거야? 먹다 남은 빵 없어? 너무 배고파서 잠도 오지 않아. 아, 하느님, 이럴 바에는 영원히 잠자게 해 주세요! 그러면 배고픈 것도 모를 텐데. 난 지금 빵 먹고 싶은 생각밖에 없어."

아이는 날마다 이렇게 울며 보챘습니다. 그러다가 마침내 아버지의 품에 누워 이렇게 말했습니다.

"아빠, 안녕. 난 곧 죽을 것 같아."

아이는 아버지에게 입을 맞추고 그날 바로 숨을 거두었습니다. 아이가 죽는 모습을 본 아버지는 마음이 찢어지는 것 같았습니다. 그는 고통을 이기지 못해 자기 팔을 물어뜯으며 소리쳤습니다.

"아, 잔인한 운명의 여신아! 내 모든 슬픔은 너의 거짓된 수레바퀴 때문이다!"

남은 두 아이는 아버지가 슬픔에 못 이겨 팔을 물어뜯는다는 사실은 모르고, 단지 배가 고파 팔을 뜯어먹는다고 생각했습니다. 그래서 이렇게 말했습니다.

"아빠, 그러지 말아요! 대신 우리 살을 드세요. 이 살은 아빠가 주신 거잖아요. 그러니 이번엔 아빠가 우리 살을 마음껏 드세요."

이것이 바로 아이들이 한 말이었습니다. 그리고 하루 이틀 사이에 그들도 아버지 무릎 위에서 세상을 떠났습니다.

백작도 절망과 배고픔을 이기지 못하고 끝내 눈을 감고 말았습니다. 이것이 피사의 권력자였던 백작의 최후입니다. 운명의 여신은 그를 높은 지위에서 이렇게 나락으로 떨어뜨렸습니다. 이 비극적인 이야기는 이것으로 충분하겠지요. 더 자세히 알고 싶은 분들은 이탈리아의 위대한 시인인 단테의 책을 읽어 보십시오. 그는 한 마디도 빼놓지 않고 처음부터 끝까지 자세하게 기록했습니다.

네로

네로는 지옥의 가장 깊은 곳에 사는 악마만큼이나 극악무도한 사람이었습니다. 그러나 수에토니우스*14의 말에 의하면, 그는 이 넓은 세계를 지배했습니다. 그는 보석을 너무 좋아해서, 그의 옷은 머리부터 발끝까지 루비, 사파이어, 하얀 진주로 수놓아져 있었습니다.

그만큼 취향이 까다롭고 화려한 옷을 좋아하고 오만한 황제는 없었습니다. 한 번 입은 옷은 두 번 다시 거들떠보지도 않았습니다. 기분이 내키면 티베르 강에서 낚시를 즐기려고, 금실로 만든 그물을 잔뜩 가지고 있었습니다. 그의 욕망은 곧 법이 되었습니다. 운명의 여신은 그의 친구로서 그를 따를 것을 원했기 때문입니다.

심지어 그는 재미삼아 로마에 불을 질렀습니다. 어느 날은 사람들의 통곡소리를 듣고 싶어서 원로원 의원들을 죽이기도 했습니다. 자기 동생을 죽이고, 누이와 잠자리를 같이하기도 했습니다. 특히 친어머니에게는 눈뜨고는 보지 못할 짓을 저질렀습니다. 자기가 잉태되었던 곳을 보겠다며 어머니의 자궁을 갈랐던 것입니다. 아, 자기 어머니를 그토록 모욕하는 사람이 또 어디에 있겠습니까!

그 광경을 보고도 그는 눈물 한 방울 흘리지 않고 이렇게 말했습니다. "한

---

*14 로마의 역사가·전기작가(69?∼140?). 《12황제전》에 네로에 대한 설명이 있다.

때는 어여쁜 여인이었어!" 어떻게 죽은 어머니의 시체를 바라보며 아름다웠다는 말을 할 수 있는지 도저히 이해가 안 갑니다. 네로는 포도주를 가져오라고 지시하고 그 자리에서 마셨습니다. 슬퍼하는 기색은 전혀 보이지 않았습니다. 권력이 잔인함과 손을 잡으면 안타깝게도 그 독은 한없이 깊이 파고드는 법입니다!

이 황제는 젊었을 때는 그에게 학문과 예의를 가르쳐 준 스승도 있었습니다. 역사서가 거짓말을 하지 않는다면, 이 스승은 당시 도덕의 표상이라고도 불린 사람이었습니다. 이 스승에게 배울 때만 해도 네로는 똑똑하고 유순했습니다. 횡포와 악덕이 그를 공격하고 지배하기까지는 오랜 세월이 걸렸습니다.

내가 말하는 스승은 세네카라는 인물인데, 네로는 이 세네카를 몹시 두려워했습니다. 네로가 잘못했을 때 매를 드는 대신 말로 신중하게 훈계했기 때문입니다. 세네카는 이렇게 말하곤 했습니다.

"폐하, 황제는 덕스러워야 하며 폭정을 미워해야 합니다."

이 말에 기분이 상한 네로는 욕탕에서 세네카의 팔 동맥을 잘라 그를 과다 출혈로 죽게 했습니다.

또 네로는 젊었을 때부터 스승에게 반항하는 버릇이 있었는데, 그때마다 불만이 쌓이고 쌓여서 마침내 스승을 그런 식으로 죽인 것입니다. 그러나 현명한 세네카도 다른 고문을 받으며 죽으니 이렇게 목욕탕에서 죽는 편이 낫다고 생각했습니다. 이렇게 네로는 경애하는 스승을 죽였던 것입니다.

운명의 여신은 하늘 높은 줄 모르는 네로의 오만함을 더 이상 눈감아줄 수가 없었습니다. 네로가 아무리 힘이 세다고는 하지만 운명의 여신을 당할 수는 없는 법입니다. 운명의 여신은 생각했습니다. '맙소사! 저렇게 사악한 놈을 높은 자리에 앉히고 황제라고 부르다니, 내가 어리석었어. 저자를 저 자리에서 끌어내려야지. 전혀 예기치 못한 순간에 말이야."

어느 밤, 백성들은 네로의 악행을 더는 참지 못하고 떼지어 일어섰습니다. 그것을 본 네로는 아무도 모르게 궁 밖으로 얼른 도망쳤습니다. 그리고 자기 편이라고 생각했던 친구들의 집을 찾아가서 대문을 두드렸지만, 소리지르며 구원을 청할수록 친구들은 더욱 문을 굳게 걸어 잠갔습니다. 그제야 네로는 자기가 착각하고 있다는 사실을 깨닫고 구원 요청을 포기한 채 발길을 돌렸습니다.

성난 백성들은 사방에서 고함을 지르며 그를 찾았습니다. 네로의 귀에도 "빌어먹을 폭군 네로는 어디에 있느냐?"라는 외침이 들려왔습니다. 그는 너무 무서워서 미칠 것만 같았습니다. 그래서 애처롭게 신들에게 도와 달라고 빌었지만 신들은 아무 도움도 내려 주지 않았습니다. 그는 공포에 사로잡혀 죽을 지경이었습니다. 그는 몸을 숨기려고 정원으로 달려갔습니다.

그곳에는 두 농부가 커다란 모닥불을 피워 놓고 앉아 있었습니다. 그는 두 농부를 보자, 자기 목을 잘라 달라고 부탁했습니다. 그러면 죽은 뒤에 자기의 시체가 모욕당하지 않을 거라고 생각했던 것입니다. 그러나 달리 방도가 없음을 깨닫자 그는 스스로 목숨을 끊었습니다. 운명의 여신은 깔깔거리며 재미있어했습니다.

홀로페르네스

그 어떤 장수도 홀로페르네스보다 많은 왕국을 점령하고, 전쟁터에서는 천하무적이고, 명성 높고, 방자하지는 않았습니다. 운명의 여신은 홀로페르네스에게 늘 달콤한 입맞춤을 해 주고, 그를 끌고 다녔습니다. 그러나 그는 자기도 모르는 사이에 목이 잘려 죽고 말았습니다.

세상사람들은 부와 자유를 잃을까 봐 그를 두려워했습니다. 그는 모든 사람에게 신앙을 강요기도 했습니다.

"네부카드네자르가 곧 하느님이다. 너희는 그 외에 다른 신은 숭배하지 말라."

감히 그의 명령을 어기는 사람은 없었습니다. 그러나 단 한 사람, 강대한 도시 베툴리아에 사는 일라이킴*15이라는 수도사만은 예외였습니다.

홀로페르네스가 어떻게 죽었는지 잘 들어 보십시오. 어느 밤, 그는 헛간만큼 커다란 영내 막사에서 술에 잔뜩 취해 자고 있었습니다. 그의 위엄과 권세는 대단했지만, 쥬디스*16라는 여인은 그가 벌렁 드러누워 자는 사이에 그의 목을 잘랐습니다. 그런 다음, 군인들에게 들키지 않도록 홀로페르네스의 목을 가지고 몰래 자신의 마을로 돌아갔습니다.

---

*15 불가타 성서에 나오는 인물. 흠정역성서에는 요아킴이라고 되어 있다.
*16 성서외전에 나오는 중요인물. 유대인 과부.

유명한 안티오쿠스 왕

안티오쿠스 왕*¹⁷의 드높은 위엄과 오만함과 악행을 굳이 설명할 필요는 없을 것입니다. 그와 같은 왕은 세상에 둘도 없었으니까 말입니다. 〈마카베오서〉에서 그가 어떤 사람이었고, 얼마나 오만한 말을 했는지 꼭 읽어 보십시오. 어떻게 그가 최고의 번영을 누리다가 몰락해서 산등성이에서 비참한 죽음을 맞이했는지 읽어 보시기 바랍니다.

운명의 여신은 그를 극도로 거만하게 만들었습니다. 그리하여 안티오쿠스 왕은 자기가 하늘의 별에 닿을 수 있으며, 모든 산을 들어 올려 무게를 잴 수 있고, 바다의 모든 파도를 멈추게 할 수 있다고 진심으로 생각하기에 이르렀습니다. 그는 하느님의 백성을 가장 혐오했습니다. 하느님께서 그의 자만심을 꺾을 것이라고는 전혀 생각도 하지 않은 채, 하느님의 백성들을 고문하고 죽였습니다.

유대인들이 니카노르와 디모디를 궤멸했다는 소식을 듣자, 안티오쿠스 왕은 유대인에 대해 극심한 증오심을 품고 서둘러 전차를 준비하라고 명령했습니다. 그리고 아주 잔인한 방법으로 원수를 갚겠다고 이를 갈며 맹세하고, 당장 예루살렘으로 진군하라는 명령을 내렸습니다. 그러나 그의 계획은 곧장 해물에 부딪혔습니다.

하느님은 눈에 보이지 않는 불치의 병으로 안티오쿠스 왕을 위협했던 것입니다. 그 병은 창자까지 깊이 파고들었습니다. 그는 견디기 어려울 정도로 고통스러워했습니다. 그러나 그 역시도 수많은 사람의 내장에 그런 고통을 주었으니, 이 복수는 인과응보였습니다. 하지만 그런 극심한 고통에도 그는 자신의 사악한 목표를 포기하지 않습니다.

그러기는커녕 그는 군사들에게 즉시 출정을 명령했습니다. 그런데 갑자기 그도 모르는 사이에 하느님은 그의 거만을 단번에 응징하셨습니다. 안티오쿠스 왕이 별안간 병거에서 떨어져 심한 타박상을 입고 팔다리를 다쳐 걷지도 말을 타지도 못하게 된 것입니다. 그는 등과 허리를 심하게 다쳐 들것에 실려 가는 신세가 되었습니다.

하느님의 응징은 몹시 혹독했습니다. 온몸에서 구더기가 들끓어 고약한

---

*17 〈마카베오서〉(성서외전) 제9장 2p1~28절.

악취가 풍겼습니다. 그를 간호하던 가신들은 그가 깨어 있든 자고 있든 그 냄새 때문에 견딜 수가 없었습니다. 이런 불행 속에서 그는 울면서 통곡했습니다. 그리고 하느님이 이 세상을 창조하신 분임을 깨닫게 되었습니다.

그의 썩은 살에서 풍기는 악취는 군사들뿐만 아니라 그 자신에게도 역겹기 그지없었습니다. 아무도 그를 옮기려고 하지 않았습니다. 이렇게 그는 악취와 끔찍한 고통을 받으며 어느 산등성이에서 비참하게 숨을 거두었습니다. 수많은 사람들의 고통과 눈물을 자아낸 이 도둑, 이 살인자는 이렇게 그 오만함에 걸맞은 천벌을 받았습니다.

알렉산더

알렉산더의 이야기는 매우 잘 알려져 있어서, 조금이라도 교양이 있는 사람이라면 누구나 그의 운명을 조금쯤, 또는 전부 알고 있을 것입니다. 알렉산더는 이 광활한 세계를 결국 무력으로 얻었습니다. 그의 높은 명성을 들은 몇몇 왕은 그에게 기꺼이 사자를 보내 평화협정을 제안했습니다. 그는 세계 어디를 가든지 인간과 짐승의 교만함을 꺾어 버렸습니다.

그 어떤 정복자도 그와 비교될 수 없을 것입니다. 전세계가 그를 무서워하며 벌벌 떨었을 정도니까요. 그는 기사도와 관용의 전형이었습니다. 운명의 여신도 자신의 명예를 이어받을 후계자로 그를 지목했습니다. 술과 여자를 빼고는 그 어떤 것도 전쟁에서 무훈을 세우려는 그의 크나큰 야심을 방해하지 못했습니다. 그만큼 그는 사자처럼 용맹스러웠습니다.

그가 싸워 이긴 다리우스[18]나 그 외 수천 수만 명의 용감한 왕, 왕족, 공작, 백작들을 일일이 거론한들 그에게는 아무런 칭찬도 되지 않을 것입니다. 말을 타고 가든 걸어서 가든 인간이 갈 수 있는 곳이라면 모두 그의 땅이었으니 더 이상 말할 필요도 없을 것입니다. 그의 용맹함을 아무리 설명한들 다 할 수는 없겠지요.

그는 12년 동안 통치했습니다. 〈마카베오서〉에 의하면, 그는 그리스 최초의 왕이었던 마케도니아 필립 왕의 아들이었습니다. 오, 고귀하고 뛰어난 알렉산더여, 그대에게 이런 불운이 닥칠 줄이야! 그대는 동족에게 독살되었습

---

*18 메디아(지금의 이란)의 왕 다리우스 1세(기원전 558?~486?)으로 추정된다. 그는 툭하면 그리스를 침략했지만, 마라톤 전투에서 패했다.

이수스 전투 모자이크 알렉산더가 다리우스 3세가 이끄는 페르시아군을 패배시킨 전투.

니다. 운명의 여신은 주사위 게임에서 그대가 이길 확률을 최하로 바꿔 놓고
도 눈물 한 방울 흘리지 않았습니다.

그는 전세계를 하나의 왕국인 양 다스리면서도 그것으로는 충분하지 않다
고 생각했습니다. 그토록 고결하고 고귀한 그의 죽음을 슬퍼하는 눈물을 대
체 누가 내게 줄 수 있단 말입니까? 그의 마음은 위대한 용기로 가득했습니
다. 아아! 누가 이 변덕스러운 운명의 여신을 고발하여, 독살을 증오하는 내
게 힘이 되어 줄까요? 이 슬픔의 원인이 된 이 두 가지를 나는 비난합니다.

줄리어스 시저

정복자 줄리어스는 미천한 가문에서 태어나 지혜와 용기와 엄청난 노력으
로 위엄 있는 왕위에까지 올랐습니다. 그는 육지와 바다를 누비며 온 서유럽
을 무력이나 교섭으로 손에 넣고 로마에 예속시켰습니다. 그리고 뒤에는 운
명의 여신이 그에게 등을 돌릴 때까지 로마의 황제로 군림했습니다.

오, 강대한 시저여, 해가 뜨는 동쪽 끝까지 동방의 기사들을 거느렸던 그
대의 병부 폼페이우스에게 그대는 테살리아[*19]에서 맞섰습니다. 그리고 폼페
이우스와 함께 달아난 몇 명만 빼고 모든 적군을 포로로 만들었습니다. 이런

무훈에 동방의 모든 나라는 두려움에 떨었습니다. 이것은 그대를 총애했던 운명의 여신 덕택이었습니다!

여기서 잠시 전투에서 도망쳐 버린 로마의 이 고귀한 지배자 폼페이우스의 최후를 애도하겠습니다. 그의 부하 가운데 비열한 배신자가 한 명 있었습니다. 이 배신자는 총애를 한몸에 얻으려고 폼페이우스의 목을 잘라 줄리어스에게 가져갔습니다. 아, 폼페이우스여, 동방의 지배자여, 운명의 여신이 그대에게 이런 결말을 가져다줄 줄이야!

줄리어스는 승리의 월계관을 높이 쓰고 로마로 돌아왔습니다. 그러던 어느 날, 평소 그의 높은 지위를 시기했던 브루투스 카시우스*[20]는 비밀리에 그를 없앨 음모를 꾸몄습니다. 그리고 이제부터 이야기하려는 것처럼, 줄리어스를 단도로 죽일 장소를 정했습니다.

줄리어스는 평소처럼 카피톨 신전으로 향했습니다. 그리고 신전 안에서는 배신자 브루투스와 그의 공모자들이 율리우스를 사로잡고 칼로 마구 찔러 그를 쓰러뜨렸습니다. 그러나 전기가 거짓이 아니라면, 그는 처음 한두 번을 빼고는 결코 신음하지 않았습니다.

줄리어스는 용기만 뛰어난 것이 아니라 품위와 위엄도 사랑했습니다. 그래서 치명상을 입고 고통에 헐떡거리면서도 외투로 하반신을 가렸습니다. 누구에게도 은밀한 부분을 보이고 싶지 않았기 때문입니다. 그는 거의 의식을 잃고 쓰러져 죽음이 다가왔음을 느끼면서도 품위를 잃지 않았던 것입니다.

루칸*[21]이여, 너에게 이 이야기를 맡기노라. 또 수에토니우스와 이것을 처음부터 끝까지 자세히 기록한 발레리우스에게 이 이야기를 맡기노라. 운명의 여신이 이 위대한 두 정복자가 친구에서 적으로 어떻게 바뀌었는지를 들려 주어라. 그녀의 호의를 너무 믿지 말고 늘 경계할지어다. 이 강대한 정복자들을 그 증거로 삼을지어다.

크레수스
한때 페르시아의 키루스*[22]는 리디아의 부유한 왕이었던 크레수스를 대단

---

*19 마케도니아의 남쪽, 그리스의 북동부에 있다.
*20 브루투스와 카시우스는 원래 다른 인물이지만, 여기서는 동인물로 보았다.
*21 상권 참조.

히 두려워했습니다. 그러나 그런 크레수스가 오만함의 절정에서 포로가 되어 화형장으로 끌려갔습니다. 그런데 하늘에서 폭우가 쏟아져 화형장의 불을 꺼 버렸고, 그는 그 틈을 이용해 도망칠 수 있었습니다. 하지만 이런 일을 당하고도 경계심을 갖지 않았고, 마침내 운명의 여신은 그를 교수대에서 사형에 처했습니다.

그는 화형장에서 도망쳤을 때, 다시 전쟁을 일으키겠다는 생각을 버리지 못했습니다. 운명의 여신이 비를 내려 자기를 도망칠 수 있게 해 주었으니, 적들에게 죽을 일도 절대로 없을 거라고 확신했습니다. 한 번은 아주 기분 좋은 꿈을 꾸고 의기양양해져서 복수심을 불태웠습니다.

그는 나무 위에 올라가 있는 꿈을 꾸었습니다. 그곳에서 주피터는 그의 등과 옆구리를 씻어 주었고, 포이보스*22는 깨끗한 수건을 가져와 물기를 닦아 주었습니다. 이런 꿈을 꾸자 의기양양해져서 그는 옆에 있던 딸에게 꿈의 뜻을 설명해 달라고 명령했습니다. 딸이 꿈을 해석하는 데 일가견이 있음을 알고 있었기 때문입니다. 그의 딸은 이렇게 해몽했습니다.

"나무는 교수대를 뜻해요. 주피터는 눈과 비를 가리키고, 깨끗한 수건을 가져온 포이보스는 햇빛을 가리키죠. 아버지, 이건 아버지가 교수형을 당한다는 의미예요. 빗물이 아버지의 몸을 씻고, 태양이 아버지의 몸을 말려 줄 거예요."

파냐라는 이름을 지닌 그 딸은 이렇게 명명백백한 경고를 했습니다.

오만하기 그지없던 크레수스 왕은 실제로 교수형을 당했습니다. 그의 왕좌도 아무 소용이 없었지요. 운명의 여신이 불러온 비극은 오만한 왕국을 불시에 멸망시킨다는 교훈을 그저 이렇게 노래하고 탄식할 뿐입니다. 인간이 운명의 여신을 믿기 시작하면, 그녀는 그 사람을 버리고 자기의 환한 얼굴을 구름 뒤로 숨기고 맙니다.

여기서 기사가 수사의 이야기를 가로막는다.

---

*22 페르시아 제국의 건국자. 기원전 550~530년 재위.
*22 상권 참조.

수녀원 신부의 이야기

수녀원 신부의 이야기 머리글

기사가 말했습니다.

"이제 그만하시오! 그 이야긴 이제 됐습니다! 지금까지 한 이야기로도 충분합니다. 아무렴 충분하고도 남죠. 내 생각엔 덜 불행한 이야기가 많은 사람들에게 좋을 것 같아요. 엄청난 부와 행복을 누리던 사람이 하루아침에 몰락하는 이야기를 들으면 기분이 좋지 않잖아요. 하지만 그 반대는 기분이 아주 좋아지죠. 즉, 가난한 사람이 점점 출세해서 부귀영화를 누리는 이야기 말입니다. 이런 이야기를 들으면 곧 즐거워집니다. 그러니 그런 이야기를 했으면 해요."

여관 주인이 말했습니다.

"맞소. 세인트 폴 성당의 종을 두고 말하건대, 당신 말은 지당하오. 수사가 요란스럽게 이야기하긴 했어요. 운명의 여신이 구름을 덮었다느니 하는 말은 난 도통 알아먹질 못하겠소. 또 비극에 대해선 여러분도 지금 막 들으셨고, 사실 지나간 일을 한탄하고 안타까워한들 무슨 소용이 있겠소. 게다가 기사 양반이 말했듯이, 슬픈 이야기를 듣는 건 정말 고통스럽습니다.

수사 양반, 그쯤 합시다. 당신에게 하느님의 축복이 있기를! 당신 이야기는 우리 일행을 그다지 유쾌하게 하지 못했소. 그런 이야기는 일말의 가치도 없소. 재미도 없고 불편하기만 하니, 원. 그러니 수사 양반, 아, 이름을 불러 드려야지. 베드로[1] 수사님, 이제 다른 이야기를 좀 해 주시길 진심으로 부탁합니다. 우리 모두를 위해 돌아가신 하늘의 왕을 걸고 말하건대, 당신 고삐에 주렁주렁 달린 종들이 소리를 내지 않았더라면 난 진작 잠에 빠져 말에서 떨

---

[1] 현대 영어 발음으로는 피터. 여관 주인은 수사가 이야기하는 동안 그의 이름을 알아낸 것으로 보인다.

수녀원 신부 이야기 머리글 부분 삽화

어졌을 거요. 진창이 그리 깊은 건 아니지만. 그러면 당신 이야기도 다 헛수 고란 말이오. 끝까지 이야기를 한다 해도 말이오. 현자들이 말하듯이, 들어 주는 사람이 없으면 아무리 의견을 말해 봤자 소용없는 것 아니오?

하지만 뭐든 재미있게만 이야기한다면 난 좋은 청중이 될 소질이 있다오. 그러니 이번에는 부디 사냥 이야기를 들려 주시오."

"거절하겠소. 시답지 않은 수다나 떨 기분이 아니에요. 난 이야기했으니 다른 사람을 시키세요."

그러자 여관 주인이 거칠고 대담한 말투로 바로 옆에 있는 수녀원 신부에 게 말했다.

"자, 신부님, 이리 오시오. 어서 가까이 와요, 존 신부님! 흥이 나는 이 야기 좀 들려 주시오. 말라 비틀어진 말은 탔지만 기운 좀 내시고! 비록 말 은 더럽고 비쩍 말랐지만 아무 상관 없죠. 당신에게 쓸모가 있다면 눈곱만큼 도 개의치 마시오. 언제나 마음을 즐겁게 가지세요."

"알았소, 주인 양반. 맹세코 말하지만, 내 이야기를 듣고도 기분이 좋아지 지 않는다면 날 비난해도 좋소."

그는 곧바로 이야기를 시작했다. 그는 이렇듯 우리 모두에게 말했다. 이 마음씨 좋은 신부, 이 착한 존 신부가 이야기를 시작한 것입니다.

수녀원 신부의 이야기가 시작된다.

—암탉 페르텔로트와 수탉 챈티클리어 이야기—

옛날에 늙수그레한 가난한 과부가 작은 오두막에 살고 있었습니다. 그 집은 골짜기에 있는 숲가에 있었습니다. 이 과부는 남편이 죽은 뒤 매우 검소한 생활을 하며 어렵게 살았습니다. 가진 재산도 이렇다 할 수입도 없었기 때문입니다.

그녀는 두 딸과 함께, 하느님께서 주신 것만 가지고 근근이 살아갔습니다. 그녀가 가진 거라고는 커다란 돼지 세 마리와 암소 세 마리 그리고 '몰'이라고 불리는 양 한 마리뿐이었습니다.

침실과 부엌은 그을음투성이였습니다. 그녀는 언제나 지저분한 부엌에서 변변치 않은 식사를 했습니다. 톡 쏘는 양념 같은 것은 있을 리도 없었습니다. 맛있는 음식이 그녀의 목구멍을 타고 넘어간 적은 한 번도 없었기 때문입니다. 그녀가 먹는 음식은 사는 집과 유사했습니다. 그래서 너무 많이 먹어서 배탈이 나는 일은 없었답니다.

검소한 식사와 적당한 운동과 마음의 만족이 그녀의 유일한 약이었습니다. 통풍 때문에 춤을 못 추는 일도 없었고, 뇌졸중으로 머리를 상하는 일도 없었습니다. 백포도주나 적포도주를 마시는 일도 없었지요. 식탁에 있는 음식은 대부분 검고 하얀 음식뿐이었습니다.

즉, 우유와 검은 빵은 빠지는 일이 없었습니다. *2 그리고 여기에 구운 베이컨이나 가끔 달걀 한두 개가 나왔습니다. 그녀가 그나마 낙농을 했기 때문이었습니다.

마당 주위는 말뚝으로 둘러쳐졌는데, 그 둘레에는 마른 도랑이 있었습니다. 그 마당에 챈티클리어라는 수탉을 기르고 있었습니다. 온 나라를 뒤져도 챈티클리어만큼 멋있게 홰를 치는 닭은 없었습니다. 그의 목소리는 미사 때 울리는 성당의 오르간 소리보다 더 유쾌했습니다.

그의 집에서 울리는 홰 소리가 괘종시계나 수도원의 시계보다 더 정확했습니다. 그는 그 지방에서 평분선*3이 수평선 위를 오르내리는 시각을 본능

---

*2 이 문장에는 두 가지 해석이 있다. 하나는 번역대로이고, 하나는 "우유와 검은 빵에 만족했다"는 해석이다.

적으로 알 수 있었습니다. 해가 15도 올라갈*4 때마다 그는 시각을 알렸는데, 그것은 비할 데 없이 정확했습니다.

그의 볏은 아름다운 산호보다 붉고 성벽처럼 꺼칠꺼칠했습니다. 검은 부리는 흑구슬처럼 반짝였으며, 다리와 발가락은 유리와 같았습니다. 발톱은 백합보다 희었고, 깃털은 번쩍이는 금과 같았습니다.

이 멋진 수탉은 자기 욕망을 채우기 위해 암탉을 일곱 마리나 거느렸습니다. 암탉들은 챈티클리어의 형제이자 애인이었으

수녀원 신부의 이야기 판화(1721) 존 유리 작.

며, 모두 챈티클리어와 놀랄 만큼 비슷한 색을 띠고 있었습니다.

그중에서도 목덜미 색깔이 아름다운 암탉은 페르텔로트 부인이라고 불렸습니다. 이 부인은 예의바르고 사려 깊고 우아하며 사교적이었습니다. 태어난 지 이레가 지날 때부터 눈부시게 아름다웠으므로 챈티클리어의 마음을 완전히 사로잡고 사랑의 포로로 만들었습니다. 그도 그녀를 무척 사랑했으므로 그는 매우 행복했습니다. 빛나는 해가 뜰 무렵 그들이 "사랑이 멀리 떠나네!"라고 달콤한 목소리로 합창하는 소리를 듣는 것은 여간 즐거운 일이 아니었습니다.

내가 알기로, 그 당시에는 새들과 짐승들도 노래하고 말할 줄 알았다고 합니다.

---

*3 하늘의 적도상에 있는 스물네 개의 점. 한 시간에 1도씩 올라간다고 보았다.
*4 한 시간에 해당한다.

그러던 어느 새벽이었습니다. 챈티클리어는 아내들과 함께 부엌 들보 위에 앉아 있었습니다. 아름다운 페르텔로트는 그의 바로 옆에 앉아 있었습니다. 그때 챈티클리어가 악몽에 시달리는 사람처럼 끙끙대기 시작했습니다. 페르텔로트가 이 소리를 듣고 깜짝 놀라 물었습니다.

"여보, 무슨 일이에요? 왜 신음하세요? 당신처럼 잘 주무시는 분이 이렇게 끙끙거리다니 무슨 일이죠?"

챈티클리어가 대답했습니다.

"괜찮으니 걱정마시오. 방금 꿈을 꾸었는데, 어찌나 불길하던지 아직도 가슴이 쿵쾅거리는구려. 아, 하느님, 제 꿈을 길몽으로 바꿔 주시고, 제 몸을 이 비참한 감옥에서 빼내 주소서! 내 꿈은 이렇소. 내가 우리 집 마당을 왔다 갔다 하는데, 사냥개와 흡사한 짐승을 보았소. 그놈이 나를 덮쳐서 날 죽이려는 것이오. 그 짐승의 색깔은 황적색이었고, 꼬리와 양쪽 귀는 다른 부분과는 달리 끝이 검고 뾰족했소. 주둥이는 작고, 두 눈은 이글거렸지. 난 그 생김새를 보자 무서워서 죽을 것만 같았소. 그래서 그렇게 신음했나 보오."

그녀가 말했습니다.

"세상에! 고작 그 정도로 벌벌 떠는 꼴이라니, 이 겁쟁이 같으니! 아! 하늘에 계신 하느님을 두고 맹세하건대, 이제 우리의 사랑은 끝났어요. 진정으로 겁쟁이는 사랑할 수 없다고요! 다른 여자들이 뭐라고 하건, 우리는 모두 가능한 한 용감하고 똑똑하며 너그럽고 믿음직스러운 남편을 얻길 원하죠. 구두쇠나 바보, 칼만 봐도 기겁하는 겁쟁이, 허풍쟁이는 사양한다고요. 그런데 어떻게 당신은 사랑하는 여자 앞에서 뻔뻔스럽게도 무섭다는 말을 할 수 있죠? 당신한테 남자다운 용기란 게 있기는 한가요? 그 수염이 창피하지도 않아요? 아, 꼴사나워라! 꿈 따위가 뭐가 무섭다고!

하느님도 아시지만, 꿈은 아무 의미도 없는 거예요. 과식이나 가끔 위에서 나오는 독기 때문에, 아니면 체액이 남아돌아서 균형이 깨졌을 때 꾸는 거라고요. 조금 전 그 꿈은 붉은 담즙*5이 너무 많아서 꾼 게 분명해요. 그것 때문에 꿈속에서 화살이나 불꽃이 튀는 싸움, 사람을 물어뜯는 붉은 짐승 같은

---

*5 중세 생리학의 네 가지 체액 중 하나로, 불과 관련된 꿈을 꾸게 한다고 여겨졌다. 즉, 수탉의 몸이 뜨겁고 건조했음을 의미한다.

크고 작은 개들을 무서워하게 되는 거죠. 우울증을 유발하는 체액이 많으면 검은 곰이나 검은 황소를 무서워하게 돼요. 그래서 많은 사람이 잠을 자다가 겁을 먹고 소리를 지르거나, 검은 악마에게 잡혀가는 꿈을 꾸죠. 잠자는 사람한테 재앙을 가져오는 체액도 있답니다. 최대한 간단히 이야기하죠.

대단한 현자로 추앙받던 카토도 이렇게 말했잖아요. '꿈을 절대로 믿지 말라.'

이 횃대에서 내려가면 설사약이라도 몇 알 좀 드세요. 내 영혼과 목숨을 걸고 말하건대, 붉은 담즙이든 검은 담즙이든 몸에서 내보내는 게 제일이라고 충고해 드릴게요. 거짓말이 아니에요. 그러니까 지체하지 마세요. 이 동네에는 약방이 없으니, 내가 당신의 건강을 위해 잘 듣는 약초를 가르쳐 드리지요.

마당에 가면 그 약초를 찾을 수 있을 거예요. 그 약초는 당신의 머리끝에서 발끝까지 씻어 낼 특별한 힘을 지니고 있어요. 그렇지만 이것만은 잊지 마세요! 당신은 성마른 기질이니까, 해가 높이 떠오를 때 몸이 뜨거운 체액으로 가득 차지 않도록 주의하세요. 만일 그런 상태가 되면 당신은 삼일열이나 말라리아에 걸려 죽고 말 거예요. 1그로트를 걸어도 좋아요. 약초를 먹기 하루나 이틀 전에는 소화제 대신 벌레를 삼키세요.

마당에서 자라는 약초란 등대풀, 수레국화, 현호색, 크리스마스로즈예요. 풍조목이나 갈매산 딸기, 담쟁이처럼 즐거운 우리 마당에서 자라는 것도 있지요. 생으로 뜯어 삼키세요. 어서 기운 내시고요! 꿈 따위에 겁먹지 말아요! 내가 해 줄 말은 이게 다예요."

"부인, 그 충고 정말 고맙소. 그렇지만 지혜에 대한 한 그토록 명성을 날린 카토는 꿈을 두려워하지 말라고 했지만, 카토보다 훨씬 권위 있는 사람들이 쓴 옛날 책을 읽어 보면 카토의 의견과는 반대되는 것이 많소. 게다가 그 주장은 실험에 근거한 것이지. 꿈이란 이 세상에서 우리가 견디고 있는 고통뿐만이 아니라 기쁨도 의미한다는 것이오. 이 문제에 대해서는 왈가왈부할 필요도 없소. 경험이 그것이 사실이라는 걸 보여 주니까 말이오.

아주 위대한 권력가 중 한 사람[6]이 이런 이야기를 했소. 어느 날 두 친구

---

*6 키케로 또는 발레리우스 막시무스.

가 아주 경건한 마음으로 순례를 떠났소. 그런데 도중에 들른 어느 마을에
사람이 너무 많아서 남아 있는 숙소가 거의 없었소. 그들은 함께 묵을 오두
막조차 찾을 수가 없었지. 그래서 하는 수 없이 그날 밤은 헤어져서 따로 자
기로 하고, 각자 여관을 찾아가 아무 데나 밤을 보낼만한 자리를 구하기로
했소.

한 사람은 여관 마당 끝에 있는 외양간에서 일소와 함께 자게 되었소. 그
런데 다른 사람은 운이 좋았던지 쉽게 방을 잡았소. 아마 우리 모두를 지배
하는 운명 덕분이었겠지.

그런데 동이 트기 한참 전에 이 남자는 꿈을 꾸었소. 자기 친구가 이렇게
외치는 꿈이었소.

"아이고! 오늘 밤 외양간에서 자다가 살해당하게 되었네. 여보게, 친구,
나 좀 도와 주게. 그렇지 않으면 난 죽고 말 거야. 어서 이리 와 줘!"

그 남자는 공포에 사로잡혀 자리에서 벌떡 일어났소. 하지만 잠이 완전히
깨자 침대에서 한두 번 뒤척이고는, 그런 꿈은 환상에 불과하다고 생각하고
신경을 쓰지 않기로 했소.

그런데 다시 두 번이나 그런 꿈을 꾸었고, 세 번째 꿈에서는 친구가 실제
처럼 생생하게 다가오더니 이렇게 말했소.

"이제 난 죽었네. 피로 적셔진 이 깊고 넓은 상처를 봐! 아침 일찍 일어
나 이 마을의 서쪽 문으로 오도록 하게. 그러면 거름을 가득 실은 수레가 보
일 거야. 그 안에는 내 시체가 숨겨져 있지. 제발 내 말을 믿고 그 수레를
멈추게 해 주게. 사실 난 금화를 갖고 있다가 살해당한 거라네."

이렇게 친구는 자기가 어떻게 죽었는지를 하얗게 질린 아주 가련한 얼굴
로 자세히 말해 주었소. 남자는 자기 꿈이 너무나 생생하여 그대로 믿게 되
었소. 다음 날 아침 날이 밝자마자 그는 친구가 잡은 여관으로 향했소. 그리
고 외양간에 도착하자 그 친구를 큰 소리로 부르기 시작했소.

그러자 여관 주인은 이렇게 말했소.

"당신 친구는 이미 떠났소. 동이 트자마자 이 마을을 떠나던데요?"

간밤에 꾸었던 꿈을 떠올리자, 그는 갑자기 이상한 생각이 들었소. 그래서
지체하지 않고 서쪽 문을 향해 냅다 달려갔소. 아니나 다를까 그곳에는 거름
을 가득 실은 수레가 있었소. 밭에 거름을 주러 가는 듯이 보였소. 살해당한

남자가 설명한 수레도 바로 그런 모습이었소. 그는 살인자에게 당한 심판과 복수를 요구하며 마구 소리치기 시작했소.

"내 친구가 어젯밤에 살해당했소. 그는 지금 저 수레 안에 싸늘한 시체가 되어 뻣뻣하게 누워 있소. 이 마을의 치안을 담당하는 재판관에게 간청하는 바이오. 부디 도와 주시오! 여기 내 친구가 살해되어 저기에 누워 있단 말이오!"

그다음은 말할 필요도 없겠지? 사람들이 달려와 그 수레를 뒤집어 엎었소. 그러자 거름 한가운데에 죽은 지 얼마 안 되는 시체가 있었소.

오, 보시오! 저 정의롭고 진실하신 우리 주님께서 어떻게 살인을 드러내 보이시는 지를! 우리가 날마다 보다시피 살인은 반드시 밝혀지게 돼 있소. 저 공명정대하신 하느님께 살인은 너무도 극악무도한 범죄지. 그래서 하느님은 억울한 죽음이 감춰지는 것을 바라지 않으시오. 1, 2년, 길어야 3년은 감출 수 있을지 몰라도 반드시 드러나지.

이것이 내 결론이오. 그 마을 판사는 수레 주인과 여관 주인을 체포해서 혹독하게 고문했소. 결국 그들은 자신들의 악행을 자백하고 교수형을 당했소.

이제 꿈은 두려운 것이라는 걸 똑똑히 알았겠지? 이 책 다음 장에는 다음과 같은 이야기도 적혀 있소. 허튼 이야기를 하는 게 아니오. 지금 이 얘기는 내가 행복을 바란다는 것만큼이나 사실이오.

이것은 먼 나라로 바다를 건너가려던 두 남자의 이야기요. 하지만 역풍이 불어, 항구 근처에 있는 어느 유쾌한 도시에서 순풍을 기다리고 있었소. 그러던 어느 날 저녁, 두 사람이 원하던 방향으로 풍향이 바뀌었소. 두 사람은 다음 날 아침 일찍 출항하기로 하고 기쁨에 넘쳐 잠자리에 들었소.

그런데 한 사람에게 아주 이상한 일이 일어났소. 누워서 자고 있는데, 동이 트기 전에 야릇한 꿈을 꾼 것이오. 꿈속에서 어떤 사람이 그의 베개 맡에서서, 출항을 기다리라고 명령하면서 이렇게 말한 것 같았소.

"내일 출항하면 너는 물에 빠져 죽는다. 내가 할 말은 이것뿐이다."

남자는 잠에서 깨어나 친구에게 그 꿈을 말하고, 항해를 연기하자고 애원했소. 그날만은 떠나지 말자고 말이오. 그렇지만 옆에서 자고 있던 친구는 그를 경멸하며 비웃었소.

"난 어떤 꿈도 겁먹지 않아. 그 어떤 꿈도 내 계획을 방해하지 못한다고. 난 자네 꿈에는 눈곱만큼도 신경쓰지 않네. 그렇잖아? 꿈은 환상이나 미신에 불과하니까. 인간은 올빼미나 원숭이 꿈을 자주 꾸지. 셀 수도 없이 많은 망상도 꿈에서 보고. 인간은 과거에도 없었고 앞으로도 없을 일도 꿈에서 본단 말이야. 그런데 자네는 맑은 날씨나 기다리면서 이렇게 시간을 허비하자는 건가? 그렇다면 미안하지만 잘 있게!"

그는 이렇게 작별을 고하고 혼자 출항했소. 하지만 그는 항로의 절반도 못 가서 뭐가 잘못됐는지 갑자기 배 밑바닥이 부서져 바닷속으로 가라앉고 말았소. 같은 시각에 그 옆을 항해하던 다른 배가 빤히 지켜보는 앞에서 벌어진 일이었지.

사랑하는 아름다운 페르텔로트, 이런 옛날이야기에서 우리가 배워야 할 점은 꿈을 무시해서는 안 된다는 것이오. 우리가 두려워하고 경계해야 할 꿈이 많으니 말이오.

내가 읽었던 메르시아의 왕 케날푸스의 아들인 케넬름*7의 전기를 보면 그 꿈 내용이 나온다오. 그는 죽기 며칠 전날, 자기가 살해되는 꿈을 꾸었소. 그의 유모는 이 꿈을 해몽해 주면서, 배신을 경계하라고 일러 주었소. 그러나 그는 겨우 일곱 살이었기 때문에 꿈에 대해서 거의 신경쓰지 않았소. 그만큼 그의 마음은 티가 없을 정도로 깨끗할 때였소. 오, 당신도 나처럼 그의 전기를 읽었더라면 얼마나 좋았을까!

페르텔로트, 진정으로 말하건대 아프리카의 저 훌륭한 스키피오*8가 꾼 꿈을 기록한 매크로비우스는 꿈을 긍정하며, 꿈은 인간의 미래를 예언한다고 말했소. 또 바라건대, 구약성서에서 다니엘이 꾼 꿈을 환상이라고 생각했는지 아닌지 주의 깊게 읽어 보시오. 요셉의 이야기도 잘 읽어 보시오. 그러면 꿈이 간혹―다 그런 건 아니지만―미래의 사건을 예고하는지 아닌지 곧 알게 될 것이오.

---

*7 일곱 살에 왕국을 물려받았지만, 작은어머니의 음모로 살해되었다. 죽기 전, 자기가 아름다운 나무에 올라가 있는데 종자가 그 나무를 잘라 쓰러뜨려서 자기를 죽이는 꿈을 꾸었다.

*8 로마의 장군·정치가 스키피오 아멜리아누스(기원전 185?~129). 꿈에서 할아버지를 만났다고 한다. 그것을 키케로가 《스키피오의 꿈》이라는 제목으로 썼고, 400년경 매크로비우스가 보충했다. 초서는 매크로비우스를 이 책의 저자로 잘못 알고 있다.

이집트의 왕인 파라오와 그의 집사와 요리사를 떠올려 보시오. 그들이 꾼 꿈은 그대로 나타났소. 여러 왕국의 기록을 연구하는 사람은 누구든지 꿈에 대한 갖가지 놀라운 이야기들을 읽을 수 있을 것이오.

리디아의 왕이었던 크레수스를 보시오. 그는 나무 위에 앉아 있는 꿈을 꾸었는데, 그것은 그가 교수형을 당하리라는 예고가 아니었소?

또 헥토르의 아내 안드로마케를 보시오. 헥토르가 죽기 바로 전날 밤, 안드로마케는 남편이 다음 날 전쟁터에 나가면 죽을 거라는 꿈을 꾸었소. 그래서 남편에게 경고했지만 아무 소용도 없었다오. 헥토르는 아내의 말을 듣지 않고 전쟁터로 나갔고, 결국 아킬레스의 손에 죽고 말았소. 이 이야기는 너무 길고 곧 날도 샐테니 이제 그만하겠소.

짧게 결론만 말하자면, 난 그런 꿈을 꾸었으니 반드시 화를 당할 거요. 덧붙여서 설사약 같은 건 한 푼의 가치도 없소. 설사약은 백해무익하니까. 설사약 따위는 개나 먹으라지!

이제 이런 이야기를 그만하고 재미있는 이야기를 합시다.

페르텔로트, 내가 행운을 바라는 것만큼이나 명확한 사실이 있는데, 그건 바로 하느님께서 내게 엄청난 행운 하나를 주셨다는 것이오. 당신의 아름다운 얼굴을 넋을 잃고 바라보노라면 당신 눈 주위가 타는 듯이 붉어지는데, 그것이 나의 모든 두려움을 깨끗이 날려 준다오. In principoi,*9 Mulier est homninis confusio.*10 여보, 이 라틴어의 뜻은 '여자는 남자의 기쁨이자 모든 행복이다'라는 것이오.

밤에 당신의 보드라운 살결을 느낄 때마다 홰대가 너무 좁아서, 당신 위에 올라탈 수는 없어도 아아! 내 마음은 기쁨과 위안으로 가득 차서 꿈 따위는 다 잊어버리게 된다오."

이렇게 말하고 수탉은 들보에서 뛰어내렸습니다. 아침이 밝았기 때문입니다. 암탉들도 그를 따라 내려왔습니다. 마당에서 곡식 알갱이를 발견한 수탉은 '꼬꼬댁' 하고 목청껏 울면서 암탉들을 불렀습니다. 그는 왕자처럼 위풍당당하고 아무것도 겁내지 않았습니다. 그는 아침 아홉시가 되기도 전에 페

---

*9 〈창세기〉와 〈요한복음〉 첫머리에 나오는 구절로, '태초에 말씀이 있었나니'라는 뜻.

*10 '여자는 남자를 파멸시킨다'는 뜻. 당시 속담으로 널리 쓰였다. 따라서 챈티클리어는 역설을 쓰는 셈이다.

르텔로트를 꼭 껴안고 수차례나 교미했습니다. 그는 사나운 사자와도 같았습니다.

그는 발끝으로 서서 사뿐사뿐 사방을 누비고 다녔습니다. 땅에 발도 대지 않고 걷는 것 같았습니다. 곡식 알갱이를 발견할 때마다 '꼬꼬댁' 하고 울었고, 그러면 그의 아내들은 쪼르르 달려왔습니다. 챈티클리어는 연회실에서 음식을 베푸는 군후처럼 위풍당당하게 마음껏 먹이를 쪼아 먹게 놔두고, 이제 난 그의 모험 이야기를 하려 합니다.

하느님이 인간을 만드신, 3월이라 불리는 이 세계가 시작된 달이 다 끝나고, 즉 3월이 지나가고 서른 두 날이 더 지났을 때였습니다. 챈티클리어는 일곱 아내를 거느리고 우쭐대며 걷다가 눈을 들어 눈부신 태양을 바라보았습니다. 해는 황소자리에서 21도보다 조금 더 진행된 자리에 있었습니다. 챈티클리어는 직감적으로 아침 아홉시라는 것을 알아차렸습니다. 그는 즐겁게 꼬꼬댁거리면서 시각을 알렸습니다.

"태양이 41도 하고도 조금 더 돌았소. 이 세상 나의 지복인 페르텔로트, 행복에 젖어 지저귀는 새들의 노래를 들어 보시오! 아름답게 활짝 피어나는 꽃들을 보시오! 내 마음은 기쁨과 즐거움으로 가득하오!"

그런데 갑자기 슬픈 사건이 일어났습니다. 언제나 기쁨 끝에는 슬픔이 머물러 있으니까요. 하느님은 이 세상의 기쁨은 금방 사라진다는 것을 아십니다. 뛰어난 글 솜씨를 가진 수사의 대가(大家)가 있다면, 그는 연대기에 이것을 틀림없는 진리로서 자신 있게 기록할 것입니다. 현자라면 내 이야기를 들어 보십시오. 이 이야기는 여자들이 그토록 존경하는 란슬로트 두 락*¹¹의 책만큼이나 틀림없는 사실입니다. 내가 보장합니다. 그럼 본론으로 돌아가지요.

숲 속에서 3년이나 살던 교활한 까만 여우가 신의 섭리에 이끌려 그날 저녁, 아름다운 챈티클리어와 그 아내들이 자주 가는 마당으로 울타리를 뛰어넘어 들어왔습니다. 여우는 양배추를 침대삼아 아침 9시가 지날 때까지 꼼짝 않고 누워서 기다렸습니다. 살인자들이 죽이기에 적당한 순간을 기다리듯이

---

*11 기사 란슬로트와 여왕 귀네비어의 사랑이야기. 《아서 왕》의 일부.

챈티클리어에게 덤벼들 기회를 노리면서.

오, 비밀스런 동굴에 숨은 사악한 살인자여! 오, 이스캐리엇*12의 환생이여, 가네론*13의 환생이여, 교활한 위선자여, 트로이를 슬픔의 구렁텅이에 빠뜨린 그리스의 시논*14이여! 오, 챈티클리어여, 그대가 들보에서 마당으로 뛰어내린 아침이 저주스럽다!

그날은 곧 네 목숨이 다하는 날임을 꿈으로 분명히 경고했건만, 그러나 몇몇 학자들이 말하기를 하느님이 예지하신 일은 반드시 일어나는 법이라 하였다. 이 점에 대해 대학에서 무수한 논쟁이 일었고 수백 수천 명의 사람들이 토론을 벌였다는 사실은, 한 점 흠잡을 데 없는 학자를 증인으로 내세워도 좋습니다.

하지만 나는 위대한 박사 아우구스티누스나 보에티우스 또는 브라트와르딘 주교*15와 달라서 알맹이와 쭉정이를 구분하는 법을 모릅니다. 즉, 내가 하느님의 예지력*16에 따라 특정한 행동을 반드시 하게 되는지 아닌지 하는 것을 말입니다. 이 '반드시'라는 것을 나는 절대적 필연이라고 부르죠. 아니면 어떤 행동을 하느냐 안 하느냐의 선택이 나에게 주어져 있는지 아닌지—하느님은 그 행동이 행해지기 전에 미리 알고 계시지만. 하느님의 지혜가 조건적 필연성 외에는 전혀 구속력을 갖고 있는지 않은지에 대해서도 잘 모릅니다.

나는 이런 문제에 굳이 관여하고 싶지 않습니다. 내 이야기는 앞서 들으셨다시피 수탉에 대한 이야기입니다. 내가 여러분에게 말한 꿈을 꾼 아침에, 불행하게도 그 수탉은 '마당을 산책하라'는 아내의 충고를 받아들였습니다.

여자의 충고란 종종 치명적이죠. 여자의 충고가 우리를 불행으로 가장 먼저 끌어들입니다. 그렇게 하여 아담이 아주 즐겁게 만족하며 살던 낙원에서

---

*12 그리스도를 배반한 유대인.

*13 중권 〈선장의 이야기〉에 나오는 인물.

*14 트로이 목자의 발명자.

*15 토머스 브라트와르딘(1290?~1349). 옥스퍼드의 신학자로, 캔터베리 대주교로 임명되었지만 얼마 못 가 병사했다.

*16 신의 예지와 인간의 자유의지 및 은총의 문제는 당시 열띤 논쟁거리였다. 아우구스티누스는 자유의지는 신이 주는 것이며, 신이 허용하는 범위에서 행사되어야 한다고 생각했다. 보에티우스는 필연을 절대적 필연과 조건적 필연으로 나누고, 신의 예지는 인간 행위의 필연적 원인이 아니라고 보았다. 브라트와르딘은 신의 예지와 은총의 기존 학설을 이어받았다.

쫓아냈죠. 그렇지만 괜히 여성의 충고를 무척대고 비난했다가 누군가의 기분을 상하게 살지도 모르니 조용히 넘어가도록 하겠습니다.

사실 난 농담을 한 거예요. 이 주제를 다룬 작가들의 작품을 읽어 보면, 그들이 여자에 대해 뭐라고 말했는지 알 수 있을 겁니다. 이건 수탉의 말이지 제 말이 아닙니다. 전 어떤 여자도 나쁘게 생각하지 않아요.

페르텔로트와 나머지 암탉들은 모래밭에서 우아하고 즐겁게 일광욕을 즐기고 있었습니다. 챈티클리어는 바다 속의 인어보다도 더 명랑한 목소리로 노래를 부르고 있었습니다. 《피시올로구스》*17라는 책에는 인어가 아주 명랑한 목소리로 노래하는 모습이 쓰여 있지요.

아무튼, 그는 배추밭을 날아다니던 나비를 보다가 배추 사이에 납작 웅크리고 있는 여우를 발견했습니다. 그는 목구멍에서 차마 노랫소리가 나오지 않았습니다. 대신 비명을 질러대기 시작했습니다. "꼬꼬댁! 꼬꼬댁!" 하면서 혼비백산한 사람처럼 펄쩍 뛰었습니다. 동물은 적을 보면, 그것이 난생처음 본 것이라 해도 본능적으로 도망치려고 하니까요.

엉큼한 여우가 즉시 이렇게 말하지 않았다면 챈티클리어는 도망치고 말았을 겁니다.

"안녕하세요, 수탉님? 어디 가세요? 난 당신의 친구인데, 왜 나를 두려워하는 거죠? 만일 내가 당신에게 위해를 끼치거나 못된 짓을 할 마음을 품었다면 난 악마보다 더 사악한 놈일 거예요! 난 당신을 염탐하러 온 게 아니라 사실은 당신의 노랫소리를 들으러 왔답니다. 정말이지 당신은 하늘에 있는 천사만큼이나 아름다운 목소리를 지녔어요. 보에티우스나 그 어떤 가수 못지않게 절실한 감정이 노래 속에 들어 있다니까요. 내 주인이자 당신의 아버지이신 하느님께서 당신에게 축복을 주시기를! 역시 고귀한 마음을 지니셨던 당신의 어머니도 종종 우리 집을 찾아오셨죠. 그건 저의 크나큰 즐거움이었답니다.

저도 당신에게 큰 기쁨을 드릴게요. 노래 이야기가 나와서 말인데, 난 새벽에 노래하는 당신 아버지의 목소리보다 더 좋은 목소리는 들은 적이 없어요. 물론 당신은 빼고 말이죠. 이 두 눈을 훌륭하게 쓰고 싶다는 마음만큼이

---

*17 중세 때는 《동물 이야기》라는 이름으로 널리 알려졌다.

나 확실하게 말할 수 있어요.

당신 아버지의 노랫소리는 모두 가슴에서 우러나왔죠. 그분은 더 힘찬 목소리를 내려고 두 눈을 감고 집중해서 노래했을 정도로 굉장히 노력하셨어요. 그러고는 발끝으로 서서, 길고 가느다란 목을 쭉 빼고 힘차게 노래를 부르곤 했죠. 게다가 아버지는 아주 통찰력이 뛰어난 분이셨어요. 어느 지방을 뒤져도 노래와 지혜에 대한 한 아버지를 능가할 이가 없었죠.

나는 《당나귀 부르넬 경》[18] 이라는 책을 읽었는데, 거기에 어느 수탉에 대한 내용이

수녀원 신부의 이야기 여우와 수탉 챈티클리어

있었어요. 어리고 철없는 사제의 아들이 수탉의 다리를 걷어찼는데, 그 일로 수탉이 그 아버지의 사제직까지 잃게 했다는 거죠. 하지만 그 수탉의 기지는 당신 아버지에게 깃든 지혜와 통찰력과는 비교도 되지 않아요. 그럼 수탉님, 나에게 자비를 베풀어서 노래를 불러 주세요. 당신 아버지와 견줄 만한지 한번 봅시다.”

챈티클리어는 여우의 달콤한 아첨에 우쭐해져서, 여우가 배신할 거라는 생각은 눈곱만큼도 하지 못하고 날개를 퍼덕이기 시작했습니다.

아! 여러분, 당신들의 궁궐에도 거짓말만 늘어놓는 아첨쟁이가 있습니다. 진실로 말하건대, 진실을 말하는 사람보다는 당신을 기쁘게 하려는 거짓말쟁이가 훨씬 많죠. 아부에 대해서는 〈시라서〉[19]를 읽어 보십시오. 여러분, 그들의 배신을 경계하십시오.

──────────────

*18 자기 꼬리가 짧다고 불만을 털어 놓던 당나귀에 대한 라틴 풍자시.
*19 〈전도서〉로 해석하는 설도 있다.

챈티클리어는 몸을 길게 빼고 한껏 발돋움한 채 눈을 지그시 감았습니다. 그리고 목청껏 노래하기 시작했습니다. 그 순간 여우 러셀 경이 펄쩍 뛰어 수탉의 목을 덥석 물더니 등에다 둘러메고 숲으로 뛰어갔습니다. 여우를 뒤쫓을 사람은 아무도 없었습니다.

오, 피할 수 없는 그대, 운명이여! 아, 챈티클리어는 왜 들보에서 내려왔던가! 아, 그의 아내는 왜 꿈을 무시했던가! 이 모든 일은 어느 금요일에 일어났습니다.

오, 쾌락의 여신, 비너스여! 챈티클리어는 당신의 신하요, 자식을 번식시키기보다는 당신의 쾌락을 위해 온 힘을 바쳤습니다. 그런데 어찌하여 당신의 제일(祭日)에 그를 죽게 하십니까? 오, 고명한 거장이신 카프레드*[20]여! 당신의 리처드 왕이 화살에 맞아 죽었을 때 당신은 그 죽음을 몹시 슬퍼하셨습니다. 당신의 금요일은 그랬건만, 어찌 내게 주어진 금요일은 탄식할 고귀한 말과 학식이 없는 것입니까? 내게 그런 것이 있었다면, 챈티클리어의 두려움과 고통을 한탄하여 당신에게 보여 드릴 수 있었을 텐데.

《아이네이드》*[21]에 있는 것처럼, 피루스*[22]가 일리온*[23]을 함락한 뒤 칼을 뽑아들고서 프리엄 왕*[24]의 수염을 잡고 그를 죽였을 때, 여자들은 울부짖고 비명을 질렀습니다. 그러나 챈티클리어가 잡혀 가는 광경을 본 마당에 있던 암탉들이 내지른 비명보다는 덜했을 것입니다. 누구보다 큰 소리로 통곡한 것은 페르텔로트였습니다. 로마인이 카르타고를 불태웠을 때 하스드루발이 죽자 그의 아내는 대성통곡했습니다. 그러나 페르텔로트는 그녀보다 더 크게 통곡했습니다. 하스드루발의 아내는 슬픔과 분노를 이기지 못해 불길에 자기 몸을 던져 경건한 마음으로 눈을 감았습니다.

오, 슬픔에 젖은 암탉들이여, 당신들은 저 네로가 로마를 불태웠을 때 원로원 의원들의 아내들이 울부짖었던 것처럼 절규하였습니다. 네로가 아무런 죄도 없는 원로원 의원들을 모조리 죽였기 때문이지요. 그럼 이제 내 이야기

---

*20 제프리 드 반소, 수사학 교본 《포에트리아 노바》의 저자.
*21 Aeneas. 베르길리우스의 저작. 트로이 전쟁을 소재로 한 서사시.
*22 아킬레스의 아들.
*23 트로이 일리온의 요새.
*24 트로이의 왕.

로 다시 돌아가겠습니다.

이런 일이 벌어지는 줄은 꿈에도 몰랐던 행복한 과부와 그녀의 두 딸도 이 암탉들의 구슬픈 비명을 듣고 황급히 마당으로 나왔습니다. 그리고 등에 수탉을 둘러메고 수풀 쪽으로 도망가는 여우를 보았습니다. 그들은 큰 소리로 소리쳤습니다.

"도와 줘요! 도와 줘요! 저 도둑놈을 잡아요! 저 여우를 잡으란 말이에요!"

그러고는 여우를 뒤쫓아 달려갔습니다. 마을 사람들도 몽둥이를 들고 우르르 뛰어왔습니다. 콜이란 개도 탈보트와 개를란도 달음질쳤습니다.

수녀원 신부의 이야기 여우와 수탉 챈티클리어

맬킨도 손에 실패를 들고 달려왔습니다. 암소와 송아지도 달렸습니다. 덩달아 돼지도 달렸습니다. 개가 컹컹 짖어대고 남녀가 비명을 지르는 데 놀랐던 것입니다.

그들은 심장이 터지도록 달렸습니다. 지옥의 악마처럼 고함을 질렀습니다. 오리들은 당장이라도 사람들에게 잡혀먹히는 것처럼 꽥꽥댔습니다. 거위들은 너무 무서워서 나무 위로 펄쩍 뛰어 올라갔습니다. 그 난리에 벌들은 벌집에서 뛰쳐나와 윙윙거리며 날았습니다. 난리도 그런 난리가 없었습니다! 잭 스트로우*25와 그의 일당이 플랑드르 사람들을 죽이려고 할 때 질렀던 고함도 이 여우 쫓는 소리에는 반도 미치지 못했습니다. 그들은 놋쇠며 회양목, 뿔로 만든 나팔을 불어대고, 하늘이 무너질 정도로 고래고래 고함을

---

*25 1381년 농민 반란의 주모자.

질러댔습니다.

선량한 여러분, 이제 잘 들어 보십시오. 운명의 여신이 어떻게 갑자기 생각을 바꾸어 잘난 척하는 여우의 희망과 자만심을 꺾어 버렸는지! 여우의 등에 업혀 가던 수탉은 두려움에 벌벌 떨면서도 여우에게 이렇게 말을 걸었습니다.

"여우님, 내가 당신이라면 이렇게 소리치겠습니다. '이 오만한 바보들아, 썩 돌아가라! 이 전염병에 걸려 죽을 놈들! 나는 숲에 거의 다 왔으니, 너희가 무슨 짓을 해도 수탉은 내 차지야. 당장 잡아먹어 버릴 테다!'"

그러자 여우가 대답했습니다.

"그래, 그게 좋겠군."

여우가 말하려고 입을 여는 순간, 수탉은 여우의 입에서 빠져 나와 꽁지가 빠지게 나무 꼭대기로 날아가 버렸습니다. 여우는 수탉이 도망간 것을 보고 소리쳤습니다.

"아이고, 꼴좋게 당했군! 챈티클리어! 내가 잘못했어. 널 물고 마당에서 끌고 나와서 놀랐지? 그렇지만 해를 끼칠 생각은 조금도 없었어. 이리 내려와. 그럼 내가 왜 그랬는지 말해 줄게. 진심을 말해 준다니까!"

수탉이 말했습니다.

"싫어요. 하느님, 우리 둘에게 저주를 내려 주소서! 특히 제가 다시 여우에게 속아 넘어간다면 제 피와 뼈에 먼저 저주를 내려 주소서! 이제 당신이 아무리 달콤한 말로 유혹해도 나는 절대로 눈을 감지 않을 거요. 눈을 바짝 뜨고 정신 차려야 할 때 두 눈을 감는 자에게는 천벌을 내려 주소서."

여우가 말했습니다.

"그렇지 않아요. 하느님, 침묵해야 할 때 지껄이는 자제심 없는 자에게 먼저 천벌을 내려 주세요."

보십시오. 부주의하고 무분별하게 감언이설을 믿으면 이런 일이 일어납니다.

여러분, 이 이야기를 수탉이나 암탉 또는 여우에 대한 재미있는 이야기로만 가볍게 생각하지 말고, 이 이야기의 교훈이 무엇인지 곰곰이 고심해 보십시오. 성 바오로도 글로 된 모든 것은 우리를 가르치기 위한 것이라고 말씀하셨습니다. 그러니 알맹이는 먹되 껍데기는 버리십시오. 아, 하느님 아버지, 당신의 뜻이라면 주님께서 말씀하신 대로 우리를 착한 사람으로 만들어 주시고, 고귀한 은총으로 인도해 주소서! 아멘.

수녀원 신부의 이야기 맺음말

여관 주인은 이야기가 끝나자마자 말했다.

"수녀원 신부님, 당신의 바지와 여러분의 물건*26에 축복이 있기를! 챈티클리어의 이야기는 정말로 재미있었소. 내 진심을 걸고 말하건대, 당신이 속인이었다면 분명 씨닭이 되었을 거요. 내 보기에 당신은 정력도 있고 욕구도 있으니 암닭이 필요했을 거요. 아마 열일곱의 일곱 배 정도는 필요했을걸. 여러분, 이 멋진 신부님의 탄탄한 근육을 좀 보시오. 게다가 이 굵은 목과 이 떡 벌어진 가슴도 보시오! 거기다 새매와 같은 눈을 하고 있군요. 혈색은 어쩌나 좋은지, 새빨간 염료나 포르투갈산 붉은 연지 같은 건 바를 필요도 없겠소. 신부님, 당신의 이야기는 정말 근사했소. 하느님의 축복이 내리길!"

이렇게 말하고 그는 즐거운 표정으로 다른 수녀에게 이야기를 청했다.

---

*26 성적인 의미.

두 번째 수녀의 이야기

두 번째 수녀의 이야기 머리글

우리 모두는 악의 하인이요 온상이며 쾌락의 문지기인 '게으름'을 피해야 합니다. 그리고 악마가 그 게으름을 이용해 우리를 점령하지 못하도록 그 반대의 것, 즉 올바른 근면으로 맞서려고 노력해야 합니다.

악마는 수천 가지의 교묘한 속임수로 우리를 유혹하려고 호시탐탐 노리고 있습니다. 그래서 게으른 사람을 보면 아주 쉽게 그물을 던져 사로잡아 버립니다. 그러나 게으른 사람은 악마에게 옷깃이 덥석 잡힐 때까지 자기가 악마에게 잡혀 있다는 것조차도 모릅니다. 그러니 게으름에 맞서 열심히 일하는 것은 우리가 지켜야 할 도리입니다.

죽음을 두려워하지 않는 사람이라 해도 우리는 게으름이 부패한 무위라는 사실을 이성으로 잘 알고 있습니다. 이것은 의심할 여지가 없습니다. 게으름 속에서는 결단코 그 어떤 좋은 결과나 이익이 생기지 않습니다. 나태는 게으른 사람을 끈으로 꽁꽁 묶어 놓고 그저 먹고 자게 하며, 남들이 땀 흘려 얻은 것을 축내게 합니다.

이렇게 커다란 파멸의 원인이기도 한 게으름을 떨쳐 버리기 위해, 저는 전설*¹에 따라 최선을 다해 당신의 영광스러운 생애와 고난의 길을 여기에 충실히 옮겨 놓았습니다. 장미와 백합으로 만든 화환*²을 쓴 당신, 처녀요 순교자인 성 세실리아, 나는 당신을 이야기하려 합니다.

—마리아에게 드리는 기도—
모든 처녀의 꽃이신 당신, 성 베르나르드*³는 그토록 글쓰기를 갈망했지

---

*1 《성도전》. 부분적으로는 당시 가장 많이 알려졌던 《레젠다 아우레아》에 언급되어 있다.
*2 신의 사랑과 순결을 상징한다. 중세 그림에서 성 세실리아는 언제나 장미 화환을 쓰고 있다.

만, 저는 이렇게 기도를 먼저 올립니다. 불쌍한 우리를 위로하시는 당신, 저로 하여금 동정녀 세실리아의 죽음을 말하게 하소서. 그녀는 처녀의 덕으로써, 사람들이 뒷날 그녀의 전기에서 읽을 수 있듯이, 악마에 맞서 승리와 영원한 생명을 얻었습니다.

동정녀요 어머니이신 당신, 당신 아드님의 딸,*4 자비의 샘, 죄 많은 영혼의 위로자이신 당신. 하느님은 당신의 선량함 때문

두 번째 수녀의 이야기 머리글 부분 삽화

에 당신 안에 머물기를 바라셨습니다. 겸손하지만 모든 피조물보다 고귀하신 당신, 당신은 우리 인간의 본성을 더없이 고귀하게 만드셨습니다. 그래서 인류의 창조주는 그 아들에게 피와 살을 입히시기를 마다하지 않으셨습니다.

거룩한 수도원과도 견줄 만한 육체 안에서 삼중(三重) 세계의 주인이요 인도자인 당신은 영원한 사랑과 평안이 깃든 사람 형상을 하시고 나타나셨습니다. 땅과 바다와 하늘이 그분을 끊임없이 찬양합니다. 동정녀이신 당신은 순결한 몸으로 모든 피조물의 조물주를 잉태하셨습니다.

당신 안에는 장엄함이 자비와 선함과 연민과 어우러져 결합되어 있습니다. 미덕의 태양과도 견줄만한 당신은 깊은 연민으로 기도하는 사람들을 도우실 뿐만 아니라, 사람들이 당신의 도움을 구하기 전에 고결하고 자비로운 마음으로 그들 앞으로 가까이 나아가 그들의 생명을 구해 주는 훌륭한 의사가 되십니다.

---

*3 프랑스의 수도사, 이상가(1090~1153). 성모에 대한 두터운 신앙심으로 유명하다.
*4 단테 《신곡》의 〈천국편〉(33-1)에 나오는 말. 그리스도를 낳았다는 점에서 마리아는 어머니이지만, 동시에 하느님께 생명을 받았다는 점에서 딸도 된다는 해석이 성립한다.

아름답고 상냥하며 축복받으신 동정녀 마리아님, 고통의 사막에 유배된 불쌍한 저를 도와 주소서! 개는 주인 식탁에서 떨어지는 빵부스러기를 주워 먹는다고 말한 가나안의 여인*⁵을 기억해 주소서. 이브의 후손이요 보잘것없는 저는 죄 많은 여자지만, 제 믿음을 받아 주소서.

믿음은 실천하지 않으면 죽은 것과 같으니, 저 어두운 암흑 속에서 해방되어 선행을 베풀 수 있도록 제게 지혜와 기회를 주소서! 오, 아름답고 은총이 넘치시는 당신, '호산나'*⁶가 끊임없이 울려 퍼지는 그 높은 곳에서 저의 수호자가 되어 주소서. 그리스도의 어머니여, 안나의 사랑스러운 따님*⁷이시여!

죄를 물려받은 육체와 속세의 쾌락과 그릇된 애정에 짓눌려 버린 저의 영혼을 당신의 빛으로 감싸 밝혀 주소서. 오, 구원의 항구여, 슬픔과 비탄에 빠진 자들의 구세주여, 이제 임무를 수행하려 하니 저를 도와 주소서.

그러나 제 글을 읽는 여러분에게 부탁합니다. 제가 이 이야기를 더 세련된 문장으로 꾸미지 않는다고 해서 절 탓하지 말아 주십시오. 이 글은 이 성녀를 찬양해서 이 전기를 쓴 작가의 글과 의미를 그대로 옮겨 놓은 것이기 때문입니다. 그러니 부족한 부분이 있다면 여러분이 더 낫게 고쳐 주시기 바랍니다.

—《레젠다 아우레아》에서 수도사 야콥 두 포렌이 말한 세실리아라는 이름에 대한 해석—

그녀의 전기를 읽은 사람들은 이미 알고 있겠지만, 먼저 저는 성녀 세실리아의 이름을 설명하고자 합니다. 영어로는 처녀의 완전한 순결을 나타내는 '하늘의 백합'이라는 뜻입니다. 티 없이 맑은 순결과 선한 마음씨와 향기롭고 고귀한 명성을 가졌다고 하여 '백합'으로 불리기도 했습니다.

세실리아는 '눈먼 사람들의 길'*⁸이라는 뜻이기도 합니다. 그녀의 가르침이 세상의 본보기가 되었기 때문입니다. 어떤 책에 따르면, 세실리아는 '하늘'과 '길'의 합성어입니다. *⁹ 비유적으로 말하자면 '하늘'은 거룩한 사상을,

---

*5 〈마태오복음〉 15 : 22~27. 가나안 땅은 지금의 팔레스타인 서부 지방.

*6 하느님 또는 그리스도를 찬미하는 말. 〈마태오복음〉 21 : 9, 15.

*7 성모 마리아는 요아킴과 안나의 딸로 알려져 있다.

*8 '눈먼 사람들의 안내자'라는 뜻을 포함한다.

'길'은 그녀의 쉼 없는 근면함을 상징적으로 나타냅니다.

세실리아는 이런 뜻으로 해석할 수도 있을지 모릅니다. 즉, 위대한 지혜의 빛과 찬란한 미덕을 지녔다는 점에서 '눈이 멀지 않음', 다시 말해 뛰어난 지혜죠. 이 동정녀의 찬란한 이름은 '하늘'과 '인간(leos)'에서 유래한다고 보기도 합니다. 그러니 마땅히 그녀를 '인류의 하늘', 모든 덕행의 모범이라고 부를 수 있을 것입니다.

'레오스(leos)'는 영어로

두 번째 수녀의 이야기 판화(1721) 존 유리 작.

사람을 뜻합니다. 하늘에 떠 있는 태양과 달과 별들을 볼 수 있는 것처럼, 우리는 이 고귀한 동정녀 안에서 관대한 믿음과 지혜로 가득한 광채 그리고 덕성으로 빛나는 갖가지 선행을 볼 수 있습니다.

철학자들은 하늘이 둥글고 뜨거우며 빠르게 돈다고 썼습니다. 이와 마찬가지로 순백의 아름다운 세실리아는 둥근 원처럼 완전무결한 인내력과 뜨거운 자애로움을 지니고 있었으며, 선행을 베푸는 데 언제나 부지런했습니다. 이제 그녀의 이름에 대한 설명을 마치겠습니다.

두 번째 수녀의 이야기가 시작된다.

성(聖) 세실리아의 생애에 대한 두 번째 수녀의 이야기가 시작된다.

---

*9 세실리아의 '세실'은 '하늘', '리아'는 '인간의 삶의 방향', 즉 '길'을 뜻한다.

그녀의 전기에 의하면, 이 눈부신 동정녀 세실리아는 로마 귀족의 핏줄을 이어받아 요람에 있을 때부터 그리스도교의 믿음 속에서 자랐으며 그리스도의 복음을 늘 가슴에 깊이 새기고 살았습니다. 책에서 읽은 바로는, 그녀는 한시도 쉬지 않고 하느님을 사랑하고 경외했으며, 자기의 순결을 지켜 달라고 끊임없이 기도했습니다.

그러나 이 처녀는 발레리안이라는 청년과 결혼하게 되었습니다. 결혼식날이 되자 그녀는 겸허하고 경건한 마음으로 모직 셔츠를 입고, 그 위에 잘 어울리는 황금빛 겉옷을 걸쳤습니다.

오르간이 연주되자 그녀는 속으로 하느님에게 이렇게 노래했습니다.

"오, 주님! 제 영혼이 파멸하지 않도록 저의 영혼과 육체를 정결하게 지켜 주소서."

그리고 십자가나무 위에서 돌아가신 분을 향한 사랑으로 뜨겁게 기도하면서 이틀이나 사흘에 한 번씩 금식했습니다.

밤이 되었습니다. 관례에 따라 그녀가 남편과 동침해야 할 시간이었습니다. 그러나 세실리아는 남편에게 은밀하게 말했습니다.

"사랑하는 당신, 전 비밀이 있어요. 귀담아 진지하게 들어 주신다면 기꺼이 얘기하지요. 단, 아무한테도 말하지 않겠다고 약속하시면요."

발레리안은 어떤 상황에서도 약속을 어기지 않겠다고 엄숙하게 맹세했습니다. 그제야 그녀는 남편에게 말했습니다.

"저에게는 천사가 있어요. 그 천사는 저를 무척이나 사랑하지요. 내가 깨어 있건 잠들어 있건 큰 애정으로 언제나 제 몸을 지켜 준답니다.

그런데 당신이 나를 건드리거나 음탕한 행위를 하려고 하면, 그 천사는 당장 그 자리에서 당신을 죽여 버릴 거예요. 그러면 당신은 한창 젊은 나이에 생을 마감하게 되는 거죠. 그러나 순수한 사랑으로 나를 이끌어 준다면, 천사는 당신의 순수한 마음에 감동하여 나를 사랑하듯 당신도 사랑할 거예요. 그리고 당신에게 자기의 기쁨과 광채를 보여 줄 거예요."

하느님의 뜻에 따라 정결한 마음이 된 발레리안이 대답했습니다.

"당신 말을 믿게 하려면, 먼저 그 천사를 보여 주고 그를 자세히 살펴보게 해 주시오. 만일 정말 천사라면 당신의 청을 들어 주겠소. 하지만 당신이 다른 남자를 사랑해서 거짓말을 한 것이라면 이 칼로 당신들 두 사람을 죽여 버리겠소."

세실리아는 즉시 이렇게 대답했습니다.

"당신이 원하신다면 천사를 보여 드리겠어요. 하지만 조건이 있어요. 그것은 당신이 그리스도를 믿고 세례를 받아야 한다는 거예요. 지금 당장 아피아 거리*10로 가세요. 이 도시에서 3마일 정도 떨어진 곳이죠. 거기 사는 가난한 사람들에게 내가 가르쳐 주는 대로 말하세요.

그곳에 가면 어떤 말 못할 사정이 있어 좋은 목적

성 세실리아 귀도 레니 작, 1606.

에서 나 세실리아가 당신을 착한 우르반*11과 만나게 해 주려고 그들에게 보냈다고 말하세요. 그리고 성 우르반을 만나거든 내가 말한 대로 전하세요. 그가 당신의 죄를 깨끗하게 씻어 주면, 당신은 그곳을 떠나기 전에 천사를 보실 수 있을 거예요."

발레리안는 그곳으로 갔습니다. 그리고 세실리아가 가르쳐 준 대로, 성인들의 무덤 사이에 은거하는 늙은 성 우르반을 만났습니다. 발레리안는 즉시 세실리아의 말을 전했습니다. 그러자 우르반은 기쁨에 겨워 두 손을 하늘 높이 치켜 들고 눈물을 흘리며 말했습니다.

"오, 전능하신 주여, 예수 그리스도여! 정결한 지혜의 씨를 뿌리는 분이시며 우리 모두의 목자시여! 당신이 세실리아에게 뿌리신 깨끗한 씨앗의 열매를 거두어들이소서! 근면한 꿀벌처럼 아무 가식도 없는 당신의 종 세실리

---

*10 고대 로마의 유명한 도로. 로마에서 카프아를 거쳐 아피우스 클라우디우스에 이르는 길로, 길이 약 563km. 아피우스 클라우디우스의 이름에서 따 온 이름.

*11 교황 우르반 1세. 222~230년 재위.

아는 당신만을 섬기고 있나이다.

그녀는 사나운 사자 같은 남편을 맞이했지만, 이제는 순한 어린 양처럼 순한 사람이 되었습니다!"

그가 말을 마치자마자, 화사하게 빛나는 흰옷을 입은 한 노인이 나타났습니다. 손에는 금박으로 된 글씨가 적힌 책을 들고 있었습니다. 그는 발레리안 앞에 섰습니다.

발레리안은 그를 보고 너무 놀라 쓰러지고 말았습니다. 그러자 그 노인이 죽은 사람처럼 누워 있던 발레리안을 안아 올리고서 책을 읽기 시작했습니다.

"하나의 주, 하나의 믿음, 하나의 신, 오직 하나뿐인 유일한 그리스도의 나라, 이 모든 것을 다스리고 모든 것에 임하는 모든 이의 아버지시여."

이 말들은 금으로 새겨져 있었습니다.

이것을 다 읽자 노인이 말했습니다.

"너는 이 말을 믿느냐? 그러면 그렇다고 대답하라."

발레리안이 대답했습니다.

"이 모든 것을 믿습니다. 하늘 아래 그보다 더 진실한 것은 어디에도 없습니다."

그러자 노인은 안개처럼 사라졌습니다. 발레리안은 그가 어디로 갔는지 알 수 없었습니다. 교황 우르반은 그 자리에서 그에게 세례를 주었습니다.

집으로 돌아온 발레리안은 세실리아가 한 천사와 함께 그의 방에 서 있는 모습을 보았습니다. 천사는 손에 두 개의 화관을 들고 있었습니다. 하나는 장미로 만든 것이었고, 다른 하나는 백합으로 만든 것이었습니다. 장미 화관은 세실리아에게 주고, 백합 화관은 그녀의 남편 발레리안에게 주었습니다.

천사가 이렇게 말했습니다.

"순결한 몸과 티 없는 마음으로 이 화관을 영원히 간직하라. 나는 이것들을 천국에서 가져왔다. 내 말을 믿을지니, 이 꽃들은 절대로 시들지 않을 것이며, 달콤한 향기도 사라지지 않을 것이다. 또한 너희 마음이 순결하고 악을 증오한다면, 절대로 남의 눈에 띄지 않을 것이다.

발레리안, 그대는 아내의 좋은 충고를 선뜻 받아들였으니 네가 원하는 것을 말하라. 그러면 네 소원이 이루어질 것이다."

그러자 발레리안이 말했습니다.

장미 화관은 세실리아에게, 백합 화관은 발레리안에게 주는 천사 워릭 고블 작.

"저에겐 세상에서 가장 사랑하는 동생이 하나 있습니다. 바라옵건대, 제가 이 자리에서 알게 된 진리를 동생이 깨달을 수 있도록 은총을 베풀어 주소서."

천사가 말했습니다.

"너의 소원은 하느님을 흡족하게 해 드렸다. 그러니 너희 두 사람은 순교의 종려가지를 들고 하느님의 복된 잔치에 참석할 수 있을 것이다."

천사가 이렇게 말하고 있는데, 때마침 발레리안의 동생인 티부르스가 왔습니다. 그는 장미와 백합에서 물씬 풍겨 나오는 향기를 맡고 내심 크게 놀라며 이렇게 말했습니다.

"이런 계절에 이 방에서 풍기는 장미와 백합의 그윽한 향내는 어디에서 흘러온 것이죠? 내가 그 꽃들을 내 손에 쥐고 있다고 하더라도 이처럼 진할 수는 없을 거예요. 마음속 깊은 곳에서 느껴지는 이 달콤한 향내는 저를 완전히 다른 사람으로 만들었어요."

발레리안이 말했습니다.

"우리는 화사하게 빛나는 두 개의 화관을 갖고 있어. 하나는 눈처럼 희고 또 하나는 장미처럼 붉지. 그렇지만 너의 눈으로는 그것들을 볼 수가 없어.

네가 지금 그 향내를 맡을 수 있는 건 내가 그렇게 해 달라고 기도했기 때문이야. 아우야, 어서 믿음을 갖고 참된 진리를 인정한다면 너도 곧 이 화환들을 볼 수 있을 거야."

그러자 티부르스가 대답했습니다.

"지금 형님은 현실에서 제게 말하는 것입니까? 아니면 제가 꿈속에서 듣고 있는 것입니까?"

발레리안이 말했습니다.

"아우야, 지금까지 우리는 꿈속에 있었다. 하지만 이제야 비로소 진리 안에 우리가 머물 곳이 생겼다."

티부르스가 말했습니다.

"그걸 어떻게 아시죠? 무슨 방법으로요?"

발레리안이 말했습니다.

"내가 너에게 가르쳐 주마. 하느님의 천사가 나타나 그 진실을 가르쳐 주었단다. 너도 우상을 부정하고 모든 죄에서 깨끗해진다면 그걸 볼 수 있을 거야. 다른 방법으로는 절대로 볼 수 없어."

이 두 화환의 기적에 대해서는 성 암브로지오가 미사 전문의 서두에서 먼저 다루었습니다. 이 고명한 박사는 그 기적을 엄숙하게 찬양하며 다음과 같이 말했습니다.

"하느님의 은총을 가득 받으신 세실리아는 순교의 종려나무 가지를 받기 위해 속세를 버렸고, 심지어 신혼의 침대까지도 포기했습니다. 티부르스와 발레리안의 고해가 그 증거니, 인자하신 하느님께서는 그들에게 그윽한 향기를 풍기는 두 개의 화관을 마련하시고 천사를 통해 보내 주셨습니다.

이 처녀는 두 사람을 천국의 더없는 행복으로 인도했습니다. 세상사람들은 영혼의 사랑에 순결하게 몸을 바친 사람이 진정으로 어떤 보상을 받는지 알게 되었습니다."

발레리안의 말이 끝나자, 세실리아는 티부르스에게 모든 우상은 허상에 지나지 않음을 분명하게 말해 주었습니다. 우상은 말도 못하고 듣지도 못하는 허상에 불과하니 버리라고 명령했습니다.

그러자 티부르스가 말했습니다.

"당신의 말을 믿지 않는 사람은 짐승과 다를 바 없습니다."

이 말을 듣고 세실리아는 티부르스의 가슴에 입을 맞춰 주었습니다. 그가 진리를 보게 되었다는 생각에 말할 수 없는 기쁨을 느꼈습니다. 이어서 복되고 아름다운 처녀가 말했습니다.

"오늘부터 도련님은 저의 형제예요. 그리스도의 사랑이 당신 형을 제 남편으로 만들어 주었듯이, 당신도 우상을 경멸하여 버리겠다니 지금부터 당신을 제 형제로 받아들이겠어요. 형과 함께 가서 세례를 받으세요. 아까 형이 말씀하신 천사의 얼굴을 볼 수 있도록 몸을 깨끗이 하세요."

티부르스가 대답했습니다.

"형님, 제가 어디로 가야 하는지 그리고 누구를 만나야 하는지 말씀해 주세요."

발레리안이 말했습니다.

"누구를 만나느냐고? 아무것도 두려워하지 말고 나를 따라오너라. 내가 너를 교황 우르반에게 안내해 주겠다."

티부르스가 말했습니다.

"교황 우르반이요? 절 그에게 데려다 주신다고요? 이럴 수가! 설마 그 우르반은 아니겠죠? 수없이 사형을 선고받았지만 지하의 이곳저곳으로 다니며 숨어 사는 우르반을 말하시는 거예요? 그가 들키거나 잡히는 날에는 사람들이 그를 시뻘건 불속에 넣어 태워 죽일 거예요. 우리가 그와 함께 있었다는 사실이 알려지면 우리도 마찬가지고요. 하늘에 계시는 보이지 않는 하느님을 찾는 동안, 우린 이 세상에서 불에 타 죽을 거라고요!"

이 말을 들은 세실리아가 단호하게 말했습니다.

"사랑하는 도련님, 사람들이 목숨을 잃을지도 모른다고 두려워하는 것은 마땅해요. 이 세상에서 목숨은 딱 하나밖에 없으니까요.

하지만 다른 세상에는 결코 사라지지 않는 더 좋은 삶이 있어요. 그러니까 두려워하지 마세요. 하느님의 아들이 그 진리를 은총으로 제게 가르쳐 주셨어요. 그분께서는 만물을 창조하셨고, 만물은 이성의 힘을 갖고 있죠. 아버지에게서 나온 성령은 만물에 영혼을 불어넣어 주었답니다. 이건 명확한 사실이에요. 높은 하늘에 계신 하느님의 아들은 이 지상에 오셔서 말씀과 기적으로, 우리 인간이 살 수 있는 다른 세상이 있음을 선언하셨어요."

티부르스가 대답했습니다.

"형수님, 조금 전에는 진리의 주인 하느님은 오직 한 분이라고 하지 않으셨나요? 그런데 어째서 지금은 세 분에 대해 말씀하십니까?"

세실리아가 말했습니다.

"그건 곧 풀어서 말해 드릴게요. 한 사람이 세 가지 능력, 즉 기억과 상상력과 지성을 갖고 있듯이, 유일하신 하느님 안에는 세 인격이 깃들어 있지요."

그녀는 그리스도의 도래와 그분의 고뇌를 열심히 설명했습니다.

또 그녀는 그분이 받으신 수난을 이야기했습니다. 하느님의 아들이 죄와 고통에 사로잡힌 인류를 완전히 구원하기 위해 이 세상에 친히 오셔서 어떻게 살았는지에 대해 설교했습니다. 티부르스는 형 발레리안와 함께 기꺼이 교황 우르반을 만나러 갔습니다.

교황은 하느님께 감사하고 기쁜 마음으로 티부르스에게 세례를 주었습니다. 그런 다음, 하느님의 기사로서 알아야 할 그리스도교의 온전한 지식을 가르쳐 주었습니다. 티부르스는 날마다 정해진 시각에 하느님의 천사를 보는 은총을 받았습니다. 그리고 무슨 일이든지 하느님께 바란 것은 즉시 이루어졌습니다.

예수님이 그들에게 보여 주신 수많은 기적을 순서대로 설명하기란 매우 어렵습니다. 마지막으로 내 이야기를 짧고 명료하게 얘기하죠. 로마의 관리들은 발레리안과 티부르스를 찾아내어 알마키우스 총독 앞으로 데려갔습니다. 총독은 그들을 심문해 목적을 캐냈습니다. 그러고는 그들을 주피터의 조각상으로 끌고 가서 말했습니다.

"누구든 주피터 신에게 제물을 바치지 않는 자는 목을 칠 것이다. 이것이 나의 판결이다."

총독의 보좌관인 막시무스라는 남자와 그의 부하가 내가 지금 말하는 이 순교자들을 즉시 체포했습니다. 그러나 그는 성자들을 끌고 가면서 그들이 너무나 가엾은 나머지 참다못해 울음을 터뜨렸습니다.

형장으로 가면서 성인들의 가르침을 들은 막시무스는 사형집행인의 허락을 받아 그들을 즉시 자기 집으로 데려갔습니다. 저녁이 되기 전에 성인들은 설교로써 그 집행인들과 막시무스와 그의 부하들까지도 그릇된 신앙에서 해방시켜 주고, 오직 하느님 한 분만을 믿게 만들었습니다.

밤이 되자 세실리아가 신부들과 함께 와서 그들 모두에게 세례를 주었습니다. 그리고 날이 밝자 그들에게 엄숙한 표정으로 말했습니다.

"그리스도의 영광스러운 병사들이여, 암흑의 행동은 모두 벗어던지고, 광명의 갑옷으로 무장하십시오.

여러분은 진실로 위대한 싸움을 했습니다. 이로써 여러분이 이 세상에서 할 일은 다 끝났습니다. 여러분은 믿음을 지켰습니다. 이제 빛을 잃지 않는 인생의 관을 향해 떠나십시오. 여러분이 섬긴 정의의 심판관이 그 관을 줄 것입니다. 여러분은 그것을 받기에 합당합니다."

그러고 나서 얼마 뒤, 관리들은 제물을 바치라고 그들을 끌고 갔습니다.

결론만 짧게 말하겠습니다. 그곳에 도착한 그들은 향도 피우지 않았으며 제물도 바치지 않았습니다. 그리고 겸허한 마음과 변함없는 헌신의 마음으로 꿇어앉았습니다. 그들은 그 자리에서 참수당했습니다. 그들의 영혼은 은총을 베푸시는 하느님 곁으로 올라갔습니다.

이 광경을 지켜본 막시무스는 슬피 울면서, 그들의 영혼이 환하게 빛나는 천사들을 따라 하늘로 올라갔다고 즉시 알렸습니다. 이 말을 들은 많은 사람은 그리스도를 믿게 되었습니다. 이에 분노한 알마키우스는 납이 달린 채찍으로 막시무스를 호되게 매질했고, 결국 그도 세상을 떠나고 말았습니다.

세실리아는 곧 그의 시체를 거두어 발레리안과 티부르스 옆에 경건히 묻어 주고, 그 위에 비석을 세워 주었습니다. 이 사실을 안 알마키우스는 즉시 관리들에게 세실리아를 잡아 오라고 명령했습니다. 그가 보는 앞에서 공개적으로 주피터에게 제물을 바치고 향을 피우게 하려는 것이었습니다.

그러나 이미 세실리아의 현명한 가르침으로 그리스도를 믿게 된 그들은 구슬피 울었습니다. 그녀의 가르침을 전적으로 믿는다면서 더욱 격하게 울부짖었습니다.

"하느님의 아들이신 그리스도는 누구에게나 공평한 참된 신이시며, 신실한 종들을 거느리고 계십니다. 우리는 이 모든 것을 굳게 믿습니다. 죽는 한이 있더라도 이 사실을 믿습니다!"

이런 부르짖음을 듣던 알마키우스는 세실리아를 보기 위해 그녀를 데려오라고 지시했습니다. 그가 던진 첫 번째 질문은 이러했습니다!

"너는 어떤 여자냐?"

"저는 귀족의 딸입니다."

"너에겐 괴로운 질문일지도 모르지만, 내가 묻는 것은 너의 종교와 믿음이 무엇이냐는 것이다."

"참으로 어리석은 질문부터 시작하셨군요. 하나의 질문으로 두 개의 대답을 듣고자 하시니까요. 참으로 무지한 질문입니다."

"무엇을 믿고 그토록 불손하게 대답하느냐?"

"무엇을 믿느냐고요? 저의 양심과 진실하고 확고한 제 믿음을 믿습니다."

"너는 내 권력이 결코 무섭지 않느냐?"

"당신의 권력은 전혀 두려울 것이 없습니다. 인간의 권력은 공기로 가득 찬 풍선에 불과합니다. 바늘로 살짝 찌르기만 해도 공기는 빠져 버립니다. 인간의 부푼 자만심도 이와 같습니다."

"네 대답은 시작이 잘못됐다. 그리고 계속 잘못하고 있다. 우리 강대하고 고귀한 왕후들이, 모든 그리스도 교도는 그리스도를 부정하면 누구든 벌을 받지 않을 것이고 그 믿음을 버린다면 자유로운 몸이 되리라고 선포한 것을 모르느냐?"

"당신네 왕후들과 귀족들은 실수를 저지르고 있습니다. 황당한 법을 적용하여 우리를 죄인으로 만들고 있죠. 그것은 옳지 않습니다. 우리에게 아무 죄가 없다는 걸 잘 알면서, 예수를 섬기고 그리스도 교도라는 이름을 달고 다닌다는 이유로 우리에게 죄를 씌우고 우리를 욕하니까요. 하지만 그 이름이 얼마나 위대한지 잘 아는 우리는 그 이름을 버릴 수가 없습니다."

"둘 중 하나를 택하라. 제물을 바치겠느냐, 그리스도교를 버리겠느냐? 그리스도를 버리면 넌 당장 풀려날 것이다."

이 말을 듣자, 축복받은 거룩한 동정녀는 웃음을 터뜨리면서 말했습니다.

"너무 어리석어서 머리가 어떻게 됐나 보지요? 나더러 정결한 신앙을 버리고 사악한 죄인이 되라고요? 보소서, 재판관은 이 청중들 앞에서 횡설수설하고 있습니다. 두 눈을 부릅뜨고, 저를 심판하려고 헛소리를 해대고 있습니다!"

"어리석은 계집, 넌 내 힘이 어느 정도인지 모르느냐? 우리 강력한 왕후들이 나에게 사람을 죽이고 살리는 권한을 부여했다는 것을 모르느냐? 어떻게 감히 그렇게 건방지게 떠드느냐?"

"전 건방진 게 아니라 확고한 믿음으로 말하고 있을 뿐입니다. 감히 말하건대, 우리 그리스도 교도는 오만이라는 죄를 죽도록 증오하니까요.

당신이 진실을 듣기를 두려워하지 않는다면, 당신이 지금 황당무계한 거짓말을 하고 있다는 사실을 제가 만인 앞에서 보여 드리지요. 당신은 왕후들이 당신에게 사람을 죽이고 살리는 권한을 부여했다고 말했습니다. 하지만 당신은 죽일 권한만 가지고 있습니다. 다른 권한이나 권력은 없습니다. 그러니까 왕후들이 당신을 사형집행인으로 임명했다고 말할 수는 있겠죠. 그 이상을 주장한다면, 그것은 거짓말입니다. 당신의 권력은 보잘것없기 때문입니다."

"무례한 입을 닥치지 못할까! 이곳을 떠나기 전에 우리 신들에게 제물을 올리도록 하라. 날 모욕하는 건 상관없다. 난 그런 모욕은 철학자들처럼 참을 수 있으니 말이다. 하지만 우리 신들을 모욕하는 오만불손한 행위는 참지 않을 것이다."

"정말 어리석은 사람이군요! 입을 연 순간부터 당신의 모든 말은 당신이 어리석다는 것을 여실히 보여 주었고, 모든 면에서 무지한 관리인이며 무능한 재판관이라는 사실이 드러났습니다. 당신의 눈은 그저 당신이 장님이라는 사실만 증명해 주는군요. 우리 모두가 돌로 보는 것을 당신은 신이라고 부르고 싶어하니까요.

충고 하나 할까요? 그 돌에 손을 올리고 잘 만져 보세요. 그 두 눈으로 보지 못한다면 장님이라도 그게 돌이라는 걸 곧 알게 될 겁니다. 사람들이 당신의 어리석음을 이렇게 비웃고 조롱하는데 창피하지도 않으십니까? 전능하신 하느님께서 저 높은 하늘에 계신다는 사실은 만천하가 다 알고 있습니다. 이런 우상들은 누구에게도 아무런 이익을 가져다 주지 않는다는 걸 당신도 아시잖아요? 그것들은 동전 한 푼의 값어치도 없으니까요."

그녀는 이 말도 하고, 이 비슷한 말들도 했습니다. 알마키우스는 화가 머리끝까지 나서, 세실리아를 집으로 데려가라고 명령한 뒤 이렇게 말했습니다.

"이 계집의 집 욕조에 불을 지펴 이 계집을 삶아 죽여라."

그가 명령한 대로 형은 집행되었습니다. 세실리아를 목욕통에 가두고 밤낮으로 불을 지폈습니다.

하지만 주야로 펄펄 끓는 물속에 있었음에도 그녀는 아무 고통도 느끼지 않고 밤새 시원하게 앉아 있었습니다. 땀 한 방울조차 흘리지 않습니다. 그러나 그녀는 그 욕조에서 목숨을 잃게 되었습니다. 사악한 알마키우스가 그녀의 목을 치라고 사형집행인을 보냈던 것입니다.

이 사형집행인은 그녀의 목을 칼로 세 번 내리쳤지만 목을 완전히 절단하지는 못했습니다. 당시는 가볍게든 심하게든 네 번 이상 목을 치지 못하게 하는 법이 있었습니다. 그래서 사형집행인은 그 이상 칼을 내리치지 못했답니다.

목이 잘려 반쯤 죽어 있는 세실리아를 그대로 놔두고 집행인은 떠나 버렸습니다. 그녀 주위에 있던 그리스도 교도들은 시트로 피를 깨끗이 닦고 출혈을 막았습니다. 그녀는 이런 고통 속에서 사흘을 살았습니다. 그러면서도 자기가 개종시킨 사람들에게 계속해서 신앙을 가르치며 설교했습니다.

또 자기의 재산을 그들에게 주고, 그들을 교황 우르반에게 데리고 가서 이렇게 말했습니다.

"저는 하늘에 계신 하느님께 딱 사흘만 더 살게 해달라고 간절히 기도했습니다. 제가 떠나기 전에 이 영혼들을 당신에게 맡기고, 제 집을 영원한 교회로 만들어 달라고 부탁하고 싶었기 때문이에요."

성(聖) 우르반은 부제들과 함께 은밀히 그녀의 시체를 실어냈습니다. 그리고 밤이 되자 다른 성인들 옆에 예의를 갖추어 묻어 주었습니다. 그녀의 집은 성 세실리아 성당이라고 명명됐고, 당연히 성 우르반은 그 성당을 축성했습니다. 그곳에서는 오늘날까지 그리스도와 성 세실리아를 기리고 있습니다.

두 번째 수녀의 이야기는 여기에서 끝난다.

연금술사 도제의 이야기

연금술사 도제의 이야기 머리글

성 세실리아의 이야기가 끝났을 때, 우리는 여관에서 5마일도 못 간 보튼 언더 블린에 있었습니다. 그곳에서 어떤 사람이 우리를 졸졸 따라왔는데, 그는 검은 옷을 입고 그 아래는 흰색의 서플리스를 받쳐 입고 있었습니다. 그가 탄 잿빛 점박이 말은 땀을 뻘뻘 흘리고 있었는데, 그것은 참으로 볼 만한 광경이었습니다. 얼핏 보기에 그는 3마일 정도를 전속력으로 달려온 것 같았으며, 그의 도제가 탄 말도 땀에 흠뻑 젖어 거의 걷지도 못할 지경이었습니다. 말의 목덜미 부근은 온통 거품으로 덮여 있었으며, 덕분에 도제의 온몸도 거품으로 얼룩져 까치 꼴을 하고 있었고, 말 엉덩이에 반으로 접힌 주머니가 얹혀 있었습니다. 그는 무더운 여름에 걸맞게 거의 아무것도 걸치지 않은 가벼운 옷차림이었습니다.

나는 속으로 도대체 저 사람은 누굴까 궁금해하며 그를 주의 깊게 살펴보았습니다. 그러자 그의 두건이 망토에 꿰매져 있다는 사실을 발견했습니다. 나는 한참을 생각한 끝에, 그가 교회와 관련된 사람일 거라고 추측했습니다. 그의 끈 달린 모자는 등 뒤에서 대롱거리고 있었는데, 보통걸음이나 총총걸음보다 훨씬 빠른 속도로 말을 몰고 왔기 때문으로 보입니다. 아마도 정신없이 말을 타고 달려온 것 같았습니다. 땀이 나는 것을 막고 머리를 시원하게 하기 위해 그는 두건 밑에 우엉 잎을 달고 있었습니다. 하지만 그가 땀을 흘리는 모습은 정말로 유쾌했습니다! 그의 이마에서는 질경이와 쐐기풀이 가득 담긴 증류기처럼 땀방울이 뚝뚝 떨어졌습니다. 그는 다가와서 큰 소리로 말했습니다.

"이 즐거운 순례자들에게 하느님의 가호가 함께 있기를! 제가 이렇게 죽어라 달려온 것은 여러분들 때문입니다. 이 유쾌한 무리와 동행하려고요."

그의 도제도 아주 예의바르게 말했습니다.

"여러분, 저는 오늘 아침 여러분이 말을 타고 여관을 떠나시는 것을 보았습니다. 그래서 제 스승님께 그 사실을 곧바로 알렸지요. 여러분과 함께하면 스승님도 아주 기뻐하실 겁니다. 수다를 엄청 좋아하시거든요."

여관 주인이 말했습니다.

"하느님이 당신의 이야기에 좋은 기회를 주시기를! 확실히 당신 스승은 현명해 보이는군요. 틀림없어 보이는데? 게다가 쾌활하기까지. 돈을 걸어도 좋소! 여기에 있는 우리를 즐겁게 해 줄 재미있는 이야기를 한두 개 들려 주면 고맙겠는데."

"누구 말이죠? 제 스승님 말인가요? 그럼요, 그렇고말고요. 제 스승님은 재밌고 신나는 이야기를 산더미처럼 많이 아시죠. 맹세코 말하건대, 내 말을 믿어도 좋아요. 당신이 나만큼 우리 스승님에 대해 잘 안다면, 그가 얼마나 재미나게, 게다가 다양한 방법으로 이야기하는지 아신다면 깜짝 놀랄 겁니다. 스승님은 큰 사업도 몇 개나 맡으셨어요. 여기 계신 여러분은 스승님한테 배우지 않으면 그런 사업을 어떻게 해야 할지 짐작조차 못하실걸요. 스승님이 말을 타고 가는 모습이 평범해 보이겠지만, 사귀어 두면 큰 도움이 될 겁니다. 이득을 보고 싶다면 우리 스승님과 친해지는 게 좋을 거예요. 제가 가진 모든 돈을 걸고 장담해요. 스승님은 아주 신중한 분이랍니다. 말해 두지만, 그는 훌륭한 사람이에요."

여관 주인이 말했습니다.

"좋소. 그럼 먼저 얘기해 보시오. 당신 스승은 성직자요 아니요? 도대체 직업이 뭐요?"

도제가 대답했습니다.

"성직자는 아닙니다. 그보다 훨씬 위대한 분이시죠. 주인 양반, 그의 재주를 조금 알려 드릴까요? 제 스승님은 아주 비범한 재주들을 많이 갖고 계십니다. 하지만 제가 그 재주들을 가르쳐 드릴 수는 없어요. 저는 스승님의 일을 조금 도와 주는 역할에 불과하거든요. 즉 이런 겁니다. 스승님은 캔터베리에 이르기까지 말을 타고 가는 이 땅을 모조리 파헤치고 금이나 은으로 깔아 버리는 것을 안다 이겁니다."

도제가 이렇게 말하자 여관 주인이 소리쳤다.

연금술사 도제
의 이야기 머
리글 부분

"정말인가? 그렇게 재주 좋고 존경받는 사람이 왜 자신의 위신에는 신경 쓰지 않는지 그저 놀라울 따름이군. 명사의 옷이라 하기에는 한 푼의 가치도 없어 보이니 말이야. 내 목숨을 걸고 말하지만, 더럽고 꾀죄죄한 것이 꼭 넝마 같잖아. 왜 자네 스승은 저런 누더기를 입고 있나? 자네 말대로 자네 스승이 훌륭한 사업을 한다면 더 좋은 옷을 사 입을 능력이 있단 소린데? 냉큼 설명해 보게나."

도제가 대답했습니다.

"왜 그런 걸 물으시죠? 아, 하느님, 절 도와 주소서. 스승님의 형편은 평생 좋아지지 못할 거예요! 하지만 제가 이런 말을 했다는 걸 알리고 싶진 않으니, 제발 비밀로 해 주세요. 사실 스승님은 지나치게 똑똑합니다. 전 그렇게 믿어요. 어떤 학자도 말했지만, 넘치면 모자람만 못하다고 하지요. 그건 결점이에요. 그런 점에서는 전 스승님이 도리어 무지하고 어리석다고 생각한답니다. 지식이 지나치게 많으면 그걸 잘못 쓰는 일이 종종 있잖아요. 우리 스승님이 딱 그렇답니다. 전 그게 정말 슬퍼요. 하느님, 부디 이런 일이 없게 해 주세요! 제가 할 말은 이것뿐입니다."

여관 주인이 말했습니다.

"그런 건 신경쓰지 말게. 자네는 스승의 재주가 무엇인지 잘 알고 있으니, 그가 어떤 일을 하는지 말해 주게. 진심으로 부탁하네. 얼마나 기막힌 재주를 갖고 있나? 사는 곳은 어디고? 괜찮다면 털어 놓지 않겠나?"

"교외나 도시 변두리나 골목 따위에 숨어 삽니다. 강도나 도둑들이 세간의 눈을 피해 조용히 숨어 사는 그런 곳에요. 존재를 드러내기 꺼리는 사람들처럼 말이죠. 우리도 그렇게 살고 있지요."

"자네 얼굴은 왜 그리 창백한지 말해 주겠나?"

"성 베드로여, 제 얼굴은 개한테나 던져 주소서! 전 밤낮 불을 불어 대느라 얼굴색도 변해 버린 거라고 생각합니다. 전 죽도록 늘리는 법을 배우느라*1 거울을 들여다보는 데 익숙하지 않아요. 우리는 실수를 거듭하면서 불을 들여다보았지요. 그렇지만 우리는 원하는 걸 얻지 못했어요. 한 번도 성공한 적이 없어요. 우리는 많은 사람을 속여서 금을 빌렸습니다. 어떤 때는 1파운드 어떤 때는 2파운드, 10파운드나 12파운드, 그보다 많은 금을 빌리기도 했지요. 그리고 적어도 빌린 금을 두 배로 늘릴 수 있다고 믿게 만드는 겁니다.

하지만 그건 다 거짓말이에요. 물론 언젠가는 그렇게 되리라는 희망을 갖고 있죠. 그 방법을 계속 찾는 거예요. 하지만 이 학문은 우리보다 훨씬 앞서 있어서, 아무리 애써도 따라잡을 수가 없죠. 잡힐 듯하면서도 미꾸라지처럼 빠져 나가고 말아요. 결국 우린 거지 신세가 되고 말 겁니다."

도제가 이야기에 열중해 있는 사이에 스승이 슬그머니 다가와서는 그가 하는 소리를 다 들었다. 이 스승은 남의 말에 의심을 품는 버릇이 있었습니다. 카토가 말했듯이, 뒤가 구린 사람은 모든 세상사람이 자기에 대해 말한다고 생각하기 때문입니다. 바로 이런 이유로 그는 도제가 하는 말을 빠짐없이 엿들으려고 몰래 다가왔던 것입니다. 그러고는 도제에게 이렇게 꾸짖었습니다.

"닥치지 못할까! 더는 말하지 마라. 한 마디라도 더 말했다간 혼쭐을 내주겠다. 넌 지금 이 사람들 앞에서 날 욕하고, 그것도 모자라 말해서는 안 될 것까지 떠들어 댔다."

여관 주인이 타일렀습니다.

"상관하지 말고 계속 말하게. 스승의 협박 따위는 신경 쓰지 말게."

"물론 신경쓰지 않아요!"

도제가 자신의 비밀을 계속 말하려고 하자 스승은 속상하고 창피해서 그

---

*1 연금술로 금은을 늘리는 것을 가리킨다. 그 의미는 이야기가 진행됨에 따라 서서히 분명해진다. 여기서는 목적어를 쓰지 않고 말하고 있다.

자리에서 달아나 버렸습니다.

도제가 말했습니다.

"자, 이제 그럼 재미있는 이야기를 들려드리겠습니다! 스승이 없어졌으니 제가 아는 비밀을 모조리 말씀드리죠. 이 추악한 악마야, 우리 스승 좀 잡아 죽여라! 앞으로는 누가 천만금을 준다 해도 저자와 어울리지 않을 겁니다. 여러분께 약속해요. 날 처음으로 이런 사기에 끌어들인 저자가 죽기 전에 치욕과 고통을 실컷 당했으면 좋겠군요! 진심으로

연금술사 도제의 이야기 판화(1721) 존 유리 작.

말하는데, 전 진지했거든요. 누가 뭐래도 자신 있게 말할 수 있답니다. 난 이 일을 하면서 고통과 슬픔과 비탄을 느끼고 온갖 고생과 불운을 겪었지만, 그래도 그 일을 그만둘 수가 없었어요. 제 지식이 그 기술과 관련된 모든 것을 이야기하기에 부족함이 없기를 하느님께 빕니다! 어쨌든 여러분께 그 일부라도 들려 드리죠. 이제 스승이 가 버렸으니 제 입을 다물게 할 수 있는 것은 아무것도 없습니다. 그러니 제가 알고 있는 모든 것을 말씀드리겠습니다."

연금술사 도제의 이야기가 시작된다.

1

저는 스승님과 7년이나 함께 살았지만, 그의 기술에 대해서 배운 것은 거의 없습니다. 저는 제가 가진 모든 것을 그 학문에 몽땅 쏟아 부었습니다. 하느님도 아시겠지만, 사람들이 저보다 더 많은 것을 잃었지요. 저도 한때는

좋은 옷을 입고, 멋진 장신구를 달고, 즐겁고 재미있게 살았습니다. 하지만 이제는 모자 대신 낡은 양말을 머리 위에 올려놓아야 할 처지가 되었습니다. 제 혈색은 생기 있고 불그스레했지만 지금은 창백한 납빛이지요.

여러분도 연금술에 빠져 보십시오. 땅을 치고 후회하게 될 겁니다! 게다가 고된 일 때문에 눈도 침침해졌습니다. 보세요! 연금술에 어떤 이익이 있는지! 이 믿을 수 없는 학문 탓에 저는 알거지가 되었습니다. 또 빌린 금 때문에 빚더미에 올라앉았지요. 살아 있는 동안에 그걸 갚기란 절대로 불가능할 겁니다. 그러니 세상사람들이 저를 평생의 본보기로 삼았으면 합니다! 연금술에 발을 들여 놓은 사람은 누구든지 그 일을 계속했다간 빈털터리가 됩니다.

아, 하느님, 도와 주소서! 연금술로는 이익은커녕 남은 재산과 지혜마저 날릴 뿐입니다. 게다가 연금술에 미쳐서 전 재산을 다 날리고 나면 이번엔 남들을 부추겨서 그들의 재산까지 탕진하고 맙니다. 이런 철면피 인간들은 친구가 고통과 불행에 빠진 걸 보고 즐기며 위안으로 삼는 법이지요. 예전에 어느 학자에게 배운 바에 의하면 그렇습니다. 뭐, 이 이야기는 그만두고 우리가 해 온 연금술 이야기를 들려 드리겠습니다.

신비로운 기술을 실행에 옮기는 작업장에 들어가면 우리는 아주 똑똑해 보입니다. 우리가 쓰는 전문용어는 아주 학문적이고 매우 기묘하니까요. 심장이 약한 저는 현기증이 날 때까지 불을 불어 댑니다.

우리가 연구하는 물질의 비율을 모두 설명할 필요는 없을 겁니다. 예컨대 5온스나 6온스의 은을 이용한다는 식이죠. 최대한 곱게 가루 낸 유황이니, 불에 구운 뼈니, 얇은 쇠판이니 하는 이름도 구태여 설명할 필요 없겠죠. 토기 용기 속에 소금과 후추를 먼저 어떻게 넣고, 앞에서 말한 재료들과 그 밖의 갖가지 것들을 어떻게 넣는지, 얇은 유리판으로 잘 덮어야 한다든가 따위의 세세한 과정을 일일이 이야기한들 무슨 소용이 있겠습니까?

가스가 새나가지 않도록 그릇과 유리를 점토로 어떻게 봉하는지, 센 불과 약한 불은 어떻게 조절하는지, 우리의 물질들을 승화시키기 위해, 또 합금을 만들고 잡수은이라 불리는 수은을 화합하여 생석회로 만들기 위해 얼마나 고생하고 고민하는지, 이런 것도 말할 필요는 없을 것입니다.

우리는 모든 재주를 부려 보았지만 한 번도 긍정적인 결과를 얻지 못했습

연금술사 아드리안 반 오스타데 작, 1661.

니다. 유황, 승화한 수은, 반암으로 만든 석판 위에 곱게 빻은 일산화납을 각각 일정한 양만 넣고 시험해 보았지만 모두 헛수고였습니다. 공중으로 날아가는 증기와 아래에 가라앉는 물체도 실험에는 아무 소용없었습니다. 엄청난 노력을 하고 엄청난 시간을 소비했지만 하나도 쓸모가 없었습니다. 이렇게 우리의 돈은 다 날아가 버렸습니다.

연금술에 쓰이는 재료는 수도 없이 많지만, 그런 것을 체계적으로 배우지 못한 저는 순서대로 설명해 드릴 수가 없습니다. 그러니 머리에 떠오르는 대로 말씀드리겠습니다. 물론 이런 것들을 성질에 따라 분류할 수는 없지만. 먼저 약효가 있는 점토, 녹청, 붕사, 흙과 유리로 만든 각종 용기, 검료기, 증류기, 소형 유리병, 도가니, 승화기나 호리병박과 아란비크*² 등이 있는데, 이런 것도 아무런 가치가 없습니다. 그러니 일일이 설명할 필요가 없겠지요.

비소, 염화암모니아, 유황 말고도 말씀드릴 약초들이 많습니다. 짚신나물,

---

*2 옛날에 쓰이던 증류기.

쥐오줌풀, 고사리, 이와 유사한 것도 많지만 지금 이 자리에서는 언급할 필요가 없을 것 같습니다.

우리는 원하는 결과를 얻기 위해 밤낮으로 등불을 켜놓고 있습니다. 생석회를 만들기 위해, 물을 표백하기 위해 아궁이에 불도 떼고요. 생석회나 백아, 달걀흰자, 여러 가지 분말, 분뇨, 재, 오줌, 점토, 밀랍으로 봉한 작은 주머니, 초석, 황산연, 장작이나 숯에서 나오는 여러 불꽃, 주석염, 알칼리, 식염, 태워서 응고시킨 물체, 말이나 사람의 털을 혼합한 점토, 주석에서 추출한 기름, 석명반, 효모, 발효 전의 맥주, 조주석, 계관석, 비소의 이황화물, 물질의 흡수와 혼합, 은의 황색 전환, 원소 혼합, 열을 주어 물체의 성질을 변화시키는 과정, 주형과 실험용 도가니 등등 실험에 쓰이는 재료는 수도 없이 많습니다.

그럼 네 종류의 증기와 일곱 개의 금속체를 스승님에게 배운 대로 순서대로 말하겠습니다.

첫 번째 증기는 수은입니다. 두 번째는 웅황이고, 세 번째는 염화암모늄이며, 네 번째는 유황입니다. 이제 일곱 개의 금속체를 말씀드리겠습니다. 태양은 금을 나타내고, 달은 은을 나타낸다고 우리는 주장합니다. 화성은 철, 수성은 수은이라고 하지요. 토성은 납, 목성은 주석, 금성은 구리입니다. 우리 아버지의 가문을 걸고 말하건대, 한 점의 거짓도 없지요!

이 저주받을 학문에 빠진 사람은 아무리 돈이 많아도 부족하게 되어 있습니다. 연금술에 투자한 돈은 없는 돈과 마찬가지지요. 이 점은 의심할 여지가 없습니다. 자신의 어리석음을 자랑하고 싶다면 사람들 앞에 나서서 연금술을 공부하십시오. 금고에 돈이 넘쳐나는 사람은 다 나와서 학자*³가 되라고 하세요. 그런데 그게 배우기 쉬울 것이라고 생각하십니까? 아니, 절대로 그렇지 않습니다.

하느님은 아시겠지만, 수도사건, 탁발수사건, 신부건, 성당 참사회 의원이건, 그 밖의 누구건 밤낮으로 책을 펴놓고 앉아서 이 해괴망측하고 바보 같은 학문을 아무리 공부해 봐야 헛일에 불과합니다. 아니, 헛일보다 못해요. 무지한 사람에게 이 기괴하고 어려운 학문을 가르친다는 것은 어불성설입니

---

*3 연금술사를 가리킴.

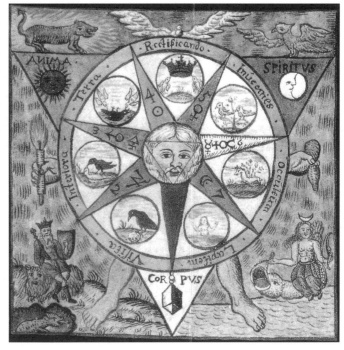

고대의 연금술
4원소가 그림을 둘러싸고, 중앙의 근원에서 발산되는 빛들은 7개의 상징물을 설명하는 것으로 연금술 금속의 7개 행성과 같다.

다! 책을 공부했건 안 했건 실험 단계에서는 누구나 똑같다는 걸 알게 될 겁니다.

제 구세주를 걸고 맹세하는데, 무지한 사람이건 배운 사람이건 물질을 금과 은 같은 보석으로 바꾸는 실험에 들어가면 결국 같은 결과를 보게 될 테니까요. 다시 말해, 무지한 사람이건 배운 사람이건 다 실패한다 이 말입니다.

아, 산성수와 금속 줄밥, 금속의 연화나 경화에 대해 설명하는 걸 잊었군요. 기름이나 세정수, 가용성 금속들을 하나하나 적으면 아마 세상에서 가장 두꺼운 책이 될 겁니다. 그러니 이런 이름들은 말하지 않는 것이 상책입니다. 확신하건대, 이 정도만 해도 아무리 흉측한 모습을 한 악마를 깨우는 데는 충분할 테니까요.

아, 한 가지 중요한 것을 잊었습니다! 우리 연금술사들은 연금약액(鍊金藥液)이라 불리는 '현자의 돌'을 찾으려고 안간힘을 씁니다. 그걸 얻었다면 우리의 인생은 탄탄대로였을 겁니다. 그렇지만 하늘에 계신 하느님을 두고 맹세컨대, 온갖 재주를 다 부려 보아도 실험을 끝내고 보면 그 돌은 나타나 주지 않았습니다. 우리는 현자의 돌을 손에 넣으려고 수많은 돈을 쏟아 부었습니다. 정말 미쳐 버릴 만큼 슬픈 노릇이지요.

하지만 밝은 희망이 가슴속으로 스며들어와, 비록 지금은 상심할지언정 결국에는 돌을 찾고 만사가 해결되리라는 상상을 합니다. 그렇지만 이런 상상과 희망은 더욱 우리를 괴롭힙니다. 경고하는데, 이건 영원히 찾아야 할 것입니다. 그런 희망을 믿기에 미래라는 기약 없는 시간에 사람들은 자기가 가진 모든 것을 거는 것입니다. 그렇지만 그들은 지치는 법이 없죠. 그들에게 연금술이란 쓰고도 달콤한 마법과 같으니까요.

밤에 몸을 덮을 홑이불 한 장이나 낮에 어깨를 가릴 낡은 겉옷 한 벌밖에 없을지라도 연금술에 미치면 이것마저 팔아 버리고 맙니다. 그들은 완전히 빈털터리가 될 때까지 결코 단념하지 않습니다. 또한 그들이 어디를 가든지, 사람들은 그들 몸에서 나는 유황 냄새로 그들이 연금술사라는 것을 쉽게 알아볼 수 있습니다. 염소처럼 심한 악취를 내뿜거든요. 이 악취가 수산양의 냄새처럼 얼마나 지독하고 강렬한지 1마일 밖에서도 냄새가 납니다.

정말이라니까요. 이렇게 악취나 다 해진 옷차림새로 연금술사를 쉽게 알아볼 수 있습니다. 그들에게 다가가 왜 누추한 옷차림새로 다니느냐고 물으면, 그들은 당신 귀에다 입을 대고 속삭일 것입니다. 자기들의 신분이 발각되면, 연금술사라는 이유로 죽음을 당할 것이기 때문이라고 말이지요. 보십시오, 그들은 이렇게 순진한 사람들을 속인답니다!

자, 이런 이야기는 그만하고 제 이야기로 돌아가지요. 제 스승님은 금속을 도가니에 넣고 불에 올리기 전에 그것들을 조합합니다. 스승님밖에는 못하는 일이죠. 이제 스승님이 가고 없으니 과감히 말하겠습니다. 사람들은 스승님의 솜씨가 좋다고 말해요. 어쨌거나 스승님이 재주가 좋다는 명성을 갖고 있는 건 사실이죠. 하지만 그는 종종 실수를 합니다.

어떤 실수를 하느냐고요? 가끔 이런 일이 일어나지요. 즉, 그 도가니가 산산조각이 나는 겁니다. 그럼 모든 게 끝장이죠! 금속들은 엄청난 기세로 사방팔방 튀거든요. 실험실 벽이 석회나 돌로 만들어져 있지 않았다면 아마도 그 폭발성을 견뎌내지 못했을 겁니다. 금속들은 날카로운 파편이 되어 벽을 관통하고 일부는 땅에 박힙니다. 이런 식으로 우리는 눈 깜짝할 사이에 몇 파운드의 쇠붙이를 잃어버립니다. 일부는 마룻바닥에 흩어지고, 일부는 지붕으로 날아가죠.

악마가 우리 앞에 모습을 드러낸 적은 없지만, 저는 분명히 그놈이 우리와 함께 있다고 생각합니다. 그 악마가 주인으로 행세하는 지옥에서도 우리가 이곳에서 느끼는 슬픔과 원한이나 분노를 찾을 수 없을 겁니다. 제가 말했듯이, 도가니가 망가지면 서로를 탓하기 시작합니다. 난리도 그런 난리가 없죠.

어떤 사람이 불을 잘못 지펴서 이렇게 되었다고 말하면, 다른 사람은 풀무질이 원인이라고 합니다. 그럼 저는 깜짝 놀랍니다. 불붙이는 일은 제 담당이거든요. 그러면 세 번째 사람이 말합니다. "아무것도 모르면서 지껄이지 마! 그건 금속을 적당한 비율로 조합하지 않아서 그런 거라고." 네 번째 사람은 이렇게 말합니다. "입 닥치고 내 말 잘 들어! 장작으로 밤나무를 쓰지 않아서 그런 거야. 이게 사고의 원인이야. 내 말이 틀리면 성을 갈아도 좋아!" 저는 왜 그렇게 되었는지는 모릅니다. 다만 격렬한 논쟁의 한가운데 제가 있다는 것만 알 뿐이죠.

스승님은 이렇게 달래며 말합니다.

"이미 끝난 일이야. 다음에는 이런 일이 일어나지 않도록 하지. 도가니가 깨져 있었던 게 분명해. 조금도 놀랄 것 없어. 자, 평소대로 바닥이나 쓸지. 기운내서 유쾌하게 하란 말이야!"

우리는 찌꺼기들을 쓸어서 한데 모으고, 바닥에 삼베를 펼칩니다. 그리고 모은 쓰레기를 소쿠리에 담고 여러 번 체 쳐서 걸러 냅니다.

그러면 누군가가 이렇게 말합니다.

"여기 금속 파편이 남아 있어. 다는 아니지만 말이야. 이번에는 실패했지만 다음 번에는 잘 될 거야. 우리는 돈을 더 투자해야 해. 장사가 늘 생각대로 되는 건 아니잖아. 어떨 때는 돈이 바다 속으로 가라앉기도 하지만, 어떨 때는 무사히 육지에 도달하는 법이지."

그럼 스승님은 이렇게 말씀하십니다.

"자, 조용! 다음에는 우리 실험을 성공시키도록 노력하지. 다음에도 결과가 좋지 않으면 다들 날 탓해도 좋아. 이번에는 뭔가가 잘못됐어. 이것만은 확실해."

그러면 다른 사람이 불이 너무 세서 그랬다고 말합니다. 하지만 저는 이것

만은 자신 있게 말할 수 있습니다. 즉, 불이 너무 뜨거웠건 아니었건 우리는
번번이 실패한다는 것이지요. 우리는 갖고 싶은 걸 얻지 못해서 미쳐 날뛰며
헛소리만 지껄여 댑니다.

우리가 한자리에 모여 이야기할 때면 모두 솔로몬과 같은 현자처럼 보입
니다. 하지만 이런 말을 들은 적이 있는데, 금처럼 빛난다고 해서 다 금인
것은 아니지요. *4 상인이 아무리 외치고 선전해도, 맛있어 보이는 사과가 다
말 그대로 맛있는 것도 아니고요.

우리도 마찬가집니다. 실험으로 입증되듯이, 가장 현명해 보이는 사람이
가장 멍청하지요. 오, 예수 그리스도여! 또 누구보다 정직해 보이는 사람이
어느새 도둑이 됩니다. 제가 여러분과 헤어지기 전에 그리고 제 이야기가 끝
나기도 전에 여러분은 이런 진리를 곧 알게 될 겁니다.

                                   2

우리 가운데 사악한 성당 참사회원이 한 사람 있습니다. 그는 니베네, 로
마, 알렉산드리아, 트로이, 그 밖의 도시 세 개를 합친 것보다 큰 도시라 해
도 독기로 물들일 수 있을 정도입니다. 사람의 수명이 천 년쯤 된다 해도,
그자의 책략과 헤아릴 수 없이 많은 농간을 적을 수 있는 사람은 어디에도
없을 것입니다. 온 세상을 둘러보아도, 남을 속이는 데 있어서 그를 능가할
사람은 없습니다.

누구와 이야기할 때면 매우 복잡한 전문용어를 아주 능수능란하게 사용해
서 혼을 쏙 빼놓지요. 그 사람이 그와 똑같은 악마가 아닌 이상 그 누구든
그에게 감쪽같이 속고 맙니다. 지금까지 속아 넘어간 사람들 숫자만 해도 수
없이 많지만, 그가 살아 있는 한 더 많은 사람을 등쳐먹을 것입니다.

그렇지만 사람들은 그가 얼마나 약은 사람인지도 모르고 그와 친해지려고
몇 마일이나 말을 타거나 걸어서 찾아옵니다. 제 이야기에 귀를 기울일 마음
이 있다면, 여러분께 그 이야기를 들려 드리도록 하겠습니다.

하지만 존경하는 참사회원님들, 제가 어떤 참사회원의 이야기를 한다고
해서, 여러분의 수도원을 비방한다고는 생각하지 말아 주십시오. 모든 교단

---

*4 유명한 속담.

에는 악한 사람이 있기 마련이지요. 어리석은 한두 사람 때문에 그 단체 전체가 욕을 얻어먹어서는 안 됩니다. 저는 여러분들을 비방할 생각은 추호도 없습니다. 단지 잘못된 점을 바로잡으려는 것뿐입니다. 이 이야기는 특정 단체가 아니라 더 많은 사람에게 하는 것입니다.

그리스도의 열두 제자 가운데 배신자는 유다뿐이었다는 사실을 여러분도 잘 아시지요. 그런데 왜 아무 죄도 없는 나머지 제자들이 욕을 얻어먹어야 합니까? 저는 여러분 교단에도 똑같은 말을 할 수 있다고 생각합니다. 단 한 가지만 빼고요. 즉, 여러분의 수도원에 유다가 있다면, 그 유다 때문에 망신을 당하거나 손실을 입어 골머리 썩이기 전에 그를 즉시 내쫓으라는 겁니다. 그리고 제발 제 이야기를 언짢게 생각하지 말고 주의 깊게 들어 주십시오.

런던에 한 신부가 있었습니다. 죽은 자를 위해 해마다 기념 미사를 집도하기 위해 소예배당*5에 고용된 신부였지요. 그는 아주 명랑한 사람으로, 하숙집 여주인에게 아주 극진히 대했습니다. 그래서 여주인은 하숙비를 한 푼도 받지 않았고, 아무리 좋은 옷이라도 공짜로 제공해 주었습니다. 그는 평생 쓰고도 남을 정도로 돈이 많았습니다. 하지만 이것은 그리 중요한 이야기가 아닙니다. 본론으로 들어가서, 이 신부를 파멸로 이끈 그 참사회원의 이야기를 하죠.

어느 날 신부가 자고 있는데 이 사기꾼 참사회원이 그 방으로 찾아와서 모두 갚을 테니 돈을 빌려 달라고 애원했습니다. 참사회원은 이렇게 말했습니다.

"1마르크를 사흘 간만 빌려 주십시오. 사흘째 되는 날 정확하게 갚겠습니다. 제가 약속을 지키지 않으면 저를 교수형에 처해도 좋습니다!"

신부는 그 자리에서 1마르크를 빌려 주었습니다. 참사회원은 거듭 고맙다고 말하면서 작별 인사를 하고 돌아갔습니다. 사흘째 되는 날, 그는 돈을 가져와 신부에게 갚았습니다. 신부는 무척 기뻐했습니다.

"무슨 일이 있어도 제날짜에 돈을 갚는 정직한 사람한테라면 노블 금화 한두 냥, 아니 내 전 재산이라도 빌려 줄 용의가 있네. 그런 사람의 청은 절대로 거절하지 못하지."

---

*5 기부로 유지되는 예배당.

그러자 참사회원이 말했습니다.

"뭐라고요! 그럼 그동안 저를 믿지 못하셨단 말입니까? 맙소사! 이런 경우는 처음이군요. 사실, 전 무덤에 들어가는 날까지 약속은 반드시 지키는 사람이랍니다. 하느님, 제 말이 거짓이라면 제게 천벌을 내려 주소서. 신부님의 믿음만큼 제 말을 믿어 주세요. 이 좋은 기회를 주신 하느님께 감사드리며 한 마디 하죠. 금화든 은화든 제게 돈을 빌려 주고 못 받은 사람은 없습니다. 저는 남을 속이려고 생각해 본 적조차 없답니다. 신부님이 제게 친절을 베풀어 주셨고 저를 정중하게 대해 주셨으니, 보답의 뜻으로 한 가지 비밀을 알려 드리겠습니다. 신부님이 배우고 싶으시다면, 연금술을 실제로 어떻게 하는 건지 그 방법을 알기 쉽게 알려드리죠. 자, 잘 보세요. 제가 이곳을 나가기 전에 신부님의 눈으로 기적을 직접 보실 수 있을 겁니다."

신부가 말했습니다.

"사실인가? 정말로 기적을 만들 수 있나? 성모 마리아님을 걸고, 꼭 보고 싶으니 어서 해 보게나."

"원하신다면 보여 드리겠습니다. 그렇지 않으면 하느님께서 노하실 테니까요."

이 도둑놈 같은 참사회원이 봉사하겠다고 나서는 꼴을 좀 보십시오! 옛날 현인들이 말했듯이, '스스로 하겠다고 나서는 봉사는 구린내를 풍긴다'는 말이 하나도 틀리지 않습니다. 특히 모든 배신의 근원이자 24시간 내내 쾌락만 생각하는 이 참사회원이 얼마나 많은 그리스도인을 불행에 빠뜨렸는지 그 사실을 지금 당장 증명해 보이겠습니다. 그의 마음속은 악마 같은 생각으로 가득 차 있었습니다. 하느님, 우리를 이런 자의 속임수에 넘어가지 않도록 보호해 주소서!

신부는 자기가 어떤 사람을 상대하고 있는지 전혀 몰랐습니다. 어떤 재앙이 자기를 기다리고 있는지 의심조차 하지 않았습니다. 오, 순진한 신부여! 아무것도 모르는 어리석은 자여! 그대는 곧 탐욕의 칼에 눈이 멀게 되리라. 오, 은총에 버림받은 자여, 그대의 이해력도 이제는 눈이 멀어 버렸도다. 그대는 이 여우가 그대를 속이려고 한다는 사실을 전혀 눈치채지 못했다. 그대는 그의 계략에서 빠져 나올 수 없을 것이다. 불행한 그대여, 그대의 파멸을 이야기하기 전에, 나는 내 지혜가 닿는 한 그대의 무지와 그대의 우둔함을 그리고 비열한 속임수를 이야기하겠노라.

여러분은 이 참사회원이 제 스승이라고 생각하십니까? 내 집의 주인, 하늘에 계신 여왕님을 걸고 맹세하는데, 이 참사회원은 제 스승이 아니라 다른 성당의 참사회원입니다. 그는 비술을 제 스승보다 백 가지는 더 많이 알고 있습니다. 그는*6 수없이 많은 사람들을 속였습니다. 그의 속임수를 늘어놓자면 진절머리가 날 정도입니다. 그의 사기술을 말할 때마다 제 뺨은 너무 부끄러워서 빨개집니다. 두 볼이 후끈후끈해지지요.

사실 저도 얼굴에 혈색이라곤 없다는 걸 압니다. 그럴 만도 하지요. 여러분이 들으셨다시피, 쇠붙이들에서 나오는 갖가지 증기가 제 얼굴의 붉은 기운을 죄다 빨아들여서 푸석푸석하게 만들었으니까요. 그럼 이 참사회원이 얼마나 못된 인간인지 똑똑히 지켜 보십시오!

참사회원이 신부에게 말했습니다.

"신부님, 지금 당장 수은이 필요하니까 하인을 보내 가져오게 하십시오. 두세 온스 정도 필요해요. 수은이 도착하면 신부님이 지금껏 보지 못했던 멋진 것을 보여 드리겠습니다."

"자네 말대로 하겠네."

신부는 이렇게 대답한 뒤, 하인에게 수은을 가져오라고 시켰습니다. 하인은 즉시 밖으로 나가 수은 3온스를 가지고 와서 참사회원에게 건네 주었습니다. 참사회원은 그것을 조심스럽게 내려놓고서, 하인에게 즉시 실험을 시작할 수 있도록 숯을 가져오라고 말했습니다.

하인이 즉시 숯을 가져오자 참사회원은 품에서 기구를 꺼내 신부에게 보여 주었습니다. "이 기구가 보이십니까? 이걸 들고 이 안에 수은 1온스를 넣으십시오. 그리스도의 이름을 걸고, 지금 여기서 학자로 변신하십시오. 이렇게까지 적극적으로 제 지식을 가르쳐 주고 싶은 사람은 거의 없었습니다. 신부님은 바로 이 자리에서 제가 실험을 통해 이 수은에 화학작용을 일으켜 순은으로 만들어 내는 것을 두 눈으로 보게 되실 겁니다.

이것은 신부님이나 제 지갑 또는 다른 사람의 지갑에 있는 것과 똑같은 질 좋은 은이죠. 그렇지 않는다면 저를 다시는 사람들 앞에 얼굴도 내밀지 못할

---

*6 여기서 '그는'이 이 도제의 스승을 가리키는지 '비술을 백 가지는 더 아는' 다른 참사회원인지 모호하지만, 여기서는 후자를 택기로 한다.

거짓말쟁이로 간주하셔도 좋습니다. 여기 아주 값비싼 가루가 있습니다. 이 가루가 제가 말한 모든 것을 증명해 줄 겁니다. 이것이 바로 제 기술의 근원이지요. 이제 그것을 보여 드리겠습니다. 하인을 밖으로 내보내십시오. 집 밖에서 기다리라고 하세요. 우리가 은밀한 실험을 하는 동안 문을 잠그십시오. 그래야 우리가 이 작업을 하는 동안 아무도 우리를 의심하지 못할 테니까요."

신부는 참사회원이 시키는 대로 했습니다. 하인이 즉시 밖으로 나가자, 그의 주인은 문을 재빨리 잠갔습니다. 두 사람은 즉시 일을 시작했습니다.

신부는 이 음흉한 참사회원이 시키는 대로 곧 도가니를 불에 올리고 열심히 불을 불었습니다. 그러는 동안 참사회원은 도가니 안에 가루를 집어넣었습니다. 나는 그 가루가 무엇으로 만든 건지 모릅니다. 석회암인지 유리인지, 그건 파리 한 마리만큼의 값어치도 없었지만, 어쨌든 신부의 눈을 속이기 위한 것이었습니다. 참사회원은 서둘러 도가니 위에 숯을 쌓으라고 지시했습니다. 참사회원이 말했습니다.

"당신을 사랑한다는 증거로, 이곳에서 이루어지는 모든 실험을 당신 두 손으로 할 수 있게 해 드리겠습니다."

"정말 고맙소."

신부가 미소지으며 말했습니다. 그리고 참사회원이 말한 대로 아주 기쁘게 숯을 차곡차곡 쌓아올렸습니다. 신부가 분주하게 일하는 동안 이 거짓말쟁이 참사회원은—더러운 악마가 그를 잡아가면 좋을 텐데! —품에서 밤나무로 만든 숯을 꺼냈습니다. 거기에는 아주 교묘하게 구멍 하나가 뚫려 있었습니다. 그는 이 구멍 안에 1온스의 은 줄밥을 넣고 그것이 나오지 못하도록 밀랍으로 단단히 봉해 놓았답니다.

이 속임수는 그 자리에서 만들어진 것이 아니라 이미 만들어져 있었음을 이해하여 주십시오. 이 남자가 갖고 온 다른 물건들도 차차 설명하겠습니다. 참사회원은 신부에게 사기를 칠 생각으로 찾아왔던 것입니다. 그리고 신부와 헤어지기 전에 그를 속이고야 말았습니다.

참사회원은 신부를 완전히 속이지 않고는 그 자리를 떠날 수가 없었던 겁니다. 이 참사회원의 이야기를 할 때마다 전 정말이지 진저리가 납니다. 방법만 안다면 그의 모든 거짓부렁에 속 시원하게 복수할 수 있을 텐데. 하지만 그는 동에 번쩍 서에 번쩍 합니다. 정말 신출귀몰한 작자지요. 한 곳에 오래 있질 않아요.

여러분, 제발 주의 깊게 들어 주십시오. 참사회원은 아까 제가 말한 밤나무숯을 자기 손 안에 감추었습니다. 앞서 말했다시피 신부가 숯을 부지런히 쌓고 있는데 참사회원이 이렇게 말했습니다.

"신부님, 방법이 잘못됐습니다. 이렇게 하는 게 아니에요. 하지만 제가 곧 고치겠습니다. 잠깐만 저한테 자리를 양보하세요. 성 자일스를 걸고 말하건 대, 정말 딱해서 못 봐 주겠네요. 많이 더우신가 봐요. 땀을 비 오듯 흘리시 네요. 이 수건으로 땀을 닦으세요."

신부가 수건으로 얼굴을 닦는 사이, 빌어먹을 참사회원은 쥐고 있던 밤나무숯을 도가니 한가운데에 올려놓았습니다. 그리고 숯이 활활 타오를 때까지 힘껏 불을 불었습니다.

참사회원이 말했습니다.

"자, 뭐라도 좀 마실까요? 이제 다 잘 될 겁니다. 저만 믿으세요. 앉아서 편히 목이나 축입시다."

그러는 사이 밤나무 숯이 타자 은 줄밥이 구멍에서 도가니 안으로 떨어졌 습니다. 당연한 일이었습니다. 밤나무숯이 도가니 바로 위에 놓여 있었으니 까요. 하지만 신부는 그 사실을 알 리가 없었습니다. 아! 속임수를 모르는 그는 다 똑같은 숯인 줄로만 알았던 겁니다. 마침내 적당한 순간이 되자 연 금술사가 말했습니다.

"신부님, 이제 일어나서 제 옆에 서세요. 신부님은 주형 같은 것이 없을 테니 나가서 석회암을 한 덩어리만 가져오세요. 운이 좋으면 제가 그것을 잘 라 주형과 비슷하게 만들 수 있을 겁니다. 물이 가득 든 그릇이나 냄비도 가 져오세요. 그러면 우리 작업이 얼마나 성공적으로 끝났는지 보시게 될 겁니 다. 신부님이 밖에 계시는 동안 저를 의심할지도 모르니까, 저도 신부님과 나가서 함께 돌아오겠습니다."

간단히 이야기하자면, 두 사람은 방문을 열고 나가 문을 잠근 다음, 열쇠 를 들고 밖으로 나갔다가 곧바로 되돌아왔습니다. 하지만 이런 자세한 이야 기로 시간을 허비할 필요는 없을 것 같습니다. 참사회원은 석회암으로, 지금 부터 말씀드릴 주형 모양을 만들었습니다.

천벌을 받아 마땅한 참사회원은 옷소매에서 얇은 은 조각을 조심히 꺼냈습니다. 그것은 1온스 정도밖에 나가지 않았습니다. 이제 그의 간계한 속임수가 어떤 것인지 잘 지켜 보십시오.

그는 주형을 이 은판과 똑같은 크기로 만들었습니다. 어찌나 똑같이 만들었던지 신부는 전혀 눈치채지 못했습니다. 참사회원은 은판을 다시 소매 안에 숨겼습니다. 그리고 불에서 도가니를 들어, 그 안에 담긴 것을 만족스러운 표정으로 주형에 부었습니다. 그런 다음 적당한 시간이 흐르자 그것을 물이 가득 담긴 냄비에 넣으면서 재빨리 신부에게 지시했습니다.

"이 안에 뭐가 있는지 손을 넣고 찾아보십시오. 분명 은이 있을 겁니다."

지옥의 악마야, 이 은 조각이 은이 아니면 또 뭐란 말이냐! 신부는 손을 넣고 아름다운 은 조각을 건져냈습니다. 그것이 정말로 은이라는 것을 알자 신부는 전율하며 기뻐했습니다. 신부가 말했습니다.

"자네에게 하느님의 축복과 하느님 어머니의 축복과 모든 성인의 축복이 함께하기를! 제발 내게 이 멋진 기술과 이 비밀의 학문을 가르쳐 주게. 그러고도 내가 자네에게 내가 할 수 있는 모든 것을 해 주지 않는다면 난 하느님과 성인들의 저주를 받아도 좋네."

참사회원이 대답했습니다.

"신부님이 잘 눈여겨 보시고 전문가가 될 수 있도록 다시 한 번 해 보겠습니다. 제가 없어도 언젠가 필요해지면 이 학문, 그러니까 이 교묘한 학문을 시험해 보십시오. 말은 이쯤하고 실험을 할까요? 먼저 수은을 1온스 준비하십시오. 그리고 지금은 은이 된 수은에 했던 것처럼 똑같이 하세요."

신부는 참사회원, 그러니까 이 잡아죽일 남자가 시키는 대로 최선을 다했습니다. 그는 바라는 결과를 얻으려고 정성껏 불을 불어 댔습니다. 그러는 동안 참사회원은 다시 신부를 속일 준비를 했습니다. 그는 멋으로 속이 빈 지팡이를 들고 다녔습니다. —이런 점을 주의해야 합니다! 그 지팡이 끝에는 밤나무숯에 들었던 것처럼 1온스의 은 줄밥을 넣고 밀랍으로 단단히 봉해 놓았습니다. 신부가 한눈도 팔지 않고 불을 불어대는 동안, 참사회원은 지팡이를 들고 가까이 다가와서 아까처럼 가루를 뿌렸습니다.

하느님, 이 악마의 가죽을 갈가리 찢어 주소서! 이 사기 행각은 정말 참을 수가 없습니다! 그의 생각과 행동은 언제나 거짓이었습니다. 속임수를 써 놓은 이 지팡이의 밀랍이 불에 녹을 때까지 그는 지팡이로 숯을 헤집었습니다. 바보가 아닌 이상 밀랍이 녹으리란 것쯤은 누구나 아실 겁니다. 지팡이에 들어 있던 것이 도가니 안으로 재빨리 흘러 떨어졌습니다.

선량한 여러분, 이보다 완벽한 속임수가 또 어디 있겠습니까. 신부는 이렇게 또 한 번 속아 넘어갔습니다. 그게 진짜 은인 줄로만 아는 신부는 기쁨을 감추지 못했습니다. 그가 얼마나 좋아하고 행복해하였는지 이루 표현할 수 없을 지경이었습니다. 신부는 참사회원에게 다시 한 번 자신의 몸과 재산을 바쳤습니다. 그러자 참사회원이 말했습니다.

"저는 비록 가난하지만, 신부님도 보셨다시피 숙련된 기술을 갖고 있습니다. 하지만 아직 보여 드릴 것이 무궁무진하답니다. 혹시 구리 없습니까?'"

신부가 말했습니다.

"당연히 있지. 분명히 있을 거네.

"없다면 조금만 사 오세요. 어서요. 신부님, 어서 서두르십시오."

신부는 급히 달려 나가서 구리를 사 가지고 돌아왔습니다. 참사회원은 구리를 받아들고 저울에 달아 1온스를 떼어 냈습니다.

제 지혜를 주관하는 혀는 모든 악의 근원인 이 참사회원의 거짓말을 표현하기에는 너무도 단순합니다. 이 참사회원은 그를 잘 모르는 사람들에게는 친구처럼 굴지만, 사실 그의 속과 겉은 악마와 똑같았습니다. 이제는 이자의 사기 행각을 일일이 말하기도 지긋지긋합니다. 그렇지만 이 자의 본색을 알 수 있도록 이야기를 계속하겠습니다. 정말이지 다른 의도는 없습니다.

참사회원은 1온스의 구리를 도가니에 넣고 즉시 불 위에 올려놓고 가루를 집어넣은 다음, 신부에게 불을 불라고 시켰습니다. 그리고 불을 부는 동안에는 몸을 낮게 굽히라고 말했습니다. 그러나 이 모든 것은 아까도 그랬듯이 속임수였습니다. 참사회원은 신부를 마음대로 가지고 논 것입니다! 그는 녹은 구리를 주형에 붓고, 그것을 다시 물이 든 냄비에 넣었습니다. 그러고는 손을 넣고 더듬거렸습니다.

이미 말했듯이, 그는 옷소매 안에 얇은 은판을 교묘하게 숨겨 두고 있었습니다. 그는 그 은판을 냄비에 약삭빠르게 떨어뜨렸습니다. 이 몹쓸 놈, 저주받을지어다. 한편 신부는 참사회원의 속임수를 전혀 눈치채지 못했습니다. 참사회원은 냄비 바닥에 그 은판을 남기고 물을 휘휘 젓는 척하면서 구리판을 건져 올렸습니다. 신부는 아무것도 모르고 있었습니다. 참사회원은 시치미를 뚝 떼고 신부의 앞가슴을 붙잡고 간족거리며 이렇게 말했습니다.

"신부님, 몸을 더 구부리세요. 그렇게 해서 어디 되겠습니까? 자, 손을 넣어 거기에 뭐가 있는지 찾아보세요."

신부는 즉시 물속에서 은판을 꺼냈습니다. 그러자 참사회원이 말했습니다.

"우리가 만든 세 개의 은판을 대장장이에게 가져가서 진짜인지 아닌지 물어 봅시다. 내 모자를 걸고 맹세컨대, 이건 순은입니다. 그걸 즉시 증명받고 싶군요."

그들은 은판 세 개를 대장장이에게 가져갔고, 대장장이는 그것을 불에 달구고 망치로 두드려 실험해 보았습니다. 그 누구도 그것이 진짜 은이 아니라고 부정할 수 없었을 것입니다.

이 어리석은 신부보다 기뻐할 사람이 또 어디에 있겠습니까? 아침에 떠오른 해를 바라보며 노래하는 새들도 그보다 좋아하지는 못했을 것이고, 5월의 나이팅게일도 신부만큼 신나게 노래하지는 못했을 겁니다. 둥글게 춤을 추는 숙녀도 그보다 즐거워 보이지 않았고, 이런 엉터리 기술을 배우고자 하는 신부의 열정에 비하면 사랑과 여성의 미덕을 논하고, 아름다운 귀부인의 사랑을 얻기 위해 용맹스러운 무용에 도전하는 무장한 기사도 명함을 못 내밀 정도였습니다. 신부가 참사회원에게 말했습니다.

"우리 모두를 위해 돌아가신 하느님의 사랑을 걸고 말하겠네. 내가 자네에게 그 기술을 전수받고자 한다면 얼마면 되겠나?"

참사회원이 대답했습니다.

"마리아님을 걸고 말하는데, 그건 굉장히 비쌉니다. 저와 어떤 탁발수도사를 제외하고는 잉글랜드에서 이 방법을 아는 사람은 결단코 없습니다."

"상관없네. 자, 얼마인지 말해 보게나. 부탁이니 어서 말해 주게."

"정말로 비쌉니다. 딱 잘라서 말씀드리겠는데, 신부님이 원하신다면 40파운드를 내십시오. 조금 전에 저를 다정하게 맞이해 주지 않으셨다면 더 내셔야 했을 겁니다."

신부는 즉시 노블 금화로 40파운드를 가져와서, 은을 만드는 방법을 배우는 대가로 참사회원에게 주었습니다. 그러나 그가 한 짓은 모두 사기였고 속임수였습니다.

참사회원이 말했습니다.

"신부님, 저는 제 재주로 명성을 얻을 생각은 조금도 없습니다. 저는 오히려 이 재주를 숨기고 싶습니다. 그러니 저를 생각하신다면 이 사실을 비밀로 해 주십시오. 사람들이 제 비술을 알게 되면 제 연금술을 시기한 나머지 저를 죽일 수도 있습니다. 반드시 그렇게 될 겁니다."

신부가 말했습니다.

"말도 안 되는 소릴! 자네가 그런 일을 당할 바엔, 내가 전 재산을 내놓는 게 낫지. 아니면 내가 미치광이가 되던가."

"신부님, 그 말을 들으니 신부님의 진심어린 호의를 알겠군요. 정말 고맙습니다. 그럼 안녕히 계십시오."

참사회원은 이렇게 말한 뒤 신부의 숙소를 떠났습니다. 신부는 그날 이후 두 번 다시 그를 볼 수 없었습니다. 시간적인 여유가 생기자, 신부는 참사회원이 가르쳐 준 방법을 시도해 보았습니다. 그런데 아무 일도 일어나지 않았습니다! 그는 이렇게 희롱당하고 속아 넘어간 것입니다! 참사회원은 또 이런 식으로 사람들을 속여 파멸로 이끌었던 것입니다.

여러분, 지위 고하를 막론하고 사람들은 금을 가지려고 아귀다툼을 벌입니다. 그래서 이제는 금이 거의 남아 있지 않죠. 값싼 쇠붙이를 금으로 만든다는 연금술에 속아 넘어가는 사람은 아주 많습니다. 이것이 바로 금이 바닥난 이유지요. 연금술사들은 아주 모호한 용어로 자기들의 학문을 설명하기 때문에, 현재 남아 있는 지식으로는 아무도 그것을 이해할 수 없습니다. 연금술사들은 말이 청산유수입니다. 그들은 그 영문도 모를 용어를 설명하느라 열과 성을 다하지요. 하지만 그들은 절대 목표에 도달하지 못할 겁니다. 돈푼깨나 있는 자라면 그것을 불리는 기술을 아주 쉽게 배울 수 있고 따라서 그 재산을 한 푼도 남김없이 날릴 수 있습니다!

보십시오! 이 허황된 짓은 도박과도 같습니다. 그것은 행복을 절망으로 바꾸고, 묵직하고 커다란 돈주머니를 텅 비게 하며, 돈을 빌려 준 사람에게 저주까지 받게 합니다.

아, 이 얼마나 창피한 일입니까! 불에 덴 사람은 왜 그 불의 열기를 피하지 못할까요? 그러니 만일 여러분들이 연금술에 빠져 있다면 전 재산을 탕진하기 전에 당장 그만두라고 충고하는 바입니다. 아무리 시간을 오래 끌어도 절대로 성공할 수 없습니다. 아무리 이리저리 찾아다닌들 현자의 돌은 영원히 찾을 수 없습니다. 연금술에 빠지면 눈먼 베이어드 말처럼 저돌적인 인간이 됩니다.

그 말은 앞에 위험이 도사리고 있으리라고는 조금도 생각하지 않습니다. 길가로 비켜 가야 하는데 돌을 향해 무작정 돌진할 정도로 무모하지요. 연금술사를 꿈꾸는 당신들도 이와 다르지 않습니다. 두 눈이 정확히 사물을 볼 수 없다면, 적어도 마음이 그 시력을 잃지 않도록 조심해야 합니다. 아무리 눈을 크게 뜬다고 한들 연금술로는 아무것도 얻지 못할 것입니다. 손에 넣는 것은 모두 쓸모없는 짓일 겁니다. 그 불이 활활 타오르기 전에 치워 버리세요. 내가 하고 싶은 말은, 그런 기술과는 인연을 끊으라 이 말입니다. 그렇게 하지 않으면 당신들의 재산은 이내 사라지고 말 것입니다. 이 문제에 대해 연금술사들이 한 말을 소개하겠습니다.

뉴타운의 아놀드*[7]는 그가 쓴 연금술 책 《로잘리》에서 이렇게 말했습니다. '누구든 형제의 도움*[8] 없이는 수은의 성질을 바꿀 수 없다.' 이것은 결코 거짓이 아닙니다. 그러나 처음 이 말을 한 사람은 연금술의 아버지인 헤르메스*[9]였습니다. 그는 '용은 그의 형제가 함께 죽지 않는 한 절대로 죽지 않는다'고 말했습니다. 여기서 용은 수은을 가리키고, 형제는 바로 유황을 뜻합니다. 이 두 가지는 태양과 달*[10]에서 유래했습니다. 그는 이렇게 덧붙입니다. 제 말을 명심해서 들으세요.

"그런즉 누구든 연금술사들의 의도와 용어를 제대로 이해하지 못한다면 애써 연금술을 찾으려고 노력하지 마라. 찾고자 한다면 그는 무지한 사람이다. 이 학문과 기술은 신비 중에서도 가장 신비로운 것이기 때문이다."

플라톤의 제자도 있습니다. 어느 날 그가 스승에게 물었는데, 그 내용은 플라톤에 대해서 쓴 《세니오르》*[11]에 나와 있습니다. 그의 질문은 이런 것이었습니다.

---

*7 13세기 프랑스의 의사·연금술사.
*8 유황을 가리킴.
*9 헤르메스 트리스메기스투스. 이집트 지혜의 신의 그리스 이름. 연금술의 창시자로 여겨진다.
*10 태양은 금, 달은 은을 가리킴.
*11 중세 연금술사 세니오르 자디스가 썼다는 논문.

"스승님, 비밀의 돌의 이름이 무엇인지 말해 주십시오."

그러자 플라톤이 즉시 대답했습니다.

"그건 사람들이 티타노스*12라고 부르는 것이다."

"그게 무엇입니까?"

"마그네시아(산화마그네슘)와 같은 것이다."

"점점 모를 말씀으로 설명하시는군요(Ignomm per ignotius). 그럼 마그네시아는 무엇입니까? 가르쳐 주십시오, 스승님."

"그건 4대 원소로 구성된 액체이다."

"스승님, 그 액체의 원소를 가르쳐 주십시오."

"그건 안 된다. 무슨 일이 있어도 그것을 알려 줄 수 없다. 학자들은 누구에게도 그것을 밝히지 않기로 맹세했다. 책으로도 쓰지 않기로 했고. 그것은 그리스도께 너무도 중요하고 귀중한 것이어서, 그리스도께서는 그것이 밝혀지길 원치 않으신다. 어떤 사람을 고무시키거나 하느님께서 원하시는 사람을 보호하고 싶을 때만 밝힐 수 있다. 이것이 결론이다."

이제 제 이야기에도 결론을 내도록 하겠습니다. 하늘에 계신 하느님께서는 철학자들이 이 돌을 찾는 방법을 사람들에게 밝히기를 원치 않으십니다. 그러니 시도조차 하지 마십시오. 이것이 제가 드릴 수 있는 최선의 충고입니다. 하느님의 뜻을 거스르려다 하느님과 적이 된 사람은 평생 연금술에 목을 맨다 해도 결코 영화를 누릴 수 없으니까요. 이제 이야기를 마치고자 합니다. 제 이야기는 끝났습니다. 하느님, 이 진실한 사람들에게 고통을 치유하는 약을 내려 주소서!

연금술사 도제의 이야기는 여기에서 끝난다.

---

*12 석고 또는 백아 또는 석회. 다음에 나오는 마그네슘처럼 이것도 그 뜻이 모호하다.

식료품 조달인의 이야기

식료품 조달인의 이야기 머리글

여러분은 밥 업 앤드 다운이라는 조그만 마을이 어디에 있는지 아십니까? 그곳은 캔터베리로 가는 길목에 있는 블린 숲 바로 옆에 있습니다. 거기에 다다랐을 때 여관 주인이 농담을 하기 시작했습니다.

"여러분, 오, 이런! 말이 진창에라도 빠졌나, 옴짝달싹을 못하는군! 공짜로든 돈을 받든 상관없으니, 뒤에 처진 저 친구를 깨워 줄 사람 어디 없소? 도둑놈이 있다면 꽁꽁 묶어 놓고 물건을 훔쳐가기 딱 좋겠구먼. 저 코고는 모습 좀 보시오! 수탉 뼈를 걸고 말하지만, 저러다간 곧 말에서 떨어지겠소! 저런 작자가 런던의 요리사란 말이오? 앞으로 끌고 오시오. 자기도 죄의 대가가 뭔지는 알겠지. 저 친구는 통 이야기를 하려 하지 않으니. 건초한 다발만큼의 값어치도 없는 이야기라 해도 시켜야겠소.

요리사 양반, 일어나시오! 그러다 큰일나려고 그러시오? 무슨 일이 있었기에 아침까지 정신을 못 차리고 자는 것이오? 어디 아프시오? 벼룩 잡다가 밤을 샜소? 아니면 밤새 술을 마셨소? 그것도 아니면 어떤 헤픈 계집하고 밤새 재미라도 봤소? 그래서 지금 고개를 들 힘도 없는 것이오?"

혈색 하나 없이 핼쑥한 요리사가 여관 주인에게 말했습니다.

"오, 하느님, 저 좀 살려 주십시오. 왠지는 모르겠지만 가슴이 답답한 것이, 칩사이드*¹에서 최고급 포도주 1갤런을 얻어 마시는 것보다 한숨 자고 싶은 심정이오."

이때 식료품 조달인이 끼어들었습니다.

"그렇군요. 요리사 양반, 당신을 도와 줄 겸 내가 대신 이야기하겠습니다.

---

*1 런던의 중심가. 당시 번화했던 거리로, 포도주를 파는 곳이 많았다.

물론 말을 타고 가는 여러분이 언짢아하지 않고, 여관 주인이 정중하게 동의해 준다면 말입니다. 아닌 게 아니라 당신 얼굴은 너무나 창백하고 눈은 흐리멍덩한 데다 입에서는 쉰내가 진동하니 말이오. 이것은 분명 당신의 건강이 정상이 아니라는 신호요. 당신을 좋게 말할 생각은 전혀 없소. 여러분, 이 주정뱅이가 하품하는 꼴을 좀 보십시오. 우리 모두를 집어삼킬 기세구먼.

요리사 양반, 제발 입 좀 열지 마시오. 지옥의 악마가 그 안에 발이라도 집어넣었으면 좋겠군!

식료품 조달인의 이야기 머리글 부분 삽화

당신의 끔찍한 입 냄새에 우리 모두가 오염될 것 같소. 에잇, 더러운 돼지 같은 양반! 저리 꺼지시오!

아, 여러분, 이 호색한을 자세히 보십시오. 이보시오, 창으로 과녁을 찌르는 마상시합이라도 하고 싶소? 꼭 그런 자세를 하고 있으니 말이오. 술독에 빠진 신난 원숭이 같아. 지푸라기와 장난치는 모양새란 말이오."

이런 말을 듣자 요리사는 화가 머리끝까지 치밀었습니다. 말문이 막혀 식료품 조달인을 향해 머리만 흔들어 대다가 그만 말에서 떨어졌습니다. 그는 사람들이 끌어올려 줄 때까지 그 자리에 쓰러져 있었습니다. 이것이 요리사의 승마 솜씨였습니다!

아! 주무기인 국자라도 들고 있었으면 좋으련만! 우리는 그를 부축해 올리느라 이리 밀치고 저리 밀치고 온갖 고생을 한 끝에 그를 겨우 안장에 도로 앉혔습니다. 이 유령 같은 창백한 주정뱅이는 그 정도로 곤드레만드레였습니다. 그때 여관 주인이 식료품 조달인에게 말했습니다.

"몸도 못 가눌 만큼 술에 떡이 된 걸 보니, 이야기를 시켜 봤자 헛소리만 지껄일 게 뻔하오. 포도주를 마셨는지 오래된 맥주를 마셨는지 신선한 맥주를 마셨는지는 모르겠지만, 그는 취해서 콧소리로 말을 하고 있고, 저렇게 심하게 코를 고는 데다 감기까지 걸렸잖소.

게다가 자기와 자기 말이 진창에 빠지지 않게 하는 데 온 신경을 집중해야 하오. 이 자가 다시 한 번 말에서 떨어진다면 우리는 이 주정뱅이의 무거운 몸뚱이를 들어 올리는 데 기운을 쏟아 부어야 할 거요. 그러니 저자는 그냥 내버려 두고 당신이 이야기를 시작하시오.

하지만 조달인 양반, 사실 저 친구에게 그렇게 공개적으로 망신을 준 건 어리석은 짓이라고 생각하오. 다음에 저 친구가 당신을 함정에 빠뜨려 복수할지도 모르니까 말이오. 내 말은, 저자가 당신의 거래 장부를 보고 트집을 잡을 수도 있다는 말이오. 그게 사실로 판명나면 당신에게 이로울 것이 하나도 없지."

식료품 조달인이 말했습니다.

"그렇게 된다면 큰일이지요! 저자가 그런 식으로 나를 골탕먹이기는 쉬운 일이죠. 저자와 언쟁을 벌이느니 저자가 탄 말의 값을 치러 주는 편이 차라리 낫겠습니다. 맹세코 난 저자를 화나게 하고 싶지는 않아요! 조금 전에 말한 것은 다 농담입니다. 그런데 이게 뭔지 아십니까? 이 호리병박에 포도주가, 그것도 잘 익은 포도로 만든 포도주가 들어 있지요. 잠시 뒤에 아주 재미있는 장면을 보여 드리겠습니다. 요리사에게 이 술을 조금 마시게 하는 겁니다. 내 목을 걸고 장담하는데, 이자는 절대로 싫다고 하지 않을 겁니다."

과연 요리사는 호리병박에 든 포도주를 선뜻 받아 벌컥벌컥 들이마셨습니다. 아! 술에 취해 있으면서 또 그렇게까지 마실 수가 있었을까? 요리사는 호리병박으로 나발을 불고 나서 식료품 조달인에게 돌려 주었습니다. 그렇게 실컷 마시자 기분이 좋아져서 식료품 조달인에게 거듭 고맙다고 말했습니다.

여관 주인도 껄껄 웃음을 터뜨리면서 말했습니다.

"어디를 가든지 좋은 술을 가지고 다녀야 한다는 것을 분명히 알겠소. 술은 불평불만을 사랑과 조화로 바꾸고 분노를 잠재우니 말이오. 오, 바쿠스 신이여, 심각한 일을 재미있는 놀이로 바꾸시는 그대의 이름에 축복이 있기를! 우리 주신(酒神)께 존경과 감사를! 그건 그렇고, 조달인 양반, 어서 이야기를 시작하시오."

"좋습니다. 그럼 내 이야기를 들어 보십시오." 식료품 조달인이 말했습니다.

식료품 조달인의 이야기
가 시작된다.

책에 씌여 있듯이, 피버
스가 하늘 아래 이 지상에
살고 있었을 때, 그는 이
세상에서 가장 혈기왕성하
고 젊은 기사로 활쏘기의
명수였습니다. 어느 날 그
는 햇볕을 쐬며 단잠을 자
고 있는 거대한 뱀 피톤*2
을 쏘아 죽였습니다. 그가
활로 얼마나 훌륭한 업적
을 많이 쌓았는지는 역사
책을 읽으면 알 수 있을
것입니다.

식료품 조달인의 이야기 판화(1721) 존 유리 작.

그는 악기란 악기는 모
두 연주할 줄 알았고, 노
래도 잘 불렀습니다. 그의 맑고도 아름다운 목소리를 듣는 것은 정말이지 즐
거운 일이었습니다. 신비한 힘을 지닌 노랫소리로 마을 성벽을 쌓았다는 테
베의 왕 암피온도 피버스의 노래 실력에 비하면 절반도 되지 않았습니다. 게
다가 피버스는 이 세상이 시작된 이래 그보다 잘생긴 사람은 없을 것입니다.
그의 이목구비를 일일이 묘사할 필요가 있을까요? 이 세상에 살아 있는 사
람 가운데 그만큼 아름다운 사람은 없기 때문입니다. 또한 그는 고귀한 심성
을 지녔고 명예를 중시 여겼으며, 하나의 결점도 없는 훌륭한 미덕을 겸비했
습니다.

전설에 따르면, 기사로서의 행실로 보나 너그러운 마음씨로 보나 기사도
의 전형이라 할 수 있는 피버스는 뿌듯함과 피톤을 죽였다는 승리의 표시로

---

*2 그리스 신화에 나오는 커다란 뱀. 데우칼리온 홍수 이후 흙탕물에서 태어났다.

늘 활을 들고 다녔습니다.

피버스는 집에서 까마귀 한 마리를 기르고 있었습니다. 그는 까마귀를 새장에 집어넣고, 사람들이 어치에게 하듯이 말하는 법을 며칠이나 반복해서 가르쳤습니다. 이 까마귀는 눈처럼 하얀 백조 같았고, 누구의 말이든지 그대로 흉내낼 수 있었습니다. 또한 이 까마귀만큼 아름다운 목소리로 노래하는 새는 없었습니다. 이 세상 그 어떤 나이팅게일도 이 까마귀에 비하면 십만 분의 일도 되지 못할 정도였습니다.

피버스는 자기 목숨보다 더 아끼고 사랑하는 아내가 있었습니다. 그는 밤낮으로 아내를 즐겁게 해 주고 받들었습니다. 하지만 한 가지 문제가 있었습니다. 그는 질투가 심해서 아내를 늘 감시했던 것입니다. 세상 모든 사람이 그렇듯, 그도 뒤통수를 얻어맞기 싫었기 때문입니다. 그러나 모두 헛일이었습니다. 감시가 무슨 소용이 있겠습니까? 행실과 생각이 깨끗하고 훌륭한 아내는 애초에 감시할 필요도 없는 것입니다. 마찬가지로, 방탕한 아내를 감시하려는 노력도 쓸데없는 짓입니다. 그래 봤자 아무 소용도 없습니다. 아내를 감시하는 데 쓸데없는 정력을 낭비하는 것은 정말 어리석은 짓이라고 생각합니다. 옛날 학자들도 살아생전에 이런 사실을 책에서 언급했습니다.

다시 처음 이야기로 돌아가겠습니다. 이 훌륭한 피버스는 아내를 행복하게 해 주려고 온갖 노력을 다했습니다. 그렇게 노력하고 남자다운 면모를 보여 주면 그 누구도 자기에게서 아내의 사랑을 빼앗을 수 없을 거라고 믿었습니다. 그러나 하느님만이 아시는 일이지만, 자연이 동물에게 심어 놓은 본능을 억누를 수 있는 사람은 없는 법입니다.

예를 들어 새를 잡아 새장에 넣어 보십시오. 그리고 정성을 다해 먹이를 주고 따뜻하게 보살펴 보십시오. 최대한 청결하게 길러 보십시오. 아무리 으리으리한 황금 새장에서 그런 식으로 자란다 한들, 새는 춥고 거친 숲 속에서 벌레 따위를 잡아먹으며 그럭저럭 살기를 수만 배는 더 원할 것입니다. 새는 새장을 빠져 나가려고 끊임없이 시도할 것입니다. 새는 언제나 자유를 갈망하기 때문이지요.

고양이를 붙잡아서 우유와 연한 고기를 충분히 먹이고, 비단처럼 부드러운 잠자리에서 재워 보십시오. 아무리 그렇게 해도 고양이는 벽을 따라 지나가는 쥐를 본 순간, 우유와 고기를 비롯한 집안의 모든 호화로운 삶을 버리고 쥐를 잡아먹고 싶은 욕망을 느낄 것입니다. 보십시오. 욕망이 고양이를 지배하고, 식욕이 이성을 몰아내는 것입니다.

암컷 늑대 역시 천한 본성을 지니고 있습니다. 그래서 발정이 나면, 가장 사납건 포악하건 가리지 않고 아무 수컷이나 상대로 고릅니다.

그러나 이런 모든 예는 남자의 부정을 말하고자 함이지 절대로 여자들을 말하는 것이 아닙니다. 남자란 자신들의 정욕을 채우기 위해서라면, 자기 아내보다 못한 여자에게도 음탕한 욕망을 품습니다. 아내가 아무리 아름답고 성실하고 착해도 말이지요. 우리의 빌어먹을 육체는 새로운 것을 탐

식료품 조달인의 이야기 피버스와 까마귀

냅니다. 그래서 언제든 덕스러운 것에서는 아주 잠깐 기쁨을 발견할 수밖에 없습니다.

간계 따위는 꿈에도 생각지 못했던 피버스는 그토록 많은 매력을 지니고 있음에도 뒤통수를 얻어맞고 말았습니다. 아내가 그도 모르게 다른 남자와 사귀고 있었던 것입니다. 그는 명성도 보잘것없거니와 피버스와는 비교도 할 수 없는 형편없는 남자였습니다. 죄가 많으면 많은 만큼 거기서 더욱 많은 재앙과 슬픔을 불러오는 법이지요. 그것은 흔히 있는 일입니다.

피버스가 집을 비운 사이, 그의 아내는 기둥서방을 불러오라고 사람을 보냈습니다. 기둥서방이라고요? 아, 이 말은 너무 천박했군요! 용서해 주시기 바랍니다.

여러분도 읽으셨겠지만, 현명한 플라톤이 말하기를, 말과 행동은 반드시 일치해야 한다고 했습니다. 어떤 일을 적절하게 처리하려면 말과 행동이 어

울려야 한다는 뜻이지요. 그러니 천한 말을 했다는 것은 내가 천한 사람이라는 것을 뜻합니다. 하지만 이것만은 말해 두겠습니다. 제아무리 고관대작의 아내일지라도 남편에 대해 육체가 부정하다면, 똑같이 부정을 저지른 천하고 가난한 여자와 다를 바 없다는 것입니다. 다만 다른 점은, 귀부인은 신분이 높다는 이유로 '애인'이라 불리고, 천한 여자는 가난하다는 이유로 '첩'이라든가 '정부'라고 불린다는 겁니다. 그러나 친애하는 형제 여러분, 하느님은 잘 알고 계시겠지만 엎어치나 메치거나 매한가지입니다.

이와 유사한 이치로 약탈을 일삼는 폭군과 무법자 또는 극악한 강도 사이에도 전혀 차이가 없다고 말할 수 있습니다. 어떤 사람이 이 진리를 알렉산더 대왕에게 이렇게 설명했습니다. 즉, 폭군은 강한 군대의 힘을 빌려 무자비하게 살육하고 집을 불태우고 모든 것을 쓰러뜨릴 힘을 갖고 있기에 '무장'이라 불립니다.

반면에 무법자는 얼마 안 되는 병력밖에 갖고 있지 않고 폭군만큼 큰 해악도 끼칠 수 없으며 한 나라를 폐허로 만들 힘도 없기에 '무법자'나 '강도'로밖에 불리지 못하지요. 하지만 나는 공부한 사람이 아니어서 책에서는 어떤 말도 인용할 수 없습니다. 그러니 말하던 이야기나 계속하겠습니다. 피버스의 아내는 자기 애인을 불러왔고, 두 사람은 즉시 음탕한 욕망을 불태웠습니다.

새장에 있던 흰 까마귀는 그들이 사랑을 나누는 장면을 모두 지켜보았지만 아무 말도 하지 않았습니다. 하지만 주인이 집으로 돌아오자 까마귀는 이렇게 노래했습니다.

"커컬드! *3 커컬드! 커컬드!"

피버스가 물었습니다.

"뭐야? 무슨 노래를 하는 거지? 지금까지는 그렇게 즐겁게 노래한 적이 없잖아. 들으면 신이 나는 그런 노래 말이야. 아! 지금 그건 무슨 노래지?"

그러자 까마귀가 대답했습니다.

"하느님께 맹세코 제 노래는 틀린 게 없어요. 피버스님, 당신은 멋있고, 아름답고, 심성도 곱고, 노래도 잘하시고, 악기도 자유자재로 다루시고, 빈틈없이 아내를 감시하셨지요. 하지만 당신은 이름도 없는 남자한테 속고 있

---

*3 cuckold. 서방질.

어요. 당신과 비교하면 한 푼의 가치도 없는 남자한테 말이죠. 아, 세상에 이런 일이! 하지만 사실이랍니다! 당신 침대에서 당신의 아내와 그 남자가 놀아나는 걸 똑똑히 봤다고요.”

더 이상 더 무슨 말이 필요하겠습니까? 까마귀는 확실한 증거와 대담한 말로, 그의 아내가 어떻게 육욕을 채웠는지 즉시 이야기했습니다. 그에게는 너무나 큰 치욕이자 불명예였습니다. 까마귀는 자기가 두 눈으로 그 부정한 행위를 똑똑히 확인했다고 몇 번이나 말했습니다.

피버스는 고개를 뒤로 돌렸습니다. 그의 마음은 슬픔으로 찢어질 것만 같았습니다. 그는 분노를 참지 못해 화살을 시위에 메겨 아내를 쏘아 죽여 버렸습니다. 이것이 결말입니다. 더 이상 털어 놓을 내용은 없습니다. 피버스는 슬픔에 겨워 악기를 모두 부숴 버렸습니다. 하프, 류트, 기타 등의 현악기를 모두 부수고, 활과 화살도 꺾어 버린 다음 새에게 말했습니다.

“전갈의 혀를 가진 배신자! 네 혀 때문에 나는 파멸하고 말았어. 아, 내가 왜 태어났을까? 왜 죽지 않고 버젓이 살았을까? 오, 사랑하는 아내여! 오, 기쁨의 보석이여! 내게 정숙하고 진실했던 그대가 지금은 창백한 얼굴로 죽어서 누워 있구려. 단언컨대 당신은 아무 죄도 없었소! 오, 성급한 손이여, 네가 이토록 끔찍한 죄를 저질렀구나!

오, 이 혼란스런 마음과 무분별한 분노여, 너희는 죄 없는 사람을 쏴 죽이고 말았다! 그릇된 의심으로 가득한 불신의 마음이여, 너의 지혜와 이성은 대체 어디로 갔느냐? 오, 사람들이여, 성급한 행동을 경계하라! 누구도 확실한 증거 없이는 믿지 말라. 이유도 모른 채 성급하게 사람을 쏴 죽이지 마라. 의심스럽다는 이유로 분노에 못 이겨 행동하기 전에 침착하게 곰곰이 생각하라. 아! 무분별한 분노가 수천 명의 사람을 철저하게 파멸로 이끌고, 절망의 구렁텅이로 몰아넣었다. 아! 슬퍼서 죽고만 싶구나!”

그런 뒤 까마귀에게 말했다.

“이 배신자! 이 도둑놈! 당장 네 거짓말에 대한 응분의 보답을 해 주겠다. 너는 지금까지 나이팅게일처럼 노래했다. 이 거짓말쟁이 도둑놈, 다시는 노래하지 못할 줄 알아라. 그 하얀 털도 몽땅 뽑아 버리리라. 또한 목숨이 붙어 있는 동안에는 한 마디도 못하게 될 것이다. 이것이 배신자에게 내리는 벌이다. 너와 너의 자손들은 영원히 까만색이 될 것이고, 아름다운 목소리를 내지 못할 것이다. 너 때문에 내 아내가 죽었다는 표시로 폭풍과 폭우가 내리기 전에 까악까악 울게 될 것이다."

피버스는 즉시 까마귀에게 달려들어 흰 털을 모두 뽑아 버렸습니다. 흰 까마귀는 까만색이 되었고, 말하고 노래하는 능력을 잃게 되었습니다. 그리고 그는 악마가 가져갈 수 있도록 까마귀를 문 밖으로 내던졌습니다. 이런 이유로 오늘날 모든 까마귀는 새까만 것입니다.

이야기를 들으시는 여러분, 부탁하건대 이 교훈을 잘 새겨 들으십시오. 목숨이 붙어 있는 동안은 그 누구에게도 외간남자가 그의 아내와 잤다는 이야기를 섣불리 해서는 안 됩니다. 그랬다간 그 사람은 당신을 죽도록 증오할 것입니다.

지혜로운 학자들이 말하길, 솔로몬 왕은 혀를 조심하라고 가르쳤습니다. 하지만 앞서 말한 바와 같이 나는 책에서 배운 적이 없습니다. 하지만 우리 어머니는 이렇게 가르치셨죠.

"애야, 까마귀의 교훈을 잘 기억해라! 늘 입조심해서 친구를 잃지 않도록 해라. 사악한 혀는 악마보다 더 지독히 나쁘단다. 애야, 성호를 그으면 악마로부터 몸을 보호할 수 있단다. 한없이 선한 하느님은 우리의 혀에 입술과 이로 담을 쌓아 보호해 주셨어. 말하기 전에 충분히 생각하라는 뜻에서지. 매우 많은 학자가 말을 너무 많이 하다가 파멸에 이른단다. 하지만 일반적으로, 신중하고 말수가 적어서 해를 입었다는 사람은 한 명도 없지. 애야, 그러니 늘 입조심해야 한다. 하느님께 경배할 때나 하느님을 찬양할 때를 빼고는 말이야.

알고 싶다면 말해 주겠지만, 가장 큰 덕은 말을 억제하고 입을 엄격하게 단속하는 거란다. 애들은 어릴 때부터 이런 가르침을 배워야 한다. 한두 마디면 충분한 곳에서 경솔하게 수다를 떠는 것에서 많은 재난이 생겨난단다. 엄마는 이렇게 듣고 배웠다. 지나치게 많은 말에는 죄가 끊이질 않는다고 말이야. 경솔한 말이 어떤 결과를 가져오는지 아니? 칼이 팔을 두 동강 내는 것처럼, 혀를 잘못 놀리면 우정이 두 쪽으로 갈라지는 거야.

하느님은 수다스러운 사람을 제일 싫어하신다. 지혜롭고 존경스러운 솔로몬이나 다윗의 시를 읽어 보렴. 또는 세네카를 읽어 보렴. 애야, 고개만 끄덕여도 충분할 때는 절대로 말하지 마라. 수다쟁이가 위험한 소리를 할 때는 귀머거리인 것처럼 행동해라.

플랑드르 사람들은 '말을 적게 할수록 평화는 빨리 찾아온다'고 말한단다. 너도 이 말은 귀담아 들어라. 네가 나쁜 말을 하지 않았다면 배신을 두려워 할 필요가 없단다. 말은 일단 내뱉으면 주워 담을 수 없는 거란다. 일단 내 뱉은 말은 점점 퍼져 나가지. 그 말을 한 사람이 아무리 후회하고 싫어하더라도 말이지. 상대방이 불쾌해할 만한 말을 했다면, 그 말을 한 사람은 약점을 잡히고 그 상대방의 노예가 되어 버린단다. 그러니 늘 말조심해라. 어떤 소문이 진짜든 거짓이든 그걸 처음 말하는 사람이 되어서는 안 된다. 어디에 있든지, 또 부자와 있든지 가난뱅이와 있든지, 늘 입조심하고 이 까마귀의 예를 잊지 말아라."

식료품 조달인의 까마귀 이야기는 여기에서 끝난다.

교구 사제의 이야기

교구 사제의 이야기 머리글

식료품 조달인이 이야기를 끝마쳤을 때 해는 서산으로 기울어져서 내가 보기에는 높이가 29도도 채 안 되는 것 같았습니다. 시간은 네 시쯤 되었던 것 같습니다. 내 키는 6피트인데 그림자가 11피트 가량 되었기 때문입니다. 또한 달의 궁은*¹—즉, 천칭자리—우리가 어떤 조그만 마을에 들어설 무렵에도 수평선상을 오르고 있었습니다. 이런 때 우리 즐거운 일행을 선도하는 데 익숙한 여관 주인이 말했습니다.

"이제 한 분만 더 이야기하면 됩니다. 여러분은 제 생각과 바람대로 잘해 주셨습니다. 우리는 이 일행을 구성하는 모든 신분 계층의 이야기를 하나씩 들어 보았습니다. 내가 지휘감독한 일도 끝난 셈이지요. 마지막 이야기를 우리에게 생생하게 들려 줄 분에게 행운이 가득하기를 하느님께 기원합니다.

신부님, 신부님은 교구의 보좌신부세요, 아니면 주임사제세요? 솔직히 말해 보세요. 어떤 분이든, 우리의 흥은 깨지 말아 주시기 바랍니다. 당신을 빼곤 모두 이야기했으니까요. 자, 보따리를 열어 그 안에 무엇이 들어 있나 보여 주세요. 생김새를 보아 하니, 아주 묵직한 주제를 솜씨 좋게 다룰 것 같군요. 자, 재미있는 우화로 하나 들려 주세요!"

교구 사제가 즉시 대답했습니다.

"내게서는 어떤 우화도 들을 수 없을 겁니다. 〈티모테오서〉를 쓴 바오로는, 진실을 버리고 우화같이 어리석은 이야기를 하는 사람을 나무라셨기 때문이지요. 마음만 먹으면 밀을 뿌릴 수 있을 때에 내 손으로 겨를 뿌릴 이유가 뭐 있겠습니까? 그래서 이렇게 말씀드리는 바입니다. 교훈적이거나 도덕

---

*1 황도 12궁 중 별이 가장 강한 힘을 발휘하는 위치라고 한다.

적인 이야기를 듣고 싶다
면 그리고 내 이야기를 경
청해 주신다면, 그리스도
에 대한 깊은 경의심이 허
락하는 한 나는 여러분께
가르침에 합당한 기쁨을
드리도록 노력하겠습니다.

하지만 나는 남쪽 사람
입니다. 난 두음에 맞춰
이야기할 줄도 모르고, 각
운을 맞춘 시도 그보다 대
단하다고 생각하지도 않습
니다. 그래서 말인데, 만
약 원하신다면―성서의
말을 해석할 생각도 없습
니다만―이 이야기의 향
연을 즐거운 산문체 이야
기로 마무리할까 합니다.

교구 사제의 이야기 머리글 부분 삽화

예수님, 천상의 예루살렘이라고 불리는 저 완전하고 영광스러운 순례 길을
이들에게 보여 주도록 부디 제게 지혜를 주시는 은총을 베푸소서. 여러분들
이 들어 주신다면 당장에라도 이야기를 시작하겠습니다. 그러니 의견들이
어떤지 말해 주십시오. 내가 할 수 있는 이야기는 하나밖에 없습니다.

하지만 나는 사람을 명상으로 이끄는 이 이야기를 언제나 학자들의 수정
에 맡겨 왔습니다. 사실, 난 성서에 통달하지 못하니까요. 나는 단지 성서의
본질적인 뜻만을 전달하는 것입니다. 따라서 내 말이 수정될 수 있다는 점을
미리 밝혀 두는 바입니다.”

우리는 그의 말에 동의했습니다. 그에게 말할 기회를 주어 뭔가 도덕적인
주제로 끝맺음하는 편이 좋겠다고 생각했기 때문입니다. 그래서 우리는 여
관 주인에게 우리 모두가 그의 이야기를 듣고 싶어한다고 말해 줄 것을 부탁
했습니다.

여관 주인이 우리 모두의 대변인으로서 말했습니다.

"신부님, 행운이 가득하시길! 우리에게 명상에 이르는 이야기를 들려 주세요. 하지만 해가 지고 있으니 서둘러 주세요. 알찬 이야기를 간결하게 부탁합니다. 훌륭하게 해내실 수 있도록 하느님께서 은총을 베풀어 주시길 바랍니다! 자, 우리가 기꺼이 들어 드릴 테니 마음놓고 이야기하십시오."

이 말을 듣고 교구 사제는 이야기를 시작했습니다.

교구 사제의 이야기가 시작된다.

참회 제1부

인간이 멸망하기를 원치 않으시고, 모든 사람이 하느님을 앎으로써 영원히 더없는 행복에 이르기를 바라시는 우리 주 하느님께서는 예언자 예레미야를 통해 우리에게 훈계를 내리셨습니다. 예레미야는 이렇게 말했습니다.

"네거리에 서서 예로부터 있는 길을 살피고 물어보아라. 예로부터 있는 길이란 곧 오래된 가르침을 말한다. 그것은 좋은 길이다. 주저 말고 그 길을 가거라. 그러면 너희 영혼이 곧 평안을 얻으리라."

우리 주 예수 그리스도와 영광의 나라로 사람들을 인도하는 영혼의 길은 수없이 많습니다. 그중에서도 특히 고귀하고 적절한 길이 있습니다. 바로 죄를 지어 천상의 예루살렘으로 가는 올바른 길에서 벗어난 모든 남녀에게 준비된 길입니다. 이 길은 참회라고 불립니다. 우리는 참회의 본질이 무엇인지 기쁜 마음으로 듣고, 온 힘을 다해 배워야 합니다. 즉 왜 그런 이름이 붙었고, 참회의 방법에는 몇 가지가 있고 어떤 방식으로 행해져야 하며, 어떤 것이 참회에 속하고 필요한지, 어떤 것이 참회에 방해가 되는지를 알아야 합니다.

성 암브로시우스는 참회란 죄를 저지른 인간이 받는 고통이며, 다시는 죄를 짓지 않겠다고 다짐하는 것이라고 말했습니다. 어떤 학자는 이렇게도 말합니다.

"참회란 자기가 지은 죄를 뉘우치고 그릇된 행동에 고통받는 사람들의 탄식이다."

종종 참회는 자신의 죄로 인해 슬퍼하고 고통 받는 사람이 진정으로 뉘우치는 것을 일컫습니다. 진정으로 참회하기 위해서는 먼저 자기가 저지른 잘못을 뉘우치고, 말로써 고해하고, 속죄하고, 다시는 후회하거나 슬퍼할 행동을 하지 않고 늘 선행에 힘쓸 것을 굳게 다짐해야 합니다. 그렇지 않으면 참회는 쓸모없는 것이 되고 맙니다. 성 이시도르는 이렇게 말했습니다.

"참회한 즉시 후회할 행동을 하는 사람은 진정한 참회자라고 할 수 없

교구 사제의 이야기 판화(1721) 존 유리 작.

다. 그런 사람은 사기꾼이나 위선자에 불과하다."

다시 죄를 짓는다면 회개의 눈물도 소용없습니다. 그러나 그렇더라도, 물론 너무 자주 그러면 안 되지만, 우리는 넘어질 때마다 하느님의 은총을 입어 참회를 통해 다시 일어서기를 바라야 합니다. 하지만 이것은 매우 불분명한 일입니다. 성 그레고리도 말했듯이 '악행의 무게에 짓눌린 사람이 지은 죄를 용서받기란 극히 힘들기' 때문입니다. 그래서 거룩한 교회는 죄가 사람을 버리기 전에 죄를 끊고 회개한 사람들의 구원을 확실하게 만들어 줍니다. 거룩한 교회는 죄를 지었지만 마지막 순간에 진심으로 회개한 사람이 우리 주 예수 그리스도의 커다란 자비로 구원받기를 원합니다. 하지만 이런 것보다 확실한 길을 선택하는 편이 더욱 좋습니다.

참회의 본질을 분명히 설명했으니, 이제 잘못된 세 가지 참회를 설명할 차례입니다. 첫 번째는 죄를 지은 뒤에 세례를 받은 경우입니다. 성 아우구스

티누스는 이렇게 말했습니다.

"과거의 죄를 뉘우치지 않는 한 새로운 삶은 시작할 수 없다."

과거의 잘못을 뉘우치지 않고 세례를 받는다면, 그는 세례의 도장을 받은 것일 뿐 하느님의 은총이나 죄 사함을 받은 것은 아닙니다. 이것은 진정으로 뉘우칠 때만 받을 수 있습니다. 두 번째는 세례를 받은 뒤에 대죄를 짓는 것입니다. 세 번째는 세례를 받은 뒤에 매일같이 가벼운 죄를 짓는 것입니다. 이에 대해 성 아우구스티누스는 이렇게 말합니다.

"겸손하고 착한 사람들의 뉘우침은 나날이 참회하는 것이다."

참회의 종류는 세 가지가 있습니다. 그 첫째는 공개 참회, 둘째는 일반적인 참회, 셋째는 개인 참회입니다. 공개 참회는 다시 두 가지로 나뉩니다. 즉, 사순절 기간에 어린아이를 살해한 것과 같은 대죄를 지어서 거룩한 교회에서 추방되었거나 공공연하게 죄를 저질러 교구 전체가 그 죄를 알게 된 경우에 거룩한 교회는 그 사람에게 유죄 판결을 내린 뒤 공개적으로 참회하게 합니다. 일반적인 참회는 사제가 사람들에게 다 함께 참회하라고 권하는 것입니다. 예를 들어 거의 옷을 걸치지 않거나 맨발로 순례하게 하는 것입니다. 개인 참회는 사람들이 일상적으로 저지르는 사적인 죄에 대한 참회입니다. 이에 대해 우리는 사적으로 고해하고, 그 개인은 속죄를 받습니다.

이제 진정하고 완벽한 참회가 되기 위한 필수 조건을 이해해야 합니다. 여기에는 세 가지가 있습니다. 즉, 마음의 회개, 말로 하는 참회, 행동으로 하는 속죄입니다. 이에 대해 성 존 크리소스톰*2은 이렇게 말했습니다.

"참회는 무슨 벌을 받든지 겸허하게 수용하는 사람에게만 이루어진다. 즉, 마음으로 뉘우치고 말로써 고백하며 겸손하고 기쁘게 고행해야 한다."

이것이야말로 우리 주 예수 그리스도를 노하게 하는 세 가지에 대해 해야 할 진정한 참회입니다. 그 세 가지란 생각으로 쾌락을 추구하고, 생각 없이 말하며, 악한 행동을 하는 것입니다. 이런 사악한 죄의 반대편에 참회가 있습니다. 그것은 나무에도 비유할 수 있습니다.

나무의 뿌리는 뉘우침입니다. 나무뿌리가 땅속에 숨어 있듯이, 뉘우침은 진정으로 후회하는 사람의 마음속에 숨어 있습니다. 뉘우침의 뿌리에서 고

---

* 2 콘스탄티노플의 대주교이자 신학자(345?~407?).

참회 성 히에로니무스 제단화. 요아힘 파티니르 작.

해의 가지와 이파리가 달린 줄기가 돋아나고, 속죄의 열매가 맺힙니다. 그래서 그리스도께서는 복음서에 이렇게 말씀하셨습니다.

"회개함으로써 좋은 열매를 맺어라."

그것은 사람들이 이 열매로 나무를 알아볼 수 있기 때문입니다. 사람의 마음속에 숨어 있는 뿌리나 고해의 가지나 잎사귀로 아는 것이 아닙니다. 그래서 우리 주 예수 그리스도는 이렇게 말씀하셨습니다.

"그 열매로써 그들은 그 나무를 알리라."

또 이 뿌리에서는 은총의 씨앗이 생겨납니다. 이 씨앗은 안심의 어머니이며, 강렬하고 뜨겁습니다. 이 씨앗의 은총은 심판의 날과 지옥의 고통을 생각함으로써 하느님에게서 나옵니다. 이에 대해 솔로몬은 "인간은 하느님을 경외하기에 죄를 멀리한다"고 말했습니다. 이 씨앗의 열기는 하느님의 사랑이며, 영원한 기쁨을 갈망하는 마음입니다. 이 열기는 인간의 마음을 하느님에게 향하게 하여 그 사람으로 하여금 죄를 미워하게 합니다.

사실 어린아이에게 유모의 젖보다 맛있는 것은 없습니다. 그러나 이 젖에 다른 음식을 섞으면 그 맛은 역겹기 짝이 없습니다. 마찬가지로, 자신의 과

거를 사랑하는 죄인은 죄가 자기에게는 그 무엇보다 달콤하다고 믿습니다. 하지만 우리 주 예수 그리스도를 열렬히 사랑하고 영생을 갈망하는 그 순간부터 그에게는 죄보다 역겨운 것이 없게 됩니다. 하느님의 율법은 하느님의 사랑이기 때문입니다. 이에 대해 예언자 다윗은 이렇게 말합니다.

"나는 당신의 율법을 사랑하고, 악과 증오를 미워했습니다."

하느님을 사랑하는 사람은 하느님의 율법과 하느님의 말씀을 지킵니다. 또한 예언자 다니엘은 네부카드네자르의 왕이 꿈에서 본 나무를 영적인 것으로 해석하고 그에게 참회할 것을 권유했습니다. 참회는 그것을 받아들이는 자에게는 생명의 나무가 됩니다. 솔로몬의 잠언에 따르면, 진정으로 참회하는 사람은 축복을 받습니다.

회개, 즉 참회에 대해 우리는 네 가지를 이해해야 합니다. 바로 참회란 무엇인가, 인간을 참회하게 하는 것은 무엇인가, 인간은 어떻게 참회해야 하는가, 어떤 참회가 인간의 영혼을 유익하게 하는가입니다. 그 답은 다음과 같습니다. 참회란 죄지은 자가 그 잘못 때문에 겪는 솔직한 마음입니다. 이것은 고해하고 속죄하며 다시는 그런 죄를 짓지 않겠다는 굳은 신념을 동반해야 합니다. 성 베르나르두스는 그 고통을 다음과 같이 말합니다.

"그 고통은 매우 무겁고 쓰라리며, 마음을 날카롭게 찌른다."

무엇보다도 그것은 주님이자 창조주이신 하느님을 그 죄로써 노하게 했기 때문입니다. 하늘에 계신 아버지를 분노케 했기에 그 고통은 더욱 아프고 쓰라립니다. 고귀한 피로써 우리를 죄의 속박과 악마의 잔혹한 계략과 지옥의 고통에서 구원해 주신 그분을 다시 죄로 노하게 하였기에 그 고통으로 인해 가슴이 더욱 찌르듯 아픕니다.

인간을 뉘우치게 하는 원인에는 여섯 가지가 있습니다. 첫째는 죄에 대한 기억입니다. 그러나 이런 기억은 죄지은 사람에게도 유쾌한 것이 아니며 오히려 커다란 수치이자 고통이라는 점을 우리는 이해해야 합니다. 욥도 이렇게 말했습니다.

"죄지은 사람들은 치욕스러운 행동을 한다."

이런 이유로 히즈기야는 "고통스러운 마음으로 평생을 떠올릴 것이다"라고 말했습니다. 하느님은 〈요한묵시록〉에서 이렇게 말씀하셨습니다.

"네가 어디에서 타락했는지 생각하라."

참회 판화.

죄를 짓기 전에 사람은 하느님의 아들이었으며, 하느님 나라의 백성이었습니다. 그러나 죄 때문에 노예가 되고 타락한 악마의 손과 발이 되었으며, 천사들에게는 증오의 대상이요 거룩한 교회의 오점이요 사악한 뱀의 먹이가 되었습니다. 또한 지옥의 불길을 영원히 타오르게 하는 연료가 되었습니다. 그리고 자신의 토사물을 다시 먹는 개처럼 죄를 되풀이함으로써 더욱 추악하고 역겨운 존재가 되었습니다. 오래도록 계속해서 습관적으로 죄를 짓기에 우리는 더욱 추악합니다. 짐승이 자기 똥 속에서 썩어 가듯이 우리도 죄속에서 썩어 있기 때문입니다. 이런 생각을 하면 사람은 죄를 부끄럽게 생각하고, 조금도 기뻐하지 않게 됩니다. 하느님은 예언자 에스겔을 통해 이렇게 말씀하셨습니다.

"너희의 행실을 생각하면 부끄러워질 것이다."

정말이지 죄는 사람을 지옥으로 이끄는 지름길입니다.

죄를 경멸하게 하는 두 번째 원인은 이것입니다. 성 베드로는 말했습니다.

"죄를 짓는 사람은 죄의 노예가 된다."

죄는 인간을 단단히 속박해서 노예처럼 만듭니다. 그래서 예언자 에스겔은 말했습니다.

"저는 저 자신을 혐오하면서 고통 속에서 걷습니다."

우리는 죄를 멸시하고, 속박과 부끄러움에서 자신을 멀리해야 합니다. 세네카는 이 점에 대해 뭐라고 했을까요? 그는 다음과 같이 말합니다.

"하느님이나 이 세상 어느 누구도 우리의 죄를 알지 못하리라고 생각하더라도 우리는 죄를 멀리해야 한다."

세네카는 이런 말도 했습니다.

"나는 육체의 노예가 되거나 내 육체를 노예로 만들기보다는 더 위대한 일을 하기 위해 태어났다."

남자든 여자든 자기의 육체를 죄에 팔아넘기는 사람보다 추악한 노예는 없습니다. 육체에 죄를 지은 사람은 이 세상에서 가장 추하고 쓸모없는 사람보다 더 흉한 노예입니다. 높은 지위의 인간이 타락할수록 그는 더욱 노예가 되며, 하느님과 세상의 눈에 더욱 비천하고 사악한 존재가 됩니다. 오, 선하신 하느님, 인간은 한때의 자유를 잃어버리고 지금은 노예가 되었으니 죄를 미워해야 합니다. 이에 대해 성 아우구스티누스는 말합니다.

"하인이 나쁜 짓을 하거나 죄를 지었을 때 그를 미워한다면, 너는 죄를 짓는 너 자신도 미워해야 한다."

스스로 추해지지 않도록 자기 자신의 가치를 곰곰이 생각해 보십시오. 우리는 죄 아래 굽실거리는 하인이 되고 노예가 되지 않도록 노력해야 하며, 죄를 지으면 스스로 부끄럽게 생각해야 합니다.

한없이 자비로우신 하느님은 우리를 가장 높은 자리에 앉히시고 지혜와 체력과 건강과 아름다움과 번영을 주셨으며, 당신 심장의 피로써 우리를 죄에서 사해 주셨습니다. 그런데 우리는 하느님의 고귀한 자비를 저버리고, 우리의 영혼을 죽이는 비도덕적인 악행으로 그 은혜를 갚고 있습니다. 오, 선하신 하느님! 아리따운 여인들이여, 솔로몬의 잠언을 기억하십시오.

"육체의 노예가 된 아름다운 여인은 암퇘지 코에 매달린 금반지와 같다."

돼지가 코를 박고 쓰레기를 파헤치듯이, 그런 여인은 악취를 풍기는 오물 속에 그 아름다움을 파묻는 것입니다.

사람을 뉘우치게 하는 세 번째 원인은 최후의 심판 날에 대한 공포와 지옥의 무서운 고통에 대한 공포입니다. 성 제롬은 이렇게 말합니다.

"최후의 심판이 이루어질 날을 생각할 때마다 두려움에 떤다. 내가 밥을 먹거나 술을 마실 때 또는 다른 일을 하고 있더라도 내 귀에는 '죽은 자들이여, 부활하여 심판받으러 오라' 하는 나팔 소리가 들리는 것 같다."

오, 선하신 하느님, 우리는 이러한 심판을 몹시 두려워해야 합니다. 성 바오로도 말했습니다.

"우리는 주 예수 그리스도의 심판대 앞에 서야 한다."

그리스도께서 모든 사람을 불러 모으실 때는 아무도 그 자리에서 빠질 수 없습니다. 그때는 어떤 변명도 탄원도 소용없습니다. 우리의 잘못만 심판하시는 것이 아니라 우리가 행한 모든 일들이 공개될 것입니다. 성 베르나르두스는 말했습니다.

"그때는 어떤 변명도 어떤 속임수도 통하지 않으리라. 그곳에서는 어떠한 설명도 무의미한 것이 되고 말리라."

우리는 그 심판에 나오는 심판관을 속일 수도 없고 매수할 수도 없습니다. 왜 그럴까요? 그 심판관은 우리의 모든 생각을 환히 들여다보고 있기 때문입니다. 우리가 아무리 애원하고 뇌물을 내밀어도 심판관은 절대로 호락호락 넘어가지 않을 것입니다. 그래서 솔로몬은 말했습니다.

"아무리 애원하고 재물을 바쳐도 하느님의 분노는 그 누구도 피할 수 없을 것이다."

그러므로 최후의 심판이 이루어지는 날, 그것을 피할 사람은 아무도 없습니다. 그래서 성 안셀름은 말했습니다.

"죄지은 사람들은 그날 엄청난 고통을 받을 것이다. 하늘에는 준엄하고 분노한 판관이 앉아 있을 것이고, 그 아래는 끔찍한 지옥의 구덩이가 죄를 인정하지 않는 자를 모조리 삼켜 버리려고 입을 크게 벌리고 있을 것이다. 그 죄는 하느님과 모든 피조물 앞에서 낱낱이 드러나리라. 그리고 그 왼편에는 셀 수 없이 많은 악마가 죄로 가득한 영혼을 지옥의 고통으로 끌고 가기 위해 대기하고 있을 것이다. 사람들은 마음속으로 날카로운 양심의 가책을 느낄 것이고, 바깥세상은 불길에 송두리째 삼켜질 것이다. 그러니 가련한 죄인이 어디로 도망칠 수 있으랴? 그는 숨을 수 없을 것이며, 앞으로 나와 심판을 받아야만 할 것이다."

또 성 제롬은 이렇게 말했습니다.

"땅과 바다와 하늘은 천둥과 번개로 가득 찰 것이며, 죄인을 자신들의 품 안에서 쫓아 낼 것이다."

이런 것을 마음에 새기는 사람은 누구든지 죄를 지으며 기뻐하기보다는 지옥의 고통을 두려워하며 큰 슬픔을 느낄 것이 분명합니다.

그래서 욥은 하느님께 이렇게 말했습니다.

"주여, 제가 영영 돌아오지 못할 죽음의 암흑으로 뒤덮인 어둠의 땅으로 들어가기 전에 잠시 한탄하고 눈물짓게 해 주소서. 그곳에는 죽음의 그림자만이 있습니다. 그곳에는 아무 질서도 율법도 없으며, 있는 것은 영원히 지속될 끔찍한 고통뿐입니다."

보십시오, 여기에서 우리는 욥이 자신의 잘못을 뉘우치며 울기 위해 잠깐의 유예를 구하고 있음을 알 수 있습니다. 하루의 유예가 지상의 모든 보물보다 값지기 때문입니다. 이 세상에서 재물이 아니라 회개로써 하느님 앞에서 죄를 용서받을 수 있기에, 우리는 우리의 죄를 뉘우칠 시간을 달라고 하느님께 기도해야 합니다. 이 세상이 시작된 이래 인간이 겪은 모든 고통도 지옥의 고통과 비교하면 아무것도 아니기 때문입니다. 욥이 지옥을 '어둠의 땅'이라고 부른 데에는 두 가지 이유가 있습니다. '땅'이란 무너지지 않는 안정된 곳을 의미하고, '어둠'이란 지옥에는 빛이 거의 없음을 뜻하는 것입니다. 영원한 불에서 나오는 희미한 빛은 죄지은 사람을 지옥의 고통으로 안내합니다. 그 빛은 그를 괴롭힐 무시무시한 악마를 보여 주기 위해서입니다.

'죽음의 암흑으로 뒤덮인'이란 말은 지옥에 떨어진 사람은 하느님을 볼 수 없다는 뜻입니다. 하느님을 본다는 것은 영원한 삶을 얻는다는 의미이기 때문입니다. 또한 '죽음의 암흑'이란 불쌍한 인간이 저지른 죄를 뜻합니다. 이런 죄악들은 하느님의 얼굴을 보지 못하게 합니다. 먹구름이 태양과 우리 사이를 완전히 가로막는 것과 마찬가지입니다.

'고통의 땅'이라고 한 것은 인간이 현세에 가지고 있는 세 가지, 즉 명예와 쾌락과 재물에 대한 고통이 각각 존재하기 때문입니다. 지옥에 떨어진 사람은 명예 대신 치욕과 혼란을 경험합니다. 명예란 인간이 인간에게 바치는 존경을 뜻하지만, 지옥에는 명예도 존경도 없기 때문입니다. 지옥에서는 제아무리 왕이라도 천민처럼 아무런 존경을 받지 못합니다. 하느님도 예언자 예레미야를 통해 말씀하셨습니다.

"나를 멸시하는 자는 반드시 멸시받으리라."

또한 '명예'란 말은 위대한 권위를 뜻하는데, 지옥에서는 모두 악마에게 짓밟힐 따름입니다. 하느님은 말씀하셨습니다.

"무서운 악마가 지옥에 떨어진 사람들의 머리 위를 왔다 갔다 할 것이다."

현세에서 높은 지위를 누린 사람일수록 지옥에서는 더욱 천대받고 짓밟힐 것입니다. 또한 현세에서 부자였던 사람은 지옥에서 궁핍의 고통을 맛보게 될 것입니다.

궁핍에는 네 가지가 있는데, 먼저 재물의 결핍입니다. 이에 대해서 예언자 다윗은 이렇게 말합니다.

"세상의 보물만 탐한 자는 죽음의 잠속에 떨어지리라. 그의 손에는 이 세상의 그 어떤 재물도 얻지 못하리라."

또한 지옥에는 먹을 것과 마실 것도 부족합니다. 하느님은 모세를 통해 이렇게 말씀하셨습니다.

"그들은 먹지 못해 비쩍 마를 것이고, 지옥의 날짐승들은 그들을 끔찍하게 뜯어먹어 죽일 것이다. 뱀의 쓸개즙이 그들의 목을 축일 것이며, 뱀의 독이 그들의 먹을 것이 되리라."

지옥의 고통은 의복에도 있습니다. 그들의 몸을 휘감고 활활 타오르는 불길과 오물 외에는 모든 옷을 빼앗겨 알몸으로 다녀야 하기 때문입니다. 그들의 영혼 역시 미덕이라는 영혼의 옷을 입지 못한 채 알몸이 될 것입니다. 그렇다면 어디에 화려한 옷이 있을까요? 어디에 푹신한 이불과 부드러운 속옷이 있을까요? 하느님이 이에 대해 예언자 이사야를 통해 어떻게 말씀하셨는지 보십시오.

"지옥에서는 이불 대신 벌레를 깔고 지옥의 구더기를 덮을 것이다."

또한 친구가 없어서 고통받을 것입니다. 좋은 친구를 가진 사람은 가난하지 않습니다. 그러나 그곳에는 친구가 한 명도 없습니다. 하느님도 다른 어떤 피조물도 친구가 되어 주지 않을 것이기 때문입니다. 그들은 서로 죽일 듯이 증오하고 미워할 것입니다. 하느님은 예언자 미가*3를 통해 이렇게 말씀하셨습니다.

"아들이 아비를 우습게 여기며 딸이 어미를 거역할 것이다. 식구끼리 원수가 되어 밤낮으로 서로 욕하고 헐뜯을 것이다."

---

*3 기원전 8세기의 예언자.

한때는 육체적으로 서로 사랑했던 사람들은 잡아먹지 못해 안달일 것입니다. 이 세상에서 번영을 누릴 때 서로 미워한 사람들*⁴이 지옥의 고통 속에서 어떻게 사랑할 수 있겠습니까? 그들의 육체적인 사랑은 사실 끔찍한 증오였는데 말이죠. 예언자 다윗은 말했습니다.

"악을 사랑하는 자는 자신의 영혼을 증오한다."

자신의 영혼을 증오하는 자는 다른 사람의 영혼을 절대로 사랑할 수 없습니다. 따라서 지옥에는 위안도 우정도 없습니다. 지옥에 있는 것은 죄로 연결된 것보다 많은 친척과, 그보다 많은 욕설과, 그보다 많은 비난과, 그보다 많은 증오입니다.

또한 모든 쾌락도 없을 것입니다. 쾌락은 시각, 청각, 후각, 미각, 촉각이라는 오감에서 나옵니다. 그러나 지옥에서는 눈이 연기와 암흑에 둘러싸여 있어서 눈물만 끝없이 솟아납니다. 들리는 소리라고는, 예수 그리스도가 말씀하시듯이, 흐느낌과 이 가는 소리뿐입니다. 그들의 콧구멍은 역겨운 악취밖에 맡지 못합니다. 예언자 이사야가 말했듯이, 그들이 맛볼 수 있는 것은 쓰디쓴 쓸개즙밖에 없습니다.

또한 하느님이 예언자 이사야의 입을 통해 말씀하셨듯이, 만질 수 있는 것은 꺼지지 않는 불과 죽지 않는 구더기로 뒤덮인 자기의 육체밖에 없습니다. 고통에서 구원해 줄 죽음조차 기대할 수 없으니, '지옥에는 죽음의 그림자만 있다'는 욥의 말을 이해할 수 있을 것입니다.

그림자는 본디 사물과 비슷한 모습을 하지만, 그 사물과 똑같은 것은 아닙니다. 지옥의 고통도 이와 마찬가지입니다. 그것은 끔찍한 고통을 준다는 점에서 죽음과 유사하지만 죽음 그 자체는 아닙니다. 왜일까요? 지옥에서는 당장 죽을 것만 같은 영원한 고통을 느끼지만 절대로 죽지 않기 때문입니다.

성 그레고리우스는 이렇게 말했습니다.

"이 불쌍한 죄인에게는 죽음 없는 죽음과 끝없는 끝과 궁핍 없는 궁핍이 주어질 것이다. 그들의 죽음은 늘 살아 있고, 그들의 끝은 언제나 시작되며, 그들의 궁핍은 바닥나지 않을 것이다."

그래서 복음서를 쓴 성 요한은 말했습니다.

*4 이 세상에서 물질만 보고 사람을 사랑하는 것은 종교적으로 보면 참사랑이 아니라 오히려 미워하는 것이다.

"그들은 영원히 죽음을 좇지만, 아무리 찾아도 찾지 못할 것이다. 그들은 죽고자 하건만 죽음은 그들에게서 멀리 도망친다."

또한 욥은 지옥에는 무질서만이 존재한다고 말합니다. 하느님은 만물을 올바른 질서 속에서 만드셨고, 따라서 무질서한 것은 하나도 없습니다. 만물은 질서정연한 규칙 속에 있고, 그 수도 정해져 있습니다.

그렇지만 지옥에 떨어진 자들은 질서가 없고, 질서를 유지할 수도 없습니다. 지옥의 땅이 그들에게 아무런 과실도 맺어 주지 않기 때문입니다. 예언자 다윗은 이렇게 말합니다.

"하느님은 대지의 과실을 그들에게서 빼앗고 파괴할 것이다. 그들에게는 물과 습기도, 산뜻한 공기와 시원한 바람도, 불과 빛도 주지 않을 것이다."

성 바실*5은 이렇게 말했습니다.

"하느님은 지옥의 저주받은 자들에게 이 세상의 불을 주실 것이다. 그러나 빛과 희망은 천국에 있는 하느님의 아이들에게 주실 것이다."

이것은 선량한 사람이 그의 아이들에게 고기를 주고, 개에게는 뼈를 주는 것과 같습니다. 그리고 욥은 지옥에서 빠져 나갈 희망이 영영 없는 그들에게 마지막으로 이렇게 말합니다.

"그곳에는 보기에도 끔찍한 공포가 영원히 감돌고 있으리라."

공포는 반드시 뒤따르는 고통에 대한 두려움이며, 이 두려움은 지옥에 떨어진 사람들의 마음속에 늘 자리잡고 있을 것입니다.

결론적으로 말해서 그들은 일곱 가지 이유로 모든 희망을 잃게 됩니다. 첫째, 그들의 심판관이신 하느님은 그들에게 자비를 베풀지 않으실 것입니다. 그들 또한 하느님을 만족시키지 못할 것이며, 하느님의 성인들도 만족시키지 못할 것입니다. 그들은 지옥에서 빠져 나올 배상금을 치를 밑천도, 하느님께 호소할 목소리도 없습니다. 또한 고통에서도 헤어나지 못하며, 그 고통에서 해방되기 위해 제시해야 할 아무런 미덕도 갖고 있지 못합니다. 그래서 솔로몬은 이렇게 말했습니다.

"사악한 사람은 죽는다. 그러나 죽은 뒤에도 고통에서 헤어날 희망을 갖지 못할 것이다."

---

*5 성 바실리우스. 그리스도교의 교부(329?~379?). 소아시아, 카이사레이아의 주교. 동방 교회의 수도생활을 관리하는 바실리오회 회칙을 만들었다.

그러므로 이런 고통을 충분히 이해하고, 자신이 지은 죄 때문에 이런 고통을 받으리라고 생각하면, 노래를 부르거나 놀기보다는 자연히 탄식하며 눈물을 흘리게 될 것입니다. 솔로몬도 '지은 죄로 고통받을 것임을 아는 사람은 괴로우리라'고 했습니다. 성 아우구스티누스 역시 '그것을 알면 비탄에 잠길 것이다'라고 말했습니다.

사람을 뉘우치게 하는 네 번째 원인은 현세에서 하려다 못한 선행과 무용지물이 되어 버린 선행을 나중에 가서 가슴을 치며 아파하는 것입니다. 무용지물이 되어 버린 선행에는 큰 죄를 짓기 전에 행한 선행과 죄에 빠져 있는 동안 무심코 행한 선생이 있습니다. 죄를 짓기 전에 행한 선행은 거듭해서 지은 죄로 인해 완전히 무효가 되어 쓸모없는 것이 되고 맙니다. 또한 죄를 짓는 동안에 행한 선행은 천국에서 누릴 영생에 비하면 아무런 가치도 없습니다. 자주 죄를 지음으로써 그 효력이 상실된 선행은 그가 자애로운 마음으로 사는 동안 행한 것일지라도 진정한 참회 없이는 절대로 효력을 회복할 수 없습니다. 이에 대해 하느님은 에스겔의 입을 통해 이렇게 말씀하십니다.

"올바르게 살던 사람이 의를 떠나 악을 행한다면 살 수 있겠느냐?" 대답은 '살 수 없다'입니다. 그가 행한 모든 선행은 절대로 기억되지 않으며, 그는 그 죄 때문에 죽기 때문입니다. 이 주제에 대해 성 그레고리우스는 다음과 같이 말합니다.

"먼저 우리는 이것을 이해해야 한다. 즉, 무거운 죄를 지으면 이전에 행한 선행을 기억하거나 떠올려도 전혀 소용없다는 것이다."

다시 말해, 무거운 죄를 지으면 이전에 행한 어떠한 선행도 신용을 잃는다는 것입니다. 즉, 그 죄 때문에 천국에서 영생을 얻을 희망이 완전히 사라졌다는 말입니다. 그러나 죄를 뉘우치면 과거의 선행이 다시 살아나 우리로 하여금 천국에서 영원한 생명을 누릴 수 있게 해 줍니다. 한편, 무거운 죄를 짓는 동안 행한 선행은 절대로 다시 살아나지 못합니다. 생명력이 없는 것은 절대로 부활할 수 없습니다. 그런 선행은 영생을 얻는 데는 전혀 도움이 되지 않습니다. 그러나 지옥의 고통을 줄이거나 현세에서 축적된 부를 줄이는 데는 도움이 되며, 하느님은 그런 선행을 베푼 죄인의 마음에 보다 빨리 밝은 빛을 비춰 주시어 그를 뉘우치게 합니다. 또한 그런 행위는 사람에게 선행하는 습관을 갖게 해서 악마가 그의 영혼에 미치는 영향력을 적게 만듭니다.

이렇듯, 자비로우신 주 예수 그리스도는 어떠한 선행도 헛되이 사라지지 않기를 바라십니다. 그런 선행은 어느 정도는 도움이 됩니다. 그러나 삶을 사는 동안 행한 그 모든 선행이 영생을 얻는 데 아무런 효력도 없는 이상, 아무 선행도 하지 않은 사람이 '아, 내 모든 시간과 내 모든 노력은 물거품이 되었네'*6라는 프랑스 유행가를 부르는 것도 무리는 아닙니다.

죄는 인간에게서 자연의 축복과 하느님의 은총을 앗아갑니다. 성령의 은총은 한 시도 꺼지지 않고 타오르는 불과 같습니다. 불을 돌보지 않으면 즉시 꺼지듯이, 은총도 그것을 저버리는 순간 곧 떠나고 맙니다. 이렇게 죄인은 영광의 은총을 잃어버립니다. 성령의 은총은 열심히 일하고 노력하는 선한 사람에게만 약속된 것입니다. 그러므로 지금껏 살아오면서 그리고 앞으로 살아 있는 한 하느님께 그 생명을 빚진 우리가 그 빚을 갚아 줄 어떠한 선행도 하지 않았다는 사실을 뉘우치는 것은 당연한 일입니다. 성 베르나르두스는 이렇게 말했습니다.

"인간은 현세에서 어떤 재물을 받았으며 그것들을 어떻게 썼는지 낱낱이 설명해야 할 것이다. 그때는 그가 받은 머리카락 한 올과 일분일초도 빼놓지 말아야 할 것이다."

이 말을 믿으셔야 합니다.

사람이 뉘우침으로 이끄는 다섯 번째 요인은 우리 주 예수 그리스도가 우리의 죄로 인해 당한 수난을 떠올리는 것입니다. 성 베르나르두스는 이렇게 말했습니다.

"내가 살아 있는 한 나는 우리 주 예수 그리스도가 설교하실 때 받으셨던 수많은 고통을 기억하리라. 고난당하실 때의 피로감, 금식하실 때 느꼈을 갖가지 유혹, 기도하시며 지새운 숱한 밤, 착한 사람들을 위해 흘리신 눈물을 기억하리라. 사람들이 그분에게 던진 모질고 파렴치한 욕설, 그분의 얼굴에 뱉었던 더러운 침, 그분에게 가한 매와 찌푸린 얼굴, 모욕스런 말, 그분을 십자가에 매단 못을 기억하리라. 자신의 죄가 아니라 우리가 지은 죄 때문에 받은 그분의 모든 고난을 기억하리라."

또한 우리는 인간이 죄를 지으면 모든 질서와 법칙이 거꾸로 된다는 것을

---

*6 발라드의 후렴구로 추정된다. 초서는 《포춘》에서도 이 구절을 인용했다.

알아야 합니다. 하느님과 이성과 감각과 인간의 육체는 각각 다른 것을 지배하게 되어 있습니다. 이를테면 하느님은 이성을, 이성은 감각을, 감각은 육체를 다스립니다. 그런데 사람이 죄를 지으면 이런 모든 질서가 뒤집힙니다. 그래서 인간의 이성은 정당한 주인인 하느님을 따르기를 거부하게 되고, 따라서 감각과 육체에 대한 지배권도 잃게 됩니다. 왜 그럴까요? 감각은 이성에 반항하고, 그러면 이성은 감각과 육체에 대한 통치권을 상실하기 때문입니다. 이성이 하느님에게 반기를 든 것처럼 감각과 육체도 이성에게 반발하기 때문입니다. 그러나 틀림없는 사실은 우리 주 예수 그리스도께서 고귀한 육체로써 이런 무질서와 반역에 비싼 값을 치르셨다는 것입니다.

그러면 어떻게 희생하셨는지 들어 보십시오. 이성이 하느님에게 반항한다면 인간은 슬픔 속에서 죽어도 마땅합니다. 그리하여 성 아우구스티누스가 말하듯이, 우리 주 예수 그리스도께서는 한 제자에게 배신당하고 체포되어 십자가에 못 박히시고, 두 손에 박힌 못 하나하나에 붉은 피를 흘리시면서 죽음의 고통을 견디셨습니다. 인간의 이성이 감각을 따를 수 있으면서도 그러기를 거부한다면 인간은 치욕을 당해도 마땅합니다.

이런 이유로 우리 주 예수 그리스도는 사람들이 얼굴에 침을 뱉는 수모를 인류를 위해 견디셨습니다. 또한 노예여야 할 인간의 육체가 이성과 감각을 거역한다면 육체는 죽어도 마땅합니다. 그래서 우리 주 예수 그리스도는 인류를 위해 십자가에 못 박혀 돌아가셨습니다. 그리스도의 육체 중 커다란 고통과 끔찍한 수난을 받지 않은 부분이 없었습니다. 한 번도 죄를 짓지 않으셨음에도 예수 그리스도가 이런 고통을 견디셨으니, 예수님의 이런 말씀에도 고개가 저절로 끄덕여집니다.

"나는 지은 죄도 없이 고통을 받았으며, 인류가 받아야 할 치욕으로 더럽혀졌다."

그러므로 죄지은 자는 성 베르나르무스가 말하듯이 이렇게 주장해야 할 것입니다.

"내가 지은 죄 때문에 참혹한 고통을 견디셔야 했으니 내 죄는 저주를 받아도 마땅하다."

실제로 우리의 죄로 인해 모든 질서가 깨진 탓에 예수 그리스도는 그에 상응하는 갖가지 고난을 받으셨습니다. 죄지은 인간의 영혼은 속세의 부귀를 탐하거나 육체의 쾌락만을 좇다가 악마에게 속아 넘어가 배신당하거나 모욕당합니다. 그 영혼은 역경을 이기지 못해 고통당하고, 죄의 순종적인 노예가 되어 침 뱉음을 당하다가 마침내는 살해되고 맙니다. 죄지은 인간의 혼란 때문에 예수 그리스도는 배신당하셨고, 우리를 죄와 고통에서 구원하시기 위한 그분이 나중에는 결박되셨습니다. 모든 만물에게 존경받아야 할 그리스도께서는 오히려 조롱을 당하셨습니다. 모든 인류와 모든 천사가 우러러보기를 바랐던 그 얼굴에 사람들은 무참히도 침을 뱉었습니다. 아무 죄도 없는데 채찍을 맞으셨으며, 마지막에는 십자가에 달려 돌아가셨습니다. 이렇게 이사야의 예언은 이루어졌습니다.

"그리스도는 우리의 죄 때문에 상처 입으시고, 우리의 악행 때문에 고통당하셨다."

이제 예수 그리스도가 모든 죄업의 고통을 혼자서 짊어지셨으니 죄지은 자는 슬퍼하며 울어야 합니다. 하늘에 계신 하느님의 아들이 인간의 죄 때문에 이 모든 고통을 견디고 계시니까 말입니다.

인간을 뉘우치게 하는 여섯 번째 원인은 세 가지에 대한 기대입니다. 세 가지란 죄 사함, 선행을 베풀게 하는 은총의 부여, 선행의 대가로 하느님께서 주시는 하늘의 영광을 뜻합니다. 예수 그리스도는 그분의 인자함과 최고의 자비에서 나오는 선물을 우리에게 주셨기에 '나사렛의 예수, 유대의 왕'이라고 불리는 것입니다. '예수'라는 말은 '구세주' 또는 '구원'을 뜻하는데, 우리는 오직 그분을 통해서만 죄 사함을 바라야 합니다. 죄 사함, 이것은 정확히 말하자면 죄의 구원입니다. 그래서 천사*7는 요셉에게 이렇게 말했습니다.

"그의 이름을 예수라 하여라. 그가 사람들을 죄에서 구원하리라."

이에 대해 성 베드로는 이렇게 말했습니다.

"하느님께서는 하늘 아래 예수라는 이름 말고는 사람을 구원할 이름을 주지 않으셨다."

'나사렛'이란 번영을 뜻합니다. 그곳에서는 죄를 사하여 주시는 분이 인류에게 선행을 베풀게 하는 은총도 주시기를 희망합니다. 꽃 속에는 앞으로 열매가 될 희망이 있고, 죄 사함 속에는 선행을 베풀게 하는 은총어린 희망이

---

*7 성모 마리아가 회임했을 때, 약혼자인 요셉의 꿈에 나타난 천사를 말한다. 〈마태오복음〉 1：20~21.

있습니다. 예수님은 말씀하셨습니다.

"내가 네 마음의 문 앞에 서서 안으로 들어가기를 원한다. 누구든지 내 음성을 듣고 문을 열면 죄사함을 받을 것이다. 나는 은총으로 인해 그 안에 들어가 그와 더불어 먹을 것이며, 그는 나와 더불어 먹을 것이다."

'그와 더불어 먹을 것'은 하느님의 음식인 그의 선행이며, '나와 더불어 먹을 것'은 하느님이 주실 기쁨을 뜻합니다. 이렇게 참회를 통해 사람은 하느님이 복음서에서 약속하신 대로 그분의 나라를 주시리라는 희망을 가질 수 있습니다.

이제 어떻게 뉘우쳐야 하는지를 알아야 합니다. 먼저 뉘우침은 하나도 빠진 것 없이 완전해야 합니다. 이 말은 우리가 속으로 쾌락을 생각하면서 저지른 모든 죄를 진심으로 뉘우쳐야 한다는 뜻입니다. 쾌락은 매우 위험하기 때문입니다. 죄에 동의하는 행위에는 두 가지가 있습니다. 그 가운데 하나는 마음의 동의입니다. 이것은 욕망대로 하고 싶은 충동에 사로잡혀 그 죄를 생각하면서 오래도록 쾌락을 맛보는 행위입니다. 이때 그의 이성은 그것이 하느님의 율법에 반대되는 죄임을 잘 알면서도 자신의 천박한 쾌락과 욕망을 억누르지 않습니다. 그것이 하느님을 섬기는 데 반대되는 행동임을 명백히 알면서도 말이지요. 학자들은 그의 이성이 그 죄를 실제로 범하는 데는 동의하지 않았다 하더라도, 마음에 그렇게 오래 품은 쾌락은 아무리 작은 것일지언정 대단히 위험하다고 지적합니다.

우리는 하느님의 율법에 반대해 마음에 품은 모든 욕망에 대해서도 뉘우쳐야 합니다. 이런 동의 속에 무거운 죄가 있음은 의심할 여지가 없는 사실이기 때문입니다. 모든 중죄는 생각의 씨앗에서 생겨나 욕망 속에서 싹을 틔우고 급기야는 동의가 되어 행동에까지 이릅니다. 그러나 많은 사람들은 겉으로 보이는 중대한 범죄 행위만 회개할 뿐 숨겨진 생각이나 쾌락은 절대로 뉘우치지 않으며 고해하는 법도 없습니다. 그래서 이런 사악한 쾌락과 생각이 사람들을 교묘하게 속여 지옥으로 떨어지게 한다고 주장하는 것입니다.

또한 우리는 자신의 사악한 행동뿐만 아니라 말에 대해서도 뉘우쳐야 합니다. 한 가지 죄만 뉘우치고 나머지 모든 죄는 참회하지 않거나, 다른 모든 죄는 뉘우치면서 특정한 죄는 참회하지 않는다면 그의 뉘우침은 하나도 소용 없습니다. 전능하신 하느님은 완전히 선한 분이시기에, 진심으로 뉘우치면 모든 죄를 용서하시지만 그렇지 않으면 절대로 용서하지 않습니다. 이에 대해 성 아우구스티누스는 이렇게 말했습니다.

"나는 하느님이 모든 죄인의 적(敵)임을 잘 알고 있다."

그러면 한 가지 죄만 뉘우치는 자는 어떻게 해야 나머지 죄도 용서받을 수 있을까요? 그럴 수는 없습니다. 참회는 매우 고통스럽고 괴로운 것이어야 합니다. 그래야만 하느님은 그 사람에게 자비를 베푸십니다. 그렇기에 성 아우구스티누스는 "내 영혼이 고통으로 가득 차 신음하고 있을 때 내 기도가 하느님께 닿을 수 있도록 하느님을 떠올립니다"라고 말한 것입니다. 또한 참회는 지속적이어야 합니다. 우리는 스스로 고해하고 행실을 고치겠다는 굳은 의지를 지녀야 합니다. 진정한 참회가 이어지는 동안에는 죄 사함을 기대할 수 있기 때문입니다. 바로 이런 희망에서 죄를 미워하는 마음이 생겨나며, 그것은 자기 자신뿐만 아니라 다른 사람의 죄도 없애 줍니다. 이런 이유로 다윗은 말했습니다.

"하느님을 사랑하는 사람은 악을 미워한다."

하느님을 사랑한다는 것은 하느님이 사랑하시는 것을 사모하고 그분이 싫어하시는 것을 거부한다는 뜻임을 믿으셔야 합니다.

참회에 대해 이해해야 할 마지막 사실은 왜 뉘우침이 필요하냐는 것입니다. 뉘우침은 종종 인간을 죄에서 구원해 줍니다. 이에 대해 다윗은 말합니다.

"저는 죄를 고백했고—이것은 즉 그렇게 굳게 결심했다는 뜻이지요—주님은 저의 죄를 용서해 주셨습니다."

틈날 때마다 확고한 마음으로 고해하지 않으면 뉘우침도 소용이 없듯이, 고해나 속죄도 뉘우침 없이는 가치가 없습니다. 또한 뉘우침은 지옥이라는 감옥을 부수고, 악마들의 힘을 약화시키며, 성령님이 내려 주시는 모든 미덕의 선물을 회복시킵니다. 죄로 더럽혀진 영혼을 씻어 주고, 그 영혼을 지옥의 고통과 악마와의 소통을 끊어 주고 죄의 속박에서 풀어 주며, 거룩한 교회와 친밀한 소통을 할 수 있게 되살려 줍니다. 또한 한때는 분노에 찬 아들이었던 자를 하느님의 은총이 가득 찬 아들로 만들어 줍니다. 이러한 모든 것은 성서에 기록되어 있습니다. 그러므로 이런 것을 마음에 간직한 사람은 현명한 사람입니다. 그 사람은 평생 죄지을 생각을 하지 않고, 온몸과 온 마음을 예수 그리스도에게 바치고 순종할 것을 맹세하게 되기 때문입니다.

자비의 주 예수 그리스도는 우리의 어리석은 행동을 너그럽게 용서해 주셨습니다. 주님이 우리의 영혼을 불쌍히 여기지 않으셨다면 지금 우리 모두는 비통한 노래를 부르고 있을 것입니다.

참회 제2부

　참회 제2부는 뉘우침의 자세를 보여 주는 고해입니다. 이제 여러분은 고해가 무엇인지, 고해는 반드시 해야 하는 것인지, 진정한 고해를 하는 데 필요한 것은 무엇인지 아셔야 합니다.

　먼저 고해란 사제에게 죄를 솔직하게 털어 놓는 행동이라는 것을 이해하셔야 합니다. '솔직하게'라는 말은 최대한 모든 죄상을 고백해야 한다는 뜻입니다. 모든 것을 빠짐없이 말해야 합니다. 그 어떤 것도 변명하거나 숨기거나 덮어서는 안 되며, 선행을 자랑해서도 안 됩니다. 또한 여러분은 죄의 기원이 무엇이고, 죄가 어떻게 커져 가는지, 죄의 속성은 무엇인지를 이해하여야만 합니다.

　죄의 기원에 대해 성 바오로는 이렇게 말합니다.

　"죄가 인간을 통해 이 세상에 들어왔고 그 죄를 통해 죽음이 들어왔듯이, 죽음은 죄를 지은 모든 인간이 감당해야 한다."

　이 인간은 바로 아담이었습니다. 하느님의 명령을 어긴 아담을 통해 죄가 이 세상으로 들어왔던 것입니다. 그래서 처음에는 너무 강력해서 죽음을 모르던 아담은 자기의 의지와는 상관없이 반드시 죽어야만 하는 운명이 되었습니다. 그리고 아담의 죄를 짊어진 모든 후손 역시 죽어야만 하는 운명이 되었습니다. 아담과 이브가 벌거벗은 채 낙원을 돌아다니던 죄 없던 순수한 상태를 떠올려 보십시오. 그들은 알몸을 부끄럽게 여기지 않았습니다. 그러나 하느님이 창조하신 동물 가운데 가장 교활한 뱀은 여자에게 이렇게 말했습니다.

　"하느님은 왜 너희더러 이 동산에 있는 나무 열매는 하나도 따 먹지 말라고 하셨느냐?"

　여자가 대답했습니다.

　"하느님께서는 이 동산에 있는 나무 열매는 무엇이든지 따 먹되, 죽지 않으려거든 이 동산 한가운데에 있는 나무 열매만은 따 먹지도 말고 만지지도 말라고 하셨어요."

뱀이 말했습니다.

"아니다, 절대로 죽지 않는다. 그 열매를 따 먹으면 너희의 눈이 밝아져서 하느님처럼 선악을 알게 될 줄을 하느님이 알고 그렇게 말하신 것이다."

여자는 그 나무 열매를 쳐다보았습니다. 정말 먹음직스럽고 탐스러워 보였습니다. 그래서 그 열매를 따서 먹었고, 남편에게도 따 주어 먹게 했습니다. 그러자 두 사람은 눈이 밝아져 자기들이 알몸인 것을 알고 무화과 나뭇잎을 엮어 음부를 가렸습니다. 이 뱀의 예가 말해 주듯이, 무거운 죄는 악마의 유혹에서 시작되었다는 것을 알 수 있습니다.

다음으로는 이브의 예가 말해 주듯이 육신의 쾌락이 유혹하고, 또 그다음으로는 아담의 예가 보여 주듯이 이성의 동의가 유혹하여 죄가 시작되었다는 것을 알 수 있지요.

잘 생각해 보십시오. 아무리 악마가 이브, 즉 육체를 유혹하고 육체는 아름다운 금단의 열매에 홀렸다 하더라도 이성, 즉 아담이 그 열매를 먹는 데에 동의하기 전까지 그는 죄 없는 순수한 상태에 있었습니다. 우리의 원죄는 바로 아담에서 비롯되는 것입니다. 우리는 육체적으로 그의 자손이기에 아주 더럽고 부패한 몸에서 태어난 셈이니까요. 영혼이 우리 몸에 들어오는 순간 우리는 원죄를 짊어지게 됩니다. 처음에는 단순한 욕정이었던 것이 나중에는 마음의 고통과 죄가 되고 말았습니다.

그러므로 죄를 씻어 주는 세례를 받지 않는다면 우리 모두는 하느님의 분노 아래 죄많은 자식이며, 동시에 영원한 지옥의 자식입니다. 실제로 이 고통은 우리 속에 유혹으로 남아 있습니다. 그 고통은 육욕이라는 이름으로 불립니다. 이 육욕이 사람 마음을 지배하여 질서를 흐트러뜨리면 그 사람은 욕정이 생겨서 육체의 죄를 짓게 되고, 물욕이 생겨서 현세의 재물을 탐하게 되고, 오만한 마음이 생겨서 높은 지위를 갈망하게 됩니다.

그럼 첫 번째 탐욕인 욕정에 대해 말하겠습니다. 이것은 하느님의 공정한 판단에 의해 만들어진 우리 생식기의 욕구에서 비롯합니다. 내가 말하고 싶은 바는 인간이 그 몸의 주인이신 하느님에게 복종하지 않기에 육체가 그 욕망을 통해 그 사람을 거스른다는 것입니다. 욕정은 죄의 양식이자 근원입니다. 그러므로 욕정을 품고 있는 동안에는 유혹을 받고 육체의 죄를 저지르지 않을 수 없습니다. 우리가 살아 있는 한 계속해서 그럴 것입니다. 물론 세례의 힘과 참회를 통한 하느님의 은총으로 약해질 수는 있지만, 완전히 사라지는 일은 결코 없을 것입니다. 또한 병을 앓거나 나쁜 마법의 힘을 빌리거나 차가운 물약을 마셔서 피가 얼어붙지 않는 한 욕정은 언젠가 반드시 몸속에서 꿈틀거릴 것입니다. 이에 대해 성 바오로는 이렇게 말합니다.

"육체는 영혼을 거슬러 욕망을 일으키고, 영혼은 육체를 거슬러 욕망을 일으킵니다. 이 둘은 서로 반대되는 것이어서 인간은 언제든 원하는 대로 행동할 수 없습니다."

그는 바다에서는 밤낮으로 큰 위험에 처하고, 육지에서는 굶주림과 갈증과 추위와 헐벗음으로 고통받았으며 한번은 돌을 맞아 거의 죽을 뻔했습니다. 이런 모진 고난을 받은 뒤에 그는 이렇게 말했습니다.

"아, 나는 저주받은 자로다! 누가 나를 이 죽음의 몸에서 건져 내랴?"

성 제롬은 사막에서 오랫동안 짐승들과 살아야 했습니다. 풀과 물밖에는 먹을 것이 없었고, 맨땅을 침대삼아 지내야 했습니다. 몸이 뜨거운 열기에 에티오피아 사람처럼 까맣게 타고 추위에 얼어 죽을 것 같을 때 그는 이렇게 말했습니다.

"내 몸속에는 뜨거운 욕정의 불길이 타고 있다."

그러므로 자기의 육체는 유혹을 받지 않는다고 자신 있게 말하는 사람들은 모두 거짓말을 하고 있다고 나는 확신합니다. 사도 야고보도 "모든 사람은 욕정의 유혹을 받고 있다"고 증언하지 않았습니까? 즉 우리 모두는 육체 속에 자리 잡고 있는 죄의 미끼에 유혹당할 수 있는 동기를 지니고 있습니다. 이에 대해 성 요한은 이렇게 말합니다.

"자기를 죄 없는 사람이라고 말한다면, 그 사람은 자신을 속이고 진리를 저버리는 사람이다."

이제 여러분은 죄가 인간 속에서 점차 어떻게 성장하고 자라는지 이해하여야 합니다. 처음으로 말할 것은 앞서 말했던 죄의 사주, 즉 강한 육체의 욕망입니다. 다음으로는 악마의 유혹, 즉 악마의 부추김입니다. 악마는 풀무로 사람의 마음속에 욕정의 불길을 불어 넣습니다. 그러면 사람은 그 유혹을 행할 것인지 아닌지를 고민하게 됩니다. 그때 자기 육체, 즉 악마의 첫 번째 유혹을 물리치고 피하면 죄를 짓지 않습니다. 그러나 그렇지 못한다면 즉시 쾌락의 불길에 휩싸이게 됩니다. 이때 우리는 신중하게 경계해야 합니다. 그렇지 않으면 그는 즉시 죄를 짓는 데 동의하게 되고, 적당한 기회를 잡으면 결국 죄를 짓게 됩니다. 이 악마의 유혹에 대해 모세는 이렇게 말합니다.

"악마가 말하노니, '나는 사악한 유혹으로 인간을 끝까지 쫓아갈 것이다. 그리고 붙잡아 죄를 짓도록 부추기겠다. 나는 신중하게 내 포로, 내 먹잇감을 선택할 것이며, 내 욕망을 그들의 쾌락을 통해 이룰 것이다. 나는 그들의 동의를 얻어 칼을 빼들 것이다.'"

칼이 물건을 두 동강 내듯이, 죄에 대한 동의는 하느님과 인간의 관계를 멀어지게 합니다. 모세는 계속 말합니다.

"그래서 악마는 '나는 죄를 짓는 그 사람을 내 손으로 죽이리라'고 말했다."

실제로 바로 이때 인간의 영혼은 죽습니다. 죄는 이런 식으로 유혹과 쾌락과 동의에 의해 행해지며, 이런 죄를 육체적인 죄라고 부릅니다.

죄에는 무거운 죄와 가벼운 죄가 있습니다. 창조주이신 예수 그리스도보다 다른 피조물을 더 사랑한다면, 그것은 무거운 죄입니다. 또 예수 그리스도를 마땅히 사랑해야 할 만큼보다 덜 사랑하는 것은 가벼운 죄가 됩니다. 하지만 가벼운 죄는 아주 위험합니다. 사람이 하느님에게 품어야 할 사랑을 감소시키기 때문입니다. 그래서 이런 가벼운 죄를 많이 지은 사람이 종종 고해를 통해 그 죄의 무게를 덜어 내지 않으면 예수 그리스도에 대한 모든 사랑은 쉽사리 사라져 버립니다. 이렇게 되면 가벼운 죄는 금세 무거운 죄로 발전합니다. 영혼이 가벼운 죄를 많이 지으면 지을수록 그 사람은 무거운 죄에 빠지기 쉽기 때문입니다. 그러므로 우리는 가벼운 죄의 무게를 덜어 내기를 게을리하면 안 됩니다. '티끌모아 태산'이라는 속담이 있습니다.

이 예를 새겨 들어 보십시오. 집채만 한 파도가 엄청난 힘으로 거칠게 부딪치면서 밀려든 물이 모아져 그 무게를 감당하지 못하고 결국 배는 침몰합니다. 우리가 점검을 게을리하고 적당한 때에 물을 퍼내지 않으면, 작은 틈새를 통해 선창과 밑바닥으로 새어 들어온 작은 물들이 때로는 이런 피해를 주기도 합니다. 각각 원인은 달라도 배의 침몰이라는 결과는 똑같습니다. 무거운 죄와 가벼운 죄도 이와 같습니다. 가벼운 죄가 횟수를 거듭하여 마침내 세속적인 욕망이 마음속에서 하느님에 대한 사람만큼 또는 그 이상으로 커졌을 때 이런 현상이 일어납니다.

하느님의 사랑에 바탕을 두고 있지 않거나 하느님을 위해서가 아닌 다른 목적으로 행해진 사랑은 가벼운 죄에 속합니다. 물론 이는 하느님에 대한 사랑보다 정도가 덜할 때에 해당합니다. 그러나 그 어떤 것에 대한 사랑도 마음속에서 하느님에 대한 사랑만큼 또는 그 이상의 무게를 지니게 되면 무거운 죄가 됩니다. 성 아우구스티누스는 이렇게 말합니다.

"무거운 죄는 우리 마음이 최고의 선이자 변함없는 하느님에게서 멀어져, 변하기 쉬운 것으로 옮아갈 때 생긴다."

여기에서 변하기 쉬운 것이란 하늘에 계신 하느님을 제외한 모든 것을 가리킵니다. 온몸과 온 영혼을 바쳐 완전하게 하느님께 바쳐야 할 사랑을 어떤 피조물에게 준다면, 하느님에 대한 사랑은 꼭 그만큼 줄어드는 셈입니다. 다시 말하자면 죄를 짓는 것입니다. 하느님에게 빚을 지고도 자신의 모든 부채를, 즉 모든 사랑을 하느님께 돌려 드리지 않는 것이기 때문입니다.

가벼운 죄가 무엇인지 살펴보았으니, 이제는 많은 사람이 죄라고 생각하지 않으며 따라서 고해도 하지 않지만 명백한 죄인 것에 대해 언급해야 할 것 같습니다. 학자들이 말하듯이, 자기 몸을 유지하는 데 필요한 것 이상으로 먹거나 마시는 일은 죄입니다. 필요 이상으로 말하는 것도 죄이고, 가난한 사람들의 탄식을 따뜻하게 들어 주지 않는 것도 죄가 됩니다. 어떤 사람이 금식할 때 건강한 사람이 아무런 이유도 없이 같이 금식하지 않는 것도 죄입니다. 필요 이상으로 자거나 그 늦잠으로 인해 교회나 다른 자선 사업에 늦게 가는 것도 죄입니다. 하느님의 영광이기도 한 자손 번식이라는 지고의 소망도 없이 욕정을 채울 목적으로 부부관계를 갖는 것도 죄입니다. 할 수 있으면서도 병자나 죄수를 방문하지 않는 것도 죄이며, 자식이나 아내 또는 다른 것들을 지나칠 정도로 사랑하는 것도 죄입니다. 과도한 칭찬을 하거나 아첨을 떠는 것도 죄이며, 가난한 사람에게 적게 동냥을 주거나 아예 동냥을 주지 않는 것도 죄입니다. 필요 이상으로 음식을 맛있게 만들거나 게걸스럽게 급히 먹는 것도 죄입니다. 교회에서 또는 성사 도중에 허영심 가득한 말을 하거나 어리석고 악한 것에 대해 쓸데없는 소리를 하는 것도 죄입니다. 심판 날이 오면 이 모든 죄에 대해 해명을 해야 합니다. 지키지 못할 약속을 하는 것도 죄이며, 경솔하고 어리석게 이웃을 비방하거나 경멸하는 것도 죄입니다. 잘 알지도 못하면서 공연히 의심하는 것도 죄입니다. 성 아우구스티누스에 의하면, 이처럼 셀 수도 없을 만큼 많은 것이 죄가 됩니다.

이제 지구상의 어떤 사람도 이런 가벼운 죄를 피할 수는 없지만, 우리 주 예수 그리스도를 향한 뜨거운 사랑과 기도와 고해와 다른 선행으로써 스스로 억제할 수 있다는 사실을 이해하여야 합니다. 이렇게 함으로써 그 사람의 탄식은 작은 것이 됩니다. 성 아우구스티누스는 이렇게 말합니다.

"자신의 모든 행동을 하느님에 대한 사랑에 뿌리내리게 하고 진정으로 하느님의 사랑을 위해서 행동한다면, 그 사람은 하느님에 대한 사랑으로 불타는 사람이다. 불타는 화로에 떨어지는 물 한 방울이 그 불길에 아무런 영향을 줄 수 없듯이, 가벼운 죄는 예수 그리스도에 대한 사랑으로 충만한 사람에게 아무런 영향을 끼치지 못한다."

또한 사람은 예수 그리스도의 고귀한 성체를 받고, 성수로 몸을 정결케 하고, 자선을 행하고, 저녁 예배 때 고백의 기도를 함으로써 가벼운 죄를 억제할 수 있습니다. 이것은 주교와 사제의 축복을 받거나 다른 선행을 통해서도 가능합니다.

7대 죄악과 그 자세한 상황 및 종류

이제는 7대 죄악이 무엇인가, 즉 죄의 으뜸은 무엇인가를 설명해야 합니다. 이 일곱 가지 죄악은 썰매 개처럼 모두 한 줄에 묶여 움직이지만, 그 방법은 각기 다릅니다. 이것들은 죄의 으뜸이라고 불립니다. 다른 모든 죄악의 원천이기 때문입니다. 그 근원에는 모든 악의 원천인 교만이 있습니다. 이 뿌리에서 수많은 큰 가지가 나옵니다. 예컨대 분노·질투·나태·탐욕·탐식·간음입니다. 그리고 이 큰 가지에서 다시 잔가지가 뻗어 나옵니다. 이제 그것들을 차례대로 살펴보겠습니다.

교만에 대하여

어느 누구도 교만에서 파생되는 잔가지와 해악을 일일이 열거할 수는 없지만, 그중 여러분도 아실 몇 가지를 들어 보겠습니다. 불순종·자만·위선·

경멸·거만·몰염치·무례·성급함·다툼·안하무인·고집·허영·수다를 비롯하여 하나하나 나열하기 힘들 만큼 많은 잔가지가 있습니다.

불순종이란 하느님이나 지도자, 고해사제의 명령을 경멸하며 따르지 않는 것을 말합니다. 자만에 빠진 사람은 자신의 악행이나 선행을 자랑하는 사람입니다. 위선자는 자신의 본성을 숨기고 말과 행동을 다르게 하는 사람입니다. 경멸은 자기의 이웃, 즉 같은 그리스도인을 우습게 여기거나 자기가 해야 할 일을 업신여기는 것입니다. 거만은 자기가 갖지 않은 자질을 가졌다고 믿거나, 자기가 그런 자질을 가질 자격이 있다고 생각하거나, 자기가 실제보다 더 나은 사람이라고 착각하는 것입니다. 몰염치는 자기의 죄를 조금도 부끄러워하지 않는 것이며, 오만은 자신의 악행을 기뻐하는 것입니다. 거만은 타인의 가치나 지식, 말솜씨, 행동 등을 자기의 판단 기준에 비추어 깔보는 것입니다. 성급함은 누가 자신의 결점을 지적하거나 비난하는 것을 참지 못하고 일부러 진리와 맞서 싸우며 자신의 잘못을 옹호하는 것입니다. 안하무인은 윗사람들의 권위나 권력을 인정하지 않고 반대하는 것입니다. 무례는 해서는 안 될 짓이나 할 수 없는 일을 하는 것입니다. 이것은 건방이라고도 부릅니다. 불경이란 마땅히 공경해야 할 때 공경하지 않고 오히려 남에게 공경을 받으려는 것입니다. 고집이란 자신의 지식만 믿고 자기의 우행을 변호하는 것을 말합니다. 허영은 속세의 지위를 기뻐하고 우쭐대면서 그 지위를 이용해 자신의 이름을 드높이려는 것입니다. 수다란 남 앞에서 너무 많이 말하는 것이며, 대화할 때 남의 말에 귀 기울이지 않고 자기 말만 쉬지 않고 늘어놓는 것을 뜻합니다.

은밀한 교만도 있습니다. 그것은 바로 자기가 남에게 인사하기보다는 남들이 먼저 자기에게 인사하기를 바라는 것입니다. 자기가 상대보다 낮은 위치에 있더라도 그러기를 바랍니다. 또한 식사 자리에서 상석에 앉거나, 행렬 때 맨 앞자리에 서거나, 성물에 입맞춤하거나, 향불을 피우거나, 제물을 바치거나 옆 사람보다 먼저 하기를 바랍니다. 간단하게 말하자면, 자격이 없음에도 남 앞에서 자신을 과시하고 남에게 존경받으려는 교만한 소망을 품는 일입니다.

교만에도 두 종류가 있습니다. 하나는 사람의 마음속에 있고, 다른 하나는 밖에 있습니다. 앞서 언급한 것을 비롯한 수많은 것들이 마음속의 교만에 속

〈7대 죄악〉 히에로니무스 보스 작, 1500~1525.

합니다. 나머지는 마음 밖의 교만에 속합니다. 그러나 한 가지 교만은 또 다른 교만의 표시입니다. 술집 앞에 있는 화려한 간판이 지하 술 창고에 어떤 술이 있는지를 나타내는 것과 마찬가지입니다. 이런 교만은 말과 행동 또는 과시를 위한 과도한 옷차림 등 무수한 예에서 발견됩니다. 어떤 옷차림을 하건 상관이 없다면 그리스도께서도 복음서에서 부자의 옷차림을 지적하지 않으셨을 것입니다. 성 그레고리우스도 말했습니다.

"비싼 옷은 그 값과 더불어 부드럽고 기이하며 정교한 솜씨와 화려한 장식 그리고 지나치게 천을 적게 사용했다는 점에서 비난받아 마땅하다."

아! 오늘날 우리는 겉치레로 죄를 짓는 자들과 과도한 장식으로 죄를 짓는 자들과 옷을 너무 입지 않아 죄를 짓는 자들을 동시에 볼 수 있지 않습니까?

너무 화려하게 입는 첫 번째 죄에 대해서 말하겠습니다. 이것은 돈이 너무 많이 들게 되므로 잘못입니다. 자수나 화려한 레이스, 주름 장식, 파도 무늬 모양, 세로 주름, 겹 솔기, 어깨띠, 그 밖의 이와 비슷한 쓸데없는 천에 들어가는 비용뿐만 아니라 가운에 다는 값비싼 가죽 장식, 가위로 오려낸 수많은 구멍 장식이 이에 해당합니다. 또한 지금 말한 너무 긴 가운은 말을 타고 갈 때든 걸어갈 때든 분뇨나 진창에 질질 끌립니다. 남자나 여자나 마찬가집니다. 그렇게 질질 끌리는 부분은 결국 쓸데없는 부분으로, 닳고 헤지고 똥이 묻어 이내 썩고 맙니다. 차라리 앞에서 말한 가난한 사람들에게 나눠 주었더라면 더욱 요긴하게 쓰였을 것입니다. 여러 면에서도 그렇습니다. 즉, 천은 낭비될수록 귀해지기 때문에 더욱 비싸집니다. 또한 그들이 가위로 잘라 장식을 만든 옷은 가난한 사람들에게 주고 싶어도 신분이 맞지 않아 어울리지 않고, 혹독한 날씨에서 몸을 보호하기에 충분하지도 않습니다.

한편, 천을 너무 적게 사용한 옷도 마찬가지입니다. 이를테면 짧게 자른 겉옷이나 짤막한 재킷 따위입니다. 이런 것은 너무 짧아서 남성의 부끄러운 곳을 제대로 가려 주지 못합니다. 이런 옷들은 결국 악을 부릅니다. 아! 어떤 사람들은 툭 튀어나온 부분을 보여 줍니다. 바지로 가리고 있기는 하지만, 얼핏 탈장된 것처럼 혐오스럽게 부풀어오른 부분을 보여 주는 자도 있습니다. 그들의 엉덩이는 보름달에 비친 암컷 원숭이의 엉덩이처럼 보입니다. 흰색과 빨간색으로 나뉜 팬티의 틈으로 과시하는 볼썽사나운 그 불룩한 부분은 그들의 부끄러운 음부를 절반쯤 가죽이 벗겨진 것처럼 보이게 합니다. 팬티가 흰색과 검은색, 흰색과 파란색, 검은색과 빨간색과 같은 식으로 다른 조합이라면 그 색깔에 따라 그들 음부의 절반을 성 안토니의 불꽃, 다시 말해 단독(丹毒) 또는 암 또는 그 밖의 유사한 질병으로 썩은 것처럼 보이게 합니다. 그들의 엉덩이는 보기에도 혐오스럽기 짝이 없습니다. 그들은 구린내 나는 그 혐오스러운 부분을 사람들 앞에 아무런 거리낌 없이 자랑스럽게 드러내고 다니는데, 이것은 예수 그리스도와 그의 제자들이 평생 또렷하게 보여 주신 점잖은 태도를 모독하는 행위입니다.

그럼 이제 여자들의 과장된 옷차림에 대해 말하겠습니다. 그들의 얼굴은 얼핏 정숙하고 인자해 보이지만 옷차림에는 음탕함과 오만이 드러나 있음을 하느님은 아십니다. 나는 남녀의 옷차림새가 점잖아야 한다고 말하는 것이 아닙니다. 과도한 차림새나 보잘것없을 정도로 천을 적게 쓴 옷을 비난해야 한다고 말하는 것입니다. 화려한 장식이나 옷차림의 죄는 승마에서도 찾아볼 수 있습니다.

재미로 기르는 준마는 수없이 많습니다. 그런 말들은 가꾸고 살찌우는 데 꽤 많은 돈이 듭니다. 악덕 마부를 수없이 고용하고 아주 정교한 마구를 사는 데도 돈이 듭니다. 이를테면 안장, 껑거리끈, 가슴 장식, 값비싼 천으로 감싼 말고삐, 금과 은으로 된 호화로운 주름 장식이나 천 따위입니다. 이에 대해 하느님은 예언자 스갸라의 입을 통해서 이렇게 말씀하셨습니다.

"이런 말을 탄 자들을 파멸시키리라."

이런 사람들은 하느님의 아들이 어떤 말을 타시고, 그분이 나귀를 타고 가실 때 어떤 마구를 갖췄었는지 생각하지 않습니다. 그분의 마구는 제자들의 허름한 옷가지가 다였습니다. 또한 성서에는 그분이 당나귀 이외의 동물을 타셨다는 이야기가 어디에도 없습니다. 나는 과도한 치장은 죄라는 것을 언급하고자 할 뿐이지 필요에 따른 적당한 치장까지 비난하려는 것은 아닙니다.

또한 교만은 그럴 필요가 전혀 없는데도 지나치게 많은 하인을 거느릴 때도 보입니다. 하인들이 주인이 높은 지위나 관직을 믿고 거들먹거리면서 다른 사람에게 무례하게 굴고 해를 끼칠 때 특히 그렇습니다. 주인이 하인들의 못된 짓거리를 묵인하는 것은 지옥의 악마에게 주권을 팔아넘기는 거나 마찬가지입니다.

여관 주인처럼 비천한 사람들이 종업원들의 다양한 도둑질을 묵인할 때도 그렇습니다. 이런 부류의 사람들은 찌꺼기에 남은 꿀을 찾아 모여드는 파리와 같고, 썩은 고기를 무턱대고 찾아다니는 개와 같습니다. 이런 사람들은 자신들의 주인을 정신적으로 질식시켜 죽입니다. 그래서 예언자 다윗은 이렇게 말했습니다.

"사악한 죽음이 그들의 주인을 덮치리라. 하느님께서 그들을 지옥에 거꾸로 처박으리라. 그들의 집에는 하느님은 없고 각종 부정과 악행만이 있기 때문이다."

이들이 마음을 고쳐 먹지 않는다면, 하느님께서 야곱을 도와 준 라반과 요셉을 도와 준 바로에게 축복을 내리셨듯이, 하느님께서는 하인들의 행패를 다스리지 못하는 이런 주인들에게 저주를 내리실 것입니다.

식탁에서의 교만은 대단히 자주 나타납니다. 부자들은 잔치에 초대를 받지만, 가난한 사람들은 쫓겨나거나 문전박대를 당하기 일쑤입니다. 교만은 갖가지 진수성찬에도 있습니다. 특히 술을 붓고 불을 붙여 색깔을 내고 종이로 화려하게 장식한 고기나 파이 같은 것은 낭비입니다. 이런 것은 생각하기에도 어리석은 짓입니다. 아주 진기한 식기와 정교한 음악으로 더욱더 쾌락에 빠져들어 큰 기쁨을 느끼면서 우리 주 예수 그리스도에게 마음을 덜 쏟는다면 명백한 죄입니다. 이럴 때는 그 쾌락의 맛이 너무나 강렬해서 무거운 죄를 저지르기 쉽습니다.

교만에서 파생된 여러 죄악은 그것들이 미리 계획되고 의식된 악의에서 나오거나 악습에서 비롯한 것이라면 무거운 죄입니다. 이것은 의심할 여지가 없습니다. 그러나 순간적인 실수에서 생겨나 곧 사라지는 것이라면 중대한 죄일지라도 금방 용서받습니다.

교만이 어디에서 나오느냐고 묻는다면 이렇게 말하겠습니다. 즉, 때로는 자연의 혜택에서 생기고 때로는 운명의 혜택에서 생기며 때로는 은총의 혜택에서 생겨납니다. 자연의 혜택은 육체나 정신 둘 중 하나에 속합니다. 육체적 혜택은 건강, 체력, 민첩함, 미모, 고귀한 혈통, 타고난 높은 신분을 들 수 있습니다. 정신적 혜택은 뛰어난 지성, 날카로운 이해력, 정교한 기술, 타고난 덕성, 좋은 기억력 등입니다. 운명의 혜택이란 부, 권위 있는 높은 지위, 사람들의 칭송 등입니다. 은총의 혜택이란 학문, 정신적 고통을 이겨내는 힘, 사고력, 고결한 마음, 유혹을 물리치는 능력입니다. 이런 혜택 가운데 어떤 한 가지가 뛰어나다고 해서 자만하는 것은 대단히 어리석은 짓입니다. 자연의 혜택이 우리에게 이로운 만큼이나 해롭다는 사실을 하느님은 아십니다.

육체의 건강은 불시에 잃을 수 있으며, 영혼의 병을 유발하는 일도 매우 많습니다. 하느님도 아시는 일이지만, 육체는 영혼의 큰 적이기 때문입니다. 그래서 육체가 건강할수록 죄를 지을 위험도 많아집니다. 자기의 힘을 자랑하는 것도 대단히 어리석은 짓입니다. 육체는 정신에 반대되는 욕망을 갖고 있기 때문입니다. 그래서 육체가 강하면 강할수록 영혼은 고통에 몸부림치게 됩니다. 육체적인 힘과 세속적인 힘은 많은 사람에게 위험과 불행을 종종 가져다 줍니다.

고귀한 혈통을 자랑하는 것은 매우 어리석은 짓입니다. 종종 고귀한 태생은 영혼의 고귀함을 앗아가기 때문입니다. 우리 모두 한 아버지와 한 어머니에게서 태어났습니다. 부자든 가난한 사람이든 저마다 부패하고 타락한 본성을 가지고 태어났습니다. 그러나 유일하게 칭찬받을 만한 고귀한 품성이 있습니다. 바로 인간의 마음을 갖가지 미덕과 도리로 장식해 그 사람을 그리스도의 자녀로 만들어 주는 품성입니다. 죄에 지배당하는 사람은 곧 죄의 노예라고 할 수 있습니다.

고귀한 품성을 보여 주는 일반적인 행동이 있습니다. 예컨대 말과 행동과 태도 면에서 악덕과 비열함을 피하고, 죄의 노예가 되지 않게 경계하는 것입니다. 또한 덕을 행하고 예의바르고 순수하게 행동하며 적당히 너그럽게 사는 것입니다. 너그러움도 도를 지나치면 어리석은 죄가 됩니다. 고귀함의 다른 증거는 남에게서 받은 은혜를 잊지 않는 것이며, 아랫사람을 자비롭게 대하는 것입니다. 이에 대해 세네카는 이렇게 말합니다.

"높은 지위에 있는 사람에게 호의와 자비보다 중요한 것은 없다. 인간이 꿀벌이라고 부르는 벌레는 여왕을 뽑을 때 침이 없는 벌을 선택한다."

또 다른 증거는 높은 덕성에 도달하기 위해 고결하고 부지런한 마음을 갖도록 노력하는 것입니다. 은총이 주는 혜택 가운데 자만도 아주 어리석은 짓입니다. 성 그레고리우스가 말했듯이, 자만은 그 사람을 독과 파멸로 향하게 하기 때문입니다.

운명의 혜택을 뽐내는 자도 어리석기는 마찬가지입니다. 아침에 위대한 군주였던 자가 해가 저물기도 전에 비참한 죄수가 되는 일도 종종 일어나기 때문입니다. 재물이 죽음의 원인이 되기도 하고, 쾌락을 탐하다 중병에 걸려 죽기도 합니다. 세인들의 칭송은 때로 전혀 믿을 수 없는 거짓입니다. 사람들은 오늘은 침이 마르도록 칭찬하다가 내일은 욕을 합니다. 칭찬을 받으려다가 목숨을 잃은 약삭빠른 자들이 많다는 사실을 하느님은 아십니다.

교만의 죄에서 구원받는 법

이제 당신들은 교만은 무엇이며 그 종류에는 어떤 것들이 있고, 또 어디에서 생겨나는지를 알았을 것입니다. 그러니 이번에는 교만의 죄에서 구원받는 법은 무엇인지 이해해야 합니다. 한 마디로 말해서 그것은 겸손한 마음을 갖는 것입니다. 겸손한 사람은 자신을 똑바로 알고 늘 자신의 약점을 생각하며, 자신의 가치를 과대평가하지 않습니다.

겸손에는 세 종류가 있습니다. 즉, 마음의 겸손, 말의 겸손, 행동의 겸손입니다. 마음의 겸손은 다시 네 가지로 나뉩니다. 첫째는 자기를 하느님 앞에서 전혀 가치 없는 존재로 여기는 것이고, 둘째는 아무도 경멸하지 않는 것이며, 셋째는 사람들이 자기를 평가해 주지 않더라도 개의치 않는 것이고, 넷째는 수모를 당하더라도 슬퍼하지 않는 것입니다.

말의 겸손 또한 네 가지로 나뉩니다. 즉 절제된 말과 온화한 말, 자신이 어떤 사람인지 자신의 생각을 솔직하게 밝히는 것과 타인의 장점을 칭찬하고 절대 깎아내리지 않는 것입니다. 행동의 겸손도 네 가지로 나뉩니다. 첫째는 남들을 자기보다 앞세우는 것이고, 둘째는 자기는 가장 낮은 자리를 선택하는 것이며, 셋째는 좋은 충고는 기꺼이 받아들이고, 넷째는 주군이나 자기보다 지위가 높은 사람의 결정을 즐거운 마음으로 지키는 것입니다. 그중에서도 네 번째가 가장 위대한 행동입니다.

질투에 대하여

교만에 대한 이야기는 이 정도로 하고, 이제는 질투라는 죄에 대해 말하겠습니다. 철학자들의 말에 의하면, 질투는 남이 잘되는 것을 슬퍼하는 마음입니다. 성(聖) 아우구스티누스는 질투란 남의 행복을 슬퍼하고 남의 불행을 기뻐하는 것이라고 말합니다. 이 추악한 죄악은 성령과는 정반대가 됩니다. 물론 모든 죄가 성령에 반대가 되지만, 착한 마음씨는 성령에 속하며 질투는 악의(惡意)에서 파생되니 질투야말로 성령을 정면으로 거스르는 것입니다.

악의에는 두 가지가 있습니다. 하나는 마음이 사악함으로 굳어버리거나, 또 하나는 육체의 눈이 멀어 자기가 죄를 짓고 있다는 사실을 생각하지 않거나 깨닫지 못하는 것입니다. 바로 이것이 악마의 뻔뻔함입니다. 악의의 다른 종류는 진리임을 알면서도 그 진리에 대항하거나, 하느님이 이웃에게 내려주신 은총과 맞서는 것입니다. 이 모든 것은 질투의 소산입니다. 질투는 세상 모든 죄 중에서도 가장 나쁜 죄입니다. 다른 죄들은 특정한 한 가지 덕을 거스를 뿐이지만, 질투는 모든 덕과 선을 거스르기 때문입니다. 다시 말하면, 질투는 이웃의 선행을 보며 슬퍼하기 때문입니다. 이런 점에서 질투는 나머지 죄악들과는 다릅니다. 다른 죄악들은 그 자체가 어떤 기쁨을 수반하는 데 반해 질투에는 본질적으로 고통과 번민만이 있습니다.

질투에는 다음과 같은 것이 있습니다. 먼저, 남의 선행이나 성공을 슬퍼하는 것입니다. 본질적으로 성공은 기쁨에 속하므로 질투는 자연의 이치에 거스르는 죄입니다. 질투의 두 번째 종류는 남의 불행을 기뻐하는 것입니다. 이것은 악마와도 같습니다. 악마는 언제나 남의 불행을 즐거워하기 때문입니다. 이 두 종류의 질투에서 험담이라는 죄가 나옵니다.

이 험담 또는 중상모략의 죄에는 여러 가지가 있습니다. 첫 번째는 악의를 가지고 이웃을 칭찬하며, 끝에 가서는 늘 사악한 말로 마무리하는 것입니다. 그런 사람들은 언제나 끝에 가서는 '그러나'라는 말을 붙입니다. 이런 버릇은 그때까지 했던 악의적인 칭찬보다 더 많은 비난을 받아 마땅합니다. 두 번째는 어떤 사람이 선한 의도를 가지고 말하거나 행동했을 때 이런 선행을 왜곡해서 자기의 사악한 생각에 끼워 맞추는 것입니다. 세 번째는 이웃의 선행을 깎아내리는 것입니다. 네 번째는 사람들이 어떤 사람에 대해 좋게 말하면 자기는 거기에 동조하지 않고 "내가 아는 어떤 사람이 그 사람보다는 낫다"고 말하는 것입니다. 다섯 번째는 남의 불행에 대한 이야기를 즐겁게 맞장구쳐가며 기쁜 마음으로 듣는 것입니다. 이것은 매우 무거운 죄이며, 험담하는 사람의 악의가 짙을수록 이 죄도 커집니다. 마지막은 불평, 즉 투덜거림입니다. 종종 이것은 하느님이나 인간에 대한 참을성 부족에서 생깁니다.

하느님에 대한 참을성 부족은 지옥의 고통이나 가난, 부의 상실, 폭풍우 등에 불평을 늘어놓을 때 보입니다. 악한 사람들은 잘사는데 착한 사람들은 불행하게 산다고 투덜댈 때도 보입니다. 인간은 이런 것들을 꿋꿋이 참아야 합니다. 그것은 하느님의 올바른 판단과 처분에서 비롯된 것이기 때문입니다. 때로는 탐욕에서 오는 불평도 있습니다. 막달라 마리아가 우리 주 예수 그리스도의 머리에 귀한 향유를 발라 드렸을 때 유다가 투덜거린 것이 바로 이런 경우입니다. 스스로 선행을 베풀거나 자기 재산을 써서 선행을 베푼 데에 투덜거리는 것도 이에 해당합니다.

불평은 교만에서 나오기도 합니다. 막달라 마리아가 예수 그리스도에게 다가와 무릎 꿇고 눈물을 흘리며 자기의 죄를 뉘우치는 것을 보고 바리새인 시몬이 그녀에 대해 했던 불평이 바로 이것입니다.

종종 불평은 질투에서 나오기도 합니다. 남의 은밀한 결점을 폭로하거나 근거도 없이 남을 비난하는 것입니다. 불평은 주인들이 정당한 일을 시켰을 때 투덜거리는 하인들에게서도 찾아볼 수 있습니다. 그들은 공개적으로 주인의 명령에 반대하지는 않지만, 악의를 품고 나쁘게 말하거나 불평하고 경멸하면서 투덜댑니다. 무지한 사람들은 이런 것을 '악마의 주기도문'이라고 부릅니다. 물론 악마에게 주기도문이 있을 리는 없지만 말입니다.

때로 불평은 분노나 은밀한 증오에서 생겨납니다. 다음에 이야기하겠지만, 분노는 마음에 깊은 증오를 키웁니다. 그러면 마음에 쓰라린 고통이 생겨서, 남들이 좋은 일을 하는 것을 보면 억울하고 못마땅하게 생각됩니다. 그때부터 불화가 생기고 모든 우정이 찢어집니다. 그리고 이웃이 생각만큼 일이 풀리지 않을 때도 깎아내리기 시작합니다. 거기에서 비난이 생겨납니다. 이웃을 못살게 굴려고 호시탐탐 기회를 엿볼 때가 그렇습니다. 이런 것은 밤낮으로 우리를 비난하려고 기회를 노리는 악마와 다를 바가 없습니다. 그 뒤에는 강한 악의가 생겨납니다. 그렇게 되면 최대한 이웃에 남몰래 피해를 입히려고 기회를 찾게 됩니다. 실행에 옮기지는 않더라도, 이웃집에 몰래 불을 지르거나 그 가축에게 독을 먹이거나 죽이는 등의 사악한 욕망이 끊임없이 생겨나게 됩니다.

질투의 죄에서 구원받는 법

이제 질투라는 추악한 죄에서 구원받는 법을 말하겠습니다. 첫 번째는 가장 높은 자리에 계신 하느님을 사랑하고, 자기 자신을 사랑하는 것처럼 이웃을 사랑하는 것입니다. 인간은 혼자서는 살 수 없기 때문입니다. 이웃이라는 말은 당신의 형제를 뜻한다는 것을 분명히 믿으십시오. 우리는 모두 아담과 이브라는 같은 육체의 아버지와 같은 어머니를 가졌기 때문입니다. 하느님이라는 영적인 아버지도 있습니다. 따라서 우리는 이웃을 사랑하고 그 이웃에게 모든 행운이 깃들기를 기원해야 합니다. 그래서 하느님은 "네 이웃을 네 몸과 같이 사랑하라"고 말씀하셨습니다. 생명과 영혼이 구원을 받을 때까지 그래야 한다는 것입니다.

이뿐만이 아닙니다. 우리는 말로 다정스러운 충고와 질책을 함으로써 이웃을 사랑하고, 이웃이 슬퍼할 때 위로해 주며, 이웃을 위해 온 몸과 마음을 바쳐 간절히 기도해야 합니다. 행동으로는, 남에게서 받고자 하는 것을 오히려 너그럽게 베푸는 것입니다. 나쁜 본보기로 이웃을 부추겨 사악한 말로 타격을 주거나 육체나 재산이나 영혼에 해를 끼쳐서는 안 됩니다. 이웃의 아내나 재산을 탐해서도 안 됩니다. 이웃이라는 말에는 적이라는 뜻도 포함되어 있음을 이해하십시오.

인간은 하느님의 명령에 따라 원수를 사랑해야 합니다. 친구를 하느님 안에서 사랑해야 합니다. 다시 말해 우리는 그분을 위해서 하느님의 계명대로 원수도 사랑해야 하는 것입니다. 원수를 미워하는 것이 옳다고 한다면 하느님도 그분의 원수인 우리를 사랑으로 받아 주시기를 거부할 것이기 때문입니다. 원수가 우리에게 끼치는 세 가지 해악에 우리는 다음과 같은 세 가지 방법으로 대처해야 합니다. 즉, 원수가 우리에게 증오와 깊은 원한을 가지고 있다면 우리는 그 원수를 위해 기도해야 합니다. 원수의 사악한 행동에는 선한 행동으로 대응해야 합니다. 그리스도는 이렇게 말씀하셨습니다.

"원수를 사랑하라. 너희를 욕하고 박해하는 사람들을 위해 기도하여라. 또한 너희를 증오하는 사람들에게 선행을 베풀어라."

이렇게 우리 주 예수 그리스도는 우리에게 원수를 어떻게 대해야 하는지를 가르치셨습니다. 진실로 본성은 친구를 사랑하도록 이끌지만, 우리의 사랑을 진정으로 필요로 하는 것은 친구보다는 원수입니다. 우리는 사랑이 더 필요한 자들에게 기꺼이 선행을 베풀어야 합니다. 그럼으로써 우리는 원수를 위해 돌아가신 예수 그리스도의 사랑을 기억할 것입니다. 이 사랑을 실천하기가 괴로우면 괴로울수록 그 가치는 커집니다. 이렇게 원수를 사랑해야만 악마의 독을 물리칠 수 있습니다. 악마가 겸손을 당해내지 못하듯이, 우리가 원수에게 사랑을 베풀면 악마는 치명적인 상처를 입습니다. 이런 점에서 볼 때 사랑은 사람의 마음에서 질투라는 독을 뽑아 주는 약입니다. 그 과정에 대해서는 다음 장에서 보다 자세하게 설명하겠습니다.

분노에 대하여

질투에 대해서는 이 정도로 마치고, 이제는 분노의 죄를 설명해 드리겠습니다. 이웃에게 질투를 느끼는 사람은 즉시 이웃의 말이나 행동에서 분노의 대상을 찾아낼 것입니다. 분노는 질투에서도 나오지만 교만에서도 나옵니다. 교만하거나 질투심 많은 사람은 쉽게 분노합니다.

성(聖) 아우구스티누스의 말을 따르면, 분노의 죄는 말이나 행동으로 복수하려는 사악한 의지입니다. 어느 철학자에 의하면, 분노는 마음속에서 불처럼 타오르는 뜨거운 피입니다. 분노한 사람은 미워하는 사람에게 해를 끼치려고 합니다. 피가 끓어오르면 심장 박동이 빨라지고 이성을 잃어서 올바른 판단을 할 수 없게 됩니다.

분노에는 두 가지가 있습니다. 하나는 선한 분노이고, 다른 하나는 악한 분노입니다. 선한 분노는 선에 대한 선망에서 나옵니다. 이 때문에 우리는 악에 대하여 격분하고 저항하게 됩니다. 그래서 어떤 현자는 분노가 유희보다 낫다고 했습니다. 악에 대한 노여움은 부드러움을 동반합니다. 그것은 악의 없는 분노입니다. 그것은 사람 자체가 아니라 그 사람의 악행에 대한 분노입니다. 그래서 예언자 다윗은 이렇게 말했습니다.

"분노하되 다시는 죄를 짓지 말라."

악한 분노에도 두 가지가 있습니다. 하나는 성급한 분노입니다. 여기에는 깊은 생각도 없거니와 이성의 동의도 있을 리 없습니다. 다시 말해, 인간의 이성은 이런 갑작스러운 분노에 동의하지 않는다는 말입니다. 따라서 이것은 가벼운 죄에 해당합니다. 다른 하나는 매우 사악한 분노입니다. 그것은 오래도록 궁리하고 미리 계획된 극악무도한 마음에서 생기며, 복수하려는 사악한 의지를 동반합니다. 여기에는 이성도 동의합니다. 그러므로 이것은 무거운 죄입니다.

하느님을 대단히 불쾌하게 하는 이 분노는 하느님의 집을 슬픔에 빠뜨리고 성령을 그 사람의 영혼에서 몰아냅니다. 또한 하느님의 형상, 즉 인간의 영혼에 있는 덕을 파괴하고 그 대신 악마의 형상을 집어넣어 그 사람을 그의 합당한 주인이신 하느님에게서 떼어 놓습니다.

이 분노는 악마에게 진정한 기쁨을 선사합니다. 그것은 지옥 불로 이글거리는 악마의 화덕이기 때문입니다. 불은 그 어떤 원소보다 세상의 물질을 파괴하는 힘이 강력하듯이, 분노는 모든 정신적인 것을 파괴하는 큰 힘을 가지고 있습니다. 재속에 있는 꺼져가는 불씨가 유황과 만나면 얼마나 활활 타오르는지 떠올려 보십시오. 마찬가지로 분노의 불꽃도 인간 마음속에 숨은 교만과 만나면 언제든지 다시 뜨겁게 타오릅니다. 불은 결코 무(無)에서 나오지 않습니다. 쇠를 부싯돌로 두드려 불이 생기듯이 처음부터 사물에 내재되어 있는 것입니다.

교만이 분노의 원천이듯이, 증오는 분노를 기르고 유지시킵니다. 여기 어떤 나무가 있다고 가정합시다. 성 이시도르가 말했듯이, 이 나무에 불을 붙여 재로 덮어 두면 그 불은 1년 또는 그 이상이 지나도 꺼지지 않을 것입니다. 증오의 불도 이와 같습니다. 일단 분노가 인간의 마음속에 자리 잡으면 부활절에서 다음 부활절까지, 또는 그 이상도 지속될 것이 분명합니다. 그러나 그런 사람은 그 기간 동안 하느님의 자비를 바랄 수 없습니다.

앞에서 말한 악마의 화덕에서는 세 악한이 일하고 있습니다. 첫 번째는 '교만'입니다. 교만은 소리치고 욕하면서 풀무를 불어 불을 늘 활활 타오르게 합니다. 두 번째는 '질투'입니다. 질투는 해묵은 원한이라는 부젓가락으로 인간의 마음을 벌겋게 달군 쇠로 지집니다. 마지막은 '모욕'의 죄, 즉 다툼과 싸움입니다. 이것은 상스러운 욕설로 비난하면서 폭력을 행사합니다.

이 분노라는 저주받은 죄는 본인은 물론 이웃에게도 해를 끼칩니다. 이웃에게 끼치는 해악의 대부분은 분노에서 나오기 때문입니다. 분노가 폭발하면 악마가 지시하는 모든 악행을 저지르게 됩니다. 그런 분노에 사로잡힌 사람들은 그리스도와 그의 선한 성모 마리아에게도 거침없이 악을 행했습니다.

아, 통탄스럽게도 분노에 미친 사람은 그리스도와 모든 성인들에 대해 매우 사악한 생각을 품고 있습니다! 이것이 추악하기 그지없는 죄가 아니면 뭐겠습니까? 분노는 인간에게서 지혜와 이성을 빼앗아 가고, 그의 영혼을 보호할 평온한 영적 생활을 불가능하게 만듭니다. 이것은 하느님의 정당한 주권도 빼앗아 버립니다. 이 주권이란 인간의 영혼이자 이웃에 대한 사랑을 말합니다. 이것은 또 진실과 맞서 싸우고, 마음의 평안을 빼앗고, 영혼을 피폐하게 합니다.

분노에서는 다음과 같은 역겨운 자손들이 태어납니다. 첫째로 증오입니다. 이것은 해묵은 분노와 거의 동의어입니다. 둘째로 불화인데, 이것은 오랫동안 사랑했던 오랜 친구를 버리게 합니다. 셋째는 싸움입니다. 다음으로는 이웃의 신체나 재산에 해를 주는 갖가지 악이 태어납니다. 이런 저주스러운 분노의 죄에서는 살인도 생깁니다. 살인에는 여러 가지가 있음을 분명히 이해하시기 바랍니다. 어떤 살인은 영적으로 행해지고 또 어떤 것은 육체적으로 행해집니다.

영적인 살인에는 여섯 가지가 있습니다. 첫째는 증오에 의한 것입니다. 성 요한은 "형제를 미워하는 자는 누구나 살인자다"라고 말씀하셨습니다.

험담 역시 살인입니다. 솔로몬은 "험담하는 자는 이웃을 죽이는 두 개의 칼을 갖고 있다"고 말했습니다. 사람의 명예를 빼앗는 것은 그 사람의 생명을 빼앗는 것만큼이나 악한 행동이기 때문입니다.

거짓으로 사악한 충고를 하는 것도 살인입니다. 불법 관세나 세금을 거두라고 조언하는 것이 이에 해당합니다. 이에 대해 솔로몬은 이렇게 말했습니다.

"포효하는 사자와 굶주린 곰은 잔인한 군주와도 같다."

즉 대금이나 보수 또는 하인의 품삯을 떼어 먹거나 깎는 행위, 고리대금, 가난한 사람들에게 동냥을 주지 않는 행위 등이 그렇습니다. 그래서 어떤 현인*8은 이렇게 말했습니다.

"배고파 죽어 가는 사람에게 먹을 것을 주라."

그런 사람에게 먹을 것을 주지 않는 것은 그를 죽이는 것과 마찬가지입니다. 이런 것은 모두 무거운 죄입니다.

육체적 살인이란 말로써 사람을 죽이는 경우입니다. 예를 들어, 사람을 죽이라고 명령하거나 권하는 경우입니다. 행동에 의한 살인에는 네 가지가 있습니다. 첫 번째는 재판관이 정당한 근거로 사형을 선고할 때처럼 합법적인 경우입니다. 그러나 이때도 판사는 죄인이 피 흘리는 것을 보며 즐기기 위해서가 아니라 정의를 지키기 위해서 정당한 판결을 내리도록 주의를 기울여야 합니다. 두 번째는 어쩔 수 없는 경우입니다.

예컨대 상대를 죽이지 않으면 자신이 죽게 될 때 정당방어로서 상대방을 죽이는 것입니다. 그러나 상대방을 죽이지 않고도 도망갈 수 있는데 살인한 거라면 그 사람은 무거운 죄를 지은 것이고, 따라서 그에 합당한 형벌을 받아야 합니다. 또한 우연히 화살을 쏘거나 돌을 던졌는데 누가 그것을 맞고 죽었다면 그 사람 또한 살인자입니다.

여자가 자다가 모르고 자기 아이를 깔아 질식시켰다면 그것도 역시 살인이며 무거운 죄에 해당합니다.

남자가 임신을 피하려고 해로운 약초를 먹여 여자를 불임으로 만들거나 고의로 태아를 죽이거나 또는 태아를 죽이기 위해 특정한 물질을 여자 음부에 삽입하는 것도 살인입니다.

---

*8 로마의 황제(359~383) 그라티아누스를 말하는 것으로 추정됨.

자연을 거역하는 죄, 즉 남녀가 아이가 생기지 않도록 수정이 불가능한 방법으로 또는 수정이 불가능한 자리에 정액을 쏟거나, 임신한 여자가 자기 몸에 상처를 입혀 태아를 죽이는 것 역시 살인입니다.

사람들에게 손가락질당할까 봐 아이를 죽이는 여자들은 어떨까요? 그것도 역시 끔찍한 살인입니다.

음탕한 생각으로 임신부를 가까이했다가 그 결과로 아이가 죽거나, 임신부를 고의로 때려서 유산하게 하는 것도 살인입니다. 이런 모든 행위는 살인이며 끔찍하고 무거운 죄입니다.

분노에서는 더욱 많은 죄가 파생합니다. 생각이나 행동은 물론 말로 분노를 표출하는 경우도 그렇습니다. 예를 들어 하느님을 욕하거나, 자기 잘못을 하느님에게 전가하여 비난하거나, 수많은 나라에 있는 역겨운 노름꾼들처럼 하느님과 성인들을 멸시하는 것이 이에 해당합니다. 하느님과 성인들에게 못된 마음을 품고 있기에 이런 저주받을 죄를 저지르는 것입니다.

제단에서 성찬의식을 불경스럽게 치르는 것은 하느님이 무한한 자비를 내리실 때에만 비로소 용서를 받을 정도로 무거운 죄입니다. 그것은 이렇게나 무거운 죄이지만, 하느님은 그만큼 더 자비로운 분입니다.

또한 분노에서는 독기어린 노여움이 생깁니다. 고백성사 때 신부가 죄를 그만두라고 경고하면 오히려 화를 내고 비아냥거리며 말대답하면서 자기의 죄를 변명하는 사람들이 있습니다. 육체가 허약하여 죄를 범했다느니, 친구들의 비위를 맞추느라 죄를 범했다느니, 악마의 꾐에 빠졌다느니, 욱하는 성격이라 자제를 못했다느니 하면서 변명한다든지, 자기 나이에는 그럴 수밖에 없다며 팔자타령을 한다든지, 선조가 귀족이었기 때문에 어쩔 수 없이 그런 죄를 지었다고 말합니다. 이런 종류의 사람들은 자신의 죄로 자기 몸을 꽁꽁 감싸고 있어서 결코 해방될 수 없습니다.

누구든 의도적으로 자신의 죄를 변명하는 사람은 그 죄에서 해방되지 못합니다. 자신의 죄를 솔직하게 인정해야만 비로소 해방될 수 있습니다. 다음으로는 맹세의 죄가 있습니다. 이것은 명백히 하느님의 계명에 반대되는 죄입니다. 이것은 종종 분노와 노여움 때문에 일어납니다. 하느님은 이렇게 말씀하셨습니다.

"너희는 주 하느님의 이름을 망령되이 부르지 말라."

우리 주 예수 그리스도 역시 성 마태오의 입을 통해 이렇게 말씀하셨습니다. "하늘을 두고 맹세하지 말라. 하늘은 하느님의 옥좌이다. 땅을 두고도 맹세하지 말라. 땅은 하느님의 발판이다. 예루살렘을 두고도 맹세하지 말라. 예루살렘은 위대한 왕의 도성이다. 네 머리를 두고도 맹세하지 말라. 너는 머리카락 하나도 희거나 검게 할 수 없다. 너희는 그저 '예' 할 것은 '예' 하고, '아니오' 할 것은 '아니오'라고 하여라. 그 이상의 말은 악에서 나오는 것이다."

그리스도를 위한다면 그분의 몸을 영혼과 마음, 뼈, 몸 등으로 나누어 그 것을 두고 맹세하는 죄를 짓지 마십시오. 그것은 저 저주받은 유대인들이 그리스도의 귀하신 몸을 충분히 찢어 버리지 못했다고 간주하고 그분의 몸을 더욱 잘게 찢는 것과 같습니다.

법률 때문에 어쩔 수 없이 맹세해야 한다면, 〈예레미야서〉 4장에 나오는 대로 하느님의 율법에 따라 맹세하십시오. 즉, 하느님은 이렇게 말씀하십니다.

"너희는 세 가지 조건을 명심하라. 그 세 가지는 진실과 정의와 의로움이니 그것으로 맹세하라."

이 말은 진심으로 맹세해야 한다는 뜻입니다. 모든 거짓은 참 진리이신 그리스도를 거스르는 일이기 때문입니다. 또한 법이 강요하지 않는데도 함부로 맹세한다면 그 사람의 집에서 역병이 떠나지 않으리라는 것을 유념하십시오.

재판관이 진실을 증언하라고 요구했을 때는 정의에 의거하여 맹세하십시오. 질투나 개인적인 호의, 뇌물 때문에 맹세해서는 안 됩니다. 하느님을 숭배하고 같은 그리스도 교도를 돕겠다고 선언하는 목적에서 맹세해야 합니다. 그러므로 하느님의 이름을 함부로 쓰거나, 거짓 맹세를 하거나, 그리스도 교도라는 칭호를 듣기 위해 그리스도의 이름을 멋대로 쓰거나, 그리스도의 탄생과 가르침대로 살지 않는 자는 모두 하느님의 이름을 망령되이 쓰는 자입니다. 성 베드로가 〈사도행전〉 4장에서 한 말을 귀담아 들으십시오.

"사람에게 주어진 이름 가운데 우리를 구원할 수 있는 이름은 하늘 아래 이 이름밖에는 없습니다."

예수 그리스도의 이름만이 우리를 구원할 수 있다는 말입니다. 또한 그리스도의 이름이 얼마나 고귀한지 알아야 합니다. 성 바오로는 〈빌립보서〉 2

장에서 이렇게 말합니다.

"하늘과 땅에 있는 모든 것이 예수의 이름을 받들어 무릎을 꿇었습니다."

그분의 이름은 이토록 존엄하고 고귀해서, 지옥의 저주받은 악마도 그 이름을 듣기만 해도 벌벌 떱니다. 그리스도의 거룩한 이름을 걸고 거짓으로 맹세하는 사람은, 저주받는 유대인들이나 그분의 이름만 들어도 바들바들 떠는 악마들보다 더 대담하게 그 이름을 모욕하는 사람입니다.

이렇게 법정에서 선서하는 것을 제외하면 맹세는 엄격히 금지되어 있습니다. 그러므로 필요도 없는데 거짓으로 맹세하는 것은 더욱 몹쓸 짓입니다. 맹세하면서 즐거움을 느끼고 어마어마한 맹세를 하는 것을 훌륭한 가문의 증거라고 생각하거나 사나이다운 행동이라고 생각하는 사람을 뭐라고 불러야 할까요? 일말의 가치도 없는 것에 습관적으로 과장된 맹세를 하는 사람을 뭐라고 말해야 좋을까요? 분명히 이것은 무서운 죄입니다. 신중히 생각하지 않고 충동적으로 맹세하는 것 역시 죄입니다.

하지만 지금은 악마 퇴치나 주문 같은 끔찍한 맹세에 대해 말하겠습니다. 이것은 가짜 마법사나 주술사 등이 물이 가득 든 대야나 번쩍이는 칼, 마법의 동그라미나 불, 양의 어깨뼈 따위로 행하는 마술을 말합니다. 나는 그것들이 그리스도와 거룩한 교회의 모든 믿음을 거스른 저주받은 사악한 행위 외에는 아무것도 아니라고 말하고 싶습니다.

새가 나는 모습이나 짐승의 울음소리, 제비뽑기, 강령술, 꿈, 문이나 집이 삐걱거리는 소리, 쥐가 돌아다니는 소리처럼 부질없는 것으로 점을 치고 믿는 사람을 뭐라고 불러야 할까요? 분명 이 모든 것은 하느님과 거룩한 교회가 금한 것입니다. 그러므로 그들은 이런 추잡한 믿음을 버리지 않는 한 계속해서 비난받을 것입니다. 사람이나 동물이 병에 걸리거나 상처를 입었을 때 마법을 걸어 효험을 보았다면 그것은 하느님께서 사람들로 하여금 자신의 이름에 더 많은 믿음과 존경을 보이게 하려는 목적에서 그것을 허용하셨기 때문일는지 모릅니다.

이번에는 거짓말에 대해 이야기하겠습니다. 일반적으로 거짓말은 같은 그리스도 교인을 속이려는 목적으로 말의 의미를 왜곡해서 사용하는 것입니다. 거짓말에는 아무에게도 도움이 되지 않는 것이 있습니다. 어떤 사람에게는 위로와 이익을 가져다 주지만, 어떤 사람에게는 재앙과 손해를 가져다 주는 해로운 거짓말도 있습니다. 자신의 생명이나 재산을 구하려고 하는 선의의 거짓말도 있습니다. 어떤 사람들은 거짓말하는 그 자체가 즐거워서 거짓말을 합니다. 이런 사람들은 거짓말하는 기쁨에 취해 꼬리에 꼬리를 물고 그 거짓말에 살을 붙여 가지만, 결국 이야기의 토대는 모두 거짓입니다. 또한 앞서 한 거짓말을 지키려고 또다시 하는 거짓말도 있고, 경거망동에서 나오는 거짓말도 있습니다.

그럼 이제는 아첨이라는 악덕에 대해 말하겠습니다. 이것은 자의에서 나오는 것이 아니라 두려움이나 탐욕에서 나옵니다. 일반적으로 아첨이란 거짓으로 칭찬하는 것입니다. 아첨꾼은 자식들에게 아부라는 우유를 먹이는 못된 유모와 같습니다. 솔로몬이 말하기를 아첨은 비난보다 더욱 나쁘다고 말했습니다. 때로 비난은 두려움을 주어 거만한 사람을 겸손하게 만들지만, 아첨은 상대방의 마음과 태도를 더욱 도도하게 만들기 때문입니다. 아첨꾼들은 악마의 사주를 받은 마술사들입니다. 그들은 우리로 하여금 우리 자신에게 그릇된 판단을 하게 합니다. 사람을 속여 악마에게 팔아넘기는 자는 유다와 같습니다. 아첨꾼은 언제나 '아첨의 노래'*⁹를 부르는 악마의 사제입니다. 나는 아부를 분노의 죄로 분류합니다. 우리가 다른 사람에게 분노하면, 그와의 싸움에서 이길 수 있도록 제삼자에게 사탕발림을 하며 부탁하기 때문입니다.

이번에는 성난 마음에서 솟아나오는 저주에 대해 말하겠습니다. 일반적으로 저주는 해악을 가져다 주는 온갖 종류의 힘을 지니고 있다고 할 수 있습니다. 성 바오로가 말씀하셨듯이, 저주하는 사람은 하느님의 나라에 들어갈 수 없습니다. 또한 새가 자기 둥지로 되돌아오듯이, 종종 부정한 저주는 그 사람에게 되돌아갑니다. 특히 우리는 아이들에게 욕하지 말아야 합니다. 그것은 자식들을 악마에게 건네주는 격이 되기 때문입니다. 분명 그것은 대단히 위험하고 커다란 죄입니다.

이제 질책과 비난에 대해 말하겠습니다. 이것들은 인간의 마음에 큰 상처를 줍니다. 마음속에 있는 우정의 끈을 잘라 버리기 때문입니다. 공개적으로 자기를 욕하고 비난하고 비방한 사람과 완전히 화해하기란 매우 어려운 일

---

*9 플라세보(Placebo). '나의 기쁨'이라는 뜻으로, 주님의 진리를 찬양하는 기도의 첫 구절. 당시 "플라세보를 노래한다"는 "아첨한다"는 의미로 쓰였다.

이기 때문입니다. 그리스도께서도 복음서에서 말씀하셨듯이, 이것은 아주 무서운 죄입니다.

신체의 결점을 비난하는 사람은 이웃을 '문둥이'라든가 '병신'이라고 부르면서 그 이웃의 불행을 인신공격하거나 그가 지은 어떤 죄를 책망하지 않도록 주의해야 합니다. 이웃의 신체적 결함으로 그 이웃을 비난한다면 그것은 예수 그리스도를 욕하는 것과 같습니다. 고통은 하느님의 합당한 섭리에서 오는 것이며, 나병이든 불구든 다른 병이든 모두 하느님이 내려 주신 것이기 때문입니다. 또한 어떤 사람의 죄를 '난봉꾼'이니 '주정뱅이'니 하는 무자비한 이름으로 비난한다면, 그것은 인간이 죄를 지으면 손뼉을 치며 좋아하는 악마를 기쁘게 하는 결과가 됩니다.

질책은 사악한 마음에서만 솟아납니다. 마음에 가득 담긴 말들이 입을 통해 나오는 법이기 때문입니다. 그러니 남을 바로잡아야 할 때는 무슨 일이 있더라도 그 사람을 꾸짖거나 비난하지 않도록 주의해야 한다는 것을 마음에 깊이 새겨 두십시오. 그렇지 않으면, 분노의 불길이 금방 타올라, 부드럽게 타이르면 바로잡을 수 있었을 사람을 심한 경우는 죽음에 내몰게 될지도 모르기 때문입니다. 그래서 솔로몬은 이렇게 말했습니다.

"따뜻한 말은 생명의 나무다."

즉 영혼의 생명이 된다는 것입니다. 사나운 말투는 비난하는 사람과 비난받는 사람, 모두의 영혼을 죽입니다. 성 아우구스티누스는 이렇게 말합니다.

"남을 자주 질책하는 사람만큼 악마의 자식과 흡사한 사람은 없다."

성 바오로 역시 "하느님의 종이라면 남을 질책해서는 안 된다"고 말했습니다. 질책은 모든 사람에게 해서는 안 될 행동이지만, 특히 부부 사이에서는 절대로 해서는 안 됩니다. 그렇게 되면 부부 사이에 평화가 영원히 깃들지 않기 때문입니다. 이런 이유로 솔로몬은 "지붕이 새는 집과 바가지 긁는 아내는 똑같다"고 말했습니다. 군데군데 비가 새는 집에 사는 남자는 한곳의 비는 피할지언정 다른 빗방울을 맞게 마련입니다.

바가지 긁는 아내도 이와 마찬가지입니다. 그런 아내는 남편의 어떤 결점을 지적하지 않으면 이내 다른 결점을 지적합니다. 그래서 솔로몬은 말했습니다.

"잔소리를 들으며 진수성찬을 먹는 집보다 빵 한 조각이라도 마음 편히 먹는 집이 낫다."

성 바오로도 〈콜로새서〉 3장에서 이렇게 말했습니다.

"여자들아, 하느님의 가르침대로 너희 남편을 섬겨라. 남자들아, 너희 아내를 사랑하라."

그러면 이제 멸시에 대해 언급하겠습니다. 이것은 몹시 사악한 죄입니다. 착한 일을 한 사람을 멸시했을 때는 더욱 그렇습니다. 남을 멸시하는 사람은 포도가 주렁주렁 열린 포도나무의 은은한 향내를 못 견디는 더러운 두꺼비와 같습니다. 이런 사람들은 악마와 손을 잡은 친구입니다. 그들은 악마가 이기면 기뻐하고 악마가 패배하면 슬퍼합니다. 그들은 예수 그리스도의 적입니다. 그리스도가 사랑하는 것, 즉 영혼의 구원을 증오하기 때문입니다.

이번에는 나쁜 충고에 대해 말하겠습니다. 나쁜 충고를 하는 사람은 배신자입니다. 아히도벨이 압살롬*10에게 그랬던 것처럼, 자기를 믿어 주는 사람을 속이는 사람이기 때문입니다. 그러나 나쁜 충고는 먼저 자기 자신을 해치는 법입니다. 어느 현자가 말했듯이, 가식적인 삶은 남을 해치고자 하면 제일 먼저 그 사람에게 해를 끼치는 특성을 지니고 있기 때문입니다. 그러므로 우리는 가식적인 사람이나 화난 사람, 악의적인 사람, 특히 자신의 이익만을 추구하는 사람, 지나치게 세속적인 사람들의 조언을 들어서는 안 됩니다. 영혼에 대한 문제라면 더욱 그렇습니다.

이제는 이웃 사이에 불화를 조장하거나 불화의 씨를 뿌리는 사람들의 죄에 대해 말하겠습니다. 이 죄는 그리스도께서 대단히 혐오하는 것입니다. 이것은 그리스도께서 평화를 위해 돌아가셨다는 점을 생각한다면 전혀 놀라운 일이 아닙니다. 이런 죄를 저지르는 사람들은 그리스도를 십자가에 못 박은 사람들보다 그리스도에게 더 큰 모욕을 줍니다. 하느님께서는 자신의 몸, 즉 화합을 위해 내려 주신 몸을 사랑하기보다 사람들 사이에 우애가 퍼지기를 더 바라셨기 때문입니다. 그러므로 그런 사람들은 불화를 조장하는 데 전념하는 악마로 비유할 수 있습니다.

이번에는 이중성에 대해 말하겠습니다. 이는 남들 앞에서는 훌륭한 말을

---

*10 〈사무엘 상〉 17장. 압살롬은 다윗 왕의 셋째 아들로, 그가 반역하자 아히도벨은 다윗의 친구면서도 반역에 가담했다. 이 아히도벨의 배신은 종종 그리스도에 대한 유다의 배신과 비교된다.

하고 뒤에서는 험담을 하는 죄입니다. 또한 겉으로는 좋은 의도나 농담으로 이야기하는 척하면서 사실은 악의를 품고 말하는 경우입니다.

다음은 남의 비밀을 폭로해서 그 사람의 명예를 실추시키는 죄입니다. 그런 피해는 좀처럼 되돌릴 수 없습니다.

그리고 협박은 명백히 어리석은 짓입니다. 협박하는 사람은 종종 자기 능력을 벗어난 협박까지 서슴지 않고 합니다.

그밖에 빈말이 있습니다. 이 죄는 빈말을 하는 사람이나 듣는 사람 모두에게 득이 되지 않습니다. 빈말은 필요 없는 말이거나 이익을 얻을 목적 없이 하는 말입니다. 때로 빈말은 가벼운 죄지만, 그럴수록 우리는 더더욱 경계해야 합니다. 어쨌거나 그런 말을 한 것에 대해 하느님에게 해명해야 하기 때문입니다.

다음으로 수다가 있습니다. 수다도 완전히 죄가 아닌 것은 아닙니다. 솔로몬은 이것에 대해 "어리석음의 명백한 증거"라고 말했습니다. 어떤 철학자는 남들을 어떻게 기쁘게 해 줄 수 있느냐는 질문을 받자 이렇게 대답했습니다.

"좋은 일을 많이 하고, 말을 적게 하라."

게다가 익살꾼의 죄도 있습니다. 익살꾼들은 마치 악마가 키우는 원숭이와 같습니다. 원숭이가 재주를 부리며 웃기듯이 그들은 점잖지 못한 농담으로 사람들을 웃게 만듭니다. 성 바오로는 이런 익살을 금하셨습니다. 덕스럽고 거룩한 말이 그리스도를 섬기는 사람들을 얼마나 기쁘게 하는지 보십시오. 바로 그처럼 익살꾼의 저급한 말과 생각은 악마를 섬기기에 여념이 없는 사람들을 기쁘게 합니다. 혀에서 나오는 이런 죄들은 분노나 그 밖의 많은 악행에서 파생하는 죄입니다.

분노의 죄에서 구원받는 법

분노에 대한 구원책은 사람들이 유순함이라고 부르는 미덕입니다. 즉, 상냥함입니다. 사람들이 인내나 참을성이라고 일컫는 미덕도 이에 해당합니다.

상냥함은 마음의 격한 반응이나 충동이 분노나 노여움으로 불쑥 튀어나오지 않도록 달래듯 억제합니다. 성 제롬은 상냥함에 대해 이렇게 말했습니다.

"상냥함은 누구에게도 해를 끼치는 행동이나 말을 하지 않는 것이다. 또한 말과 행동이 끼치는 어떤 해악에도 이성을 거스르면서 감정이 격해지지 않는 것이다."

때로 이 덕은 타고납니다. 어느 철학자는 말했습니다.

"인간의 본성은 상냥하고 선을 지향한다. 그러나 상냥함에 은총이 더해지면 더 가치 있는 것이 된다."

또 다른 구원책인 인내는 모든 사람의 선을 흔쾌히 받아들이고, 자기가 어떤 피해를 입더라도 화내지 않는 덕입니다. 인내는 남들이 끼치는 온갖 민폐나 해악을 잘 견디게 해 줍니다. 어느 철학자는 "인내란 지독한 역경이나 온갖 사악한 말을 온순하게 견디는 덕"이라고 말했습니다. 그리스도가 말씀하시듯이, 이 미덕은 인간을 하느님과 흡사하게 해 주고 마침내는 하느님의 고귀한 자식으로 만들어 줍니다. 또한 우리의 적을 무찔러 줍니다. 그래서 어떤 현자는 말했습니다.

"적을 이기고 싶으면 참는 법을 배워라."

사람은 외부에서 받는 네 가지 고통에 견뎌야 하며, 그 네 가지 고통을 각기 다른 방법으로 인내해야 합니다.

첫 번째 고통은 사악한 말에서 옵니다. 예수 그리스도는 유대인에게 멸시와 비난을 받았지만 불평하지 않고 이 고통을 아주 인내하며 잘 견디셨습니다. 그러니 우리도 인내를 가지고 참아야 합니다. 어떤 현자는 말했습니다.

"네가 어리석은 자와 싸우면 상대방이 화를 내든지 웃든지 너는 마음 편히 있지 못하리라."

외면적인 또 하나의 고통은 재산의 손실입니다. 그리스도는 이 세상에 갖고 있던 모든 것—그래봤자 몸에 걸친 천밖에 없었지만—을 빼앗기셨을 때도 강한 인내심을 품고 참으셨습니다. 세 번째 고통은 몸에 상처를 입는 것입니다. 그리스도는 수난을 당하실 때도 이 고통을 끈질긴 인내심으로 참으셨습니다. 네 번째 고통은 과도한 노동에서 옵니다. 그러므로 하인을 지나치게 혹사시키거나 축제일처럼 쉬는 날에도 일을 시키는 것은 아주 중대한 죄를 저지르는 것입니다.

그리스도는 자기가 그 위에서 무참한 죽음을 맞이할 십자가를 그의 거룩한 어깨 위에 지고 가셨습니다. 그분은 이렇게 잘 참으심으로써 우리에게 강한 인내심을 몸소 가르쳐 주셨습니다. 바로 여기에서 인류는 인내심이란 무엇인지 배울 수 있습니다. 예수 그리스도를 사랑하고 축복받은 영생이라는 대가를 얻기 위해 그리스도 교도가 감내하게 되었을 뿐만 아니라, 그리스도 교도가 아닌 오랜 이교도들조차도 인내의 덕을 권하고 실천하게 되었기 때문입니다.

옛날에 어떤 학자가 큰 잘못을 저지른 제자를 보자 크게 화가 치밀었습니다. 그래서 그 아이를 체벌하려고 매를 가져왔습니다. 아이는 매를 보자 이렇게 말했습니다.

"스승님, 그 매로 무엇을 하시려고요?"

"네가 잘못을 고치도록 너를 호되게 때리려고 한다."

"그렇지만 아이의 잘못된 행동을 보고 완전히 이성을 잃으셨으니, 먼저 스승님부터 체벌해야 하는 것 아닙니까?"

이 말을 들은 스승은 차분히 말했습니다.

"네 말이 옳다. 애야, 이 매를 들고, 참을성 없는 나를 때려다오."

인내심에서는 복종심이 생겨나고, 그로 인해 사람은 그리스도에게 순종하고, 그리스도의 이름 아래 순종해야 할 다른 모든 사람에게 순종하게 됩니다. 순종은 자기가 해야 할 일을 기쁘고 신속하게 온 마음을 바쳐 할 때에 완전해짐을 이해해야 합니다. 일반적으로 순종이란 하느님의 가르침과 우리가 마땅히 따라야 할 지도자들의 가르침을 실천하는 것입니다.

나태에 대하여

질투와 분노 다음으로는 나태의 죄에 대해 이야기하겠습니다. 질투가 인간의 마음을 눈멀게 하고 분노가 사람을 혼란에 빠뜨린다면, 나태는 사람을 침울하고 우울하고 짜증나게 합니다. 질투와 분노는 인간의 마음속에 괴로움을 만듭니다. 이 괴로움은 나태를 낳는 어머니이며, 그 사람에게서 선을 사랑하는 마음을 빼앗아 갑니다. 이렇듯 나태는 동요한 마음에서 비롯한 괴로움입니다. 성 아우구스티누스는 그것을 가리켜 "착한 점을 보면서 불쾌해하고 나쁜 점을 보면서 기뻐하는 것"이라고 말했습니다. 이것은 마땅히 혐오해야 할 죄입니다. 예수 그리스도의 뜻을 거스르는 짓이기 때문입니다. 솔로몬이 말하듯이, 인간이 그리스도에게 해야 할 의무를 빼앗아가기 때문입니다. 나태는 절대로 이런 의무를 행하지 않습니다. 나태한 사람은 모든 일을 불쾌한 마음으로 짜증내고 게으름 피우고 핑계를 대가면서 마지못해 합니다. 그래서 성서에서는 "하느님을 건성으로 섬기는 자는 천벌을 받으리라"고 말합니다.

나태는 인간의 모든 일들을 방해합니다. 인간의 상태에는 세 가지가 있습니다. 첫 번째는 죄를 짓기 전의 아담처럼 아무런 죄도 없는 순수한 상태입니다. 이런 분위기에서 아담은 하느님을 찬양하고 숭배하면서 일하는 것을 의무로 여겼습니다. 두 번째는 죄를 지은 상태입니다. 이때 인간은 자기의 잘못을 뉘우치고 하느님께 그 죄를 사해 주십사 기도하면서 주어진 일들을 해야 합니다. 세 번째는 은총을 받은 상태입니다. 이 상태에서 인간은 참회의 의무를 다해야 합니다. 태만은 이 모든 것에 대적합니다. 게으른 사람은 근면을 전혀 사랑하지 않기 때문입니다. 나태라는 이 사악한 죄는 육체의 생명에도 커다란 적입니다. 주의를 게을리해서 속세의 모든 재물을 허비하고 쓸모없게 만들 뿐, 육체에 필요한 것은 전혀 공급해 주지 않기 때문입니다. 네 번째 특징은 나태는 게으름과 무기력함 때문에 지옥의 고통에 빠져 허우적거리는 사람과 같다는 것입니다. 지옥에 떨어진 사람들은 손발이 꽁꽁 묶여 있어서 자유롭게 행동할 수도 생각할 수도 없기 때문입니다. 게으른 사람은 뭔가 착한 일을 하려 해도 조금도 기쁘지 않고 귀찮은 마음만 듭니다. 성 요한이 말했듯이, 바로 이런 까닭에 하느님은 나태를 혐오하십니다.

이번에는 어떤 고난이나 고통스러운 참회에도 견디려고 하지 않는 나태에 대해 말하겠습니다. 솔로몬도 말했듯이, 나태는 너무도 나약하고 여려서 어떤 고난과 고통스러운 참회를 견디고 싶어하지 않습니다. 그래서 늘 일을 망쳐 버립니다. 우리는 나태라는 이 썩어 빠진 죄에 대항하여 선행을 베풀고자 꾸준히 노력해야 하며, 남자답게 고결한 방법으로 선행을 베풀려는 의욕을 가져야 합니다. 주 예수 그리스도께서 아무리 작은 선행이라 할지라도 우리에게 보답해 주실 것을 믿어야 합니다. 일을 하는 습관은 아주 훌륭한 것입니다. 성 베르나르두스가 말하듯이, 부지런한 사람은 튼튼한 팔과 힘센 근육을 갖게 되지만, 나태한 사람은 허약하고 가냘픈 팔을 갖게 됩니다.

다음으로는 어떤 선행을 시작하기도 전에 두려워하는 마음입니다. 성 그레고리우스가 말하듯이, 죄에 빠진 사람은 자발적인 선행을 대단히 큰일로 생각하여 꺼립니다.

다음은 하느님의 자비를 받지 못하리라고 생각하는 데서 오는 절망입니다. 이것은 극도의 슬픔에서 오기도 하고 극도의 두려움에서 오기도 합니다. 너무 많은 죄를 지어서 이제는 참회하고 죄를 그만두더라도 아무 소용없다고 생각하기 때문입니다. 성 아우구스티누스가 말하듯이, 사람은 이런 절망과 두려움 때문에 온갖 죄에 빠지게 됩니다. 이 저주받을 죄가 최고조에 이르면 성령에 대한 죄가 됩니다. 이 끔찍한 죄는 너무나 위험해서, 절망에 빠진 사람은 무슨 죄든 아무런 거리낌 없이 저지르게 됩니다. 유다가 그 좋은 예입니다. 바로 이런 점에서 절망의 죄는 모든 죄 가운데 가장 좋지 않으며, 그리스도께는 가장 불쾌하고 적대적인 죄입니다. 절망에 빠진 사람은 금방 항복하는 겁쟁이 기사와 같아서, 공격도 받기 전에 항복을 외칩니다. 아! 필요도 없는데 항복하고, 쓸데없이 절망하는 것입니다. 하지만 하느님은 회개하는 자라면 누구에게든지 자비를 베풀어 주시고, 그런 자비는 하느님의 모든 역사 가운데 가장 높은 곳에 있습니다.

아! 왜 우리는 루카복음 15장을 떠올리지 못할까요? 거기서 그리스도께서는 이렇게 말씀하셨습니다.

"천국에서는 회개할 것 없는 의인 아흔아홉보다 회개하는 죄인 한 사람을 더 기뻐할 것이다."

이 복음서에는 아들이 방황하였다가 그 아들이 회개하고 다시 집으로 돌아오자 아버지가 기뻐하며 잔치를 벌인 이야기도 있습니다. 우리는 이 이야기를 깊이 생각해 봐야 합니다. 그리고 루카복음 23장에서 예수 그리스도와 나란히 십자가에 달린 도둑이 "주여, 당신의 왕국에 들어가실 때 절 기억해 주소서"라고 했던 것을 왜 상기하지 못할까요? 그때 그리스도께서는 이렇게 말씀하셨습니다.

"오늘 너는 나와 함께 낙원에 있으리라."

아무리 끔찍한 죄일지라도 인간의 진심어린 회개와 그리스도의 수난과 죽음의 속죄를 통해 씻을 수 없는 것은 하나도 없습니다. 아! 하느님의 자비가 이렇듯 언제나 준비되어 있고 이토록 아낌없이 베풀어질진대 인간은 도대체 무엇 때문에 절망한단 말입니까? 구하십시오, 그러면 얻을 것입니다.

다음은 졸음입니다. 이것은 사람의 몸과 마음을 나른하고 둔하게 만드는 나태한 졸음입니다. 이 죄는 게으름에서 나옵니다. 당연한 말이지만, 자서는 안 될 때, 다시 말해 아침에 특별한 이유도 없이 늘어지게 자는 것입니다.

아침 시간은 인간이 기도하고 하느님을 생각하며 찬양하고, 그날 누구보다 먼저 찾아온 거지에게 그리스도의 이름으로 동냥을 주기에는 가장 적당한 시간입니다. 솔로몬의 이 말을 귀담아 들어 보십시오.

"아침 일찍 나를 찾는 사람은 반드시 나를 만날 것이다."

그다음에 오는 죄는 무관심 또는 부주의입니다. 이는 어떤 것에도 관심을 보이지 않는 것입니다. 무지가 모든 악의 어머니인 것처럼 무관심은 바로 모든 악의 유모입니다. 이것은 어떤 일을 할 때 맞게 하는지 틀리게 하는지 전혀 신경 쓰지 않는 것입니다. 이런 두 가지 죄의 구원책에 대해 어떤 현인은 이렇게 말했습니다.

"하느님을 두려워하는 사람은 해야 할 일을 게을리하지 않는다."

하느님을 사랑하는 사람은 그분을 즐겁게 해 드리기 위해 온 힘을 다해 자신을 선행에 바칩니다.

다음에 오는 것은 안일입니다. 이것은 모든 해악의 문입니다. 안일하게 사는 사람은 벽 없는 집과 같습니다. 악마가 아무 방향에서나 마음대로 들어와, 무방비한 그에게 유혹의 화살을 사방에서 쏘아 댈 수 있기 때문입니다. 안일은 모든 사악한 생각과 말다툼과 하찮은 것과 오물이 모인 하수구입니다. 천국은 일하는 사람에게 있지 게으른 사람에게는 없습니다. 다윗은 "게으른 사람들은 노동하지도 채찍질을 당하지도 않을 것이다"라고 말했습니다. 이는 연옥에 있는 사람들을 가리키는 것입니다. 회개하지 않으면 지옥에서 악마에게 괴롭힘당할 것입니다.

다음은 느림이라고 부르는 죄입니다. 이는 하느님의 일에 빨리 하지 않고 꾸물대는 것을 말합니다. 이것은 대단히 어리석은 죄입니다. 이런 사람은 구덩이에 빠지고도 일어나려고 하지 않는 사람과 같습니다. 이 죄는 장수하리라는 그릇된 희망에서 생깁니다. 하지만 그런 희망은 쉽게 깨집니다.

뿐만 아니라 비정함도 있습니다. 이것은 좋은 일을 시작했다가 금방 포기하는 것입니다. 비정한 사람은 돌봐야 할 사람이 있는데도 뭔가 마음에 들지 않거나 문제가 생기면 금방 신경을 꺼 버립니다. 이런 사람들은 가시덤불에 늑대가 숨어 있는 줄 알면서도 자기 양들을 그쪽으로 몰거나 감독을 게을리하는 풋내기 양치기와 같습니다. 바로 여기에서 내세적인 것과 현세적인 것 모두에 빈곤과 파멸이 생깁니다.

그밖에 사람의 마음을 꽁꽁 얼어붙게 만드는 일종의 냉담함이며, 불신앙을 들 수 있습니다. 성 베르나르두스가 말하듯이, 이런 사람은 눈이 멀고 영혼도 대단히 무기력해져서 거룩한 교회에서 성서를 읽지도 성가를 부르지도 못하게 됩니다. 미사에 참석하는 일도, 거기에 대해 고민하는 일도 없어지며, 자연스레 선행에 참여하는 일도 없어집니다. 그 결과, 그 사람에게는 선행이 의미 없고 고리타분한 일이 됩니다. 그러면 그 사람은 나른하고 졸린 사람이 되고, 툭하면 화를 내고 증오와 질투에 쉽게 사로잡히게 됩니다.

다음에 오는 것은 비애라 불리는 속세의 슬픔이라는 죄입니다. 성 바오로가 말씀하시듯이, 이것은 사람을 죽일 수도 있습니다. 이런 슬픔은 영혼과 육체를 죽입니다. 슬픔에 젖은 사람은 자기 존재에 혐오감을 느끼기 때문입니다. 따라서 이런 슬픔을 느끼는 사람은 자연스러운 죽음이 다가오기 전에 종종 자기의 목숨을 끊는 경우도 있습니다.

나태의 죄에서 구원받는 법

나태라는 무서운 죄와 거기에서 파생되는 여러 죄에 반대되는 것에는 '강건함'라는 미덕이 있습니다. 이것은 독을 퍼트리는 사람을 경멸하는 성질입니다. 이 미덕은 매우 강력해서 사악한 위험에 용감하게 대항하고, 그것으로부터 현명하게 몸을 보호하며, 악마의 공격에 대항해서 싸웁니다. 나태가 영혼의 힘을 약하게 하듯이, 이 미덕은 영혼을 고양시키고 강하게 해 줍니다. 이 강건함이라는 덕을 지니고 있으면 오랜 인내의 연단으로 합당한 수고를 견딜 수 있게 됩니다.

이 미덕에는 여러 가지가 있습니다. 첫째는 대범함, 즉 용감한 마음입니다. 나태가 비탄의 죄를 통해 영혼을 갉아먹거나 절망을 통해 영혼을 파괴하지 않도록, 나태를 이기려면 용감한 마음이 필요합니다. 이 미덕은 사람들이 어렵고 힘든 일들을 자발적으로 그리고 현명하고 합리적으로 할 수 있게 합니다. 악마는 힘보다는 교활한 계략으로 인간과 싸우려고 하므로, 악마에게는 지혜와 이성과 분별력을 바탕으로 맞서야 합니다. 또한 끝까지 실천하겠다고 굳게 결심한 선행을 이루려면 하느님과 성자들에 대한 희망에 찬 믿음이 필요합니다.

그리고 확신입니다. 이는 선행에 수반되는 어떠한 어려움도 두려워하지 않는 것입니다. 다음에 오는 것은 위대한 선행을 수행할 때 가져야 할 넓은 마음입니다. 바로 이것이 선행을 베풀 수 있는 방향입니다. 위대한 선행을 베푸는 자체가 커다란 보상이기 때문입니다. 이어서 굳은 절개가 있습니다. 이것은 변하지 않는 마음이며, 마음과 태도, 표정, 말과 행동에 확고한 믿음으로 표현되어야 합니다. 그 밖에 다양한 행동 속에도, 지옥의 고통과 천국의 기쁨을 생각할 때도, 성령의 은총을 믿을 때도 나태에 대항하는 보다 많은 특별한 구원책이 있습니다. 바로 이것이 선행을 베풀게 하는 힘을 줍니다.

탐욕에 대하여

다음에는 탐욕과 욕심에 대해 알아보겠습니다. 이 죄에 대해 성 바오로는 〈티모테오서〉 6장에서 "모든 악의 뿌리"라고 말했습니다. 마음이 어지럽고 혼란해져 하느님 안에서 영혼의 위로를 찾지 못하게 되면, 인간은 속세에서 헛되이 위안을 찾으려고 합니다.

성 아우구스티누스의 기술에 따르면, 탐욕이란 속세의 재물을 소유하려는 욕망입니다. 또 어떤 사람들은 말합니다.

"탐욕은 속세의 수많은 재물을 사들일 뿐, 정말로 필요한 사람들에게는 아무것도 베풀지 않는 것이다."

여러분은 탐욕과 욕심은 토지나 재산을 소유하려는 것뿐만 아니라, 지식이나 명예를 비롯하여 그 밖의 온갖 것을 지나치게 소유하려는 것임을 알아야 합니다. 탐욕과 욕심의 차이는 다음과 같습니다. 욕심은 자기가 소유하지 않은 것을 가지려는 것이고, 탐욕은 소용도 없으면서 소유물을 움켜쥐고 놓지 않는 것입니다. 그러므로 탐욕은 비난 받아 마땅한 죄입니다. 모든 성서가 탐욕을 저주받을 죄로 간주하고 그 죄를 금하고 있습니다. 그것은 곧 예수 그리스도를 거스르는 죄입니다. 탐욕은 우리가 그리스도에게 빚진 사랑을 그 사람에게서 빼앗고 그 사랑을 모든 이성(理性)에서 등지게 하며, 욕심 많은 사람에게 예수 그리스도보다는 자기 재산에 더 많은 희망을 품게 하고, 예수 그리스도를 섬기기보다는 자기 재산을 지키는 데 더 많은 정성을 쏟게 합니다. 그래서 성 바오로는 〈에페소서〉 5장에서 "탐욕스러운 자는 우상숭배의 노예"라고 말씀하십니다.

우상숭배자와 탐욕스러운 자의 차이는, 우상숭배자가 한두 개의 우상을 떠받드는 데 비해 탐욕스러운 자는 수많은 우상을 떠받든다는 것뿐입니다. 탐욕스러운 자에게는 금고 안에 있는 금화 한 닢 한 닢도 소중하여 우상이 됩니다.

우상숭배의 죄는 하느님이 십계명에서 가장 먼저 금하신 것입니다. 〈탈출기〉 20장을 읽어 보면 분명하게 나와 있습니다.

"너희는 내 앞에서 거짓 신을 모시지 말 것이며, 어떤 것이든지 그 모양을 본떠 새긴 우상을 섬기지 말라."

이렇게 하느님보다 자기 재물을 탐하는 사람은 바로 이 사악한 탐욕의 죄 때문에 우상숭배자가 됩니다.

욕심은 가혹한 지배자들을 탄생시키며, 이로 인해 백성들은 의무보다 부당하리만치 많은 세금이며 부과금, 고된 부역 등에 시달립니다. 또한 그런 지배자들은 농노들에게서 벌금을 거둬 가는데, 그것은 벌금이라기보다는 차라리 착취라고 부르는 편이 옳을 것입니다. 몇몇 영주의 집사는 농노들이 내는 벌금이나 배상금이 정당하다고 말합니다. 하층민은 주인의 소유가 아닌 그 어떤 재산도 가져서는 안 된다는 이유에서입니다. 그러나 이런 지배자들은 농노에게 주지 않은 것을 빼앗아 간다는 점에서 악행을 저지르고 있습니다. 성 아우구스티누스는 《신국론》 9권에서 이렇게 말했습니다.

"종이 되는 가장 큰 원인은 죄이다(〈창세기〉 9장). 그러므로 사람을 노예로 만드는 것은 죄이지 출신 때문이 아님을 알 수 있을 것이다."

그러므로 영주들은 자신들의 주권을 지나치게 과시해서는 안 됩니다. 그들이 좋은 가문에서 태어났다고 농노를 지배하는 것이 아니라, 노예는 죄를 지은 결과로 되는 것이기 때문입니다. 법전에는 농노들이 지닌 속세의 재산은 주인에게 속한다고 적혀 있는데, 이 말은 제왕들의 재산에 대한 언급으로 이해하여야 합니다. 즉, 제왕은 농노들의 재산권을 보호해 주는 의무만 있을 뿐, 그것을 훔치거나 빼앗을 권리는 없다는 뜻입니다. 이런 까닭으로 세네카는 "현명하다면 너의 노예들과 사이좋게 살아야 한다"고 말했습니다. 여기서 '너의 노예'란 하느님의 백성을 뜻합니다. 마음이 겸허한 사람들은 그리스도의 친구입니다. 즉, 주님과 친하게 지내는 사람들입니다.

하층민의 씨나 주군의 씨나 모두 똑같다는 사실을 염두에 두십시오. 마찬가지로 구원을 받는 데에도 하층민이나 주군이 다르지 않습니다. 또한 하층민이나 주군이나 죽음을 피할 수 없기는 마찬가지입니다. 그러므로 당신이 주인의 위치에 있다면, 당신이 주인에게 받고 싶은 만큼 당신의 노예들을 대우해 주십시오. 모든 죄인은 죄의 노예입니다. 그러니 주인들에게 충고합니다. 노예들이 당신을 두려워하기보다는 사랑할 수 있도록 그들을 잘 대해 주십시오. 물론 신분에는 저마다 다른 계층이 있다는 사실은 나도 알고 있으며 그에 걸맞은 의무를 다하는 것은 당연한 이치입니다. 그러나 하인을 착취하거나 멸시하는 것은 비난받아 마땅한 행동입니다.

한편 정복자나 폭군들은 자기들처럼 왕족의 핏줄로 태어난 사람들까지 종종 노예로 삼는다는 사실을 아셔야 합니다. 이 '노예'라는 말은 노아가 자신의 손자 가나안에게 죗값으로 형제들의 노예가 되라고 명령하기 전까지는 없던 명칭이었습니다. 그럼 거룩한 교회를 제멋대로 약탈하고 착취하는 자들을 우리는 뭐라고 불러야 할까요? 방금 기사로 임명된 자에게 칼을 내리는 것은 거룩한 교회를 지키라는 뜻이지 거룩한 교회를 도둑질하고 약탈하라는 뜻이 아닙니다. 이렇게 행동하는 사람은 그리스도를 배반하는 자입니다. 성 아우구스티누스는 "예수 그리스도의 양들을 목 졸라 죽이는 자는 악마가 조종하는 늑대다"라고 말하셨습니다. 그러나 거룩한 교회를 약탈하는 자들은 늑대보다도 못한 사람들입니다. 늑대는 배가 부르면 양들을 잡아먹지 않지만, 거룩한 교회의 재산을 약탈하고 파괴하는 자들은 멈출 줄 모르고 계속해서 도둑질을 합니다.

이미 말했듯이, 죄는 우리를 노예로 만드는 최초의 원인입니다. 그러므로 온 세계가 죄로 덮이는 그날 이 세상은 노속과 복종의 세계가 될 것입니다. 그러나 은총의 순간이 다가오자 하느님은 어떤 사람들에게는 높은 지위와 신분을 주시고 어떤 사람들에게는 낮은 지위와 신분을 주시어 각자 자신의 지위와 신분에 맞게 대접받도록 정하셨습니다. 그래서 노예를 사고파는 몇몇 지역에서는 노예가 그리스도 교인이 되면 노예 신분에서 해방시켜 줍니다. 종이 주인의 덕을 보듯이, 주인도 종의 덕을 보고 있습니다.

교황은 자기 자신을 하느님의 노예 가운데 가장 천한 노예라고 부릅니다. 그러나 하느님이 지위가 높은 사람과 낮은 사람을 구분하지 않으셨다면 거룩한 교회의 지위도 보호되지 못했을 것입니다. 공공의 이익도 유지되지 못했을 것이며, 지상에 평안도 없을 것입니다. 그러므로 하층민과 신하들을 순리에 맞게 최대한 유지하고 보호하라고 주군이 정해진 것이지 그들을 무참히 죽이고 괴롭히라고 정해진 것이 아닙니다. 그러므로 무자비하고 한없이 가난한 사람들의 소유물과 재산을 착취하는 늑대 같은 주군들은 뉘우치지 않는 한 자신들이 가난한 사람들에게 베푼 꼭 그만큼의 자비를 예수 그리스도에게 받게 될 것입니다.

그럼 이제는 상인들의 속임수에 대해 말하겠습니다. 여러분은 거래에는 두 종류가 있다는 것을 이해해야 합니다. 하나는 물질의 거래이고, 다른 하나는 영혼의 거래입니다. 첫 번째 것은 합법적인 거래지만, 두 번째 것은 불법적이며 부정한 거래입니다. 합법적이며 정당한 물질의 거래는 이런 것입니다. 즉, 하느님께서 어떤 왕국이나 지역에 풍요로운 물자를 선물하셨을 때 그 나라가 그 부로써 다른 가난한 나라들을 돕는 것은 정당하고 합법적인 일입니다. 이때 한 지역에서 다른 지역으로 상품을 날라 주는 상인이 필요합니다.

그러나 사기와 책략과 속임수와 기만과 거짓 맹세로 이루어지는 또 다른 거래는 저주받아 마땅합니다. 정확히 말하자면, 하느님과 관련된 거래는 성직 매매입니다. 즉, 하느님의 성소에 속한 것이나 영혼 구원에 대한 것 등 영적인 것을 돈으로 사려는 열렬한 소망입니다. 어떤 사람이 끈질기게 이런 욕망을 실현시키려고 한다면, 그 결과 얻는 것이 아무것도 없을지라도 무거운 죄를 짓는 셈입니다. 또한 성직에 임명된다면 그것은 명백한 불법 행위입니다.

성직 매매(simony)는 시몬 마구스의 이름에서 유래한 것으로, 그는 하느님이 성령을 통해 성 베드로와 사도들에게 주셨던 선물을 속세의 재산으로 사려고 했던 것입니다. 그래서 영적인 것을 사고파는 사람을 성직 매매자라고 부르는 것입니다. 그 거래가 속세의 재물에 의해 이루어지건, 책동에 의해 이루어지건, 속세에 있는 친구나 성직에 있는 친구들의 현세적인 부탁에 의해 이루어지건 모두 성직 매매입니다.

세속에 있는 친구에는 두 종류가 있습니다. 하나는 친척들이고 다른 하나는 친구들입니다. 만일 자격도 없고 능력도 없는 사람을 위해 청탁하여 그 사람이 성직을 맡게 된다면 이것은 성직 매매입니다. 그러나 자격도 있고 능력도 있는 사람이라면 굳이 성직 매매라고 볼 수 없습니다. 또 다른 종류는 남녀를 불문하고 그 사람에게 품은 사악한 육체적 애정만을 위해 그 사람의 승진을 청탁하는 경우입니다. 이것은 추잡한 성직 매매입니다. 교회 의식에 봉사하는 사람들에게 그 대가로 영적인 것을 주는 것은 그 봉사가 정직할 때에 한해야 하며, 어떠한 물품 거래도 있어서는 안 되고, 성직을 받는 사람은 그럴 만한 자격이 있어야 합니다.

성 다마수스*[11]는 "이 세상에서 저지른 모든 죄는 성직 매매의 죄에 비하면 아무것도 아니다"라고 말합니다. 성직 매매는 이 세상에서 루시퍼와 반그리스도 다음으로 큰 죄입니다. 이런 죄를 지음으로써 부적절한 자들에게 교회를 넘긴 사람들 때문에 하느님께서 교회와 자신의 고귀한 피로 구한 영혼을 잃게 되시기 때문입니다. 그들은 예수 그리스도의 영혼을 훔치고, 주님의 세습 재산인 교회를 파괴하는 도둑을 성직에 앉혔습니다. 이렇게 자격 없는 신부와 교구 사제들 때문에 평신도들은 그리스도의 아들들을 몰아내고 교회에 악마의 자식을 들였습니다. 그들은 어린양들이 지켜야 할 영혼을 그들을 죽이는 늑대에게 팔았습니다. 그러므로 그들은 어린양들의 목장, 즉 천국의 축복을 영원히 누릴 수 없을 것입니다.

다음에 오는 것은 주사위놀이나 도구를 사용한 노름의 죄입니다. 바로 여기에서 속임수, 거짓 맹세, 욕설, 온갖 강탈, 신성모독, 하느님에 대한 부정, 이웃에 대한 증오, 재물과 시간의 낭비가 생기며, 때로는 살인까지 일어납니다. 노름꾼들은 습관적으로 도박을 하는 동안 중대한 죄를 짓는 것입니다. 탐욕에서도 거짓말, 도둑질, 거짓 증언, 거짓 맹세가 생깁니다. 앞에서 말했듯이, 이 모든 것은 중대한 죄이며 하느님의 계명을 정면으로 위반하는 짓입니다. 거짓 증언은 말과 행동으로 행해집니다. 말로 하는 거짓 증언은 이웃의 명성을 해하여 그의 재산과 유산을 빼앗는 것입니다. 화가 났다거나 뇌물을 받았다거나 질투가 난다고 해서 위증하거나, 그 위증을 들이밀며 남을 고소하거나 변호하거나 자기 자신을 변호하는 것입니다. 배심원과 서기 여러분은 조심하십시오!

수잔나*[12]는 거짓 증언으로 말미암아 엄청난 슬픔과 고통을 겪었습니다. 수잔나 말고도 그런 사람은 많이 있습니다. 도둑질도 명백히 하느님의 계명을 어기는 죄입니다. 이 죄는 두 가지 방식으로 이루어집니다. 첫째는 물건

---

*11 로마 교황 다마수스 1세(336~384).
*12 성서외전 〈수잔나전〉 13장.

을 훔치는 것이고, 둘째는 영혼을 도둑질하는 것입니다. 물질적인 도둑질은 무력이나 속임수 또는 계량을 조작하여 강제로 이웃의 재물을 모조리 빼앗는 것입니다. 재산을 빼앗을 목적으로 허위 고발을 하거나 되돌려 줄 생각도 없이 이웃의 재산을 빌리는 것도 해당됩니다. 신성모독, 즉 성스러운 물건이나 그리스도에게 봉헌된 것들을 해하는 행위는 영혼의 도둑질입니다. 여기에는 두 가지가 있습니다. 먼저 성당이나 묘지와 같이 거룩한 장소에서 행해지는 것입니다. 이런 곳에서 저질러지는 극악무도한 죄는 모두 신성모독에 해당됩니다. 이런 곳에서 저질러지는 모든 폭력과 신성한 교회에 속하는 권리를 교활한 방법으로 빼앗는 사람들도 마찬가지입니다. 쉽게 말하자면, 신성모독은 신성한 장소에서 신성한 물건이나 세속적인 물건을 빼앗는 행위, 또는 세속적인 장소에서 신성한 것을 빼앗는 행위입니다.

탐욕의 죄에서 구원받는 법

여러분은 탐욕의 구원책은 자비이며, 그것은 넓은 의미에서 온정임을 알아야 합니다. 어떤 사람은 왜 자비와 온정이 탐욕에서 우리를 구원하느냐고 물을 것입니다. 욕심 많은 사람은 가난한 사람에게 자비나 온정을 베풀지 않습니다. 그런 사람은 그리스도를 믿는 사람들을 도와 주고 구하는 대신 자기의 재물을 지키는 데만 관심이 있습니다.

먼저 자비에 대해 말하겠습니다. 어느 철학자가 말하듯이, 자비란 슬픔에 빠진 사람의 고통을 보았을 때 마음이 움직이는 미덕입니다. 이런 자비로 말미암아 온정이 싹트고 자비로운 선행을 하게 됩니다. 이것은 인간을 예수 그리스도의 자비로 이끕니다. 그리스도는 우리의 죄 때문에 자신을 희생하셨고, 우리를 불쌍히 여겨 죽음을 감수하셨으며, 우리의 원죄를 용서하셨습니다. 이렇게 예수 그리스도는 지옥의 고통에서 우리를 해방시키셨으며, 참회를 통해 연옥의 고통을 덜어 주셨고, 우리에게 은총을 내리시어 착한 일을 하게 만드셨으며, 마침내는 우리가 하늘의 영광을 누릴 수 있도록 하셨습니다.

자비에는 다음과 같은 것이 있습니다. 즉, 남에게 재물을 빌려 주거나 주는 일, 용서하는 일, 해방시켜 주는 일, 같은 그리스도 교도의 불행을 진심으로 동정하는 일, 필요할 때 훈계하는 일입니다. 탐욕의 또 다른 구원책은 적당한 너그러움입니다. 그러나 여기에서는 예수 그리스도의 은총과 속세의 재물과 그리스도가 우리에게 주신 영원한 재산을 염두에 두어야 합니다. 언제, 어디서, 어떻게 죽을지는 모르지만 언젠가는 죽어야 한다는 사실도 명심하고, 좋은 일에 쓸 것만을 남기고 나머지 재산은 모두 버려야 합니다.

그러나 세상에는 자제할 줄 모르는 사람들이 있습니다. 그런 사람들은 분별없는 사치를 피해야 합니다. 즉, 낭비를 피해야 합니다. 분별없이 퍼주는 사람은 자기 재산을 남에게 빌려주는 것이 아니라 잃는 것입니다. 자기의 명성을 널리 알리고 싶다는 강한 허영심에서 한량 등에게 뭐든지 다 퍼주는 사람은 자선을 행하는 것이 아니라 죄를 짓는 것입니다. 자기 재산을 선물로 주면서 죄만 구하는 사람은 자신의 재산을 헛되이 잃는 것입니다. 이런 사람은 맑은 샘물을 거부하고 더럽고 탁한 물을 마시려는 말과 같습니다. 정작 주지 말아야 할 곳에 재물을 준 사람들은 심판 날에 그리스도께서 지옥에 던져질 자들에게 내리실 저주를 받아 마땅한 자들입니다.

탐식에 대하여

탐욕 다음에는 탐식이 있습니다. 이것 역시 하느님의 계명을 거스르는 일입니다. 탐식은 무절제하게 먹고 마시려는 식욕입니다. 또는 먹을 것에 대한 무절제한 욕구나 끝없는 욕망에 완전히 따르는 것입니다. 아담과 이브의 죄가 분명히 보여 주듯이, 이 죄는 이 세상을 타락시켰습니다. 성 바오로가 탐식에 대해 한 말에도 유념해야 합니다. 그는 이렇게 말합니다.

"벌써 여러분에게 여러 번 일러 주었고 지금 또 눈물을 흘리며 말하는 바이지만, 그리스도의 십자가의 원수인 많은 사람이 살고 있습니다. 그들이 마지막에 갈 곳은 죽음입니다. 그들은 자기 뱃속을 하느님으로 삼으며, 그들의 영광은 이 세상의 모든 것을 먹어 치우려는 그들의 부끄러운 행위 속에 가려 있습니다."

탐식의 죄에 빠진 사람은 그 어떤 죄도 이겨낼 능력이 없습니다. 그는 모든 죄의 노예가 될 것입니다. 그가 몸을 숨기고 쉴 곳은 악마의 헛간이기 때문입니다. 이 죄에는 여러 종류가 있습니다.

첫 번째는 만취입니다. 이것은 인간 이성의 끔찍한 무덤입니다. 사람이 술에 취하면 이성을 잃게 되는데, 이는 중대한 죄입니다. 그러나 평소에 독한 술을 마시지 않아 술의 강도를 모르거나 의지가 약하거나 과로 때문에 평소와 달리 갑자기 술에 취했다면 결코 무거운 죄가 아니라 가벼운 죄입니다. 두 번째 종류는 술에 취해 지적 분별력을 잃고 흐트러지는 경우입니다. 세 번째 는 절제를 모르고 과식하는 경우입니다. 네 번째는 너무 많이 먹어서 체액의 균형이 깨지는 경우입니다. 다섯 번째는 너무 많이 마셔서 기억을 잃는 경우 입니다. 이로 인해 사람들은 종종 저녁에 한 일이나 전날 밤에 한 일을 다음 날 아침이면 까맣게 잊어버립니다.

성 그레고리우스는 폭식을 다른 기준으로 분류합니다. 첫째는 식사 시간 이 되기 전에 먹는 것입니다. 둘째는 아주 맛있는 음식을 자신을 위해 손에 넣는 것입니다. 셋째는 과식입니다. 넷째는 지나치게 신경 써서 식사를 만들 거나 준비하는 것입니다. 다섯 번째는 게걸스럽게 먹는 것입니다. 이 다섯 가지는 사람들을 죄로 이끄는 악마의 다섯 손가락입니다.

탐식의 죄에서 구원받는 법

갈레노스가 말하듯이, 탐욕의 구원책은 절제입니다. 하지만 나는 육체의 건 강만을 위해 절제하는 것은 칭찬받을 행동이 아니라고 생각합니다. 성 아우구 스티누스는 덕을 위해 끈기 있게 절제하기를 바라며 이렇게 말했습니다.

"절제는 좋은 의도로 하지 않으면, 또 인내와 자비심이 뒷받침되지 않으 면, 또는 하느님을 위해서 하지 않거나 하느님의 지복을 얻기 위해 하지 않 으면 가치가 없습니다."

절제의 친구는 절도입니다. 절도란 모든 것에 중용을 지키는 것을 말합니 다. 수치심도 친구입니다. 수치심은 추잡한 행동을 멀리 하게 합니다. 만족 할 줄 아는 것도 친구입니다. 이것은 사치스러운 식사와 술을 바라지 않으 며, 호사스러운 식사를 준비하지 않고 적당한 선에서 만족할 줄 아는 것입니 다. 절도도 친구입니다. 이는 이성을 통해 과도한 식욕을 억제하는 것을 말 합니다. 절주도 그렇습니다. 이것은 과도한 음주를 억제하는 것입니다. 신중 함도 마찬가지입니다. 이것은 식탁에 오래 앉아 있는 즐거운 기쁨을 억제하 는 것입니다. 세상에는 너무 오래 식사 시간을 들이지 않고 알아서 자제하는 사람도 있습니다.

간음에 대하여

탐식 다음에 오는 것은 간음입니다. 이 두 가지 죄는 대단히 가까워서 종종 서로 떨어지려 하지 않습니다. 하느님은 아시지만, 이 죄는 하느님에게 대단히 불쾌한 죄입니다. 하느님은 스스로 "간음하지 말라"고 말씀하시고, 이 죄를 엄히 벌하셨습니다. 여자 종이 이 죄를 지으면 몽둥이로 맞아 죽고, 신분이 높은 여자라면 돌에 맞아 죽어야 했습니다. 주교의 딸이라면 하느님의 계명에 따라 화형을 당해야 했습니다. 하느님은 이 간음의 죄로 인해 전 세계를 홍수에 잠기게 함으로써 다스리셨습니다. 그런 다음 다섯 마을을 번개로 불태우고 지옥에 떨어뜨리셨습니다.

다음에는 흔히 간통이라 불리는 역겨운 간음죄에 대해 더 자세히 말하겠습니다. 즉, 어느 한쪽 또는 양쪽이 기혼자일 경우입니다. 성 요한은 간통한 사람은 지옥불과 유황이 펄펄 끓는 연못에서 살게 되리라고 말했습니다. 불에 타는 것은 간음 때문이고, 유황에 던져지는 것은 코를 찌른 악취 때문입니다.

결혼 약속을 깨는 일은 무서운 일입니다. 예수 그리스도께서는 하느님께서 몸소 천국에서 만드시고 성 마태오가 복음서에서 증명했듯이 이를 확인해 주셨습니다.

"남자는 그의 부모를 떠나 아내에게 가서 한 몸이 되어야 한다."

이 결혼은 그리스도와 거룩한 교회를 하나로 묶었다는 것을 상징합니다. 하느님은 행위를 통한 간음만 금하신 것이 아니라 이웃 여자를 탐하지 말라고도 말씀하셨습니다. 이런 계명 속에서 성 아우구스티누스는 음란한 행위를 하려는 모든 음탕한 생각을 금하신 것이라고 설명합니다. 성 마태오는 복음서에서 이렇게 말씀하셨습니다.

"누구든지 여자를 보고 음란한 생각을 품는 사람은 벌써 마음으로 그 여자를 범한 것이다."

여기에서 우리는 간음의 행위뿐만 아니라 그런 욕망까지 금지되었음을 알 수 있습니다. 습관적으로 이 저주받을 죄를 짓는 사람은 큰 고통을 당하게 됩니다.

먼저 그의 영혼은 죽음의 고통을 영원히 받게 됩니다. 이 죄는 육체에도 큰 해를 끼칩니다. 그의 육체를 탈진시키고 체력을 소모시켜 파멸로 이끌어 자신의 피를 지옥의 악마에게 제물로 바치게 하기 때문입니다. 또한 이 죄는 재산을 탕진하게 합니다. 남자가 여자 때문에 재산을 탕진하는 것이 단순히 더러운 일이라면, 여자가 남자에게 자신의 재산을 쓰는 것은 악취나고 추잡한 일입니다. 어떤 예언자가 말하듯이, 이런 죄를 지으면 남녀를 불문하고 명예와 명성을 잃게 됩니다. 악마는 이런 것을 보면 매우 기뻐합니다. 간음한 사람을 통해 세상의 많은 사람을 정복할 수 있기 때문입니다. 상인이 가장 이문을 많이 남기는 거래를 좋아하듯이 악마는 이 악취를 좋아합니다.

간음죄는 사람들을 악으로 이끄는 다섯 손가락을 가진 악마의 또 다른 손입니다. 엄지는 미숙한 남녀의 어리석은 눈빛으로, 이것은 눈의 독기로 사람을 죽인 바실리크처럼 사람을 죽입니다. 눈에 담긴 욕망은 마음의 욕망을 비추기 때문입니다.

검지는 사악한 방법으로 이루어지는 더러운 접촉입니다. 솔로몬은 이렇게 말했습니다.

"여자에게 손을 대고 만지작거리는 자는 전갈을 만지는 자와 같다. 전갈은 자기를 건드리는 사람에게 독을 쏴서 즉사시킨다."

이는 뜨거운 역청을 만지면 손가락에 화상을 입는 것과도 같습니다. 중지는 음탕한 말입니다. 이것은 불과 같아서 즉시 사람의 마음을 불태웁니다.

약지는 입맞춤입니다. 뜨겁게 달아오른 냄비나 화덕에 입을 맞추는 자는 어리석기 짝이 없는 사람입니다. 그러나 더 미련한 사람은 악과 입을 맞추는 사람들입니다. 그 입은 지옥의 입이기 때문입니다. 특히 아무것도 할 능력이 없으면서 입을 맞추려고 애쓰고 추잡하게 구는 음탕한 늙은이들은 개와 마찬가지입니다. 개는 오줌이 마렵지 않더라도 장미 덤불이나 수풀을 지날 때면 다리를 번쩍 들고 오줌 누는 시늉을 합니다.

많은 사람이 자기 아내와의 관계는 쾌락을 위해서가 아니므로 죄가 아니라고 생각하지만, 그것은 잘못된 생각입니다. 하느님은 아시지만 사람은 자신의 칼로 스스로 베어 죽을 수도 있고, 자기 술통에 담긴 술을 마음껏 퍼먹을 수도 있습니다. 아내든 자식이든 어떤 세속적인 것을 하느님보다 사랑하게 되면 그것은 우상이 되며, 따라서 그는 우상숭배자입니다. 그러므로 우리는 신중하고 절제력 있게 인내심을 가지고 마치 아내가 누이인 것처럼 사랑해야 합니다.

악마의 다섯 번째 손가락은 구역질나는 간음입니다. 악마는 탐욕의 다섯 손가락을 인간의 뱃속에 집어넣고, 이번에는 간음의 다섯 손가락으로 인간의 허리를 휘어잡아 지옥의 화덕에 던져 버립니다. 거기서 인간은 영원히 꺼지지 않는 불과 벌레에 묻혀 울고 탄식하고 극심한 굶주림과 갈증에 허덕이면서, 쉴 새 없이 그리고 끝없이 그들을 짓밟는 악마의 공포에 시달려야 합니다.

아까도 말했듯이 간음에서 여러 죄악이 생겨납니다. 이를테면 결혼하지 않은 남녀 사이의 간음입니다. 이것은 무거운 죄이며, 자연을 거스르는 행위입니다. 자연의 이치를 거스르는 모든 것은 자연의 적이자 파괴자입니다. 이 죄가 무거운 죄임을 인간의 이성은 스스로 잘 알고 있으니, 그것은 하느님께서 간음을 금하셨기 때문입니다. 성 바오로는 무거운 죄를 지은 사람들에게는 그 죄에 걸맞은 천국을 주셨습니다.

간음의 또 다른 죄는 처녀의 순결을 앗아가는 행위입니다. 이 죄를 저지른 사람은 처녀를 이 세상의 가장 높은 지위에서 떨어뜨리고, 성서에서 '백 배의 과일'이라고 말하는 소중한 열매를 빼앗는 자입니다. 이 죄를 짓는 사람은 헤아릴 수도 없이 많은 해악의 근원이 됩니다. 이런 사람은 울타리와 담장을 부수고 들어와 돌이킬 수 없는 피해를 주는 들짐승과 같습니다. 몸에서 떨어져 나간 팔을 다시 몸에 붙여 자라나게 할 수 없듯이 순결은 되돌릴 수가 없습니다. 물론 그 처녀는 회개로써 용서받을 수 있지만, 순결은 절대로 되찾을 수 없습니다.

지금까지 간통에 대해 몇 가지 이야기했는데, 여러분이 이 추악한 죄를 피할 수 있도록 간통으로 말미암아 생기는 더 많은 위험에 대해 말하는 편이 좋을 것 같습니다. '간통'이란 말은 라틴어로는 외간남자의 침소에 다가간다는 뜻입니다. 그렇게 되면 전에는 한 몸이었던 사람들이 다른 사람에게 자신의 육체를 맡기게 됩니다.

어느 현자가 말했듯이, 이 간통의 죄에서 수많은 폐단이 생겨납니다. 먼저, 그리스도교의 열쇠가 담긴 신앙이 깨집니다. 그 신앙이 깨지고 사라지는 날, 그리스도교는 쓸모없는 땅이 되어 아무런 열매도 맺지 못하게 됩니다. 이 죄는 절도이기도 합니다. 일반적으로 절도는 어떤 사람에게서 강제로 무엇을 빼앗는 행위입니다. 그런데 여자가 남편에게서 자기 몸을 훔쳐 자신을 더럽히는 간통자에게 내맡기고, 그리스도에게서 자기 영혼을 훔쳐 악마에게 내맡기는 행위는 그 무엇과도 비할 수 없는 더러운 절도죄입니다. 이것은 교회로 쳐들어가 성배를 훔치는 것보다 추잡한 도둑질입니다. 간통자들은 영적으로 하느님의 성전에 쳐들어가 은총의 잔, 즉 육체와 영혼을 훔치기 때문입니다. 성 바오로가 말했듯이, 그리스도는 그런 죄를 지은 사람들을 파멸시킬 것입니다. 요셉*13은 주인의 아내가 유혹해 왔을 때 이 절도죄가 너무 두려워 이렇게 말했습니다.

"마님, 제 스승님은 모든 재산을 완전히 지키라고 저에게 맡기셨는데, 그 소유물 가운데 제 권한이 미치지 못하는 것은 그분의 부인이신 당신뿐입니다. 그런데 제가 어떻게 감히 그런 악행으로 하느님과 스승님을 거스르는 끔찍한 죄를 저지를 수 있겠습니까? 하느님은 그런 것을 결코 허락하지 않으십니다!"

아! 불행히도 요즘 세상에는 이런 정절을 찾아보기 어렵습니다.

세 번째 악은 하느님의 율법을 깨고, 혼인을 주례하신 그리스도를 욕되게 하는 것입니다. 혼인 성사는 아주 고귀하고 엄숙한 것입니다. 따라서 그것을 깨는 것은 더욱 무거운 죄입니다. 하느님을 섬길 사람들을 번식시키기 위해 하느님은 낙원에서 죄 없이 깨끗한 상태에 있던 아담과 이브를 결혼시키셨습니다. 따라서 혼인을 깨는 일은 더욱 큰 죄입니다. 깨진 결혼에서 종종 거짓 상속자들이 나타나 부당하게 남의 재산을 가로챕니다. 그래서 그리스도는 착한 사람들의 유산인 하늘나라에서 그들을 추방하십니다.

또 많은 사람이 혼인 서약을 깨고서 자신의 혈족과 부지중에 재혼하거나 죄를 짓게 됩니다. 자신의 오물을 배설하는 공중변소와 비교할 수 있는, 창녀들이 구름떼처럼 모인 사창가를 뻔질나게 드나드는 호색한들은 특히 그렇습니다. 그럼 매춘이라는 끔찍한 죄를 생계 도구로 내세워 창녀들에게 육체 관계로 받은 돈에서 일정량을 억지로 떼어가고, 때로는 자기 아내나 자식에게까지 매춘을 강요하는 포주들은 어떨까요? 의심할 여지도 없이 그런 것들은 흉악한 죄인입니다.

여러분은 간음이 십계명 중 도둑질과 살인 사이에 들어 있다는 사실을 아

---

*13 〈창세기〉 89 : 819.

서야 합니다. 간음이야말로 육체뿐만 아니라 영혼까지도 빼앗는 가장 큰 도둑질이기 때문입니다. 또한 간음은 본디 하나로 만들어졌던 육체를 둘로 가른다는 점에서 살인과도 흡사합니다. 그래서 하느님의 옛 율법에 따라 간음한 자는 사형에 처해야 합니다. 그렇지만 예수 그리스도께서는 간음하다 들켜 당시 유대인의 법에 따라 돌에 맞아 죽을 처지에 놓인 여인에게 이렇게 말씀하셨습니다.

"가라 그리고 이제부터 다시는 죄를 짓지 말라."

간음에 대한 벌로 정해진 것은 지옥의 고통입니다. 그러나 참회하고 새로운 삶을 사는 사람은 그런 벌을 받지 않습니다. 이 저주받을 죄에는 더 많은 종류가 있습니다. 예를 들어 죄지은 사람 가운데 한둘이 교단에 속했거나 보조사제, 부제, 사제 또는 종교기사단의 단원과 같은 성직자일 경우입니다.

이때 성직의 지위가 높을수록 죄는 무거워집니다. 특히 그 죄를 더욱 무겁게 하는 것은 그들이 성직에 오를 때 했던 순결 서약을 깨뜨렸다는 것입니다. 진실로 말하건대, 성직은 하느님의 모든 보물 중에서도 으뜸가는 것입니다. 또한 그것은 하느님께서 그들의 순결을 증명한다는 특별한 표시이며, 그들이 이 세상에서 가장 귀중한 생명인 정절과 인연을 맺었다는 증거입니다. 이런 성직자들은 특별히 하느님께 몸을 바친 사람들이며, 하느님의 특별한 가족입니다. 따라서 중대한 죄를 지었을 때는 하느님과 그 백성들을 배신한 셈이 됩니다. 그들은 백성들을 위한 기도와 그 백성들로 말미암아 살아가기 때문입니다. 그들이 이런 배신자로 있는 한 그들의 기도는 백성들에게 아무런 이익도 가져다 주지 못합니다.

사제는 성직의 권위가 있기에 하느님의 종인 것입니다. 악마는 스스로 빛의 천사로 가장할 수 있다고 성 바오로는 말했습니다. 무거운 죄를 지은 사제는 빛의 천사로 가장한 어둠의 천사와 비교할 수 있습니다. 즉, 빛의 천사처럼 보이지만 실제로는 어둠의 천사인 것입니다. 이런 사제들은 〈열왕기〉에 나오는 엘리의 아들이며, 악마 벨리알의 자식입니다. '벨리알'이란 '속박받지 않는'이란 뜻입니다. 실제로 이런 사제들은 그렇게 행동합니다. 목초지에서 마음에 드는 암소를 닥치는 대로 취하는 고삐 풀린 황소처럼, 그들은 자신들이 어떤 멍에에도 매이지 않은 자유로운 몸이라고 생각합니다. 그들은 그런 태도로 여자를 대합니다.

고삐 풀린 황소 한 마리가 목초지 전체를 쑥대밭으로 만들듯이, 타락한 사제 한 명이 있으면 교구 전체, 아니 그 지방 전체가 타락하고 맙니다. 성서에도 적혀 있듯이, 이런 사제들은 신도들에게 사제로서의 임무를 수행하지도 않으며 하느님을 알지도 못합니다. 성서에는 그런 사제들이 신도들이 바친 삶은 고기에 만족하지 않고 강제로 날고기를 빼앗아 먹었다고 나옵니다. 그처럼 이런 타락한 사제들은 신도들이 공손하게 바치는 굽거나 삶은 고기에 만족하지 않고, 그들의 아내나 딸이라는 혈육의 날고기를 먹고 싶어합니다.

사제의 음탕한 요구에 응한 여자들도 그리스도와 거룩한 교회와 모든 성인과 모든 영혼에 큰 죄를 짓는 것입니다. 그녀들은 그리스도와 거룩한 교회를 숭배하고 그리스도 교인들의 영혼을 위해 기도해야 하는 사제들이 그런 일들을 못하게 만듭니다. 그러므로 이런 사제들과 그들의 음욕에 응한 정부들은 회개할 때까지 그리스도 교회재판소의 저주를 받게 됩니다.

간음의 세 번째 종류는 남편과 아내 사이에서 일어납니다. 성 제롬이 지적하듯이, 육체적 결합의 참뜻을 생각하지 않고 단순히 쾌락을 즐기기 위해 사랑을 나누는 경우입니다. 사람들은 결혼을 했으니 사랑을 나누는 것은 합법적이라고 생각합니다. 그러나 천사 라파엘이 토비아스에게 말했듯이, 악마는 이런 사람들에게 이미 큰 영향력을 끼치고 있습니다. 육체관계를 맺을 때 그들은 마음속으로 예수 그리스도를 멀리하고 오로지 불순한 행위에 전념하기 때문입니다. 네 번째 종류의 간음은 근친상간 또는 아버지나 친척과 간음을 저지른 여인과 잠자리를 함께하는 것입니다. 이런 죄를 지은 사람은 친족이든 아니든 가리지 않고 교접하는 개와 다를 바 없습니다.

친족관계에는 두 가지가 있습니다. 영적인 관계와 육체적인 관계입니다. 영적인 관계란 대부가 자신이 보호해야 할 대자와 관계하는 것입니다. 자식을 낳은 사람이 그 아이의 육체적 부모인 것처럼, 대부는 대자의 영적인 아버지이기 때문입니다. 그러므로 여자가 자기의 대부와 관계를 맺는다면 그것은 자신의 육체적인 형제와 관계한 것 못지않은 중대한 죄입니다.

다섯 번째 종류는 그 누구도 입에 담아서도 글로 써서도 안 되는 끔찍한 죄입니다. 그렇지만 이 죄는 성서에 명확하게 쓰여 있습니다. 남녀를 불문하고 모든 사람은 이 역겨운 죄를 다양한 의도와 여러 가지 방법으로 저지르고 있습니다. 비록 성서는 이 끔찍한 죄를 다루고 있지만, 그렇다고 성서가 더럽혀지는 일은 없습니다. 빛나는 태양이 분노더미에 더럽혀지지 않는 것과 같은 이치입니다. 또 다른 간음의 죄는 잠자는 동안에 일어납니다.

이 죄는 동정(童貞)이나 타락한 사람들에게 종종 일어납니다. 이 죄를 흔히 자위행위라고 부르는데, 여기에는 네 가지가 있습니다. 첫 번째는 체액이 과도해서 몸이 허약해져 일어나고, 두 번째는 의사들이 말하는 것처럼 몸의 기능을 유지하는 능력이 떨어져서 허약해져 일어나고, 세 번째는 과식이나 과음으로 병이 났을 때 일어나고, 마지막 네 번째는 취침 때 마음에 깃든 사악한 생각에서 일어납니다. 이런 생각은 반드시 죄를 부릅니다. 그러므로 우리는 이런 큰 죄를 짓지 않도록 우리 몸을 현명하게 관리해야 합니다.

간음의 죄에서 구원받는 법

다음에 오는 것은 간음에서 구원받는 법입니다. 그것은 일반적으로는 정절 또는 금욕입니다. 이것들은 육욕에서 오는 방탕한 충동을 억제합니다. 이 죄의 뜨거운 사악한 정욕을 가장 잘 제어하는 사람은 그만큼 더 큰 보상을 받게 될 것입니다. 이 제어에는 두 가지가 있습니다. 즉, 결혼 생활 중의 정절과 배우자를 잃은 뒤의 정절입니다. 결혼이란 두 남녀가 죽는 날까지 떨어질 수 없다는 맹세를 성사를 통해 받는 합법적인 결합입니다. 이것은 성서에서 말하듯이 매우 중대한 성사입니다. 앞서도 이야기했듯이, 하느님은 낙원에서 결혼을 주관하셨고, 그 자신도 결혼을 통해 태어나시기를 원하셨습니다. 그리고 결혼을 거룩하게 하시기 위해 몸소 결혼식에 참석하셔서 물을 포도주로 바꾸셨습니다. 이것은 하느님이 이 지상에서 그의 제자들에게 보여 주신 첫 번째 기적이었습니다.

결혼의 진정한 의미는 간음을 없애고, 거룩한 교회를 순결한 혈통의 자손으로 가득 채우는 것입니다. 바로 이것이 결혼의 목적이며, 혼인한 남녀의 무거운 죄를 가벼운 죄로 바꿔 주고 그들의 몸과 마음을 하나로 만들어 줍니다. 이것이 죄가 생기기 이전, 자연의 법칙이 낙원에서 올바른 상태에 있었던 시절에 하느님께서 정하신 진정한 결혼입니다. 또한 한 남자는 한 여자만을, 한 여자는 한 남자만을 가지라고 정하셨는데, 성 아우구스티누스가 말하듯이 여기에는 여러 이유가 있습니다.

먼저 결혼은 그리스도와 거룩한 교회의 결합을 상징하기 때문입니다. 다음으로 남자는 여자의 머리이기 때문입니다. 이것은 하느님의 율법에 정해져 있습니다. 여자가 한 남자 이상을 갖게 되면 한 개 이상의 머리를 갖는 셈입니다. 이것은 하느님이 보시기에 끔찍스러운 죄입니다. 또한 여자는 동시에 수많은 남자를 기쁘게 해 줄 수 없는 법입니다. 동시에 수많은 남자를 갖는다면 그 남자들 사이에는 평화도 평정도 사라질 것입니다. 각자 그 여자가 자기 것이라고 외치게 될 것이기 때문입니다. 그리고 아무도 자기 자식을 가려내지 못할 것이며, 누가 자기의 유산을 물려받아야 할지도 모르게 될 것입니다. 여자도 수많은 남자와 관계를 맺으면 남자들에게 그리 사랑을 받지 못할 것입니다.

다음 문제는, 남자는 자기 아내를 어떻게 대해야 하는가입니다. 특히 두 가지 관점에서 말하겠습니다. 즉, 그리스도가 최초로 여자를 만드셨을 때 말씀하신 인내와 공경입니다. 그리스도는 여자를 아담의 머리에서 만드시지 않았습니다. 여자가 너무 큰 주권을 요구해서는 안 되기 때문입니다. 여자가 권력을 쥐면 세상은 혼란에 빠지고 맙니다. 여기에 대해서는 굳이 예를 들 필요도 없을 것 같습니다. 우리가 날마다 경험으로 충분히 겪고 있기 때문입니다.

하느님은 아담의 다리로 여자를 만들지도 않으셨습니다. 여자가 너무 낮은 존재로 인식되지 않게 하기 위함이었습니다. 만일 그렇다면 여자가 참지 않을 것이 불 보듯 뻔했기 때문입니다. 하느님은 아담의 갈비뼈로 여자를 만드셨습니다. 여자는 남자의 동반자가 되어야 하기 때문입니다. 성 바오로가 말하듯이, 남편은 아내를 믿음과 진실을 지니고 사랑으로 대해야 합니다. 그리스도는 교회를 사랑한 나머지 죽음도 마다하지 않으셨습니다. 필요하다면 남편은 아내를 위해 그렇게 행동해야 합니다.

다음 문제는, 아내는 남편을 어떻게 따라야 하느냐는 것입니다. 성 베드로는 이에 대해 이렇게 말씀하셨습니다. 먼저 순종입니다. 또한 율법이 지시하는 대로, 결혼한 여자는 아내로 사는 한 자신의 주인인 남편의 허락 없이는 함부로 맹세를 하거나 증언을 해서는 안 됩니다. 하지만 남편이 보기에 합당하다면 그것을 허락해야 합니다. 또한 아내는 남편에게 정절을 다하고, 옷도 얌전하게 입어야 합니다. 아내들은 남편을 만족시키려고 노력해야 하지만, 호사스러운 옷을 그 수단으로 삼아서는 안 됩니다.

성 제롬은 "비단과 값비싼 자줏빛 옷으로 치장하는 아내들은 예수 그리스도를 입을 수 없다"고 말씀하셨습니다. 성 요한이 이 점에 대해 뭐라고 말씀하셨는지 떠올려 보십시오. 성 그레고리우스 역시 "값비싼 옷을 찾는 것은 그저 남들에게 존경받고 싶은 허영심에서이다"라고 말씀하셨습니다. 아름다운 옷을 입고 자랑하지만 속마음이 추잡한 여자는 정말 어리석은 사람입니다. 아내의 웃음이 깃든 표정은 얌전해야 하며, 말과 행동은 더욱 신중해야 합니다.

또한 이 세상의 그 무엇보다도 온몸과 온마음을 다해 남편을 사랑해야 하며, 남편에 대해 육체의 순결을 지켜야만 합니다. 남편도 아내에게 이런 의무를 지켜야 합니다. 아내의 몸이 남편의 것이듯이 아내의 마음도 그렇기 때문입니다. 그렇지 않으면 그 결혼은 완전한 것이 될 수 없습니다.

남편과 아내는 세 가지 이유에서 육체관계를 맺을 수 있습니다. 첫 번째는 하느님에게 봉사할 자식을 낳는 목적입니다. 이것이 결혼의 궁극적인 이유입니다. 두 번째 이유는 서로 신체에 진 빚을 갚는다는 것입니다. 남녀 어느 한 쪽도 자기의 육체를 자기 뜻대로 할 수 없습니다. 세 번째 이유는 간음의 악행을 피하는 것입니다. 네 번째 이유는 중대한 죄입니다. 첫 번째 이유는 칭찬받을 만한 것입니다. 두 번째 이유도 마찬가지입니다. 율법에서도 말하듯이, 아내가 남편에게 신체의 빚을 갚는 것은 정절의 가치에 해당합니다. 그 육체관계가 그녀의 취향이나 욕구에 반대되는 것이라 할지라도 그렇습니다. 세 번째는 가벼운 죄에 해당합니다. 그러나 사실 이 세 가지 이유는 모두 타락과 쾌락을 동반하므로 모두 가벼운 죄일 수밖에 없습니다. 네 번째는 남녀가 앞서 말한 이유들 때문이 아니라 뜨거운 욕정을 채우려는 목적만으로 몇 번이고 거리낌 없이 육체관계를 맺는 것입니다. 이것은 중대한 죄입니다. 그렇지만 안타깝게도 어떤 사람들은 자신의 욕구가 요구하는 것 이상으로 이런 정욕을 채우려고 합니다.

순결의 두 번째 유형은 남자의 포옹을 피하고 예수 그리스도의 품을 열망하는 정숙한 과부가 되는 것입니다. 이들은 남편을 여읜 아내들로, 간음을 범했다가 참회를 통해 죄를 용서받은 여인들입니다. 아내가 남편의 동의를 얻어 순결을 간직하고 남편에게 죄 지을 기회를 주지 않았다면 그 여인은 칭찬받아 마땅합니다. 이런 여성은 육체뿐만 아니라 마음과 생각도 깨끗해야 하며, 옷차림과 태도는 정숙하고, 먹고 마시고 말하고 행동하는 데 있어서도 절제해야 합니다. 이런 여자들은 거룩한 교회에 좋은 향내를 가득 채워 준 복된 막달라 마리아의 그릇[14]이며 상자라고 할 수 있습니다.

순결의 세 번째 유형은 처녀성을 간직하는 것으로, 이것은 마음이 성스럽고 육체가 깨끗하다는 것을 의미합니다. 이런 사람은 예수 그리스도의 신부이자 천사들의 생명이 됩니다. 이런 여인은 이 세상의 영광이며, 순교자들과 나란히 설 수 있습니다. 말로써 표현할 수 없고 마음으로도 생각할 수 없는 거룩함이 깃들어 있는 사람입니다. 우리 주 예수그리스도는 동정녀에서 태어나셨고, 평생 순결하셨습니다.

간음의 다른 구원책은 안일이나 특히 과식과 과음처럼 악행을 낳는 기회를 피하는 것입니다. 쇠 주전자가 끓을 때는 불에서 내려놓는 것이 상책입니다. 오랫동안 깊은 잠을 자도 쉽사리 간음의 유혹을 받을 수 있습니다.

간음을 피하는 또 다른 방법은 남자든 여자든 유혹을 받을 염려가 있는 상대와 자리를 함께하지 않는 것입니다. 그런 자리에는 아무리 뿌리칠 수 있다 하더라도 커다란 유혹이 도사리고 있습니다. 촛불을 흰 벽에 기대 놓으면 벽은 타지는 않더라도 그을음으로 까맣게 됩니다. 그러므로 삼손보다 힘이 세거나 다윗보다 신앙심이 깊거나 솔로몬보다 지혜롭지 않다면 누구도 자신을 완벽하다고 믿어서는 안 된다고 거듭 충고하는 바입니다.

지금까지 최선을 다해 일곱 가지 대죄와 그로부터 파생되는 죄악과 그 구원책들을 이야기했으니 이번에는 십계명에 대해 이야기하고 싶지만, 그런 고결한 교리는 신학자들의 몫으로 남겨 두겠습니다. 그러나 모두들 내 설교를 듣고 느끼는 바가 있기를 진정으로 바랍니다.

고해

참회 제1부에서 말했듯이, 참회 제2부는 입으로 하는 고해입니다. 성 아우구스티누스는 이렇게 말했습니다.

"죄란 예수 그리스도의 법에 위배되는 모든 말과 행위이자 인간의 모든

---

[14] 〈마태복음〉 26 : 7.

욕심이다. 그런 것은 시각, 청각, 후각, 미각, 촉각의 오감을 통해 욕망을 따라 입과 행동으로 죄를 짓는 것이다."

이제는 모든 죄를 더욱더 무겁게 만드는 것이 무엇인지 알아보겠습니다. 먼저, 죄를 지은 당신이 어떤 사람인지 말해야 합니다. 즉, 남자인지 여자인지, 젊은 사람인지 늙은 사람인지, 귀족인지 농노인지, 자유의 몸인지 속박된 몸인지, 건강한 사람인지 병든 사람인지, 결혼한 사람인지 독신인지, 교단에 속했는지 아닌지, 똑똑한 사람인지 어리석은 사람인지, 성직자인지 평신도인지를 생각해 보아야 합니다. 또한 상대방 여성이 육체적으로나 영적으로 당신과 무슨 관계에 있는지, 자기 친척 중 누군가가 그 여자와 죄를 지었는지 아닌지 등등 많은 것을 생각해야 합니다.

두 번째는 간통이나 불륜인지 아닌지, 근친상간인지 아닌지, 처녀인지 아닌지, 살인인지 아닌지, 끔찍한 대죄인지 가벼운 죄인지, 얼마나 오래 그 죄를 계속 저질렀는지 하는 것입니다.

세 번째로는 죄를 지은 장소를 생각해 봐야 합니다. 남의 집에선지 자기 집에선지, 들판에서인지 교회 안에서인지, 묘지에서인지 교회인지, 교회라면 하느님에게 봉헌된 교회인지 아닌지를 따져봐야 합니다. 만일 하느님에게 봉헌된 교회에서 남자나 여자가 죄를 짓거나 사악한 유혹에 빠져 정액을 흘렸다면, 주교가 재봉헌할 때까지 그 교회에서는 미사를 드릴 수가 없습니다. 그리고 이런 악행을 저지른 사제는 교회에 출입을 금해야 합니다. 그는 죽을 때까지 미사를 드릴 수 없으며, 만약 미사를 드린다면 그때마다 대죄를 짓는 셈입니다.

네 번째는 당사자들을 죄를 짓는데 유혹당하거나 동의하는 데 어떤 사람이 개입했는지 아닌지의 여부입니다. 수치스러운 죄를 지은 사람 중 대부분이 그런 사람과 어울린 탓에 지옥의 악마를 자진해서 찾아가고 있습니다. 죄를 부추기거나 그런 죄에 동의한 사람은 죄인의 공범자이다. 따라서 죄인과 똑같은 벌을 받게 됩니다.

다섯 번째로 생각해야 할 것은 몇 번이나 죄를 지었는가 하는 것입니다. 자주 죄를 짓는 사람은 하느님의 자비를 우습게 여기면서 죄를 거듭하여 그리스도의 은혜를 저버리는 자입니다. 그리고 죄에 저항할 힘이 그만큼 약해져서 더욱 쉽게 죄에 빠집니다. 이런 사람들은 죄에 빠져 늦게 나올수록 고해하기를 꺼립니다. 특히 고해신부에게 고백하기를 무척 싫어합니다. 이런 사람들이 전에 지은 죄를 되풀이하게 되면, 이전의 고해신부를 완전히 외면하거나 이 신부 저 신부에게 고백을 나누어 하게 됩니다. 그러나 이렇게 여러 신부에게 나누어서 고해하면 자기의 죄에 대해 하느님의 자비를 받을 수 없습니다.

여섯 번째로 생각해야 할 것은 죄를 지은 원인입니다. 이를테면 어떤 유혹 때문에 죄를 지었으며 그런 유혹은 자기가 찾은 것인지 남이 부추긴 것인지, 여자를 강제로 범한 것인지 그 여자가 동의했는지 하는 것입니다. 그리고 여자라면 온 힘을 다해 저항했음에도 강간당한 것인지 그렇지 않은지에 대해 고민해야 합니다. 강한 욕망 때문인지 빈곤 때문인지, 아니면 스스로 그런 상황을 만들었는지는 반드시 말해야 할 사항입니다.

일곱 번째로는 남자가 어떤 식으로 죄를 지었으며 여자는 남자가 자기에게 한 짓을 어떻게 견뎠는지를 말해야 합니다. 남자도 모든 것을 자세하게 털어 놓아야 합니다. 예를 들어 상대가 몸을 파는 여자였는지, 죄를 지은 때가 성스러운 기간이었는지, 금식 기간이었는지, 마지막 고해를 하기 전이었는지 그 뒤였는지 낱낱이 말해야 합니다. 마지막 고해 때 명령받은 고행을 그대로 이행했는지 아니면 깼는지, 누구의 조언이나 충고 때문에 죄를 지은 것인지 마술이나 요술에 걸려 죄를 지은 것인지에 대해서도 낱낱이 말해야 합니다.

이런 모든 사항은 크고 작음에 따라 인간의 양심에 무거운 짐이 됩니다. 또한 이런 것을 알아야 심판관인 사제는 참회자에게 적절한 벌을 내릴 수 있습니다. 사람이 죄를 지어 세례를 더럽혔을 때 구원받을 수 있는 유일한 길은 회개와 고해와 고행밖에 없음을 명심하십시오. 특히 고해를 들어 줄 신부가 있다면 회개와 고해가 유효하며, 고행을 할 수 있을 만큼 오래 살 수 있다면 고행이 유효한 방법입니다.

이처럼 진실하고 유효한 고해를 하려면 네 가지 조건이 필요하다는 사실을 명심하고 숙고해야 합니다.

첫째는 고해는 마음에서 우러나오는 비통함으로 해야 한다는 것입니다. 히스기아 왕은 하느님께 이렇게 말했습니다.

"저는 비통한 마음으로 한평생을 떠올리겠습니다."

이 비통한 뉘우침은 다섯 가지 형태로 나타납니다. 첫째는 죄를 숨기거나 감추는 것이 아니라 부끄러운 마음으로 고해하는 것입니다. 그 사람은 하느님을 어기고 자신의 영혼을 더럽힌 사람이기 때문입니다. 이에 대해 성 아우구스티누스는 "죄인의 마음은 자기의 죄를 부끄러워한다"고 말했습니다. 부끄러움을 아는 마음이 깊을수록 하느님의 크신 자비를 받을 자격이 있습니다. 하늘에 계신 하느님을 거역해서 감히 하늘을 우러러보지도 못했던 세리의 고해가 바로 이런 것이었습니다. 이렇듯 부끄러움을 알았기에 그는 금세하느님의 자비를 받았습니다. 이런 이유로 성 아우구스티누스는 부끄러움을 아는 사람은 가장 먼저 용서와 죄 사함을 받는다고 말합니다.

또 다른 형태는 겸손한 마음으로 고해하는 것입니다. 성 베드로는 이 점에 대해 "스스로 낮추어 하느님의 권능에 복종하라"고 말합니다. 고해를 하면 하느님께서 강력한 손을 보여 주십니다. 그리고 그 손을 통해 죄를 너그러이 용서해 주십니다. 하느님만이 그런 힘을 지닙니다. 그러한 겸손은 마음과 행동으로 나타내야 합니다. 즉, 마음에 하느님에 대한 겸허함을 품은 것처럼, 하느님의 자리에 앉은 사제에게도 겸손하게 행동해야 합니다. 그리스도가 최고 권위자이고 신부가 그리스도와 죄인의 중개자이며 죄인이 가장 아래 앉는 것이 진리인 이상 죄인은 고해신부보다 높은 자리에 절대로 있을 수 없으며, 병에 걸려 그럴 수 없을 때가 아니라면 그의 앞이나 발밑에 꿇어앉아야 합니다. 죄인은 누가 그 자리에 앉았는지가 아니라 누구의 대리인으로 앉았는지를 생각해야 합니다. 주인에게 죄를 지은 뒤에 자비와 용서를 구하면서 느닷없이 주인 앞에 무릎 꿇는 사람은 오만한 사람입니다. 그런 사람은 금방 용서와 자비를 받을 자격이 없습니다.

세 번째는 고해하는 도중에 가능한 한 많은 눈물을 흘려야 한다는 것입니다. 육체의 눈에서 눈물을 흘릴 수 없다면 마음으로 우십시오. 성 베드로의 고해는 이러했습니다. 예수 그리스도를 부정한 뒤 밖으로 나가서 울부짖었던 것입니다.

네 번째는 창피하다는 이유로 고해를 그만두어서는 안 된다는 것입니다. 막달라 마리아의 고해가 여기에 해당합니다. 그녀는 잔치에 모인 사람들 앞에서 창피함을 무릅쓰고 우리 주 예수 그리스도에게 다가가 자기의 죄를 고백했습니다.

다섯 번째는 남자든 여자든 자신의 죄로 인해 내려지는 고행을 순순히 받아들이라는 것입니다. 예수 그리스도는 한 남자*15의 죄 때문에 죽음을 선고 받았지만 달게 받아들이셨습니다.

참된 고해의 두 번째 조건은 죄를 지으면 빨리 고백하라는 것입니다. 치명상을 입었을 때 치료를 미루면 미룰수록 상처는 더 썩어 들어가고 치료가 불가능할 정도로 악화되어 그 사람을 죽음에 이르게 할 것입니다. 오랫동안 고백하지 않고 간직하는 죄도 그와 같습니다. 우리는 죄를 지으면 빨리 고백해야 합니다. 그 이유는 한두 가지가 아닙니다. 이를테면 종종 죽음은 뜻하지 않게 찾아오기 때문입니다. 죽음은 언제 어디서 찾아올지 모릅니다. 또한 한 가지 죄를 고백하지 않고 미루면 다른 죄를 짓게 되기 때문입니다. 이렇게 고백을 미루면 미룰수록 그 사람은 점점 그리스도에게서 멀어집니다. 죽음의 순간까지 죄를 간직한다면 우리는 자신의 죄를 떠올리고 뉘우치면서 고해할 수가 없을 것입니다. 죽음의 병이 그렇게 하도록 우리를 놔두지 않을 것이기 때문입니다. 그리스도의 말씀에 평생 귀를 기울이지 않았다면 죽는 순간에 예수 그리스도를 부르짖게 될 테지만 그리스도는 그의 울부짖음을 귀담아 듣지 않으실 것입니다.

이 조건은 다시 네 가지 요건을 갖추어야 합니다. 먼저 심사숙고해서 고해를 준비해야 합니다. 아무 생각 없이 성급하게 하는 것은 아무 소용 없습니다. 또 오만이든 질투든 그 밖의 다른 죄이든 그 종류와 죄상을 낱낱이 고백해야만 그 고해가 효과가 있습니다. 얼마나 많은 죄를 지었고 얼마나 큰 죄를 지었는지, 또 얼마나 오래 지었는지는 그 사람만이 분명히 알기 때문입니다. 또한 우리는 자신의 죄를 깊이 뉘우치고, 굳은 의지와 하느님의 은총에 힘입어 다시는 죄를 짓지 말아야 합니다. 동시에 죄를 지을 기회를 멀리 하도록 스스로 경계하고 조심해야 합니다. 또한 한 신부에게 모든 죄를 고백해야지, 창피하거나 두려운 마음에 이 신부 저 신부에게 의도적으로 죄를 쪼개어 고백하면 안 됩니다. 이런 방법은 자신의 영혼을 교살하는 것과 다름없습니다.

예수 그리스도는 불완전한 부분이 없이 전적으로 선한 분이어서 완전히

---

*15 유다를 말함.

용서하거나 아예 용서하지 않으십니다. 담임신부에게 고백한 죄의 나머지를 자신에게 지정된 특별 고해신부에게 고백해야 한다고 말하려는 것은 아닙니다. 물론 겸허한 마음으로 한다면 상관없습니다. 이때는 고해를 나눠서 했다고 볼 수 없습니다. 또한 담임신부로부터 어느 사려 깊고 훌륭한 사제에게 고해하여도 좋다는 허락을 받았다면 여러분은 자신이 바라는 곳에서 그 사제에게 모든 죄를 고해할 수 있습니다. 그러나 이때는 기억나는 한 모든 죄를 빠뜨리지 말고 고백해야 합니다. 그리고 담임신부에게 고해해야 할 때는 이전에 고해 시간에 말했던 죄까지 전부 다 말해야 합니다. 이것은 고해를 나눠서 한다는 못된 의도가 절대로 되지 않습니다.

진정한 고해는 다음과 같은 조건을 요구합니다. 첫째로 자신의 의지로 고해해야 한다는 것입니다. 다시 말해, 강제로 한다든지 남들 보기에 부끄러워서 한다든지 병에 걸렸다는 이유로 해서는 안 됩니다. 자신의 의지로 죄를 지은 자는 자신의 의지로 그 죄를 고백하는 것이 합당하기 때문입니다. 그가 아닌 다른 사람이 그의 죄를 대신 고백해서는 안 된다는 것은 당연합니다. 또한 고해자는 자신의 죄를 부인하거나 부정하지 말아야 하며, 죄를 그만두라고 경고하는 사제에게 화를 내서는 안 됩니다.

두 번째 조건은 고해가 합법적이어야 한다는 것입니다. 이 말은 고해하는 사람과 그 고해를 듣는 신부가 거룩한 교회의 진정한 신도여야 하며, 카인과 유다처럼 예수 그리스도의 자비를 의심해서는 안 된다는 뜻입니다. 또한 고해자는 자기의 죄를 고백해야지 남의 죄를 고백해서는 안 됩니다. 자기의 죄와 그 죄를 저지른 자신의 사악함을 비난하고 질책해야지 남의 죄에 상관해서는 안 됩니다. 그렇지만 자신의 죄를 부추기거나 사주한 제삼자가 있거나 그 죄가 어떤 사람의 사회적 지위 때문에 더욱 무거워지거나 죄를 저지른 상대방의 이름을 말하지 않고는 명확하게 고해할 수 없는 경우라면 그 사람의 이름을 언급해도 괜찮습니다. 그러나 그 의도는 단순히 사람을 헐뜯거나 그의 죄상을 고해하는 것에 그쳐서는 안 됩니다.

고해할 때는 거짓말을 해서도 안 됩니다. 너무 겸손한 나머지, 고백을 할 때 자기가 짓지 않은 죄를 지었다고 말해서는 안 된다는 뜻입니다. 성 아우구스티누스는 이렇게 말합니다.

"너무 겸손하여 아무런 죄를 짓지 않았는데도 죄를 지었다고 거짓말을 한다면 그 거짓말 때문에 죄를 짓는 것이다."

또 죄는 글이 아니라 말로써 해야 합니다. 물론 말을 할 수 없는 벙어리라면 예외입니다. 또한 죄를 지었다면 그 죄를 부끄럽게 생각해야 합니다. 그리고 자기 죄를 최대한 감추려고 미사여구로 고백을 꾸며대서는 안 됩니다. 그것은 사제를 속이는 것이 아니라 자기 자신을 속이는 짓입니다. 자신의 죄가 아무리 추악하고 끔찍한 것일지라도 솔직하게 말해야 합니다. 또한 당신에게 조언을 줄 만한 사려 깊은 사제에게 고해해야 합니다. 허영이나 위선으로 고해하여서는 안 되며, 예수 그리스도를 향한 경외심과 당신 영혼의 구원을 위해서만 고해하여야 합니다. 농담이나 잡담을 하듯이 가볍게 자신의 죄를 말하러 사제에게 달려가는 것이 아니라, 충분히 생각하고 헌신적인 마음으로 찾아가야 합니다.

일반적인 이야기를 하자면, 자주 고해하십시오. 죄를 쉽게 짓는다면 그럴수록 고해해야 다시 일어설 수 있습니다. 한번 고백한 죄를 반복해서 고해하면 훨씬 좋습니다. 성 아우구스티누스는 죄와 고통을 그만큼 쉽게 용서받고 하느님의 은총을 받게 될 것이라고 말하셨습니다. 1년에 적어도 한 번 성체를 받는 것이 교회의 율법입니다. 적어도 1년에 한 번씩 모든 것이 새로워지기 때문입니다.

지금까지 참된 고해가 어떤 것인지 설명했습니다. 이것으로 참회의 2부를 마치겠습니다.

참회 제3부

참회 제3부는 속죄입니다. 이것은 일반적으로는 자선과 육체적 형벌로 이루어집니다. 먼저 자선에는 세 가지가 있습니다. 첫째는 마음의 참회로, 자기 자신을 하느님께 바치는 것입니다. 둘째는 이웃의 잘못을 동정하는 것이고, 셋째는 정신적인 조언이나 물질적인 도움, 특히 식량이 필요한 사람에게 그것을 베푸는 것입니다.

인간은 흔히 다음과 같은 것을 필요로 합니다. 즉, 의식주와 자비심 넘치는 조언을 필요로 합니다. 감옥에 갇히거나 병이 걸렸을 때는 방문해 줄 사람을 필요로 하며, 세상을 떠났을 때에는 장례를 치러줄 사람이 필요합니다.

그런 사람들을 직접 찾아갈 수 없다면 편지나 선물을 보내십시오. 이런 것들은 속세의 재산을 가졌거나 분별력으로 충고할 수 있는 사람들이 흔히 행해야 할 자선 행위입니다. 이런 자선은 최후의 심판 날에 기억될 것입니다.

이런 자선은 자기의 재산으로, 가능하다면 신속하고 은밀히 해야 합니다. 그러나 남들 모르게 할 수 없다면 남이 보더라도 개의치 말고 해야 합니다. 그러나 사람들에게 감사의 말을 듣기 위해서가 아니라 오로지 예수 그리스도에게 감사를 돌리기 위해서 해야 합니다. 성 마태오는 자신의 복음서 5장에서 이렇게 말합니다.

"산 위에 있는 마을은 드러나게 마련이다. 등불을 켜서 됫박으로 덮어두는 사람은 없다. 누구나 등경 위에 얹어 둔다. 그래야 집 안에 있는 사람들을 밝게 비출 수 있지 않겠느냐? 너희도 이와 같이 너희의 빛을 사람들 앞에 비추어 그들이 너희의 착한 행실을 보고 하늘에 계신 아버지를 찬양하게 하여라."

다음은 육체적 형벌을 통한 속죄에 대해 이야기하겠습니다. 이것은 주로 기도와 철야 근행, 덕스러운 가르침으로 이루어집니다. 기도는 하느님께 말로써 호소하여 악을 떨쳐 버리고 변치 않는 영적인 것, 때로는 세속적인 것을 얻으려는 행위입니다. 즉, 마음의 경건한 소원을 입으로 말하는 행위입니다. 그런 기도문 중에서 우리 주님은 특히 〈주 기도문〉에 거의 모든 내용을 담아 놓으셨습니다.

〈주 기도문〉은 세 가지 면에서 예수 그리스도에게 특별한 위엄을 부여해 주며, 따라서 다른 기도문보다 소중한 가치가 있습니다. 첫째, 예수 그리스도께서 손수 지으신 것이기 때문입니다. 그 기도문은 짧습니다. 쉽게 기억할 수 있도록 자주 마음을 다지고, 질리지 않는 상태에서 즐겁게 욀 수 있어야 하기 때문입니다. 또한 너무 어려워서 외울 수 없다는 핑계를 댈 수 없도록 그렇게 짧고 알기 쉬운 것입니다. 더구나 이 안에는 모든 기도의 내용이 들어 있습니다. 이렇게 뛰어나고 가치 있으며 거룩한 기도문의 해석은 신학자들에게 맡기고, 나는 이 말만 덧붙이겠습니다. 즉 우리가 우리에게 잘못한 이를 용서하듯이, 하느님께 우리의 죄를 용서해 달라고 빌 때는 같은 그리스도 교도에 대한 자비심을 잃지 않도록 유념해야 한다는 것입니다. 또한 이 거룩한 기도는 가벼운 죄를 더욱 가볍게 해 줍니다. 따라서 참회할 때 특히 필요한 기도입니다.

이 기도문은 진실한 마음으로, 또 하느님에 대한 신중하고 경건한 마음으로 올바르게 외워야 합니다. 우리는 언제나 하느님의 뜻에 따라야 합니다. 또한 이 기도는 다른 사람에게 방해가 되지 않도록 대단히 순수하고 겸허한 마음으로 외야 합니다. 또 이 기도는 자비로운 행위가 수반되어야 합니다. 이것은 영혼의 악에 대항하는 힘이기도 합니다. 성 제롬도 말했듯이, 금식은 육신의 악을 구원하고, 기도는 영혼의 악을 구원하기 때문입니다.

다음으로 알아야 할 것은, 고행을 통한 속죄에는 철야 근행이 있다는 점입니다. 예수 그리스도는 이렇게 가르치셨습니다.

"사악한 유혹에 빠지지 않도록 밤새 깨어 기도하라."

금식에는 세 가지가 있다는 점도 알아야 합니다. 즉 육체의 욕망을 채우는 식음을 끊는 것, 세속의 쾌락을 끊는 것 그리고 중대한 죄를 끊는 것입니다. 다시 말해 무거운 죄를 피하도록 온 힘을 다해 경계해야 합니다.

금식을 명령하신 분은 하느님이셨습니다. 금식에는 네 가지가 있습니다. 즉 가난한 사람들에게 아낌없이 베풀 것, 마음으로 영적인 것을 기뻐할 것, 금식 중에 화내거나 방황하거나 불평하지 말 것, 정해진 시각에 식사하고 적정한 시간 동안 금식할 것입니다. 다시 말해 금식할 때는 정해진 시각이 아닌 때에 식사를 하거나 식탁에 오래 앉아 있지 말라는 것입니다.

다음으로 알아야 할 것은 고행을 통한 속죄에는 말이나 글 또는 실제 본보기로써 하는 가르침이 있다는 것입니다. 그리스도의 속죄를 위해서 알몸에 뻣뻣한 털옷이나 거친 천으로 만든 옷을 입거나 쇠사슬을 감는 종류의 고행도 있습니다. 그러나 육체에 가하는 이런 고행 때문에 괴로워하거나 화를 내거나 짜증내는 일이 없도록 주의해야 합니다. 예수 그리스도의 부드러운 옷을 벗어던지기보다는 고행의 거친 옷을 벗어던지는 편이 훨씬 낫기 때문입니다. 이 점에 대해 성 바오로는 이렇게 말씀하셨습니다.

"하느님께 선택받은 사람들처럼 자비심과 온유한 마음과 인내심의 옷을 입으라."

예수 그리스도는 이런 것들을 거친 옷이나 사슬 옷 따위보다 좋아하십니다.

육체의 고행에는 자기 가슴을 치고, 채찍질하며, 무릎 꿇은 채 핍박받고, 부당한 일을 참고 견디고, 병에 걸리거나 속세의 재산을 잃는 것 뿐만 아니라 아내나 자식이나 친구의 죽음을 인내하는 것 등도 포함됩니다.

이어서 어떤 것이 고행을 방해하는지 제대로 알아야 합니다. 여기에는 네 가지가 있습니다. 두려움과 수치심과 희망과 포기, 즉 절망이 바로 그것입니다. 먼저 두려움에 대해 말하겠습니다. 두려움을 이기지 못하는 사람은 어떠한 고행도 견뎌내지 못할 것으로 생각해 버립니다. 이런 두려움을 극복하는 법은 잔혹하고 끝없는 지옥의 고통에 비하면 육체의 고행은 아주 짧고 사소하다고 생각되는 것입니다.

다음은 고해를 창피하게 여기는 사람들, 특히 자기는 완벽해서 고해할 필요가 없다고 생각되기를 바라는 위선자에 대해 생각해 보겠습니다. 추잡한 짓을 하고도 부끄러워하지 않는 사람은 마땅히 훌륭한 일, 즉 고해도 부끄러워할 필요가 없다고 생각하면 됩니다. 또한 우리는 하느님께서 사람의 생각과 행동을 모두 환히 보고 알고 계신다는 사실을 명심해야 합니다. 하느님에게 감추거나 숨길 수 있는 것은 아무것도 없습니다. 또한 현세에서 회개도 고해도 하지 않은 사람들이 심판 날에 어떤 수모를 당하게 될지를 떠올려야 합니다. 그때가 되면 하늘과 땅과 지옥의 모든 피조물은 그들이 이 세상에서 숨겨 놓았던 모든 것을 낱낱이 보게 될 것입니다.

다음으로는 고해를 게을리하거나 미룬 사람들의 희망에 대해 이야기하겠습니다. 여기에는 두 가지가 있습니다. 첫 번째는 장수와 쾌락을 위해 많은 재산을 얻으려는 희망입니다. 그들은 이런 희망이 이루어진 다음에 고해하여도 늦지 않는다고 생각합니다. 두 번째는 그리스도가 자기에게 자비를 베풀 것이라고 지나치게 믿는 것입니다. 첫 번째 착각에서 빠져 나오려면, 우리가 얼마나 살게 될지 아무도 모르며 속세의 모든 재물은 순간적이고 벽에 비친 그림자처럼 쉽게 사라진다는 사실을 명심해야 합니다. 성 그레고리우스는 자발적으로 죄를 그만두지 않고 계속해서 죄를 짓는 자들에게 끊임없이 고통을 주는 것은 하느님의 위대한 정의라고 말합니다. 거듭 죄를 짓겠다는 의지를 가진 사람들은 마찬가지로 영원한 고통을 받아야 합니다.

절망에도 두 가지가 있습니다. 하나는 그리스도의 자비를 받지 못하리라는 절망이고, 다른 하나는 선행을 오래 지속할 수 없으리라고 생각하는 것입니다. 첫 번째 절망은 자기가 너무 무거운 죄를 자주 그리고 오랫동안 지어서 도저히 구원받지 못하리라고 걱정하는 데서 생겨납니다. 이런 저주받을 절망을 이겨내려면, 인간은 죄가 자신을 옭아매는 힘보다 예수 그리스도의 수난이 자신의 멍에를 풀어 줄 강력한 힘을 더 갖고 있음을 명심해야 합니다. 두 번째 절망을 극복하려면, 죄를 지을 때마다 회개를 통해 다시 일어날 수 있다고 기대해야 합니다. 아무리 오랫동안 죄를 지었더라도 자애로우신 그리스도께서는 언제든 그 죄인을 자비로 받아들이려고 얼마든지 기다려 주십니다. 선행을 오래 지속할 수 없다고 생각하는 절망을 이기려면, 악마의 힘은 너무도 미약해서 인간의 동의가 없이는 아무것도 할 수 없다는 사실을 생각하십시오. 바라기만 한다면 우리는 하느님과 모든 거룩한 교회의 가호와 천사의 수호를 받을 것입니다.

그럼 참회의 열매는 무엇인지 알아보겠습니다. 예수 그리스도의 말씀에 의하면, 그것은 슬픔도 고통도 없이 기쁨만이 존재하는 천국의 영원한 축복입니다. 그곳에는 현세의 모든 악은 사라지고 없으며, 지옥의 고통도 받을 일 없는 평안이 있습니다. 그곳에는 남의 행복을 보고 서로 기뻐하는 축복받은 사람들이 있습니다. 더럽고 어두웠던 인간의 육신이 그곳에서는 태양보다 밝게 빛납니다. 병들고 연약하고 허약하며 죽을 일만 남았던 몸이 그곳에서는 영원히 죽지 않고 강하며 건강하게 될 것이며, 아무것도 그 몸에 해를 끼칠 수 없습니다. 그곳에는 배고픔도 갈증도 추위도 없고, 모든 영혼은 하느님의 완전한 지혜를 보고 기쁨에 넘칩니다. 마음이 가난한 사람은 이처럼 복된 나라를, 겸손한 사람은 하느님의 영광을, 굶주리고 목마르게 산 사람은 넘치는 기쁨을, 열심히 일한 사람은 휴식을, 죄를 뉘우치고 죽은 사람은 새 생명을 얻게 될 것입니다.

여기서 교구 사제의 이야기는 끝난다.

초서의 철회문

이제 이 자그마한 이야기를 듣거나 읽은 사람들에게 바라노니, 이 이야기 중에 마음에 드는 부분이 있었다면 우리 주 예수 그리스도께 감사하십시오. 그리스도께서 모든 지혜와 선을 낳으셨으니, 그것은 그리스도의 선물입니다. 그러나 마음에 들지 않는 부분이 있었다면 제 능력이 부족해서이지 제가 의도한 바는 아님을 알아 주십시오. 능력이 더 있었다면 기쁜 마음으로 재미있게 이야기했을 것입니다. 성서에도 이런 말씀이 있습니다.

"여기 쓰인 모든 것은 우리를 가르치기 위한 것이다."

제 의도도 이런 것이었습니다. 그러므로 저는 하느님의 자비로 겸허하게 부탁합니다. 그리스도가 자비를 베푸시고 저의 모든 죄를 용서해 주시도록 저를 위해 기도해 주십시오. 특히 속세의 허영을 다룬 저의 번역물과 저의 글을 철회문을 통해 철회하고자 합니다. 여기에는 《트로일러스와 크리세이더》, 《명예의 전당》, 《착한 여인들의 전설》, 《공작부인의 서》, 새들의 의회를 다룬 《성 발렌타인의 날의 서》, 《캔터베리 이야기》 중 특히 죄에 이르는 이야기, 《사자의 서》 그리고 내 기억에 있는 다른 수많은 책과 노래, 수두룩하게 쌓인 음란시가 있습니다. 그리스도께서 그 무한한 자비로 저의 이 죄를 용서해 주시기를 바랍니다.

반면에 보에티우스의 《철학의 위로》의 번역본, 그 밖의 성도전, 설교서, 도덕과 헌신에 대한 책 등에 대해서는 우리 주 예수 그리스도와 복되신 성모님과 천국에 계신 모든 성인에게 감사드리며, 제가 오늘부터 죽는 날까지 죄를 뉘우치고 제 영혼을 구할 수 있는 길을 연구하도록 은총을 베풀어 주실 것을 간청합니다. 왕 중의 왕이요, 모든 사제 가운데 최고의 사제요, 가슴에서 흘리신 귀한 피로 우리의 죄를 사해 주신 주님의 자비로운 은총을 통해서 이 세상에 살고 있는 저에게 진정한 참회와 고해와 속죄의 은총을 내려 주시길 빕니다. 그로써 저는 심판 날에 구원받을 사람 가운데 하나가 되길 바랍니다. 성부와 성령과 함께 계시며 영원한 세상을 다스리시는 주께, 아멘.

여기서 제프리 초서의 캔터베리 이야기는 끝이 난다.

제프리 초서의 생애와 문학

초서에 대하여

중세 영문학사 걸작 《캔터베리 이야기 *The Canterbury Tales*》를 제프리 초서(1343?~1400)가 쓴 것은, 마흔네 살 즈음에서 만년에 이르는 14년 동안이었다. 셰익스피어는 마지막 작품 《폭풍우》를 쓴 마흔일곱 살 무렵(1611)부터 쉰두 살로 생을 마감(1616)한 5년 동안 프레처와 공동 집필할 때 말고는 펜을 들지 않았지만, 초서는 웨스트민스터 사원에 딸린 작은 집에서 눈을 감을 때까지 펜을 놓지 않았다. 그럼에도 이 대작은 끝을 맺지 못한다.

초서는 영국에서 14세기에 에드워드 3세, 리처드 2세, 헨리 4세의 세 왕을 섬긴 궁정인 제프리 초서와 같은 인물로 여겨진다. 14세기 영국 왕실기록에 궁정인 제프리 초서의 이름은 있으나, '시인' 제프리 초서는 기록되어 있지 않다. 그러나 학자들은 이 왕실기록에 있는 궁정인 초서와 《캔터베리 이야기》를 쓴 시인 초서를 한 인물로 본다.

《캔터베리 이야기》에서 초서는 이탈리아의 페트라르카를 '계관시인'이라고 부르고, 단테를 '위대한 시인'이라고 불렀으며, 《영예의 집 *The House of Fame*》이라는 초창기 시에서 현대의 시론에 해당하는 '시의 기술'이라는 전문용어를 사용했다. 이러한 사실로 보아 초서가 '시인'이라는 말을 존경의 뜻을 담아 사용했을 뿐만 아니라, 시의 원리와 그 실천에 대해서도 의식적이었다고 볼 수 있다. 또한 《영예의 집》은 시인이 런던 세관에 근무했음을 암시하고 있고, 그 사실은 왕실기록에도 남아 있으므로 궁정에서 일한 초서와 시인 초서는 같은 인물이라고 짐작해도 문제가 없다. 아마도 초서가 죽은 1400년에 그의 명성은 위대한 시인으로서 영국뿐 아니라 프랑스까지 널리 퍼졌으리라 생각된다.

초서의 생애는 그가 살던 시대처럼 다채로웠다. 그의 생애와 시대를 어떤 평자는 다음과 같이 표현했다. "초서는 영국적이었다. 그러나 그것은 영국이 아직 완전한 민족국가로서의 발족을 보기 전의 일이었다. 초서는 가톨릭적이었다. 그러나 그것은 유럽의 가톨릭적인 통일이 종말에 가까워지고 있을 때였다. 초서는 기사도의 신봉자로서, 비록 남의 것이기는 했지만 프랑스적인 기사도와 갑옷 문장의 세계에 속했었다. 그러나 그 세계는 이제 붕괴의 직전에서 마지막 광채를 나타내고 있었다. 끝으로 그는 부르주아였다. 다시 말하면 그는 시민 계급에 태어난 직인동맹(職人同盟) 아래에서 일하는 직인의 아들이었고, 그 직인동맹은 이지러져 가던 봉건주의체제보다 더 신선하고 강력하였다."

다시 말하면, 초서는 중세말기 영국에서의 혼란과 그 혼란 속에서 자라나고 있던 근세사의 푸른 싹과 함께 자라고 호흡했다. 초서의 시와 산문의 내용과 시어와 형식은 거의 압도적으로 전통적인 중세문학을 대표하는 것이면서도, 그 속을 초서의 인간과 사상과 감정의 움직임을 주시해 보면, 놀랍게도 우리는 거기에서 현대적인 한 인간을 발견하게 된다. 즉, 초서와 그의 문학의 매력은 그의 중세적인 이디엄(idiom)과 자세의 장벽을 뚫고 나오는 그 두드러진 현대성에 있다.

제프리 초서는 런던에서 태어나 그곳에서 평생을 보낸 듯하다. 그러나 그의 어린 시절 기록은 전혀 남아 있지 않다. 학자들은 1340년 무렵이나 1343년부터 1345, 46년 사이에 초서가 런던에서 태어났으리라 추정한다. 아버지 존 초서는 템스 거리의 포도주 무역상이었다. 할아버지 로버트 초서는 '입스위치의 로버트'로 널리 알려졌던 인물로, 런던 북동쪽에서 100킬로미터 떨어진 거리에 있는 서퍽 주 입스위치에 땅을 소유하고 있었으며, 장사를 하기 위해 런던으로 이주한 듯하다. 기록에 따르면 할아버지 로버트도 이미 이전부터 런던 시민이었으며 포도주 상인이었다.

14세기의 런던에는 로버트 초서처럼 신흥도시에서 성공하기를 꿈꾸며 북쪽 미들랜드 지방에서 이주해 온 사람들이 많았다. 특히 노퍽 주 출신이 많았던 사실이 최근 인명 연구를 통해 밝혀졌다. 이 점을 미루어 보아 당시 런던에서 두루 쓰던 영어가 동미들랜드 방언의 성질을 띠었다는 사실을 설명할 수 있다. 또한 이것은 초서의 시어(詩語)가 본질적으로 시민들이 늘 써 온 생생한 언어임을 증명하는 하나의 근거가 된다. 그리고 런던 시민이자 포도주 상인이었던 초서의 집안은 제법 부유한 상류층 계급이었다. 따라서 그의 집

안에서 사용한 말은 런던
상류 계급의 말이었다.

오늘의 기준으로 보면
초서가 살았던 시대의 런
던은 인구 4만을 보유한,
매우 작은 도시였지만, 영
국의 다른 어느 도시보다
도 인구가 4배나 많은 대
도시였다. 도시 남부는 템
스 강을 끼고 있고, 동부
와 북부, 남부는 성벽으로
둘러싸여 있었다. 동쪽에
는 런던탑이 버티고 서 있
고, 북쪽에서 서쪽은 개울
물이 흐르고 있으며, 동쪽

제프리 초서(1343~1400)

에서 순서대로 올드게이트, 비숍게이트, 무어게이트, 크리플게이트, 올더스
게이트의 다섯 개 성문이 있어 북부지방 사람들이 드나드는 모습을 철저히
감시했다. 서쪽에는 뉴게이트와 러드게이트가 시내를 단단히 방비했고, 러
드게이트를 나서면 플리트 거리가 이어지며, 템플바를 지나 북쪽으로는 홀
번이나 스미스필드까지 연결된다. 템스 강을 따라 동서로 이어진 스트란드
거리는 런던 중심인 더시티와 궁정이 있는 웨스트민스터를 잇는 주요한 도
로였다. 초서는 나중에 이 웨스트민스터에 있던 궁정에서 일하게 된다. 또한
런던과 서더크 지방을 잇는 런던 대교는 당시 유럽에서 알아주는 런던의 명
물 가운데 하나였다.

런던은 급격하게 변화하는 상공업 도시로, 런던항은 무역항으로 자리잡아
번창했다. 주된 수출품은 양털이었으며, 양가죽과 무두질한 가죽, 주석 등이
그 뒤를 이었다. 또한 주요 수입품은 포도주로, 프랑스의 보르도 등지에서
런던항으로 들어왔다.

시민들 가운데에는 상공업 발달로 인한 소음과 매연 등에 불만을 호소하
는 사람도 있었으며, 거리에는 쓰레기와 말똥 등이 가득하여 매우 비위생적

이었다. 그러나 런던은 '영국 전역의 귀감'이라고 자랑스럽게 기록되어 있는 등 국왕의 간섭에서 벗어난 비교적 자유로운 도시였다.

어린 제프리는 이러한 신흥 도시에서 자랐다. 이 시인의 어린 시절은 오로지 상상에 맡길 수밖에 없지만, 생가가 있던 포도주상 거리는 템스 거리보다 약간 북쪽에 있으며, 성 바오로 성당 부속초등학교와 가까이 있었으므로, 그는 그곳에서 라틴어를 배우고 로마 시인 오비디우스의 《변신이야기》 등을 접했다. 그 《변신이야기》의 내용과 표현은 초서에게 평생에 걸쳐 큰 영향을 주었다.

프랑스어는 학교에서 배웠을 테지만, 무엇보다 프랑스에서 포도주를 직접 수입하는 무역상 집안이었으므로 집에서 배웠을 가능성도 높다.

또한 당시 초등학교 교육은 철저하게 종교적·도덕적이었으므로, 특히 성 바오로 성당의 부속 그래머스쿨에서는 알파벳과 주기도문과 십계, 7가지 죄악, 찬송가 등을 배웠을 것이다. 어린 제프리는 자기도 모르는 사이에 사회의 종교적인 공기를 깊이 들이마시고 있었다.

궁정생활로 다진 귀족적 교양

가업인 포도주상을 이어받았을지도 모를 어린 제프리는 궁정에 출사하면서 인생의 전환점을 맞는다. 부르주아계급이 궁정에서 일하는 것은 출세를 위한 길이었다. 궁정은 교양을 갖춘 사람들이 드나드는 정치와 권력의 중심이었다. 아마도 아버지 존은 궁정의 어용상인으로 신용이 꽤 두터웠던 듯하다. 그 관계를 이용하여 자식을 궁정에 들이려고 고관에게 부탁했다고 해도 전혀 이상한 일이 아니다.

1357년부터 그의 라틴어 이름인 '가르프리드 초서'가 쓰인 왕실기록이 있으며, 의복 등 보수를 받은 것을 확인할 수 있다. 초서는 에드워드 3세의 셋째 왕자 클라렌스 공 라이오넬의 공비 알스터 백작부인 엘리자베스의 시동이 되었다. 이때부터 초서의 궁정생활이 시작되며, 그는 폭넓은 교육을 받게 된다.

1357~59년의 기록을 보면 초서가 알스터 백작부인을 수행했음을 충분히 알 수 있다. 백작부인이 국내 곳곳을 여행할 때도 초서는 시동으로서 함께 따라다녔다. 백작부인이 다닌 지역은 당시 왕궁과 왕실별장이 있던 윈저, 우드스톡, 햇필드(요크셔), 브리스톨, 리버풀 등 여러 곳이었다. 또한 그는 흥

미로운 볼거리를 찾는 백작부
인을 따라 런던탑으로 가서 당
시 진귀한 동물이던 사자를 보
거나 런던의 스미스필드에 기
마시합을 보러 가기도 했다.

이러한 인생의 견문과 방언
에 대한 언어적인 경험 등은
《캔터베리 이야기》—마상시합
은 〈기사의 이야기〉에, 북쪽
방언은 〈장원청지기의 이야
기〉—에 영향을 주었다. 무엇
보다 모든 것에 감탄하는 초
서의 표현에는 부르주아계급
출신자가 화려한 귀족계급의
문물과 생활양식, 보석류와
자수, 태피스트리 등을 보고
환호하는, 이른바 신흥계급자
의 놀라움을 느낄 수 있다.

귀족적인 궁정의 생활은 상
인 집안 출신인 초서에게는
놀라움의 연속이었을 것이다.

초서 상반신상
초서를 신봉하는 시인 토머스 호클리브가 쓴 《왕후의 통치》
(1411~12년) 15세기 사본에 그려진 초상화. 초서가 살아
있을 적에 제작된 원화를 복사한 것으로 추정된다. 왼손에
는 신앙심을 상징하는 묵주를 들고 있다. 가슴팍에 드리운
가느다란 물건은 성지의 성수를 담는 용기인 듯하다. 이것
들이 모두 시인 또는 순례자의 상징이다. 대영도서관 소장.

그는 아주 다른 환경에서 많은 것을 배웠다. 시동에서 수습기사가 되기까지
초서는 궁정 예법을 배웠다. 그 무렵에는 시동에서 수습기사가 되려면 먼저
승마기술을 배워야 했다. 당시 승마는 기사도의 기본 교양이었으며 궁정 예법
을 익혀 '품위를 지니는 것'이 궁정인의 목표였다. 이는 또한 육체적인 훈련으
로 행실뿐만 아니라 정신적인 마음의 교양을 의미한다. 특히 기사도는 세련된
감정을 중시했다. 기사는 무용과 더불어 섬세한 마음도 갖춰야 했다. 그러한
교양은 봉사를 통해 귀부인에 대한 숭배와 애정을 기르게 되는 것이다.

앞에서도 말했듯이 초서는 알스터 백작부인 엘리자베스의 시동이었으므
로, 많은 시녀들 사이에서 '감수성 교육'을 자연스럽게 받아 세련된 내면세

계를 연마해 나갔다.

그 무렵(1359년 무렵) 영국은 프랑스와 백년전쟁을 벌이는 중이었으며, 초서도 에드워드 3세의 군에 소속되어 프랑스 전장을 누볐다. 《캔터베리 이야기》의 〈프롤로그〉에 나오는 젊은 수습기사의 모습에서 청년 초서를 떠올릴 수 있는데, 그 수습기사는 일찍이 플랜더스와 아토이스와 피카디 지방의 원정에 참가했던 것이다.

그러다가 초서는 랭스 근교에서 포로가 되었다. 이듬해인 1360년, 중세 대성당이 있는 샤르트르 근교의 브레티니에서 영국과 프랑스가 강화조약을 맺음으로써 초서도 그해 3월부터 자유로운 몸이 된다. 그때 영국은 그의 몸값으로 16파운드라는 거금을 지불했다. 몸값을 내고 풀려난 사람의 명부에 에드워드 3세의 수습기사 리처드 스토리와 알스터 백작부인의 수습기사 존, 이사벨라 왕비의 수습기사 존 파커 등과 함께 초서 이름이 나란히 실려 있는 점으로 보아 초서 또한 상당히 신임받는 궁정인이었음에 틀림없다. 다만 '수습기사'와 같은 직함은 기록되어 있지 않고, "제프리 초서, 프랑스 땅에서 적군에 사로잡혀 몸값 16파운드를 지불했다"라고만 나와 있다.

초서의 왕실기록은 군데군데 비어 있는 곳이 많다. 1367년에는 왕에게서 20마크(당시 13파운드 6실링 8펜스)의 종신연금을 받았다.

그는 1360년에 포로로 잡혔다가 자유를 되찾은 몸이 되어 영국으로 돌아와 1367년에 종신연금을 받기까지 7년 동안(1361~1367)은 전혀 기록이 없다. 초서는 열일고여덟부터 스물두세 살 무렵까지 무엇을 했던 것일까. 초서가 법률 지식에 해박했던 사실은 《캔터베리 이야기》의 〈프롤로그〉에 등장하는 최고변호사를 기술한 부분과 법학원 요리사의 일상을 생동감 있게 묘사한 것으로 보아 잘 알 수 있다.

어떤 학자는 이 알려지지 않은 7년 동안 젊은 궁정인은 왕의 칙명을 받고 런던의 네 법학원 가운데 한 곳(아마도 이너템플)에서 법률 공부를 했을 것이라고 추정하기도 한다. 그 학자는 초서의 판본(1598)을 출판한 토머스 스페트라는 엘리자베스 왕조시대의 교육자로, 일리 대성당 부속학교의 교장을 지낸 인물이다. 스페트는, 몇 년 전에 버클리가 이너템플 법학원의 기록을 보았다고 주장한 것을 근거로 이러한 결론에 이르렀다. 제프리 초서가 프리트 거리에서 프란시스코파의 탁발수사를 때린 일로 2실링의 과태료를 물었

캔터베리 대성당 캔터베리 시 한가운데에 위치한 대성당. 596년 로마 교회에서 파견된 아우구스티누스가 영국에 그리스도교를 전파하기 위해 국왕의 허가를 얻어 이 땅에 크라이스트처치 수도원을 설립했다. 중세 후기에는 이곳에 모셔진 토머스 베켓의 무덤 덕분에 유명한 순례 장소가 되었다. 현재는 영국국교회의 중심지. 캔터베리 대주교가 있다.

다는 것이다.

초서의 교양은 법률 외에도 프랑스어, 라틴어, 이탈리아어와 같은 어학지식은 물론, 역사·신학·의학·연금술 전문용어, 천문학·점성술·문예수사학 등 매우 폭넓다. 어디에서 이처럼 다양한 지식을 얻었을까. 16세기에는 옥스퍼드와 케임브리지 대학에서 배웠다는 설이 거론되었다. 현재는 이러한 주장이 타당성을 얻지 못하지만 법률은 런던 법학원에서 배웠다고 볼 수 있다.

1368년, 지금까지 그를 비호해 준 라이오넬 공이 서거하자 초서는 공의 동생인 랭커스터 공 존 오브 곤트(John of Gaunt, 1340~1399)를 섬기게 된다. 존은 당대의 정치 실권을 쥐고 있었으므로, 이는 초서에게 큰 행운이 따른 것이다.

14세기 중반 세 번이나 영국을 덮친 페스트의 마지막 습격으로 인해 존 오브 곤트 공의 아름다운 공비 블랑시 부인이 1369년 9월, 스물아홉 살의 젊은 나이로 눈을 감았다. 초서는 신앙심이 깊은 귀부인을 경애했다. 그는 일찍이 그녀의 부탁을 받아들여 개인용 기도시로서, 〈영혼의 순례〉라는 프랑스의 기욤 드 길빌의 시를 영어로 옮겨 〈ABC〉라는 알파벳 문자로 시작되는, 성모 마리아에게 헌신을 표현한 아름다운 시를 쓰기도 했다. 이 시의 번역이 매우 뛰어나다는 점에서 헤아릴 수 있듯이, 초서는 프랑스 시에 정통했고, 그 아름다운 시를 영어로 옮기는 재주가 있는 젊은 궁정인으로서 꽤 인정받았던 것이다.

이 무렵 초서는 《장미 이야기 *Roman de la Rose*》도 영어로 번역했을 것이다. 은유법을 쓴 이 연애시는 13세기 프랑스에서 유행했으며, 초서를 완전히 사로잡아 평생 그에게 커다란 영향을 주었다. 또한 연애의 모든 기교를 은유적으로 말하는 이 시는 궁정 시녀들의 사랑을 한몸에 받았다. 초서는 이 낭만적인 시를 전통적인 영어 형식으로 번역했다. 현재 A·B·C의 단편으로 남아 있는 것 가운데 단편 A 부분(1~1705행)은 초서가 번역한 것으로 여겨진다.

기품이 넘치는 고상한 시적 정취

페스트로 인한 블랑시 부인의 죽음을 안타까워한 남편 존 오브 곤트 공은 시문을 잘 쓰는 젊은 수습기사 초서에게 비가(悲歌)를 쓰도록 명했다. 이 비가가 바로 《공작부인의 책 *The Book of the Duchess*》이다. 수습기사 시절의 초서가 쓴, 1334행으로 이루어진 '위로'를 주제로 한 8음절의 시로, 그 밑바탕에는 신하로서의 충성과 부인에 대한 경애의 심리가 미묘하게 흐른다. 또한 이 시에는 젊은 시인의 궁정 생활과 신분이 나타나며, 프랑스와 라틴의 문예 교양을 곳곳에서 볼 수 있다. 이 젊은 시인이 궁정 예법을 익혔을 뿐만 아니라 기품이 넘치고 고상한 마음씨를 지닌 사람이라는 점도 시에 잘 드러나 있다.

프랑스어가 유창하고, 마음씨가 다정하며, 계략을 꾸미지 않고 충성스러운 이 궁정인에게 국왕과 보호자의 신임은 두터웠다.

초서는 1370년부터 1386년까지 10년 동안 궁정과 밀접한 관계를 맺었고, 1378년부터 8년 동안은 외교상의 중요한 용건(평화조약이나 리처드 왕자의 결혼 문제 등)으로 종종 프랑스, 이탈리아, 플랜더스 지방으로 파견되었으며, 1366년에는 에스파냐까지 여행했다. 또한 국왕의 긴급한 용무로 국내 각 지역을 여행했음을 국왕이 발행한 여권을 통해 알 수 있다.

초서의 창작활동과 깊이 관련된 중요한 여행은 1372년 피렌체행과 1378년

서더크 대성당
스테인드글라
스의 초서

롬바르디아행이라는 두 번의 이탈리아일 것이다. 그 여행을 통해 초서는 프
랑스 문예뿐만 아니라 이탈리아 르네상스의 숨결도 직접 접하게 된다. 그 의
의는 이탈리아 여행 뒤에 쓴 작품 《영예의 집》, 《새들의 의회 *Parlement of
Foules*》와 《아넬리다와 아르시테 *Anelida and Arcite*》 외에도 8239행이나 되
는 예술적인 걸작 서사시 《트로일루스와 크리세이드 *Troilus and Criseyde*》에
의해 선명하게 드러난다. 초서는 영문학사상 거의 처음으로 이탈리아 시인
단테, 페트라르카, 보카치오의 문예를 영국에 도입한다. 보카치오의 영향은
《트로일루스와 크리세이드》의 원전과 《캔터베리 이야기》의 제1화 〈기사의
이야기〉의 대본에서 확연히 드러나며, 단테의 《신곡》은 특히 《영예의 집》의
구성과 수많은 표현 그리고 '연민'의 정신에 큰 영향을 주었다.

　다시 말하지만, 초서는 영국 국내에서도 신임받는 궁정인이었다. 1374년
에 연봉 10파운드를 받고 양털류·피혁류 등을 관리하는 세관감사장으로 임
명되었으며, 이어서 포도주류의 소세관감사장직을 맡았다. 또한 그는 올드
게이트탑 위의 방과 지하실을 평생 무상으로 쓸 수 있었다. 한편 같은 해에
랭커스터 공 존 오브 곤트는 초서와 그의 아내 필리파에게, 왕비 및 대공부

인에 대한 두 사람의 충성을 치하하며 10파운드의 연금을 하사했다. 이 기록을 통해 초서가 에드워드 3세의 필리파 왕비와 같은 이름의 여인과 결혼했음을 알 수 있다.

그녀는 아마도 필리파 왕비를 모시는 시녀였을 것이다. 더욱이 필리파 초서는 존 오브 곤트의 정부인 캐서린 스윈포드라는 여인과 자매였던 듯하다. 이것이 사실이라면, 초서와 존 오브 곤트는 보통 친밀한 사이가 아니었으리라. 더욱이 스윈포드는 존 오브 곤트 공의 두 번째 부인 콘스탄스가 세상을 떠나자 존의 세 번째 정실부인이 되었다. 이로써 초서는 궁정에서 가장 중요한 인물과 인척관계가 되었다. 미국 학자 존 윌리엄스는 《초서 신 해석》(1965)이라는 책에서 《트로일루스와 크리세이드》는 랭커스터 공 존 오브 곤트를 중심으로 한 궁정의 정사 세계를 그린 것이며, 트로일루스가 존이고, 크리세이드는 존의 정부인 스윈포드, 그 정사를 주선한 판다루스가 시인 초서라고 말한다. 그 진위 여부는 덮어두더라도, 크리세이드의 복잡하고 중의적인 성격이 당시 시녀들의 심리를 고스란히 옮겨놓은 것처럼 교묘하게 묘사되어 있는 것은 사실이다.

초서가 올드게이트 성문 위의 집에서 어느 거리를 지나 런던탑 서쪽에 있는 양털 부두라 불리는 부두 근처의 세관으로 갔는지는 분명하지 않다. 시인이 《영예의 집》에서 독수리의 목소리로 "자, 일어나라" 라고 말하자, 독수리는 "내가 이름을 말할 수 있는 친밀한 사람과 같은 목소리로 말했다"라고 썼다. 아마도 그 사람은 초서의 아내일 것이다. 그의 아내 필리파가 "일어나요" 하고 깨우면 서둘러 잠자리에서 일어나 이스트칩의 번화가 등을 지나 템스 강의 세관으로 가는 초서의 모습을 상상할 수 있다.

외국여행 기간을 제외하면, 세관 직원으로서 세금을 징수하고 계산을 하고 밀무역을 감시하는 생활이 1374년부터 그 직위에서 물러난 1386년까지 13년 동안 이어진다. 그러나 이 13년은 초서가 올드게이트에서 생활하면서 창작활동에 가장 몰두한 시기였다. 초서는 보에티우스의 《철학의 위로》를 영어로 옮겨 쓰고, 《영예의 집》(1379~80년 무렵), 《새들의 의회》(1381~82년 무렵)와 《아넬리다와 아르시테》(1381년 무렵)를 썼다.

이러한 작품에는 이탈리아 문예의 영향이 분명하게 드러난다. 연애시 《트

잉글랜드 왕 에드워드 3세와 필리파 왕비 초서는 왕의 시종으로, 기사로 활동하면서 외교 등 주요 직책을 수행했다. 초서의 아내는 왕비와 이름이 같은 '필리파'이다.

로일루스와 크리세이드》(1358~86년 무렵)는 보카치오의 《필로스트라토(사랑의 포로)》를 영어로 번안하여 8300행으로 확대한 대작으로, 이제까지 쓴 작품의 총집편이라고 할 수 있다.

　이러한 장편서사시는 영문학에서 그 이전은 물론 이후에도 없었다. 더욱이 시인은 지금까지 드러나지 않은 인간심리의 미묘한 그림자를 영어로 표현할 수 있음을 보여 주었다. 이 시의 이야기는 알다시피 비교적 간단하다. 트로이 전쟁 때 트로이의 왕자 트로일루스는 트로이를 배신한 칼카스의 딸 크리세이드를 뜨겁게 사랑한다. 트로일루스의 아버지이며 크리세이드의 숙부인 판다루스가 연인 사이를 주선하여 두 사람은 맺어진다. 그러나 행복도 잠시, 그리스 측과 인질교환이 이루어지자 크리세이드는 안테노르와 맞바꾸는 대가로 그리스로 건너가게 되어 트로일루스와 헤어지게 된다. 크리세이드는 그리스 기사 디오메데와 함께 그리스로 가서 디오메데를 받아들이고 트로일루스를 배신한다. 그녀의 배신을 알게 된 트로일루스는 디오메데를 찾아 전쟁터로 나가지만 아킬레스에게 무참히 살해당하고 만다.

　마지막에 시인은 트로일루스의 성실한 영혼을 제8권의 천공으로 올려보내 변함없는 사랑은 신의 사랑이라고 젊은 연인들에게 가르친다. 궁정시인이

《트로일루스와 크리세이드》 삽화

느닷없이 종교적인 시인으로 탈바꿈한 점이 독자의 관심을 끌지만, 전체적으로 보면 시인이 처음부터 지속적으로 노력하고 있음을 알 수 있다. 특히 복잡한 인간심리를 표현하기 위해 크루세이드라는 여성상을 구성에 투입하여 현대에서 말하는 '애매모호함'이라는 성격을 만든 것에서 초서의 주도면밀한 인간관찰과 내면생활의 깊이를 엿볼 수 있다. 특히 시의 마지막에서 크리세이드의 배신을 통해 인간 세상의 무상함과 허영을 말하고, 그리스도의 변함없는 사랑에 몸바칠 것을 권하는 시인의 깊은 마음을 헤아릴 수 있다.

고전에 대한 깊은 애정

초서는 올드게이트탑 위에서 독서와 창작에 온 힘을 기울였으며 '돌처럼 묵묵히 새로운 책을 펼치고 앉아 눈이 침침해져 보이지 않을 때까지' 읽었다. 그것은 세관에서의 일상적인 일과는 대조적인, 초서 본인도 반쯤 자조적인 말투로 이야기한 '성자와 같은' 생활이었다.

특히 옛 서적을 존경한 시인은, 라틴어로 쓰인 오비디우스의 《변신이야기》와 베르길리우스의 《아이네이스》, 보에티우스의 《철학의 위로》 그리고 마크로비우스가 길게 주석을 단 키케로의 《스키피오의 꿈》 등에서 깊은 영향을 받았다.

또한 이탈리아어로 단테의 《신곡》과 보카치오의 《테세이다》, 《세시우스 가족 이야기》, 《필로스트라토》를 읽고, 젊은 시절부터 즐겨 읽었던 프랑스의 데샹과 마쇼의 시와 기욤과 묑의 《장미 이야기》를 탐독했으며, 남프랑스 사부아의 기사 오통 드 그랑송의 연애서정시 및 프로아사르의 연대기 등도 읽었다. 그리고 전통적인 영국의 로맨스 《가이 오브 워릭》과 《아미스와 아미룬》, 《아서와 마린》 등과 같은 중동부 방언—초서가 사용한 방언—으로 쓴 이야기를 읽었을 것이다. 이러한 전통 로맨스는 13세기 말부터 14세기 초까지 쓰였다.

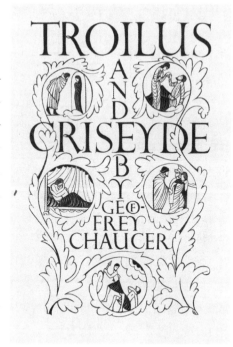

《트로일루스와 크리세이드》 표지 (1927년판)

그리고 런던의 이스트칩 거리 부근에 서기를 고용하여 사본을 만드는 서점이 있었을 것이고, 그곳에서 이러한 이야기를 필사하여 책으로 엮어 귀부인과 부유한 사람들에게 팔았을 것이다. 초서는 그러한 서점에 자주 드나들었을 것이다. 이는 현재 남아 있는 다양한 로맨스를 모아 엮은 《오친렉 사본》(1330년 무렵)으로 확인할 수 있다. 초서는 아마도 그러한 사본을 통해 영국의 로맨스를 읽고 낭만적인 전통 운율시형과 시어법을 자유로이 구사했던 것이다. 초서는 이러한 자국의 전통 표현법을 잘 알고 있었기 때문에 초기에 프랑스 시를 번역할 때에도 그것을 밑바탕으로 활용할 수 있었을 것이다. 후년에 쓴 《캔터베리 이야기》의 〈초서의 토파즈 경 이야기〉에서는 이러한 로맨스에 야유를 보냈다.

세관에 근무할 때 쓴 《영예의 집》도 초서의 내면생활을 짐작할 수 있다.

이 미완성 시에는 시인 초서의 일생의 궁극적인 두 가지 주제가 분명히 드러나 있기 때문이다. 즉 '사랑의 기별'에 대한 탐구와 '경험에 의한 증명'이다. 전자는 초서의 이상주의를 나타내며, 고전에 대한 존경의 발로이다. 권위에 대한 경의라고도 할 수 있다. 초서는 이러한 수많은 옛 서적을 통해 사랑을 배워간다.

뒷날 《선녀들의 전설 *The Legend of Good Women*》(1386년 무렵)의 서시(序詩) 도입부에서 시인은 옛 서적이 사라지면 '기억의 열쇠'를 잃고 말 것이라고 말했다. 고전에 대한 애정을 '기억의 열쇠'로 표현한 것이다. 후자인 '경험에 의한 증명'은, 책에 의한 권위를 실제 겪은 일을 통해 확인하고자 하는 과학적인 합리정신이며, 이상주의에 대한 현실주의이다. 이 두 가지 주제는 서로 상반되며, 양극 사이의 긴장이 《캔터베리 이야기》에서 구체적인 형태를 만들어 나간다.

또한 흥미로운 것은, 《캔터베리 이야기》를 떠올리게 하는 정경이 이 《영예의 집》의 끄트머리 부분에 나타나 있다는 점이다. 초서의 세관 생활이 시 안에서 일상 모습 그대로 보여 주고 있다. '영예'의 집 안으로 군중은 시끄럽게 떠들며 드나든다. 선원과 순례자도 있고 면죄부 판매자도 있다. 마치 런던 템스 강가의 혼잡한 거리를 연상시킨다. 이는 초서가 실제로 본 광경이다. 이러한 현실이 환상으로 시작하는 《영예의 집》이라는 시에 꿈의 베일을 뚫고 나타난다. 이는 초서의 마음속에 이미 《캔터베리 이야기》의 등장인물이 자라나기 시작했음을 암시한다.

시인에게는 모든 것들이 연속적으로 이어져 있다. '사랑의 기별'이나 '경험에 의한 증명', 이런 소란스러운 삶의 모습 등이 모두 마음속에서 발효를 거쳐 끊임없이 《캔터베리 이야기》에 나타나는 것이다. 그것이 이탈리아 여행 뒤에 올드게이트탑 집에서 쓴 《영예의 집》에 벌써 나타나 있는 것이다. 또한 그 시절은 자전적인 이야기를 하지 않는 시대였으나, 이 작품에는 초서의 자전적인 요소가 있지만 다른 작품에는 없다는 점에 유독 주목해야 한다. 이유는 모르나, 《영예의 집》은 극히 개인적인 시였다.

에드워드 3세의 오랜 치세가 1377년 6월 21일, 왕이 죽음을 맞이하면서 막을 내리고 이어 소년 국왕 리처드 2세가 즉위한다. 그리고 1381년에는 와트 타일러가 이끄는 농민폭동이 일어난다. 불합리한 인두세에 반발하여 에식스와 켄트 지방에서 일어난 이 폭동은 순식간에 전국적인 대규모 반란으로 번지게 된다. 격분한 농민들은 장원과 사원을 습격하여 강탈하고, 칙허장과 장원기록을 불태우며 캔터베리 대주교의 목을 베고, 런던으로 몰려와 권리를 요구하며 런던 시를 점령한다. 난공불락을 자랑하던 런던탑의 방어가 무색할 정도로 지배층은 당황하여 뜻밖에도 폭도에 굴복한다.

즉위한 지 4년밖에 되지 않은 '리처드 2세 소년왕'은 농민군을 이끈 와트 타일러를 마일엔드에서 직접 만나, 1에이커당 4펜스의 지대(地代)를 받는 대신 다른 모든 부가세를 없애고 반역자들을 모두 사면함으로써 가까스로 폭동을 진압할 수 있었다. 초서도 이 역사적인 사건을 직접 목격했을 것이다. 〈수녀원 신부의 이야기〉에서 여우를 쫓는 소동을 "잭 스트로와 그 일당이 플랜더스 사람을 죽일 때 내지른 날카로운 목소리도, 이날 여우를 쫓는 외침에는 미치지 못했습니다"라는 구절에 그 흥분이 희극적으로 표현되어 있다.

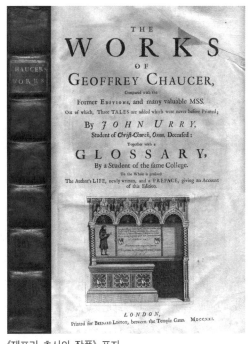

《제프리 초서의 작품》 표지
문인 존 유리(John Urry)의 편집으로, 그가 죽은 뒤 1721년에 출판.

하루하루를 바쁘게 보내던 초서에게 1385년 2월 17일 자로, 세관장의 의무를 대행하는 일을 임명할 특권이 주어진다. 초서는 1377~78년에 왕의 비밀 용무를 처리하기 위해 외국으로 갔는데 이때에는 앞서 대리직을 맡겼으며, 그가 직접 청원하여 대리를 앉히기도 했다(1383, 1384). 1385년에 늘 대행자를 두게 된 것도 그가 직접 청원했기 때문이다. 이러한 허가는 리처드 2세의 왕비 앤 덕분이었다.

리처드 왕의 궁정도 초서에게 호의적이었다. 대행자를 둔 뒤로 초서는 올드게이트의 집에서 작품을 쓸 시간을 더욱 많이 얻게 되었다. 대행자를 두게 된 해는 그가 《캔터베리 이야기》를 쓰기 직전이었으며, 《선녀들의 전설》의 〈서시〉를 쓰고 있던 무렵이었다. 그 무렵 초서는 올드게이트의 집 외에 켄트에 별장을 가지고 있었다. 별장을 나서면 들판에는 데이지꽃이 흐드러지게 피어 있었다. 이른 아침 햇살 아래에서 아름답고 싱그러운 데이지꽃의 모습을 보고 시인은 독서도 창작활동도 모두 잊어버릴 정도로 심취했을 것이다. 그 설레는 마음이 《선녀들의 전설》의 〈서시〉에 여실히 드러나 있다.

5월의 계절이 돌아와 새들이 지저귀는 소리를 듣고
이 꽃이 필 무렵
나의 이야기여, 안녕,
나의 한결같은 공부도 안녕.

이처럼 그는 감수성이 풍부한 시인이며, 고전에 해박하고 유럽 대륙의 문예에 통달한 교양인이었다. 더욱이 문화가 발달한 이탈리아로 두 번이나 왕명을 받고 여행하였으며, 오랫동안 런던항에서 세관장을 지낸 초서에게는 궁정 내외는 물론 외국에도 친구가 많았을 것이다. 초서는 세관장에서 해임된 1386년에는 켄트 주를 대표하는 국회의원으로서 의회에 출석했고, 그 전부터 켄트 주의 치안판사를 역임했다(1385~89). 그는 그만큼 덕망과 인품을 두루 갖춘 인물이었다. 물론 존 오브 곤트 공이 그의 뒤에 있었던 것도 사실이다.

위대한 번역자, 고귀한 시인

세관의 회계연도는 미카엘 축제일(9월 29일)이었다. 정산 시기에 초서가 감사한 계산서가 남아 있는데, 거기에 징세관 니콜라스 브램블과 존 필리포트의 이름이 자주 나온다. 브램블은 런던의 식료품상조합의 구성원으로 여러 번 런던 시장으로 선출되었으며, 런던항의 양털 수출세 징수관으로서 세관장과는 10년 동안 아주 친밀한 사이였다. 브램블은 와트 타일러의 난(亂) 때 용맹함을 인정받아 기사로 임명되었으나, 1387년에 반역죄로 고발되어 교수형을 당했다. 또한 필리포트도 브램블과 마찬가지로 와트 타일러의 난 때 용맹을 떨쳐 기사 작위를 받은 시민으로 시장에 선출되었다. 이처럼 상류계급 시민과 친했던 초서는 자칫 처형될 수도 있는 불안한 시대를 현명하게 살아가는 지혜가 필요했다. 그러나 초서는 모략과 반역에 가담할 인물이 아니었다.

궁정에서는 군인이자 외교관인 루이스 크리포드 경이나 유명한 군인 존 크랭보 경과 그 친척인 토머스 크랭보 경, 필립 라 바치 경, 윌리엄 비챔 경, 윌리엄 네빌 경 그리고 초서의 '스코건에게 주는 초서의 결구'에 그 이름이 나오는 헨리 스코건 같은 쟁쟁한 인물들과 가까이 지냈다.

또한 문인과 학자로는, 《사랑의 고백》을 쓴 존 가워가 초서의 친구이자 라이벌이었고, 옥스퍼드 철학자 랄프 스트로드와도 친했다. 초서는 그의 장시 《트로일루스와 크리세이드》를 이 두 친구에게 바치며 시를 끝냈다.

1390년에 초서는 토목공사 감독관으로 임명되어 윈저의 성조지 예배당 수리와 템스 강 제방 수리 및 스미스필드에 마상시합 관람석을 만드는 일을 하게 된다. 이러한 토목건축 관련 일을 하면서 초서는 그 시절의 명공이자 건축가인 헨리 이벨과도 알고 지냈다. 이벨은 리처드 2세의 무덤을 만들고, 웨스트민스터 사원에 고딕 양식인 '리처드 2세 홀'을 설계한 영국 고딕 수직양식의 거장이다. 기록에 의하면 초서는 토목감독관으로서 이벨에게 여러 차례 급료를 지불했다.

그는 외국에도 친구가 많았다. 프랑스에는 시인 마쇼와 외스타슈 데샹이 있었다. 특히 데샹은 초서의 친구인 크리포드 경의 친구이기도 하다. 그는 1386년에 프랑스에서 귀국하던 크리포드 경에게, 초서에게 보내는 발라드를 들려 보냈다. 그 시에는 "위대한 번역자, 고귀한 제프리 초서"라는 후렴구가 나온다. 여기에서 초서가 《장미 이야기》의 번역자이자 시인으로 처음 언급된다. 이 프랑스 시인의 찬사에 의해 처음으로 왕실기록에 남아 있는 제프리 초서와 시인 제프리 초서를 동일인물로 보게 된 것이다. 초서는 연대작가이자 시인인 존 프로아사르와도 아는 사이였다. 그는 초서가 시동이던 무렵 필리파 왕비의 궁실 일원으로서 에드워드 3세의 궁정에 머물며 노래를 만들고 시를 지었다. 또한 초서는 사부아의 기사 오톤 드 그랑송도 잘 알고 있었다. 그랑송은 1372년에 이미 영국 측에 가담하여 싸웠는데, 그의 서정시 〈성 발렌타인의 노래〉가 초서의 《새들의 의회》에 영향을 주었다. 초서는 〈비너스의 탄식 *The Complaint of Venus*〉 마지막에 "프랑스 시인의 꽃, 그랑송"이라고 노래했다.

초서는 이탈리아를 여행하면서 어쩌면 페트라르카를 만났을 것이다. 〈옥스퍼드 대학생의 이야기〉 머리글에 "파도바에서 어느 뛰어난 학자에게 들은

이야기를 하겠습니다. ……고인이 되어 땅 속에 묻혀 있습니다"라는 구절이
나온다. 여기서 말하는 '뛰어난 학자'가 바로 〈옥스퍼드 대학생의 이야기〉에
나오는 그리젤다 이야기를 쓴 페트라르카이다. 만약 두 사람이 실제로 만났
다면 페트라르카는 초서가 가장 존경하는 친구가 되었을 것이다. 또한 초서
의 첫 번째 이탈리아 여행의 목적지가 피렌체였으며 연대가 1372~73년이던
것으로 보아 보카치오와도 만날 수 있었을 것이다. 증거로 삼을 만한 기록은
없지만, 〈옥스퍼드 대학생의 이야기〉에는 페트라르카를 만났다는 인상이 강
하게 풍긴다.

보카치오는 《데카메론》, 《필로스트라토》, 《테세이다》와 같은 작품을 썼을
뿐만 아니라 단테의 《신곡》을 주제로 공개강의를 열기도 했다. 이탈리아 르
네상스 정신은 이 대작가를 통해 초서의 내면으로 밀려들어왔다고 보아도
과언이 아니다. 어쩌면 초서가 단테를 알게 된 것도 보카치오를 통해서인지
도 모른다. 초서는 이탈리아 여행을 통해, 단순히 책의 영향만으로는 가능할
수 없는 인간적인 소통의 살아 있는 숨결을 작품(예를 들어 《트로일루스와
크리세이드》) 속에 담아낸 듯하다.

이 밖에도 초서는 사회의 다양한 서민 계층과도 교류했다. 그러한 사람들
은 《캔터베리 이야기》의 〈프롤로그〉에 등장한다. 초서는 귀족이 아니라 상
인 집안 출신이므로, 시민들 사이를 자유로이 돌아다닐 수 있었다. 그는 귀
족과 기사, 궁정 시녀들과 문인, 학자, 시민, 상인, 세관 관리, 당대의 장인
(匠人)과 성직자 그리고 서민에 이르기까지 가리지 않고 사람을 사귀었다.
그리고 그들로부터 많은 교훈을 얻었을 것이다. 그 방대한 경험을 우리는 직
접 볼 수 없지만, 《캔터베리 이야기》에 시인이 인간적으로 겪은 일이 암암리
에, 또는 확연하게 나타나 있다. 시인은 이 인간세계로 매우 유쾌하게 파고
들어가 그 공기를 자유로이 들이마신다. 이는 이 《캔터베리 이야기》의 〈프롤
로그〉의 명랑한 음조에서 잘 나타난다.

초서의 아내 필리파는 1387년 6월 18일에 마지막 연금을 받았고, 그 뒤
11월 7일에는 초서만 연금을 받았다. 6월부터 11월 사이에 아내가 눈을 감
은 것이다. 그 무렵(1386) 초서는 올드게이트 집을 포스터라는 사람에게 넘

기고 켄트에서 은거했
으며, 1387년 무렵에
는 《캔터베리 이야기》
의 〈프롤로그〉를 쓰기
시작했다.

또한 초서는 1390년
부터 1400년에 생을
마감하기까지의 10년
동안 공사감독관 및 서
머싯 주의 노스페서트
공원의 임야감독관으로
도 임명되었다(1398).
그리고 1399년에는 헨
리 4세가 리처드 2세

초서 무덤
런던 서쪽에 있는 웨스트민스터 사원 남쪽 건물 포석 밑에 초서의
유해가 안치되어 있다. 15세기 초에는 관리나 시인이 이곳에 묻히는
일은 드물었다. 어쩌면 초서는 국왕 헨리 4세와 가까운 사이였기 때
문에 이곳에 묻혔는지도 모른다. 1556년 라틴어 비문이 적힌 고딕식
천개(天蓋)가 씌워졌다.

를 몰아내고 영국왕이 되는 대사건을 경험했다. 이 무렵에 초서가 경제적으
로 어려웠다는 사실은, 길버트 머펠드라는 무역상에게서 1395년 7월 28일에
26실링 8펜스라는 얼마 안 되는 돈을 일주일 동안 빌린 기록이 남아 있는 것
을 통해 알 수 있다. 또한 새 왕 헨리 4세의 시대가 되자 곧바로 〈지갑에 대
한 초서의 하소연 *The Complaint of Chaucer to his Purse*〉을 바쳤고, 왕이
그의 바람을 들어 주었다.

초서는 죽기 전해인 1399년 크리스마스이브에 웨스트민스터 사원 경내의
성 메리 예배당 정원에 있는 작은 집을 53년 동안 빌리기로 계약한다. 그리
고 1400년, 이 아담한 집에서 눈을 감는다. 초서가 마지막으로 웨스트민스
터 사원에 집을 빌린 것은 시인의 종교적 심경 때문이었는지도 모른다.

초서의 자식들에 대해서는 그다지 드러난 기록이 없다. 다만 1391년 무렵
쓴 《천측구(天測具)에 관한 글 *The Treatise of the Astrolable*》의 첫머리에서
"어린 루이스, 내 아들아"라고 부른다. 그러나 이 아이는 어렸을 때 죽은 듯
하다. 나중에 매우 부유하고 정계에서 이름 높은 신사 가운데 토머스 초서
(1370?~1434)라는 사람이 나타난다. 이 인물은 매우 높은 관직에 올랐으

며, 옥스퍼드 근처의 우드스톡에 넓은 영지를 소유하고 있었다. 그러나 그가 초서의 아들이라는 확실한 증거는 없다. 그 이외에 초서와 연고가 있는 인물에 대한 기록은 없기 때문이다.

초서는 죽은 뒤 웨스트민스터 사원에 묻혔다. 1555년 튜더 왕조가 끝날 무렵, 초서를 찬양하는 니콜라스 브리검이라는 사람이 제단과 천개(天蓋)가 있는 초서의 무덤을 세웠다. 이 무덤은 현재 웨스트민스터 사원의 시인들 무덤이 있는 구역의 가장 안쪽에 있다. 브리검이 제단을 세우기 전부터 그의 무덤은 그 자리에 있었던 듯하다.

정리하자면, 초서는 런던 시민의 아들로 태어나 궁정에서 일하고, 외교관으로서 유럽대륙 곳곳을 다녔으며, 런던항의 관세장으로서 오랫동안 왕실의 재정을 지켰고, 공사와 임야감독관으로서 맡은 역할을 완수했다. 그리고 마지막에는 이러한 업무에서 해방되어 웨스트민스터 사원 경내에서 그리스도인으로서 생애를 마감했다. 그 사원에는 그를 특별히 총애한 리처드 2세와 왕비 앤이 나란히 묻혀 있다. 《선녀들의 전설》의 〈서시〉에서 시인은 가장 좋아하는 데이지꽃의 화신으로서 알세스트 왕비를 묘사하고, 그녀의 중재를 통해 사랑의 신에게 혼이 난 시인의 허물을 용서한다는 시를 썼다. 이 알세스트 왕비가 바로 리처드 2세의 왕비 앤이라고 볼 수 있다. 왕위를 찬탈당하고 침통해하며 옥사한 리처드 2세의 슬픈 운명에 눈물짓는 착한 여인의 전형인 앤 왕비에 대한 헌신이 이 시인의 상상력 안에 줄곧 꿈틀대고 있었던 것이다.

《캔터베리 이야기》에 대하여

초서가 살았던 14세기는 옛것이 사라지고 새로운 것이 태동하는 과도기였다. 더욱이 초서와 같은 시인에게는 신구문명 시대의 중심인 궁정과 런던에서 일생을 보낼 수 있는 것이 좋은 기회였으리라.

옛것은 봉건제의 기사도 체제이고, 새로운 것은 런던을 중심으로 부흥한 부르주아계급의 출현이었다. 그들은 자본과 노동과 개인의 기업을 해방하여 경제적인 세력을 급격히 발전시켰다. 초서도 그러한 신흥계급 출신이었다.

또한 14세기는 기사도 체제에 의한 전쟁이 끊임없이 일어났다. 바로 백년

전 쟁(1337 ~ 1453) 이
다. 그러나 이제는 전
쟁도 런던의 자본에 의
지하지 않고는 일으키
지 못했고, 왕실은 상
인에게 의지했다. 따라
서 상인 가운데에는 왕
실과 귀족과의 경제적
인 관계를 이용하여 귀
족과 혼인하여 문벌을
손에 넣으려는 자도 있
었다.

페스트가 창궐하던 시대
초서가 살던 중세시대에 페스트가 발생하여 유럽을 온통 공포 속
으로 몰아넣었다.

에드워드 3세는 1359~60년에 걸쳐 마지막 프랑스 침략을 계획한 뒤, 프랑
스로 가서 브레티니 평화조약을 맺고 사태를 진정시켰다. 이 전쟁에 초서도
수습기사로 종군하여 포로로 잡혔다가 강화조약에 따라 몸값을 내고 석방되었
다. 한편 영국의 한 연대기 작가는, 1348년에 페스트가 돌아 사람들은 이리저
리 도망다녔지만 끝내 죽음을 피하지는 못했다고 기록했다. 그때 최소한 인구
의 5분의 1이 죽었다. 그 뒤로도 같은 세기에 페스트가 두 번이나 더 영국을
덮쳤고, 그 결과 영국의 인구는 세기 초반의 절반으로 줄어든다. 그러자 사회
에 큰 변동이 생겼다. 농촌의 노동력이 감소하고, 봉건제도의 중심인 장원제
도도 붕괴되었다.

이리하여 중세시대의 어둠 속에서 근대적인 새로운 태동이 일어났다. 바
로 '국민적인 자기의식'의 부흥이다. 이는 편협한 충심과 엄중한 계급제를
타파한 의식이다. 이로써 백년전쟁에도 애국심에 의해 고양된 새로운 힘이
더해져 왕과 귀족을 돕고 전공을 올리게 된다.

초서의 《캔터베리 이야기》는 이러한 새로운 시대의 태동을 알리는 작품이
다. 그러나 그 밑바탕에는 중세의 낡은 습관과 정신도 깔려 있다. 옛것과 새
로운 것이 혼재되어 있는 것이다.

초서가 살았던 올드게이트 집에서 창 밖으로 런던 시를 내려다보면 가장

먼저 산처럼 솟아 있는 첨탑에 놀랄 것이다. 그 중심에는 가장 높은 성 바오로 성당의 첨탑이 있다. 그때는 가톨릭이 힘을 떨치던 시대였다. 교회의 첨탑을 올려다보며 사람들은 저마다 무릎 꿇고 기도하고 싶은 마음에 사로잡혔다. 그러나 초서가 살았던 시대에는 사람들의 정신을 지배한 성당이 그 내부에서 썩기 시작하고 있었다. 시인은 그 사실을 날카롭게 꿰뚫고 있었다. 초서와 동시대를 살았던 위클리프와 랭글란 같은 개혁자는 격렬하게 개혁을 부르짖었다. 그러나 그 목소리는 일부에서만 울려 퍼졌을 뿐, 교회와 그 가르침에 대한 일반 사람들의 믿음을 뒤집지는 못했다. 그 경건하고 중후한 고딕 사원의 음침하고 기괴한 모습은 중세라는 시대의 분위기를 상징하기도 한다. 한밤중에 어둠을 틈타 우뚝 솟아오르는 고딕 사원은 사람들 마음에 두려움까지도 불러일으켰다.

이러한 건축은 만들어졌을 때부터 종교적인 창조 정신을 생생하게 지켜 나갔다. 14세기 영국에서는 곳곳에서 고딕 양식의 건축물이 만들어졌다. 이러한 건축의 정신도 문학의 창조와 활기차게 밀접한 관계를 맺는다. 초서의 《캔터베리 이야기》의 형식과 양식에도 이 시대 고딕풍 예술의 경향―예를 들어 하우저라는 '병렬', '대조'의 기교와 궤를 같이하는 경향―이 있음이 최근 지적되었다. 고딕 양식의 사원은 하늘 높이 솟아오른 첨탑을 통해 하늘에 대한 기도를 상징하고, 벽면에 새겨진 성자들의 석상에는 무명작가의 뜨거운 기도가 담겨 있다. 스테인드글라스를 통해 어두운 실내에 드리워진 햇빛 그림자는 신자들의 경건한 신앙심을 자극한다.

초서는 이러한 정신이 여전히 살아 숨쉬고, 주교가 라틴어로 기도문을 읊어 목소리가 낭랑하게 울려 퍼지는 시대에 살았다. 그 시대에는 전쟁과 전염병이 걷잡을 수 없이 퍼지고 와트 타일러에 의한 사회의 대변동, 런던의 시민세력이 기운차게 일어나 활력이 넘치는 생활상 같은 모순된 국면이 공존했다. 한마디로 '대조'의 시대였다.

이러한 사회를 반영하는 것이, 14세기 후반 런던에서 사용한 영어였다. 버지니아 울프는 '파스톤 가의 편지'라는 노퍽 호족이 14세기부터 15세기에 걸쳐 강건한 문체를 영어로 쓴 편지를 접하고, 온갖 상상력을 동원하여 초서가 번역한 영어의 기반에 이처럼 거칠고 다부진 언어가 있었으리라 상정한다. 이 여류작가의 직관은 제법 옳은 듯하다. 당시 런던의 영어는 노퍽의 영어와 밀접한 관련이 있었다. 또한 P.M. 킨 여사는 1972년에 출판한 《초서와 영시의 형성》이라는 책에서 초서의 단순하고 직설적인 영어에 주목했다. 얼핏 퉁명스러워 보이는 그 회화체는 초기 작품 말고도 초서가 종종 사용한 영어형식이다. 초서는 이처럼 다듬어지지 않은 거친 에너지와 젊음을 지닌 영어에 프랑스어의 부드러운 음률과 울림을 더하고 프랑스, 이탈리아, 라틴어의 의미를 그 위에 덧씌워 예술적으로 세련미를 더해 나갔다. 반세기 전에 단테가 《신곡》을 통해 토스카나 언어를 아름답게 끌어올렸듯이, 초서는 《트로일루스와 크리세이드》와 《캔터베리 이야기》를 통해 통속적인 런던의 영어를 예술적인 시어로 끌어올려 승화시켰다.

별들이 반짝이는 하늘은 신이 있는 천국이기도 하고 과학적인 질서가 담긴 우주이기도 했다. 초서는 별의 움직임을 잘 알았으며 점성술과 천문학에도 해박했고, 학문인 철학과 꿈의 심리적 분석에도 깊은 관심을 보였다.

그 시절 사람들은 세상의 중심인 지구를 일곱 행성이 에워싸고 돈다고 생각했다. 달·수성·금성·태양·화성·목성·토성이 당시에 알려진 행성의 전부였으며, 이 일곱 행성이 하나의 질서를 이루고 있었다. 그 너머에 있는 세 혹성 천왕성·해왕성·명왕성은 당시 알려지지 않았다. 초서는 이러한 별이 하루에 네 번 나타나는 시각을 파악하고 있었으며, 별의 위치를 보고 운세와 길흉을 점치기도 했다. 그러나 초서가 그 기술을 믿었던 것은 아니다. 이러한 학문 지식을 작품 속에 투영한 것이다.

이처럼 그 시대의 사람과 생활, 문화, 예술, 역사를 비롯한 모든 것을 포함하고 있는 《캔터베리 이야기》는 비록 미완성으로 끝나기는 했지만, 대표적으로 영국 중세를 상징하는 대사원과 어깨를 나란히 할 만한 대작임에 틀림없다.

웃음, 야유, 감동이 어우러진 휴먼 드라마

1387년부터 죽을 때까지 그의 사분의 일 생애는 전적으로 《캔터베리 이야기》의 저작에 바쳐졌다. 《캔터베리 이야기》는 한마디로 무어라고 묘사할 수 없는 복잡한 작품이다. 거기에는 《데카메론》과 같은 구성상의 균일도 없고 완성된 것도 아니다. 적어도 〈프롤로그〉에서 시사했던 것과 같이 이야기의 방대한 집대성으로 끝나 있지는 않다. 이야기의 내용도 다양하고 다채롭다.

초서의 머릿속에 《캔터베리 이야기》의 구상이 언제 떠올랐으며 어떤 과정을 거쳐 구체화되었는지는 그 누구도 알지 못한다. 이 《캔터베리 이야기》는 순례자들의 여정 속에서 이야기하는 형식을 취하고 있다. 모든 이야기에는 이 시인의 생각이 죽 이어져 있다. 옛날에 있었던 일, 느낌, 표현은 일시적인 것이 아니라 지속되거나 반복된다. 이러한 연속성을 이 시인의 정신적 전개에서 찾아볼 수 있다. 이것은 《캔터베리 이야기》의 구상에서도 찾아볼 수 있다.

1366~7년경에 초서가 개인용 기도서가 필요하다는 랭커스터 공작부인 블랑시 공비의 부탁을 받고, 프랑스의 기욤 드 기빌이 쓴 〈인간 영혼의 순례〉(1330년경)를 영어로 옮겨 〈ABC〉라는 성모 마리아에게 바치는 기도시를 선물했다는 이야기는 앞에서도 다루었다.

"전체적으로 심미적인 의미에서 예술작품의 양상을 의도적으로 띠고 있으며, 초서가 줄거리, 운율, 연과 절 처리에 대단히 탁월하다는 사실을 보여주기에 손색이 없다."[1] 텐 브링크는 앞서 19세기 말에 이런 뛰어난 비평을 했다. 우리의 주목을 끄는 또 한 가지는 프랑스 시의 제목인 〈인간 영혼의 순례〉에서 '순례'라는 단어 자체와 '인간의 영혼'이 순례를 한다는 발상이다. 이 종교적인 주제와 심미적인 의미는 초서가 자신의 정신세계를 전개하는 데 어떤 흔적을 남겼을까? 초서의 시작(詩作) 활동 초기에 보이는 단시가 내적인 순례를 주제로 하는 시였다는 사실은 참으로 의미심장하다.

뒷날 초서는 런던항의 세관장이 되어 올드게이트탑 꼭대기에서 살게 된다. 이 집에서 그는 책을 읽고 시를 썼으며, 수많은 습작과 번역도 이곳에서 했다. 런던에서 비교적 부유한 삶을 즐기던 시절에, 당시 무역상들이 흔히 근교 시골에 땅을 샀듯이 초서도 켄트의 그리니치에 별장지를 구입했던 것으로 추정된다. 이 그리니치 별장지에서 《선녀들의 전설》을 썼을지도 모른다. 이 그리니치 주변에는 런던 대교에서 캔터베리 대성당으로 이어지는 켄트 거리(지금도 옛 켄트 거리라고 불린다)가 뻗어 있었는데, 4월 무렵이 되면 캔터베리의 순교자 성 토머스 베켓을 참배하러 영국 각지에서 모여든 순례자들이 이 거리를 지나갔다. 초서도 그 광경을 보지 않았을까?

---

[1] B. ten Brink, *History of English Literature*(transl.), Vol. Ⅱ (1895), p.61.

《캔터베리 이야기》 첫 번째 〈기사의 이야기〉 15세기 사본.

한때 영혼의 순례라는 발상에 흥미를 가졌던 시인이 이 지상에서 벌어지는 인간의 순례를 직접 보고 자극받았으리라는 것은 쉽게 상상할 수 있다. J.S.P. 탯럭(Tatlock)이라는 미국의 위대한 초서 연구자는 초서가 그리니치에 살았던 것은 확실하다고 말한다.[2] 그렇다면 초서는 이 순례 행렬을 수없이 봤을 것이다.

《캔터베리 이야기》를 읽으면, 먼저 이 책이 단순히 이야기를 모아 놓은 설화집이 아니라, 순례자가 저마다 한 명씩 순례 여정에서 이야기를 말하고 나머지 사람들은 그 이야기에 귀를 기울이면서 감탄하고 함께 웃고 야유하며 때로는 과감히 욕설도 던지는 휴먼 드라마라는 것을 알게 된다.

이야기를 프레임(틀), 이른바 '액자'에 끼워 넣는 형식은 오비디우스의 《변신이야기》나 보카치오의 《데카메론》을 비롯한 중세 작품에서 많이 찾아볼 수 있다. 초서도 《선녀들의 전설》에서 사랑에 몸바친 여성들의 이야기를 모으는 틀을 실행하고 그것을 실행하다가 도중에 그만두었다. 초서는 더 커다란 설정을 원했던 것으로 보인다. 그리니치의 자기 집 앞을 지나갔던 순례자들을 순례 행렬이라는 틀 안에 넣고 그들에게 이야기하게 한다는 착상을 하게 된 것으로 봐도 무방할 것이다.

이탈리아의 조반니 세르캄비(Giovanni Sercambi, 1347~1424)도 순례의 틀을 적용한 동일한 구상의 소설을 썼지만, 초서처럼 순례자 한 사람 한 사람에게 각각 말하는 방식은 아니다. 《캔터베리 이야기》는 시인이 마지막으로 도달한 독창적 구상이었다. 시인이 직접 순례 행렬에 참가했는지에 대한 확실한 증거는 물론 없다. 초서의 아내 필리파는 1387년에 죽었다고 추정되는데, 바로 여기서 대학자 J.M. 맨리(Manly)라는 사람은 당시는 병자를 위해 순례에 참가하는 것이 예사였으므로 초서도 아내의 쾌유를 위해 1387년에 순례길에 올랐을 가능성이 있다고, 단순한 억측이라고 말하면서도 주장하고 있다.[3]

초서는 《캔터베리 이야기》의 허구적인 순례 행렬에 참가하여 이야기를 듣고 그 자신도 말한다. 초서가 〈프롤로그〉 첫머리에서 한 말—"영국에서는 전국 방방곡곡에서 캔터베리 대성당을 향해, 그 옛날 그들이 병들어 고생할 때 치

---

* 2 J.S.P. Tatlock, *The Mind and Art of Chaucer*, P..89.
* 3 J.M. Manly, *Chaucer's Canterbury Tales*, p.28.

료해 준 거룩하고 복된 순교자에게 참배하고자 길을 떠난다."—에는 어딘지 모르게 시인의 생각이 담겨 있는 듯하다.

이 순례 행렬이라는 구상은 사실 《캔터베리 이야기》를 아우르는 중심 주제이기도 하다는 것이 최근 초서 연구 학자들 사이에서 인정되어 왔다. 모든 이야기는 이 틀을 통해 이 순례 행렬에서 말해지며, 시인에게는 이 주제가 특별히 정신적 의미를 깊이 지닌다는 것이다. 〈기사의 이야기〉에서 화자는 이 이야기를 주관하는 세시우스 공의 늙은 아버지 에디우스의 입을 통해 이렇게 말한다.

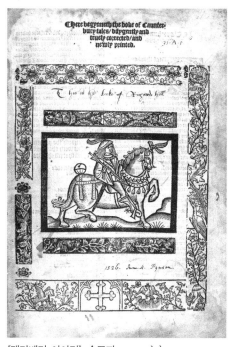

《캔터베리 이야기》 속표지   1526년판

"이 세상은 슬픔으로 가득한 거리에 지나지 않는다. 우리는 모두 이길이나 저길을 지나가는 순례자이다."

이 중세적인 무상관(無常觀) 역시 만년에 이른 초서의 생각이었을지 모른다.

초서가 올드게이트탑 꼭대기 집에서 쓴 습작 중에는 〈기사의 이야기〉의 전신인 《팔라몬과 아르시테의 사랑》에 대한 번역이 있었던 것으로 추정되며,[*4] 뒷날 《캔터베리 이야기》 중 〈두 번째 수녀의 이야기〉에 삽입된 《성녀 세실리아 이야기》의 번역을 비롯한 그 밖의 습작도 다수 있었을 것으로 보인다.

네빌 코그힐(Nevill Coghill) 교수는 올드게이트 집을 떠날 무렵에 초서가 이들 습작에서 공통적으로 보이는 주제를 하나로 정리해 낼 수만 있다면 지금껏 없었던 방대한 이야기집이 완성될 거라는 순간적인 영감을 수차례 얻었을 것이라고 상상한다. 신선하고 그럴듯한 상상이다. 그 주제가 바로 순례 여정이었다.

[*4] E.P. Hammond, Chaucer : *A Bibiliographical Manual*, pp. 271∼272.

시대를 초월한 새로운 형식

이 소설은 중세에는 보기 드물 정도로 근대적인 진행 형식을 취한다. G. K. 체스터튼이 말하는 '근대적인 진행'의 틀이라고도 할 수 있겠다.*5 《캔터베리 이야기》 중 〈프롤로그〉 끝에 이 이야기의 구성이 여관 주인의 생각으로 암시된다. 여관 주인인 해리 베일리는 "여행길의 무료함을 달래기 위해 캔터베리로 가는 도중에 각자 두 가지씩 이야기를 하고, 집으로 돌아가면서 다시 두 가지씩 이야기를 하자"고 제안한다.

이 〈프롤로그〉에서는 순례자로서 모인 영국 각계각층의 스물아홉 명이 등장하는데, 저마다 왕복길에 이야기를 두 가지씩 하기로 한다. 모두 120가지 이야기를 말하게 되는 것이다. 그렇다면 이것은 방대한 설화집이다. 현재 《캔터베리 이야기》는 거의 약 1/5 정도인 스물네 개의 이야기가 있으며, 그 가운데 두 이야기(〈요리사의 이야기〉와 〈초서의 토파즈 경 이야기〉)는 미완성이고, 특히 운문 형식인 〈초서의 토파즈 경 이야기〉는 예술적인 의도에서 일부러 미완인 채로 남겨 두었다. 이 스물네 개의 이야기 중 산문 형식의 두 이야기를 빼더라도 1만 7천 행 이상의 분량이다. 당초 예정의 절반이라도 완성했다면 셰익스피어의 희곡 서른일곱 편을 모두 합친 것에도 뒤지지 않는 위대한 업적이 되었을 것이다. 거대한 고딕 대건축과도 비교할 수 있는 이 이야기집의 구상은 비록 실현되지는 않았지만 이 시인이 품었던 웅대한 상상력을 알려 주는 자료라고 강조해도 좋을 것이다.

현재 우리가 보는 《캔터베리 이야기》는 F.N. 로빈슨 박사가 편집한 텍스트에 따르면 다음의 열 개 군으로 구성된다. 이는 로빈슨 박사가 가장 보존 상태가 좋은 엘즈미어 사본(Ellesmere MS.)을 참고하여, 거기에 남은 이야기의 순서에 따라 편집한 것이며 초서가 최종적으로 배열한 것은 아니다. 구성을 보면 이 이야기는 다음과 같은 열 개의 Fragment(단편)으로 나열된다. 파니발 박사와 스키트 박사는 별도의 인위적인 방법으로 이 사본의 순서를 바꿔서 ABC 등의 그룹순으로 분류했다. 순례 여정(지명)과 이야기 순서에서 보이는 모순을 제거하고 만든 순서대로 괄호 안에 표기하기로 한다.

---

*5 G.K. Chesterton, *Chaucer*, 1932.

Fragment I (A군)

〈프롤로그〉

〈기사(Knight)의 이야기〉

〈방앗간 주인(Miller)의 머리글과 이야기〉

〈장원청지기(Reeve)의 머리글과 이야기〉

〈요리사(Cook)의 머리글과 이야기〉

Fragment II (B¹군)

〈변호사(Man of Law)의 보충 설명, 머리글과 이야기〉

Fragment III (D군)

〈바스 여장부(Wife of Bath)의 머리글과 이야기〉

〈탁발수사(Friar)의 머리글과 이야기〉

〈소환리(Summoner)의 머리글과 이야기〉

Fragment IV (E군)

〈옥스퍼드 대학생(Clerk)의 머리글과 이야기〉

〈무역상인(Merchant)의 머리글과 이야기〉

Fragment V (F군)

〈수습기사(Squire)의 보충 설명과 이야기〉

〈시골유지(Franklin)의 머리글과 이야기〉

Fragment VI (C군)

〈의사(Physician)의 이야기〉

〈면죄부 판매자(Padoner)의 보충 설명, 머리글과 이야기〉

Fragment VII (B²군)

〈선장(Shipman)의 이야기〉

〈수녀원장(Prioress)의 머리글과 이야기〉

〈초서의 토파즈 경(Sir Thopas) 머리글과 이야기〉

〈초서의 멜리비(Melibee) 머리글과 이야기〉

〈수사(Monk)의 머리글과 이야기〉

〈수녀원 신부(Nun's Priest)의 머리글과 이야기〉

Fragment VIII (G군)

〈두 번째 수녀(Second Nun)의 머리글과 이야기〉

〈연금술사 도제(Canon's Yeoman)의 머리글과 이야기〉

Fragment IX (H군)

〈식료품 조달인(Manciple)의 머리글과 이야기〉

Fragment X (I군)

〈교구 사제(Parson)의 머리글과 이야기〉

초서의 철회문

순례자들은 이 이야기를 런던 남부 서더크에 있는 여관 '타바드'를 나와 캔터베리 성당으로 말을 타고 향하는 도중—보통 사흘 반 내지는 나흘로 예상되던 일정—에 말하는 것으로 상정되어 있다.

로버트 프렌치(Robert D. French)의 저서 《A Chaucer Handbook》의 기술을 옮겨서, 초서의 순례 진행을 추측해보면 다음과 같다.

4월 16일. 런던 남부 서더크의 타바드 여인숙에 집합.

4월 17일. 해가 뜨는 시간에 일행은 일어나서 서더크 출발. 성 토마스 샘(泉) 근처에서 제비를 뽑는다. 기사(騎士)와 방앗간 주인이 이야기하고, 7시 30분쯤에는 뎃퍼드(Deptford)와 그리니치를 지나간다. 순례자들은 아마 런던에서 15마일 떨어진 다트퍼드(Dartford)에서 잔다. 이날은 A군에 속하는 이야기만 나왔을 것이다.

4월 18일. 이날에는 B군 즉 변호사, 선장, 수녀원장, 수사, 수녀원 신부가 이야기한다. 이날은 런던에서 30마일 거리에 있는 로체스터에서 잔다.

4월 19일. C군(의사, 면죄부 판매자)과 D군(바스 여장부, 탁발수사, 소환리)이 오전 중에 나오고, 아마 런던에서 40마일 떨어진 시팅본에서 점심을 먹는다. 오후에는 E군(옥스퍼드 대학생, 무역상인)의 이야기가 있고, 저녁은 캔터베리에서 10마일, 런던에서 46마일 떨어진 오스프링에서 유숙한다.

4월 20일. 아침 9시에 수습기사가 이야기를 시작한다. 이 수습기사와 시골유지의 이야기가 F군을 이룬다.

두 번째 수녀의 이야기가 끝나자 연금술사와 그의 도제가 따라붙는다. 그러므로 두 번째 수녀와 연금술사 도제의 이야기는 한 묶음으로 G군을 이룬다. 사회는 아직 오전인데도 졸고만 있는 요리사를 깨워서 이야기를 시키려고 하지만, 뜻을 이루지 못하고 대신 식료품 조달인이 이야기한다. 이것이

H군이다. 오후 4시에 마지막으로 교구 사제(I군)가 이야기한다.

먼저 〈프롤로그〉에서 이 이야기들을 할 사람들이 소개된다. 이는 영국의 거의 모든 계급을 대표하는 사람들이 선택되어 있으며, 당대 사회 변화를 잘 보여 주는 축소판이라고 할 수 있다.

이 인물들을 궁정, 교회, 지식계급, 상업, 농업, 지주계급에서 하층 계급으로 나누어 살펴보자. 시인 자신이 중산계급, 즉 부르주아계급 출신이어서인지 계급의식에 특별히 민감해 보이지는 않는다.

첫 번째, 궁정에 관계된 사람은 기사, 시종, 방패병이고, 두 번째, 교회에 관계된 사람은 수녀원장, 두 번째 수녀, 세 명의 수사, 수녀원 신부, 탁발수사, 교구 사제, 면죄부 판매자, 소환리이다. 세 번째 지식계급으로는 옥스퍼드 대학생, 변호사, 의사가 있고, 네 번째 부르주아계급(상업, 공업, 무역상)으로는 무역상인, 동업조합 시민 다섯 명, 바스 여장부가 있다. 다섯 번째 지주계급에도 시골유지가 지방을 대표하여 나오고, 여섯 번째 농업쪽에서는 농부(당시는 주로 농업 중심의 사회였다)가, 일곱 번째 선원계급에서는 선장이, 여덟 번째 그 밖의 하위 계급에서는 요리사, 방앗간 주인, 장원 청지기 등이 나왔다. 여기에 여관 주인(해리 베일리)과 시인이 추가된다. 이 사회에는 그야말로 온갖 계급이 다 모였다.

이 다양한 사람들이 순례라는 형태로 하나의 사회를 이룬다. 순례라는 공통의 목적을 가진 동료의식으로 서로 묶여 있다. 기사 같은 상류 계급도 방앗간 주인 같은 하위 계급의 이야기를 듣고 같이 공감한다. 초서가 이 소설에 이러한 인간사회의 축소판을 생생하게 묘사했다는 것은 암시적이다.

전체 구성을 보면 〈방앗간 주인의 머리글과 이야기〉, 〈바스 여장부의 머리글과 이야기〉 하는 식으로 '머리글'과 '발문'이 순례 이야기의 앞과 뒤에 붙어 있음을 알 수 있다. 즉 초서는 이 순례 여행이라는 틀 안에 이야기와 이야기를 잇는 '이음새'로서 머리글과 에필로그를 넣은 것이다. 머리글은 '이야기'와는 분명히 구분된다. 거기에는 순례자가 등장하여 이야기를 비판도 하고 욕설이나 비아냥을 서로 주고받는 장면으로서의 기능을 하도록 되어 있다. 일종의 극적인 무대 장치라고도 하겠다.

그러면 초서 시대의 순례란 일반적으로 어떠한 것이었는가.

초서 시대 이전에 순례 풍습이 시작되었을 때 그것은 매우 장엄하고도 경건한 행사였고, 많은 고생과 개인적인 희생을 각오하고 계획하고 실행하는 큰 사업이었다. 그러나 초서 일행의 순례는 그렇지 않았다. 그중 어느 누구도 떠나기 전에 교회에 가서 예배를 본다든지, 순례자들이 입는 옷을 차려 입는다든지 하는 격식을 차린 흔적이 없다. 초서가 그려내고 또 초서가 알고 있던 순례는 이전의 장엄한 종교적 행사가 아니고, 이미 허울 좋은 소풍 행각으로 타락한 것이었다. 또 주로 순례자들이 모여드는 타바드와 같은 여인숙이란 대개는 요릿집을 겸한 것으로서, 유흥장의 구실을 했다. 영국에서 사람들이 가장 많이 찾아간 이름난 순례지는 월싱엄과 캔터베리였지만, 그 밖에 크고 작은 도시로서 순례자들이 찾아간 곳은, 가령 노퍽 주에만도 일흔 군데가 넘게 있었다는 기록이 있다. 또 그런 곳에는 으레 사람들의 호기심을 끌기 위한 명소가 마련되어 있어서, 만병통치의 샘물이라든지 예수의 유적이라고 주장하는 물건 따위를 널리 선전해서 요즘의 관광 사업을 방불케 하는 정경이 벌어지고 있었다. 그리고 국내의 순례지로는 만족하지 않는 사람들, 가령 초서가 그린 바스 여장부 같은 사람은 성지며 로마며 스페인의 콤포스텔라 등지에까지 진출했다. 순례자가 주로 교회를 찾아간 이유가 반드시 그들의 신앙 때문만이 아니었던 것은 《데카메론》의 프롤로그와 에필로그를 읽어 보면 짐작이 간다. 그러므로 교회는 이런 순례를 금하게 되었고, 특히 성직자나 남녀 승려들이 속인들에 끼어서 순례행각에 참가하는 것을 엄격히 금했다. 다시 말하면 초서가 그린 순례자들 가운데 상당한 수의 인물들이, 그 일행에 끼어서는 안 될 사람이었다는 데에 아이러니가 있다.

당시 순례자들의 모습을 초서의 동시대인이 남긴 묘사를 통해서 보면 다음과 같다.

"이 어리석은 인간들은 헛된 순례를 하며 하느님의 재물을 낭비하고, 더구나 추잡하고 악독한 여관집에다 뿌리고 다닌다. 그리고 순례 가는 남녀들은 추잡한 노래를 잘 부르는 남녀 일행을 미리 마련하고, 또 어떤 친구들은 백파이프나 피리를 불고 나선다. 그래서 이런 순례꾼들이 동네를 지나가면 피리소리와 개 짖는 소리 또 노래하는 소리에 캔터베리 순례 종소리가 겹쳐서, 임금님의 행차 때보다도 더 시끄럽고 요란스럽다. 그러나 이들 남녀들이 한 달 걸려서 순례를 마치고 나면, 그로부터 반년 뒤에는 일류 광대에 이야기꾼에 거짓말쟁이가 되어 버린다."

유쾌하고 들뜬 희극의 세계

이 허구의 순례 여행에서 여관 주인은 일행의 사회자 역을 맡아 한 사람한 사람에게 이야기를 시키면서, 가장 재미있고 유익한 이야기로 여행길의무료함을 달래 준 순례자에게는 여관에서 가장 좋은 식사를 대접하겠다며호들갑스럽게 제안한다. 뿐만 아니라 비용도 다 자기가 내겠다고 한다. 자칫치기어린 무모한 제안 같지만, 일행은 들뜬 기분으로 동의한다. 이처럼 순례는 당시의 오락거리이기도 했다. 그 순례 행렬은 겉으로 보기에는 그렇게 유쾌하고 들뜬 희극의 세계이다.

여관 주인은 가장 먼저 이야기할 사람을 제비뽑기로 정한다. 그리고 첫 순서로 뽑힌 기사가 〈기사의 이야기〉를 시작한다. 그것은 팔라몬과 아르시테라는 테베의 두 젊은 기사가 연인 에밀리를 두고 다투는 연애 이야기이다.이때 시인은 이야기의 내용과 화자(순례자)와의 조화를 생각했을 것이다.중세에는 '어울린다', '조화롭다'는 것이 사회적인 도덕이었으며, 문예적으로는 형식의 핵심이기도 했다. 이야기와 화자는 《캔터베리 이야기》를 읽을 때중요한 관점을 제공해 준다. 기사와 같은 훌륭한 사람은 모범이 되는 내용을말해야 어울린다. 초서의 생각에도 이 논리가 중심을 이루었을 것이다.

〈프롤로그〉의 특징은 이런 이야기를 하는 순례자가 한 사람 한 사람씩 소개되고 그 성격도 묘사된다는 것이다. 우리는 인물들이 그 성격에 어울리는이야기를 하게 하는 작가의 의도를 알 수 있다. 그러나 이것은 일반적인 의도를 말한 것일 뿐이다. 바스 여장부나 수녀원장, 면죄부 판매자, 옥스퍼드대학생 등 이야기와 성격이 잘 어울리는 예가 있는 반면, 변호사나 선장 같이 일치하지 않는 예도 적지 않다. 이는 초서가 어떤 인물에게 어떤 이야기를 배정하느냐에 상당히 고민했음을 암시해 준다.

인물들도 자연스러운 순서로 등장하는 것 같지만, 계급의식이 강했던 당시 분위기에 따라 궁정측을 대표하는 기사부터 소개가 시작되어 시종과 방패병순으로 끝나고, 다음에는 교회측을 대표하는 수녀원장, 수녀, 수녀원 신부가 소개되는 식으로 눈에 보이지 않는 배려가 숨어 있다.

궁정과 교회는 각각 당대 현실 세계와 정신 세계를 대표하는 존재였다. 어느 연구*6에 따르면, 이 순서는 단순히 사회적으로 상류층부터 시작한다는의도뿐만이 아니라 도덕적으로 저울질해 봤을 때도 본받을 만한 인물에서 시작된다는 것을 나타낸다고 지적한다. 즉 사회적 지위나 관계 외에도 인품에서도 높은 사람에서 낮은 사람으로 순서에 따라 배열되었다는 것이다. 얼핏 자연스럽게 배열된 듯이 보이는 가운데 시인의 깊은 배려가 숨어 있는 것이다.

중세는 인쇄 문화 또는 사본 문화라고도 할 수 있는 사본의 시대이다. 초서의 작품은 처음에는 사본으로만 전달되었다. 《캔터베리 이야기》의 사본은 현존하는 것만도 여든 가지가 넘는다. 그중 가장 오래된 사본은 초서가 죽은 뒤인 1410년대에 만들어진 것으로 초서가 교정한 사본이 아니다. 사본 문화의 시대는 구송(口誦 : 소리내어 읽음)적 문화를 중심으로 한다. 한편 독서를 통한 문화 획득은 인쇄 문화에 따른 것이지만, 초서가 살았던 14세기 후반에 이미 사본을 읽는 사람들도 있었다는 사실은 초서의 "독자 여러분"하는 구절이나 "듣고 싶으신 분은 페이지를 넘겨 다른 이야기를 고르십시오" 하는 구절에서도 잘 알 수 있다.

그러나 《캔터베리 이야기》는 구송을 중심으로 한 구상으로, 화자가 청중에게 이야기하는 중세 화법의 전통을 따르고 있다. 화자는 순례자로서 등장하는 사람들이며, 그때 청중은 남은 순례자들이다. 초서도 순례자의 일원으로서 다른 순례자들을 소개하고 그 역할이 끝나면 그 틈에 끼어 있다가 사회자이자 여관 주인인 해리 베일리의 명령에 따라 자기 자신도 이야기에 참가한다. 따라서 〈프롤로그〉에 '나'로서 등장한 시인은 순례자들의 마음이 다치지 않도록 배려하면서 아주 미묘한 음조로 그들을 소개한다. 그렇게 '나'는 순례에 참가한 기사에서 면죄부 판매자까지 스물아홉 명의 사회적 지위, 성격, 언행, 복장, 기호 등을 칭찬하듯 소개한다. 여기서 미묘한 해학과 가벼운 풍자가 태어난다. 그것은 이 〈프롤로그〉를 듣는 궁정과 상류 계급 등의 청중 —수는 그리 많지 않다—에게서 느껴지는 해학이요 풍자이다.

한편 이 이야기의 틀로서 설정된 상황은 한 순례자의 이야기를 다른 순례자들이 듣는 것이다. 다른 말로 하자면, 순례자는 화자도 됐다가 청중도 되는 구조이다. 이 관계를 일차적인 구조로 설명하자면, 시인은 순례자 대 청중이라는 긴장관계 속에서 이야기의 순서를 생각하여 한 순례자가 다른 순

＊6 Harold F. Brooks, *Chaucer's Pilgrims*, 1962.

례자의 이야기를 듣고 자신의 이야기를 생각해 내도록 하고 있다.

이를테면 첫 번째 이야기인 〈기사의 이야기〉에서 〈방앗간 주인의 이야기〉가 태어나고 〈방앗간 주인의 이야기〉에서는 〈장원청지기의 이야기〉가 나오는 식이다. 즉 기사가 직위에 어울리는 기사도 로맨스—팔라몬과 아르시테가 아름다운 에밀리 공주를 두고 싸우는 이야기—를 이야기하면 청중들은 이 고상한 이야기는 마음에 새길 가치가 있다고 입을 모아 칭찬하지만, 서더크의 술을 마시고 고주망태가 된 방앗간 주인은 자기도 기사의 이야기에 뒤지지 않는 '고상한' 이야기를 알고 있다고 큰소리치면서 여관 주인의 제지도 무시하고 이야기를 시작한다.

〈방앗간 주인의 이야기〉는 궁정의 사랑을 노래한 기사도의 로맨스와는 실로 대조적인 서민의 천박한 우화가 중심이다. 대략 줄거리는 이렇다.

옥스퍼드에 사는 목수의 '망아지처럼 풋풋한' 아름다운 아내는 점성술에 빠진 하숙생인 니콜라스와 공모하여 남편을 속이고 그와 동침한다. 역시 이 아내를 짝사랑하는 활발한 압살론이라는 교구의 서기도 아내에게 사랑을 고백하지만 깜깜한 밤에 그녀의 입 대신 궁둥이에 입을 맞춘다. 목수는 곧 홍수가 밀어닥칠 거라는 니콜라스의 말을 철석같이 믿고 홍수가 났을 때 안전하게 떠다닐 수 있도록 침대 위 천장에 나무통을 매달고 그 안에서 잤다. 한편, 속은 사실을 뒤늦게 안 압살론은 복수하기 위해 대장장이로부터 불에 달군 가랫날을 빌려 또다시 찾아간다. 이번에는 입 대신 뜨거운 가랫날을 엉덩이에 갖다 댄다. 그러나 비명 소리는 목수의 아내가 아니었다.

엉덩이를 데인 니콜라스가 팔짝팔짝 뛰고 비명을 지르며 물을 찾자, 놀란 목수는 진짜로 홍수가 난 줄 알고 통을 매달았던 줄을 끊었다가 바닥에 떨어져서 팔이 부러지고 만다. 이 우화는 궁정의 사랑을 말한 〈기사의 이야기〉와는 극명한 대조를 이룬다. 이처럼 이 허구의 긴장관계에서 이야기가 생겨나 스스로 순서를 정한다.

〈방앗간 주인의 이야기〉에서 주인공의 직업이 목수인 것도 초서가 의도한 바이다. 방앗간 주인과 견원지간인 장원청지기가 한때 목수였다는 사실을 에둘러 비꼬는 것이다. 그래서 방앗간 주인 다음에는 이 장원청지기가 케임브리지의 대학생에게 아내와 딸을 빼앗긴 방앗간 주인 이야기를 한다. 여기서 '앙갚음'과 같이 이야기를 맞대응시키는 주제가 살짝 엿보인다.

초서에게는 이렇게 내면적인 동기에 의해 이야기를 진행하려는 극적이고 예술적인 의도가 있었다고 보인다. 이런 의도에 따라 이야기에 동적인 동기가 부여되어, 그것을 듣는 1차적인 청중은 매우 즐거워한다. 그뿐만 아니라 전문적인 화자가 이런 이야기를 궁정 시녀들이나 상류층이 주축이 된 청중―2차적 청중―에게 들려 줄 때도 모두 흥미롭게 듣는다. 바로 이런 점에서 초서의 《캔터베리 이야기》에는 이중구조로 되어 있다고 말할 수 있다. 창작 때 이중 청중이라는 이미지가 시인의 머릿속에 끊임없이 있었던 것으로 보인다. 특히 초서는 이 현실의 청중을 단정하여 창작했던 것 같다. 그가 직접 엔터테이너(예능인)로서 왕실의 청중들―리처드 2세와 앤 왕비를 중심으로 한 시녀와 신하들―앞에서 자작시를 낭독하는 그림이 케임브리지 대학의 어느 사본―코퍼스 크리스티 칼리지 사본 61(15세기 초)―에 남아 있다. 초서는 뛰어난 엔터테이너였다.

초서는 《캔터베리 이야기》에서 무엇을 주제로 생각했는가? 순례라는 틀을 설정했다는 것은 앞에서도 말했다. 현재는 이 순례 여행이야말로 《캔터베리 이야기》를 아우르는 틀이라는 사실이 밝혀져 있다. 특히 정신적인 의미에서 그렇다. 일찍이 시인 블레이크는 "초서라는 인물은 어느 시대에나 살아 있다. 모든 시대는 캔터베리로 가는 순례 여행이다"라며 이 여행의 상징적 의미를 말했다.*7 지금 그 말의 깊은 의미가 새롭게 조명되었다고 할 것이다.

〈기사의 이야기〉로 시작한 이 순례 여행은 여러 굴곡을 거쳐 〈교구 사제의 이야기〉로 끝난다. 여관 주인도 "여러분, 이제 한 분만 더 이야기하면 됩니다. 여러분은 제 생각과 바람대로 잘해 주셨습니다"라고 말한다. 그리고 교구 사제는 "이 이야기의 향연을 즐거운 산문체 이야기로 마무리할까 합니다"라며 죄에 대한 참회를 설교한다. 이로써 유쾌한 《캔터베리 이야기》는 갑자기 무거운 이야기로 바뀌어, 하늘 저편에 있는 예루살렘으로 가는 길을 보여 주는 종교적인 산문으로 끝맺는다.

초서는 고상한 로맨스 이야기로 순례 여행의 이야기를 시작했다가 포복절도할 페이소스를 지닌 천박한 우화를 첨가한다. 그다음 〈바스 여장부의 이야기 머리글〉에서는 그녀에게 여성으로서 높은 위치를 주장하게 하고, 테제

---

*7 W. Blake, 'On the Picture of the Canterbury Pilgrims'.

스테인드글라스에 묘사된 순례자들
캔터베리 대성당 스테인드글라스에 묘사된 순례자들의 모습. 중세 후기 사람들은 죽은 뒤 연옥에서 천국으로 올라가기 위해, 현세의 죄를 속죄하기 위해, 또는 단순한 호기심을 충족시키기 위해 단체로 순례 여행을 떠났다. 이 스테인드글라스에서는 순례자들이 말 탄 지도자를 따라 걸어가고 있다.

—안티테제—진테제순으로 이어지는 결혼 이야기를 통해 바람직한 결혼생활에 대한 해법을 제시하게 한다. 여기에 평화와 분별력을 주제로 하는 이야기를 집어넣고, 더 나아가서는 운명의 여신이 돌리는 수레바퀴에 비극적인 결말을 경험한 역사상의 여러 인물과 궁정 기사와 귀부인의 사랑을 수탉과 암탉의 구애에 비유한 패러디, 즉 자존심 센 수탉이 여우의 농간질에 놀아나 죽을 뻔했다가 기지를 발휘하여 위기에서 탈출한다는 의영웅시(擬英雄詩) 등 사흘에 걸친 이야기마다 변화를 주어 청중들이 질리지 않게끔 이야기를 펼친다. 저마다 '즐거움(solace)'과 '교훈(sentence)'을 주는 이야기이다. 이런 식으로 끊이지 않고 인간 세계의 이야기가 이어진다.

초서는 이야기마다 커다란 즐거움을 발견한 듯하다. 그야말로 이야기 작가, 서사 시인이라는 이름에 걸맞다. 특히 〈방앗간 주인의 이야기〉와 〈장원 청지기의 이야기〉 같은 우화에서는 어떤가? 이렇게 재미있고 배꼽 빠지는 이야기는 영문학사상 없다고 봐도 무방하다. 그것들은 《캔터베리 이야기》에서 처음으로 소개된 이야기이다. 하층 계급을 등장시켰을 때 시인은 그들에게 어울리는 이야기를 준비해 놓았다. 어떤 학자가 말했듯이,[*8] 《캔터베리 이야기》라는 광범위한 세계의 구상과 이런 우화를 삽입한 시인의 의도 사이에는 일정한 관련이 있을지도 모른다. 이것은 궁정 연애의 세계라기보다는 캔버스의 넓은 경험 세계이다. 이 우화의 기교는 〈기사의 이야기〉의 화려한 무대 예술에 못지않은 완벽함을 지니고 있으며, 이야기 도입부에는 사건을 준비하는 시인의 배려도 치밀하게 계산되어 있다.

진실 탐구에 생애를 바친 대시인

관점을 바꾸어 이야기군을 살펴보면, 거기에 초서가 노렸을 주제가 담겨 있음을 알게 된다. 특히 결혼이라는 주제가 그렇다. 이전에는 궁정 연애가 주제로 많이 사용되었다. 그리고 그것은 《새들의 의회》에서 서민의 사랑(하류 계급의 새들이 대표하는)과 대립한다. 여기 《캔터베리 이야기》에서는 궁정 연애는 부정되고, 희화화되기까지 한다. 또한 여기서는 아내가 우위냐 남편이 우위냐 하는 결혼생활의 주제가 화두가 된다. 이 논쟁은 〈바스 여장부의 이야기 머리글〉에 등장하는 다섯 번이나 남편을 바꿀 정도로 사랑의 기술에 밝은 드센 여자의 결혼 이야기로 불붙는다.

〈바스 여장부의 이야기〉에서는 결혼생활에서 여성이 남성보다 우월하다는 것이 주제이다. 이어서 '권위'를 주장하는 옥스퍼드의 학생이 이 여자의 '경험'을 뒤집으려고 그리젤다 이야기를 내세워 남성 우위를 철저히 주장한다. 늙은 기사와 젊고 아름다운 아내의 조화롭지 못한 결혼생활을 중심축으로 거기에 등장하는 어린 시종과 젊은 아내와의 성애를 묘사한 〈무역상인의 이야기〉도 이 결혼 문제에 해결책을 던지려고 하지만, 〈시골유지의 이야기〉에서는 기사인 남편과 정숙한 그의 아내가 신뢰와 자유로써 평등 관계를 유지한다. 초서는 이 이야기를 통해 '권위'와 '경험에 따른 증명'의 대립과 긴장 관계 사이에 균형점을 제시한 것 같다.

《명예의 전당》에서 처음으로 보이듯이 초서는 '사랑의 알림', 즉 궁정 연애 이야기에 처음에는 대단한 관심이 있었다. 이것은 《장미 이야기》를 번역했을 때부터 《공작부인의 책》을 거쳐 《새들의 의회》와 《트로일루스와 크리세이드》라는 긴 연애시에서 《선녀들의 전설》이라는 사랑에 목맨 여성들의 이야기에 이르기까지 계속되는 관심이었다. 그러나 《캔터베리 이야기》를 쓰면서

---

* 8 W.W. Lawrence, *Chaucer and The Canterbury Tales*, 1950.

는 그런 사랑 이야기보다는 부부의 구체적인 사랑에 더 큰 흥미를 두었다. 이른바 궁정 연애의 부정이다.

궁정 연애는 간통 사상이 그 바탕을 이룬다. 기사는 결혼한 귀부인에게 절대 복종을 맹세한다. 따라서 이 사랑은 육체적인 성애이며, 결혼을 전제로 하지 않는다. 그리스도교의 도덕관에서 보면 불법이다. 초서가 추구한 '사랑의 알림'은 이런 사랑의 숭배로, 비너스 여신에게 봉사하기를 바라는 연인들의 이야기였다. 초서는 《캔터베리 이야기》에서 그것을 부정하고, 경험을 바탕으로 한 남녀의 결혼생활

《캔터베리 이야기》 속의 초서
프롤로그에 초서의 모습이 등장한다. 각 이야기의 머리글 머리삽화로 화자의 모습이 그려진다.

에서 만족을 찾은 것으로 보인다. 바스 여장부가 그 머리글에서 가장 처음 한 말은 이것이었다.

"이 세상에서 권위 있는 책이 없어진다 해도, 결혼생활의 고충을 말하는 데는 경험만 있으면 충분하다고 생각해요."

이 경험의 무게가 초서 안에서 뿌리내린 듯하다.

이처럼 《캔터베리 이야기》는 모두 시인의 경험을 바탕으로 한다. 사랑은 꿈이라는 틀에 갇힌 그레고리의 언어였다. 초서는 이 그레고리의 언어에서 햇빛이 비치는 일상 경험을 표현하는 언어의 세계로 나온 것이다. 역시 《명예의 전당》에서 처음 등장했던 '경험(실험이라는 뜻)에 의한 증명'이라는 주제가 《캔터베리 이야기》에 이르러 초서에게 인생의 의미를 알려 주는 계기가 되었다고 할 수 있다.

시인은 《캔터베리 이야기》의 마지막을 7대 죄악과 참회에 대해 설교하는

교구 사제의 이야기로 마무리하고, 이 이야기 끝에 지금껏 썼던 '사랑의 기별'을 고하는 이야기군, 특히 《트로일루스와 크리세이드》와 수많은 노래와 음탕한 시 그리고 《캔터베리 이야기》에 담긴 수많은 죄를 없애 주는 참회문을 덧붙인다. 여기서 "이 모든 것은 우리를 가르치기 위함이다"라는 성경 구절을 인용하고, 바로 그것이 자신의 의도였음을 밝히면서 예수 그리스도에게 죄 사함을 구한다. 현세에서 초서 영혼의 마지막 목소리를 그 장에 담은 것이다. 그것이 시인의 진심어린 목소리인지 아닌지에 대해서는 학자마다 의견이 갈린다. 초서는 어떻게 그런 심경에 도달했을까?

올드게이트의 집을 떠나 웨스트민스터 사원의 성 메리 예배당 마당에 작은 집을 빌려서 살던 만년—1379년, 죽기 1년 전이었다—에 초서의 마음은 교구 사제가 강조한 참회의 심정으로 가득 차지 않았을까? 시인은 처음에 구상한 120편이나 되는 방대한 이야기군을 끝내 완성하지 못했다. 그것은 인간의 능력을 뛰어넘는 작업이었다. 그런 의미에서 이 이야기는 미완성이라고 해야 한다. 그렇지만 시인이 교구 사제를 통해 이 참회의 길을 설교했을 때 그 마음속에는 하나의 통일된 조화가 있었을 것이다. 그것은 '권위'도 '경험'도 지워 버리는 종교적인 넓은 경지가 아니었을까?

최근 《캔터베리 이야기》를 성서적으로 많이 다루고 있다. 가장 진지한 해석이며 모든 이야기가 교리를 바탕으로 이루어진다는 해석법이다. 랭글란드의 《농부 피어스》 등 성서에 기초한 알레고리 시를 이해하는 방법과 마땅히 유사하다. 그러나 본디 가벼운 의도로 쓰인 《캔터베리 이야기》에 이런 종교적인 해석을 일일이 대입하기에는 다소 무리가 있다. 초서의 의도는 폭넓은 예술적인 것이었다. 수사학에 정통했던 초서는 수사학을 교묘히 구사하여 자연의 스타일에까지 이르렀다. 《캔터베리 이야기》 중 〈프롤로그〉의 형식이 바로 이렇다. 여기에는 각 인물의 초상이 각각 개성적인 음조로 묘사되어 있다. 기사의 음조에서는 존경심이 진지하게 느껴지고 시종의 음조에서는 쾌활함이 기분좋게 느껴지는 식으로 인물마다 다르다. 그리고 이 초상들을 묘사하는 '나'의 음조에는 시종의 칭찬과 놀라움이 뒤섞여 있다. 여기에는 시인 음조의 모든 음계가 울리고 있다.

또한 '나'는 단순히 인물의 복장 같은 외관만 보는 것이 아니라 밖에서 내

면도 들여다본다. 방앗간 주인 콧등에 있는 사마귀와 그 위에 자란 붉은 털까지 자세히 관찰하는 눈은, "이 수도사는…… 낡은 관습은 무시하고 요즘 세태에 따라 사는 사람 같았다" 하는 식으로 내면을 슬쩍 들여다보는 눈으로 바뀐다. 표현이 솔직하고 단순해서 복잡한 구석이 없다. 그 중심에는 당시 서민 특유의 무뚝뚝한 구어 표현이 느껴진다. 이것은 《장미 이야기》를 영어로 옮겼을 때 직설적인 표현을 썼던 것과 그 성격이 같다. 말하자면 초서는 이렇게 단순하고 젊고 힘찬 영어를 말하는 시대에 태어나고 자라 그 언어의 힘을 자기 것으로 만들었다. 《캔터베리 이야기》의 영어는 바로 그런 문체다. 그런데 이러한 영어 표현에서 때에 따라 미묘한 암시가 느껴지는 것은 왜일까?

〈프롤로그〉에서 아주 단아하며 청초하고 정숙한 미소를 가진 수녀원장은 궁정을 흉내내어 당시 수녀원 규율에 어긋나는 사소한 반칙을 저지르거나, 생쥐가 덫에 걸리거나 죽거나 피를 흘리면 눈물을 흘릴 정도로 동정심 많은 사람이다. 그런데 '아주 청초하고 정숙했다'는 그 미소는 대체 어떤 것일까? 또 이 여성의 초상을 한 마디로 표현하는 라틴어의 "사랑은 모든 것을 정복한다"라는 베르길리우스의 말은 무엇을 함축하는 것일까? 여기서 속세의 사랑과 천국의 사랑이 중첩되어 새겨져 있다는 미묘한 의미—이것을 아이러니라고 해도 좋다—가 느껴지게 말하는 '나'는 단순히 브로치 위에 새겨진 글자를 재빨리 발견해 소개하는 것처럼 보인다. 그러나 '나'의 내면에 있는 시인의 눈은 함축적인 아이러니를 암시하고 있는 것이 아닐까?

이처럼 미묘한 아이러니 또는 유머를 초서의 특징으로 평가하는 것은 특히 20세기의 주된 경향이다. 이것은 초서가 살았던 14세기부터 600년이라는 긴 세월을 거쳐 오늘날 초서학이 도달한 이해의 정점이다. 초서의 이미지는 그가 살았던 시대부터 오늘날에 이르기까지 다양하게 변해 왔다. 초서를 개인적으로 알았거나 적어도 웨스트민스터 등에서 만난 것으로 추정되는 토머스 호클리브(Thomas Hoccleve or Occleve, 1370?~1426)는 《왕들의 연대》에서 초서의 죽음을 애도하며 "나의 스승 초서, 아름다운 수사의 꽃, 풍부한 이해력의 거울……"이라는 시구로 그를 기렸다.

또한 초서와 동시대이며 그를 무척 존경한 문인 존 리드게이트(John Lydgate, 1370~1451?)의 상상력의 원천에는 언제나 초서가 있었다. 그도

《트로이의 서》에서 "브리튼의 시인, 고귀한 갈프리드, 우리 영국인 중 처음으로 수사에 황금 이슬을 내리게 하고, 우리의 삭막한 영어를 아름답게 빛내준 사람"이라고 칭송했다.

15세기는 초서를 수사의 꽃으로, 도덕을 가르치는 키케로와도 견줄 만한 대시인으로 만들었다. 16세기 중엽 엘리자베스 왕조 때 시인 스펜서는 《선녀왕》 제4권 제2편 32절에서 초서를 떠올리며 "나의 스승 초서, 순수한 영어의 샘, 영원한 명성의 목록에 마땅히 그 이름을 올리리"라는 2행의 글을 훌륭히 남겨 초서를 불후의 이름으로 만들었다.

초서에 대한 평가는 시대에 따라 바뀌었다. 어떤 때는 '극단적으로 인공적인 수사학 기교'라고 평가되었고, 어떤 때는 '천진난만하고 자연스럽다'고 평가되었다. 또 어떤 때는 '다듬어지지 않은 다이아몬드나 양식의 샘'이라고 평가되었으며, 하느님에 대한 풍부한 표현으로 칭찬도 받았다. 또 어떤 때는 고상함과 높은 도덕성으로 인정받았으며, 때로는 불경하고 천박하다는 비난을 받기도 했다. 그러나 현재는 19세기 말부터 평가가 정착되어 새로운 이미지가 만들어지고 있다.

'유머와 리듬감과 아이러니, 감각적인 성격, 넓은 통찰력과 섬세함 때문에, 그 복잡한 이야기 작가로서의 태도와 끊임없이 흥미를 불러일으키는 시적인 페르소나 때문에'[*9] 초서를 높이 평가한다. 여기서 칭찬하는 갖가지 이미지는 앞으로도 변하지 않을, 아니 더 깊어질 것이다. 종종 표면적인 부분만을 평가받아 온 초서는 앞으로도 그 내면이 심층적으로 연구될 것이다. 그때 19세기 이래 이미지의 하나로서 초점을 두었던 '아이러니'의 이미지가 폭넓은 관점에서 더 깊게 탐구될 것이다. 특히 《캔터베리 이야기》의 중심적이고 예술적인 기교인 '대조'의 예만 봐도 그것은 중세의 문화, 예술, 건축 등을 보여 주는 특징이다. 그리고 중요한 것은 초서의 작품에서는 그 '대조'가 종종 아이러니의 예술적 효과로서 독자의 마음에 남는다는 것이다.

마지막으로 이 시인의 심적 특징이 우리의 흥미를 가장 잘 잡아끄는 핵심이라는 사실을 말해야겠다. 즉 '다정함', '고상함', '섬세함', '순수함', '천진난만함', 특히 '기품 있는 다정함'—시인은 이것을 '젠틸레세(gentillesse)'라

---

*9 Derek Pearsall, 'The English Chaucerians'. Chaucer and Chaucerians, ed. D. S. Brewer. 1996.

고 말했다—과 '진실·성실'—시인은 이것을 '투르스(trouthe)'라고 말했다—이 두 가지 특징을 추구하며 일생을 진실한 탐구로 보냈던 시인의 이미지가 선명하게 남는다.

번역을 마치며

《켄터베리 이야기》의 번역은, 영국에서 17세기의 시인 존 드라이든이 시도한 것을 시초로 여러 사람이 단편적인 번역을 냈고, 그 뒤로도 계속해서 현대영어로의 번역이 나올 것이다. 훌륭한 고전이 다 그렇듯이, 초서도 바뀌어가는 세대마다 새로운 의미와 감흥을 주지만, 당장은 그의 언어가 중세영어여서 어느 정도 어학적인 훈련을 쌓지 않고서는 원문으로 읽기가 어렵다.

이 번역의 텍스트는 일반적으로 채택되고 있는 로빈슨의 전집(The Works of Geoffrey Chaucer, 2nd Edition)의 것을 주로 사용하고, 필요할 때마다 스키트(W.W. Skeat, Oxford Chaucer)를 참고했다. 따라서 이야기의 배열은 로빈슨의 그것을 따랐고, 그의 텍스트를 모두 번역해서 《켄터베리 이야기》의 완역판으로 만들었다.

원작은 대부분이 운문으로 되어 있으나, 이 번역에서는 대부분 산문으로 옮겼다. 초서의 시는 현대영어의 운문으로 옮겨도 시로서의 가치의 태반이 상실되며, 코그힐 교수의 번역과 같이 원작의 운율을 최대한으로 살리려 들면 불가피하게 원작의 의미 전달에 차질이 생기기 마련이다. 더구나 그것을 우리말 운문으로 옮긴다는 것은, 우선 우리말의 운문이라는 것이 어떤 것이냐가 분명치 않을 뿐 아니라, 그것이 설령 가능하다 할지라도 결과는 무의미한 것이 될 것이다.

원작 속에 즐비하게 나오는 기독교와 관계되는 어휘 부분은 원작자의 시대와 종교를 생각해서 가톨릭의 용어로 통일하는 것이 좋을 듯했지만, 구태여 그렇게 하지 않았다. 원작이 문학작품이고 종교적 저작이 아니라는 점도 있고, 너무 지나치게 가톨릭 종교의 용어를 고집함으로써 일반 독자에게 가뜩이나 생소한 내용을 더욱 생소하게 만들 우려가 있다고 생각한 것이다. 그러나 기독교의 종파적 고려를 의식적으로 피한 결과로 용어나 고유명사의 표기가 혼란스러울 정도로 통일되지 않았음을 시인하겠다. 또 고유명사의 표기에 있어서는 성서공회판 성서번역을 주로 참고했다.

수많은 초서의 연구서와 주석본과 참고한 몇 가지 번역서의 도움을 받고도 여전히 석연치 않은 구절이 많았다. 이것은 역자의 학식이 얕아 일어난 일이고, 해석상의 난점을 들고 더불어 토론하거나 가르침을 받을 수 있는 사람을 구하기가 어렵다는 딱한 사정도 있었다. 역자는 이 번역을 하는 데 있어서, 오직 초서를 최초로 우리말로 옮긴다는 데 일한 보람이 있다고 생각한 것이고, 앞으로 더욱더 풍부한 학식과 필재를 겸비한 초서 학도의 손으로 번역이 거듭되고 개선되어야 한다는 신념을 가지고 한 것이다.

다음으로 가장 큰 도움을 받은 참고서를 들겠다.

E.P. Hammond, A Bibliographical Manual.
G. Dempster and others, The Sources and Analogues.
R. Knox, The Holy Bible. (Vulgate)

번역하는 데 참고한 번역서는 다음과 같다.

R.M. Lumiansky, Chaucer's Canterbury Tales. (현대영어 운문)
Nevill Coghill, The Canterbury Tales. (현대영어 운문)
L. Cazamian & others, Contes de Canterbury.
カンタベリー物語 西脇順三郎 譯
カンタベリー物語 桝井迪夫 譯

끝으로 새롭게 역자에게 초서를 배우고 읽을 기회를 마련해 준 영국의 브리티쉬 카운슬 장학회와 역자가 학식이 얕고 재주가 없음에도 타고난 태만에 채찍질하면서 힘에 겨운 모험을 하는 동안 역자를 성심을 다하여 도와 준 동서문화사 영문학팀에 감사를 드린다.

제프리 초서 연보

1343년? 런던에서 존 초서(John Chaucer)의 아들로 태어나다.

1357년 알스터 백작부인(에드워드 3세의 둘째아들인 라이오넬의 부인 엘리자베스)의 시동이 됨.

1359년 9월 에드워드 왕이 프랑스를 공격할 때, 라이오넬 왕자를 따라 프랑스와의 전쟁에 참가하다.

1360년 랭스전투에서 프랑스군의 포로가 된 뒤, 3월 16파운드의 몸값을 지불하고 풀려나다. 10월 칼레에서 영국과 프랑스 사이의 평화협상이 진행되는 동안 라이오넬 왕자는 칼레에서 영국으로 편지를 전달하는 대가를 초서에게 지불하다. 이것이 초서가 수행하게 되는 많은 외교업무의 시작이었다.

1365~1366년 왕비의 가문의 시녀 필리파 로에이와 결혼하다.

1366년 아버지 존 초서가 죽다. 어머니는 곧 재혼하다.

1366년 에스파냐로 여행하다.

1367년 에드워드 3세 가문 수습기사로서 일하다. 아들 토머스가 태어나다. 《장미 이야기 Roman de la Rose》의 일부를 번역하다. 프랑스어로 시를 쓰기 시작하다.

1368년 랭커스터 공작부인 블랑시의 죽음을 애도하여 《공작부인의 책 The Book of the Duchess》을 쓰다.

1369년 프랑스 북부지방을 여행하며, 존 오브 곤트 휘하의 군대에서 일하다.

1370년 왕의 명령으로 프랑스를 여행.

1370년 프랑스와의 전쟁에 다시 참전.

1372~1377년 이 시기에 쓰인 시들은 뒤에 《캔터베리 이야기》에 들어갈 〈두 번째 수녀의 이야기〉와 〈수사의 이야기〉로 고쳐 쓰다.

1372년 초서의 부인 필리파가 존 오브 곤트 부인 가문에서 일하다.

외교업무로 이탈리아 피렌체를 여행.

1374년　연봉 10파운드를 받고 양털류·피혁류 등을 관리하는 세관감사장으로 임명되다.

매일 일정량의 포도주가 왕명으로 하사되었으며, 10파운드의 연금 또한 존 오브 곤트에 의해 지급받다.

1375년　프랑스의 시인이며 기사인 오토 드 그랑송과 함께 존 오보 곤트로부터 하사금을 받음.

1376~1377년　평화협상 및 프랑스 공주와 리처드와의 결혼을 성사시키기 위해 몇 차례 프랑스 여행을 하다.

1378년　외교업무로 이탈리아 밀라노를 여행. 두 번째 이탈리아 여행이었다.

에드워드 3세 즈음 초서에게 허락된 20파운드의 연금을 리처드 2세가 다시 확인해주다.

1378~1381년　《성녀 세실리아 *Saint Cecelia*》, 《명예의 집 *THe House of Fame*》, 후에 〈기사의 이야기〉로 개작되는 《아넬리다와 아르시테 *Anelida and Arcite*》를 비롯한 《팔라몬과 아르시테 *Palamon and Arcite*》를 쓰다.

1380년　둘째아들 루이스 태어나다. 《새들의 의회 *The Parlement of Fowles*》를 집필.

1381년　어머니 아그네스 죽음.

1382년　세관 총책임자 대리인직을 맡다.

1381~1386년　《보에스 *Boece*》와 《트로일루스와 크리세이더 *Troilus and Criseyde*》 집필.

1385년　세관대리인 직책이 영구적으로 부여됨.

1385~1389년　켄트 지역의 치안판사직을 맡다.

1386년　세관직에서 은퇴하여 켄트 지역의 의원이 됨.

《선녀들의 전설 *The Legend of Good Women*》 집필. 일부분은 이미 전에 쓰인 것이며, 서시 부분은 뒤에 수정되다.

1387년　부인 필리파 죽음.

1387~1392년　《캔터베리 이야기》 집필을 시작하다.

1389년　웨스트민스트 사원, 런던 타워를 비롯한 궁정건축물 관리·감독 서기로 임명됨.

1390년　건축자재의 구입, 수송, 건자재의 보관 등을 총괄하는 서기로 있을 때 스미스필드에 마상경기 관람석이 건립됨. 성벽·수로 관리책임 자로 임명되어 울위치에서 그린위치 사이의 템즈 강 공사들을 관 리하다.

1391년　국가 및 왕실건축물의 관리·감독을 그만 둔 뒤, 서머싯에 위치한 황실 숲의 관리대리인으로 임명되다.

1391~1392년　아들 루이스를 위해 《천측구(天測具)에 관한 글 *The Treatise of the Astrolable*》 집필.

1392~1395년　결혼과 관련한 이야기를 포함한 《캔터베리 이야기》의 대부분 을 집필.

1393년　왕으로부터 국가에 봉사한 대가로 10파운드의 하사금을 받음.

1394년　20파운드의 연금을 죽을 때까지 받을 수 있도록 왕이 승인하다.

1395년　아들 토머스 모드 버그허쉬와 결혼.

1396~1400년　〈수녀원 신부의 이야기〉와 〈교구사제의 이야기〉를 포함한 《캔터베리 이야기》의 마지막 부분을 집필.

1399년　리처드 2세 그즈음 초서에게 승인한 재정적 권리와 특권을 헨리 4 세에 의해 재확약과 함께 40파운드 추가 연금을 지급받다.

1400년　〈지갑에 대한 초서의 하소연 *Thie Complaint of Chaucer to His Purse*〉 집필.
　　　　10월 25일 죽음을 맞이하다. 웨스트민스터 대사원에 묻히는 최초 의 영국시인이 되다.

옮긴이 김진만(金鎭萬)

서울대학교 영문학과 졸업. 영국 유니버시티대학에서 연구. 성균관대학교 영문학과 교수
역임. 고려대학교 문리대 교수 한림대학 영문과 교수·성공회대학 교양학부 초빙교수를 지
냈다. 성공회 서울교구 상임위원 성서공동번역위원 역임. 1961년 「사상계」에 〈헉슬리론〉으
로 등단, 〈초서의 '캔터베리 이야기'〉 등 문학평론 발표하다. 한국번역문학상 수상. 지은책
《영미작가론》《영미작품론》《영문학노트》 수필집 《어글리 코리안》《파란 눈 검은 눈》, 옮긴
책 헉슬리 《헉슬리 단편선》 초서 《캔터베리 이야기》 혼비 《혼비영영한사전》 등이 있다.

World Book
220
Geoffrey Chaucer
THE CANTERBURY TALES
캔터베리 이야기
제프리 초서/김진만 옮김
1판 1쇄 발행/1987. 7. 1
2판 1쇄 발행/2013. 4. 20
2판 2쇄 발행/2015. 12. 1
발행인 고정일
발행처 동서문화사
창업 1956. 12. 12. 등록 16-3799
서울 중구 다산로 12길 6(신당동, 4층)
☎ 546-0331~6 (FAX) 545-0331
www.dongsuhbook.com
*

*
사업자등록번호 211-87-75330
ISBN 978-89-497-0814-0 04080
ISBN 978-89-497-0382-4 (세트)